해안
자동차여행
코스북

김재희, 이나윤, 이서현, 이주희, 최소연, 홍유진 지음

해안
자동차여행
코스북
Coursebook on Motor
Trip to the Seaside

초판 발행 · 2017년 9월 22일
초판 2쇄 발행 · 2018년 1월 25일

지은이 · 김재희, 이나윤, 이서현, 이주희, 최소연, 홍유진
발행인 · 이종원
발행처 · (주)도서출판 길벗
출판사 등록일 · 1990년 12월 24일
주소 · 서울시 마포구 월드컵로 10길 56(서교동)
대표전화 · 02)332-0931 | **팩스** · 02)322-0586
홈페이지 · www.gilbut.co.kr | **이메일** · gilbut@gilbut.co.kr

편집팀장 · 민보람 | **기획 및 책임편집** · 방혜수(hyesu@gilbut.co.kr), 서랑례
제작 · 이준호, 손일순, 이진혁 | **영업마케팅** · 김학흥 | **웹마케팅** · 이승현, 이정, 김진영
영업관리 · 김명자 | **독자지원** · 송혜란, 정은주

표지 디자인 · 강은경 | **본문 디자인** · 김영주 | **교정** · 한인숙
CTP 출력 · **인쇄** · **제본** · 평화당인쇄

- 잘못된 책은 구입한 서점에서 바꿔 드립니다.
- 이 책에 실린 모든 내용, 디자인, 이미지, 편집 구성의 저작권은 (주)도서출판 길벗과 지은이에게 있습니다.
  허락 없이 복제하거나 다른 매체에 옮겨 실을 수 없습니다.

ISBN 979-11-6050-289-3 13980
(길벗 도서번호 020094)

정가 17,800원

....

독자의 1초까지 아껴주는 정성 길벗출판사

(주)도서출판 길벗 | IT실용, IT/일반 수험서, 경제경영, 취미실용, 인문교양(더퀘스트) · www.gilbut.co.kr
길벗이지톡 | 어학단행본, 어학수험서 · www.gilbut.co.kr
길벗스쿨 | 국어학습, 수학학습, 어린이교양, 주니어 어학학습, 교과서 · www.gilbutschool.co.kr

페이스북 · www.facebook.com/gilbutzigy · 트위터 · www.twitter.com/gilbutzigy

독자의
1초를
아껴주는
정성!

세상이 아무리 바쁘게 돌아가더라도
책까지 아무렇게나 빨리 만들 수는 없습니다.
인스턴트 식품 같은 책보다는
오래 익힌 술이나 장맛이 밴 책을 만들고 싶습니다.

땀 흘리며 일하는 당신을 위해
한 권 한 권 마음을 다해 만들겠습니다.
마지막 페이지에서 만날 새로운 당신을 위해
더 나은 길을 준비하겠습니다.

독자의 1초를 아껴주는 정성을
만나보십시오.

작가의 말

다양한 매력이 넘치는 우리나라 해안
가슴이 뻥 뚫리는 듯 탁 트인 동해, 크고 작은 섬들이 그림처럼 떠있는 남해, 갯벌과 해수욕장 등 다양한 재미가 가득한 서해. 그리고 계절마다 변하는 풍경까지, 그곳만이 지니고 있는 매력이 있다. 이 모든 걸 다 만나려면, 매주 여행을 떠나도 모자랄지도 모른다.

취재를 위해 전국을 돌아다니다 보면,
매서운 바닷바람에 감기에 걸리는 건 일상이었다. 취재를 떠나는 날 아침 비가 오거나 눈이 쏟아지면 난감하기도 했다. 당연하기는 하나 한 번의 취재로는 끝내지 못하고 두 번 세 번 재취재를 해야 하는 경우도 생겼다. 하지만 그 덕에 아름다운 우리나라의 해안을 책에 담을 수 있었다.

편리하고 즐거운 여행을 위한 완벽한 정보
국내외를 막론하고 새로운 곳으로 여행을 간다는 건 설렘과 동시에 막막한 일이기도 하다. 예산을 짜고, 이동 방법을 고민하고, 숙소와 즐길 거리, 먹거리 등 준비해야할 것이 산더미다. 그 수고를 조금이라도 덜어주기 위해 노력했고, 정확한 정보를 위해 2년간 발품을 팔았다. 이런 저자들의 노력과 수고가 여행의 매력을 재발견하는 기회가 되는 동시에 조금이라도 더 편하고 즐거운 여행이 되었으면 하는 마음이다.

도로가 있는 곳이면 어디든 갈 수 있는 자가용 시대
해안을 따라 드라이브하며 전국을 누빌 수 있고, 어디서든 멈추어 쉴 수도 있다. 요즘은 해안도로가 잘 연결되어 있어 자동차 여행이 많이 편해졌다. 출발시간은 물론 코스도 모두 여행자 마음이다. 무거운 짐을 들고 다닐 필요도 없으니 마음만 먹으면 언제든 떠날 수 있다. 이 책과 함께라면 말이다.

나와 우리가 행복해지는 바다 감성 여행
사람들의 먹거리와 여가활동은 자동차와 함께 하는 게 당연한 일이 되었다. 인간은 '사랑하는 이들과 맛있는 음식을 나누어 먹고, 좋은 풍경을 함께 할 때 가장 큰 행복감을 느낀다.'고 한다. 굳이 '인간은 본디 이타적이고 선한 존재'라 언급했던 심리학자이자 경영학자인 더글러스 맥그리거의 이론까지 가진 않더라도, 자동차 여행이 '좋은 사람들과 시간을 보내는 일 중 가장 합리적인 수단'임은 확실해 보인다.

드라이브 여행의 매력

여행 작가로 활동하면서 '여행지 중 어디가 가장 좋았나요?'라는 질문은 늘 곤혹스럽다. 세상의 모든 곳은 그곳만의 매력이 있기 때문이다. 그 여행지 자체만으로 여행의 전부를 말할 수 있는 건 아닐 것이다. 고민 끝에 요즈음은 이렇게 이야기한다. '머문 시간만큼 그곳이 내게 더 특별한 곳이 되었더라.'고 말이다. 여행의 추억이란 늘 그렇듯 순식간에 썰물처럼 사라졌고, 우리의 일상은 언제나 밀물처럼 빠르게 차올랐다. 그러나 발길이 느리게 닿고, 시선이 오래 머문 곳은 더욱 선명한 여행으로 남았다. 아이슬란드에서의 링로드 7200km 드라이브와 대한민국 해안 드라이브 1400km가 그러했다.

바다와 함께하는 여행

우리는 '떠남'을 말할 때, 자연스럽게 '바다'를 떠올린다. 대한민국 인기 여행지로 꾸준히 상위를 차지하는 곳은 강릉, 속초, 부산, 제주 등 바다가 있는 곳이다. 해수욕의 계절인 여름을 차치하고라도 바다는 사계절 여행의 인기 테마다. 봄, 여름, 가을, 겨울 우리는 언제든 떠나야 할 이유가 생기면 검색창에 키워드를 넣는다. #바다 #드라이브 #주말 #여행

마지막으로

책을 집필하는 데 도움을 준 황경은 씨와 조현경 씨에게도 감사의 말을 전하고 싶다. 또한 이 책이 나올 수 있도록 끝까지 애써주신 길벗 담당자에게도 감사의 말을 전하고 싶다.

저자 일동

★ 일러두기 환상적인 해안 드라이브를 위한 가이드 ★

이 책은 전문 여행작가 8명이 전국 구석구석을 누비며 찾아낸 그림 같은 드라이브 코스 51개와 꼭 가봐야 할 명소, 맛집, 카페는 물론 지역별 다양한 숙소를 소개하고 있습니다. 이 책에 수록된 여행 정보는 2018년 1월 기준이며 최대한 정확한 정보를 싣고자 노력했습니다. 하지만 출판 후 또는 독자의 여행 시점에 따라 변동될 수 있다는 점에 유의하시기 바랍니다. 만약 바뀐 정보가 있다면 편집부나 작가 이메일로 알려주십시오. 많은 여행자가 좀 더 편하고 즐거운 여행을 할 수 있도록 빠른 시간 내에 수정하겠습니다.

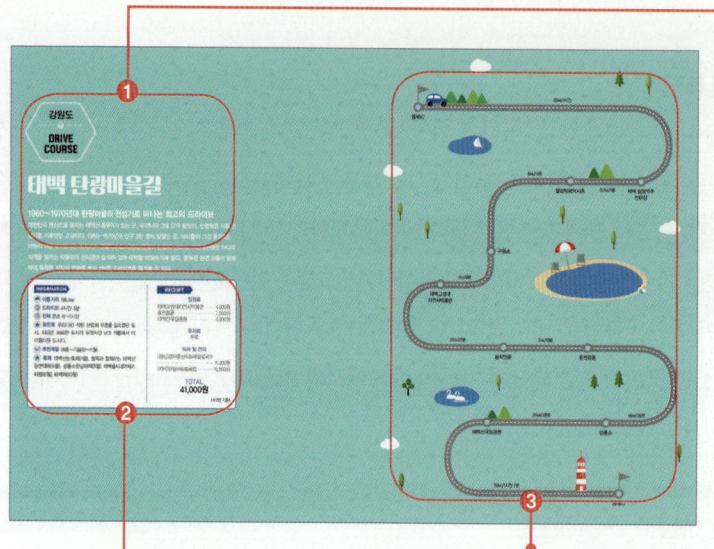

❶ 해안 드라이브 스폿 소개
전국 최고의 드라이브 스폿을 강원도, 경상북도, 경상남도, 인천&경기도, 충청도, 전라도 6개 파트로 나누어 소개합니다.

❷ 드라이브 정보 한눈에 보기
드라이브 포인트, 소요시간, 이동거리, 축제, 예상 비용 등 여행 정보를 한눈에 보여줍니다.

❸ 여행 동선을 한눈에 보여주는 친절한 개념도
추천 여행 코스의 동선을 스폿 간 이동거리, 시간과 함께 보여주어 이해가 쉽습니다.

알아두세요

1 이 책에 소개된 여행지는 되도록 새 주소(도로명 주소)로 표기했습니다. 하지만 해변, 강 등과 같이 새주소 표기가 어려운 곳은 기존의 지번 주소로 표기했습니다.

2 내비게이션에 여행지 명칭을 검색하고 이동하면 쉽게 찾아갈 수 있습니다. 하지만 간혹 잘못된 곳으로 안내하는 경우도 있으니 되도록이면 주소 검색을 권합니다.

3 모든 여행 장소는 가능한 주차가 용이한 곳으로 안내했습니다. 또 주차료를 받는 곳은 1시간 기준으로 비용을 명시했고 가능한 주차 대수를 명시했습니다.

④ 꼼꼼한 여행지 소개

더 재미있고 더 제대로 된 여행이 되도록 추천 여행 코스 순서대로 각 여행지를 소개합니다.

⑦ 알고 떠나면 더 즐거운 여행길

알고 떠나 더 제대로 더 즐겁게 즐길 수 있도록 여행지의 숨은 스토리를 공개합니다.

⑤ 더 정확한 여행을 위한 인포 소개

정확한 내비게이션 주소와 함께 전화, 영업시간, 휴무, 주차료, 주차장, 여행지 사이의 이동거리를 제공해 더 정확하고 편리한 여행이 가능합니다.

⑥ 놓치지 말자!

모르면 그냥 지나칠 수밖에 없는 비밀 여행 장소, 즐길 거리 등을 소개해 더 알차고 더 새로운 여행이 되도록 도와줍니다.

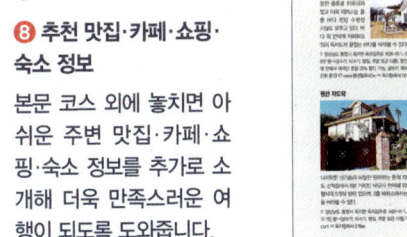

⑧ 추천 맛집·카페·쇼핑·숙소 정보

본문 코스 외에 놓치면 아쉬운 주변 맛집·카페·쇼핑·숙소 정보를 추가로 소개해 더욱 만족스러운 여행이 되도록 도와줍니다.

CONTENTS

지역별 해안 드라이브

- 004 작가의 말
- 006 일러두기
- 012 2018 주말&연휴 드라이브 캘린더
- 014 사계절 추천 코스 & 축제
- 016 전국 해안 드라이브 지도
- 018 취향&테마별 해안 드라이브 코스
- 28 여행의 재미는 식도락!! 전국 맛집 리스트
- 032 해안 드라이브 주의사항&팁
- 460 인덱스

PART 2 경상북도

- 104 영덕 화진해수욕장~포항 호미곶
- 112 울진 망양정~후포항
- 120 포항 구룡포항~경주 흥무로 벚꽃길
- 128 영덕 복사꽃길~블루로드
- 136 경주 파도소리길~울산 태화강대공원

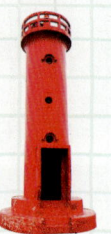

PART 1 강원도

- 034 통일전망대~고성 송지호
- 042 고성 삼포해변~대포항
- 050 양양 낙산사~남애항
- 060 강릉 주문진항~정동진
- 070 강릉 심곡항~삼척해변
- 078 삼척 대진항~죽변항
- 086 영월 별빛길
- 094 태백 탄광마을길

PART 3 경상남도

- 144 통영 미륵도 산양~풍화
- 152 통영 당포항~욕지도
- 160 거제 망치해변~여차마을
- 168 거제 홍포선착장~고현항 1018 해안도로
- 176 거제 거가대교~장승포항
- 186 남해 미조항~삼천포대교
- 194 남해 해안 일주도로
- 202 부산 광안리~기장
- 212 부산 태종대~다대포해수욕장
- 220 밀양 천왕재 고갯길
- 228 합천 백리벚꽃길

PART 4 인천 & 경기도

- **236** 강화도 동부
- **244** 강화도 서부
- **252** 인천 송도~무의도~영종도
- **260** 인천 영흥도
- **268** 인천 신도, 시도, 모도
- **276** 인천 시화방조제~십리포해변
- **284** 인천 아라뱃길~정서진
- **292** 화성 궁평항~화성호 방조제
- **300** 가평 호명산 환상길
- **310** 양평 커피문화길

PART 6 전라도

- **392** 군산항~변산해수욕장
- **402** 부안 변산반도
- **412** 부안 줄포~고창
- **420** 영광 법성포~백수 해안도로
- **428** 영광 불갑사~함평 돌머리해변
- **436** 무안 조금나루해변~신안 도리포항
- **444** 목포 압해대교~목포해양대학교
- **452** 증도 일주도로

PART 5 충청도

- **320** 홍성 천수만
- **328** 당진 서해대교
- **336** 당진 송악
- **344** 태안 안면도
- **352** 태안반도 북부
- **360** 태안반도 남부
- **368** 보령 해안 로드
- **376** 보령 춘장대
- **384** 서천 다사항~신성리 갈대밭

CONTENTS

테마별 해안 드라이브

PART 1 여행작가 엄마가 꼽았다!
아이와 함께라서 더 좋은 가족여행 코스

- 034 통일전망대~고성송지호
- 086 영월 별빛길
- 094 태백 탄광마을길
- 120 포항 구룡포항~경주 흥무로 벚꽃길
- 144 통영 미륵도 산양~풍화
- 176 거가대교~장승포항
- 252 인천 송도~무의도~영종도
- 328 당진 서해대교
- 444 목포 압해대교~목포해양대학교

PART 2 하트 뿅뿅 매력 뿜뿜!
가기만 해도 사랑에 빠지는 커플여행 코스

- 042 고성삼포해변~대포항
- 078 삼척 대진항~죽변항
- 160 거제 망치해변~여차마을
- 168 거제 홍포선착장~고현항 1018 해안도로
- 186 남해 미조항~삼천포대교
- 202 부산 광안리~기장
- 260 인천 영흥도
- 402 부안 변산반도
- 420 영광 법성포~백수 해안도로

PART 3 나는야 YOLO 스타일!
혼자라서 더 좋은 나홀로 여행 코스

- 112 울진 망양정~후포항
- 152 통영 당포항~욕지도
- 236 강화도 동부
- 276 인천 시화방조제~십리포해변
- 292 화성 궁평항~화성호 방조제
- 360 태안반도 남부
- 368 보령 해안 로드
- 376 보령 춘장대
- 428 영광 불갑사~함평 돌머리해변

PART 4 걷기만 해도 사진각!
여자끼리 여행 코스

- **050** 양양 낙산사~남애항
- **058** 강릉 주문진항~정동진
- **104** 영덕 화진해수욕장~포항 호미곶
- **128** 영덕 복사꽃길~블루로드
- **212** 부산 태종대~다대포해수욕장
- **228** 합천 백리벚꽃길
- **310** 양평 커피문화길
- **382** 서천 다사항~신성리 갈대밭

PART 5 거침없이 떠난다!
남자끼리 여행 코스

- **070** 강릉 심곡항~삼척해변
- **220** 밀양 천왕재 고갯길
- **320** 홍성 천수만
- **336** 당진 송악
- **392** 군산항~변산해수욕장
- **412** 부안 줄포~고창
- **436** 무안 조금나루해변~신안 도리포항
- **452** 증도 일주도로

PART 6 어서 와, 드라이브는 처음이지?
실패 없는 드라이브
초보여행 코스

- **136** 경주 파도소리길~울산 태화강대공원
- **194** 남해 해안 일주도로
- **244** 강화도 서부
- **268** 인천 시도, 신도, 모도
- **284** 인천 아라뱃길~정서진
- **300** 가평 호명산 환상길
- **344** 태안 안면도
- **352** 태안반도 북부(해안도로, 신두리–학암포–태안항– 꾸지나무골해변–만대항)

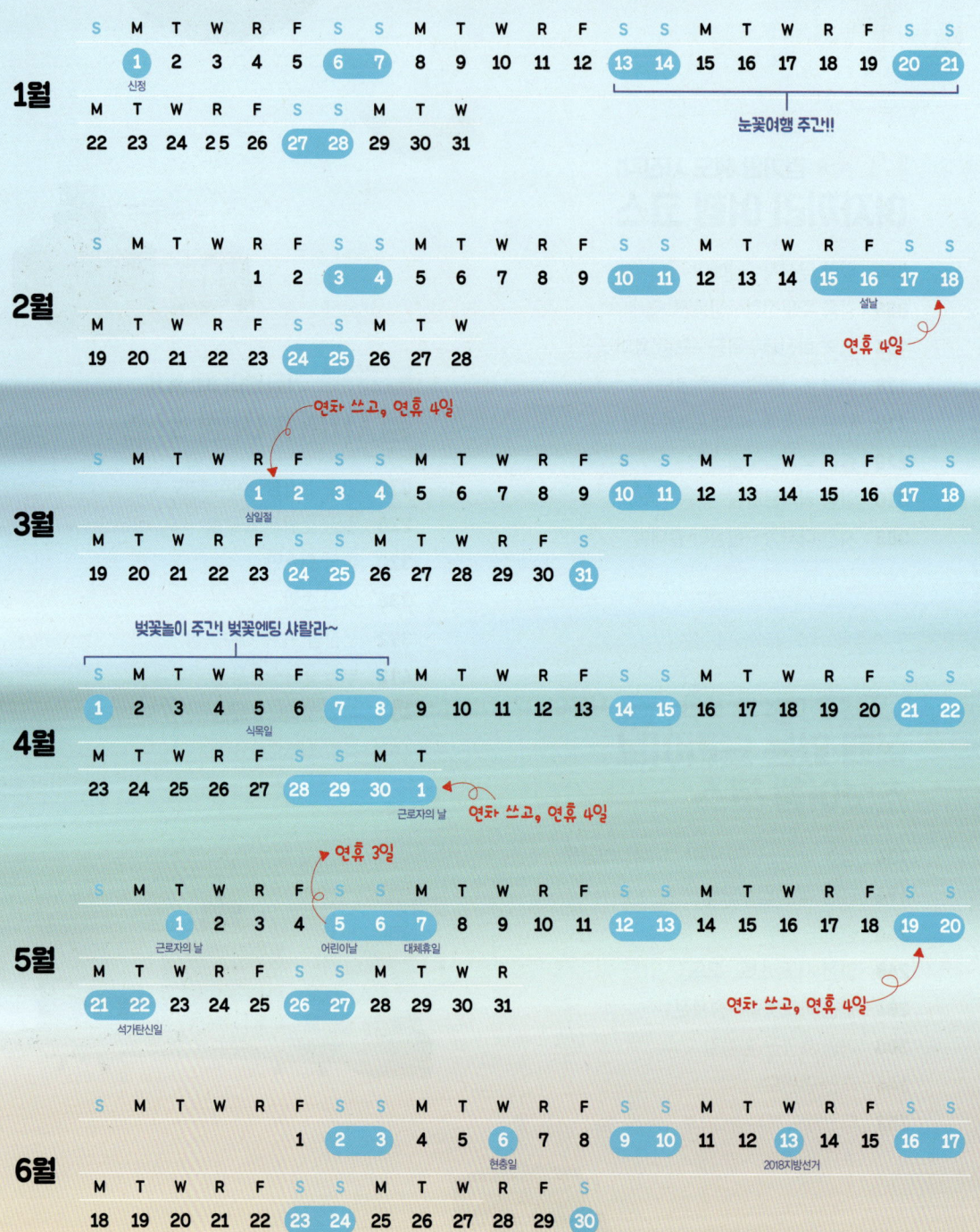

7월

수국 꽃놀이 주간!(거제)

S	M	T	W	R	F	S	S	M	T	W	R	F	S	S	M	T	W	R	F	S	S
1	2	3	4	5	6	7	8	9	10	11	12	13	14	15	16	17	18	19	20	21	22
																제헌절					

M	T	W	R	F	S	S	M	T
23	24	25	26	27	28	29	30	31

8월

S	M	T	W	R	F	S	S	M	T	W	R	F	S	S	M	T	W	R	F	S	S
			1	2	3	4	5	6	7	8	9	10	11	12	13	14	15	16	17	18	19
																	광복절				

M	T	W	R	F	S	S	M	T	W	R	F
20	21	22	23	24	25	26	27	28	29	30	31

9월

S	M	T	W	R	F	S	S	M	T	W	R	F	S	S
					1	2	3	4	5	6	7	8	9	10	11	12	13	14	15	16

S	M	T	W	R	F	S	S
	17	18	19	20	21	22	23	24	25	26	27	28	29	30
						추석		대체공휴일				

꽃무릇 꽃놀이 주간!(영광)

→ 연차 쓰고, 황금연휴 9일

→ 연차 쓰고, 황금연휴 5일

10월

S	M	T	W	R	F	S	S	M	T	W	R	F	S	S
	1	2	3	4	5	6	7	8	9	10	11	12	13	14	15	16	17	18	19	20	21
			개천절					한글날				

M	T	W	R	F	S	S	M	T	W
22	23	24	25	26	27	28	29	30	31

단풍놀이 주간!(강원권)

단풍놀이 주간!(전라 & 경남권)

11월

S	M	T	W	R	F	S	S	M	T	W	R	F	S	S
				1	2	3	4	5	6	7	8	9	10	11	12	13	14	15	16	17	18

억새꽃 축제 주간(강원 & 전라권)

M	T	W	R	F	S	S
19	20	21	22	23	24	25	26	27	28	29	30

12월

S	M	T	W	R	F	S	S	M	T	W	R	F	S	S
					1	2	3	4	5	6	7	8	9	10	11	12	13	14	15	16

M	T	W	R	F	S	S	M	T	W	R	F	S	S
17	18	19	20	21	22	23	24	25	26	27	28	29	30	31	1
							성탄절					신정

→ 연차 쓰고, 연휴 4일

→ 연차 쓰고, 연휴 4일

사계절 추천 코스 & 축제

1월
태백산눈꽃축제 태백 탄광마을길
간절곶 해맞이축제 경주 파도소리길~울산 태화강대공원
자라섬 씽씽겨울축제 가평 호명산 환상길

2~3월
울진대게축제 울진 망양정~후포항
영덕대게축제 영덕 복사꽃길~블루로드

4월
경포대벚꽃축제 강릉 주문진항~정동진
경주 흥무로 벚꽃축제 포항 구룡포항~경주 흥무로 벚꽃길
영덕대게축제 영덕 복사꽃길~블루로드

5월
태안세계튤립축제 태안 안면도
강릉단오제 강릉 주문진항~정동진
울산고래축제 경주 파도소리길~울산 태화강대공원

6월
한산모시문화제 양양 낙산사~남애항
철쭉과 함께 하는 태백산 등반대회 태백 탄광마을길

7월
보령머드축제 홍성 천수만 & 보령 해안 로드
센텀맥주축제 부산 광안리~기장
호러마을축제 합천 백리벚꽃길

해안 자동차여행 코스북 할인쿠폰

블루오션리조트 p.350	드르니오션리조트 p.350	트래블 브레이크 커피 p.351
평일 30%, 주말 10% 할인	평일 30%, 주말 10% 할인	전 음료메뉴 10% 할인

코랄커피 p.375	대천김 판매·홍보관 p.375	보라가든 p.382
전 음료메뉴 10% 할인	5,000원 상당 도시락 김 증정 (5만 원 이상 구입 시)	음료 1병 증정 (5만 원 이하 주문 시) 소주 1병 증정 (5만 원 이상 주문 시)

한산 예담은 소곡주 p.383	서천 휴 리조트 펜션 p.390	군산 베니키아 아리울 관광호텔 p.400
전 상품 10% 할인	일반인·대학생 주중 20% 할인, 초·중·고등학생 인당 13,000원 할인	평일·주말 10,000원 할인

부안영상테마파크 p.408	양평들꽃수목원 p.315	함평 해수약찜 p.432
입장료 30% 할인 (최대 2인)	입장료 1,000원 할인 (최대 3인)	해수찜 10% 할인

해안 자동차여행 코스북 할인쿠폰

트래블 브레이크 커피 p.351
주소 충청남도 태안군 안면읍 등마루1길 125
문의 010-9510-9036
사용기간 2018년 6월 30일까지

드르니오션리조트 p.350
주소 충청남도 태안군 남면 드르니길 53
문의 010-3430-2521
사용기간 2018년 6월 30일까지

블루오션리조트 p.350
주소 충청남도 태안군 남면 몽산포길 161
문의 041-672-0188
사용기간 2018년 6월 30일까지

보라가든 p.382
주소 충청남도 서천군 서면 부사로 238
문의 041-952-2616
사용기간 2018년 10월 31일까지

대천김 판매·홍보관 p.375
주소 충청남도 보령시 대해로 425-9
문의 041-935-8595
사용기간 2018년 2월 28일까지

코랄커피 p.375
주소 충청남도 보령시 해수욕장4길 82
문의 041-934-7011
사용기간 2018년 8월 31일까지

군산 베니키아 아리울 관광호텔 p.400
주소 전라북도 군산시 가도안길 45
문의 1588-0292
사용기간 2018년 6월 30일까지

서천 휴 리조트 펜션 p.390
주소 충청남도 서천군 장항읍 장항산단로34번길 61
문의 070-8887-2222
사용기간 2018년 6월 30일까지

한산 예담은 소곡주 p.383
주소 충청남도 서천군 한산면 한마로 5
문의 041-951-0785
사용기간 2018년 12월 31일까지

함평 해수약찜 p.432
주소 전라남도 함평군 손불면 석산로 60
문의 061-322-9489
사용기간 2019년 6월 30일까지

양평들꽃수목원 p.315
주소 경기도 양평군 양평읍 수목원길 16
문의 031-772-1800
사용기간 2019년 6월 30일까지

부안영상테마파크 p.408
주소 전라북도 부안군 변산면 격포로 309-64
문의 063-583-0976
사용기간 2019년 6월 30일까지

해안 자동차여행 코스북 할인쿠폰

노벨버 리조트 p.126	해암회식당 p.127	별궁 p.358
20,000원 할인 (타 행사와 중복적용 불가)	**식사 3% 할인**	**식사 3% 할인**

부비책방	수에뇨 펜션 p.282	카페테라 p.308
10% 할인 + **트래블 다이어리 증정** (해안 자동차여행 코스북 구입 시)	**평일 5% 할인** (비수기 시즌)	**전 음료메뉴 10% 할인**

바람의 핫도그 p.167	월포펜션 p.200	신안비치호텔 p.450
10% 할인	**평일·주말 10% 할인**	**바다조망룸 96,000원** (정상가 12만원, 2인 조식포함) **유달산조망룸 80,000원** (정상가 10만원, 2인 조식포함)

고래명가 p.142	옹심이 칼국수 막국수 p.143	합천호 스마일 펜션 p.234
음료수 1병 증정 (10만원 이상 주문 시)	**음료수 1병 증정** (2인 이상 주문 시)	**평일 30%, 주말 10% 할인** (*연박으로 이용 시, 10% 추가 할인 적용)

해안 자동차여행 코스북 할인쿠폰

별궁 p.358
주소 충청남도 태안군 이원면 원이로 2492
문의 010-4579-7272
사용기간 2018년 9월 30일까지

해암회식당 p.127
주소 경상북도 경주시 감포읍 대밑길 12-48
문의 054-771-9129
사용기간 2018년 9월 30일까지

노벰버 리조트 p.126
주소 경상북도 경주시 감포읍 감포로 226-4
문의 054-774-3377
사용기간 2018년 6월 30일까지
(2018년 12월 23일~2019년 1월 1일 제외)

카페테라 p.308
주소 경기도 가평군 가평읍 상지로 705-5
문의 031-582-8789
사용기간 2017년 12월 31일까지

수에뇨 펜션 p.282
주소 경기도 화성시 서산면 해안길 337
문의 010-2578-1843
사용기간 2018년 9월 30일까지

부비책방
주소 서울시 구로구 신도림동 337
문의 kgtw(카카오톡ID)
사용기간 2020년 12월 31일까지

신안비치호텔 p.450
주소 전라남도 목포시 해안로 2
문의 061-243-3399
사용기간 2018년 9월 30일까지 (사전예약 필수)

월포펜션 p.200
주소 경상남도 남해군 남면 석교리 월포 47-12
문의 010-7572-7792
사용기간 2018년 9월 30일까지 (사전예약 필수)

바람의 핫도그 p.167
주소 경상남도 거제시 남부면 다대5길 15
문의 1522-4766
사용기간 2018년 6월 30일까지

합천호 스마일 펜션 p.234
주소 충경상남도 합천군 대병면 회양관광단지길 61
문의 055-931-1638
사용기간 2018년 4월 30일까지

옹심이 칼국수 막국수 p.142
주소 울산광역시 중구 태평로 신기길 127
문의 052-245-8818
사용기간 2018년 9월 30일까지

고래명가 p.142
주소 울산광역시 나무 장생포 고래로 207
문의 052-269-2361
사용기간 2018년 9월 30일까지

8월
부산국제코미디페스티벌 부산 광안리~기장
영종도풍등축제 인천 송도~무의도~영종도
정동진 독립영화제 강릉 주문진항~정동진

9월
남당항 대하축제 홍성 천수만
무창포 대하·전어축제 보령 해안 로드
꽃두바우축제, 김삿갓포도축제, 영월삼굿축제 영월 별빛길

10월
부산국제영화제, 부산불꽃축제 부산 광안리~기장
부산국제영화제 부산 태종대~다대포해수욕장
강릉커피축제 강릉 주문진항~정동진
독일마을맥주축제 남해 미조항~삼천포대교
자라섬 국제재즈페스티벌 가평 호명산 환상길
송도불빛축제 인천 송도~무의도~영종도
곰소젓갈축제 부안 변산반도

11월
고성 왕곡마을 민속체험축제 통일전망대~고성 송지호
속초 양미리 & 도루묵 별미축제 고성 삼포해변~대포항
포항구룡포과메기축제 포항 구룡포항~경주 흥무로 벚꽃길

12월
부산항빛축제, 부산크리스마스트리문화축제
부산 태종대~다대포해수욕장
경포해돋이축제, 정동진해돋이축제 강릉 주문진항~정동진
영덕해맞이축제(12. 31~1. 1) 영덕 복사꽃길~블루로드

*축제 날짜는 해마다 날씨 및 요일에 따라 소폭 변동됩니다(해맞이축제 제외).

TIP 여름철 드라이브! 이것만은 꼭 준비하세요.
- 어린아이와 함께라면 반드시 차 안 온도를 점검해주세요.
- 햇볕이 강한 야외에 주차한 경우, 탑승 전 미리 시동과 에어컨을 켜 실내 온도를 내려주세요.
- 차 안에 빈 캔 등 철제 물품을 두지 마세요! 햇볕에 고온으로 달궈진 빈 캔 등은 화상의 원인이 됩니다.
- 자동차 에어컨! 너무 오래 사용하지 마세요. 장거리 운행을 피할 수 없다면 1시간에 10분가량 환기를 합니다.

겨울철 드라이브! 이것만은 꼭 준비하세요.
- 스노우체인은 필수! 도로 결빙에 대비해요.
- 염화칼슘, 삽을 준비해 폭설을 대비해요.
- 자동차 사전 점검은 꼭! 부동액, 배터리, 각종 오일 등은 충분한지 확인해요.
- 겨울철 운행 시에는 특히 앞유리 성에를 제거하고 시트를 높여 넓은 시야를 확보해요.

대한민국 지도

강원도: 속초, 양양, 양주, 포천, 춘천, 홍천, 강릉, 동해, 횡성, 평창, 정선, 삼척, 원주, 영월

경기도: 파주, 서울, 남양주, 양평, 인천, 과천, 안산, 수원, 용인, 이천

충청북도: 충주, 제천, 단양, 봉화, 음성, 영주, 괴산, 예천

충청남도: 당진, 아산, 천안, 태안, 보령, 부여, 청주, 대전, 보은

경상북도: 울진, 안동, 청송, 영덕, 의성, 구미, 영천, 포항, 경주, 성주, 대구

전라북도: 군산, 전주, 무주, 함양, 부안, 고창, 담양, 순창

경상남도: 합천, 청도, 울산, 창녕, 밀양, 부산, 창원, 거제, 진주, 통영

전라남도: 영광, 광주, 무안, 나주, 목포, 강진, 해남, 진도, 보성, 곡성, 구례, 순천, 광양, 여수, 고흥, 남해

제주도

문경

전국 해안 드라이브 지도

PART. 1 강원도

📷 ★★★★ 🍽 ★★★★★ 🛍 ★★★★ 🙌 ★★★★

이런 여행자에게 추천해요!
- 관광객들로 붐비는 유명 관광지보다 나만 알고 싶은 명소를 찾아다니는 프로 여행자
- 아이와 함께 체험을 즐기는 가족 여행자
- 액티비티와 풍경 모두 놓치기 싫은 또래친구들

PART. 2 경상북도

📷 ★★★★ 🍽 ★★★★★ 🛍 ★★★★ 🙌 ★★★

이런 여행자에게 추천해요!
- 아이와 함께 체험을 즐기는 가족 여행자
- 맛있는 음식을 찾아다니는 미식 여행자
- 예쁨 넘치는 스폿을 찾아다니는 여여커플

PART. 3 경상남도

📷 ★★★★★ 🍽 ★★★★ 🛍 ★★★ 🙌 ★★★

이런 여행자에게 추천해요!
- 로맨틱 무드 적극 필요한 썸남썸녀
- 예쁨 넘치는 스폿을 찾아다니는 여여커플
- 액티비티와 풍경 모두 놓치기 싫은 또래친구들

PART. 4 인천, 경기도

📷 ★★★★ 🍽 ★★★ 🛍 ★★ 🙌 ★★★

이런 여행자에게 추천해요!
- 아이와 함께 체험을 즐기는 가족 여행자
- 로맨틱 무드 적극 필요한 썸남썸녀
- 힐링과 낭만을 함께 즐기고 싶은 나 홀로 여행자

PART. 5 충청도

📷 ★★★★ 🍽 ★★★ 🛍 ★★★ 🙌 ★★★★

이런 여행자에게 추천해요!
- 관광객들로 붐비는 유명 관광지보다 나만 알고 싶은 명소를 찾아다니는 프로 여행자
- 아이와 함께 체험을 즐기는 가족 여행자
- 액티비티와 풍경 모두 놓치기 싫은 또래친구들

PART. 6 전라도

📷 ★★★★ 🍽 ★★★★ 🛍 ★★ 🙌 ★★★

이런 여행자에게 추천해요!
- 힐링과 낭만을 함께 즐기고 싶은 나 홀로 여행자
- 맛있는 음식을 찾아다니는 미식 여행자
- 관광객들로 붐비는 유명 관광지보다 나만 알고 싶은 명소를 찾아다니는 프로 여행자

취향 & 테마별 해안 드라이브 코스

1. 올망졸망 아이와 함께 신나는 가족여행

● 신나는 가족여행

♥ 2571 likes
신나는 가족여행 #별마로천문대 #실내교육장 #몸으로말해요 #가족여행 #엄마는쉬고싶다

● 신나는 가족여행

♥ 2387 likes
신나는 가족여행 #해양테마과학관 #가족여행 #아이랑여행 #맘스타그램 #체험여행

● 신나는 가족여행

♥ 5792 likes
신나는 가족여행 #별총총벽화마을 #애스타그램 #날씨좋아 #가족여행 #비상약필수

📝 취향 컨설팅

● **아이의 호기심과 상상력을 충족시키는 여행지는 어디?**
① 우리나라 영해를 지키던 해군함을 직접 본다, 삽교천 함상공원
② 바닷속 물고기의 모든 것을 만난다, 해양테마과학관 & 해양체험수족관
③ 직접 보는 밤하늘의 신비한 세계, 별마로천문대

● **아이들이 더 신나는 체험 여행지?**
① 신기한 멸치잡이와 노젓기 체험, 통영수산과학관
② 꼬물꼬물 바지락 캐기와 손맛 제대로! 선상 낚시 체험, 연명마을
③ 아름다운 통영의 매력을 온몸으로 느껴보는 요트 투어, 통영마리나리조트

● **아이들에게 꿈과 희망의 메시지를 전하는 곳 어디?**
① 직접 방송을 제작하고 아나운서도 돼 보자, 라디오스타박물관
② 동화 속 주인공이 되어 보는 자연 속 어린이 세상, 피너클랜드
③ 아기자기한 그림 천국, 영월 벽화거리

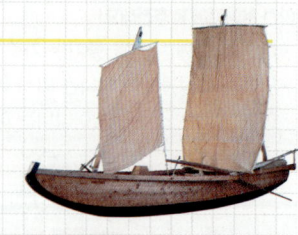

▶ TIP

아이와 함께 떠날 때, 이것만은 꼭 준비하자
비상약(감기약, 해열제, 지사제, 상처치료제, 모기약), 물과 간식, 담요와 여벌의 옷, 모자와 선크림, 장난감, 휴대용 유모차

아이만의 가방을 만들어주자
여벌옷 한 벌, 간식, 우유, 기저귀 등을 넣은 아이 짐을 아이가 가지고 다니게 하면 엄마 아빠 짐과 섞이지 않을뿐더러 그때그때 아이 짐을 꺼내기 편리한 장점이 있다.

★ 취향 코스 ★

Course 1 - 몸으로 말해요! 신나는 아이와 체험여행, 2박 3일

출발 → 통영 미륵도 산양~풍화(1박) p.144 → 전혁림미술관 p.146 → 연명마을 p.149 → 통영 당포항~욕지도(2박) p.152 → 출렁다리 가는 길 p.155 ← 새천년기념공원 p.156 ← 모밀잣밤나무 숲 p.155 → 귀가

Course 2 - 바다와 놀이동산을 한꺼번에! 온 가족 행복여행, 3박 4일

출발 → 당진 서해대교(1박) p.326 → 삽교호 바다공원 p.331 → 삽교호 함상공원 p.331 → 보령 해안 로드(2박) p.368 → 박물관은 살아있다 p.371 → 무창포항 p.372 → 보령 춘장대(3박) p.376 → 월하성 어촌체험마을 p.380 → 선도리 갯벌체험마을 p.380 → 귀가

2. 왁자지껄 떠나는 친구끼리 우정여행

● 친구끼리 우정여행

♥ 1081 likes
친구끼리 우정여행 #파도타자 #서퍼로등극 #친스타그램 #친구끼리 #대동단결

● 친구끼리 우정여행

♥ 7817 likes
친구끼리 우정여행 #래프팅 #아이씐나 #우리끼리 #우정여행 #힘차게저어보세

● 친구끼리 우정여행

♥ 12870 likes
친구끼리 우정여행 #이번엔친구끼리 #컨셉사진찍어보자 #비틀즈처럼 #취향이다달라 #친스타그램

📝 취향 컨설팅

- 다 함께 즐기는 익사이팅 액티비티 가능 여행지 어디?
  1. 신나는 머드 축제의 성지, 대천해수욕장
  2. 파도와 하나된 서퍼들의 천국, 하조대 일대 해변
  3. 레포츠로 대동단결, 래프팅과 패러글라이딩 속으로! 영월

- 다다익선 가성비 좋은 여행지 어디?
  1. 넓은 모래 해변과 아름답고 주변 볼거리도 많은 곳, 만리포해수욕장
  2. 여름엔 해바라기, 겨울엔 눈꽃 맛있는 먹거리까지, 태백
  3. 오토캠핑과 아름다운 바다가 넘실거리는, 동해 망상해변

- 각양각색 멤버들의 취향을 모두 만족할 여행지 어디?
  1. 해변과 휴식을 동시에 만족하는, 안면도 자연휴양림
  2. 맛있는 음식, 송림 그리고 아름다운 바다가 함께 있는 곳, 꽃지해변
  3. 시원한 계곡부터 신비한 동굴까지! 삼척

★ 취향 코스 ★

대하축제부터 머드축제까지! 먹방 찍고 놀거리 가득 여행, 2박 3일

Course 2 산, 바다, 계곡 그리고 익사이팅 액티비티와 함께하는 어른이 여행, 3박 4일

3. 예쁨주의 일상탈출 여자끼리 우정여행

● 여자끼리 우정여행

♥ 1984 likes
여자끼리 우정여행 #맹종죽테마공원 #연두연두해 #포토존 #여행스타그램 #또가고싶다

● 여자끼리 우정여행

♥ 887 likes
여자끼리 우정여행 #남애항 #하늘담은바다 #즐거운시간보내자 #여자끼리 #여행에미치다

● 여자끼리 우정여행

♥ 5375 likes
여자끼리 우정여행 #디스커버리테이스트 #달다구리 #디저트 #맛스타그램 #여자둘여행

📝 취향 컨설팅

- **인생샷 포인트 어디가 좋아?**
  1. 꽃길만 걷게 해줄게, 경주 흥무로 벚꽃길
  2. 이국적인 느낌 가득, 북항마을 매미성
  3. 연둣빛 대나무 배경 삼아 감성 사진 찍어볼까, 맹종죽 테마공원

- **물빛 예쁜 바다라면 여기가 짱이지!**
  1. 버섯 모양의 빨간 등대도 예뻐, 남애항
  2. 파도가 만들어낸 하트 해변에서 찰칵, 죽변 〈폭풍 속으로〉 드라마 세트장
  3. 에메랄드빛 바다를 원해? 영덕 고래불해수욕장

- **분위기 있는 카페 있는 곳 어디?**
  1. 비주얼 깡패 '폴앤메리 버거'와 커피가 맛있는 '보헤미안 박이추 커피', 강릉
  2. 달다구리 디저트 '디스커버리 테이스트'와 광안리 바다를 만나다, 부산 광안리
  3. 제과 명장 안창현의 '안스 베이커리'부터 급이 다른 카페 집결지, 인천 송도센트럴파크

★ 취향 코스 ★

Course 1 인생 사진 찍고 예쁜 카페 투어, 여행스타그램 코스 2박 3일

Course 2 걷기만 해도 사진각! 여심저격 코스 3박 4일

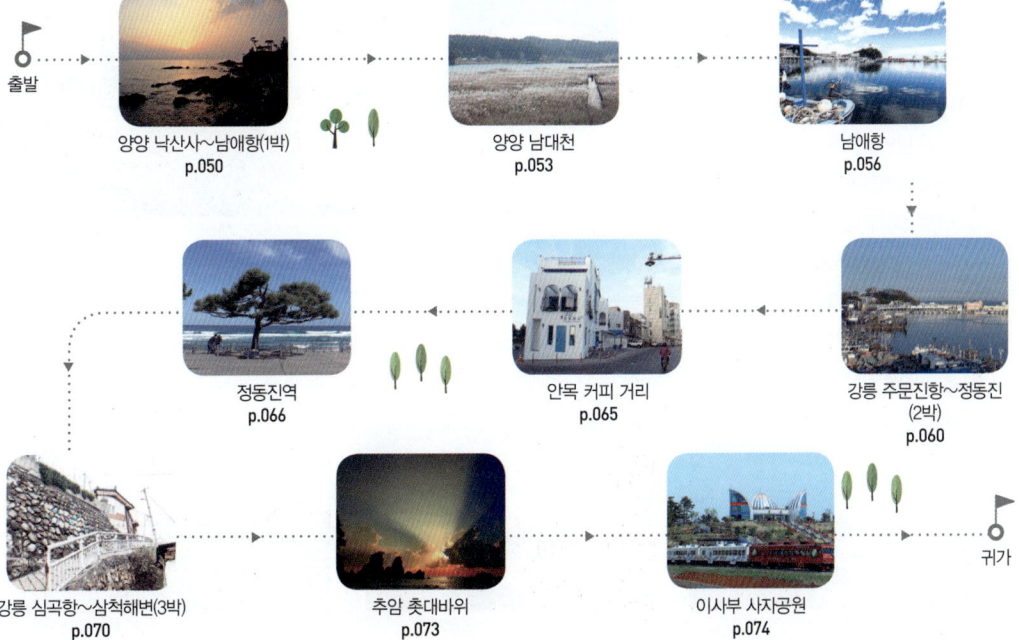

4. 달다구리 꿀 떨어지는 썸남썸녀 커플여행

● 썸남썸녀 커플여행

♥ 21010 likes
썸남썸녀 커플여행 #커플성지 #죽성성당 #커플사진 #달다구리좋아 #럽스타그램

● 썸남썸녀 커플여행

♥ 7711 likes
썸남썸녀 커플여행 #남해원예예술촌 #날씨좋아 #행복만땅 #럽스타그램 #배경이다했네

● 썸남썸녀 커플여행

♥ 17999 likes
썸남썸녀 커플여행 #로맨틱 #달빛샤워 #달맞이길 #야경스타그램 #럽스타그램

📝 취향 컨설팅

- **로맨틱 무드 뿜뿜 여행지 어디?**
  - 도도한 그녀도 무뚝뚝한 그도 어느새 달다구리, 외도
  - 이국적인 정원과 바다를 만나는 곳, 남해 원예예술촌
  - 연인들의 인생샷 전문 제작소, 부산 죽성성당

- **사랑을 부르는 낭만 드라이브 코스 TOP 3**
  - 부산 광안리~기장 해안도로
  - 남해 미조항 삼천포대교공원
  - 거제 망치해변~여차마을

- **두근두근 설렘주의보 밤이 더 아름다운 여행지 어디?**
  - 둘이 걸어요~ 로맨틱한 달빛 샤워, 부산 달맞이길
  - 러블리한 커플처럼 수줍게 타오르는 노을의 언덕, 거제 노을전망대
  - 운하로에 비치는 별빛이 아름다운 해상누각, 포항 영일대

★취향 코스★

Course 1 — 로맨틱 여행의 정석을 만나는 커플여행, 2박 3일

출발 → 부산 광안리~기장(1박) p.202 → 광안리해수욕장 p.204 → 달맞이길 p.206 → 부산 태종대~다대포해수욕장(2박) p.212 → 용두산공원 p.215 → 송도해수욕장 p.216 → 다대포해수욕장 p.217 → 귀가

Course 2 — 사랑하는 연인을 위해 아껴 두고 싶은 시크릿 코스, 3박 4일

출발 → 거제 망치해변~여차마을(1박) p.160 → 해금강 p.162 → 외도 p.163 → 바람의 언덕 p.165 → 거제 홍포선착장~고현항 1018 해안도로(2박) p.168 → 명사해수욕장 p.170 → 가조도 '노을이 물드는 언덕' p.172 → 고현항 p.173 → 귀가

5. 나 홀로 떠나는 아날로그 감성여행

● 아날로그 감성여행

♥ 3710 likes
아날로그 감성여행 #욕지도 #STAY #쉼표 #여행감성 #여행은언제나옳다

● 아날로그 감성여행

♥ 5820 likes
아날로그 감성여행 #무창포 #모세의기적 #걸어서건너는바닷길 #셀스타그램 #여행에미치다

● 아날로그 감성여행

♥ 1705 likes
아날로그 감성여행 #유동노을전망대 #황금노을실화냐 #셀스타그램 #레트로감성

📝 취향 컨설팅

- **복잡한 일상을 내려놓을 힐링 여행지 어디?**
  - 🏅 오직 나만의 시간을 걷는다, 화성 용주사
  - 🏅 바다 옆 신비의 모래 언덕, 신두리 해안사구
  - 🏅 모세의 기적을 만나다, 무창포해수욕장

- **고즈넉한 사색을 즐길 수 있는 감성 여행지 TOP 3**
  - 🏅 STAY, 섬에서의 쉼표 같은 하루! 욕지도
  - 🏅 남해에서 가장 아름다운 해변, 상주 은모래비치
  - 🏅 파도 소리 간지러워 가만히 머물고만 싶어라, 농소몽돌해수욕장

- **흔한 관광지말고 나만 알고 싶은 여행지를 찾아서**
  - 🏅 서해의 아름다운 비경을 만나는 곳, 신진도 마도
  - 🏅 푸른 호수와 소나무 숲과 해당화 고요한 산책, 고성 화진포호
  - 🏅 나만의 BGM 볼륨 업! 혼자라서 더 좋은 드라이브, 가평 호명산 환상 드라이브길

★취향 코스★

Course 1 ▶ 남들은 모르는 비경을 찾아 떠나는 여행, 2박 3일

출발 → 가평 호명산 환상길(1박) p.300 → 쁘띠프랑스 p.303 → 남이섬 p.304 → 나비스토리(이화원) p.305

귀가 ← 건봉사 p.039 ← 이승만 대통령 별장 p.037 ← 통일전망대~고성 송지호(2박) p.034

Course 2 ▶ 간지러운 파도, 그리고 쉼표가 있는 레트로 감성여행, 3박 4일

출발 → 남해 해안 일주도로(1박) p.194 → 다랭이마을 p.197 → 사촌해수욕장 p.198

출렁다리 p.157 ← 모밀잣밤나무 숲 p.155 ← 통영 당포항~욕지도(2박) p.152

거제 거가대교~장승포항(3박) p.176 → 옥포항 p.181 → 장승포항 p.182 → 귀가

여행의 재미는 식도락! 전국 맛집 리스트

❶ 굴전

❷ 냉채족발

❸ 명품 간장게장

❹ 육전 냉면

❺ 팥죽

❻ 고등어회

❼ 민물매운탕

1. 영빈관 p.151
전국 굴의 70%를 생산하는 통영의 굴 요리 대표 음식점. 굴을 듬뿍 넣어 고소하게 구워낸 굴전은 굴을 잘 못 먹는 아이들도 좋아할 만한 메뉴다.

2. 한양족발 p.218
부산 대표 먹거리 냉채족발! 그중에서 원조로 꼽히는 집. 코가 뻥~ 뚫릴 듯한 겨자 소스에 양념된 족발과 새콤달콤한 해파리냉채와 오이무침은 자꾸 생각나는 중독적인 맛!

3. 칠산꽃게장 p.410
'전라북도 명품 인증'을 받은 집으로 100% 국내산 꽃게와 양념만을 사용한다. 살과 알이 꽉 차는 4~5월에 싱싱한 국내산 암꽃게만을 사용하여 만든 명품 간장게장이 인기 있다.

4. 하면옥 p.184
거제도의 신선한 해물로 정성껏 우려낸 육수에 달걀옷을 입은 육전이 고명으로 올려진 하면옥만의 냉면. 줄 서지 않으면 맛보기 힘들 정도로 인기다.

5. 문호리팥죽 p.318
최상의 국내산 팥에 다른 첨가물은 전혀 사용하지 않고 오랜 시간 정성으로 끓여 맛을 낸다.

6. 해녀 김금단 포차 p.158
양질의 수산물이 가득하기로 잘 알려진 욕지도. 그중에서도 고등어는 가장 대표적인 욕지도의 수산물로 꼽힌다. 고등어회는 비린 맛이 없고 쫄깃하면서도 입안 가득 퍼지는 고소함이 일품이다.

7. 어신민물매운탕 p.235
맨손 낚시의 달인이 운영하는 곳으로, 푸짐하게 들어간 각종 채소들에다 큼직하고 부드러운 생선살이 더해져 국물이 담백하고 칼칼해서 속을 풀기 위해 왔다가 술 한잔을 하게 되는 곳이다.

⑧ 꽃게된장찌개

⑨ 꽃게무침

⑩ 생선구이

⑪ 멍게비빔밥

⑫ 포항물회

⑬ 해물골동반 정식

⑭ 박속밀국낙지탕

8. 삼천포돌게장 p.192
경상남도 사천시의 대표적인 먹을거리, 꽃게. 단일 메뉴인 게장 백반을 시키면 간장게장, 양념게장, 꽃게된장찌개 모두를 맛볼 수 있다. 멍게젓갈 역시 이곳을 찾는 여행자들에게 추천하는 별미다.

9. 유정식당 p.391
흔히 찾을 수 없는 조금은 색다른 꽃게 요리, 꽃게무침. 꽃게의 살을 모두 발라내어 양념에 버무린 별미로, 밥도둑이 따로 없다.

10. 우리들 회식당 p.167
계절에 따라 바뀌는 국 종류와 조미료를 넣지 않은 반찬, 철판에 바로 구운 신선한 생선구이를 맛볼 수 있다.

11. 백만석 p.174
거제8미 중 하나인 멍게비빔밥을 얘기할 때 빠지지 않는 곳으로, 양념 후 숙성시켜 살짝 얼린 멍게를 내기 때문에 처음 맛보는 사람도 부담스럽지 않다.

12. 삼형제 횟집 p.110
포항에 가면 놓치지 말아야 할 머거리인 물회다, 제철에 나오는 생선을 위주로 포항 바다에서 나오는 신선한 해산물들을 사용해 만드니 맛이 없을 수가 없다.

13. 기와집 담 p.258
골동반은 비빔밥을 이르는 말로 해물 골동반은 해물 비빔밥이라는 뜻이다. 이름처럼 해초와 조갯살 등 해물이 들어간 비빔밥으로 보리새우가 올라간 고추장에 쓱쓱 비벼먹으면 그 맛이 일품이다.

14. 이원식당 p.357
박속밀국낙지탕은 나박나박 썬 박속과 파, 양파, 다진 마늘 등을 물에 넣고 소금으로 간 해 끓이다 산 낙지를 넣어 살짝 데쳐지면 건져내 먹는 음식이다. 무를 넣은 연포탕보다 더욱 시원하고 담백한 국물이 특징이다.

⑮ 준치회

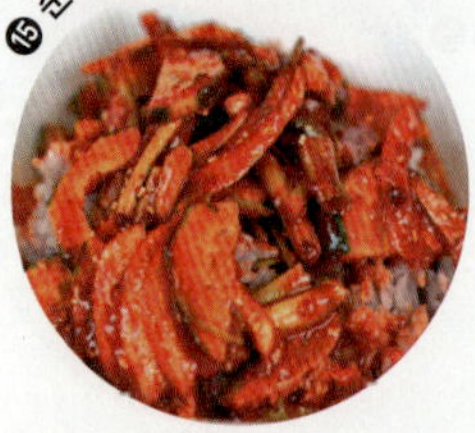

⑯ 짱뚱어탕

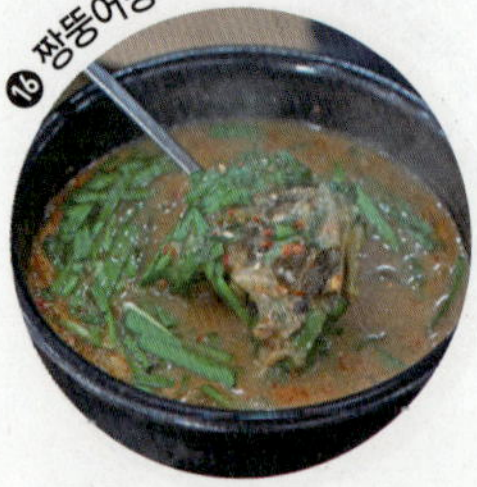

⑰ 간자미무침

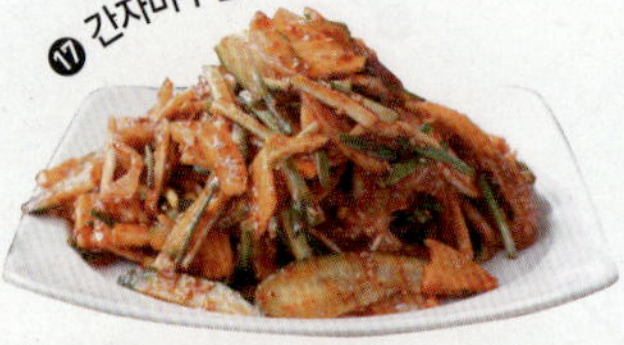

⑱ 멸치쌈밥

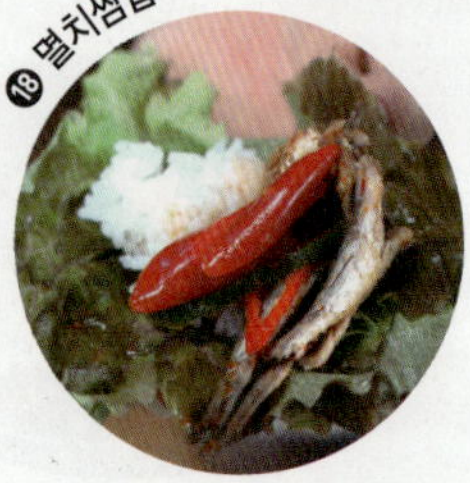

⑲ 바지락해물칼국수

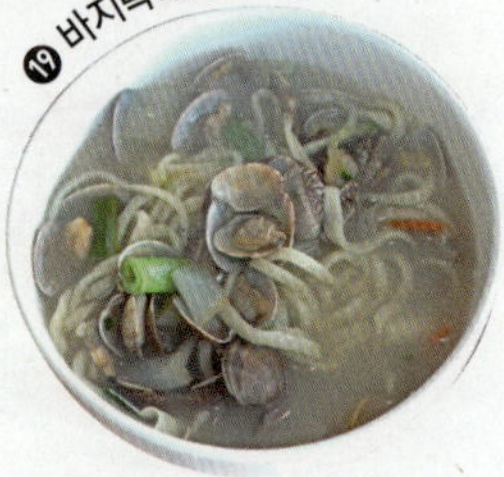

⑳ 수제버거

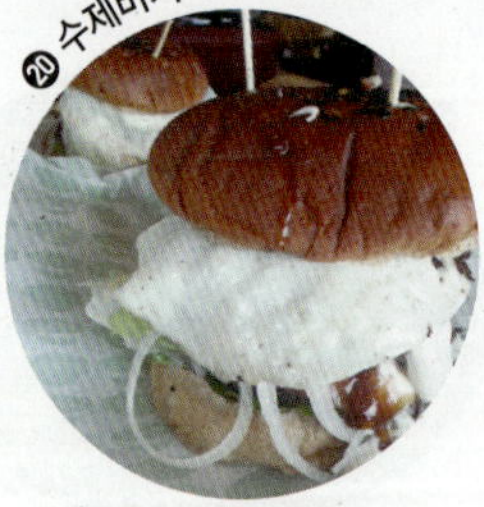

㉑ 대게빵

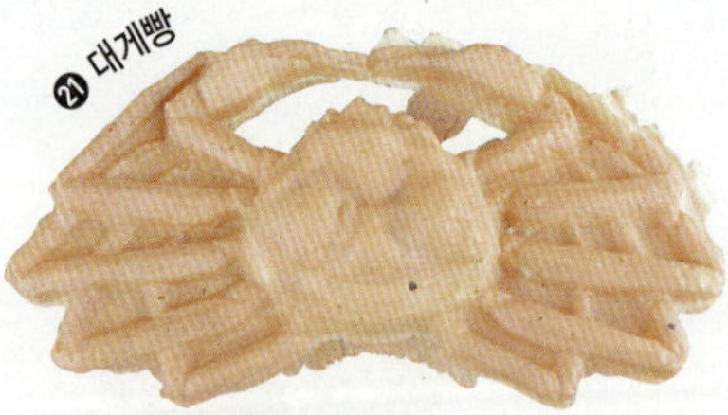

15. 선경준치횟집 p.450

썩어도 준치라는 말이 있듯, '치'자로 끝나는 생선 중에 가장 맛있다는 준치. 새콤달콤한 양념과 입안에서 씹히는 식감이 입맛을 돋운다.

16. 고향식당 p.458

갯벌에 사는 물고기인 짱뚱어에 된장, 고추, 무청시래기 등 각종 채소와 초피가루가 더해진 증도의 짱뚱어탕은 보양 음식으로 손꼽힌다.

17. 왜목 해맞이수산 p.342

강개미는 가오리, 간자미의 다른 이름이다. 오이, 상추, 풋고추 등 채소가 듬뿍 들어간 새콤달콤한 간자미무침은 진정한 밥도둑이다.

18. 미가식당 p.201

남해바다 죽방렴 멸치를 사용해 만든 멸치쌈밥은 비린 맛이 없고 멸치 특유의 고소함을 느낄 수 있다. 배추 시래기와 양파, 대파 등을 넣고 멸치액젓과 매실 엑기스로 간하여 먹는다.

19. 황해칼국수 p.259

영흥도에서 직접 채취한 바지락으로 만든 칼국수. 조미료 맛 1도 없이 서해안 특유의 바지락만으로 낸 칼칼하고 시원한 국물이 매력이다.

20. 폴앤메리 버거 p.068

가성비 뛰어난 버거, 강릉 강문 바다 앞에 위치한 버거 가게로 가성비가 좋아 인기가 많다.

21. 대게빵집 p.085

강릉에서 삼척으로 가는 고속도로에 위치한 전망 좋은 휴게소다. 바다, 기찻길, 고속도로가 나란히 마주 보고 있어서 멀리 보이는 바다 풍경을 보면서 먹는 모든 음식이 특별해진다. 바다를 보며 대게빵을 맛보길 추천한다.

휴게소 맛집 리스트

① 도리뱅뱅 정식

② 뚝배기동태탕

③ 소고기국밥

④ 죽암왕갈비탕

⑤ 병천순대국밥

⑥ 한우국밥

⑦ 수제 돈가스

1. 금강 휴게소(부산 방향)
튀긴 빙어에 양념을 조려 나오는 음식으로 다른 곳에서는 쉽게 접하기 어렵다. 동그란 돌솥에 뱅뱅 돌려 나오기 때문에 도리뱅뱅이라고 한다.

2. 신탄진 휴게소(서울 방향)
통통한 동태살에 얼큰한 국물 맛이 일품이다. '전국 고속도로 휴게소 맛자랑 경연대회'에서 금상을 수상했다.

3. 덕평 휴게소(서울 방향)
시골 장터에서 막 끓여낸 듯 깔끔하면서도 깊은 국물 맛이 인기의 비결. 전국 휴게소 음식 판매 1위를 자랑한다.

4. 죽암 휴게소(부산 방향)
죽암 휴게소에서 자체 레시피를 개발해 만든 메뉴로 송아지 갈빗살의 부드러운 식감에 담백하고 시원한 국물 맛이 일품이다.

5. 천안 휴게소(부산 방향)
부드러운 소창을 사용하여 돼지 특유의 누린내가 적고 담백하다. 진한 돼지뼈 국물에 얼큰한 양념이 일품이다.

6. 홍성 휴게소(양방향)
홍성의 자랑인 한우를 사용한 한우국밥은 건강 음식으로 당뇨, 부종 예방 효과, 원기회복 등에 도움이 있다.

7. 화성 휴게소(상행-서울 방면)
화성 휴게소의 명물로 TV 프로그램〈생활의 달인〉에 나오는 '임성남' 씨의 비법 메뉴로 겉은 바삭하고 속은 부드러운 게 특징이다.

해안 드라이브 주의사항 & 팁

안전한 여행을 위한 꼼꼼한 준비는 행복한 추억을 만드는 데 무엇보다 중요한 요소다. 사랑하는 이들과의 드라이브를 시작하기에 앞서 준비해야 할 사항 및 비상연락망 등을 미리 알아보고, 보다 더 편안하고 즐거운 여행을 떠나보자.

장거리 운전 시 알아두면 좋은 TIP

1) 출발 전
- 장거리를 운전하기에 앞서 차량에 이상이 없는지 확인해보자. 연료의 양, 냉각장치 누수 여부, 냉각수의 양, 타이어 공기압, 타이어 홈 깊이 등의 점검으로 교통사고를 예방할 수 있다.
- 오랜 시간 동안의 운전 시, 가장 위험한 것이 졸음운전이다. 이를 예방하기 위해 전날 충분한 수면으로 휴식을 취하고, 졸음방지 껌, 시원한 물, 간식, 신나는 노래 등 졸음운전을 예방할 수 있는 것들을 미리 준비하는 것을 추천한다.

2) 출발 후
2시간마다 휴게소를 들러 짧은 휴식을 취해주고, 졸음이 온다면 짧은 시간이라도 휴게소 혹은 졸음쉼터에 차를 세워두고 잠을 자는 것이 좋다. 또한 스트레칭을 통해 근육의 피로를 풀어주면 피로감을 줄여주고 졸음운전을 예방하는 데 탁월하다.

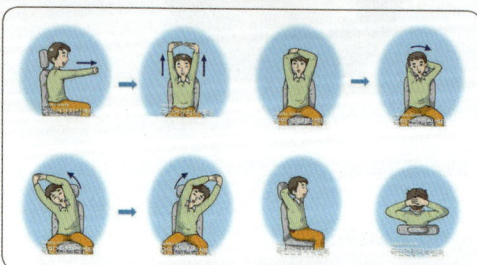

*그림출처 : 국민건강지식센터

간편하게 이용 가능한 쏘카(SOCAR) 이용방법

STEP1. 준비
① 본인 휴대폰에 쏘카 앱 설치
② SNS계정(카카오톡, 네이버, 이메일, 페이스북)을 이용하여 가입
③ 본인 운전면허와 결제카드 등록

STEP2. 예약
① 쏘카 앱을 켜서 대여기간 설정(예약시간 선택)
② 내 주변 쏘카존에서 원하는 차종 선택
③ 예약 확인(차종, 차 번호, 대여일, 반납일, 대여존, 반납존, 대여요금)

STEP3. 이용
① 예약한 쏘카 대여존으로 가서 내가 예약한 차 확인
② 쏘카 앱 속의 쏘카 키를 사용하여 문을 열고 사용

STEP4. 반납
① 반납 전 정리는 필수, 주유는 반 이상 채워두기
② 예약 시 지정된 반납존을 확인하여 반납하기

사고 났을 때 필요한 연락처 리스트

1) 고속도로에서 사고가 났다면, 한국도로공사 콜센터
한국도로공사의 고속도로에 관련한 업무를 담당하는 곳이다. 고속도로상에서 사고가 발생했다면, 이곳으로 전화하자. 한국도로공사 콜센터에서 업무 처리가 가능한 일이라면 현 위치와 가까운 지사로 연결하여 도움을 받을 수 있도록 해준다. 혹시나 콜센터에서 업무 처리가 불가능하더라도 다른 대처방법을 안내해주니, 일단 믿고 전화해보자.

전화 1588-2504
가능 업무 사고 제보 및 긴급견인서비스 요청, 교통정보 안내, 톨게이트 전화번호 안내, 버스 전용 차로 안내, 4.5톤 이상 화물 차량 하이패스 문의 등

2) 보험회사 긴급출동서비스
자동차 사고가 났을 때는 자동차보험의 긴급출동서비스를 적극 활용하자. 긴급출동서비스는 차가 고장 났거나 사고가 났을 경우 긴급 견인, 비상 급유, 배터리 충전 등의 도

움을 받을 수 있는 특약이다. 보험회사에 따라 긴급출동서비스의 항목은 다를 수 있다. 여행을 계획하고 있다면 보험회사의 긴급출동서비스 가입 여부와 서비스 항목을 확인해두자. 비상시를 대비하여 휴대폰에 긴급출동서비스 전화번호 입력은 필수!

업체별 전화번호

삼성화재 1588-5114   메리츠화재 1566-7711
현대해상 1588-5656   한화손해보험 1566-8000
동부화재 1588-0100   롯데손해보험 1588-3344
KB손해보험 1544-0114

3) 고속도로 터널 긴급전화

길이가 긴 고속도로 터널 내에서의 연쇄 추돌사고 및 화재사고 등은 밀폐된 공간에서의 사고와 같다. 때문에 우리나라의 모든 고속도로 터널에는 터널 내에서의 사고를 대비하여 소화기, 옥내소화전, 수동발신기, 피난연락갱문 등 그리고 비상전화가 마련되어 있다. 비상전화는 긴급 상황을 터널관리소에 알리는 역할을 하는 것으로, 도움이 필요하다면 자신의 위치에서 가까운 소화전함의 비상벨을 누르고 비상전화를 통해 구조 요청을 할 수 있다.

드라이브할 때 들으면 더 좋은 음악 베스트

여행의 설렘을 배가시켜줄 음악 베스트 5

노래 속 주인공들은 여행을 하고 여행에서의 행복함을 이야기한다. 노래를 듣고 있자면, 자연스레 내가 떠날 여행에 대한 즐거운 상상을 하게 된다. 드라이브를 위한 음악을 찾고 있다면 이 노래를 제일 처음으로 선곡해보자. 여행의 시작을 더욱 행복하게 만들어줄 것이다.

1. 출발 김동률   2. 하늘을 달리다 이적
3. 나에게로 떠나는 여행 버즈   4. 여행을 떠나요 이승기
5. 고속도로 로망스(Acoustic Ver.) (Feat. 박효신, 윤도현, 김종국, 조PD) 김장훈

사랑하는 사람과 들으면 더 사랑이 샘솟는 음악 베스트 5

사랑하는 사람과의 여행, 사랑하고픈 사람과의 여행길이라면 이 음악을 들어보자. 아름다운 풍경을 보며 노래를 듣는 것만으로도 사랑이 샘솟는다. 노래를 핑계 삼아 은근히 마음을 표현하기에도 좋다. 표현에 서툰 사람에겐 놓치지 말아야 할 데이트 필수 아이템!

1. All For You 서인국, 정은지(에이핑크)   2. 좋다 데이브레이크(Daybreak)
3. 그대를 사랑하는 10가지 이유 이석훈
4. 솜사탕 네미시스   5. Chocolate Drive 김지수

'토닥토닥. 괜찮아 다 잘될 거야.' 위로를 주는 음악 베스트 5

아무것도 묻지 않고 그저 '토닥토닥'이 필요한 순간. 복잡한 생각을 던져버리고 풀리지 않는 일들을 잊고 싶어 드라이브를 떠나는 사람들을 위한 노래다. 시원하게 뻗어 있는 드라이브 코스를 달리며 답답한 마음을 확 풀고, 무조건적인 위로의 노래로 지친 마음을 달래보자.

1. 수고했어, 오늘도 옥상달빛   2. 그래, 우리 함께 무한도전
3. 내가 니편이 되어줄게(Feat. 하은) 커피소년
4. 혼자가 아닌 나 서영은   5. 힘 내!(Way To Go) 소녀시대

강원도

DRIVE COURSE

통일전망대~고성 송지호

강원도 청정해역, 꼭꼭 숨은 보석 여행지를 발굴하는 드라이브

강원도 최북단, 북한과 맞닿은 도시는 유난히도 고즈넉하다. 전체 면적의 65%가 군사보호구역으로 지정되어 있어 교통 및 편의 시설이 개발되지 않았다. 하지만 금강산이 이어지는 봉우리, 설악산의 수려한 자연경관이 일품이다. 바다, 호수, 산의 아름다움을 모두 품고 있는 곳이다. 바다 쪽으로 작은 항구와 해수욕장이 즐비하고 많은 항구의 수는 수산자원이 풍부한 지역이라는 것을 대변해준다. 김일성, 이승만, 이기붕의 별장이 있었던 곳이니 아름다운 경관은 기대해볼 만하다.

INFORMATION
- 이동거리 107.7km
- 드라이브 2시간 50분
- 전체 코스 6~7시간
- 포인트 전 세계 유일한 분단국가의 지표를 확인할 수 있는 곳으로 개발되지 않은 천연자연환경을 경험할 수 있다.
- 추천계절 여름~가을(6~11월)
- 축제 화진포해맞이축제(1월), 맨손조개잡이축제(7~8월), 맨손가리비잡이축제(7~8월), 광수성문화제(9월), 고성명태축제(10월), 고성 왕곡마을 민속체험축제(11월)

RECEIPT
입장료
통일전망대 ·················· 6,000원
이승만 대통령 별장 ·········· 6,000원

주차료
무료

식사 및 간식
(점심) 생선찌개 ············· 20,000원
(저녁) 막국수 ··············· 14,000원

TOTAL
46,000원

(※2인 기준)

1 course

민통선 출입을 허하노라 **통일전망대**

통일전망대는 통일안보공원에서 출입신고서를 작성하고 안보교육을 받은 후 5분 정도 차를 타고 들어간다. 민통선(민간인통제구역선)에서 신분 확인 후 다시 5분 정도 들어가면 통일전망대에 도착한다. 통일전망대에 서면 구선봉, 해금강, 옥녀봉, 채하봉이 보이는 금강산을 볼 수 있다. 2004년 12월에 개통된 남북 연결도로도 눈에 들어오고, 망원경을 이용하면 북한 군인의 모습도 보인다. 북한에 고향과 가족이 있는 실향민들의 슬픔과 한이 머물러 있는 느낌이다. 통일전망대 종교 성역의 공간에서는 조국의 평화와 통일을 염원하는 통일미륵대불과 성모상을 볼 수 있으며 6·25전쟁 체험전시관도 관람이 가능하다.

통일전망대에서 내려다본 비행기와 탱크 모형

📍 강원도 고성군 현내면 금강산로 481　📞 033-682-0088　🕐 3.1~7.14 09:00~16:20, 8.21~10.31 09:00~16:20, 7.15~8.20 09:00~17:30, 11.1일~익년 2.28 09:00~15:50, 연중무휴　💰 어른 3,000원, 청소년 1,500원　🅿 주차 30여 대 가능, 무료　🚗 통일전망대(1km)→금강산로(1.3km)→대진항

2 course

우리나라 최북단의 마지막 항구 **대진항**

사람의 손길이 닿지 않은 청정 지역, 바다의 수심과 형태에 따라 수산물 어획량도 다양하다. 물이 맑은 대진 앞바다에서는 문어, 해삼, 멍게의 수확이 많고 피조개와 밥조개 양식장이 있어서 다양한 해산물을 접할 수 있다. 심야에 출항한 배가 아침 7시쯤 들어오면 부둣가는 활기찬 어촌의 모습을 띤다.

📍 강원도 고성군 대진항길 147　📞 고성군청 해양수산과 033-680-3411~4　🕐 24시간, 연중무휴　💰 무료　🅿 주차 20여 대 가능, 무료　🚗 속초IC(4km)→동해대로(41km)→통일전망대

이른 새벽 부두에서 경매를 마친 생선을 끌고 이동하는 어민

★ 놓치지 말자! ★

DMZ박물관

남북한의 문화적 동질성 회복과 통일이라는 명제하에 남북한 화합의 장이 되기 위한 공간이다. 동해안 최북단인 군사분계선과 근접한 민통선(민간인통제구역선) 내에 건립하여 남북한 평화와 안정을 바라는 전 국민의 염원을 담았다. 외부에는 북한에서 건너온 '북한 전마선', '북한이탈주민목선' 등이 전시되어 있고 철밥통, 군모자를 이용해서 만든 DMZ 글자가 조형예술로 자리잡고 있다.

📍 강원도 고성군 현내면 통일전망대로 369　📞 033-681-0625　🕐 3~10월 09:00~18:00, 11~2월 09:00~17:00, 1월 1일, 매주 월요일 휴무　💰 어른 2,000원, 청소년 1,400원, 어린이 1,000원　🌐 www.dmzmuseum.com　🅿 주차 30여 대 가능, 무료

3 course

우리나라 초대 대통령의 휴식공간
이승만 대통령 별장 (이승만 대통령 화진포기념관)

1954년 건립된 별장으로 이승만 대통령이 부인과 함께 수시로 찾았던 곳이다. 화진포가 아래로 내려다보이는 단층 석조 건물로 조용히 휴식을 취하기 좋은 공간이다. 집무실·침실·거실을 재현했고, 유가족이 기증한 이승만 부부가 사용한 침대, 의복, 장갑 등이 전시되어 있다. 별장 뒤에 있는 이승만 대통령 화진포기념관에는 친필 휘호, 의복, 소품 등이 전시되어 있다.

📍 강원도 고성군 현내면 이승만별장길 33 📞 고성군 관광안내소 033-680-3677 🕐 3~10월 09:00~18:00, 11~2월 09:00~17:30, 연중무휴 💰 3,000원(표 1매로 김일성 별장, 이기붕 별장, 화진포생태박물관 통합관람 가능) 🅿 주차 50여 대 가능, 무료 🚗 이승만대통령별장(0.4km)→화진포길(0.4km)→김일성별장

이승만 대통령 성격을 엿볼 수 있는 집무실

이승만 대통령 별장 부부 모습

별장 입구에서 보이는 자연 전경

4 course

화진포의 성 **김일성 별장**

'화진포의 성'으로 불리는 김일성 별장은 해안가 산기슭에 위치한 지하 1층, 지상 2층의 석조 건물이다. 1938년 독일인 H. 베버가 건축했고 1950년까지 김일성 가족들과 공산당 간부들이 사용했다. 전쟁 중에 많이 훼손되어 1964년 육군에서 재건축하였고, 지금은 역사안보전시관으로 운영하고 있다. 내부에는 김정일이 6세에 찍은 사진이 남아 있고 한국전쟁과 북한 관련 자료를 전시하고 있다. 화진포 성에서 해변을 바라보면 금구도라고 불리는 거북 모양을 한 바위섬이 있다. 가을이면 금구도에서 자라는 대나무 숲이 노랗게 변해 섬 전체가 황금빛으로 물드는 모습을 한눈에 내려다볼 수 있다. 화진포의 성 뒤편으로 '고성 화진포 해맞이 숲길'이 거진등대까지 이어져 있어 응봉 정상과 소나무 숲길을 지나는 트레킹이 가능하다.

📍 강원도 고성군 거진읍 화진포길 280 📞 고성군 관광안내소 033-680-3677 🕐 3~10월 09:00~18:00, 11~2월 09:00~17:30, 연중무휴 💰 3,000원(표 1매로 이승만 별장, 이기붕 별장, 화진포생태박물관 통합관람 가능) 🅿 주차 100여 대 가능, 무료 🚗 대진항(1.3km)→금강산로(2.3km)→이승만대통령별장

★놓치지 말자!★

이기붕 별장

이승만 정권 시절 부통령 후보였던 이기붕 별장이 이승만 별장, 김일성 별장과 인접해 있다. 1920년대 외국인 선교사들이 건축하여 현재까지 보존된 건물로, 북한 공산당 간부 휴양소로 사용하다가 휴전 후 부통령이었던 이기붕의 처 박마리아가 개인 별장으로 사용하였다. 별장 내에는 집무실과 응접실이 있으며 침대, 의상, 사진 등이 보관돼 있다.

📍 강원도 고성군 거진읍 화진포길 280 📞 고성군 관광안내소 033-680-3677 🕐 3~10월 09:00~18:00, 11~2월 09:00~17:30 💰 3,000원(표 1매로 이승만 별장, 김일성 별장, 화진포생태박물관 통합관람 가능) 🅿 주차 100여 대 가능, 무료

비 내린 후 이승만 대통령 별장에서 내려다본 안개 낀 화진포호

5 course

안개 속을 걷는다는 것이 이 기분일까
화진포호

화진포호는 홍수로 인해 호수가 된 국내 최고의 석호다. 바다와 연결되어 있는 석호는 담수와 해수가 만나 플랑크톤이 풍부해지면서 생물종이 다양해져 화진포호와 갈대 숲 주위로 철새들의 좋은 휴식처가 된다. 겨울에는 고니 등 수많은 철새들이 찾아와 장관을 이룬다. 푸른 호수와 소나무 숲, 곳곳에 핀 해당화의 어울림에 탄성이 절로 나온다. 어디까지가 바다이고 어디까지가 호수일까?

📍 강원도 고성군 거진읍 화진포길 280 📞 고성군 관광안내소 033-680-3677 🕐 24시간, 연중무휴 💰 무료 🚗 주차 30대 가능, 무료 김일성별장(0.4km)→화진포길(0.4km)→화진포

★놓치지 말자!

화진포생태박물관

3층 건물의 박물관은 1층 지역생태관, 2층 생태체험관, 3층 기후환경관으로 나뉜다. 전망대에서는 화진포호를 볼 수 있고 아침에는 물안개, 저녁에는 아름다운 석양을 볼 수 있다. 박물관 마당에는 동물들의 모형과 화진포 철새관망대가 설치되어 있어 철새들이 날아드는 겨울이면 신비한 호수의 경관을 바라볼 수 있다.

📍 강원도 고성군 거진읍 화진포길 280 📞 고성군 관광안내소 033-680-3677 🕐 3~10월 09:00~18:00, 11~2월 09:00~17:30 💰 3,000원(표 1매로 이승만 별장, 김일성 별장, 화진포생태박물관 통합관람 가능) 🚗 주차 100여 대 가능, 무료

알고 떠나면 더 즐거운 여행길

심술통 이화진의 슬픈 이야기, 화진포 설화

화진포에는 부자였던 이화진의 이야기가 전해진다(화진포라는 이름도 이화진의 이름에서 유래되었다). 화진포가 들어선 자리는 옛날에 부자였던 이화진이라는 사람의 터였다. 어느 날 한 스님이 집에 와서 시주를 청하였다. 그러자 그 부자는 시주를 하기는커녕 소똥을 퍼부었다. 그 광경을 지켜본 며느리가 시아버지 몰래 쌀을 퍼다 주었다. 스님은 며느리에게 이곳에 있으면 화를 입을 것이니 따라오라고 하여 며느리는 스님을 따라갔다. 며느리가 송정리의 고청고개까지 가서 주위를 돌아보니 함께 오던 스님은 온데간데없고 자신이 살던 집과 그 일대가 순식간에 물바다로 변해 있었다고 한다.

6 course

부처님 치아 사리가 있는 **건봉사**

신라 법흥왕(서기 520년) 때 지어진 오래된 사찰. 신라 자장율사가 당에서 가져온 부처님의 진신(부처의 몸 또는 법신) 치아 사리와 스님 서른한 분이 기도 만 일째 되는 날 마지막 회향을 했던 등공대로 유명하다. 임진왜란 때 사명대사에 의한 승병 봉기처이기도 했던 건봉사는 1989년 일반인에게 개방되었고 6·25전쟁 때 완전히 폐허가 되어 지금까지도 복원작업을 하고 있다. 자연경관이 수려하다는 금강산 끝자락 아래 자리한 건봉사를 방문한 사람들은 꼭 가봐야 할 사찰로 추천하고 있다.

- 강원도 고성군 거진읍 건봉사로 723 033-682-8100 24시간, 연중무휴 무료
- 주차 50대 가능, 무료 화진포호(2km)→동해대로(4km)→이승만별장길(9km)→건봉사

7 course

시간이 멈춘 **고성 왕곡마을**

마을 주변에 다섯 개의 봉우리가 둘러싼 분지형 마을로 함씨, 김씨, 최씨 등이 집성촌을 형성해온 곳이다. 마을이 산과 산 사이에 가려진 덕에 6·25전쟁 때에도 피해를 입지 않은 곳으로 유명하다. 그래서 옛 부유층의 가옥인 북방식 ㄱ자형 겹집 구조가 그대로 보존되어 있어 학술적 가치가 높다. 한옥의 정취와 표주박이 열리는 초가집 등 그림 같은 집들을 감상할 수 있다. 매년 11월 고성 왕곡마을 민속체험 행사가 열린다.

- 강원도 고성군 죽왕면 왕곡마을길 41 033-631-2120 09:00~18:00, 연중무휴 무료
- 주차 20여 대 가능, 무료 건봉사(4km)→건봉사로(4km)→진부령로(10km)→고성왕곡마을

8 course

거울을 닮은 호수 **송지호**

송림이 울창한 송지호는 둘레 6㎞, 수심 5m의 자연 호수다. 강물에 실려온 모래가 바다 물결에 부딪쳐 강 하구에 쌓이면서 바다를 가로막아 생긴 석호로, 바닷물과 섞여 겨울에도 물이 얼지 않는다. 송지호는 물색이 맑은 데다 울창한 소나무 숲과 잘 어우러져 강원을 대표하는 호수로 꼽힌다. 철새관망타워는 5층 규모로 옥외 전망대, 송지호 전설, 포토존 등이 안내되어 있다. 매년 5월 송지호 둘레길 걷기 행사가 펼쳐진다.

- 강원도 고성군 죽왕면 동해대로 6021 고성군청 관광문화체육과 033-680-3361~3
- 24시간, 연중무휴 무료 송지호 관망타워 주차장, 50여 대 가능, 무료 고성 왕곡마을(2.2km)→송지호

★ 추천하고 싶은 곳 ★

🛏 추천 숙소

라코스타펜션

바다를 전망할 수 있는 객실과 함께 스파로 힐링할 수 있는 곳이다. 또한 바비큐 시설을 이용할 수 있어 인기 있는 곳이다. 로맨틱한 분위기로 커플이 머물기에 좋다.

📍 강원도 고성군 현내면 금강산로 134-2 📞 033-681-1188 💰 15만 원~(성수기, 비수기, 평일, 주말 요금 다름) 🌐 www.lacosta.kr 🚗 대진항에서 1.52km

건봉사 템플스테이

금강산 끝자락에 위치한 건봉사에서 하룻밤을 보내고 스님과의 차담으로 편안한 시간을 보내며 힐링할 수 있는 곳이다.

📍 강원도 고성군 거진읍 건봉사로 723 📞 033-682-8100 💰 휴식형 4만 원, 체험형 5만 원(숙식 제공) 🌐 www.geonbongsa.com 🚗 화진포호에서 14.06km

G2002

입구는 다소 어두운 분위기지만 객실은 화이트톤으로 인테리어가 되어 있어 화사하다. 바다 전망을 즐길 수 있는 곳이다.

📍 강원도 고성군 죽왕면 공현진길 8 📞 033-639-2002 💰 6만 원~(성수기, 비수기, 평일, 주말 요금 다름) 🚗 송지호에서 3.53km

🍴 추천 맛집

부두식당

대진항 앞에 위치한 부두식당은 새벽에 도착한 배에서 바로 생선을 구매할 수 있어 신선한 원재료를 사용하는 덕에 재료 고유의 맛을 느낄 수 있다.

📍 강원도 고성군 현내면 한나루로 138-1 📞 033-682-1237 🕐 06:00~20:00, 연중무휴 💰 생선찌개·대구탕·도치알탕 1만 원 🅿 항구 어디든 주차, 10대 가능, 무료 🚗 통일전망대에서 2.13km

화진포 박포수가든

3대 전통 막국수, 착한 가격업소, 향토 음식 등은 '박포수가든'을 설명하는 수식어다. 이곳은 주말이면 줄을 서서 먹어야 할 정도로 인기가 많은 곳이다.

돌돌 말아 올린 메밀국수에 양념장을 올리고 그 위에 김가루와 새하얀 달걀을 얹어 나온다. 함께 나온 동치미 국물을 기호에 맞게 부어 먹으면 된다. 아삭아삭한 배추김치나 열무김치와 먹으면 시원한 맛이 일품이다.

📍 강원도 고성군 현내면 화진포서길 76 📞 033-682-4856 🕐 3~10월 10:00~19:00, 11~2월 10:00~18:00, 연중무휴 💰 막국수 7,000원, 수육보쌈 3만 원, 메밀왕만두 6,000원 🌐 www.parkposu.com 🅿 공용주차장, 10여 대 가능, 무료 🚗 김일성 별장에서 3.28km

청파식당

공현진항은 배낚시를 위해 많이 찾는 곳이다. 이른 아침 출항하는 첫배를 이용하는 손님을 위해 아침 식사를 준비하는 청파식당은 배 시간에 따라 새벽 5시부터 문을 연다. 백반, 해장국 등의 식사를 할 수 있고, 오후에는 삼겹살, 동태탕 등 다양한 메뉴의 음식을 즐길 수 있다. 덕장에서 직접 말린 고성태(해양심층수를 뿌리며 해풍으로 말린 고성 북어)도 구매할 수 있다.

📍 강원도 고성군 죽왕면 공현진길 2-9 📞 033-632-0123 🕐 05:00~20:00(배 출항에 따라 부정기적), 부정기적 휴무 🍴 가정식 백반·된장찌개·김치찌개 6,000원 🅿 주차 20여 대 가능, 무료 🚗 왕곡마을에서 1.63km

왕곡한과

고성 왕곡마을 저잣거리에 위치한 왕곡한과는 주민들이 직접 한과를 만들어 판매한다. 입속에서 사르르 녹는 달콤한 한과는 명절에 선물용으로 많이 판매되고 있으며, 예약하면 한과 만들기 체험도 할 수 있다.

📍 강원도 고성군 죽왕면 송지호로 558 📞 033-631-3429 🕐 09:00~18:00(체험은 예약 시 가능), 부정기적 휴무 🍴 1만 원~ 🅿 주차 10여 대 가능, 무료 🚗 송지호에서 3.18km

🏠 추천 가게
건봉다시마장

다시마를 이용해서 장을 만드는 독특한 방식의 제조법이 돋보이는 기능성 장으로, 구수한 맛과 무기질이 풍부한 웰빙 식품이다. 고성군 해상리 마을 산지에서는 건봉다시마 고추장, 된장, 막장, 간장 등을 판매하고 있다.

📍 강원도 고성군 간성읍 건봉사로 386 📞 033-681-8448 🕐 09:00~21:00, 부정기적 휴무 🍴 디시미장 해양심층수장 1만 원~ 🅿 주차 10여 대 가능, 무료 🚗 화진포에서 15.22km

꽃내마루 약초방

건봉사 입구에서 이동식 차량의 형태로 운영하는 꽃내마루 약초방의 주인장은 산에서 직접 채취한 약초를 판매한다. 건봉사 관광해설사로 활동하고 있는 주인장에게서 건봉사 및 금강산에 대한 다양한 이야기를 들을 수 있다.

📍 강원도 고성군 거진읍 건봉사로 723 📞 010-8352-9600 🕐 11:00~18:00, 부정기적 휴무 🍴 생칡즙 2,000원, 자연 약초 1만 원~, 잣 3만5,000원~ 🅿 주차 50대 가능, 무료 🚗 화진포에서 13.98km

강원도 DRIVE COURSE

고성 삼포해변~대포항

고성과 속초를 이어주는 '바다-산-호수'가 함께하는 드라이브

고즈넉한 풍경과 어촌의 모습을 품은 고성과 관광지로 잘 개발된 속초가 이어지는 코스다. 해 뜨는 바다를 즐길 수 있고, 호수에서는 일몰을 즐길 수 있어 같은 공간에서 색다른 매력을 발견할 수 있다. '바다-산-호수'를 품어 다양한 대자연의 드라이브를 즐길 수 있어 지루할 틈이 없다.

INFORMATION
- **이동거리** 55.9km
- **드라이브** 1시간 46분
- **전체 코스** 7~8시간
- **포인트** 바다, 산, 호수를 한번에 둘러볼 수 있는 코스로 바다에서 일출을, 호수에서 일몰을 감상할 수 있는 최고의 뷰포인트가 있는 곳이다.
- **추천계절** 봄~가을(4~11월)
- **축제** 백도해변-가리비 맨손잡기체험(8월), 아야진해변-산오징어 맨손잡기체험(8월), 천진해변-오징어 맨손잡기체험(8월), 삼포해변-고성 국제락쿠도예페스티벌(7~8월), 설악문화제 거리페스티벌(10월), 속초 양미리&도루묵 별미축제(11월)

RECEIPT

입장료
청호동-중앙동 갯배 ········· 왕복 800원

주차료
속초해변 ····················· 2시간 2,000원
대포항 ······················· 2시간 2,400원

식사 및 간식
(점심)순대국밥 ······················ 14,000원
(저녁)물회 ··························· 30,000원

TOTAL
49,200원

(※2인 기준)

1 course

물 맑기로 유명한 삼포해변

1977년 개장한 삼포해변은 깨끗한 백사장과 송림이 어우러지는 곳이다. 바다의 검은 섬과 어우러진 일출이 장관이고, 수심이 얕아 가족 단위로 이용하기에 좋다. 해당화와 울창한 솔숲이 유명하고 물속이 훤히 보일 정도로 깨끗해서 고기들이 지나가는 것도 보일 정도다. 특히 이곳의 모래를 가리켜 '우는 모래'라고 말하는데, 이는 모래를 밟으면 쇳소리처럼 울려서 붙여진 이름이다. 삼포해변의 모래는 동해안 해수욕장 모래 중 가장 곱다고 알려져 있다.

📍 강원도 고성군 죽왕면 삼포해변길 76 📞 고성군청 관광문화체육과 033-680-3357 🕐 24시간, 연중무휴 💰 무료 🅿 주차 30대 가능, 무료 🚗 속초IC(4km)→미시령로(14km)→삼포해변

2 course

일출을 볼 수 있는 최고의 명소 청간정

조선 선조 때 정철이 《관동별곡》에서 읊은 관동팔경 중 하나인 청간정은 동해안 명승지의 하나다. 청간정에 오르면 천진해변을 바라볼 수 있고 소나무 사이로 불어오는 바닷바람을 맞으며 쉬어갈 수 있다. 청간정 내에는 이승만 대통령이 쓴 청간정 현판, 최규하 대통령 시문 편액이 있다. 청간정 주변으로 산책로가 있지만 군 작전 지역이라서 지정된 시간(4~10월 06:00~19:00, 11~3월 08:00~17:00)에만 이용할 수 있다. 바다의 철조망이 분단된 나라임을 다시 한 번 알려준다.

📍 강원도 고성군 토성면 동해대로 5311 📞 속초시 관광안내소 033-639-2690 🕐 24시간, 연중무휴 💰 무료 🅿 주차 30여 대 가능, 무료 🚗 삼포해변(7km)→청간정

★ 놓치지 말자! ★

김하인 아트홀 국화꽃 향기

《국화꽃 향기》로 유명한 김하인 작가는 고성군 죽왕면 문암리 바닷가에서 지상 3층 건물의 문화예술 아트홀을 운영하고 있다. '정한수 한 그릇'이라는 해돋이 파티를 비롯해, 매월 15일에 열리는 보름장터, 국화꽃 향기 협동조합, 도자기 체험교실이 운영되고 있으며 천연 염색, 도자기 등 핸드메이드 제품을 전시·판매하고 있다. 펜션과 아트홀을 함께 운영하며 작가와의 만남 등 지역 관광사업의 활성화를 위해 힘쓰고 있다.

📍 강원도 고성군 죽왕면 자작도선사길 120-3 📞 033-636-5679 🕐 10:00~18:00, 연중무휴 💰 체험교실 1만 원~ 🌐 www.kimhain.com 🅿 주차 10여 대 가능, 무료

3 course — 산, 바다, 호수가 어우러진 **영랑호**

앞으로는 동해 바다, 뒤로는 설악산이 펼쳐져 있다. 둘레 8㎞, 넓이 115만㎡(35만 평)이라는 거대한 규모에서 카누, 골프 등 다양한 레포츠를 즐길 수 있다. 《삼국유사》에 따르면 신라 화랑 '영랑'이 풍광에 반해 이곳에서 오랫동안 풍류를 즐겼고, 그 후로 화랑들의 순례 도장이 되었다고 한다. 화랑도 체험장에서는 화랑도의 교육 정신 아래 승마, 활쏘기, 봉술 대련 등의 체험 활동이 가능하다. 4~5월에는 낮에는 벚꽃 구경으로, 저녁에는 일몰이 아름다워 인기가 많다.

사진제공 : 속초시청

📍 강원도 속초시 영랑호반길 140 📞 속초시 관광안내소 033-639-2690 🕐 24시간, 연중무휴 💰 무료 🅿 주차 150여 대 가능, 무료 🚗 청간정(3㎞)→중앙로(5㎞)→영랑호

★놓치지 말자!★
천학정
정자와 맞닿을 듯 말듯한 파도의 소리가 복잡했던 마음까지 풀어주는 느낌이다. 동해의 푸른 바닷물을 거울삼는다는 정자는 1931년에 세워졌고, 기암 절벽 사이로 자란 소나무가 위풍당당한 모습이다. 해안 절벽 위에 위치해 동해가 한눈에 들어오며 아름다운 일출 명소로 유명하다. 정자와 소나무가 어우러져 옛 정취를 느끼게 해준다. 주변 산책로가 아름답다.

📍 강원도 고성군 토성면 천학정길 10 📞 고성군 관광안내소 033-680-3677 🕐 24시간, 연중무휴 💰 무료 🌐 www.dmzmuseum.com 🅿 주차 10대 가능, 무료

---

4 course — 가슴이 탁 트이는 바다 소리를 듣고 싶으면 **속초 등대전망대**

속초 8경 중 '제1경'으로 선정된 속초등대에 오르면 속초 시내와 해안선, 항구를 360도로 관람할 수 있다. 우리나라 동쪽 끝 섬 독도, 북쪽 끝 섬 대진항의 소개도 잘 정리되어 있어 우리나라 등대의 지리적, 위치적 이해를 돕는다. 과연 운행이 되는 등대인가 하고 착각할 정도로 낮에는 조용하지만 밤이 되면 육지임을 알리기 위한 밝은 불빛이 바다를 향한다.

📍 강원도 속초시 영금정로5길 8-28 📞 033-633-3406 🕐 4~10월 06:00~20:00, 11~3월 07:00~18:00, 연중무휴 💰 무료 🅿 주차 20여 대 가능, 무료 🚗 영랑호(2.6㎞)→속초 등대전망대

---

5 course — 바다 위에 떠 있는 듯한 느낌을 주는 **영금정 해돋이 정자**

조선 시대에는 빼어난 경치를 자랑하는 바위산이었으나 일제 강점기 때 방파제 축조사업으로 바위산이 파괴되었다. 그 당시 바위산에 파도가 부딪치는 소리가 마치 거문고 소리와 같다고 해서 영금정이라고 불렀다. 지금은 철조 구조물로 만든 다리를 통해 팔각 정자에서 해돋이를 볼 수 있다. 바위에 부딪치는 파도가 다양한 3D 형태로 새하얀 파도를 만들어주는 광경을 볼 수 있다. 영금정 해돋이 정자 옆으로 영금정 등대전망대도 있다.

📍 강원도 속초시 영금정로 43 📞 속초시 관광안내소 033-639-2690 🕐 24시간, 연중무휴 💰 무료 🅿 속초 등대전망대 주차장, 20여 대 가능, 무료 🚗 속초등대전망대(0.3㎞)→영금정해돋이정자

6 course

영치기 영차 함께 끌고 가는 청호동~중앙동 갯배

TV 프로그램 <1박 2일> 촬영 명소로 알려진 청호동 갯배는 청호동(아바이마을)과 중앙동을 잇는 주민들의 출퇴근용 배였다. 지금은 설악대교와 금강대교가 청호동 아바이마을로 들어가는 가교 역할을 하고 있지만 대교가 이어지기 전에는 갯배로 많은 주민들이 이동을 했다. 갯배는 사람이 모이면 바로 출발하며, 승선원이 손님의 도움을 받아 끝과 끝이 연결된 밧줄을 잡아당기며 운행한다.

📍 강원도 속초시 중앙부두길 49 📞 속초시 관광안내소 033-639-2690 🕐 04:30~23:00, 연중무휴 💰 편도 200원(사람, 자전거) 🅿️ 주차 50대 가능, 무료 🚗 영금정해돋이정자(2km)→청호동~중앙동 갯배

중앙동에서 아바이마을로 들어가는 갯배

알고 떠나면 더 즐거운 여행길

실향민들의 애달픈 마음을 어루만져 주는, 아바이마을

청호동 아바이마을은 6·25전쟁 당시 1·4 후퇴 때 남하하는 국군을 따라 내려왔다가 고향으로 돌아가지 못한 피난민들이 정착하여 만든 동네다. 현재까지도 주민의 60% 이상이 함경도 출신이라고 한다. 현재는 행정상 명칭이 바뀌어서 청호동이라고 불리지만 함경도 사투리로 '할아버지'를 부르는 말인 아바이를 붙여 '아바이마을'이라고 한다. 별미로 함경도식으로 조리한 오징어순대와 고기와 채소를 넣어 만든 아바이순대가 유명하다.

★ 놓치지 말자! ★

속초관광수산시장

속초관광수산시장은 이전 속초중앙시장에서 관광적인 요소를 더해 관광수산시장으로 재탄생했다. 속초 명물 중 하나인 닭강정, 호떡의 인기로 속초 여행을 하는 사람들의 필수 코스가 되어 주말뿐 아니라 평일에도 사람들로 북적인다. 깔끔한 현대화 시설과 더불어 해산물, 건어물, 아바이순대 등 다양한 먹거리도 즐길 수 있다. 시장에서 가까운 곳에 바다가 있고, 갯배 선착장에서 배를 타면 아바이마을이나 청초호, 속초항으로도 쉽게 접근할 수 있다.

📍 강원도 속초시 중앙로147번길 16 📞 속초관광수산시장 상인회 033-633-3501 🕐 09:00~21:00, 연중무휴 🌐 sokchomarket.com 🅿️ 주차 50대 가능, 30분 500원

7 course

넓은 백사장을 달리고 싶은 **속초해변**

백사장 길이만 1.2㎞, 청호동에서 대포항까지 이어지는 속초해변은 수질이 깨끗하고 송림이 아름다운 곳이다. 긴 백사장을 따라 걷는 산책로도 있고, 대포항으로 가는 길에서는 아름다운 곡선의 외옹치해변과 만날 수 있다. 주변에는 횟집, 카페 등 편의 시설이 잘 조성되어 있고 속초 시내와 인접하여 다른 곳으로 이동하기에도 편리하다.

📍 강원도 속초시 해오름로 190 📞 033-639-2665 🕐 24시간, 연중무휴 💰 무료 🅿 주차 100여 대 가능, 30분 500원 🚗 청호동~중앙동 갯배(2㎞)→속초해변

사진제공 : 속초해변

★ 놓치지 말자! ★

청초호

넓이가 1.3㎢, 둘레가 5㎞가 넘는 청초호는 속초시 중앙동, 금호동, 청학동으로 둘러싸여 있다. 청초호를 둘러싸고 있는 엑스포타워, 철새생태공원, 청초호해상공원, 석봉도자기미술관을 도보로 둘러볼 수 있다. 설악대교 아래로 배들이 드나들고 있어 호수인지 바다인지 혼돈이 될 수 있지만 바다와 연결된 호수라고 생각하면 된다. 야간에는 엑스포공원에서 바라보는 설악대교의 불빛을 관람하기 위해 찾는 사람들이 많다.

📍 강원도 속초시 엑스포로 75 📞 속초시 관광안내소 033-639-2690 💰 무료 🅿 주차 20여 대 가능, 무료

8 course

맛있는 회 먹고 불빛에 취하는 **대포항**

속초에서 양양 방향으로 나가는 관문, 남쪽에서 속초시로 들어오는 관문이 바로 대포항이다. 설악산 기슭의 깨끗한 바닷가로, 동해안에서 가장 먼저 활어 난전이 시작된 곳이다. 지금은 항구보다 신선한 회를 즐기려는 관광객들이 몰려오고 있다. 저녁에는 전구를 이용한 조명건축물 '루미나리에'가 어두운 대포항 주변을 밝히고 있으니 놓치지 말자.

📍 강원도 속초시 대포항1길 6-13 📞 033-633-3171 🕐 24시간, 연중무휴 💰 무료 🅿 제1주차장·제2주차장, 100여 대 가능, 30분 600원 🚗 속초해변(2㎞)→대포항

★ 추천하고 싶은 곳 ★

🛏 추천 숙소

고성방가 게스트하우스

일러스트레이터 작가가 직접 집을 개조하여 인테리어한 곳으로 감각적인 소품과 따뜻한 감성의 공간을 만날 수 있다.

📍 강원도 고성군 죽왕면 문암길 53 📞 070-4154-1577 💰 10만 원~(성수기, 비수기, 평일, 주말 요금 다름) 🌐 blog.naver.com/gsbanga 🚗 청간정에서 5.34km

델피노 골프&리조트

설악산을 정면에서 감상할 수 있는 뷰포인트로 골프와 편안한 숙박을 즐길 수 있는 리조트다. 너른 거실과 쾌적한 침실은 3~4인이 이용하기에 충분하다.

📍 강원도 고성군 토성면 미시령옛길 1153 📞 033-635-8311 💰 평일 콘도 25만4,000원~, 호텔 31만9,000원~(성수기, 비수기, 평일, 주말 요금 다름) 🌐 www.delpino.co.kr 🚗 영랑호에서 9.70km

코스트하우스

1층 정문이 모래사장과 맞닿아 있어 자유로운 물놀이를 할 수 있는 곳이다. 바다 뷰를 즐길 수 있고 아늑한 실내 분위기를 느낄 수 있어 낭만 여행

을 원하는 커플이나 여자친구끼리 머물기에 좋다.

📍 강원도 고성군 토성면 토성로 92 📞 033-632-7071 💰 8만 원~(성수기, 비수기, 평일, 주말 요금 다름) 🌐 coasthouse.co.kr 🚗 청간정에서 1.52km

🍴 추천 맛집

백도 삼교리 막국수

문암항에서 마을 방향으로 이동하다 보면 2층 양옥집 건물에 자리한 백도 삼교리 막국수를 만날 수 있다. 백도쌈밥집을 8년 동안 운영하다가 백도 막국수집으로 메뉴 리뉴얼을 했다. 막국수와 수육이 대표 메뉴이며 꽃처럼 예쁘게 세팅된 한 상을 맛볼 수 있는 곳이다.

📍 강원도 고성군 죽왕면 문암항길 49-1 📞 033-633-8872 🕐 12:00~19:00, 매주 화요일 휴무 💰 막국수 7,000원, 수육 1만5,000원 🅿 주차 5대 가능, 무료 🚗 청간정에서 5.33km

속초순댓국

속초관광수산시장 순댓국 골목에 위치하며, 푸짐한 양과 시원한 국물 맛에 반한 지역민들이 많이 찾는 곳이다. 고기와 채소로 만들어진 아바

이순댓국을 맛볼 수 있고 김치, 깍두기 외에 다양한 밑반찬이 제공된다. 순댓국을 먹다가 국물을 더 달라고 하면 따뜻한 국물은 덤이다. 친절한 사장님의 응대에 맛이 더욱 깊어진다.

📍 강원도 속초시 중앙로129번길 35-13 📞 033-635-7275 🕐 08:00~19:00, 첫째·셋째 일요일 휴무 💰 순대국밥 7,000원, 아바이순대국밥 8,000원 🅿 속초관광수산시장 공용주차장, 100여 대 가능, 30분 500원 🚗 속초해변에서 3.55km

장수활어

속초해변에서 해안가를 바라보고 왼쪽 백사장 끝에 위치한 횟집. 눈앞에 펼쳐진 바다를 바라보며 신선한 회를 먹을 수 있으며 회를 주문하면 풍성하게 나오

는 스끼다시로 유명하다. 주인장이 직접 주방에서 모든 음식을 준비하고 가족끼리 운영하는 곳이라 믿음이 간다. 3층 건물에 1층 편의점, 2층 회센터, 3층 커피숍이 있다. 특히 바다 전망을 찾는 사람들에게 3층 커피숍을 추천한다.

📍 강원도 속초시 청호해안길 15 📞 033-635-3303 🕐 평일 10:00~22:00, 주말 10:00~24:00, 연중무휴 🍽 모둠회 8만 원~, 게세트 15만 원~, 성게알밥 1만5,000원~, 황태해장(2인) 1만8,000원, 물회(1인) 1만5,000원 🅿 공영주차장 100여 대 가능, 무료(성수기에는 30분 500원), 갓길 주차 무료 🚗 속초해변에서 0.1km

🏠 추천 가게
수미네 건어물

속초관광수산시장 내에 위치한 건어물 전문점으로 반건조 오징어와 김이 유명한 가게다. 시식하면 대부분 구매하게 되는 맛있는 김은 입소문의 영향을 톡톡히 받고 있다. 즉석에서 구운 오징어를 인심 좋은 사장님

이 한손 가득 쥐여 주어 배불리 시식할 수 있다. 택배 발송도 가능하여 전국 각지에서 받아볼 수 있다.

📍 강원도 속초시 중앙로129번길 56 📞 033-635-1568 🕐 09:00~20:00, 연중무휴 🍽 김 1만 원~ 🅿 주차 50대 가능, 30분 500원 🚗 속초해변에서 3.54km

충주상회

농산물 산지 직송 도매를 하는 충주상회는 속초에서 유명한 오징어순대를 직접 만들어 판매하는 곳이다. 오징어 속에 잡곡, 오징어다리, 여러 가지 채소를 넣어 찜기에 쪄서

나오는데 꽃처럼 너무 예쁘게 생겨 '오징어꽃순대'라는 이름이 붙여졌다. 한번 맛본 사람들은 그 맛을 잊을 수 없어서 재방문하는 여행자들이 제일 먼저 들르는 곳이기도 하다. 함께 판매하는 단호박 식혜도 주인장의 음식에 대한 노하우와 철학이 엿보인다. 허름한 외관이지만 음식 맛은 매우 좋다.

📍 강원도 속초시 중앙로129번길 54 📞 033-632-7008 🕐 09:00~20:00, 연중무휴 🍽 오징어순대 2마리 1만 원 🅿 주차 50대 가능, 30분 500원 🚗 속초해변에서 3.53km

소라엄마튀김

대포항 튀김 골목에서 유난히 인기 있는 튀김 전문점. 바삭하고 고소한 튀김에 사장님의 친절함이 더해지니 여행의 즐거움이 높아진다. 주문 후 기다리는 동안 맛

보라고 건네준 새우튀김 한 마리가 식욕을 돋운다. 식은 후 먹어도 바삭한 튀김옷이 일품이다. 속초 여행의 정점을 찍어주는 여행의 맛이다.

📍 강원도 속초시 대포희망길 55 📞 010-3424-2134 🕐 09:00~20:00, 연중무휴 🍽 작은 새우 10마리 5,000원, 오징어튀김 2개 3,000원, 왕새우 2마리 3,000원 🅿 주차 50대 가능, 30분 500원 🚗 대포항에서 0.1km

강원도
DRIVE COURSE

양양 낙산사~남애항

동해안의 해양 레포츠를 즐기며 떠나는 드라이브

양양 남대천에서는 펄떡이는 연어, 산에서는 향기로운 송이, 바다에서는 풍부한 해산물로 먹거리가 특화되어 있는 곳이다. 최근에는 파도 위에서 선율을 타는 서퍼, 아름다운 바닷속 탐험을 즐기는 스킨스쿠버들이 늘어나고, 동해 바다 위에서 요트를 띄우고 바람의 여행을 즐기는 해양 레포츠인들의 입소문으로 더욱 유명해진 곳이다. 아름다운 자연 감상과 체험을 하고 싶은 사람이라면 액티비티한 여행을 기대해도 좋다.

INFORMATION
- 이동거리 145.8km
- 드라이브 3시간 17분
- 전체 코스 8~9시간
- 포인트 요트, 서핑 등 다양한 해양 레포츠를 즐길 수 있다.
- 추천계절 여름~가을(6~11월)
- 축제 한산모시문화제(6월), 양양송이축제(9월 말~10월 초), 양양연어축제(10월), 양양해맞이축제(12월 31일~1월 1일)

RECEIPT

입장료
낙산사 ·· 6,000원
오산리 선사유적박물관 ············ 2,000원

주차료
낙산사 ···································· 1일 3,000원

식사 및 간식
(점심) 대게라면 ······················· 25,000원
(저녁) 섭국 ······························· 20,000원

TOTAL
56,000원

(※2인 기준)

기암괴석과 바다의 실루엣이 아름다운 낙산사의 낙조   사진제공 : 양양군청

1 course

절벽 위 소나무와 정자의 아름다운 절경 **낙산사 의상대**

낙산사는 동해를 바라보는 대표적인 해수 사찰로 1,300년 전 의상 대사가 관세음보살의 진신(부처님의 몸 또는 법신) 사리를 모셔 세워졌다. 진실한 사람의 소망과 기원을 받아준다는 관세음보살의 신통함으로 우리나라 최고의 기원 사찰로 유명하다. 낙산사 동쪽 100m, 바닷가 절벽 위 소나무와 정자의 어우러짐이 멋있는 의상대는 최고의 일출 명소다. 원래 의상대는 정자 이름이 아니라 정자가 서 있는 바위 이름이었다. 의상대사가 낙산사를 창건할 때 좌선을 했던 자리라는 설화가 전해지는 곳으로 1925년 정자가 세워지며 지금의 '의상대'라는 이름을 갖게 되었다. 바닷길을 따라 절벽 위에 자리한 홍련함은 바다에서 솟아오르는 붉은 연꽃 위에 나타난 관음을 직접 보고 지었다는 전설이 있으며, 바닥에 뚫린 구멍으로 동해 바다를 볼 수 있다.

📍 강원도 양양군 강현면 낙산사로 100　📞 033-672-2427　🕐 3~9월 04:00~18:00, 10~2월 06:00~17:00, 연중무휴　💰 어른 3,000원, 청소년·학생·군인 1,500원, 어린이 1,000원　🅿 주차 40대 가능, 1일 3,000원　🚗 양양IC(11km)→동해고속도로(12km)→낙산사로(1km)→낙산사 의상대

알고 떠나면 더 즐거운 여행길

송강 정철의 낙산사

송강 정철의 《관동별곡》 의상대 편에 "밤중에 일어나 일출을 보려 하였다. 전날 일기예보에 구름이 끼고 낮부터 비가 올 것이라 하나 연휴에 맞추어 온 여행 일정을 조정할 수도 없었다. 새벽에 인제에서 출발하였으나 일출을 포기하고 여기저기 거쳐 점심나절에 의상대에 도착하였다. 날씨가 맑지 못하여 일출은 물론 검푸른 동해도 볼 수 없었지만 한계령을 넘어 이곳 양양 낙산사 의상대까지 달려온 발품은 아깝지 아니하였다(1580년)"라고 적혀 있다.

2 course

다섯 가지 맛과 색을 즐길 수 있는 오색 주전골

주전골 암반의 다섯 가지 빛, 봄이면 다섯 가지 색의 꽃이 피는 나무, 탄산과 철분이 다량 함유되어 있어 다섯 가지 맛을 내는 오색약수가 유명한 곳이다. 남설악에서 빼어난 절경을 자랑하는 주전골은 승려로 위장한 도둑이 위조 엽전을 만들던 곳이라 하여 붙여진 이름이라 한다. 가을 단풍이 아름다워 오색약수의 좋은 성분이 나무를 건강하게 만드는 것이 아닐까 하는 구전이 이어지고 있다. 용소폭포, 선녀탕, 12폭포 소리를 들으며 힐링하기에 좋고 산길이 평탄하여 남녀노소 트레킹하기에 좋은 장소다.

사진제공 : 양양군청

📍 강원도 양양군 서면 대청봉길 58-52 📞 033-672-2883
🕐 24시간, 연중무휴 💰 무료 🅿️ 주차 20여 대 가능, 무료 🚗 낙산사 의상대(3km)→설악로(20km)→설악로(3km)→오색 주전골

3 course

강을 거슬러 올라오는 연어들의 종착지 양양 남대천

강릉시 오대산에서 발원하여 양양군 현북면 어성전리를 지나 동해로 유입되는 하천이다. 남대천 하구 생태관찰로에서는 가을이면 바람의 길을 따라 움직이는 갈대숲이 장관을 이루고, 데크로 잘 정리된 산책로도 이용할 수 있다. 같은 시기 남대천 둔치에서는 양양송이축제가 진행되고 10월 중순에서 11월에는 산란 장소를 찾아 강을 거슬러 올라온 연어축제도 진행된다.

📍 강원도 양양군 양양읍 일출로 250 📞 낙산 종합관광안내소 033-670-2397~8 🕐 24시간, 연중무휴 💰 무료 🅿️ 주차 10여 대 가능, 무료 🚗 오색 주전골(2km)→대청봉길(2km)→설악로(17km)→양양 남대천

여름을 알려주는 푸른빛의 남대천

가을빛으로 맞이하는 남대천의 억새

4 course 신석기 시대 삶의 양식을 돌아볼 수 있는 **오산리 선사유적박물관**

1977년 모래 언덕의 토사 채취 과정에서 발견된 오산리 유적은 8,000년 전 신석기 유적으로 확인되었다. 1981년부터 일부 지역을 발굴한 결과 14기의 움집터와 돌칼, 돌화살촉, 다량의 그물추 등 총 4만여 점의 유물이 발견되었다. 양양 지역은 넓은 하천과 바다, 호수가 인접해 있어서 인류가 정착 생활을 하기에 적합한 조건을 갖추었다고 평가된다. 박물관 내에는 토기 제작 모습, 어로 생활, 수렵 생활, 채집 생활 등의 신석기 시대 생활 양식을 모형으로 전시하였고, 토기 조립, 신석기 옷 입어보기 등 다양한 체험 활동도 할 수 있다.

📍 강원도 양양군 손양면 학포길 33 📞 033-670-2442 🕘 09:00~18:00, 연중무휴(사정에 따라 변경될 수 있음) 💰 어른 1,000원, 청소년 500원, 어린이 300원 🅿 주차 30여 대 가능, 무료 🚗 양양 남대천(1km)→학포길(4km)→오산리 선사유적박물관

선사유적의 그릇을 만나는 시간

도자기를 만들어 볼까?

선사 시대 사람들은 이렇게 불을 지폈어

5 course 바다와 어우러진 기암괴석과 정자의 풍치 **하조대**

조선 시대 개국공신 '하륜'과 '조준'이 잠시 머물다 간 곳으로, 두 사람의 성을 따서 이름지어진 하조대. 솔숲 사이를 따라 올라가 정자에 앉으면 동해 바다가 한눈에 들어온다. 이곳은 드라마 〈태조 왕건〉의 촬영지로도 유명하다. 소나무 사이로 불어오는 바닷바람을 쐬고 다시 내려와 바다로 가면 새하얀 무인 등대가 자리한다. 등대로 올라가는 길 왼쪽에 있는 기암괴석의 웅장한 모습이 동해 바다를 압도하는 듯하다. 하조대에서 맞는 일출은 아름답고 장엄해서 찾는 사람들이 많다. 부근에는 하조대해수욕장이 있다.

📍 강원도 양양군 현북면 조준길 99 📞 하조대 관광안내소 033-670-2516 🕘 3~9월 일출 30분 전~20:00, 10~2월 일출 30분 전~17:00, 연중무휴 💰 무료 🅿 주차 10대 가능, 무료 🚗 오산리 선사유적박물관(4km)→공항로(3km)→선사유적로(4km)→하조대

6 course

돌산과 죽향이 가득한 **죽도정**

죽도는 양양군 현남면에 연접한 높이 53m 섬 모양의 산이다. 사계절 내내 송죽이 울창하여 죽도라 했고 옛날에는 섬이었으나 지금은 육지와 연접하여 있다. 죽도정에 오르면 파도가 깎아 만든 바위와 동해 풍경을 바라볼 수 있다. 죽도정에 올라 바라보는 경치는 양양 8경 중 하나로 북쪽으로는 죽도해수욕장이, 남쪽에는 인구해수욕장이 보인다.

📍 강원도 양양군 인구길 28-25 📞 양양군청 문화관광과 033-670-2723~4 🕐 24시간, 연중무휴 💰 무료 🅿 갓길 주차, 무료 🚗 하조대(1km)→동해대로(7km)→죽도정

알고 떠나면 더 즐거운 여행길

세 젊은이의 애절한 사랑이 함께하는, 하조대

옛날 하조대 근처에 하(河)씨 성을 가진 준수한 청년이 있었는데, 이 청년이 살고 있는 바로 이웃 조(趙)씨 가문에 혼기가 찬 두 처녀가 있었다. 그런데 이 처녀들은 하씨 청년의 준수한 외모에 반해 둘이 같이 애정을 품게 되었다. 두 처녀 중 한 처녀가 양보를 하면 별 문제가 없을 것이나 둘 다 청년을 양보하지 않았다. 이 세상의 관습이나 윤리로는 도저히 세 사람이 함께 살 수 없는 것은 당연지사. 그래서 세 사람은 "저 세상에는 도덕이니 윤리니 하는 규범이 없을지도 모르니 우리 다 같이 저 세상에 가서 셋이서 함께 살자"는 청년의 이야기에 뜻을 함께하고 하조대 절벽에서 몸을 던져 죽었다고 한다.
하조대 주변에는 해당화가 많고 그 빛깔이 동해안 다른 어느 곳보다도 붉다고 하는데, 그 이유는 세 젊은이의 이루지 못한 사랑의 애절한 넋이 해당화에 얽혔기 때문이라고 한다.

7 course
거북바위와 관세음보살바위를 찾아 떠나는 **휴휴암**

1997년 묘적전 법당 하나로 시작된 휴휴암은 일상의 번민은 바다에 버리고 쉬어가라는 뜻에서 지어진 이름이다. 사찰 앞 바다 쪽에 거북이의 형상을 한 넓은 바위와 관세음보살이 누워 있는 듯한 바위가 있어 독특한 사찰의 모습을 보여준다. 동해안의 숨겨진 비경을 보기 위해 사계절 내내 불자들과 관광객의 발길이 끊이지 않는 곳이다.

강원도 양양군 현남면 광진리2길 34 033-671-0093 24시간, 연중무휴 무료 주차 30여 대 가능, 무료 죽도정(1.8km)→휴휴암

8 course
일출이 아름다운 강원도 3대 미항 **남애항**

양양 남애항은 강릉 심곡항, 삼척 초곡항과 함께 강원도 3대 대표 미항으로, 조용하고 한가로운 항구다. 방파제로 연결된 두 개의 섬에는 버섯 모양의 빨간 등대와 하얀 등대가 서 있고, 두 곳의 섬에는 각기 한 그루씩의 커다란 해송이 서 있어 남애의 운치를 더한다. 소나무로 둘러싸여 있는 양아도는 조선 시대 봉수대가 있던 자리로, 지금은 스카이워크가 설치되어 볼거리를 제공한다. 방파제에 그려진 파도와 물고기 타일 벽화는 "고래는 내 마음속에 있었다"라는 명대사를 남긴 영화 〈고래사냥〉 촬영지였음을 알리는 영화 표지석이다.

강원도 양양군 현남면 남애리 양양군청 문화관광과 033-670-2723~4 24시간, 연중무휴 무료 주차 20여 대 가능, 무료 휴휴암(2km)→동해대로(1km)→남애항

바다를 품은 남애항 전경

한국의 베네치아라고 불리는 남애항

★ 놓치지 말자! ★

홍천 은행나무 숲

10월의 약속, 가을의 정원으로 잘 알려진 홍천 은행나무 숲은 매년 10월 일반인들에게 무료로 개방하고 있다. 이곳은 아픈 아내의 쾌유를 바라며 1985년부터 남편이 묘목을 하나둘 심기 시작해 2010년 매스컴을 통해 알려지면서 10월에 꼭 가봐야 할 단풍 관광지가 되었다. 2,000여 그루의 은행나무가 노란빛을 일렁이며 관광객을 맞이한다. 가족 나들이와 연인들의 여행지, 사진작가들의 출사장소로 유명하다.

📍 강원도 홍천군 내면 광원리 686-4 📞 홍천군청 033-432-7801
🕐 매년 10.1~31일(10:00~17:00) 💰 무료 🅿️ 갓길 주차, 무료

양양 송천떡마을

사진제공 : 송천떡마을

양양군 서면에 위치한 송천떡마을은 떡을 특화시켜 정보화마을로 지정된 곳이다. 공해가 없는 마을 앞 논에서 난 찹쌀과 멥쌀을 사용하며 기계로 만든 떡이 아닌 떡메를 치고 손으로 빚어내는 떡이라 맛이 좋다. 여름방학에는 '전통 민속체험으로 추억 만들기'를 주제로 한 프로그램이 운영되며 자신이 만든 떡은 모두 가져갈 수 있다.

📍 강원도 양양군 서면 떡마을길 107 📞 033-673-8977 🕐 매년 10.1~31일(10:00~17:00) 💰 체험비(10인 기준) 6만~7만 원 🌐 songcheon.invil.org 🅿️ 주차 10대 가능, 무료

수산항 요트마리나

양양군 수산항에 위치한 요트마리나는 강원도요트협회가 운영하는 곳이다. 과거 보트 정박지를 지칭하던 마리나는 해양 리조트를 통칭하는 말로 사용되고 있다. 아름다운 동해의 자연환경에서 요트를 탈 수 있어 연중 예약이 봄에 마감될 만큼 인기가 많다. 하루나 이틀 전에 신청하면 가족 요트 체험도 가능하다. 선착장에 정박한 요트가 동해와 어울려 멋진 장관을 보여준다.

📍 강원도 양양군 손양면 수산리1길 20-24 📞 033-671-4152 🕐 10:00~18:00, 연중무휴 💰 체험비 3만 원~ 🅿️ 주차 20여 대 가능, 무료

사진제공 : 마리나리조트

요트교육받는 모습

★추천하고 싶은 곳★

🏨 추천 숙소
대명리조트 쏠비치

호텔과 콘도가 조화롭게 어우러져 있는 리조트의 구성과 스페인 건축양식 무늬로 이루어진 분위기가 외국에 있는 듯한 느낌을 준다. 조식이 깔끔하게 나오는 편이다.

📍 강원도 양양군 손양면 선상유적로 678 📞 033-673-8311 🏨 호텔 15만 원~, 콘도 20만 원~(성수기, 비수기, 평일, 주말 요금 다름) 🌐 www.daemyungresort.com 🚗 오산리 선사유적박물관에서 1km

오션벨리리조트

오래된 가구가 배치되어 있지만 깔끔하고 운치 있는 분위기를 느낄 수 있고 해변이 바로 보여 전망이 좋은 리조트다.

📍 강원도 양양군 양양읍 일출로 127-30 📞 033-672-4200 🏨 15만 원~(성수기, 비수기, 평일, 주말 요금 다름) 🌐 www.ov-resort.com 🚗 낙산사 의상대에서 2.41km

골든비치리조트

양양에서 1박 2일 골프 투어를 즐길 수 있는 코스다. 주변 자연경관이 좋아 인기가 있고 현대적인 실내 분위기로 아늑함을 느낄 수 있다. 주변 부대시설이 준수하여 가족을 동반한 여행객에게 좋다.

📍 강원도 양양군 양양읍 일출로 159-11 📞 02-3487-0752(예약) 🏨 15만 원~(성수기, 비수기, 평일, 주말 요금 다름) 🌐 www.naksancondo.com 🚗 하조대에서 10.24km

☕ 추천 휴게소
38선 휴게소

남과 북, 38선이 그어졌던 역사적 상징이 되는 곳이다. 기사문 해변이 위치해서 전망이 좋고 서핑하는 사람들을 배경으로 멋진 사진 촬영도 가능하다. 휴게소 별미인 대게크로켓은 김치크림, 크림소스 등 여섯 가지 종류가 있다. 주문하면 진열된 튀김을 다시 한 번 노릇노릇하게 튀겨서 준다. 손잡이는 게다리로 만들었고, 크로켓은 흰살 생선으로 반죽하여 어묵을 먹는 느낌이다.

📍 강원도 양양군 현북면 동해대로 1242 📞 033-672-3838 🕐 24시간, 대게크로켓 전문점 09:00~21:00 🍴 대게크림소스 2,000원, 대게오징어잡채 2,200원 🅿 주차 50대 가능, 무료 🚗 죽도정에서 3.78km

🍴 추천 맛집
놀자대게

게요리 전문점에 '홍게라면'이 떴다. 귀한 홍게 한 마리가 라면, 해물과 함께 보글보글 끓여지면 시원한 국물이 그만이다. 싱싱한 홍게를 바로 잡아 살이 통통하게 들어 있고 2인이 먹을 수 있을 만큼 넉넉한 양이다. 반찬으로 나오는 명태무침도 입맛을 돋운다. 별미로 게장볶음밥을 먹을 수 있고 정식 게 코스 요리도 맛볼 수 있다.

📍 강원도 양양군 강현면 해맞이길 32-1 📞 033-672-2670 🕐 12:00~21:00, 연중무휴 🍴 대게라면 2만5,000원 🅿 주차 20대 가능, 무료 🚗 낙산사에서 0.6km

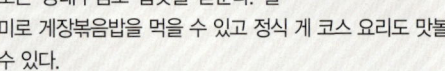

해촌

주인장이 동해 바다에서 직접 채취한 섭(홍합)으로 만든 얼큰한 해장국 전문점이다. 섭, 부추, 달걀, 조피 가루(향신료)를 넣어 섭국의 맛을 살렸다. 오픈한 지 5년이 되었고, 가게 근처의 회사원들을 통해 입소문 난 곳이다. 섭은 나트륨 배출에 탁월한 효능이 있으니 나트륨 걱정 말고 먹어보자.

📍 강원도 양양군 손양면 동해대로 2527 📞 033-673-5050 🕐 10:00~21:00, 둘째·넷째 월요일 휴무 🍴 자연산 섭국 1만 원, 섭 부침개 7,000원 🅿️ 주차 15여 대 가능, 무료 🚗 오산리 선사유적박물관에서 3.6km

남애 창횟집

남애항 낭만가도 드라이브 코스에 위치한 남애 창횟집은 서핑을 즐기는 사람들에게 일찌감치 맛으로 인정받은 곳이다. 우럭 등 흰살 생선을 넣고 미역과 푹 끓인 어죽은 아침 식사로 인기가 많다. 쌀, 채소, 고춧가루 등 모두 국내산을 사용하며 물회와 회덮밥도 인기 메뉴다.

📍 강원도 양양군 현남면 동해대로 254 📞 033-671-5622 🕐 08:00~21:00, 매주 월요일 휴무(부정기적) 🍴 어죽 1만 원, 회덮밥·물회 1만 5,000원 🅿️ 주차 10여 대 가능, 무료 🚗 남애항에서 1.7km

🏠 추천 가게
휴휴암 조각 가게

조각가가 직접 부엉이, 거북이 등의 형상을 나무로 조각하여 판매하고 있다. 원숭이, 얼룩말 모양의 수입한 제품도 전시되어 있어 인테리어에 관심 있는 사람이라면 가게 안으로 들어가 작품을 둘러봐도 좋다. 간판은 없지만 거북바위를 보러가는 해안으로 내려가는 계단에 위치해 있어 찾기 어렵지 않다.

📍 강원도 양양군 현남면 광진2길 34 📞 휴휴암 종무소 033-671-0093 🕐 09:00~17:00, 부정기적 휴무 🍴 부엉이 1만 5,000원~, 고양이 3만 원~ 🅿️ 주차 30여 대 가능, 무료 🚗 휴휴암에서 0.1km

서퍼911

죽도해변을 무대로 강습과 대여를 전문으로 한다. 서핑을 처음 접하는 사람들도 강습과 장비 렌탈을 포함해 1일 7만 원만 지불하면 쉽게 배울 수 있다. 숍 내에

바도 운영하고 있어 서핑 후 시원한 음료도 즐길 수 있다. 우수한 강사진이 수강생 서퍼들에게 만족감을 준다.

📍 강원도 양양군 현남면 인구중앙길 89 📞 033-671-0911 🕐 08:00~19:00, 부정기적 휴무 🍴 1일 대여, 강습 포함 7만 원 🅿️ 주차 10여 대 가능, 무료 🚗 죽도정에서 1.26km

남애스쿠버리조트

양양군 현남IC에서 5분 거리에 위치해 있다. 스쿠버리조트와 펜션이 같은 건물에 있어 이용자들이 편리하다. 모든 숙소가 바다를 바라보고 있어 아침에

일출을 감상할 수 있으며 2층의 넓은 휴게실에선 탁 트인 동해의 전경을 한눈에 바라보며 여유를 즐길 수 있다.

📍 강원도 양양군 현남면 안남애길 47 📞 033-673-4567 🕐 09:00~18:00, 부정기적 휴무 🍴 다이빙 체험 8만~10만 원 🌐 www.namaescuba.com 🅿️ 주차 3여 대 가능, 무료 🚗 남애항에서 0.6km

강원도
DRIVE COURSE

강릉 주문진항~정동진

커피 향기와 함께하는 로맨틱 드라이브

강릉 여행의 첫 시작을 알리는 주문진항. 쿰쿰한 생선 비린내가 주문진항 도착을 알린다. 오전 7시에 도착하면 항구에는 갓 잡아온 생선을 배에서 내리는 사람들, 판매할 물품을 진열하는 판매상, 신선한 물건을 구매하기 위해 배 앞을 서성이는 사람으로 북적북적하다. 사람 냄새 나는 주문진항의 활기로 신나는 여행을 기대해도 좋다.

INFORMATION
- 이동거리 89km
- 드라이브 2시간 10분
- 전체 코스 6~7시간
- 포인트 드라이브와 함께 즐기는 커피 트립. 바다 전망에 반하고 커피 맛에 감동하는 여행이다.
- 추천계절 사계절(1~12월)
- 축제 경포대벚꽃축제(4월), 강릉단오제(5월 말~6월 초), 정동진독립영화제(8월), 강릉커피축제(10월), 경포코스모스축제(10월), 주문진오징어축제(10월), 경포해돋이축제(12월), 정동진해돋이축제(12월)

RECEIPT

입장료
무료

주차료
주문진항 ··············· 2시간 4,000원
정동진역 ··············· 2시간 2,000원

식사 및 간식
(점심)생선구이 ··············· 26,000원
(저녁)곰국 ··············· 30,000원

TOTAL
62,000원

(※2인 기준)

1 course 100년의 역사를 가진 **주문진등대**

언덕 위 등대

1918년 30m 높이의 언덕에 주문진등대가 세워졌다. 언덕 위의 새하얀 등대는 바닷가에 사는 어민들의 삶의 지표와 같은 역할을 하는 상징성을 가진다. 벽돌로 만들어진 등대는 건축적, 역사적 가치가 높이 평가되어 2006년 등대문화유산으로 지정되었다. 등대에 올라 바다 쪽을 보면 해안도로를 따라 달리는 자동차, 언덕 위의 집들도 구경할 수 있고 공원처럼 꾸며진 등대 앞에서 멋진 사진도 찍을 수 있다.

주문진등대 공원 여신 조각상

📍 강원도 강릉시 주문진읍 옛등대길 24-7 📞 033-662-2131 🕐 3~10월 06:00~18:00, 11~2월 07:00~17:00, 연중무휴 💰 무료 🅿 주차 30대 가능, 무료 🚗 북강릉IC(8km)→동해대로(2km)→주문진등대

2 course 싱싱한 활어처럼 활기찬 **주문진항**

영동 지방 최대 어항으로, 동해 여행을 하면 관광버스 기사가 꼭 여행객들을 이곳으로 안내한다. 북강릉IC와 현남IC가 인접해 있어 접근성이 좋은 것도 장점이다. 해수면 온도의 영향으로 어획량이 감소했다는 소식이 있지만 여전히 주문진항에서는 오징어, 양미리, 도루묵, 곰치, 문어 등 어획량이 풍성하다. 주문진항 옆에 위치한 주문진수산시장에서 신선한 어류를 구매할 수 있고 대형 횟집, 건어물 직판장, 생선구이 전문점 등도 많아 선택의 폭이 넓다. 3~6월에는 꽁치, 4~12월에는 오징어, 12~2월에는 도루묵과 양미리가 대표 생선이다. 한여름 밤바다에는 오징어잡이 배가 별빛이 되어 동해를 비춘다.

📍 강원도 강릉시 주문진읍 해안로 1745-2 📞 주문진읍사무소 033-662-3437~8 🕐 24시간, 연중무휴 💰 무료 🅿 주차 50여 대 가능, 30분 1,000원 🚗 주문진등대(1km)→주문진항

주문진항 전경

좌판에서 판매하는 해산물

주문진항 내 어민수산시장

3 course

해변과 해송이 어우러져 아름다운 **경포해변**

동해안을 찾는 대부분의 사람들이 찾는 필수 여행 코스. 청정한 바다와 고운 모래, 푸른 소나무가 이어지는 곳이다. 하얀 백사장에서 바다를 보면 답답한 가슴도 뚫리는 느낌이고 해송과 함께 산림욕을 즐길 수 있어 힐링 해변으로 즐겨도 좋다. 해변에 설치된 나무 그네에서 일출을 보고 경포 호수, 경포대 등을 함께 여행하기 좋은 코스다. 매년 해맞이 행사와 여름 해수욕을 즐기려는 사람들이 모여든다.

📍 강원도 강릉시 창해로 514 📞 강릉시 종합관광안내소 033-640-4531 🕐 24시간, 연중무휴 💰 무료 🅿 주차 150여 대 가능, 무료 🚗 주문진항(12㎞)→동해대로(6㎞)→경포해변

4 course

바람이 머물다 가는 누각 **경포대**

경포 호수와 도로 하나를 사이에 두고, 아름드리 소나무와 봄이면 화사한 벚나무가 어우러지는 곳이다. 경포대 누각에 신발을 벗고 들어가 앉으면 4㎞ 둘레의 경포 호수를 한눈에 볼 수 있다. 기둥 사이로 불어오는 바람을 맞으며 잠시 쉬어가도 좋다. 조선 후기 실학자 이중환이 쓴 우리나라의 지리서 《택리지》에는 경포대 부근이 이렇게 표현되어 있다. "경포대는 작은 산기슭 하나가 동쪽을 향해 우뚝한데, 대(臺)는 그 산 위에 있다. 앞에는 호수가 있는데 주위가 20리나 되고, 물 깊이는 사람의 배꼽에 닿을 정도여서 작은 배만 다닐 수 있다."

📍 강원도 강릉시 경포로 365 📞 강릉시 종합관광안내소 033-640-4531 🕐 24시간, 연중무휴 💰 무료 🅿 주차 300여 대 가능, 무료 🚗 경포해변(1㎞)→경포대

알고 떠나면 더 즐거운 여행길

다섯 개의 달이 뜨는, 경포 호수

경포호에는 수많은 이야기가 전해온다. 스님이 부자에게 시주를 청했는데, 고약하게도 쌀 대신 똥을 퍼주자 부자가 살던 집이 내려앉으며 호수로 변해 버렸다는 이야기부터 밤하늘에 하나, 바다에 하나, 호수에 하나, 술잔에 하나 그리고 님의 눈동자에도 하나가 뜨는 경포호의 다섯 개의 달 이야기는 경포 호수에 전해지는 대표적인 이야기다.
경포대에 앉아 낮에는 넓은 호수를 가득 품은 하나의 시선을, 저녁에는 다섯 개의 달을 찾아보며 하루를 마무리해도 좋다.

허균·허난설헌 기념공원 5개의 시비가 있는 공간

5 course

문인 남매의 얼이 흐르는 **허균·허난설헌 기념공원**

초당마을은 허난설헌(본명 허초희), 허균이 자란 곳으로 이들의 문학정신을 기념하기 위해 공원을 조성하였다. 허난설헌이 태어난 생가터는 안채와 사랑채, 곳간채로 구분되어 있고 허균·허난설헌 기념관은 목조 한식 기와로 이루어진 단층 건물이다. 봄이면 분홍색의 만첩개벚꽃이 생가를 한 폭의 그림 같은 전경으로 만들어준다. 1,000원으로 다도 체험을 할 수 있고, 소나무 숲을 지나면 경포가시연습지까지 산책할 수 있다.

📍 강원도 강릉시 난설헌로193번길 1-29 📞 033-640-4798
🕘 09:00~18:00(기념관, 전통차 체험관 매주 월요일 휴무)
💰 무료 🅿 주차 50대 가능, 무료 🚗 경포대(2km)→허균·허난설헌기념공원

여류시인 허난설헌상

★ 놓치지 말자! ★

경포가시연습지

멸종 위기 식물인 가시연이 자라고 있는 자연생태습지로 2008년 경포습지 복원 과정으로 부활되었다. 가시연은 멸종 위기 2급 식물로 수련과에 속하는 1년생 수초로 뿌리줄기는 짧은 원통으로 생겼고, 잎의 지름은 1미터이고, 최대 2미터에 달하기도 한다. 습지 주위에 피어난 야생화를 보는 재미가 쏠쏠하다.

허균·허난설헌의 기록을 품은 기념관

송림이 우거진 힐링와숲

원재훈의 소설 《바다와 커피》가 읽고 싶어지는 낭만 커피 거리!

6 course

커피 향 가득한 바다
안목 커피 거리

1990년대에 안목은 바다 경치를 보며 자판기 커피를 마시는 길다방으로 유명했다. 드라이브 나온 연인들이 바다를 바라보며 따뜻한 커피 한잔을 마시며 사랑을 꽃피운 곳이다. 500m 거리에 커피숍이 일직선을 이루고 있어 커피를 좋아하는 여행자들은 꼭 들른다. 커피 챔피언의 커피를 맛볼 수 있는 '산토리니'부터 안목에 제일 먼저 자리를 잡은 '엘빈'까지 50여 개 매장이 즐비하니 취향대로 골라 가보자. 안목 해변가에 있는 자판기 커피로 옛 정취를 느껴보는 것도 좋다.

📍 강원도 강릉시 창해로14번길 🕐 07:00~24:00(가게별 상이), 연중무휴 🚗 주차 30대 가능, 무료 🚙 허균·허난설헌기념공원(2km)→해안로(3km)→안목 커피 거리

★ 놓치지 말자! ★

강릉 해송길

연곡해변에서 안목 카페 거리 입구까지 13km 구간은 바다와 소나무 길이 마주하며 이어지는 길이다. '솔향 강릉'이라는 강릉시의 슬로건처럼 마을과 해변 주위로 하늘을 향해 쭉쭉 뻗은 소나무가 즐비하다. 소나무는 침엽수의 일종으로 냉대성 식물이어서 강릉의 기후와 잘 맞아 서식하기에 최적이다.

📍 강원도 강릉시 연곡면 동덕리 142 ☎ 강릉시 종합관광안내소 033-640-4531 💰 무료 🚗 주차 10여 대 가능, 구간마다 요금 다름

커피 거리 상징물

7 course

고현정 소나무와 마주 보며 해맞이하는 **정동진역**

한양의 광화문에서 정동 쪽의 나루터가 있는 마을이라고 하여 붙여진 이름 정동진. 드라마 〈모래시계〉 촬영과 고현정 소나무로 유명해진 정동진역은 바다에서 가장 가까운 역으로 기네스북에 올랐다. 연말·연초뿐만 아니라 요즘은 일년 내내 정동진을 찾는 사람들이 많다. 청량리역에서는 정동진역까지 매일 해돋이 시각에 맞추어 열차가 운영된다. 역의 출입은 무료이나, 관람 시 기념입장권을 원할 경우 1,000원을 지불하면 된다. 정동진역에서 모래시계공원까지 레일바이크로 돌아볼 수 있다.

📍 강원도 강릉시 강동면 정동역길 17 📞 정동진역 주차장 033-642-8832, 코레일 고객센터 1544-7788
🕐 24시간, 연중무휴 💰 무료(기념입장권 1,000원), 레일바이크 2인 1만5,000원, 4인 2만 원(09:00, 10:00, 11:00, 13:00, 14:00, 15:00, 16:00, 17:00, 동절기 미운행) 🅿 유료 주차장, 50여 대 가능, 1시간 1,000원 🚗 안목 커피 거리(7km)→율곡로(6km)→동해대로(8km)→정동진역

사계절 내내 푸르른 정동진 소나무

8 course

멋진 조형물로 자리 잡은 정동진 모래시계공원

드라마 〈모래시계〉를 기념하기 위해 지름 8.06m, 모래 무게 8톤으로 세계에서 가장 큰 모래시계가 세워져 있다. 시계 속의 모래가 아래로 모두 떨어지는 데에는 1년이 걸린다. 모래시계가 둥근 모양인 것은 시간의 무한성과 동해에서 떠오르는 태양을 상징하고, 평행의 레일은 영원한 시간의 흐름을 의미한다. 레일바이크를 탈 수 있는 정동진역과 동서양의 시계 관련 유물을 볼 수 있는 정동진시간박물관을 모래시계와 함께 돌아보면 좋다.

📍 강원도 강릉시 강동면 정동역길 20 📞 강동면사무소 033-660-3596, 모래시계안내소 033-640-4536
🕐 24시간, 연중무휴 💰 무료 🅿️ 주차 100여 대 가능, 무료 🚶 정동진역(1km)→정동진 모래시계공원

★ 놓치지 말자! ★

김시습문학관

우리나라 최초의 한문 소설 《금오신화》를 쓴 매월당 김시습. 그는 어느 한 종교에 치우치지 않고 불교의 철학과 유교의 이상을 결합하기 위해 고심한 철학자다. 선조 임금은 율곡 이이에게 그의 전기 《매월당집》을 발간하게 하였고, 정조 임금은 시호를 청간공으로 하여 그의 풍모를 기렸다. 김시습의 고향인 강릉에서는 그의 빛나는 문학과 얼을 계승하고자 기념관을 세웠으며, 기념관 내에서 영상을 볼 수 있게 꾸며져 있다.

📍 강원도 강릉시 운정길 85 📞 033-644-4600 🕐 09:00~18:00, 연중무휴 💰 무료 🅿️ 갓길 주차, 무료

오죽헌

뒤뜰에 검은 대나무가 자라고 있어 붙여진 이름의 오죽헌은 조선 시대 학자 율곡 이이가 태어난 곳이고 어머니 신사임당의 친정이다. 우리나라 주거 건축 역사상 가장 오래된 건물이다. 오천 원권에는 이이 초상, 오죽헌, 오죽, 사임당이 그린 초충도가 그려져 있다.

(오천 원권의 주인공 이이 동상)

📍 강원도 강릉시 율곡로3139번길 24 📞 033-660-3301 🕐 09:00~18:00, 연중무휴 💰 어른 3,000원, 청소년 2,000원, 어린이 1,000원 🅿️ 주차 30여 대 가능, 무료

강릉중앙시장

지역 여행의 필수 코스는 단연 시장이다. 강릉중앙시장은 떡갈비, 닭강정, 호떡 아이스크림으로 인기가 많고 동해안 대표 생선 및 건어물도 구매할 수 있다. 여행지에서 즐기는 그 지역만의 맛을 찾아 떠나는 사람이라면 시장 방문은 필수다.

📍 강원도 강릉시 금성로 19 📞 중앙시장상인회 033-648-4477 🕐 08:00~18:00(가게별 상이), 연중무휴 🅿️ 주차 30대 가능, 30분 500원, 가게에서 상품 구매 시 1시간 무료 주차권 증정(일부 가게 제외)

★ 추천하고 싶은 곳 ★

🛏 추천 숙소

하슬라 아트 월드 뮤지엄 호텔

동해 바다를 바라볼 수 있는 탁 트인 객실과 호텔의 모든 소품이 작품이 되는 미술관 같은 호텔이다. 아이들에게 인기 있는 동화 주인공인 피노키오박물관도 둘러볼 수 있다.

📍 강원도 강릉시 강동면 율곡로 144 📞 033-644-9411 💰 25만 원~(성수기, 비수기, 평일, 주말 요금 다름) 🌐 www.haslla.kr 🚗 정동진역에서 2.88km

홍씨호텔

강릉 구 터미널에 위치한 모텔형 호텔로 감각적인 인테리어와 직원의 친절함으로 만족도가 높은 곳이다.

📍 강원도 강릉시 옥천로65번길 2-6 📞 033-641-8100 💰 스탠더드 더블 7만 원~(성수기, 비수기, 평일, 주말 요금 다름) 🌐 www.hongchotel.kr 🚗 안목 카페 거리에서 5.5km

라카이샌드 파인리조트

경포 앞바다 앞에 지어진 리조트로 소나무색의 외관에 모던한 느낌의 실내로 인기가 많다.

📍 강원도 강릉시 해안로 536 📞 1644-3001 💰 20만~90만 원(성수기, 비수기, 평일, 주말 요금 다름) 🌐 www.lakaisandpine.co.kr 🚗 경포해변에서 0.3km

☕ 추천 휴게소

해우소

영진해수욕장 바로 앞에 있는 화장실로, 여행자들에게 쉼터를 제공한다. 화장실 이용 후 주변 커피숍이나 편의점에서 간단한 음료를 마실 수 있다. 이곳 해우소가 바다에서 가장 가까운 화장실은 아닐지?

📍 강원도 강릉시 연곡면 영진길 103 📞 033-660-2354 🕐 매점 09:00~18:00 💰 무료 🚗 주차 10대 가능, 무료 🚗 주문진항에서 3.23km

송정물레방아 화장실

작은 매점과 화장실을 이용할 수 있는 작은 휴게소. 소나무 숲 산책 후 자판기 커피를 마시며 넓은 송정해변을 바라보며 쉴 수 있는 장소다. 송정해변 주변에 군부대가 위치해서 바다를 가로막은 철물 구조물을 볼 수 있는 것도 지역적 특성이다.

📍 강원도 강릉시 송정길30번안길 20-3 📞 송정동주민센터 033-660-3882 🕐 매점 09:00~20:00 💰 무료 🚗 주차 30대 가능, 무료 🚗 경포해변에서 4.48km

🍴 추천 맛집

폴앤메리 버거

강문해변 횟집 센터가 즐비한 곳에 자리 잡은 폴앤메리 버거는 지역민들과 여행자들에게 인기가 많다. 풍성하고 높게 쌓아 올린 버거의 양과 재료의 신선함, 합리적인 가격 모두 만족을 준다. 뉴욕에서 배워온 버거 레시피를 한국인의 입맛에 맞게 개발하여 입소문이 나면서

오픈 전부터 줄을 서 있는 사람이 많다. 특히 더블치즈버거가 여성들에게 많은 사랑을 받고 있다.

📍 강원도 강릉시 창해로350번길 33(1호점), 강원도 강릉시 중앙시장3길 1(2호점) 📞 033-653-2354(1호점), 033-645-0247(2호점) 🕐 10:00~21:00, 연중무휴 💰 체다치즈버거 6,000원, 에그버거 6,500원 🚗 주차 20대 가능, 무료 🚗 허균·허난설헌 기념공원에서 1.05km

주문진 생선구이

숯불에 바짝 구워 기름을 쏙 뺀 생선구이는 겉은 바삭하고 속은 부드럽다. 조미되지 않은 김에 밥을 올리고 고소한 생선구이 한 점과 젓갈을 올려 먹으면 풍미에 반하게 된다. 특히 이 가게의 밥은 매우 찰기가 있고 윤기가 흘러 생선 반찬과 잘 어울린다. 깔끔하게 차려진 상차림이 여행 중 대접을 잘 받았다는 느낌을 준다.

📍 강원도 강릉시 주문진읍 해안로 1795 📞 033-661-9800 🕐 07:00~22:00, 1월 1일, 설·추석 휴무 🍽 생선구이(2인) 2만6,000원 🅿 주차 50여 대 가능, 무료 🚗 주문진등대에서 0.6km

태광회식당

경포에서 강문을 잇는 작은 다리를 건너면 코너에 자리한 태광회식당은 일출을 즐긴 후 시원한 곰국을 먹으면 잘 어울리는 곳이다. 회식당이라고 되어 있지만 회덮밥과 곰국이 인기가 많아 식사 손님도 많다. 동해안에서 잡히는 곰치에 김치를 함께 끓여 시원하고 칼칼한 곰국을 먹기 위해 동해를 찾는 사람도 많다.

📍 강원도 강릉시 창해로 38 📞 033-653-0171 🕐 07:00~22:00, 연중무휴 🍽 곰국 1만5,000원, 우럭미역국 5,000원 🅿 주차 100여 대 가능, 무료 🚗 경포해변에서 2.26km

 추천 가게

초려공방

초당마을에 터를 잡은 뒤 32년, 오죽헌 정문 앞 율곡로로 이사 온 지 1년이 되었다. 아기자기한 공방의 따뜻한 느낌이 사람들의 시선을 사로잡는다. 우리나라 최초로 콩공예를 시작한 석희숙 대표는 신사임당이 그렸던 초충도를 기본으로 하여 양산, 손수건, 서책 등 10여 가지 오죽헌 관련 상품을 개발하였다. 공예품 구매, 공방 체험, 카페 이용이 가능하며 공방 앞에서 작은 음악회를 개최하여 주민들의 문화 공간으로 활용하고 있다.

📍 강원도 강릉시 율곡로 3139번길 24-2 📞 033-652-1564 🕐 09:00~21:00, 연중무휴 🎨 양산 6만 원, 손수건 1만 원, 체험비 5,000원~ 🅿 주차 30여 대 가능, 무료 🚗 경포해변에서 4.53km

승일상회

중앙시장 코다리 골목 입구에서 30년 이상 건어물을 유통하는 곳으로 주인장의 온화한 인상과 친절함으로 강릉 지역민도 많이 이용하는 곳이다. 택배를 이용해 전국 각지에서 좋은 건어물을 구매할 수 있으며 고객들이 믿고 이용할 만큼 품질이 우수하다.

📍 강원도 강릉시 금성로 21 📞 033-646-4640 🕐 07:00~20:00, 첫째 주 일요일 휴무 🐟 오징어 2만 원~, 쥐포 1만 원~ 🅿 주차 50여 대 가능, 30분 1,000원(상품 구매 시 1시간 무료 주차권 증정) 🚗 경포해변에서 6.86km

보헤미안 박이추 커피

사천해변에 위치한 박이추 커피는 사람들이 커피를 더 가까이에서 경험할 수 있도록 로스팅 공간을 오픈하고 있다. 60kg용 대형 로스터기를 볼 수 있고, 바다를 바라보며 커피 향 가득한 시간을 느낄 수 있다. 커피와 함께 제빵류도 맛볼 수 있고, 가격도 합리적인 편이다. 영화 관람 및 커피 교실 등 다양한 프로그램으로 고객들과 만나고 있다.

📍 강원도 강릉시 사천면 해안로 1107 📞 033-642-6688 🕐 평일 09:00~22:00, 토·일요일 08:00~22:00, 연중무휴 ☕ 하우스 블랜드 4,000원 🅿 주차 30여 대 가능, 무료 🌐 www.bohemian.coffee 🚗 경포해변에서 6km

강원도

DRIVE COURSE

강릉 심곡항~삼척해변

새하얀 포말과 푸른 바다의 아름다움이 함께하는 드라이브

동해안에서 가장 아름다운 드라이브 코스인 강릉 헌화로와 삼척새천년도로의 낭만을 즐길 수 있는 곳. 바다와 기암괴석이 만들어내는 자연의 어울림에 감탄사가 저절로 나온다. 계절과 날씨에 따라 달라지는 일출의 아름다움이 하루의 시작을 더욱 단단하게 만들어주는 느낌이다. 설레는 마음으로 찾아갈 수 있는 코스다.

TIP 심곡항에서 금진항을 이어주는 헌화로는 도로와 바다가 맞닿아 있는 코스다. 날씨가 흐리거나 비가 오면 파도가 높아져 도로를 덮치는 경우 드라이브를 하지 않는 것이 좋다.

INFORMATION
- 이동거리 101.6km
- 드라이브 2시간 37분
- 전체 코스 8~9시간
- 포인트 해안 드라이브를 하며 가장 아름답고 고요한 분위기를 느낄 수 있다.
- 추천계절 봄~가을(4~11월)
- 축제 망상해변축제(7~8월), 묵호항 동해무릉제(10월), 묵호등대마을 논골담길축제(11월)

RECEIPT

입장료
천곡동굴 ······················ 6,000원
무릉계곡 ······················ 4,000원
삼척 세계동굴엑스포타운
···································· 6,000원

주차료
무료

식사 및 간식
(점심)소머리국밥 ········· 14,000원
(저녁)대구뽈찜 ············ 25,000원

TOTAL
55,000원

(※2인 기준)

1 course

바다부채길의 시작 심곡항

골짜기 깊숙이 있어서 심곡항이라고 불리는 곳. 정동진에서 차로 10분 정도 이동하는 거리지만 산등성이를 하나 두고 분위기는 전혀 다르다. 아름다운 드라이브길이라고 불리는 헌화로, 심곡항에서 금진항을 이어주는 2.4km의 시작점이다. 바우길과 해파랑길이 이어진다는 가파른 언덕 위 헌화정에 오르면 심곡항과 헌화로가 한눈에 보인다.

- 강원도 강릉시 강동면 헌화로 · 묵호항로표지관리소 033-531-3258
- 24시간, 연중무휴 · 무료 · 주차 10대 가능, 무료 · 남강릉IC(19km)→헌화로(9km)→심곡항

2 course

등대길 따라 묵호항의 이야기를 볼 수 있는 논골담길

바다를 풍경으로 묵호항의 이야기를 담은 그림 벽화를 따라 언덕 위를 천천히 올라가는 길은 지붕 없는 미술관이 따로 없다. 작가들이 논골 어르신의 인생 이야기를 바탕으로 골목길과 담벼락에 그림을 그리기 시작했다. 논골 1길에서 논골 3길, 등대오름길까지 올라가는 입구는 네 군데지만 정상에 오르면 묵호등대에서 모두 만날 수 있다. 논골담길을 오르며 뒤를 돌아보면 아름다운 묵호항이 한눈에 들어온다.

- 강원도 동해시 일출로 88 · 묵호항로표지관리소 033-531-3258
- 24시간, 연중무휴 · 무료 · 묵호등대 주차장, 10여 대 가능, 무료 · 심곡항(4km)→동해대로(6km)→일출로(7km)→논골담길

3 course

여름엔 시원하고 겨울엔 따뜻한 동해 천곡동굴

1996년 일반에 공개된 천곡동굴은 1991년 아파트 공사를 하던 중 발견되었다. 길이 1,510m의 석회암 수평동굴로 생성 시기는 4~5억 년 전으로 추정된다. 석주, 종유석실, 샘실신당, 관상종유석 등 볼거리가 가득하고 국내에서 가장 규모가 큰 천정용식구가 있다. 동굴 2층에는 천연동굴전시실, 야외에는 자연학습 체험공원이 있다. 동굴 입구에는 동굴 생성의 비밀을 간직하고 있는 돌리네 지형과 자연 식생을 한눈에 볼 수 있도록 꾸며놓은 자연학습관이 있다.

- 강원도 동해시 동굴로 50 · 033-539-3630 · 09:00~18:00, 설·추석 전일, 당일 휴무 · 어른 3,000원, 청소년 1,500원, 어린이 1,000원 · 주차 30여 대 가능, 무료 · 논골담길(2km)→해안로(5km)→동해 천곡동굴

4 course
신선이 노닐던 무릉도원을 찾아 떠나는 **무릉계곡**

동해에 위치한 무릉계곡은 중국 최고의 시인 도연명의 《도화원기》에 등장하는 무릉도원과 흡사하다. 두타산과 청옥산에 둘러싸인 계곡을 따라 올라가다가 금란정이라는 정자 부근의 무릉반석(무릉중대반석)에 이르면 맑은 못을 이루어 절경이다. 1,000명이 앉을 수 있다는 반석은 표면을 적시듯 암반을 타고 흐르는 물결에 한 폭의 산수화를 보는 느낌이다. 학소대, 옥류동, 쌍폭포 등 볼거리가 다양하다. 열심히 살아온 지금, 잠시 휴식이 필요하다면 동해의 대표 휴식지 무릉계곡을 추천한다.

📍 강원도 동해시 삼화로 538 📞 033-530-2802 🕐 08:00~17:00, 연중무휴 💰 2,000원 🅿 주차 50여 대 가능, 무료 🚗 동해 천곡동굴(4㎞)→효자로(8㎞)→무릉계곡

어서 오세요. 무릉계곡입니다.

5 course
황홀한 일출의 명소 **추암 촛대바위**

TV 방송 시작과 끝에 울리는 애국가 첫 소절에 나오는 붉은 태양과 촛대바위의 명성은 모르는 사람이 없을 정도로 유명하다. 자연이 빚은 작품을 보기 위해 사계절 내내 사람들과 사진작가들이 많이 찾는다. 촛대바위 옆 형제바위에서 떠오르는 일출도 사진 찍기에 좋은 포인트다. 추암 촛대바위에서 조각 공원으로 이어지는 산책로에서 다양한 기암괴석과 삼척 심씨의 시조인 심동로가 생활했던 해암정도 볼 수 있다. 매년 9월 사진작가협회에서 주관하는 누드 사진 촬영대회가 추암해변에서 열린다.

📍 강원도 동해시 촛대바위길 2 📞 033-530-2801 🕐 24시간, 연중무휴 💰 무료 🅿 주차 50대 가능, 무료 🚗 무릉계곡(6㎞)→동해대로(7㎞)→추암 촛대바위

구름 속에서 찬란하게 뿜어내는 황금빛 태양이 아주 근사해~

사진제공 : 서만길 작가

6 course
신라 장군 이사부의 얼을 이어받은 이사부 사자공원

천국의 계단을 통해 전망대에 오르면 아늑한 해안 절경과 동해 추암해변 촛대바위를 감상할 수 있다. 공원에는 전망타워, 천국의 계단, 야외 공연장, 산책로, 휴게 음식점 등이 있으며 전망타워에는 유리공예 작품과 독도의 종이 전시되어 있다. 야간 조명이 아름다운 곳으로 유명하며 독도를 수호하는 150여 마리의 나무사자상도 관람할 수 있다.

📍 강원도 삼척시 수로부인길 333 📞 033-573-0561 🕐 3~10월 09:00~22:00, 11~2월 09:00~21:00, 연중무휴 💰 무료 🅿 주차 60대 가능, 무료
🚗 추암 촛대바위(2km)→동해대로(4km)→이사부 사자공원

사진제공 : 서만길 작가

알고 떠나면 더 즐거운 여행길
이사부 장군과 독도

'독도는 우리 땅'에 나오는 신라 장군 이사부를 기억하는가? 신라 지증왕은 이사부 장군에게 우산국(울릉도와 독도)을 신라의 영토로 복속시키라는 명령을 내린다. 이사부 장군은 나무로 만든 사자상을 배에 싣고 가서 항복하지 않으면 이 맹수들을 풀겠다고 호령했고 그것을 본 우산국이 항복하여 우리나라 영토가 되었다. 그 당시 우산국을 향할 때 출발 지점이 삼척이었고, 그 역사를 기리기 위해 공원을 조성하게 되었다.

7 course
관동팔경 중 제1경 죽서루

삼척 성내동 오십천 절벽 위에 위치한 죽서루. 조선 시대 모습 그대로 남아 있어 더 의미가 있다. 조선 시대 중앙 관리들이 묵었던 숙소였고, 접대와 향연을 위한 장소로 사용되었다. 죽서루는 오래된 역사뿐만 아니라 주위의 뛰어난 경관으로 유명하다. 죽서루 동쪽에는 용문바위와 풍요와 다산을 의미하는 성혈이 남아 있고, 서쪽에는 『송강 정철 가사의 터』 표석이 남아 있다. 사계절 내내 사람들이 많이 찾는 곳이고 붉은 단풍이 함께하는 가을에 특히 인기가 많다. 오십천에서 바라보는 기암괴석과 죽서루의 어우러진 풍경도 아름답다.

📍 강원도 삼척시 죽서루길 37 📞 033-570-3670 🕐 09:00~18:00, 연중무휴 💰 무료 🅿 주차 20여 대 가능, 무료 🚗 이사부 사자공원(3km)→뒷나루길(3km)→죽서루

사진제공 : 서만길 작가

★놓치지 말자!★
삼척 장미공원

장미만 222종, 16만 그루가 심어져 있다. 세계 최대의 수량으로 화사한 장미꽃밭을 관람할 수 있다. 5월에는 풍성하게 공원을 채운 다양한 색깔의 장미를 관람할 수 있어서 야외촬영 등도 많이 있다. 오십천이 흐르는 길을 따라 산책도 하고 자전거 도로에서 여가를 즐기는 사람의 발길이 끊이지 않는다.

📍 강원도 삼척시 오십천로 586 📞 033-570-4065 🕐 24시간, 연중무휴 💰 무료 🌐 tour.samcheok.go.kr 🅿 주차 10여 대 가능, 무료

사진제공 : 서만길 작가

8 course

동굴의 신비가 모두 모여 있는 **삼척 세계동굴엑스포타운**

2002년 삼척세계동굴엑스포의 중심이었던 장소가 상설 전시관으로 재탄생했다. 흘러내리는 종유석을 형성화한 케이크 모양의 동굴신비관, 박쥐 날개 모습의 태양열 집광판을 설치한 동굴탐험관, 삼척시립박물관, 태양광홍보관이 동굴테마엑스포타운으로 변모했다. 동굴신비관에서는 영화 〈외출〉에 나왔던 환생교, 아이맥스 영화, 동굴의 역사를 볼 수 있고, 동굴탐험관에서는 세계 7가지 동굴을 볼 수 있다. 아이맥스 영화는 평일 3회(10:30, 14:00, 17:30) 상영되니 놓치지 말자.

📍 강원도 삼척시 엑스포로 69 📞 033-574-6828 🕐 3~10월 09:00~18:00, 11~2월 09:00~17:30, 연중무휴 💰 어른 3,000원, 청소년 2,000원, 어린이·경로 1,500원 🅿 문화예술센터 주차장, 20여 대 가능, 무료 🚗 죽서루(2km)→삼척 세계동굴엑스포타운

알록달록 4단 케이크 동굴신비관

★ 놓치지 말자!

망상해변

북쪽 용바위에서 남쪽 대진 암초까지 2km에 이르는 백사장이 해변이다. 청정한 해수, 얕은 수심, 은빛 파도는 조선 시대 정철이 이곳에서 강도(講道)를 열었을 만큼 경승을 자랑하고 있다. 특히 국내 최초로 환경친화적으로 조성된 오토캠핑장, 카라반 등의 오토캠핑 리조트는 취사장, 샤워장, 산책로 등 편의 시설이 갖추어져 있어 관광객들에게 많은 인기를 얻고 있다

사진제공 : 동해시청

📍 강원도 동해시 망상동 393-16 📞 033-530-2800 🕐 24시간, 연중무휴 💰 무료 🅿 주차 50대 가능, 무료 🚗 동해 천곡동굴에서 11.9km

북평민속시장 오일장

매월 3, 8일 조용한 동해 북평이 활기찬 분위기로 변한다. 조선 정조(1796년) 때부터 시작되어 200년이 넘는 강원도 최대 규모의 오일장이다. 동해안의 싱싱한 해산물과 산에서 채취한 산나물, 농기구와 옷, 신발 등 없는 것 빼고 다 있다. 난전에서 판매하는 동해안 별미인 메밀전병, 칼국수, 수수부꾸미와 우시장으로 명성을 떨쳤던 국밥집 거리에서 깊은 국물 맛의 국밥도 맛볼 수 있다.

📍 강원도 동해시 무릉로 538 📞 033-530-2362 💰 가게별 상이 🅿 진천강변 주차장, 30대 가능, 무료 I 공용주차장, 30여 대 가능, 30분 1,000원 🚗 망상해수욕장에서 16.5km

알고 떠나면 더 즐거운 여행길

한 노옹의 헌화가

성덕왕 때 강릉 태수로 부임하던 '순정공'이 바닷가에서 점심을 먹게 되었다. 그 옆에는 바위 봉우리가 병풍처럼 둘러져 있고, 천 길이나 되는 높은 곳에 철쭉꽃이 활짝 피어 있었다. 순정공의 부인 수로가 이 모습을 보고 가까이 있던 시종들에게 "누가 저 꽃을 꺾어다 주겠소?"라고 말했다. 시종들은 그곳은 사람의 발자취가 닿지 못하는 곳이라며 꽃을 꺾어주지 않았다. 그러던 와중에 그 길을 지나가던 한 노옹이 수로 부인의 말을 듣고 그 꽃을 꺾어 가사와 함께 지어 바쳤다는 이야기가 전해진다.

「헌화가」
자줏빛 바위 끝에
잡은 암소 놓게 하시고
나를 아니 부끄러워하시면
꽃을 꺾어 바자오리다.

★ 추천하고 싶은 곳 ★

🛏 추천 숙소

등대펜션

묵호등대 아래 바다를 나란히 마주하며 펜션과 카페를 이용할 수 있다. 펜션 앞에는 바다를 향해 흔들의자가 놓여져 있고 바비큐 해먹을 수 있는 테이블도 있다. 배 위에 있는 느낌으로 이국적인 감성을 전한다.

📍 강원도 동해시 등대오름길 34-3 📞 033-531-6777 💰 2인실 7만 원~(성수기, 비수기, 평일, 주말 요금 다름) 🌐 묵호등대펜션.kr 🚗 논골담길에서 0.5km

연리지펜션

작은 어촌마을의 민박집을 연상케 하는 공간으로 바다 앞 카페를 즐길 수 있다. 촛대바위까지 걸어서 갈 수 있는 거리에 위치한다.

📍 강원도 동해시 촛대바위길 33 📞 033-521-4491 💰 2인실 7만 원~(성수기, 비수기, 평일, 주말 요금 다름) 🌐 www.yeolliji.com 🚗 추암 촛대바위에서 0.3km

소금힐링센터 · 소금찜질방

주택가에 자리한 소금찜질방은 몸의 피로를 풀고 수면실에서 취침할 수 있는 공간이 마련되어 있다. 찜질방에서 이용할 수 있는 여벌의 옷이 제공된다.

📍 강원도 삼척시 청석로 43 📞 033-574-5840 💰 1인 1만 원 🚗 이사부사자공원에서 4.55km

☕ 추천 휴게소

동해 휴게소

동해고속도로 하행선에서 만나는 휴게소. 높은 언덕에 위치해서 망상해변이 보이는 전망 좋은 휴게소다. 잘 알려지지 않은 작은 휴게소지만 아름다운 바다를 한눈에 볼 수 있고 일출을 보기에도 좋다. 마음을 담아 쓴 편지를 보낼 수 있는 소망우체통도 있다.

📍 강원도 동해시 동해대로 6437 📞 033-534-6631 🕐 24시간, 연중무휴 💰 쥐포 2,000원~ 🅿 주차 50여 대 가능, 무료 🚗 논골담길에서 18.71km

옥계 휴게소

동해고속도로 상행선에서 만나는 휴게소. 작은 산책로와 전망대에서 넓은 동해 바다를 한눈에 볼 수 있다. 버려진 공중전화 부스로 독서를 할 수 있는 '바다전망 작은 도서관'을 운영하고 있다.

📍 강원도 강릉시 옥계면 동해고속도로 320 📞 033-534-1700 🕐 24시간, 연중무휴 💰 쥐포 2,000원~, 커피 4,000원~ 🅿 주차 50여 대 가능, 무료 🚗 논골담길에서 9.91km

🍴 추천 맛집

종갓집 국밥

북평민속시장 내 국밥 거리에 있으며 주인 혼자 운영하는 1인 매장이다. 오일장에서 구매한 재료로 음식을 만들고 산나물을 직접 채취해서 반찬을 만드는 등 지역 농산물을 이용하고 있다. 보리밥과 장칼국수도 인기 있고, 주인장의 친절하고 정겨운 응대에 단골 고객들이 많다.

시장 내 국밥집 골목에 위치한다.

📍 강원도 동해시 오일장길 17-1 📞 010-8006-3394 🕐 09:00~20:00, 매월 4일 휴무 💰 소머리국밥 7,000원, 순해물칼국수·장터보리밥 5,000원 🅿️ 진천강변 주차장, 30대 가능, 무료 | 공용주차장, 50대 가능, 30분 1,000원 🚗 추암 촛대바위에서 3.62km

삼봉식당

대구뽈찜으로 유명한 이곳은 뻑뻑한 대구 살을 부드러운 식감으로 조리한 것이 특징이다. 콩나물의 아삭함과 대구의 조화가 입맛을 돋운다. 볶음밥을 주문하면 양념에 밥을 볶아준다. 대구뽈찜뿐만 아니라 이곳에서 판매하는 곱창전골도 인기가 있다. 술 한잔 기울이며 식사를 즐기기에 좋다.

📍 강원도 삼척시 척주로 67-1 📞 033-573-6181 🕐 11:00~22:00, 연중무휴 💰 대구뽈찜(소)·곱창전골(중) 2만5,000원 🅿️ 갓길 주차, 5대 가능, 무료 🚗 북평민속시장에서 6.58km

덕산바다횟집

주말과 피서철이면 줄을 서서 먹어야 하는 삼척 맛집. 지역민들의 입소문으로 전국에 알려진 곳이다. 물회가 육수와 따로 나와서 기호에 맞추어 육수를 부어 먹을 수 있고 새콤달콤한 맛이 일품이다. 채소 육수와 고추장으로 만든 얼음 육수는 깔끔하고 따뜻한 밥까지 말아 먹으면 푸짐한 한 끼 식사가 된다. 추운 겨울에도 시원한 물회가 생각나는 사람들은 이곳을 찾고 있다.

📍 강원도 삼척시 근덕면 덕산해안로 94 📞 033-572-8208 🕐 08:00~22:00, 둘째·넷째 월요일 휴무 💰 물회·회덮밥 1만2,000원, 우럭매운탕 3만 원 🅿️ 주차 10대 가능, 무료 🚗 삼척항에서 10.47km

🏠 **추천 가게**

낙원건어물

북평민속시장 오일장에서만 만날 수 있는 낙원건어물에서는 동해의 대표 건어물 먹태를 구매할 수 있다. 추운 겨울이 아닌 11월부터 말린 명태는 속은 노릇하고 껍질은 거무스름한 빛을 띠는데 이를 먹태 또는 흑태라고 한다. 속살이 촉촉하고 부드러워서 술안주로 인기가 많은데 청양고추와 마요네즈를 넣은 간장 소스를 찍어 먹으면 그 맛이 일품이다. 시장 내 광장 주변 수산물 골목에서 만날 수 있고 비가 오나 눈이 오나 한결 같이 문을 여는 가게다.

📍 강원도 동해시 무릉로 538 📞 010-6313-1012 🕐 09:00~18:00, 부정기적 휴무 💰 노가리 1만 원~, 먹태 1만5,000원~ 🅿️ 진천강변 주차장, 30대 가능, 무료 | 공용주차장, 100여 대 가능, 30분 1,000원 🚗 추암 촛대바위에서 3.61km

추암 촛대바위 건어물점

추암 촛대바위 주차장 앞 CU편의점 앞에서 물건을 판매하고 있다. 구매한 자리에서 직접 구워주는 오징어와 쥐포 냄새에 사람들의 발길이 줄어들 줄 모른다. 시식해본 사람들은 대부분 선물용으로 제품을 구매하게 된다. 촛대바위 안쪽에 건물 공사가 종료되면 가게에서도 구매할 수 있다.

📍 강원도 동해시 추암길 200 📞 033-521-3250 🕐 09:00~21:00, 부정기적 휴무 💰 쥐포 2,000원~, 오징어 2만 원~ 🅿️ 주차 20여 대 가능, 무료 🚗 추암 촛대바위에서 0.2km

박영만베이커리

베이커리를 운영하신 아버지로부터 물려받아 2대째 빵집을 운영하는 삼척의 대표적인 빵집으로 유명하다. 무지개롤케이크와 고소한 소보로빵에 생크림을 넣은 제품이 인기가 있다.

📍 강원도 삼척시 진주로 9 📞 033-573-1737 🕐 08:00~22:00, 부정기적 휴무 💰 소보로빵 1,500원, 무지개롤케이크 1만2,000원 🅿️ 갓길 주차, 무료 🚗 죽서루에서 0.4km

강원도

DRIVE COURSE

삼척 대진항~죽변항

바다낚시를 좋아하는 강태공들의 활력 있는 드라이브

삼척의 조용한 마을 대진항에서 출발하여 경상도를 넘어 죽변항 해변까지 이어지는 구간은 해안과 산간 지방을 오가는 코스다. 탁 트인 해안선을 타고 흐르는 쪽빛 바다는 마음을 시원하게 하고, 푸른 신록이 함께하는 내륙으로의 이동은 마음을 편안하게 한다. 유명 여행지를 끼고 달리는 해안 드라이브 코스로 아름다운 장면을 기대해도 좋다.

INFORMATION

- 이동거리 203.8km
- 드라이브 3시간 35분
- 전체 코스 9~10시간
- 포인트 해안과 산간지방을 넘나들며 역사와 이야깃거리가 풍성하다.
- 추천계절 봄~가을(3~11월)
- 축제 삼척해맞이축제(1월), 삼척정월대보름제(음력 1월 15일), 맹방유채꽃축제(4월), 이사부독도축제(5월), 죽서루 전통성인식(5월 셋째 월요일), 삼척여름청정해변축제(7월 말~8월 초), 장호어촌체험축제(7월 말~8월 초), 삼척 왕의 코스모스축제(9월), 삼척평생학습축제(10월 중순~11월 초), 이승휴제왕운기문화제(10월), 덕산항 등반대회(10월), 삼척시장배 전국바다낚시대회(10월 말)

RECEIPT

입장료
해신당공원 ·········· 6,000원
수로부인헌화공원 ·········· 6,000원

주차료
무료

식사 및 간식
(점심)곰칫국 ·········· 30,000원
(저녁)중화비빔밥&비빔짬뽕 ·········· 15,000원
(간식)대게빵 ·········· 3,000원

TOTAL
60,000원

(※2인 기준)

1 course

레포츠로 신나는 하루 **장호항**

바다의 기암괴석과 파도, 어족이 풍부한 곳의 쪽빛 바다를 구경하려는 사람들로 붐비는 곳이다. 하절기에는 카누, 스노클링, 체험 다이빙을 할 수 있고 배낚시, 어업 생활 체험, 인공 암벽 체험 등을 사계절 내내 할 수 있는 만능 레포츠 천국이다. 한국의 나폴리라고 불리는 장호해변도 만날 수 있다.

📍 강원도 삼척시 근덕면 장호항길 80 📞 장호어촌체험마을 070-4132-1601 🕐 24시간, 연중무휴 💰 무료 🅿 묵호등대 주차장, 30여 대 가능, 무료 🚗 삼척IC(11km)→동해고속도로(14km)→삼척로(5km)→장호항

이제 슬슬 레포츠를 즐겨볼까?!

2 course

마라토너의 그날을 기념하는 **황영조기념공원**

1992년 제25회 바르셀로나 올림픽 마라톤에서 우승한 황영조 선수를 기념하기 위해 조성된 공원이다. 공원에는 그날의 감동을 재현한 황영조 선수의 골인점 동상이 있고, 공원 뒤편으로 '황영조 집 찾기'라는 별도의 작은 공간도 마련되어 있다. 기념관에서는 손기정의 금메달부터 우리나라 마라톤 역사 등을 살펴볼 수 있고, 마라토너의 훈련 방식과 시뮬레이션 시스템으로 자신이 실제로 참가해 달리는 마라톤 체험을 할 수 있다.

📍 강원도 삼척시 근덕면 초곡길 176 📞 033-576-0009 🕐 3~10월 09:00~16:20, 11~2월 09:00~17:20, 기념관 매주 월요일 휴무 💰 무료 🅿 주차 30여 대 가능, 무료 🚗 장소항(0.6km)→삼척로(4.4km)→황영조기념공원

바르셀로나 우승의 주역 황영조 선수 기념상

★ 놓치지 말자! ★

삼척 해양레일바이크

5.4km를 달리는 레일바이크는 바다, 솔숲과 함께 유명 관광지를 지나가는 코스라 인기가 많다. 터널에서 펼쳐지는 레이저쇼와 루미나리에는 신비롭고, 시원한 바닷가를 지나며 만나는 풍광은 아름답다. 사계절 내내 인기 있어 사전 예약을 하면 편리하게 이용할 수 있다. 1시간 정도 소요되는 거리며, 4~10월에는 6회, 11~3월에는 커버를 장착한 레일바이크로 4회 운영한다. 종착역에 도착하면 셔틀버스로 출발지까지 데려다준다.

📍 궁촌 정거장 : 강원도 삼척시 근덕면 공양왕길 2, 용화 정거장 : 강원도 삼척 용화해변길 23 📞 033-576-0656 🕐 09:00~19:00, 매월 18일 휴무(단, 18일이 주말일 경우 변경) 💰 2인승 2만 원, 4인승 3만 원 🌐 www.oceanrailbike.com 🅿 주차 30대 가능, 무료

3 course

애랑이의 영혼을 위로하는 해신당공원

거친 바다의 풍랑과 싸우는 어촌의 삶은 거칠고 위험해서 민속신앙과 관련된 제례 의식이 중요시된다. 풍랑에 휩쓸려 안타깝게 목숨을 잃은 애랑이(옛날 신남마을의 처녀로 애바위에서 해초를 캐다가 풍랑에 목숨을 잃었다는 전설 속 주인공)를 모신 해신당에서 매년 제사를 모시고 있다. 다산과 풍요를 상징하는 남근 조각의 신앙을 이해하고 둘러볼 수 있는 남근 조각 공원과 소나무 산책로가 신남 바다와 어우러진 명소다.

📍 강원도 삼척시 원덕읍 삼척로 1852-6 📞 033-572-4429 🕐 3~10월 09:00~18:00, 11~2월 09:00~17:00, 매월 18일 휴무 💰 어른 3,000원, 청소년 2,000원, 어린이·경로 1,500원 🅿 주차 50대 가능, 무료 🚗 황영조기념공원(2km)→삼척로(8km)→해신당공원

4 course

거대한 수로부인 상징물에 놀라는 수로부인 헌화공원

《삼국유사》에 등장하는 〈해가〉 속 수로 부인 이야기를 토대로 임원리 남화산 일대에 지어진 공원이다. 공원의 상징물인 수로 부인 조형물은 높이 10.6m, 500톤 규모에 달하며, 2015년 50m 높이의 엘리베이터가 조성돼 수월하게 공원까지 오를 수 있게 되었다. 공원에 오르면 임원항은 물론, 호산항, 울진까지 한눈에 들어온다. 산책로, 전망대, 쉼터 등이 갖추어져 있어 바닷바람과 함께 느릿한 산책을 즐겨봐도 좋다. 해가사의 내용을 이해하기 십도록 벽화와 동상들이 세워져 있으니 눈여겨보자.

📍 강원도 삼척시 원덕읍 임원항구로 33-17 📞 삼척 관광안내소 033-575-1330 🕐 3~10월 09:00~17:00, 11~2월 09:00~16:00, 연중무휴 💰 어른 3,000원, 청소년 2,000원, 어린이 1,500원 🅿 임원항 주차장, 30대 가능, 무료 🚗 해신당공원(1km)→동해대로(5km)→수로부인 헌화공원

알고 떠나면 더 즐거운 여행길

수로 부인을 구한 애달픈 노래, 해가사(海歌詞)

신라 성덕왕 때 순정공이 강릉 태수로 부임하던 도중, 임해정에서 점심을 먹는데 용이 나타나 순정공의 아내 수로 부인을 바닷속으로 납치해서 들어가 버렸다. 순정공이 발을 구르며 어찌할 바를 모를 때 한 노인이 지나가다 "옛사람이 말하기를 여러 사람의 말은 무쇠도 녹인다고 하니, 경내의 백성들을 모아 노래를 지어 부르면서 막대기로 언덕을 두드리면 부인을 다시 찾을 수 있을 것이오"라고 하였다. 순정공이 그의 말을 따라 노래를 지어 부르며 막대기로 언덕을 치자 바다에서 용이 부인을 모시고 나왔다. 여기서 백성들이 수로 부인을 구하려고 부른 노래가 해가사다.

용을 타고 나타났다는 수로부인 상징물

5 course 산촌의 정겨움이 묻어나는 **신리 너와집 (구)김진호 가옥**

볏짚을 구하기 어려운 산간 지역에서는 소나무, 전나무 등을 기와처럼 지붕을 이어 너와집을 만들었다. 나무 특성상 기후에 따라 수축이 심해 큰 돌멩이를 눌러 놓으며 정면과 측면이 각각 3칸 규모의 정방형이다. 추위와 맹수로부터 가축을 보호하기 위해 외양간이 집 안에 있는 것도 특징이다. 신리 너와집으로부터 500m 거리에 있는 너와마을에서 너와집 체험을 할 수 있는 펜션과 다양한 체험 거리가 있다.

📍 강원도 삼척시 도계읍 문의재로 1223-9 📞 삼척 관광안내소 033-575-1330 🕐 24시간, 연중무휴 💰 무료 🅿️ 주차 5대 가능, 무료 🚗 수로부인 헌화공원(16km)→문의재로(26km)→신리 너와집 (구)김진호 가옥

6 course 오늘은 내가 드라마 주인공 **〈폭풍 속으로〉 드라마 세트장**

바다의 기암절벽 위에 세워진 〈폭풍 속으로〉 드라마 세트장은 전망이 좋아 죽변을 찾는 사람들이 꼭 들르는 곳이다. 세트장에서 바닷가로 내려가면 자갈과 파도가 만들어내는 하트해변도 인기 있다. 또 촬영지 바로 옆에는 한 폭의 그림을 연상케 하는 '용의 꿈길'을 따라 걷노라면 시누대밭과 죽변등대가 힐링이란 말이 저절로 나올 만큼 아름답다. 도보로 죽변등대까지 이동이 가능하다.

📍 경상북도 울진군 죽변면 등대길 76 📞 054-789-6892 🕐 4~10월 09:00~18:00, 11~3월 09:00~17:00, 연중무휴 💰 무료 🅿️ 주차 10대 가능, 무료 🚗 신리 너와집 (구)김진호 가옥(30km)→동해대로(16km)→죽변중앙로(4km)→〈폭풍속으로〉 드라마 세트장

막 찍어도 사진각!

사랑을 부르는 하트해변

신비로운 용의 꿈길

7 course

대나무가 많은 바닷가 **죽변항**

울진 북단에 있는 죽변항은 대나무가 많은 마을이라는 뜻의 죽변(竹邊)의 지명에서 유래되었다. 다양한 어획량만큼이나 많은 수산물 가공 공장들이 줄지어 있어 죽변항의 큰 규모를 보여준다. 오징어, 고등어 등이 많이 잡히고 미역과 홍게가 특산물이다. 계절별로 다양한 종류의 돔을 잡을 수 있어 낚시를 좋아하는 사람들도 일부러 찾아오는 유명한 곳이다.

📍 경상북도 울진군 죽변면 죽변리 📞 울진군청 문화관광과 054-789-6900 🕐 24시간, 연중무휴 💰 무료 🅿 주차 50여 대 가능, 무료 🚗 〈폭풍 속으로〉 드라마 세트장(0.8㎞)→죽변항

★ 놓치지 말자! ★

바다열차

정동진, 동해, 삼척을 잇는 58㎞ 동해안 해안선을 가로지르며 눈부신 바다를 보며 이동할 수 있는 특별관광열차다. 총 4호차로 운영되며 프러포즈실과 카페를 이용할 수 있는 낭만 열차다. 정동진을 출발해 동해역, 추암역, 삼척역에서 승하차가 가능하며 정동진에서 삼척역까지 편도 1시간 20분이 소요된다. 바다열차는 넓은 창 너머 보이는 바다의 시원한 풍경은 물론, 열차 내부를 바닷속처럼 꾸며 놓아 볼거리가 풍성하다.

바다열차 실내에서 바깥을 구경해보자.

📍 강원도 삼척시 중앙로 13 📞 033-573-5475 💰 1호차·2호차 1만 5,000원, 3호차 4인 기준 5만 원, 4호차 1만2,000원, 프러포즈실 5만 원(편도 기준) 🅿 주차 30대 가능, 무료

사진제공 : 서만길 작가

대금굴

삼척 내륙 지역의 대이리에는 환선굴, 관음굴 등과 더불어 1,610m의 석회동굴 대금굴이 있다. 4개의 폭포와 석순, 석주, 동굴산호 등이 태고의 모습을 고스란히 간직하고 있고 동굴 하천도 빠른 유속으로 흐르고 있다. 황금색의 화려한 동굴 생성물이 가득하여 이름도 대금(大金)이라고 붙였으며, 예약된 관광객에 한해서만 610m의 모노레일을 통해 관람할 수 있다.

📍 강원도 삼척시 신기면 환선로 800 📞 033-541-7600 💰 어른 1,2000원, 청소년 8,500원, 어린이 6,000원 🌐 samcheok.smartix.co.kr 🅿 주차 30여 대 가능, 무료

사진제공 : 삼척시청

★ 추천하고 싶은 곳 ★

🛏 추천 숙소

삼척 하늘바다펜션

바다가 보이는 아늑한 분위기의 정원, 파란 바다와 초록색 잔디가 마음을 더 편안하게 해준다. 주인장의 친절한 전화 음성에 펜션의 기대는 더 높아진다.

📍 강원도 삼척시 원덕읍 갈남길 17 📞 033-574-5588 💰 18만 원~(성수기, 비수기, 평일, 주말 요금 다름) 🌐 www.삼척펜션.kr 🚗 장호항에서 1km

장호펜션

장호항 바로 앞에 위치한 펜션으로 노부부가 작은 슈퍼와 함께 운영하는 곳이다. 스킨스쿠버팀이 많이 이용하며 산책하기 좋은 코스에 위치한다.

📍 강원도 삼척시 근덕면 장호항길 136 📞 010-5318-4120 💰 5만 원~(성수기, 비수기, 평일, 주말 요금 다름) 🚗 장호항에서 0.1km

수로모텔

알록달록한 색깔로 실내가 인테리어 되어 있어 기분도 한층 밝아지는 분위기다. 여러모로 스타일리시한 공간이라 사진 찍기에 좋고 시설 대비 가격이 합리적이다.

📍 강원도 삼척시 원덕읍 임원본촌길 21 📞 033-575-2828 💰 5만5,000원~(성수기, 비수기, 평일, 주말 요금 다름) 🌐 www.suromotel.com 🚗 수로부인 헌화공원에서 0.3km

🍴 추천 맛집

덕성식당

임원항 입구에 위치한 덕성식당은 아침 식사가 가능한 곳으로 곰칫국와 해물뚝배기가 인기 있다. 곰치는 살이 흐물흐물해서 일반 생선살을 상상하던 사람들은 이상하게 느껴질 수도 있지만 김치를 넣어 칼칼하고 시원한 맛으로 먹는 동해안 별미다. 한 그릇 양이 풍성하며 생선살은 후루룩 마시듯 먹을 수 있다.

📍 강원도 삼척시 임원중앙로 36-1 📞 033-572-8839 🕖 07:00~20:00, 부정기적 휴무 🍴 해물뚝배기 1만 원, 곰칫국 1만5,000원 🅿 임원항 주차장, 20대 가능, 무료 🚗 장호항에서 8.07km

하늘빛 횟집

장호항 산책로 가는 길 끝자락에 위치한 하늘빛 횟집은 매일 새벽 장호항에서 열리는 경매에서 신선한 재료를 공수해 온다. 제철에 나는 모둠회와 전복죽, 물회, 회덮밥 등 식사류도 가능하다. 해양 스포츠를 즐기기 위해 장호항을 찾는 사람들에게 인기 있으며 자연산을 전문으로 취급해서 신뢰도가 높다.

📍 강원도 삼척시 근덕면 장호항길 143 📞 033-572-1008 🕖 08:00~21:00, 1월 1일, 설·추석 휴무(때에 따라 상이) 🍴 회덮밥·물회 1만5,000원 🅿 주차 10여 대 가능, 무료 🚗 장호항에서 0.1km

아사반점

죽변항으로 가는 길에 위치한 맛짜장 전문점. 지역민들에게도 추천하는 맛집이다. 차림표에 30여 가지 메뉴가 있지만 비빔짬뽕, 중화비빔밥, 탕수육이 인기 있는 메뉴다. 경상도에서만 판매한다는 중화비빔밥은 걸쭉한 짬뽕 국물에 다양한 해물이 들어 있어 매콤하게 먹을 수 있고 밥은 별도 제공된다. 무엇보다 동해안의 싱싱한 바다에서 잡아올린 해산물이 압권이다. 재료가 좋으니 어떤 메뉴도 맛이 없을 수가 없다. 동해안까지 가서 중국집이 웬 말이냐고? 안 먹어봤으면 말씀을 마시라.

경상북도 울진군 죽변면 죽변중앙로 133 054-782-5799 11:00~20:00, 연중무휴 비빔짬뽕 7,000원, 중화비빔밥 8,000원 갓길 주차, 무료 죽변항에서 0.5km

장호농원(동막애 딸기)

삼척시 근덕면 동막3리는 친환경 생태마을로 지정되어 무농약으로 재배되는 농산물을 판매하는 곳이다. 2011년부터 500평 딸기밭을 부부가 직접 관리·운영하고 있다. 12월부터 딸기 수확이 시작되면 단골손님들이 먼저 전화 주문을 한다. 아이들의 현장체험학습(1만 원)을 위해 방문해도 좋다.

강원도 삼척시 근덕면 방재로 8 010-8119-7869 09:00~18:00, 연중무휴 1.5kg 2만 원~(시세에 따라 다름) 주차 3대 가능, 무료 황영조기념공원에서 6.25km

낚시꾼들의 낚시이야기

노부부가 운영하는 곳으로 온화한 인상과 친절함으로 강릉 지역민들도 많이 이용하는 곳이다. 전국으로 택배 배송을 하고 있으며, 오랫동안 거래해온 고객들이 많아 믿고 이용할 수 있다.

경상북도 울진군 죽변면 죽변중앙로 73 053-781-3845 09:00~20:00, 연중무휴 cafe.naver.com/jukbyeonfishingstory 갓길 주차, 무료 죽변항에서 1km

추천 가게

대게빵집

대게가 유명한 울진에 붕어빵 친구 대게빵이 인기다. 대게빵은 울진에 4개의 매장에서 영업 중이다. 동결 냉동한 대게와 대게 살을 분쇄해서 반죽을 만들고, 틀에서 구울 때 몸통에는 달콤한 팥을 넣고 다리에는 호두를 넣어 고소함을 더했다. 대게와 똑같은 모양의 빵을 먹으며 재미와 맛을 한번에 느낄 수 있다.

경상북도 울진군 죽변항길 87 010-9377-8027 10:00~마감시간 부정기적, 매주 월·화요일 휴무 1마리 1,500원 죽변항 주차장, 30대 가능, 무료 죽변항에서 0.01km

강원도
DRIVE COURSE

영월 별빛길

충절의 별, 영화의 별 그리고 하늘의 별이 함께하는 로맨틱한 드라이브

슬픔과 한이 묻힌 조선의 제6대 왕 단종의 유배지, 안성기와 박중훈이 환상의 궁합을 보여준 이준익 감독의 영화 〈라디오 스타〉 촬영지, 하늘의 별을 보는 고요한 정상 별마로천문대를 만날 수 있다. 사진관, 박물관 등 시대적 유물과 문화를 간직하려는 노력이 돋보이는 곳. 명산준령과 산각계곡이 조화를 이루고 동강과 서강이 함께하는 아름다운 영월 드라이브길을 떠나보자.

INFORMATION
- 이동거리 130.7km
- 드라이브 2시간 32분
- 전체 코스 9~10시간
- 포인트 지붕 없는 박물관으로 불리는 영월. 대자연의 신비한 경험을 할 수 있다. 하루를 빠듯하게 채운 여행을 하고 천문대에서 하루를 마감하는 여행
- 추천계절 봄~겨울(3~12월)
- 축제 단종문화제(4월), 영월동강축제(7월), 동강국제사진제(7~8월), 수주계곡축제(8월), 꼴두바우축제(8~9월), 김삿갓포도축제(9월), 영월삼굿축제(9월), 김삿갓문화제(10월), 영월동강겨울축제(12월 말~1월)

RECEIPT

입장료
- 청령포 ··· 6,000원
- 장릉 ··· 4,000원
- 라디오스타박물관 ··· 6,000원
- 별마로천문대 ··· 14,000원

주차료
- 무료

식사 및 간식
- (아침)다슬기해장국 ··· 14,000원
- (점심)회덮밥 ··· 20,000원
- (저녁)갈비짬뽕&해물짬뽕 ··· 16,000원

TOTAL
80,000원

(※2인 기준)

1 course — 단종의 숨결을 찾아 떠나는 길 **청령포**

조선 시대 6대 왕, 상왕에서 노산군으로 강봉된 단종이 유배된 곳이다. 삼면이 물로 둘러싸이고 서쪽으로는 육육봉이라고 불리는 험준한 암벽이 자리한다. 청령포는 동력선을 이용해 1~2분 후면 도착하며, 수백 년생의 거송들이 사람들을 맞이한다. 단종어소, 금표비, 관음송, 망향탑을 둘러볼 수 있고, 서강을 유유히 흐르는 물줄기를 보며 단종의 얼을 기릴 수 있다. 청령포 맞은편에는 단종에게 사약을 진어한 금부도사 왕방연이 한양으로 돌아가는 길에 비통한 심정으로 읊은 왕방연의 시조비가 있다.

📍 강원도 영월군 영월읍 청령포로 133 📞 매표소 033-372-1240, 해설 문의 033-374-1317 🕘 09:00~17:00(18:00 이전에 청령포에서 나와야 함), 연중무휴 💰 어른 3,000원, 청소년 2,500원, 초등생 2,000원, 경로 1,000원, 6세 이하 무료 🅿️ 주차 50대 가능, 무료 🚗 제천IC(20㎞)→북부로(18㎞)→청령포

단종의 유배지에서 소나무의 웅장함을 만나다.

탑 주위를 둘러보며 시대의 애잔함을 느낄 수 있는 곳

2 course — 단종이 잠든 고요한 자리 **장릉**

죽어서도 한양으로 돌아가지 못한 단종의 시신이 강물에 버려지자 조선 시대 호장 엄흥도는 단종의 시신을 거두어 지금의 장릉 자리에서 장례를 치르고 몸을 숨겼다. 4만 인구의 작은 도시지만 영월 사람들이 신격화하는 단종에게 영월의 모든 기관장은 발령 후 참배를 드려야 평안하다는 말이 실제로 전해지고 있다. 매년 1월 1일이면 참배하려고 장릉을 찾는 사람들이 줄을 잇고 있다. 능에서 내려오면 단종역사관, 합동 위패를 모셔놓은 장판옥, 엄흥도 정려각 등을 둘러볼 수 있다.

📍 강원도 영월군 영월읍 단종로 190 📞 장릉 관리소 033-372-3088 🕘 09:00~18:00(설·추석 10:00부터 개방), 연중무휴 💰 어른 2,000원, 중고생 1,500원, 초등생 1,000원 🅿️ 주차 30여 대 가능, 무료 🚗 청령포(3㎞)→장릉

알고 떠나면 더 즐거운 여행길

엄흥도의 충성, 장릉 설화

아무도 거두어줄 이 없는 단종의 시신이 강물에 떠내려가는 것을 영월 호장이었던 엄흥도가 동강과 서강이 만나는 곳에서 건져 지금의 장릉 자리에 암장하고는 세조의 보복이 두려워 종적을 감춰버렸다고 한다.

충신의 애달픈 길, 추익한 설화

단종이 유배된 후 외로이 지낼 때 추익한이라는 충신이 머루를 자주 따다 드렸다. 하루는 추익한의 꿈에 단종이 백마를 타고 지나가기에 그 행방을 물었더니 태백산으로 간다 하였다. 추익한이 유배지에 당도했을 때는 이미 단종이 죽임을 당한 뒤인지라, 꿈에 단종이 간 길로 뒤따라 달려가다가 기력이 쇠진하여 죽었다는 이야기다.

충절의 암, 낙화암 전설

단종이 사약을 받고 승하하자 단종을 모시던 일곱 시녀와 시종은 동강의 절벽에서 떨어져 죽음으로써 그 슬픔을 나타냈다고 한다. 절벽에는 낙화암이라는 글씨가 새겨져 있다.

단종 혼령을 입은, 어라연 전설

영월에서 동강을 따라 12㎞ 정도 거슬러 올라가면 녹색 융단을 깔아놓은 듯 아름다운 어라연 계곡이 나온다. 죽은 뒤 단종의 혼령이 영월에서 가장 경치가 좋은 어라연에서 신선처럼 살고자 하였으나 어라연의 크고 작은 물고기들이 줄줄이 떼 지어 나타나서는 "안 된다. 태백산의 신령이 되어야 한다"고 간곡히 진언하는 바람에 그는 급기야 태백산으로 떠났다. 이렇게 해서 단종 혼령이 태백산 신령이 되었다고 한다.

3 course

서강의 푸른 물과 층암 절벽이 아름다운 선돌

영월의 관문인 소나기재 정상에서 100m 정도 들어가면 만날 수 있는 선돌은 단종이 청령포로 가는 길에 잠시 쉬었던 기암으로, 우뚝 서 있는 것이 마치 신선처럼 보인다 하여 신선암이라고도 한다. 영월 방절리 남골마을과 남애마을 사이 서강 절벽에 위치하며 높이 70m 정도다. S라인으로 흐르는 청록색의 강물과 층암 절벽이 어우러져 아름다운 경관을 보여주며, 운무가 살짝 내려앉은 날 조망하면 황홀하다. 순조 때 영월 부사를 지낸 홍이간은 오희성, 홍직필 등과 구름에 둘러 쌓인 선돌의 경관에 반하여 '운장벽'이라는 글자를 선돌에 새겼다고 전해진다. 영화 〈가을로〉와 예능 프로그램 〈1박 2일〉로 더욱 유명해졌다.

📍 강원도 영월군 영월읍 방절리 373-1 📞 영월군 콜센터 1577-0545 🕐 24시간, 연중무휴 🆓 무료 🅿 주차 30여 대 가능, 무료 🚶 장릉(2.7㎞)→선돌

사진제공 : 영월군청

아름다운 사람과 자연이 함께하는 곳

선돌의 붉어지는 가을빛

4 course 우리나라 한반도 지도의 축소판 **선암마을 한반도 지형**

주차장에서 약 1km를 걸으면 전망대에 도착한다. 능선을 따라 걷다 보면 소원을 담아 쌓아올린 돌탑과 안내 팻말을 볼 수 있다. 동고서저의 한반도를 꼭 닮은 땅, 동해와 서해를 오가는 선암마을에서 출발한 뗏목도 볼 수 있다. 강 건너편은 석회암으로 이루어진 바위 절벽에 돌단풍이 군락을 이루어서 가을이면 화려한 단풍으로 장관을 이룬다. 영월 토박이 사진가 고주서 씨가 2003년부터 직접 심은 무궁화가 전망대에서 바라본 한반도 지형을 더욱 아름답게 만든다.

📍 강원도 영월군 한반도면 한반도로 555 📞 영월군 콜센터 1577-0545
🕐 24시간, 연중무휴 💰 무료 🅿 주차 30여 대 가능, 무료 🚗 선돌(8km)→한반도로(6km)→선암마을 한반도지형

사진제공 : 영월군청

★ 놓치지 말자! ★

영월역

1956년 1월 17일 태백선 개통과 함께 보통역으로 영업을 시작한 영월역은 전통 한옥 형식의 역사로, 철도문화재로 지정되었다. 한옥식 단층 팔작기와로 된 지붕의 처마선이 아름다워 유명하다. 2010년에는 여행 문화를 선도하는 최고의 역으로 인정받아 베스트스테이션에 선정되었고, 역사 안에서 친절한 영월 관광 안내를 받을 수 있어 여행자와의 소통 역할도 하고 있다. 역사 외부에 위치한 화장실도 한옥 구조로 되어 있어 관광객의 호평을 받고 있다.

사진제공 : 영월역

📍 강원도 영월군 영월읍 영월로 2106 📞 033-375-7999 🕐 06:00~02:00 💰 무료 🅿 주차 20여 대 가능, 무료

5 course 멋진 라디오 DJ가 되어보는 **라디오스타박물관**

영화 <라디오 스타> 상영 후 강원도 산골짜기의 영월이 알려지게 되었다. 구 KBS 영월방송국을 리모델링한 라디오스타박물관은 라디오의 역사, 영화의 기억, 라디오방송 제작 체험을 할 수 있는 학습관이다. 2층의 전문 스튜디오와 1인용 녹음 부스에서는 드라마 체험, 뉴스·일기예보 체험, DJ 체험, 편지 녹음 등 방송 관련 제작을 직접 해볼 수 있다. 라디오를 들으며 학창 시절을 보낸 사람들에게는 향수를 전해주는 공간이다.

📍 강원도 영월군 영월읍 금강공원길 84-3 📞 033-372-8123 🕐 09:00~18:00, 매주 월요일, 1월 1일, 설·추석 당일 휴무 💰 어른 3,000원, 초·중고생 2,000원, 유치원 1,000원 🌐 www.radiostar.or.kr 🅿 주차 10대 가능, 무료 🚗 한반도지형(5km)→강원남로(10km)→라디오스타박물관

6 course
미로 속 별을 따라 여행하는 별총총 벽화마을

어두웠던 회색빛 마을이 별빛을 닮은 벽화마을로 변했다. 영월의 유명 관광지 별마로천문대로 가는 오무개마을 길목에 조성된 벽화 이야기가 골목골목을 타고 작은 미로를 만들었다. 오무개마을 벽화의 콘셉트는 꿈과 희망의 길, 창작 공간의 길, 별이 빛나는 길 등 3가지로 구성돼 있고, 골목 안쪽으로 들어가면 이곳의 대표적인 벽화를 찾는 즐거움을 느낄 수 있다. 같은 공간을 거닐지만 자신만의 포토존을 찾을 수 있어 이야기가 가득한 곳이다.

📍 강원도 영월군 영월읍 내성안길 9 📞 영월군 콜센터 1577-0545 🕐 24시간, 연중무휴 💰 무료 🅿️ 길가 주차, 10대 가능, 무료 🚗 라디오스타박물관(1km)→별총총 벽화마을

7 course
하늘의 별자리와의 데이트 별마로천문대

별을 보는 고요한 정상이라는 뜻을 지닌 시민천문대. 800m 높이의 봉래산 정산에 오르니 하늘의 별빛, 달빛과 더 가까워진 느낌이다. 천체투영실에서 시작하는 지름 8m의 돔형 천장을 통해 받는 별자리 교육은 흥미롭다. 3층에서는 주 망원경과 다양한 보조 망원경으로 계절의 별자리를 관측하며 아름다운 밤하늘과 천문대의 색다른 경험을 느낄 수 있다. 봉래산 정상에서 영월 시내를 내려다보면 하늘의 별이 영월 시내에 모두 내려 앉은 듯한 환상적인 별자리를 보여준다.

📍 강원도 영월군 영월읍 천문대길 397 📞 033-372-8445 🕐 4~9월 15:00~23:00(야간 첫 관람 20:00), 10~3월 14:00~22:00(야간 첫 관람 19:00), 매주 월요일, 공휴일 다음 날, 1월 1일, 설·추석 연휴 휴무(천문대 사정에 의해 휴관일 변동될 수 있음. 홈페이지에서 확인 가능) 💰 어른 7,000원, 청소년 6,000원, 어린이 5,000원, 경로 3,500원 🌐 www.yao.or.kr 🅿️ 주차 30여 대 가능, 무료 🚗 별총총 벽화마을(3km)→천문대길(5km)→별마로천문대

★ 놓치지 말자! ★

청록다방

영화 속 세트장으로의 여행을 떠나는 청록다방은 2000년대 느낌이 그대로 남아 있다. 오래된 소파와 테이블, 그리고 벽에 붙은 포스터와 사진이 그 시대를 말해준다. 쌍화탕을 주문하면 달걀 노른자와 계핏가루가 소복히 쌓인 한 잔의 차를 마실 수 있는데, 꽃 한 송이가 핀 느낌이다. 노른자를 수저로 살살 돌려 겉을 살짝 익혀서 후루룩 마시면 된다. 다방에 앉아 주변을 구경하는 것만으로도 과거로 돌아간 느낌이 든다.

📍 강원도 영월군 영월읍 중앙로 58 📞 033-373-2126 💰 커피 2,000원, 쌍화차 5,000원 🅿️ 갓길 및 골목길 주차, 무료

★ 추천하고 싶은 곳 ★

🛏 추천 숙소

석항 게스트하우스

지금은 사용하지 않는 열차를 개조하여 게스트하우스로 만들어 여행의 묘미가 더해지는 느낌이다.

📍 강원도 영월군 중동면 석항역길 1 📞 033-378-1477 💰 1만 2,000원~(성수기, 비수기, 평일, 주말 요금 다름) 🚗 선돌에서 23.04km

동강 시스타

사면이 푸른 산자락으로 둘러싸여 리조트 풍경이 좋고, 스파 등 편의 시설이 잘 갖추어져 있다. 영월의 유일한 리조트로 합리적인 가격이다.

📍 강원도 영월읍 사지막길 160 📞 033-905-2000 💰 24평 기준 평일 11만 원, 주말 17만 8,000원~(성수기, 비수기, 평일, 주말 요금 다름) 🌐 www.cistar.co.kr 🚗 선돌에서 13.69km

월드니스리조트

숲속에서의 하룻밤을 꿈꾸며 글램핑을 즐길 수 있는 곳이다. 냉장고, 침대 등 편리한 시설을 자연 속에서 누릴 수 있다. 수영장도 있어 아이들과 자연을 벗 삼아 지내기에 최적의 장소다.

📍 강원도 영월군 수주면 도원운학로 475-10 📞 033-373-3777 💰 6만 원~(성수기, 비수기, 평일, 주말 요금 다름) 🌐 www.wildernessresort.co.kr 🚗 별마로천문대에서 13.32km

🍴 추천 맛집

다슬기향촌(성호식당)

영월 동강과 서강에서 직접 채취한 다슬기로 만들어 시원한 국물 맛이 일품인 해장국을 제공한다. 아침 6시부터 식사 손님을 맞이하는 이곳에서 해장국에 밥을 말아 먹으면 든든하게 하루를 시작할 수 있다. 기호에 따라 청양고추를 넣어 먹으면 칼칼하고 시원한 맛을 느낄 수 있다. 간에 좋고 숙취 해소에 좋은 다슬기는 웰빙 음식을 찾는 현대인들에게 적합한 음식이다.

📍 강원도 영월군 영월읍 영월로 2101 📞 033-374-3215 🕐 06:30~18:30, 매주 월요일 휴무 💰 다슬기해장국·다슬기순두부 7,000원, 다슬기비빔밥 9,000원 🅿 영월역 주차장, 20대 가능, 무료 🚗 청령포에서 3.44km

장릉송어횟집

연어과에 속하는 바닷물고기로, 고단백 저지방 식품인 송어는 내륙 지방의 특산물로 인기가 많다. 추운 겨울날 보양식으로 추천하는 송어는 회, 매운탕 등으로 먹기에 좋다. 장릉송어횟집에서 맛보는 송어비빔밥은 채소 위의 빨간 송어가 꽃과 같다 하여 꽃송어비빔밥으로 불리며 인기 있다.

📍 강원도 영월군 영월읍 단종로 183 📞 033-374-1007 🕐 09:00~21:00, 부정기적 휴무 💰 회덮밥 1만 원, 송어회 3만 원 🅿 장릉 공영주차장, 30여 대 가능, 무료 🚗 장릉에서 0.2km

원짬뽕

해물이 풍성한 짬뽕 위에 갈비 한 점이 올려져 나오는 갈비짬뽕 한 그릇은 보는 이에게 감탄을 느끼게 한다. 매콤하지만 담백한 느낌의 국물이 일품이고 갈비짬뽕에만 나오는 겨자 소스에 해물과 갈비를 찍어 먹으면 짬뽕의 맛을 한껏 끌어올릴 수 있다. 별총총 벽화마을 인근에 위치하며, 별마로천문대 가는 길목에 있다.

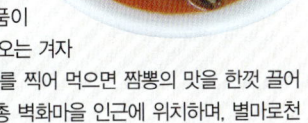

📍 강원도 영월군 영월읍 봉래산로 95-1 📞 033-374-7733 🕐 11:00~21:00, 매주 일요일 휴무 🍴 갈비짬뽕 1만 원, 해물짬뽕 6,000원, 짜장면 5,000원 🅿️ 갓길 주차, 3대 가능, 무료 🚗 별마로천문대에서 7.92km

추천 가게
한반도 지형 농산물 판매장

한반도 지형 주차장에 위치한 농산물 판매장은 계절에 따라 시래기, 포도, 과일즙 등을 판매하고 있으며 커피집과 매점도 운영하고 있다.

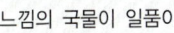

📍 강원도 영월군 한반도면 한반도로 418-55 🕐 09:00~19:00, 부정기적 휴무 🍴 커피 3,000원, 시래기 2만 원, 포도 1만5,000원 🅿️ 주차 30여 대 가능, 무료 🚗 한반도지형에서 1km

영월 아리랑여행사

영월 시티투어와 래프팅투어 등 영월에서 펼쳐지는 다양한 여행을 소개한다. 시티투어는 평일과 주말, 1명의 손님 예약이 있어도 운영을 하는 등 영월 관광을 원하는 사람들에게 좋은 가이드가 되어 주고 있다. 래프팅투어를 위해 영월을 찾는 사람들에게는 다양한 레포츠 프로그램을 소개한다.

📍 강원도 영월군 영월읍 영월로 2110 📞 033-374-7737, 010-3095-1300 🕐 10:00~18:00(외부 체류시간 많음, 휴대전화 연락), 연중무휴 💰 시티투어 1만8,000원~, 래프팅 4만 원~(해마다 변동) 🅿️ 주차 30여 대 가능, 무료 🚗 청령포에서 3.52km

사진제공 : 아리랑여행사

영월 패러글라이딩

아름다운 영월의 하늘을 품에 안을 수 있는 기회다. 영월 시내가 한눈에 보이는 별마로천문대에서의 이륙은 하늘을 날고 싶은 사람들의 욕망을 한 번에 씻어주는 듯하다. 푸른 산 등성이, 시원하게 흐르는 계곡, 영월의 신비한 절경을 한눈에 볼 수 있어 인기 있는 레포츠다. 전문 강사진이 동승하는 2인 패러글라이딩으로 초보자도 안전하게 즐길 수 있다.

📍 강원도 영월군 영월읍 하송리 61-1 📞 033-372-1119 🕐 09:00~18:00, 연중무휴 💰 9~15만 원 🅿️ 주차 20대 가능, 무료 🚗 청령포에서 2.74km

사진제공 : 영월 패러글라이딩

강원도
DRIVE COURSE

태백 탄광마을길

1960~1970년대 탄광마을의 전성기로 떠나는 회고의 드라이브

대한민국 영산으로 불리는 태백산 봉우리가 있는 곳, 우리나라 3대 강의 발원지, 산업혁명 시절 전성기를 이루었던 고장이다. 1960~1970년대 인구 3만 명에 달했던 곳, 아이들이 그린 풍경화는 바탕이 까만색이었다는 이야기가 전해지니 그 시대의 전경이 눈앞에 선하다. 자연경관뿐만 아니라 지역을 알리는 박물관과 전시관이 잘 되어 있어 태백을 이해하기에 좋다. 풍부한 천연 광물이 함께 하여 독특한 지질의 변화를 보며 신비한 드라이브를 즐겨볼 수 있다.

INFORMATION
- 이동거리 185.1km
- 드라이브 4시간 3분
- 전체 코스 6~7시간
- 포인트 우리나라 석탄 산업의 부흥을 일으켰던 도시. 지금은 쇠퇴한 도시가 되었지만 낡고 허름해서 더 아름다운 도시다.
- 추천계절 여름~가을(6~11월)
- 축제 태백산눈축제(1월), 철쭉과 함께하는 태백산 등반대회(6월), 검룡소한강대제(8월), 태백쿨시네마페스티벌(8월), 태백제(10월)

RECEIPT

입장료
- 태백고생대자연사박물관 ········ 4,000원
- 용연동굴 ································ 7,000원
- 태백산국립공원 ······················ 4,000원

주차료
무료

식사 및 간식
- (점심)감자옹심이&메밀칼국수 ········ 11,000원
- (저녁)닭갈비&볶음밥 ·················· 15,000원

TOTAL
41,000원

(※2인 기준)

1 course

영화의 기억이 머무는 곳 태백 철암역두 선탄장

철암역에 위치한 선탄장은 국내 최초의 무연탄 가동 시설로 현재도 운영 중에 있다. 1960~70년대 석탄 산업의 호황과 함께 중추적 역할을 해왔다. 일제 강점기에 지은 구조물이 거의 그대로 남아 있어 2002년에는 근대문화유산에 등록되었다. 안성기, 박중훈 주연의 영화 <인정사정 볼 것 없다> 촬영지로도 유명하다.

📍 강원도 태백시 동태백로 389 📞 태백시 관광안내소 033-550-2828 🕘 09:00~18:00(대한석탄공사 소유로 운영되고 있는 곳이라 건물 밖에서 관람 가능, 부정기적 휴무) 💰 무료 🅿 주차 10대 가능, 무료 🚗 동해IC(10km)→동해고속도로(13km)→동태백로(32km)→태백 철암역두 석탄장

2 course

탄광 전성기의 흔적을 찾아서 철암탄광역사촌

철암역 맞은편 농협, 페리카나, 한양다방 등 오래된 상가를 테마 박물관으로 조성하였다. 모르고 지나치면 버려진 건물 같아 보이지만 외관을 그대로 살려 전성기 때의 역사를 살려놓은 공간이다. 철암의 부엌, 철암 먹거리, 시장 등을 그림과 도구로 생생하게 재현해놓아 근대 역사 이해를 위한 곳으로 인기가 많다. 광산 50개가 산업을 일으키며, 돈도 사람도 넘쳐났던 1970년대 그 모습 그대로 시간여행을 할 수 있는 곳. 영화관 2개, 다방 14개로 흥행했던 시절을 거치면서 지금은 낡고 허름해져 더 아름다운 곳이다.

📍 강원도 태백시 동태백로 404 📞 태백시 관광안내소 033-550-2828 🕘 3~10월 09:00~18:00, 11~2월 09:00~17:30, 둘째·넷째 월요일 휴무 💰 무료 🅿 주차 10여 대 가능, 무료 🚗 태백 철암역두 석탄장(1km)→철암탄광역사촌

실내 사진 / 역사촌 뒤편 / 입구 간판

3 course

대자연의 신비를 보여주는 구문소

우리나라에서 유일하게 산을 뚫고 가로지르는 강을 볼 수 있는 구문소는 '굴이 있는 연못'이라는 뜻이다. 유구한 세월을 거치며 강물이 석회암 바위 벽을 깎아 만들어진 곳으로 자연의 경이로움이 전해진다. 석굴 안에는 오복동천 자개문(五福洞天 子開門 : 이 문에 들어서면 사시사철 꽃이 피고 삼재가 없는 무릉도원)이라는 한자가 새겨져 있다. 물이 흐르는 구문소 옆에 차가 다니는 굴이 나 있는데, 이것은 일제 강점기 때 인위적으로 뚫어놓은 길이다.

📍 강원도 태백시 동점동 산5-1 📞 태백시 관광안내소 033-550-2828 🕐 24시간, 연중무휴 💰 무료 🅿 주차 10여 대 가능, 무료 🚗 철암탄광역사촌(4km)→태백로(2km)→구문소

4 course

고생대 여행을 떠나는 태백고생대자연사박물관

우리나라 지질의 특성을 이해할 수 있도록 만들어진 교육박물관이다. 박물관 주위는 고생대의 따뜻한 바다 환경에서 퇴적된 지층이 분포된 지역으로, 고생대 해양 생물의 흔적을 찾아볼 수 있어 우리나라 고생대 화석의 보고다. 지상 3층 규모로 2층, 3층 전시관을 둘러보고 1층 체험관을 관람하는 순이다. 2층은 선캄브리아 시대와 전기 및 중기 고생대의 생명과 지층을 볼 수 있고 3층은 후기 고생대와 중생대, 신생대 동식물을 만날 수 있다.

📍 강원도 태백시 태백로 2249 📞 033-581-8181, 3003 🕐 09:00~18:00, 1월 1일 휴무 💰 어른 2,000원, 청소년 1,500원, 어린이 1,000원 🌐 www.paleozoic.go.kr 🅿 주차 30여 대 가능, 무료 🚗 구문소(2km)→태백고생대자연사박물관

지질의 간접 경험을 할 수 있는 자연사박물관 실내

5 course

낙동강 원천의 시작 **황지연못**

사진제공 : 태백시청

태백 시내 중심에 있는 황지연못에서는 물의 깊이를 알 수 없다는 둘레 100m의 소(沼)에서 하루 5,000톤의 물이 쏟아져 나온다. 이 물은 태백산, 함백산, 백병산, 매봉산 등의 줄기를 타고 땅속으로 스며들었던 물이 모여 황지천을 이룬 것으로 낙동강과 합류하여 경상도와 부산을 거쳐 남해로 흐른다. 상지, 중지, 하지 세 부분으로 구분되니 천천히 둘러보며 자연생태계를 관찰해보자.

📍 강원도 태백시 황지연못길 8　📞 태백시 관광안내소 033-550-2828　🕐 24시간, 연중무휴　💰 무료　🅿 주차 불가　🚗 태백고생대자연사박물관(11km)→번영로(2km)→황지연못

6 course

타임머신을 타고 떠나는 동굴 여행 **용연동굴**

동굴생성물 중 하나인 동굴산호가 잘 발달되어 있는 국내 유일의 최고(最高)지대 건식 자연 석회동굴이다. 연못에 있던 용이 계곡을 따라 하늘로 승천했다는 뜻을 가진 용연동굴은 국가 변란 시 피난처로 이용했다는 말이 전해진다. 총 4개의 광장과 2개의 수로로 구분되며 다양한 석순과 석주, 종유석이 즐비하고 박쥐 등 여러 종의 생물이 서식하고 있는 것으로 밝혀져 신비감을 더해준다. 특히 계단을 따라 내려가면 리듬 분수와 화산 분수가 있어서 동굴 속 공원을 연상케 한다.

사진제공 : 태백시청

산호는 바다에만 있는 줄 알았지! 동굴에도 산호가!

📍 강원도 태백시 태백로 283-29　📞 033-550-2729　🕐 09:00~18:00, 연중무휴　💰 어른 3,500원, 학생 2,500원, 어린이 1,500원　🅿 주차 50대 가능, 무료　🚗 황지연못(1km)→태백로(6km)→용연동굴

7 course

사계절 이끼의 보금자리가 되어주는 신비의 샘 **검룡소**

사진제공 : 태백시청

자연생태계보전지역에 있는 검룡소는 514km의 우리나라 최장 한강의 발원지다. 검룡소는 금대봉 기슭에서 솟아나는 물이 계단상 폭포를 이루며 생긴 물길로 흐르는데 그 모습이 마치 용이 용틀임하는 형상이며, 폭포 주위에 푸른 이끼가 자라는 것이 인상적이다. 사계절 9℃ 정도의 수온을 유지한다.

📍 강원도 태백시 창죽동 166　📞 태백시 관광안내소 033-550-2828　🕐 24시간, 연중무휴　💰 무료　🅿 주차 10여 대 가능, 무료　🚗 용연동굴(5km)→태백로(8km)→검룡소길(6km)→검룡소

겨울 태백산의 절정 새하얀 겨울왕국

8 course

영험한 기운을 가득 품은
태백산국립공원

강원도 태백시와 영월군, 경상북도 봉화군과 접경을 이루는 태백산은 영험한 기운을 가지고 있다고 해서 영산이라 불린다. 천제단이 있는 영봉을 중심으로 장군봉, 문수봉, 부쇠봉이 있으며 산의 정상에는 고산식물이 자생한다. 봄에는 산철쭉, 여름에는 울창한 수목과 계곡물, 가을은 형형색색의 단풍, 겨울은 흰 눈으로 덮인 나무가 겨울 왕국을 방불케 한다. 정상에서 바라보는 일출과 낙조는 하늘을 품은 또 다른 세상을 경험하게 하고, 맑은 날 동해 바다를 볼 수 있는 것도 자랑거리다. 특히 주목 군락지는 태백산을 대표하며 설경이 장관을 이룬다.

📍 강원도 태백시 천제단길 168(당골 방면) 📞 태백산국립공원 관리사무소 033-550-0000 ⏰ 계절별 입산 통제 기준 다름 💰 어른 2,000원, 학생 1,500원, 어린이 700원 🅿️ 주차 1000여 대 가능, 무료 🚗 검룡소(5km)→백두대간로(8km)→태백산로(11km)→태백산국립공원

★ 놓치지 말자!

태백석탄박물관

우리나라 산업의 중추적인 역할을 했던 석탄 산업 변천사를 볼 수 있는 곳이다. 총 4층 규모에 암석, 광물, 화석, 향토사료, 생활용품 등의 소장품을 전시해놓았다. 지질관, 석탄의 생성발견관, 석탄의 채굴관 등 총 8개의 전시실로 구성되며 야외·실내 전시로 이루어져 있다. 탄광이 무너지는 사고를 기계적 장치로 재현하는 체험장은 아이들에게 인기 있다.

📍 강원도 태백시 천제단길 195 📞 033-550-2743 ⏰ 09:00~18:00, 연중무휴 💰 어른 2,000원, 학생 1,500원, 어린이 700원 🌐 www.coalmuseum.or.kr 🅿️ 주차 50여 대 가능, 무료

알고 떠나면 더 즐거운 여행길

용마와 용담의 전설이 깃든 태백산

사진제공 : 태백시청

소도동 청원사 경내에 자리하고 있는 용담은 태백산에서 시원하는 계곡물이 흘러내리면서 지하로 스며들어 석회암층을 뚫고 항시 맑고 차가운 물을 뿜어내는 둘레 100m의 못이다. 황지연못과 더불어 낙동강의 발원지인 이곳에는 다음과 같은 전설이 전해온다.

옛날 낙동강 하류 지방 어느 마을에 홀어머니를 모시고 행복하게 살아가는 삼 형제가 있었다. 어느 날 어머니가 원인 모를 병을 얻어 시름시름 앓더니 하반신이 차츰차츰 용의 모습으로 변해갔다. 근심이 된 삼 형제는 정성껏 간호하며 좋다고 하는 약을 백방으로 구하여 이름난 의원을 모셔 치료했으나 별 효험 없이 어머니의 병세는 악화되어 갔다. 삼 형제는 궁리 끝에 하늘에 기도를 올리기로 하고 어머니의 병환이 빨리 낫게 해달라고 밤낮없이 성심껏 기도를 하였다. 그러던 어느 날 삼 형제를 앉혀놓고, 힘없는 목소리로 눈물을 흘리며 "사랑하는 아들들아 우리 모두 지금까지 남을 도우며 착하게 살아왔는데 어찌된 연유인지 내가 이 지경에 이르게 되었구나. 너희들과 오래도록 같이 살고 싶으나 이젠 그럴 수가 없게 되었다. 어젯밤 꿈에 신령이 나타나서 낙동강을 거슬러 올라가도록 일렀다. 섭섭하게 생각지 말고, 한시바삐 나를 그곳으로 데려가다오"라고 말했다. 이 말을 들은 삼 형제는 차마 어머니를 그곳으로 보낼 수 없어 실의에 빠져 상심을 하는데 어느 날 난데없이 한 마리 용마가 나타나 방문 앞에 엎드려 큰 소리로 울었다. 삼 형제가 어쩔 수 없이 어머니를 말에 태우고 길을 떠난 지 수십 일이 지나 못에 도착하자 어머니는 매우 기쁜 얼굴로 말했다. "난 이제 이 못에서 살아갈 터이니 너희들은 내 걱정 하지 말고 집으로 돌아가 사이좋게 행복하게 살아라. 그것이 나에게 효도하는 것이다. 조금도 섭섭히 생각하지 말고 돌아가거라." 삼 형제는 어머니와 헤어지는 슬픔을 억누르며 발길을 재촉하여 가는데 갑자기 천지를 뒤흔드는 뇌성벽력이 울리고 폭우가 쏟아지더니 어머니가 용이 되어 용담 속으로 들어가 인룡이 되었다. 지금도 용담 속에는 인룡이 살고 있다고 한다.

전국의 지명이 모두 모인, 태백의 간판들

탄광으로 형성된 태백시는 1960~70년대에 전국의 많은 사람들이 생존을 위해 모여들어 그 당시 3만 명의 인구가 살았다고 한다. 전국에서 모여든 사람들은 이웃 간에 강릉집, 영주집, 전주댁, 부산댁 등으로 호칭하였고 장사하는 사람들도 청송상회, 서울약국 등의 간판을 많이 쓰게 되었다.

해바라기축제

'기다림'이라는 꽃말을 가진 해바라기는 대표적인 여름 꽃이다. 국내에서 최초로 해바라기꽃을 심기 시작한 태백 구와우마을에서 진행하는 축제다. 해발고도 800m인 백두대간과 낙동정맥의 교차점 구릉에 7월이면 해바라기가 만개하여 노랗게 들판을 수놓는다. 축제장에 입장하면 동물농장이 있고, 코스모스가 한들거리는 길을 따라 들어가면 해바라기밭이 모습을 드러낸다. 해바라기밭을 중심으로 오른쪽으로는 생태숲 탐방로가 나 있다. 해바라기축제 기간에는 해바라기 꽃길 산책은 물론 사진전, 조각전, 그림전 관람과 머그컵 만들기 등 체험도 즐길 수 있다. 7월 중순부터 8월 중순에만 진행한다.

강원도 태백시 구와우길 38-20 033-553-9707 어른 5,000원, 학생 3,000원 www.sunflowerfestival.co.kr 주차 300여 대 가능, 무료

사진제공 : 태백시청

매봉산 풍력발전단지

매봉산 정상부 능선에 거대한 풍력발전기가 서 있다. 정상 아래 경사면은 고랭지 배추밭으로 '바람의 언덕'이라 불린다. 7~8월이면 배추꽃이 활짝 피어 능선을 감싸안은 전경을 볼 수 있다. 새하얗고 높은 풍력발전기, 뭉게구름, 푸른 하늘, 시원한 바람이 어우러지면 멋진 풍경이 펼쳐진다.

강원도 태백시 매봉산길 206 태백시 관광안내소 033-550-2828 무료 주차 30대 가능, 무료

사진제공 : 서만길 작가

★ 추천하고 싶은 곳 ★

🛏 추천 숙소

이지스모텔

태백역 앞에 위치해 접근성이 좋고 따뜻한 온돌방도 제공되어 편안한 휴식을 즐길 수 있다. 나 홀로 여행족, 친구끼리 여행하는 방문객들에게 추천한다.

📍 강원도 태백시 서황지로 88 📞 033-553-9980 💰 5만 원~(성수기, 비수기, 평일, 주말 요금 다름) 🚗 황지연못에서 0.8km

오투리조트

1,100m에 위치한 리조트로 구름 위의 판타지를 경험할 수 있는 곳이다. 실내는 대체로 쾌적하고 주변 산책로가 한갓져서 조용한 여행을 즐기기에 안성맞춤이다.

📍 강원도 태백시 서학로 861 📞 033-580-7000 💰 22만 원~(성수기, 비수기, 평일, 주말 요금 다름, 회원가 별도) 🌐 www.o2resort.com 🚗 용연동굴에서 9km

동아호텔 · 동아모텔

모텔 골목에 위치하며 시내와 가까워 다양한 맛집을 가까이에서 만날 수 있다. 동행인과 함께 늦은 시각까지 여행의 여운을 살뜰히 느끼고 싶다면 추천한다.

📍 강원도 태백시 먹거리길 36 📞 033-552-2365 💰 4만5,000원~(성수기, 비수기, 평일, 주말 요금 다름) 🚗 황지연못에서 0.8km

🍽 추천 맛집

옛날기사식당

터미널 앞에 위치한 믿고 먹는 맛집이다. 순두부, 청국장, 된장 찌개 등 기본 메뉴도 인기 있고 곁들여 나오는 반찬도 깔끔하다. 곱창전골 등 요리류도 얼큰하게 맛볼 수 있다. 새벽부터 오픈해서 지역민뿐만 아니라 아침 일찍 여행하는 사람들이 필수로 들르는 코스다.

📍 강원도 태백시 광장로 7 📞 033-552-7473 🕐 05:30~21:00, 연중무휴 💰 두부조림·순두부찌개 7,000원, 곱창전골 3만 원 🅿 길가 주차, 5대 가능, 무료 🚗 황지연못에서 0.8km

부산감자옹심이

강원도 산간 지방의 감자를 갈아 전분과 섞어 만든 옹심이는 강원도 향토 음식이다. 감자 전분으로 만들어 쫀득하고 깊은 육수의 맛을 느낄 수 있다. 감자옹심이, 메밀칼국수, 장칼국수도 맛있고 감자 부침과 함께 먹으면 별미다. 주인아주머니의 경상도 사투리도 정겹다.

📍 강원도 태백시 시장안1길 28 📞 033-552-4498 🕐 09:30~19:00, 연중무휴 💰 감자옹심이 6,000원, 메밀칼국수·장칼국수 5,000원 🅿 주차 50대 가능, 30분 500원 🚗 황지연못에서 0.4km

김서방네 닭갈비

태백의 닭갈비는 전골처럼 끓여 먹는 물닭갈비가 대표적이다. 많은 사람들이 함께 나누어 먹기 위해 채소와 육수를 넣어서 먹기 시작한 것이 이 지역의 대표 메뉴가 되었다. 닭, 채소, 육수가 기본이고 다양한 면사리를 주문해서 넣는다. 가게마다 특색 있는 육수와 양념이 포인트다. 자극적이지 않은 맛에 여행자들뿐만 아니라 지역민들도 많이 찾는 곳이다. 닭갈비의 화룡점정은 남은 소스로 해 먹는 볶음밥이다.

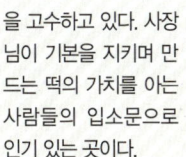

📍 강원도 태백시 시장남1길 7-1 📞 033-553-6378 🕐 10:00~22:00, 연중무휴 💰 닭갈비 6,000원. 우동·쫄면·라면 사리 1,500원. 공깃밥 1,000원, 볶음밥 1,500원 🅿️ 공용주차장, 30여 대 가능, 30분 500원 🚗 황지연못에서 0.3km

을 고수하고 있다. 사장님이 기본을 지키며 만드는 떡의 가치를 아는 사람들의 입소문으로 인기 있는 곳이다.

📍 강원도 태백시 황지로 218-1(KT&G 옆) 📞 033-553-9614 🕐 06:00~21:00, 부정기적 휴무 💰 1,500원 🅿️ KT&G 또는 골목길 주차, 무료 🚗 황지연못에서 0.5km

🏠 추천 가게
용연동굴 특산품 판매장

용연동굴 주차장에 위치하며 태백 지역 특산물과 강원도 산간 지방에서 채취한 산나물, 자연산 약초를 판매하고 있다. 꿀, 취나물, 더덕주 등도 소량 구매할 수 있다. 식당과 매점도 함께 운영하고 있어 간단한 비품을 구입할 수 있다.

📍 강원도 태백시 태백로 283-2 📞 033-553-8686 🕐 08:30~20:30, 연중무휴 💰 느릅나무 껍질 1만 원, 메밀가루 1만5,000원~ 🅿️ 주차 50여 대 가능, 무료 🚗 황지연못에서 6.5km

떡사랑

어머니에게서 전수받은 떡 만드는 비법을 바탕으로 현대 트렌드에 맞게 변화시킨 떡카페. 아늑하고 아기자기한 분위기 덕에 차 마시고 쉬어가는 곳으로 인기 있다. 약식을 만들 때에도 색소를 넣지 않고 설탕을 볶아서 사용하고, 기정떡도 베이킹파우더가 아닌 막걸리를 넣고 발효시키는 전통 방식

태백 더덕직판장

태백산 청정지역 고지대에서 자란 더덕을 구매할 수 있는 곳이다. 7~8년 된 산더덕은 풍미가 좋고 사포닌 성분이 많아 기관지 건강에도 좋다. 태백 지역민들도 더덕을 구매하기 위해 들르는 곳이다. 전국으로 택배 발송도 가능하고 명절에는 예약을 해야 제품을 받아볼 수 있다.

📍 강원도 태백시 태백로 946 📞 033-552-0035 🕐 4~10월 06:00~20:00, 11~3월 08:00~19:00, 부정기적 휴무 💰 1만 원 🅿️ 주차 50여 대 가능, 30분 500원 🚗 황지연못에서 0.5km

경상북도
DRIVE COURSE

영덕 화진해수욕장~ 포항 호미곶

화려한 불빛과 드넓은 바다와의 드라이브

빛의 도시 포항을 안고 있는 해변길을 만나는 드라이브 코스. 도심과 어촌마을, 탁 트인 동해 바다를 한 번에 볼 수 있어 지루할 틈이 없다. 새벽부터 밤까지 시간에 구애받지 않고 즐길 거리가 많아 언제든 편히 떠날 수 있는 곳이다. 죽도시장에서 그냥 물회가 아닌 '포항 물회'를 한 그릇 비우고 길을 나서면 몸과 마음이 모두 시원해진다.

INFORMATION
- 이동거리 139.39km
- 드라이브 3시간 18분
- 전체 코스 6~7시간
- 포인트 포항의 화려함과 탁 트인 동해 바다를 낮부터 밤까지 즐겨보자.
- 추천계절 여름~겨울(6~2월)
- 축제 포항운하축제(8월), 뱃머리마을 국화꽃잔치(10월), 포항스틸아트페스티벌(10월)

RECEIPT
입장료
포항크루즈 ·················· 20,000원

주차료
죽도시장 ············· 2시간 2,000원

식사 및 간식
(점심)물회 ···················· 40,000원
(간식)커피 ······················ 8,000원

TOTAL
70,000원

(※2인 기준)

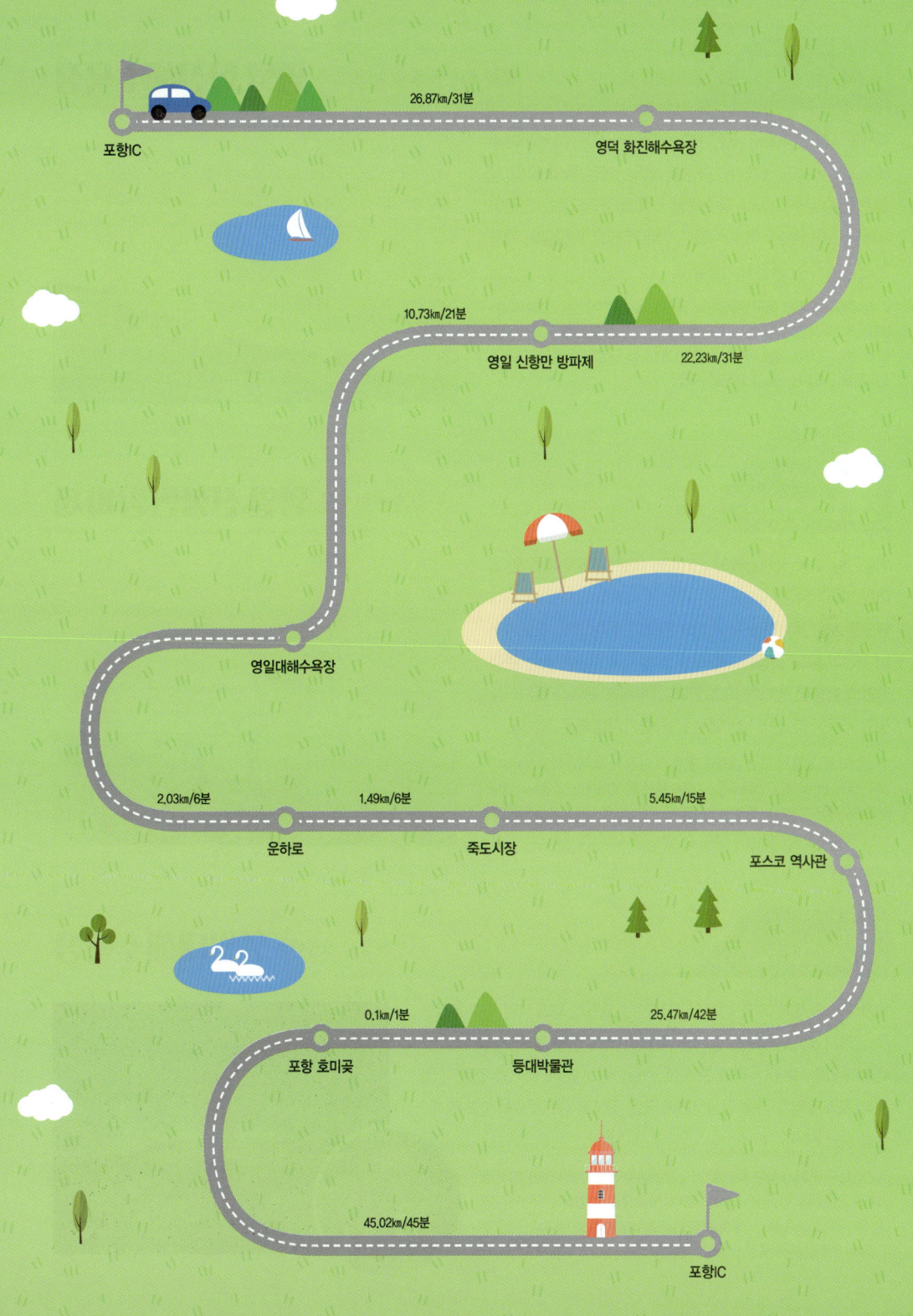

1 course

멋진 해안도로를 끼고 있는 **영덕 화진해수욕장**

백사장 길이는 400m, 폭은 100m, 평균 수심은 1.5m의 해수욕장으로 샤워장, 탈의실, 화장실, 식당, 매점 등의 편의 시설을 고루 갖추고 있다. 해수욕장 윗쪽과 중간으로는 민물이 흐르고 있어 담수욕이 가능하다. 나무가 많고 바닷물이 깨끗한 편이며 주위 경관이 아름답다.

📍 경상북도 포항시 북구 동해대로 일원 📞 송라면주민센터 054-243-6001 🕐 24시간, 연중무휴(해수욕장 개장은 7월 중순~8월 중순) 💰 무료 🅿 주차 200대 가능, 무료 🚗 포항IC(0.46km)→영일만대로(5.17km)→소티재로(21.24km)→영덕 화진해수욕장

2 course

가족 놀이터 같은 **영일 신항만방파제**

영일만항 포항 국제컨테이너 터미널 바로 옆에 위치해 있다. 어항 방파제와 뜬 방파제, 두 개의 방파제를 합쳐 국내 최대 규모를 자랑한다. 방파제 자체의 규모가 무척 크고, 오토바이나 자전거 등의 출입을 제한하고 있어 가족 단위로 찾는 관광객들의 훌륭한 쉼터가 되고 있다. 방파제에 텐트나 돗자리를 깔고 가족이 다 같이 낚시와 소풍을 즐기기에 좋은 장소다.

📍 경상북도 포항시 북구 흥해읍 용한리 일원 📞 흥해읍사무소 054-240-7560 🕐 24시간, 연중무휴 💰 무료 🅿 주차 10대 가능, 무료 🚗 영덕 화진해수욕장(0.04km)→동해대로(6.84km)→미남길(0.14km)→화두길(12.74km)→해안로(1.08km)→영일만항로(1.39km)→영일 신항만방파제

3 course

야경이 아름다운 **영일대해수욕장**

백사장의 모래가 고와 피서지로 적합한 포항의 대표적인 해수욕장으로 알려져 있다. 샤워장, 탈의장, 무료 주차장 등의 편의 시설이 잘 갖추어져 있다. 해상 누각과 포스코, 영일만이 한눈에 들어와 경관이 멋지다. 포스코의 야경을 감상하기에 좋은 곳으로 송도해수욕장과 함께 손꼽히는 곳이다.

📍 경상북도 포항시 북구 해안로 95 📞 두호동주민센터 054-246-0131 🕐 24시간, 연중무휴 💰 무료 🅿 주차 275대 가능, 무료 🚗 영일 신항만방파제(7.59km)→환호로(0.19km)→환호로61번길(0.82km)→삼호로(1.44km)→해안로(0.69km)→영일대해수욕장

4 course

도심 속 크루즈 즐기기 **운하로**

전국적으로 찾아보기 힘든 육지 내 항구인 동빈내항은 1974년 주택난 해결 등의 목적으로 개발되어 물길이 끊겼으나 2013년 11월 2일 포항운하를 통해 새 물길로 재탄생했다. 수질 개선을 위한 역할뿐 아니라 시민의 휴식 공간과 지역의 역사성을 회복하는 생태·문화 공간의 기능도 하고 있다. 조각과 조경으로 잘 꾸며놓은 아름다운 공원, 물길을 따라 크루즈 관광 유람선을 운영하고 있어 또 다른 재미를 준다.

📍 경상북도 포항시 남구 희망대로 1040 📞 포항운하 054-270-5177, 5173(평일) 054-270-5176, 5173(주말) | 포항크루즈 054-253-4001 🕐 포항크루즈 10:00~17:00(상시 운항), 연중무휴 💰 포항크루즈(A코스) 어른 1만 원, 어린이(11세 이하) 8,000원, (B코스 기상 악화 시 운행) 어른 8,000원, 어린이(11세 이하) 6,000원 🅿️ 주차 30대 가능, 무료 🚗 영일대해수욕장(1.77km)→서동로(0.21km)→운하로(0.05km)→운하로

5 course

없는 거 빼고 다 있는 **죽도시장**

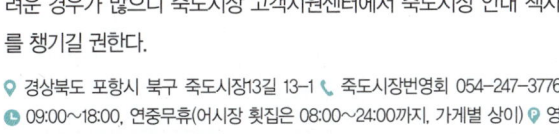

점포 수 약 1,200개에 달하는 포항 최대 규모의 재래시장이다. 시장에는 200여 개의 횟집이 밀집되어 있는 회센터 골목과 수협 위판장, 건어물 거리 등의 어시장 골목, 농산물 거리와 먹자골목, 떡집골목, 이불골목, 한복골목 등이 조성되어 있다. 거대한 규모로 인해 길을 찾기 어려운 경우가 많으니 죽도시장 고객지원센터에서 죽도시장 안내 책자를 챙기길 권한다.

📍 경상북도 포항시 북구 죽도시장13길 13-1 📞 죽도시장번영회 054-247-3776 🕐 09:00~18:00, 연중무휴(어시장 횟집은 08:00~24:00까지, 가게별 상이) 🅿️ 영포회타운 옆 주차장 타워, 160대 가능, 20분 500원, 1일 주차 7,000원 🚗 운하로(0.67km)→죽도로(0.44km)→중앙로(0.38km)→죽도시장

6 course

포스코의 발자취를 한눈에 **포스코 역사관**

우리나라에서는 흔치 않은 개별 기업의 역사관으로, 철강 산업의 불모지에서 30년이라는 짧은 기간에 세계적인 기업으로 성장한 회사의 성공 신화를 엿볼 수 있는 곳이다. 공장 건설 지휘본부로 사용된 '롬멜 하우스'를 박물관 내부에 원형 그대로 이전해 놓았는데 판잣집 같은 그 모습을 보면 포스코의 성공 신화가 새삼 대단해 보인다. 2일 전까지 사전예약을 하면 안내직원의 해설을 직접 들을 수 있다(해설 1시간 소요). 역사관 뒤로는 야외 전시장이, 앞으로는 등록문화재 삼화제철소 고로와 주변 호수가 있어 쉬어가기에도 좋은 곳이다.

📍 경상북도 포항시 남구 동해안로6213번길 14 📞 054-220-7720~1 🕐 월~금요일 09:00~18:00, 토요일 10:00~17:00, 매주 일요일, 공공휴일 휴무 💰 무료 🌐 museum.posco.co.kr 🅿️ 주차 40대 가능, 무료 🚗 죽도시장(0.35km)→중앙로(2.67km)→동해안로(2.28km)→동해안로6213번길(0.15km)→포스코 역사관

7 course

등대의 역사가 고스란히 담긴 **등대박물관**

한국 등대의 발달사와 각종 해양 수산 자료를 한눈에 볼 수 있는 한국 최초의 등대박물관이다. 등대원 생활관, 유물관, 체험관, 역사관, 야외 전시관, 테마 공원 등 다양한 볼거리를 갖추고 있다. 국내 유일의 이곳에는 등대 관련 자료 및 소장품 3,000여 점이 전시되어 있어서 다양한 해양문화 체험학습이 가능하다.

경상북도 포항시 남구 호미곶면 해맞이로150번길 20 054-284-4857
09:00~18:00, 매주 월요일, 설·추석 당일 휴무 무료 주차 53대 가능, 무료 포스코 역사관(0.15km)→동해안로(6.07km)→호미로(18.4km)→해맞이로141번길(0.38km)→해맞이로(0.08km)→해맞이로150번길(0.39km)→등대박물관

8 course

호랑이 꼬리, 특별한 땅끝 **포항 호미곶**

김정호가 대동여지도를 만들며 국토 최동단을 측정하기 위해 일곱 번이나 답사하며 우리나라 가장 동쪽임을 확인한 곳이다. 한반도에서 가장 먼저 해가 뜨는 곳이라 특히 새해 첫날에는 호미곶의 일출을 보기 위해 전국에서 사람들이 몰려든다. 인류의 화합과 더불어 사는 사회를 만들자는 의미의 육지와 바다의 상생의 손 조형물이 유명하며 새해 일출 행사 때 2만 명분의 떡국을 끓여낼 수 있는 전국 최대 규모의 가마솥이 있다.

경상북도 포항시 남구 호미곶면 해맞이로 153 호미곶면사무소 054-270-6681 24시간, 연중무휴 무료 일출·일몰계산 사이트(astro.kasi.re.kr) 참조 주차 200여 대 가능, 무료 등대박물관(0.1km)→포항 호미곶

알고 떠나면 더 즐거운 여행길
호랑이의 꼬리, 호미곶

일제 강점기, 토끼 꼬리로 비하되며, 정기를 막기 위해 쇠못이 박힌 곳이기도 한 호미곶은 지축을 흔들며 포효하는 호랑이 꼬리의 기운이 집약되어 있고 해가 솟을 때 뿜어져 나오는 기운을 받는 곳이다. 그 기운을 마음껏 누려보자.

바다의 기운을 뿜어내는 듯한 상생의 손. 마음으로만 맞잡자!

새천년기념관 전경

호랑이의 모습으로 지도를 형상화한 작품

덕동 문화마을

여강 이씨(驪江 李氏) 집성촌으로, 1992년 제15호 문화마을로 지정되었다. 임진왜란 때 이곳에 피난 왔던 문신 정문부가 전쟁이 끝난 후 전주로 돌아가면서 자신의 모든 재산을 손녀사위인 사의당(四宜堂) 이강에게 물려준 것을 계기로 집성촌이 형성되었다. 음식, 문화, 교육 체험 프로그램을 운영하고 있으며 숙박 시설도 겸하고 있다. 마을의 저수지와 계곡 사이의 소나무 숲은 '아름다운 마을 숲'으로 지정되어 특별 관리되고 있다.

📍 경상북도 포항시 북구 기북면 덕동문화길 7 📞 포항전통문화체험관 054-280-9371~3 🕘 09:00~18:00, 매주 월요일 휴무 체험은 일주일 전 예약 필수(단체 20인 이상), 체험 프로그램 3,000~7,000원 potcec.phsisul.org 🅿 주차 14대 가능, 무료

덕동 문화마을 전통문화체험관 입구

기와집과 넓은 마당

보물창고인 전통 장독대

보경사

신라 진평왕 25년(602년)에 진나라에서 유학하고 온 지명법사가 왕께 "동해안의 명산에서 명당을 찾아 팔면보경을 묻고, 그 위에 불당을 세우면 왜구의 침략을 막고 장차 삼국을 통일하리라" 아뢰자 왕이 지명법사와 함께 오색 구름이 덮인 산을 보고 찾은 내연산 아래 큰 연못에 팔면보경을 묻고 못을 메우고 절을 창건하여 보경사라 하였다 한다. 포항의 대표적인 사찰로 12폭포를 비롯한 풍경이 무척이나 아름답다.

📍 경상북도 포항시 북구 송라면 보경로 523 📞 054-262-1117 🕘 일출시(부정기적)~18:00, 연중무휴 어른 3,500원, 청소년 2,000원, 어린이(초등학생 포함) 무료 www.bogyeongsa.org 🅿 주차 1,000대 가능, 소형 4,000원, 중형 6,000원

★ 추천하고 싶은 곳 ★

🛏 추천 숙소

씨앤풀 빌라

시원한 동해 바다 바로 앞에 위치한 숙소로 전망이 끝내준다. 실내가 넓은 편이며 인테리어가 깔끔하다. 1층과 루프톱에 각각 풀장이 마련되어 있다.

📍 경상북도 포항시 북구 송라면 동해대로3218번길 ☎ 010-2160-5566 💰 18만 원~(성수기, 비수기, 평일, 주말 요금 다름) 🌐 seanpoolvilla.com 🚗 화진해수욕장 내 위치

포항전통문화체험관(덕동 문화마을)

일상에서 벗어나 전통 한옥의 운치를 체험할 수 있는 전통숙박관. 전통문화의 중요성을 일깨워주고 인성교육을 통한 올바른 가치관을 배양할 수 있는 다양한 프로그램도 운영하고 있다.

📍 경상북도 포항시 북구 기북면 덕동문화길 7 ☎ 054-280-9371~3 💰 6만 원~(홈페이지에서 신청양식을 다운받아 팩스나 이메일로 예약 가능함. Fax : 054-232-9323, E-mail : kdongk@pohang.org), 성수기, 비수기, 평일, 주말 요금 다름 🌐 potcec.phsisul.org 🚗 영일대해수욕장에서 34.2km

☕ 추천 휴게소

화진 휴게소

화진해수욕장 바로 뒤편 높은 곳에 위치해 있어 전망이 트여 있다. 해수욕장과 근처가 시원하게 한눈에 보여 피로에 지친 눈을 쉬게 해주는 느낌이다. 휴게소 뒤편으로 테라스와 망원경을 설치해놓아 인기가 좋다.

📍 경상북도 포항시 북구 송라면 동해대로 3260 ☎ 054-262-1700 🕐 24시간, 연중무휴 💰 가게별 상이 🅿 주차 200대 가능, 무료 🚗 화진해수욕장에서 0.1km

🍴 추천 맛집

궁물촌

시원하고 깔끔한 소고깃국이 이 집의 대표 메뉴며 만두도 인기가 있다. 소고기는 국내산 한우를 이용하며 냉동이 아닌 생고기를 쓴다. 만두는 소고기 갈빗살을 이용해서 직접 만들어 판매하고 있다. 특이하게 국물 메뉴에 쌈채소가 나오는데 소고깃국에 들어 있는 고기를 싸 먹는 용도다. 고기 자체도 두툼하니 씹는 맛이 있어 보통의 국물에 들어 있는 고기와는 차원이 다르다. 보기에 화려하지 않지만 풍성한 고기의 감칠맛과 시원한 국물 맛이 끝내준다.

📍 경상북도 포항시 남구 중섬로 22 ☎ 054-273-9777 🕐 24시간, 연중무휴 💰 소고깃국 8,000원, 만두 6,000원 🅿 주차 20대 가능, 무료 🚗 영일대해수욕장에서 5.8km

삼형제 횟집

포항에서 물회로 손꼽히는 가게 중 하나다. 이곳 물회는 입안에 넣는 순간 왜 포항 물회가 유명한지 고개가 끄덕여진다. 신선한 회를 사용하여 비린내가 전혀 나지 않고 양념 국물이 깊고 시원하여 숟가락을 놓기가 힘들다. 다른 물회에 비교할 수 없을 정도로 육수가 일품이며 회의 양도 많아 만족스럽다.

📍 경상북도 포항시 북구 죽도시장길 37 ☎ 054-242-7170 🕐 24시간, 연중무휴 💰 자연산 물회 2만 원, 모둠회 4만 원~ 🅿 죽도시장 공영주차장, 160여 대 가능, 20분 500원 *승리주차장, 까치주차장, 시장주차장, 1시간 주차권 제공 🚗 죽도시장 내 위치

에스페란자

한마디로 기가 막힌 뷰를 선사하는 브런치 카페다. 카페에 앉아 창밖을 바라보면 호미곶 해안과 상생의 손이 한눈에 들어온다. 일출을 보러 오는 손님들을 위해 일찍부터 영업을 시작한다. 가격도 일반 카페에 비해서 비싸지 않고 특히 롤케이크가 인기 있다. 달콤한 크림과 부드러운 빵이 입에서 살살 녹는다.

📍 경상북도 포항시 남구 호미곶면 호미곶길 89 📞 054-252-9406 🕐 07:00~20:00(부정기적), 연중무휴 ☕ 아메리카노 4,000원, 베이커리 1,000~7,000원 🅿 호미곶 주차장, 200여 대 가능, 무료 🚗 포항 호미곶에 위치

🏠 추천 가게
경동건어물

죽도시장 입구에 위치한 이곳은 주인이 덕장을 직접 운영하며 판매하기 때문에 저렴하며 신뢰가 가는 곳이다. 깔끔하고 현대적인 인테리어가 눈길을 끈다. 매장 옆에서 건어물을 직접 구울 수 있게 해놓아 구입한 즉시 바로 맛볼 수 있다.

📍 경상북도 포항시 북구 죽도시장13길 7-2 📞 1800-5580 🕐 07:30~20:00, 연중무휴 🐟 반건조 오징어 5마리 2만 원, 옛날쥐포 1만 원 🅿 죽도시장 공영주차장, 160대 가능, 20분 500원 🚗 죽도시장에 위치

한국관광명품관

호미곶 해맞이 광장에 위치하여 주차하기 편리하며 찾아가기도 쉽다. 사소한 기념품에서부터 전통주나 건강식품, 천연 염색 옷까지 아주 다양한 제품들을 구비해놓아 선택의 폭이 넓다.

📍 경상북도 포항시 남구 호미곶면 해맞이로150번길 20 📞 054-284-0848 🕐 09:30~18:00, 연중무휴 🎁 열쇠고리 5,000원, 거울 8,000원~ 🅿 주차 200여 대 가능, 무료 🚗 포항 호미곶 내 위치

포항 제수용품 특성화시장

죽도시장 내 수산물 상가를 제수용품 특성화시장으로 조성, 관광객들이 원산지 걱정 없이 물건을 구입할 수 있다. 주요 품목은 생선을 통으로 튀긴 제품이나 말린 민어, 가자미 등 전통 제수용품. 평소에 많이 이용하지 않는 것들을 쉽게 구입할 수 있어 편리하고 색다른 곳이다.

📍 경상북도 포항시 북구 죽도시장13길 13-1 📞 죽도시장번영회 054-247-3776 🕐 08:00~19:00(가게별 상이) 🐟 모둠전 1만 원, 말린 생선 시가 🅿 죽도시장 공영주차장, 160대 가능, 20분 500원 🚗 죽도시장 내 위치

장돌이 부산어묵

이곳 어묵은 기름에 튀기지 않고, 고압 스팀으로 찌기 때문에 맛이 담백하며 칼로리가 낮다. 밀가루를 사용하지 않고 생선살을 90% 이상 사용하여 가격이 저렴하지 않지만 그 이상의 맛을 보장한다. 매장에서 꼬치어묵을 사 먹을 수도 있고 포장어묵을 구입할 수도 있다.

📍 경상북도 포항시 북구 죽도시장9길 8-1 📞 1899-5603, 010-9533-1711 🕐 05:00~18:00(부정기적), 연중무휴 🍢 꼬치어묵(소) 500원, 포장어묵 5,000~1만 3,000원 🅿 주차 160대 가능, 20분 500원 🚗 죽도시장 내 위치

경상북도
DRIVE COURSE

울진 망양정~후포항

달릴수록 낭만적 분위기에 젖어드는 드라이브길

지나는 곳마다 소나무 숲이 울창한 울진은 소나무의 도시로 불리기에 무색하지 않다. 소나무 숲길 따라 걷거나 잠시 쉬며 드라이브길에 지친 나에게 휴식을 주자. 항구에서는 오징어를 널어 말리는 진풍경이 펼쳐지고, 해수욕장에선 갈매기가 떼 지어 나는 모습을 쉽게 볼 수 있다. 관동팔경의 하나인 월송정과 망양정은 예부터 울진이 동해의 빼어난 경관을 자랑하던 곳임을 증명해준다.

INFORMATION
- 이동거리 252.91km
- 드라이브 5시간
- 전체 코스 9시간
- 포인트 전망 좋은 정자에서 탁 트인 동해 바다를 가슴에 품어보자.
- 추천계절 사계절(1~12월)
- 축제 울진해맞이축제(1월), 월송정 정월대보름 달맞이 행사(1월), 울진대게축제(2, 3월경), 백암온천축제(8월)

RECEIPT

입장료
백암온천 이용료 ·············· 14,000원

주차료
무료

식사 및 간식
(점심)소고기국밥 ·············· 14,000원

TOTAL
28,000원

(※2인 기준)

1 course — 만경창파를 한눈에 **울진 망양정**

관동팔경 중 하나인 망양정. 그중에서도 으뜸이라 하여 조선의 숙종은 '관동제일루'라는 친필을 하사하기도 했다. 동해의 푸른 물결과 넓은 바다를 감상할 수 있는 최고의 장소로 손색이 없다. 망양정에 올라서면 고운 모래의 해수욕장이 눈앞에 펼쳐진다. 작은 바위와 부딪치며 부서지는 파도는 동해 바다의 힘찬 모습을 실감나게 한다. 현재는 망양정 해맞이공원이 조성되어 있다.

📍 경상북도 울진군 근남면 산포리 716-1 📞 울진군청 문화관광과 054-789-6903
🕐 24시간, 연중무휴 ⓜ 무료 📍 주차 40대 가능, 무료 🚗 풍기IC(12.78㎞)→북영주역(2.27㎞)→상망교차로(25.59㎞)→소지교차로(5.29㎞)→춘양교차로(3.17㎞)→어르말교차로(61.48㎞)→울진 망양정

★ 놓치지 말자! ★

망양정 옛터

망양정이 있었던 옛터다. 이곳에 올라 바다와 해변을 바라보며 옛사람들이 느꼈던 동해의 아름다움을 느껴보자. 나무 계단을 올라오느라 가쁜 숨을 가라앉히고 일어서면 소나무 사이로 망망대해가 펼쳐진다.

📍 경상북도 울진군 망양로 199 📞 울진군청 문화관광과 054-789-6903 🕐 24시간, 연중무휴 ⓜ 무료
📍 주차 10대 가능, 무료

★ 놓치지 말자! ★

불영계곡로

자연의 모습을 그대로 간직하고 있는 불영계곡을 따라 드라이브할 수 있는 코스. 계곡 주변 단풍과 산봉우리에 걸쳐 있는 구름이 그림 같은 길이다.

📍 경상북도 울진군 금강송면 불영사길 48 📞 054-789-6903 🕐 24시간, 연중무휴 ⓜ 무료 📍 갓길 주차(2~5대 가능), 무료

2 course — 타오르는 촛불 모습의 **촛대바위**

울진 망양정에서 해안도로를 따라 2㎞ 정도 가면 촛대바위를 만날 수 있다. 뾰족하게 솟은 바위 위에 소나무가 자라고 있는 모습이 마치 촛불이 타는 모습 같다. 특별한 즐길 거리도, 볼거리도 없지만 추천하고 싶은 코스다. 무심코 지나가면 그냥 스쳐버릴 수도 있는 곳이지만, 바닷가에 우뚝 서 있는 바위의 모습은 시선을 끌기에 충분하다.

📍 경상북도 울진군 근남면 신포리 산118-4 📞 울진군청 문화관광과 054-789-6903
🕐 24시간, 연중무휴 ⓜ 무료 📍 갓길이나 빈터 주차, 5대 가능, 무료 🚗 망양정(0.21㎞)→망양정로(1.52㎞)→촛대바위

눈부신 백사장과 동해안 특유의 깊고 너른 파도가 일렁이는 망양해수욕장

3 course
쪽빛 바다와 하늘을 향해 뻗은 해송의 황홀함 **기성 망양해수욕장**

쪽빛의 바다와 얕은 수심, 밀려오는 파도와 백사장의 정취가 기분을 좋게 해준다. 울창한 송림은 시원한 그늘을 만들어주는 동시에 조용히 사색에 잠기고 싶은 마음이 들게 한다. 가족 단위 여행이라면 잔디에 돗자리를 깔고 도시락을 나눠먹으며 휴가를 보내기에도 좋다. 백사장에서 밀려오는 파도 소리를 감상해보자.

경상북도 울진군 기성면 망양길 7 울진군 문화관광과 054-789-6903, 기성면사무소 054-789-4600 24시간, 연중무휴 무료 주차 200대 가능, 무료 촛대바위(8km)→동해대로(2.2km)→망양로(2.9km)→기성 망양해수욕장

4 course
산수화 속 풍경 같은 작은 항구 **사동항**

안개가 끼거나 비 온 뒤의 사동항 모습은 한 폭의 산수화 같다. 꿈처럼 뿌연 안개 속에 펼쳐지는 항구의 아침 풍경과 함께 방파제에서 줄낚시를 즐겨보자. 야트막한 산자락과 항구 주변의 아름다운 해안선 경치도 빼어나다. 드라마 〈폭풍 속으로〉를 촬영했던 사동항 등대가 있다. 이곳에서는 사동항 연안에서 주로 잡히는 오징어, 꽁치 등을 저렴하게 구입할 수 있다.

경상북도 울진군 사동항길 울진군 문화관광과 054-789-6903, 기성면사무소 054-789-4600 24시간, 연중무휴 무료 주차 100대 가능, 무료 기성 망양해수욕장(1.3km)→사동1길(2.9km)→사동항

5 course

캠핑은 바다가 보이는 솔밭이 최고 **구산해수욕장**

바닥까지 훤하게 들여다보이는 깨끗한 맑은 물과 상쾌한 공기는 가슴을 시원하게 해준다. 특히 고운 모래가 300m나 길게 이어진 백사장을 맨발로 걸으면 와 닿는 감촉이 부드럽다. 소나무 숲 사이 캠핑장에 누워 있으면 바닷물에 들어가지 않아도 바닷바람은 이내 솔바람이 되어 솔내음 물씬 풍기는 향긋한 바람으로 돌아온다.

📍 경상북도 울진군 기성면 구산리 산72-1 📞 울진군청 문화관광과 054-789-6903 🕐 24시간, 연중무휴 💰 무료 🅿 주차 200대 가능, 무료 🚗 사동항(1.4km)→사동교차로(2km)→척산교차로(6.9km)→공항교차로(1.8km)→구산해수욕장

6 course

아름다운 소나무 숲 너머 **월송정**

신라의 화랑들이 달빛 자연을 즐기던 정자, 월송정

소나무 숲을 배경으로 자리한 평해황씨 하원 종택의 연꽃지

관동팔경의 하나인 월송정은 동해를 바라볼 수 있는 뛰어난 경관뿐 아니라 송림의 매력에 빠져버리게 하는 곳이다. 신라 시대 화랑들도 이곳에서 달을 구경하며 놀았다는 곳. 울창한 소나무 숲길을 걸어 월송정에 올라보면 그 이유를 알게 된다. '제8회 아름다운 숲 전국경연대회'에서 네티즌이 선정한 『아름다운 누리상』을 수상하기도 했다. 탁 트인 바다의 전망이 눈앞에 펼쳐지면서 그대로 시간도 멈추는 듯하다. 월송정으로 들어가는 입구에 있는 '평해 황씨 해월 종택'도 들러볼 만하다. 소나무 숲을 배경으로 자리한 연꽃지(연화못)와 정자가 아름답다.

📍 경상북도 울진군 평해읍 월송정로 517 📞 울진군청 문화관광과 054-789-6903 🕐 24시간, 연중무휴 💰 무료 🅿 주차 40대 가능, 무료 🚗 구산해수욕장(1.km)→구문교(0.4km)→평해 황씨 종택(0.7km)→월송정

알고 떠나면 더 즐거운 여행길

정조의 이야기

조선 시대 정조는 이곳을 일컬어 "정자를 둘러싼 송백은 울울창창한데/갈라진 나무껍질 세월이 오래되다/넓고 넓은 푸른 바다는 쉼 없이 출렁이는데/돛단배는 석양에 무수하게 떠 있구나"라는 시를 읊기도 했다.

7 course

겨울에 당기는 온천의 유혹 **백암온천 관광특구**

백암산 기슭에 위치한 백암온천은 신라 시대부터 이미 유황질 온천으로 각종 질병에 효과가 있다 하여 많은 사람들이 찾는 곳이다. 백암온천으로 가는 88번 국도의 '백일홍 꽃길'이 드라이브의 매력을 더해 준다. 2009년 '대한민국 최장 백일홍 꽃길'로 인증 등재되었다. 백일홍 꽃이 피는 여름, 단풍이 수놓는 가을, 어느 계절에도 놓치기 싫은 드라이브 코스다.

경상북도 울진군 온정면 백암온천로 5 백암온천 입구 백암온천 관광안내소 054-789-5480 호텔 06:00~21:00(금·토요일 06:00~22:00), 콘도 05:30~21:00(온천 이용시간), 연중무휴 온천 이용료 7,000원~ 주차 50대 가능, 무료 월송정(1.3km)→월송사거리(0.8km)→평해삼거리(6.2km)→광품1교(4.6km)→온정교(0.7km)→백암온천

8 course

북적대는 삶의 모습이 느껴지는 **후포항**

울진군 끝자락에 자리 잡은 후포항. 울진대게축제가 열리는 대게 중심지다. 속이 꽉 찬 싱싱한 대게도 맛보고, 북적대는 후포항의 분위기에도 빠져보자. 근처에는 깨끗하고 고운 모래가 인상적인 후포해수욕장이 있어 항구와 해수욕장을 한번에 즐길 수 있다. 최근에는 TV 프로그램 〈백년손님〉 촬영지로 유명해진 곳이기도 하다.

경상북도 울진군 후포면 울진대게로 236-14 대게 홍보전시관 울진군청 문화관광과 058-789-6903 24시간, 연중무휴 무료 주차 300대 가능, 무료 백암온천(0.8km)→온정교(4.6km)→광품1교(6.1km)→평해삼거리(8.8km)→후포항

★놓치지 말자!★

울진대게와 붉은대게 축제

3월 초 정도에 후포항 일대에서 대게 축제가 열린다. 울진의 특산물인 대게를 홍보하고 울진대게의 우수성을 알리기 위하여 매년 열리고 있다. 세계 대게 요리 시연 및 전시, 대게잡이 등 다양한 행사가 열린다. 특히 붉은대게 무료 시식 코너는 인기가 대단하다.

고요한 바다와 작은 등대가 다정한 후포항의 서정적 모습

TV 프로그램 〈백년손님〉의 '남서방'네를 떠올리게 하는 후포리 전경

★ 추천하고 싶은 곳 ★

🛏 추천 숙소

바닷가펜션

망양정해수욕장 앞에 있는 바다를 마당으로 가진 독채 펜션이다. 독채가 가진 장점을 살려 가족 단위로 조용히 지내기에도 좋다. 해안도로가에 위치하므로 드라이브, 바닷가 산책, 바다낚시, 해맞이 등을 즐기기에 적합하다.

📍 경상북도 울진군 근남면 망양정로 981 📞 010-9595-9701 💰 10만 원~(성수기, 비수기, 평일, 주말 요금 다름) 🌐 www.badagga.com 🚗 망양정에서 0.4km

반 펜션은 온돌식인 삼소헌과는 달리 침대방으로 되어 있어 바닥 생활이 불편한 방문객들에게 편리하다. 차를 무료로 마실 수 있고, 독서대 만들기(도예 체험 2만 원, 바느질 체험 1만 원) 등 목공 체험도 가능하다.

📍 경상북도 울진군 온정면 백암온천로 1737 📞 054-788-6766 💰 5만 원~(성수기, 비수기, 평일, 주말 요금 다름) 🌐 www.sangolstory.com 🚗 백암온천에서 4.6km

☕ 추천 휴게소

단양 휴게소(부산 방향)

북단양IC에서 4분 거리에 있는 단양 휴게소는 진입로에서 500m를 더 들어가면 나온다. 휴게소 뒤쪽에 야생화 테마 공원이 조성되어 있어 식사를 마친 후, 힐링할 수 있다. 고속도로에서 조금 떨어져 있어 소음이 적고, 주변의 아름다운 경관도 충분히 감상할 수 있다.

📍 충청북도 단양군 적성면 기동2길 32-37 📞 043-423-5401 🕐 24시간, 연중무휴 💰 가게별 상이 🅿 주차 100대 가능, 무료 🚗 망양정에서 138km

아라누리펜션

도로를 건너면 푸른 바다가 펼쳐지고 백사장이 이어진다. 모든 객실에서 바다를 조망할 수 있다. 커플룸, 가족룸이 마련되어 있고, 넓은 테라스에서 바비큐 파티도 가능하다.

📍 경상북도 울진군 기성면 망양로 123 📞 010-9289-0863 💰 9만 원~(성수기, 비수기, 평일, 주말 요금 다름) 🌐 www.aranurips.com 🚗 기성 망양해수욕장에서 0.6km

펜션 산골 이야기

한옥을 개조한 '삼소헌'과 일반 펜션이 함께 있다. 삼소헌은 온돌방으로 된 한국관광공사 인증 '우수 한옥체험 숙박 시설'이다. 일

🍴 추천 맛집

백암골 가마솥 국밥

진하게 우러나온 국물 맛과 매콤한 맛이 속을 시원하게 해주는 소고기국밥이 인기 메뉴다. 아침 일찍 문을 열기 때문에 여행자들이 아침 식사를 하기에 좋다. 평해버스터미널 앞에 위치하여 찾기도 쉽다.

📍 경상북도 울진군 평해읍 월송정로 112 📞 054-787-8090 🕐 06:00~20:00, 부정기적 휴무 💰 소고기국밥 7,000원, 내장탕 8,000원 🅿 주차 20대 가능, 무료 🚗 월송정에서 3.9km

동삼수산식당

후포항에서 나와 3km를 조금 못미처 동해대로로 나가기 전 동삼수산식당이 있다. TV 프로그램 〈백년손님〉에 방영되면서 후포리 맛집으로 유명해졌다. 자연산 싱싱한 해산물들이 주메뉴다. 꿈틀꿈틀 살아 있는 문어를 직접 익혀 먹는 문어두루치기와 울진에서 맛보는 물회가 별미다.

📍 경상북도 울진군 후포면 삼율로 36(SK 고속주유소 옆) 📞 054-787-4235 🕘 09:00~21:00, 연중무휴 🍽 문어두루치기(소) 3만 원, 물회 1만 2,000원, 횟밥 1만 원 🅿 주차 20여 대 가능, 무료 🚗 후포항에서 2.7km

고바우 한중식

이곳의 짬뽕은 특별하다. 오징어와 홍합도 들어 있지만 울진의 대게가 한 마리가 통으로 올라와 있다. 대게와 함께 먹는 짬뽕 맛은 어떨까? 싱싱한 해산물로 맛을 낸 짬뽕은 비린내가 전혀 없고 국물 맛이 시원하다.

📍 경상북도 울진군 후포면 후포로 179 📞 054-788-1116, 2226 🕘 09:00~19:00, 둘째넷째 화요일 휴무 🍽 해물짬뽕 1만 원, 홍게짬뽕 2만3,000원(시세에 따라 가격 변동) 🌐 cityfood.co.kr 🅿 주차 20대 가능, 무료 🚗 후포항에서 0.7km

🍜 추천 가게
망양 오징어 풍물 거리

날씨가 좋으면 건조대에 오징어를 길게 널어 바닷바람에 말리는 진풍경을 볼 수 있다. 직접 잡은 오징어를 바닷바람에 말려 맛과 품질 또한 뛰어나 사람들이 좋아한다. 구운 파데기(반건조 오징어)를 먹으며 해안도로를 따라 드라이브해 보자.

📍 경상북도 울진군 기성면 망양로 277 📞 울진군청 문화관광과 054-789-6903, 건어물 가게 054-783-6987 🕘 09:00~18:00(부정기적), 연중무휴 🍽 오징어 10마리 3만~10만 원(크기에 따라 다름, 가게별 상이) 🅿 주차 20대 가능, 무료 🚗 기성 망양해수욕장에서 2.4km

맛나건어물

후포여객선터미널 내에 있는 건어물 가게다. 울진의 온갖 해산물, 건어물을 구입할 수 있다. 배에서 직접 잡은 배오징어와 질 좋은 햇김뿐만 아니라 간식거리로 다시마젤리도 판매한다.

📍 경상북도 울진군 후포면 울진대게로 236-3 📞 010-9211-4986 🕘 09:00~18:00, 연중무휴 🍽 배오징어 20마리 9만 원(시세에 따라 가격 변동) 🅿 후포항 주차장, 300대 가능, 무료 🚗 후포항 내 위치

영신곳간

주로 참기름과 들기름을 판매한다. 순수 국산 참기름뿐만 아니라 생들기름도 판매한다. 원료의 구입부터 포장까지 책임지므로 믿고 먹을 수 있다. 다양한 용량으로 판매하기 때문에 선물하기에도 좋다. 여기에서 나오는 수익은 영신해밀홈(사회복지시설)을 위해 쓰여진다.

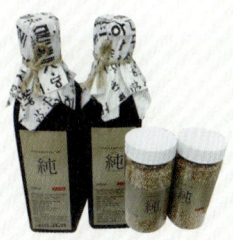

📍 경상북도 울진군 후포면 후포삼율로 49-1 📞 054-787-2110 🕘 평일 09:00~18:00, 토요일 10:00~17:00, 매주 일요일 휴무 🍽 볶은 참깨(국산) 150g 9,000원, 참기름(국산) 180g 1만 6,000원 🅿 주차 5대 가능, 무료 🚗 후포항에서 2.5km

경상북도

DRIVE COURSE

포항 구룡포항~
경주 흥무로 벚꽃길

동해안 남부를 제대로 즐기는 드라이브길

활기찬 포항 구룡포에서 시작하여 고즈넉한 경주의 매력으로 마무리하는, 동해 남부해안 드라이브의 진수를 느낄 수 있는 코스다. 구룡포 과메기 한 접시로 드라이브 코스를 시작하자. 과메기를 좋아하든 혹은 그렇지 않든 한 번쯤은 맛볼 것을 권하고 싶다. 동해안의 아름다운 해변과 항구를 즐기는 이 코스는 일상의 쉼표가 되기에 충분하다.

INFORMATION

- 이동거리 114.9km
- 드라이브 2시간 42분
- 전체 코스 6~7시간
- 포인트 동해안을 따라 자연을 만끽하며 맛 기행을 제대로 할 수 있다.
- 추천계절 봄~가을(3~11월)
- 축제 경주흥무로벚꽃축제(4월), 포항구룡포과메기축제(11월)

RECEIPT

주차료
문무대왕릉 1일 3,000원

식사 및 간식
(점심)모리국수 12,000원

TOTAL
15,000원

(※2인 기준)

1 course
아홉 마리 용의 전설
구룡포항

바다에서 열 마리의 용이 승천하다 한 마리가 떨어졌다는 전설을 갖고 있는 구룡포는 일제의 침탈 목적으로 1923년 본격적인 항구의 모습을 갖추기 시작하여 현재는 경북 지방 최대의 동해안 어업 전진기지 역할을 하고 있다. 전국 최대의 대게 산지인 구룡포항은 전국 대게 위판물량의 절반 이상에 이르는 물량을 담당하고 있다. 곳곳에 대게와 과메기, 오징어 등의 맛집들이 즐비하다.

📍 경상북도 포항시 남구 구룡포읍 구룡포길 일대 📞 구룡포읍주민센터 054-270-6661 🕐 24시간, 연중무휴 💰 무료 🅿️ 주차 500대 가능, 무료 🚗 포항IC(24.13km)→동해안로(7.22km)→호미로(2.26km)→구룡포항

2 course
과메기의 고향
구룡포시장

구룡포항 인근에 위치한 시장으로 3, 8일에 서는 전통 오일장 겸 상설시장이다. 시장 안에는 과메기로 유명한 구룡포답게 과메기를 널어 말리는 곳이 있어 다른 전통 시장보다 색다른 볼거리를 제공한다. 과메기뿐 아니라 오징어, 대게 등도 저렴하게 구입할 수 있으며, 신선하고 다양한 해산물이 넘쳐난다.

📍 경상북도 포항시 남구 구룡포읍 호미로221번길 10-2 📞 구룡포시장번영회 054-276-2761, 구룡포읍주민센터 054-270-6661 🕐 09:00~18:00, 연중무휴 💰 가게별 상이 🅿️ 주차 500대 가능, 무료 🚗 구룡포항(0.03km)→호미로(0.28km)→구룡포시장

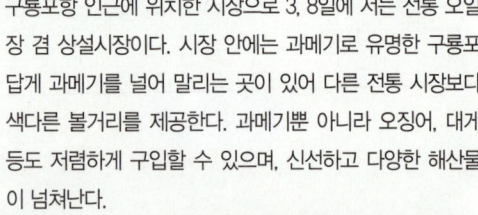

3 course
조경이 예뻐 산책하기 좋은
양포항

달이 뜨면 제일 먼저 달빛이 비치는 곳이라 하여 양월이라 불렸던 양포리에 위치한 항이다. 어항시설 외에 요트장, 공연장 등을 갖추고 있다. 주변을 데크로 정리해놓고 조경을 예쁘게 관리하여 산책하기에 좋다. 화장실과 주차장 등의 기반 시설들도 잘 관리하고 있어 마치 공원에 놀러 온 것 같은 쾌적한 느낌이다.

📍 경상북도 포항시 남구 장기면 양포항길 91 📞 장기면사무소 054-270-6661 🕐 24시간, 연중무휴 💰 무료 🅿️ 주차 300대 가능, 무료 🚗 구룡포시장(0.18km)→호미로(1.9km)→동해안로(14.42km)→양포항

★ 놓치지 말자! ★

양포방파제

양포항 끝쪽에 위치한 방파제로, 규모가 꽤 크고 넓어서 양포항과 함께 소풍을 즐기기에 좋은 장소다. 중간중간 깔아놓은 지압판과 예쁜 가로등이 깔끔한 느낌을 주며 보통 방파제들 보다 아기자기한 분위기다.

📍 경상북도 포항시 남구 장기면 양포항길 91 📞 장기면사무소 054-270-6661 🕐 24시간, 연중무휴 💰 무료 🅿️ 주차 300대 가능, 무료

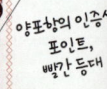

양포항의 인증샷 포인트, 빨간 등대

4 course 솔밭과 바다를 내 품에 **감포 오류고아라해변**

오류고아라해변(구 오류해수욕장)은 곱고 부드러운 모래가 비단을 펼쳐놓고 자로 잰 듯하다 하여 척사라 불리기도 한다. 물이 맑고 깨끗하며 모래가 부드러워 찜질하기에도 좋고 자갈 해변도 함께 있어 산책할 때 발바닥에 느껴지는 감촉을 즐길 수 있어 이색적이다. 솔밭을 끼고 만들어놓은 산책로에서 바라보는 바다 전망이 아름답고 쉬어갈 수 있는 벤치도 많아 여유롭고 낭만적인 시간을 보내기에 좋다.

경상북도 경주시 감포읍 오류리 일원 ☎ 경주시청 해양수산과 054-779-6320~3, 경주 관광안내소 054-772-3843 ⏰ 24시간, 연중무휴 💰 무료
🅿 주차 100대 가능, 무료 🚗 양포항(0.16km)→동해안로(8.51km)→감포 오류고아라해변

5 course 경주의 과거를 만나는 **감포항**

달 감(甘) 자와 같은 모양의 지형과 감은사가 있는 포구라고 하여 감은포라 불리다가 감포로 축약되어 감포항이 되었다. 감포항 뒤쪽으로는 옛날식 다방과 오래된 가게들이 늘어서 있는 정겨운 어촌마을의 독특한 분위기가 옛 감성을 불러일으킨다. 문무대왕릉에서 감포항으로 이어지는 해안도로에는 횟집과 민박집이 즐비하며 바다를 전경으로 한 재래시장이 있어 볼거리를 더한다.

경상북도 경주시 감포읍 감포로 ☎ 감포읍사무소 054-779-8003 ⏰ 24시간, 연중무휴 💰 무료 🅿 주차 20대 가능, 무료(방파제 쪽) 🚗 감포 오류고아라해변(0.11km)→동해안로(1.82km)→감포로9길(0.29km)→감포로(0.36km)→감포항구길(0.15km)→감포항

날이 흐려도 근사한 분위기의 감포항

옛날식 다방과 오래된 가게들이 정겨운 마을길

6 course

모래가 고와서 모래찜질엔 최고인 **경주 나정고운모래해변**

나정고운모래해변(구 나정해수욕장)은 물이 맑고 수심이 얕으며 온천 해수탕이 있어 가족 단위 피서객들이 많이 찾는 곳이다. 모터보트, 바나나보트 등의 수상 레저가 가능하며 부대시설과 숙박시설, 주차장이 잘 갖추어져 있다. 백사장 뒤쪽에 100m에 이르는 소나무 숲이 조성되어 있어 주변 경치가 수려하다.

경상북도 경주시 감포읍 동해안로 1978 경주시청 해양수산과 054-779-6320~3 24시간, 연중무휴 무료 주차 200대 가능, 무료 감포항(0.15km)→감포로(1.14km)→동해안로(2.31km)→경주 나정고운모래해변

7 course

바다 위의 왕릉 **문무대왕릉**

동해에 묻혀 용이 되어 우리나라로 침입하는 왜적을 막아 백성을 지키겠다는 문무왕의 유언에 따라 해변에서 200m 떨어진 바다에 조성된 무덤이다. 이는 전례가 없는 특이한 형태의 능으로 문무왕의 애민정신을 상징한다. 봉길해변에서 가장 가까이 볼 수 있다.

경상북도 경주시 양북면 동해안로 1480 사적공원관리사무소 054-779-8743 24시간, 연중무휴 무료 주차 50대 가능, 무료 경주 나정고운모래해변(4.67km)→동해안로(0.96km)→봉길해안길(0.12km)→문무대왕릉

이 안에 나있다.
언제나 지켜줄게!
나의 사랑하는 후손들아.

알고 떠나면 더 즐거운 여행길

동해안을 지키는 문무왕의 기운, 대왕암

용의 기운이 있다 하여 문무대왕릉의 봉길해변은 눈살을 찌푸릴 정도로 전국의 무속인들이 모여드는 곳이다. 요란한 굿이나 제사보다는 차가운 바다에 용이 되어 누워 나라를 지키고자 했던 문무왕의 애국·애민 정신을 느끼며 조용히 소원을 빌어보자. 아름다운 풍경과 더불어 잔잔한 감동을 느낄 수 있다.

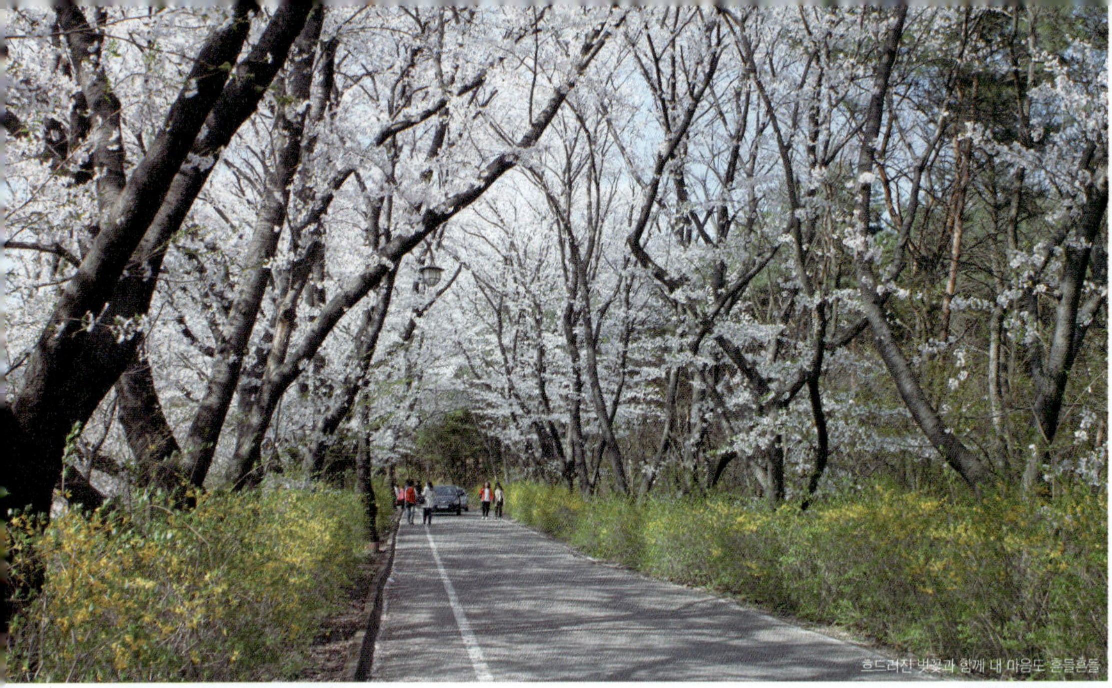
흐드러진 벚꽃과 함께 내 마음도 흔들흔들

사진제공 : 경주시 홈페이지

8 course 벚꽃 잎이 날리는 꽃 터널 속으로 경주 흥무로 벚꽃길

흥무대왕 김유신 장군 묘로 이어지는 길인 흥무로는 경주 벚꽃길 중에서도 보문관광도로 관문의 벚꽃길과 함께 가장 유명한 곳이다. 몇 해 전 국토교통부가 선정한 '아름다운 한국의 길 100선' 가운데 하나다. 하늘을 덮을 정도로 풍성한 벚꽃이 터널을 만들어 장관을 이룬다. 흥무로 벚꽃길을 포함 시내 곳곳에 900여 개의 조명을 설치해 환상적인 야간 벚꽃길을 즐길 수 있다.

경상북도 경주시 흥무로 김유신 장군 묘 경주시청 문화관광과 054-779-6078 24시간, 연중무휴 무료 주차 불가 문무대왕릉(0.11㎞)→동해안로(1.07㎞)→문무대왕로(0.1㎞)→감은로(3.85㎞)→문무대왕로(0.84㎞)→울산포항고속도로(29.38㎞)→첨성로(0.49㎞)→계림로(0.67㎞)→태종로(1.3㎞)→경주 흥무로 벚꽃길

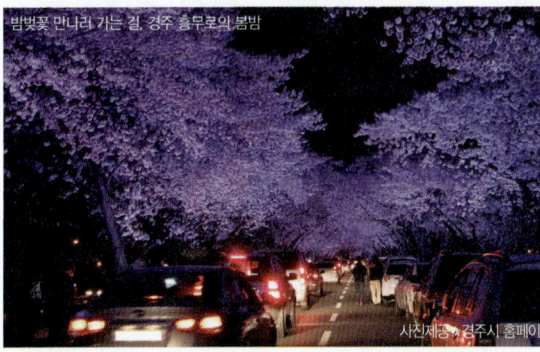

밤벚꽃 만나러 가는 길, 경주 흥무로의 봄밤

사진제공 : 경주시 홈페이지

★ 놓치지 말자! ★

감은사지 삼층석탑

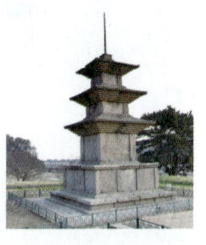

감은사는 《삼국유사》에 의하면 신문왕 2년(682년)에 건립되었는데, 문무왕이 왜병을 진압하려고 이 절을 처음으로 지었으나 역사를 마치지 못하고 돌아가자 그 아들 신문왕이 완성하였다. 감은사 삼층석탑은 목탑의 구조를 단순화시켜 석탑 양식의 시원을 마련한 탑이다. 높이만 9.1m이고 3.9m의 쇠 찰주까지 합하면 높이가 13m나 되어 현존하는 우리나라 삼층석탑 중 가장 큰 탑이다. 높고 고즈넉한 곳에 위치하여 감은사터에서 바라보는 풍광이 마치 한 폭의 그림 같다.

경상북도 경주시 양북면 용당리 55-1 경주시청 문화재과 054-779-6109 24시간, 연중무휴 무료 주차 50대 가능, 무료

★ 추천하고 싶은 곳 ★

🛏 추천 숙소

노벰버리조트

객실에서 경주 바다가 보여 전망이 시원하다. 해수를 그대로 사용한 야외 수영장과 아이들이 좋아할 만한 워터슬라이드, 바다를 바라보며 즐길 수 있는 제트 스파까지 온 가족이 좋아할 만한 부대시설을 자랑한다. 바로 앞에 수협직판장이 있어 회를 좋아하는 이들에겐 금상첨화다.

📍 경상북도 경주시 감포읍 오류리 595-1 📞 054-774-3377 💰 8만 원~(성수기, 비수기, 평일, 주말 요금 다름) 🌐 www.novemberresort.com 🚗 감포항에서 1.2km

송림 오토캠핑장

30년 넘게 꾸준히 운영되고 있는 전통 있는 오토캠핑장이다. 그만큼 위치와 자연환경은 보장할 만한 곳이다. 200년 된 송림의 피톤치드를 만끽하며 즐길 수 있어 좋다. 150여 동의 큰 규모를 자랑하며 제트스키, 바나나보트 등의 해상 레저와 선상 낚시 프로그램도 운영 중이다.

📍 경상북도 경주시 감포읍 전촌리 686-2 📞 054-775-4984 💰 3만 원~(성수기, 비수기, 평일, 주말 요금 다름) 🌐 songrimauto.com 🚗 나정 고운모래해변에서 0.92km

🍴 추천 맛집

까꾸네 모리국수

모리국수는 70년 역사의 구룡포 대표적인 토속 음식으로, 제철에 나오는 온갖 해산물과 마늘, 고춧가루를 넣어 국물을 우려낸 후 콩나물과 칼국수를 넣고 끓인 해물칼국수다. 그중에서 까꾸네 모리국수가 가장 유명하다. 찾기도 쉽지 않고 식객들의 발길이 끊이지 않아 줄을 서야 하는 등의 불편함이 있지만 감수할 만하다. 해물이 푸짐하고 칼국수는 양이 정말 많아 넉넉히 시키는 건 금물이다. 이곳은 재료가 떨어지면 문을 닫기 때문에 헛걸음하기 쉬워 일정이 바쁘다면 미리 전화로 문의하는 것이 좋다.

📍 경상북도 포항시 남구 구룡포읍 호미로 239-13 📞 054-276-2298 🕘 09:00~17:00(재료 소진 시 조기마감), 설·추석 휴무 🍜 모리국수 2인 주문 시(1인분 6,000원), 4인 주문 시부터는(1인분 5,000원) 🅿 구룡포 공영주차장, 500대 가능, 무료 🚗 구룡포항에서 0.47km

소문난 할매국수

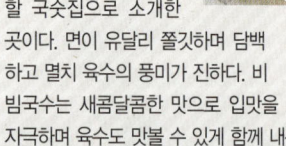

1971년 문을 연 포항에서 가장 오래된 국수공장인 제일국수공장의 면만 사용하는 이곳은 TV 프로그램 〈수요미식회〉에서 문 닫기 전에 꼭 가봐야 할 국숫집으로 소개한 곳이다. 면이 유달리 쫄깃하며 담백하고 멸치 육수의 풍미가 진하다. 비빔국수는 새콤달콤한 맛으로 입맛을 자극하며 육수도 맛볼 수 있게 함께 내온다. 테이블이 많지 않고 워낙 유명하기 때문에 모르는 사람과 합석을 해야 하거나 줄을 서야 할 수도 있다.

📍 경상북도 포항시 남구 구룡포읍 구룡포길 60-4 📞 054-284-2213 🕘 09:00~18:00, 부정기적 휴무 🍜 잔치국수 3,000원~, 비빔국수 5,000원 🅿 구룡포 공영주차장, 500대 가능, 무료 🚗 구룡포항에서 0.3km

해암회식당

감포 '자연산 회단지'에 위치한 곳으로, 문무대왕릉을 내려다보며 식사할 수 있는 전망 좋은 곳이다. 회 양도 많으며 신선하고 저렴하다. 다시마, 미역 등의 해초류, 쌈과 마른 김, 씻은 묵은지 등의 쌈 재료가 특별한 맛을 더해 주며 기본 반찬도 다양하고 정갈하다. 이곳은 숙식 코스(회-석식-민박-조식)를 제공하고 있어 술 한잔에 대한 드라이버의 고민을 해결해 준다.

📍 경상북도 경주시 감포읍 대밑길 12-48 📞 054-771-9129 🕐 평일 09:00~20:00, 주말 09:00~21:00, 설·추석 당일 휴무 💰 막회(1인) 2만 5,000원, 숙식 코스(1인) 3만 5,000원 🅿 주차 20대 가능, 무료 🚗 문무대왕릉에서 1.6km

🏠 추천 가게
구룡포 대게유통센터

어업공동체에서 운영하는 곳으로 대게를 구입할 수 있으며 찜비는 무료다. 유통센터 내의 식당에서 먹을 수 있고 상차림비는 따로 없이 밥이나 음료, 술만 추가로 계산하면 된다. 가격은 대게의 질에 따라 천차만별이지만 대체로 저렴한 가격에 구입할 수 있다(6~11월은 대게 금어기 기간으로 임시 휴업함. 11월 중순경부터 영업 시작).

📍 경상북도 포항시 남구 구룡포읍 호미로 247 📞 054-276-9941 🕐 08:30~조기 영업 마감 시 17:00, 부정기적 휴무 💰 대게 1만~10만 원(시세에 따라 다름), 공깃밥 1,000원, 볶음밥 2,000원 🅿 주차 10대 가능, 무료 🚗 구룡포항에서 0.31km

제일국수공장

1971년에 문을 연 이곳은 요즈음 거의 보기 드문 재래식 기계로 밀가루, 소금, 물만 넣고 반죽하여 뽑아낸 국수를 해풍에 자연 건조해서 만들고 있다. 구룡포의 다른 국수공장은 문을 닫고 이곳이 유일하게 명맥을 잇고 있다. 일반 국수와는 차원이 다른 쫄깃함과 특별한 식감을 자랑한다.

📍 경상북도 포항시 남구 구룡포읍 호미로221번길 19-2 📞 054-276-2432 🕐 08:00~18:00, 연중무휴 💰 국수 1묶음 2,500원 🅿 주차 500대 가능, 무료 🚗 구룡포시장 내 위치

전복상회

구룡포시장에 위치한 과메기 판매점으로, 점포 앞에서 직접 과메기를 건조하는 모습을 볼 수 있다. 덕장을 직접 운영하며 판매하는 곳이라 저렴하고 신선하다. 매일 새벽 깨끗하게 손질하여 냄새가 많이 나지 않아 먹기 좋고, 청어 과메기와 꽁치 과메기 모두 맛볼 수 있다. 과메기는 제철인 10월부터 구정까지만 직접 매장에서 구입할 수 있으니 놓치지 말자.

📍 경상북도 포항시 남구 구룡포읍 호미로221번길 20-1 📞 054-276-2412 🕐 07:30~18:00(해 질 무렵까지), 부정기적 휴무 💰 과메기 1만~2만 원 🅿 공영주차장, 500대 가능, 무료 🚗 구룡포시장 내 위치

경상북도

DRIVE COURSE

영덕 복사꽃길~블루로드

천혜의 관광자원을 간직한 영덕 해안도로 드라이브길

도보 여행자를 위한 블루로드로 잘 알려진 영덕의 해안길은 드라이브 코스로도 부족함이 없다. 이 코스는 부드러운 백사장과 함께 동해 특유의 맑은 바다를 즐길 수 있는 고래불해수욕장에서 시작된다. 조상들의 생활을 엿볼 수 있는 전통마을과 다양한 어촌 체험이 가능한 차유마을이 포함되어 있어 친구와 연인뿐 아니라 가족들과도 함께 즐길 수 있는 드라이브 코스다. 여행을 하는 동안 영덕의 특산품인 영덕대게, 복숭아, 송이 등을 맛볼 수 있어 여행의 즐거움은 더욱 배가된다.

INFORMATION

- 이동거리 240.8km
- 드라이브 5시간 44분
- 전체 코스 7~8시간
- 포인트 영덕대게의 집성지인 강구항과 대게 원조 마을인 차유마을 등 영덕 특산물인 대게를 마음껏 먹어볼 수 있다.
- 추천계절 봄~가을(3~11월)
- 축제 영덕해맞이축제(12월 31일~1월 1일), 영덕대게 축제(3~4월), 영덕물가자미축제(5월), 영덕황금은어축제(7월 말~8월 초), 허수아비-메뚜기잡이 체험축제(10월)

RECEIPT

입장료
무료

주차료
강구항 주차장 ············ 2시간 2,000원
*강구항 식당, 매립지 이용시 무료.

식사 및 간식
(점심)한식 정식 ············ 14,000원
(간식)영덕대게빵 ············ 6,000원
(간식)아메리카노 ············ 8,000원

TOTAL
30,000원

(※2인 기준)

고요한 백사장과 맑은 에메랄드빛 바다, 고래불해수욕장

1 course

끝없이 펼쳐지는 명사이십리 **고래불해수욕장**

병곡면 6개 해안마을을 배경으로 20리(8km)의 백사장이 이어진 해수욕장. 대진해수욕장과 함께 동해의 명사 20리로 불린다. 고려 말 목은 이색 선생이 상대산에 올랐다가 고래가 뛰어노는 것을 보고 경정이라 명명하였다고 전해진다. 고운 백사장과 맑은 에메랄드빛 바닷물, 넓은 주차장 등의 각종 편의 시설이 잘 갖추어져 있어 여름철 많은 관광객들이 찾는 명소다. 특히 6~10월까지는 저녁에 고래불 음악분수대를 운영하여 화려한 조명과 음악까지 함께하여 최고의 시간을 선사한다.

경상북도 영덕군 병곡면 고래불로 394 병곡면사무소 054-730-7802 24시간, 연중무휴 무료 www.goraebul.or.kr 주차 1,500대 가능, 무료 서안동IC(51.6km)→중앙고속도로(28.3km)→경동로(28.9km)→영양창수로(29.7km)→고래불해수욕장

2 course

민물과 바닷물이 만나는 **대진해수욕장**

영덕의 북쪽 영해면 송천천 하류 지점에 위치한 해수욕장. 경사가 완만해 수심이 깊지 않으며 4km에 이르는 백사장이 펼쳐져 있다. 백사장을 가로질러 흐르는 송천천은 냇물과 바다의 교차점으로 어족이 풍부하다. 2002년 '어촌체험마을'로 지정된 대진1리는 다양한 해양 레저와 어촌 체험 프로그램도 운영하고 있어 가족 단위 피서객들에게도 추천할 만하다.

경상북도 영덕군 영해면 영덕대게로 2840 영해면사무소 054-730-7702 24시간(해수욕장은 매년 7~8월 개장), 연중무휴 무료 주차 300대 가능, 무료 고래불해수욕장(4.6km)→대진해수욕장

3 course

고택의 고즈넉한 멋이 살아 있는 **괴시리 전통마을**

괴시리의 지형이 중국의 괴시마을과 흡사하여 '괴시'라고 불린다. 영양 남씨 괴시파 종택을 비롯한 200여 년 된 전통 고택 30여 동이 남아 있어 조상들의 생활상을 엿볼 수 있는 전통민속마을이다. 마을 내에는 목은 선생의 자료를 소장하고 있는 목은이색기념관이 있으며 격년제로 열리는 목은문화제가 2018년에 열릴 예정이다.

📍 경상북도 영덕군 영해면 호지마을1길 29 📞 영해면사무소 054-730-7702 🕐 24시간, 연중무휴 💰 무료 🅿 주차 15대 가능, 무료 🚗 대진해수욕장(2.1km)→예주길(0.3km)→괴시리 전통마을

4 course

산으로 둘러싸인 아담한 항구 **축산항**

영덕의 대표적인 어항으로 대게 위판이 열리는 전국 5개항 중 한 곳. 축산, 축산포, 축산도라고도 불린다. 해안까지 산지가 임박해 해안선이 단조로운 구릉성 지형의 아담한 어항이다. 이곳은 산과 바다로 둘러싸인 천연 조건을 갖추고 있어 영덕대게를 비롯한 동해의 다양한 해산물을 맛볼 수 있다. 축산항 내에 위치한 산책로를 따라 죽도산 전망대에 오르면 축산항의 전경을 한눈에 담을 수 있으니 놓치지 말자.

📍 경상북도 영덕군 축산면 축산리 📞 축산면사무소 054-730-7602 🕐 24시간, 연중무휴 💰 무료 🅿 주차 60대 가능, 무료 🚗 괴시리 전통마을(2.6km)→영덕대게로(2.8km)→축산항길(0.7km)→축산항

★ 놓치지 말자! ★

죽도산 전망대

죽도산 정상에 위치해 있으며 등대처럼 생긴 전망대. 이곳에 오르면 축산항의 전경은 물론이거니와 끝없이 펼쳐진 푸른 동해의 수려한 풍광을 볼 수 있다. 축산항에서 이어지는 산책길도 좋고, 해맞이공원과 이어지는 영덕 블루로드 해안산책로를 따라 전망대로 향해도 좋다. 오르는 동안 줄곧 영덕의 탁 트인 바다를 조망할 수 있으니 죽도산 전망대를 놓치지 말자.

📍 경상북도 영덕군 축산면 축산리 📞 축산면사무소 054-730-762 🕐 24시간, 연중무휴 💰 무료 🅿 축산항 주차장, 60대 가능, 무료

5 course — 영덕대게의 원조마을 **차유 어촌체험마을**

영덕군에서 인정한 영덕대게 원조마을. 이곳에서 잡은 게의 다리 모양이 대나무와 흡사하여 대게로 불리어 온 것이 영덕대게 명칭의 유래다. 차유마을은 어촌체험마을로, 계절에 따라 맨손잡이 체험, 대게잡이 체험 등 다양한 프로그램을 운영하고 있다. 프로그램은 예약제로 운영되고 있으며 참여 및 문의를 원할 경우, 전화 또는 차유어촌마을 사이트를 이용하면 된다.

📍 경상북도 영덕군 축산면 차유길 12-4　📞 010-9231-9881　⏰ 예약제로 진행, 전화 문의 필수(예약을 해도 일정 인원이 채워지지 않으면 체험을 할 수 없음) 💰 체험비(공동어장 바닷속 체험 1인당 1만 원, 대게잡이 체험 1인당 2만 원 등 체험에 따라 상이) 🌐 vill.seantour.com/Vill/Main.aspx?fvno=3503　🅿 주차 50대 가능, 무료　🚗 축산항길(0.3km)→영덕대게로(2.1km)→차유 어촌체험마을

알고 떠나면 더 즐거운 여행길

영덕의 게가 대게로 불리는 이유와 대게의 원조를 알고 싶다면, 차유마을로!

경북 영덕군 축산면 경정리에 위치한 대게의 원조 차유마을. 1999년 4월, 영덕군에서는 이곳에 대게원조비를 세워 차유마을을 영덕대게 원조마을로 명명하였다. 마을 이름의 유래와 함께 대게 원조마을로 지정한다는 글귀가 새겨진 이 원조비는 차유마을의 입구에서 찾아볼 수 있다. 원조비의 내용은 다음과 같다.

"고려 29대 충목왕 2년(1345년)에 초대 정방필 영해부사 일행이 수레를 타고 고개를 넘어왔다고 하여 차유(수레 차(車), 넘을 유(踰))라 이름 지어졌다고 한다. 마을 앞에 동해의 우뚝한 죽도산이 보이는 이곳에서 잡은 게의 다리 모양이 대나무와 흡사하여 대게로 불리어 왔으며, 우리는 이 마을 내력을 따라 영덕대게 원조마을로 명명하여 표석을 세워 기념코자 한다."

대게의 시작은 이곳, 차유마을!

6 course — 분홍빛 복사꽃이 가득한 **복숭아 정보화마을**

영덕군 지품면에 위치한 복숭아마을. 복사꽃 개화 시기인 4월 중순 전후가 되면 복사꽃이 지천으로 피어 무릉도원을 연상케 한다. 지품면에서 영덕읍으로 이어지는 34번 국도는 복사꽃을 양쪽으로 끼고 달릴 수 있는 최고의 드라이브 코스다. 복사꽃을 가까이에서 구경할 때에는 가지가 꺾이지 않도록 특별히 주의하자.(*복숭아 체험 5kg 2만 원(여름 6~8월에만 진행), 옹기 체험 어른 1만 원, 청소년 8,000원, 어린이 5,000원)

📍 경상북도 영덕군 지품면 경동로 7682　📞 054-730-6695　⏰ 24시간, 연중무휴　💰 무료　🅿 주차 20대 가능, 무료　🌐 peach.invil.org　🚗 차유 어촌체험마을(4.8km)→원활동해대로(10.1km)→경동로(7.2km)→복숭아 정보화마을

7 course
이국적인 풍경을 볼 수 있는 영덕풍력발전단지

연간 96,680MWh의 전력을 생산할 수 있는 국내 최초의 상업용 민간 풍력발전단지. 풍력발전기 24기, 변전소 1동, 송전선로, 홍보관 등의 시설이 갖추어져 있다. 바람개비공원, 바람정원 등 각종 전망대에서 풍력발전단지의 전경을 내려다볼 수 있다. 울창한 숲과 어우러지는 풍력발전기의 모습이 이국적인 분위기를 연출한다.

경상북도 영덕군 영덕읍 해맞이길 254-6　054-734-5871　24시간, 연중무휴　무료　주차 30대 가능, 무료　복숭아 정보화마을(2.8km)→경동로(7.2km)→못골길(2.9km)→해맞이길(2km)→영덕풍력발전단지

이국적인 느낌 물씬, 영덕풍력발전단지

알록달록 귀여운 바람개비들이 가득한 바람개비공원

★놓치지 말자!★
영덕해맞이공원

영덕군 강구면에서 축산면으로 이어지는 해안선을 따라 도로변에 위치한 공원. 2002년 월드컵축구대회를 맞아 지역을 찾는 관광객들에게 해맞이 장소를 제공하고자 개발되었다. 다양한 야생화로 조성된 산책로에 중간중간 설치되어 있는 전망대는 동해의 시원한 조망을 제공한다. 공원 내에는 대게의 집 게발 형상으로 조성된 창포말등대가 있으니 전경을 보고 싶다면 가보자.

경상북도 영덕군 영덕읍 창포리 산5-5　영덕군청 시설관리담당 054-730-7051　24시간, 연중무휴　무료　주차 20대 가능, 무료

8 course
영덕대게를 마음껏 먹을 수 있는 강구항

영덕에서 제일 큰 항구. 2013년 영덕대게 음식테마거리로 지정되었으며 120여 곳의 대게 요리집이 밀집해 있다. 대게철(11월부터 이듬해 4월)이 되면 대게잡이 어선들과 영덕대게를 찾는 관광객들의 발길이 끊이지 않는다. 매년 4월에는 영덕의 대표 축제인 영덕대게축제가 이곳에서 열린다. 이 기간에는 영덕대게 요리대회, 무료 시식 코너 등 먹을거리와 볼거리가 다양하다.

경상북도 영덕군 강구면 강구리　강구면사무소 054-730-7202　24시간, 연중무휴　무료　강구항 주차장, 150대 가능, 무료(강구항 식당 이용 시 무료, 강구항 매립지 주차장, 400대, 무료)　영덕풍력발전단지(4.2km)→해맞이길(0.8km)→영덕대게로(5.1km)→강구항

★놓치지 말자!★
삼사해상공원

강구항 남쪽, 동해 바다가 내려다보이는 곳에 위치한 해상공원. 이곳에는 전망대, 천하제일화문석, 경북대종, 어촌민속전시관 등의 시설이 갖추어져 있다. 삼사해상공원은 해맞이축제를 개최하는 장소로, 매년 1월 1일 경북대종 타종식과 신년 해맞이를 하기 위해 많은 관광객들이 찾는다. 이곳에서 드넓은 동해 바다와 바다를 붉게 물들이는 일출로 영덕 여행을 시작해보자.

경상북도 영덕군 강구면 해상공원길 120-11　054-730-6790　24시간, 연중무휴　무료　주차 500대 가능, 무료

★ 추천하고 싶은 곳 ★

🛏 추천 숙소

삼사해상빌리지

삼사해상공원 내에 위치한 북유럽풍의 단독형 펜션. 수영장, 카페, 레스토랑, 풋살구장 등 다양한 편의 시설이 갖추어져 있다.

📍 경상북도 영덕군 강구면 해상공원길 120-7 📞 054-734-3410 💰 6만 원~(성수기, 비수기, 평일, 주말 요금 다름), 대게축제 및 신년 해돋이축제 기간 예약 시 전화 문의 필수 🌐 www.samsa.kr 🚗 강구항에서 4.34km

바다숲향기마을

창창하게 우거진 숲의 상쾌한 공기를 마음껏 누릴 수 있는 곳으로 바다마을, 숲마을, 향기마을로 나누어진 총 15개의 객실로 구성되어 있다.

📍 경상북도 영덕군 해맞이길 254-55 📞 054-730-6611 💰 10만 원~(성수기, 비수기, 평일, 주말 요금 다름) 🌐 village.yd.go.kr 🚗 영덕풍력발전단지에서 6.31km

해맞이캠핑장

산 정상에서 동해의 일출을 바라볼 수 있는 영덕풍력발전단지 내의 캠핑장. 가족은 물론 연인, 친구와 함께 여유로운 시간을 보내기에 좋다.

📍 경상북도 영덕군 영덕읍 해맞이길 254-69 📞 054-730-6337 💰 5만 원~(성수기, 비수기, 평일, 주말 요금 다름) 🌐 camping.yd.go.kr 🚗 영덕풍력발전단지에서 0.77km

☕ 추천 휴게소

영덕 휴게소

영덕군 영해면 성내리 7번 국도 변에 위치한 휴게소. 식당, 주유소, 휴게시설 등을 구비한 다기능 휴게소. 이곳의 식당에서는 영덕의 특미 물가자미 횟밥을 맛볼 수 있으며 지역특산 간식 코너에서는 영덕대게빵을 판매하고 있다. 영덕군 농수특산물 판매센터가 함께 운영되고 있어 영덕을 대표하는 상품이나 선물을 구입하기에 좋다.

📍 경상북도 영덕군 영해면 성내리 산49-1 🏪 영해농협휴게소마트 📞 054-734-5980 ⏰ 24시간 💰 가게별 상이 🅿 주차 150대 가능, 무료 🚗 대진해수욕장에서 6.9km

🍽 추천 맛집

현재대게·회

강구항 내에 자리하고 있는 이곳의 대표 메뉴인 대게는 강구항 근해 자망 선주협회에서 출하하는 최상품 박달대게로 최고의 품질을 자랑한다. 아침 일찍 영업을 시작하기 때문에 일출을 보러 갔다면 이곳에서 아침 식사를 해결해도 좋다. 이곳에서 판매하는 곰칫국은 무와 김치를 넣어 시원함을 더했으며 야들야들하고 통통한 곰치의 살과 얼큰한 국물을 함께 먹으면 그야말로 밥도둑이다.

📍 경상북도 영덕군 강구면 영덕대게로 137-2 📞 054-734-6342 ⏰ 08:00~21:00(부정기적), 연중무휴 💰 곰칫국(2인 이상) 1인 1만5,000원, 모둠회 6만 원~(시세에 따라 가격 변동) 🅿 강구항 주차장, 30대 가능, 무료 🚗 강구항에서 0.7km

실비식당

축산항 내에 자리하고 있는 한식 전문식당. 영업시간에는 식당으로 사용하고 영업이 끝나면 일반 가정집으로 탈바꿈한다. 10여 가지 밑반찬과 찌개가 함께 나오는 정식이 이 식당 대표 메뉴. 늘

일정한 양(60~70인분)만큼만 만들어놓기 때문에 손님이 많은 날은 점심시간이면 재료가 모두 소진된다. 실비식당은 예약을 받지 않으니 이곳을 방문하려면 일찍 출발하는 것이 좋다.

⦿ 경상북도 영덕군 축산면 축산항길 58 ☎ 054-732-4042 ⏰ 09:00~재료 소진 시까지, 부정기적 휴무 💰 정식 7,000원 🅿 축산항 주차장, 60대 가능, 무료 🚗 축산항에서 0.2km

송천강재첩국

대진해수욕장과 근접한 곳에 위치해 있다. 이곳의 메뉴는 수질이 깨끗한 송천강의 재첩으로 끓인 재첩국과 재첩수제비, 재첩파전. 작은 조개지만 재첩으로 만든 국물의 맛은 다른 조개들과 비교해도 손색이 없다. 재첩은 간을 보호하고 빈혈을 예방하는 효능이 있어 맛은 물론 건강까지 챙길 수 있다. 몇몇 매체에 소개되면서 더 많은 관광객들이 찾는 영덕의 맛집이다.

⦿ 경상북도 영덕군 병곡면 덕천길 173 ☎ 054-733-0094 ⏰ 10:00~20:00(브레이크 타임 15:00~17:00), 둘째·넷째 토요일 휴무 💰 재첩국·재첩수제비 9,000원, 재첩전 1만 원 🅿 주차 5대 가능, 무료 🚗 대진해수욕장에서 0.8km

🏠 추천 가게
커피콩콩(영덕대게빵 2호점)

30년 장인의 기술로 탄생한 영덕대게빵을 맛볼 수 있는 곳. 영덕대게빵은 찰보리와 고구마, 붉은대게를 이용해 만든다. 달지 않으면서 촉촉하고 부드러운 질감 때문에 영덕을 찾는 관광객들이 꼭 구입하는 필수 음식이다. 영덕대게빵 2호점인 커피콩콩은 동해 바다가 바로 앞에 있어 더욱 운치가 있다. 커피와 함께 곁들여 먹기에 좋고 선물용으로 구입하기에

도 좋다. 홈페이지에서도 주문이 가능하다.

⦿ 경상북도 영덕군 강구면 영덕대게로 369 ☎ 054-733-2332(본점) ⏰ 09:00~19:00(부정기적), 부정기적 휴무 💰 영덕대게빵 10개입 6,000원, 아메리카노 3,000원~, 카페라떼 3,500원~ 🌐 www.영덕대게빵.com 🅿 주차 10대 가능, 무료 🚗 강구항에서 2.37km

영덕군 농수특산물 판매센터

영덕 휴게소 내에 위치해 있어 쉽게 찾을 수 있다. 영해농협이 영덕 휴게소를 운영하며 농수산물 판매센터 운영까지 맡고 있기 때문에 비교적 저렴한 가격에 농수산물을 구입할 수 있다. 영덕군을 대표하는 영덕게와 복숭아를 이용하여 만든 제품을 판매하고 있다.

⦿ 경상북도 영덕군 영해면 성내리 산49-1 ☎ 054-734-5980 ⏰ 07:00~22:00, 연중무휴 💰 영덕게 게살장(게살+게장) 5,500원, 영덕게 간장(게간장, 순국장) 5,000원, 영덕게 게살 5,500원 🅿 주차 150대 가능, 무료 🚗 대진해수욕장에서 6.9km

맛나건어물

고래불해수욕장 근처 병곡 휴게소 내에 위치한 건어물 가게. 병곡 휴게소의 넓은 주차장과 각종 편의 시설을 이용할 수 있어 편리하다. 이곳에서는 멸치, 돌다시마, 오징어, 황태포, 황태채 등 다양한 종류의 건어물을 구매할 수 있다. 전화로 주문하여 택배로 받을 수 있다.

⦿ 경상북도 영덕군 병곡면 흰돌로 20 ☎ 054-733-4985, 054-788-4986 ⏰ 08:00~21:00(부정기적), 부정기적 휴무 💰 멸치, 돌다시마, 오징어, 황태포, 황태채 등(상품 종류와 무게에 따라 상이) 🅿 병곡 휴게소 주차장, 60대 가능, 무료 🚗 고래불해수욕장에서 1.06km

경상북도
DRIVE COURSE

경주 파도소리길~
울산 태화강대공원

발길 닿는 곳마다 가슴 설레는 드라이브길

가는 곳마다 개성이 뚜렷한 바닷가 풍경과 볼거리가 풍성하다. 정감 어린 시골 풍경이 잘 어우러진 해변가 도로를 달리고 있으면 시간마저 잊게 된다. 조금 긴 듯한 거리지만 지루할 틈이 없다. 운전에 지쳤다 싶으면 어디서든 걸으며 힐링을 할 수 있는 코스가 기다리고 있다. 둘이 걷기에 딱 좋은 오솔길, 시원한 솔밭길, 해변을 끼고 달리는 드라이브길, 아기자기한 시골 골목길 등 다양한 길을 만날 수 있다.

INFORMATION
- 이동거리 158.37km
- 드라이브 4시간 36분
- 전체 코스 10시간
- 포인트 옥빛 바다와 억새가 마주하고 작은 어촌마을과 정겨운 골목길이 있는 풍경에 빠져보자.
- 추천계절 사계절(1~12월)
- 축제 간절곶해맞이축제(1월), 울산옹기축제(5월), 울산고래축제(5월), 처용문화제(10월)

RECEIPT

입장료
장생포 고래박물관 ·············· 4,000원

주차료
무료

식사 및 간식
(점심)옹심이칼국수 ·············· 14,000원

TOTAL
18,000원

※2인 기준

1 course

바다의 꽃 주상절리를 감상할 수 있는 **경주 파도소리길**

나무 계단과 데크를 따라 걷고, 아슬아슬한 모험심까지 동원해야 하는 출렁다리를 지난다. 구불구불한 가지가 멋을 뽐내는 아름드리 소나무가 있는 흙길로 된 오솔길도 지난다. 어느 자리에 멈추어도 가슴이 탁 트이는 바다를 바라보며 파도소리길을 따라간다. 그렇게 걷다 만나는 주상절리대. 바닷가 바위에 흔하게 피어 있는 해국이 바다에 피어난 것처럼 보여 '동해의 꽃'이라 불리는 주상절리가 펼쳐진다. 부채 모양으로 펼쳐진 주상절리, 드러누운 주상절리, 우뚝 솟은 주상절리 등 여러 모양의 주상절리가 모여 있다. 다양한 모습의 주상절리대를 감상하며 산책길을 지날 즈음, 높다란 전망대가 모습을 드러낸다. 전망대에 올라 아름다운 노을을 감상할 수 있는 것은 자연으로부터 받는 선물. 경주 파도소리길을 찾았다면 마을 입구의 담벼락마다 그려진 소박한 벽화들을 둘러보는 것도 주상절리를 감상하는 것 못지않게 여행에서 만나는 작은 즐거움이다.

📍 경상북도 경주시 양남면 읍천리 405-7 주상절리　📞 관광안내센터 054-772-3843　🕐 24시간, 연중무휴　💰 무료　🅿 주차 50대 가능, 무료　🚗 경주IC(6.1km)→팔우정삼거리(1.6km)→배반네거리(7.6km)→토함산1교(11.8km)→축암교(1.5km)→안동교차로(2.1km)→와읍교차로(11.2km)→봉길대왕암(7.7km)→경주 파도소리길

부채 모양으로 펼쳐진 주상절리

드러누운 듯 보이는 신기한 모양의 주상절리

2 course

바다의 검은 보석 몽돌이 빼곡히 깔린 **주전몽돌해수욕장**

검고 반짝이는 바닷가의 보석 몽돌이 모여 이루어진 해수욕장. 검은 몽돌과 부서지는 파도의 흰 거품이 대조적이다. 여름에는 평일에 300여 명, 주말에는 3,000여 명이 찾는 관광지다. 발바닥에 닿는 몽돌의 매끄러운 느낌은 모래밭과는 또 다른 느낌이다. 손으로 만지면 몽돌 특유의 맑은 소리를 낸다.

📍 울산광역시 동구 동해안로　📞 울산종합관광안내소 052-258-8830　🕐 24시간, 연중무휴　💰 무료　🅿 주차 50대 가능, 무료　🚗 경주 파도소리길(1.6km)→동해안로 하서교(3.5km)→관성1교(2.5km)→신명교차로(0.7km)→신명교(2.1km)→강동리조트삼거리(7.1km)→금천교(1.9km)→주전몽돌해수욕장

어서 와, 검은 보석 몽돌은 처음이지?

3 course

문무대왕의 유지가 깃든 대왕암공원

탁 트인 바다와 바위에 부서지는 파도가 답답했던 마음을 한꺼번에 쓸어가 버린다. 삼국을 통일한 신라 문무대왕의 왕비 무덤이라는 이야기가 전해오는 대왕암이 있는 곳이다. 작은 철교가 대왕암과 육지의 바위를 이어주고 있다. 바위에서는 바다낚시를 즐기는 모습도 볼 수 있다. 주변에는 해송림이 무성하며 해변을 돌 수 있는 작은 오솔길이 사람들을 유혹한다.

울산광역시 동구 등대로 99 052-209-3738 24시간, 연중무휴 무료 주차 400대 가능, 무료 주전몽돌해수욕장(1.7km)→주전교차로(4.3km)→안산삼거리(1.4km)→솔밭삼거리(3.2km)→홈플러스 앞 교차로(0.7km)→등대사거리(1km)→대왕암공원

4 course

고래에 대한 궁금증을 한 방에 해결 장생포 고래박물관

국내 유일의 '고래문화특구'가 울산 남구에 있다. 여기에는 고래박물관과 고래생태체험관, 고래문화마을이 있고, 고래바다 여행선 등이 있다. 장생포 고래박물관은 1986년 고래잡이가 금지된 이후 사라져 가는 고래잡이 관련 유물을 수집하여 전시·보존하고 있으며 고래뱃속길, 바닷속 여행 등 어린이체험관, 귀신고래관 등의 볼거리를 제공하고 있다.

울산광역시 남구 장생포고래 244 052-256-6301 09:30~18:00, 매주 월요일, 설추석 휴무 (공휴일 다음 날, 공휴일이 토·일요일인 경우 또는 공휴일 다음 날이 토요일인 경우 다음 주 목요일) 어른 2,000원, 청소년 1,500원, 어린이 1,000원(고래생태체험관은 별도) www.whalemuseum.go.kr 주차 230대 가능, 3시간 무료 대왕암공원 (3.3km)→염포산TG(2.5km)→울산대교(2.9km)→매암사거리(2.4km)→장생포 고래박물관

5 course

외로이 바다를 지키는 처용암

울산의 대표적인 축제인 처용문화축제의 기원은 처용암이다. 화학공단에 둘러싸여 홀로 바다 가운데 떠있지만, 언제나 변함없이 처용암은 그 자리에 서 있다. 주변으로 이어지는 드라이브 코스가 가슴을 맑게 해준다.

울산광역시 남구 황성동 668-1 울산 종합관광안내소 052-258-8830 24시간, 연중무휴 무료 주차 50대 가능, 무료 장생포 고래박물관(3.4km)→장생포로(3.4km)→신여천로(1km)→처용로(4.9km)→처용암

알고 떠나면 더 즐거운 여행길

바닷속 용왕의 아들 처용이 나왔다는 바위, 처용암!

신라 헌강왕이 개운포에 놀러 와 쉬고 있는데, 갑자기 짙은 안개가 껴 앞을 볼 수 없었다. 그래서 용왕에게 제를 지내고 근처에 용왕을 위한 절을 지으니 안개가 걷혔다고 한다. 그때 지은 절이 울주군 청량면의 망해사다. 이때 용왕이 일곱 아들을 거느리고 바다 위로 올라와 기뻐하며 춤을 추다 돌아갔는데 처용이라는 아들은 바다로 돌아가지 않고 왕을 따라 경주로 가서 아내를 얻고 벼슬도 했다고 한다. 처용이 바다에서 올라온 바위가 바로 처용암이다.

6 course

깨끗한 모래톱이 아름답게 펼쳐진 **진하해수욕장**

소나무 숲으로 둘러싸인 울산 제일의 해수욕장. 넓은 백사장, 뛰어들고 싶어지도록 푸른 쪽빛 바닷물이 아름답다. 바다 가운데 떠 있는 거북이 등 모양의 작은 섬 명선도와 2월에서 4월까지 바닷길이 열리는 모세의 기적을 체험해볼 수 있다. 2km에 걸친 넓고 긴 진하해수욕장 드라이브길을 따라 파도 소리를 들으며 긴장된 마음을 내려놓고 호흡을 가다듬어 보자.

📍 울산광역시 울주군 서생면 진하해변길 📞 울산종합관광안내소 052-258-8830 🕐 24시간, 연중무휴 💰 무료 🅿 주차 638대 가능, 무료 🚗 처용암(1.5km)→개운삼거리(0.6km)→개운교 입구(1.2km)→처용삼거리(2.9km)→대덕삼거리(6.3km)→당월삼거리(1.8km)→서생교 입구(1.9km)→진하해수욕장

바다 한가운데 떠있는 거북이 등 모양의 섬, 명선도

7 course

한반도에서 가장 일찍 해를 볼 수 있는 **간절곶**

동해에서 가장 빨리 해를 볼 수 있는 곳이다. 1920년에 설치된 간절곶등대는 전망대의 형식을 취하고 있어 간절곶 앞 망망대해를 시원하게 바라볼 수 있다. 간절곶이라는 지명에 맞게 새해의 간절한 소망과 염원을 적어 소망우체통에 넣으면 소망이 이루어진다고 하여 많은 사람들이 찾는 명소다.

📍 울산광역시 울주군 서생면 간절곶1길 39-2 📞 울산종합관광안내소 052-258-8830 🕐 24시간, 연중무휴 💰 무료 🅿 주차 200대 가능, 무료 🚗 진하해수욕장(0.2km)→진하천삼거리(1.1km)→솔개해수욕장(2.1km)→간절곶삼거리(0.6km)→간절곶

8 course

도심 속 초록세상 태화강대공원

죽음의 강이었던 태화강은 수질개선 노력으로 1급수를 자랑하는 강으로 태어나 지금은 울산의 자랑이 되었다. 태화강대공원에는 십리대밭길과 야생화 단지, 십리대밭교, 전망대, 태화루 등 즐길 거리도 풍부하다. 대나무 숲을 걸으면 더위도 근심도 다 사라질 것 같다. 전망대에서 건너편 대나무 숲까지 운행하는 나룻배도 있다. 전망대에 올라서면 태화강 물줄기와 십리대밭길, 십리대밭교까지 한눈에 들어온다.

📍 울산광역시 중구 내오산로 67 태화강 방문자센터 📞 052-221-5560 🕐 24시간, 연중무휴 💰 무료 🅿 주차 600대 가능, 30분 500원(19:00 이후 무료), 강변 내 주차 무료 🚗 간절곶(8.77km)→해맞이로(6.5km)→당월로(5.7km)→청량로(5.2km)→두왕로(3.3km)→태화강대공원

★ 놓치지 말자! ★

신화마을

영화 〈고래를 찾는 자전거〉, 〈친구 2〉 촬영지로 유명한 마을이다. 2010년 마을미술 프로젝트 대상지로 선정되면서 벽화마을로 조성되었다. 실력 있는 화가, 시인, 기획자들이 작업을 진행해 완성도가 뛰어나다. 재밌는 이야기와 함께하는 벽화를 감상하며 골목길을 천천히 산책할 수 있는 코스로 추천할 만하다. 마을 안에는 마을미술관과 지역 예술인의 창작 활동을 지원하기 위해 건립한 신화예술인촌이 자리해 있다.

📍 울산광역시 남구 여천로80번길 15 📞 신화마을 052-226-5412 🕐 24시간, 연중무휴(해설사 등은 예약) 💰 무료 🅿 마을 입구 길가와 제실마당 주차, 30대 가능, 무료

옹기마을

전국 최대 전통 옹기마을. 마을 전체가 옹기로 이루어져 이색적인 풍경을 자아낸다. 1950년대부터 시작해 현재 40여 가구가 옹기를 구우며 명맥을 유지하고 있다. 옹기박물관과 체험관에서 옹기의 쓰임과 제작 과정 등을 직접 체험해볼 수 있다. 전국의 옹기들이 다 모여 있는 듯한 규모에 놀라고, 옹기로 이루어진 마을 풍경에 빠지게 된다.

📍 울산광역시 울주군 온양읍 외고산3길 36 📞 옹기박물관 052-237-7894, 옹기회관 아카데미관 052-237-7893 🕐 24시간, 연중무휴(옹기박물관 09:00~18:00, 매주 월요일, 1월 1일, 설·추석 당일 휴무) 🌐 onggi.ulju.ulsan.kr 💰 무료 🅿 주차 200대 가능, 무료

★ 추천하고 싶은 곳 ★

🛏 추천 숙소

간절곶해돋이펜션

조용한 주위와 별장 같은 펜션이 잘 어울린다. 바비큐 파티도 가능하다. 숙소에서 해맞이를 감상할 수도 있지만 간절곶이 가까이 있어서 아침 일찍 해맞이를 하기 위해 바닷가로 나갈 수 있어 좋다.

📍 울산광역시 울주군 서생면 간절곶길 4 📞 010-4904-5005 💰 2인실 6만 원~(성수기, 비수기, 평일, 주말 요금 다름) 🌐 www.gjgpension.co.kr 🚗 간절곶에서 1km

선뷰펜션

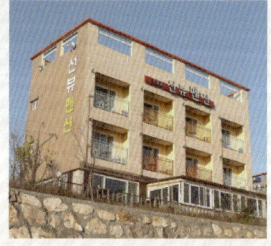

간절곶에서 도보 5분 거리에 있다. 깔끔한 빌라형 펜션으로 편안하게 머물 수 있다. 창밖으로 바다가 보이고 간절곶에서 가까워 해맞이를 위해 아침 일찍 나갈 수 있다.

📍 울산광역시 울주군 서생면 대송길 7-42 📞 052-237-4477 💰 5만 원~(성수기, 비수기, 평일, 주말 요금 다름) 🌐 www.sunviewps.com 🚗 간절곶에서 1km

갤럭시호텔

📍 울산광역시 울주군 서생면 진하해변길 106 📞 052-239-6868 💰 5만 원~(성수기, 비수기, 평일, 주말 요금 다름) 🌐 glxhotel.modoo.at 🚗 진하해수욕장에서 0.3km

진하해수욕장 근처, 간절곶에서 자동차로 5분 거리에 있다. 객실 테라스에서 백사장과 바다가 잘 보인다. 지하에는 노래방이 있고, 1층에는 라이브 바, 3층에는 카페가 있어 즐기고 휴식을 취하기에 딱이다.

☕ 추천 휴게소

칠곡 휴게소(서울 방향)

칠곡 휴게소에는 평화 테마 공원이 있다. 휴게소를 이용하는 고객들 누구나 무료로 이용할 수 있으며, 공원 내부에 설치된 전시관에서는 한국전쟁의 아픈 역사를 한눈에 볼 수 있다. 화장실이 2층으로 되어 있어, 기다리지 않고 이용할 수 있어 좋으며 수유실도 마련되어 유아와 함께 여행하는 여성에게 좋은 곳이다.

📍 경상북도 칠곡군 왜관읍 경부고속도로 158 📞 054-975-1883 🕐 24시간, 연중무휴 💰 무료 🅿 주차 100대 가능, 무료 🚗 태화강대공원에서 135.1km

🍴 추천 맛집

고래명가

고래로 유명한 장생포는 고래를 이용한 식당들이 즐비하다. 그중에서도 고래명가는 전국의 고래 마니아들이 모인다는 곳이다. 무엇보다

각 부위마다 맛이 다른 고래 고기를 맛볼 수 있다. 수육, 찌개, 육회 등은 일반인도 거부감 없이 먹을 수 있다. 물론, 고기 명가라고 하여 항상 좋은 고기만 있는 것은 아니다. 맛있는 고래고기를 먹고 싶다면 방문 전에 반드시 예약을 하고, 좋은 고기가 있는지 확인하는 게 좋다.

📍 울산광역시 남구 장생포고래로 207 📞 052-269-2361 🕐 10:00~22:00, 둘째·넷째 월요일 휴무 💰 수육(소) 5만 원, 모둠(소) 7만 원, 찌개(소) 2만 원 🅿 주차 20대 가능, 무료 🚗 장생포 고래박물관에서 0.3km

수림복국

복어 요리 풀코스에서부터 복어탕까지 다양한 복어 요리 전문점이다. 복어를 이용한 반찬이 주를 이룬다. 깔끔한 실내와 친절한 서비스가 여행의 피로를 풀게 해준다.

📍 울산광역시 남구 무거동 856-5 📞 052-224-0235 🕐 10:30~20:00, 첫째 셋째 다섯째 일요일, 둘째·넷째 토요일, 설·추석 전후 3일 휴무 💰 은복탕 1만 3,000원, 밀복탕 1만8,000원 🅿 주차 50대 가능, 무료 🚗 태화강대공원에서 5.9km

옹심이 칼국수 막국수

넓고 시원한 태화강대공원을 끼고 나란히 음식점과 카페들이 모여 먹거리 단지를 형성하고 있다. 이곳은 봉평 메밀로 만든 메밀칼국수와 막국수로 유명하다. 쫄깃쫄깃한 감자옹심이와 시원한 국물 맛의 옹심이칼국수, 비빔막국수가 인기 메뉴다.

📍 울산광역시 중구 태평로 신기길 127 📞 052-245-8818 🕐 11:00~21:00(부정기적), 매주 토요일 휴무 💰 옹심이칼국수·비빔막국수 7,000원 🅿 태화강대공원 주차장, 150대 가능, 30분 500원(19:00 이후 무료) 🚗 태화강대공원에서 0.5km

🏪 **추천 가게**
참 좋은 이웃, 동백꽃빵

'참 좋은 이웃'은 사회적 기업으로 취약계층에 일자리를 제공하고 수익은 사회에 환원하는 역할을 하고 있는 기업이다. 울산 동백꽃빵이나 고래초콜릿 등 울산 지역의 특징을 내세운 제품을 판매한다. 동백꽃빵이나 초콜릿은 좋은 재료만을 사용하고 일일이 수작업을 통하여 만들어낸다. 직접 구입도 가능하지만 택배나 주문을 통해서도 편리하게 이용할 수 있다.

📍 울산광역시 중구 구교12길 1 📞 052-294-9737 🕐 08:30~18:00, 매주 일요일, 설·추석 휴무 💰 동백꽃빵 6개 1만원, 수제초콜릿 10개 19,000원 🅿 불가, 갓길주차 가능 🚗 울산태화강대공원에서 5.12km

사랑채 찐빵 만두

해변길과 시골길을 드라이브하다 출출할 때쯤 만나는 찐빵 가게다. 작고 아담한 가게지만 딤섬 식당이라는 타이틀을 걸고 영업한다. 만두류는 고기, 새우 등을 재료로 한 것들이 인기다. 특히 추운 계절 맛보는 따뜻한 찐빵과 만두가 여행자에게 반가운 곳이다.

📍 울산광역시 동구 동해안로 611 📞 052-234-0202 🕐 11:00~19:00, 연중무휴(월 1회 부정기적 휴무) 💰 찐빵 5개 4,000원, 만두 10개 4,000원 🅿 갓길 주차, 무료 🚗 주전몽돌해수욕장에서 0.5km

경상남도
DRIVE COURSE

통영 미륵도 산양~풍화

아름다운 항구들을 따라 달리며 만나는 다도해 풍경

크고 작은 섬들로 둘러싸인 통영. 미륵도는 통영에서 가장 큰 섬이다. 통영운하를 건너 미륵도로 들어서는 순간부터 파랗게 빛나는 남해 바다와 탁 트인 풍경이 시선을 사로잡는다. 산양~풍화 일주도로를 따라 미륵도를 한 바퀴 돌아보면 굽이굽이마다 나타나는 아름다운 항구들과 다도해의 풍경에 자꾸만 차를 멈추고 싶어진다. 미항(美港) '동양의 나폴리'라는 애칭이 무색하지 않다.

INFORMATION

- 이동거리 58.34km
- 드라이브 2시간
- 전체 코스 8~9시간
- 포인트 그저 도로를 달리기만 해도 아름다운 다도해의 풍경들이 줄줄이 이어진다. 전시, 체험, 레저 스포츠에 미식까지 즐길 거리 가득한 미륵도는 가족, 연인 모두 만족할 만한 코스다.
- 추천계절 봄~여름(3~8월)
- 축제 통영국제음악제(3월부터 시즌제로 운영), 통영한산대첩축제(8월), 통영ITU트라이애슬론월드컵대회(10월), 이순신장군배 통영마라톤대회(12월)

RECEIPT

입장료
한려수도 조망 케이블카 ······· 왕복 22,000원
통영수산과학관 ···························· 4,000원

주차료
무료

식사 및 간식
(점심)물회 ································· 24,000원
(간식)오미사꿀빵 ························ 8,000원

TOTAL
58,000원

(※2인 기준)

1 course
동양 최초의 바다 밑 터널 통영해저터널

1932년에 건립된 통영 시내와 미륵도를 연결하는 동양 최초의 해저터널이다. 길이 483m, 너비 5m, 높이 3.5m의 규모로 만조 시에는 해저 13m에 이르며 차량으로는 이용할 수 없다. 통영해저터널은 일제 강점기 일본 어민들의 이주가 늘어나면서 이동을 편하게 하기 위해 만들어졌다. 터널 안쪽 벽면에 그 당시의 역사를 볼 수 있는 안내판과 통영 관광지를 소개하는 홍보판이 있다.

통영 시내와 미륵도를 잇는 해저터널은 동양에서는 최초의 바다 밑 터널이다.

알고 떠나면 더 즐거운 여행길

우리도 잉어처럼?!

터널 입구에 쓰여진 '용문달양'은 '용문을 거쳐 산양에 통하다'라는 뜻이다. 여기서 용문은 중국 고사에 나오는 물살이 센 여울목으로, 잉어가 여기를 거슬러 오르면 용이 된다고 한다. 그리고 산양은 바로 미륵도를 말한다.

📍 경상남도 통영시 미수해안로150(미륵도 쪽 입구), 경상남도 통영시 도천길 7(통영 시내 입구) 📞 055-650-4683 🕐 24시간, 연중무휴 💰 무료 🅿 미륵도 쪽 공영주차장, 200대 가능, 무료 | 통영 시내 쪽 공영주차장, 30대 가능, 무료 🚗 통영IC(2.35km)→중앙로(0.5km)→원문로(0.22km)→여황로(3.87km)→운하1길(0.18km)→운하2길(0.1km)→통영해저터널

2 course
건물 자체가 예술 작품 전혁림미술관

한국 미술계를 대표하는 색채 추상의 대가 전혁림 화백의 개인 미술관으로, 작가의 집을 헐고 신축하여 개관했다. 전혁림 화백의 작품은 물론 한국 미술계의 근현대 작품을 함께 감상할 수 있는 곳이다. 건물의 외벽은 전혁림 화백의 작품을 도자기 타일에 옮겨 장식했다. 특히 3층 전시실 외벽은 그의 작품 '창(Window)'을 타일 조합으로 재구성한 대형 벽화로, 미술관의 멋을 더하고 있다. 전시실 옆 별관에는 화백의 작품과 기념품으로 꾸며진 예쁜 카페가 있어 기념품 구입과 차를 마시는 공간으로 운영되고 있다.

📍 경상남도 통영시 봉수1길 10 📞 055-645-7349 🕐 10:00~17:00, 매주 월·화요일, 1월 1일, 설 휴무 💰 무료(자율기부 운영) 🅿 주차 15대 가능, 무료 🚗 통영해저터널(0.1km)→미수해안로(0.86km)→봉수1길(0.08km)→전혁림미술관

예쁜 색감으로 꾸며진 전혁림미술관의 전경

화백의 작품과 기념품으로 꾸며진 공간

3 course 통영의 아름다움을 한눈에 담다 한려수도 조망 케이블카

국내 최장(1,975m) 길이를 자랑하는 한려수도 조망 케이블카. 상부 정류장까지 케이블카로 약 10분, 걸어서 20분이면 미륵산 정상에 오를 수 있다. 미륵산에 오르면 통영의 전경과 한려수도의 다도해 조망을 한눈에 담을 수 있다. 맑은 날에는 일본 대마도, 지리산 천왕봉, 여수 돌산도가 다 보일 정도로 탁월한 전망을 자랑한다. 특별히 산행을 좋아한다면 케이블카를 편도로 끊어 용화사나 미래사를 거쳐 내려오는 코스로 미륵산을 즐겨보는 것을 추천한다.

📍 경상남도 통영시 발개로 205 📞 통영관광개발공사 1544-3303 🕐 09:30~(주말, 공휴일, 성수기 다를 수 있음), 둘째·넷째 월요일 휴무(매월 변경될 수 있음) 💰 어른 왕복 1만1,000원, 편도 7,500원, 어린이 왕복 7,000원, 편도 5,000원 🅿 주차, 300대 가능, 무료 🚗 전혁림미술관(0.08㎞)→봉수로(0.11㎞)→발개로(1.16㎞)→한려수도 조망 케이블카 입구(0.27㎞)→한려수도 조망 케이블카

TIP
- 왕복으로 이용할 경우, 하행 탑승 전까지 티켓을 소지하고 하행 탑승 마감시간을 꼭 체크할 것!
- 주말에는 관광객이 몰릴 경우 운행마감 2~3시간 전에 매표가 조기 마감될 수 있으니 확인하고 서두르는 것이 좋다.
- 기상 상황에 따라 조기 마감될 수 있다.
- 케이블카 티켓을 제시할 경우 통영수산과학관, 통영국제음악당 등 할인되는 곳이 많으니 챙겨두자.

4 course 다도해가 펼쳐진 로맨틱한 산책길 수륙~일운 해안도로

충무마리나리조트 뒤편으로는 해안 산책로인 수륙~일운 해안도로가 있다. 산책길을 따라 한산만의 아름다운 경관이 펼쳐지는 이 길은 투숙객이 아니더라도 쉽게 접근할 수 있으며, 자전거와 도보로만 이용 가능하다. 길을 따라 걷다 보면 통영공설해수욕장, 등대낚시공원이 이어진다. 해수욕장 근처에 자전거 대여점이 있으니, 자전거를 타고 시원한 바닷바람을 맞으며 달려보는 것도 좋다. 수륙~일운 해안도로는 미륵도의 동쪽에 위치해 있어 일출 명소로도 유명하다. 다도해 섬들 사이로 수줍게 올라오는 일출이 한 폭의 그림 같다.

📍 경상남도 통영시 산양읍 해안도로 📞 통영 관광안내소 055-650-4681 🕐 24시간, 연중무휴 💰 무료 🚗 통영국제음악당 앞 야외 주차장, 400대 가능, 무료 🚗 한려수도 조망 케이블카(0.27㎞)→발개로(1.1㎞)→큰발개길(0.61㎞)→충무마리나리조트(수륙~일운 해안도로 시작점)

5 course

진정한 바다를 보고 배우는 **통영수산과학관**

다도해가 내려다보이는 언덕 위에 자리해 있어 주변의 수려한 자연경관을 감상하고, 관람까지 즐길 수 있는 곳이다. 통영수산과학관은 수산·해양 문화유산을 발굴·보존·계승·발전시키고 해양 관광 체제 형성을 목적으로 설립되었다. 5개의 전시실과 영상실, 체험실로 구성되어 있고, 멸치잡이 정치망 통과 체험장 및 노젓기 체험장도 갖추고 있어 아이들에게 유익한 체험의 장을 마련해 주고 있다. 통영의 전통 어선인 통구밍이를 비롯, 고대 어로 생활에 사용해왔던 선박의 모형 및 다양한 어구를 복원·수집하여 전시하고 있다.

통영에서만 볼 수 있는 전통어선, 통구밍이

📍 경상남도 통영시 산양읍 척포길 628-111 📞 통영관광개발공사 1544-3303 🕘 09:00~18:00, 설·추석 당일 휴무 💰 어른 2,000원, 초등생·청소년 1,500원 🅿 주차 100대 가능, 무료 🚗 충무마리나리조트(0.48km)→도남로(10.24km)→척포길(0.14km)→좌회전 후 척포길(0.54km)→통영수산과학관

6 course

낮에는 섬 구경, 밤에는 달 구경 **달아공원**

지형이 코끼리 어금니와 닮았다고 해서 '달아'라는 이름이 붙었지만, 통영 사람들은 달을 보기 좋다는 뜻으로 '달애'라고 부르기도 한다. 산양 일주도로의 중간에 위치하고 있어 달아공원을 찾아오는 것만으로도 멋진 드라이브 코스를 만끽할 수 있다. 낮에는 탁 트인 전망으로 다도해의 전경을 볼 수 있고, 해 질 무렵에는 달아전망대에서 일몰을 감상하기 위해 찾아온 사람들로 북적인다. 달아공원에서 바라보는 일몰은 통영 8경에 꼽힐 정도로 아름답다.

📍 경상남도 통영시 산양읍 산양일주로 1115 📞 한려해상국립공원 달아탐방지원센터 055-649-9201, 통영 관광안내소 055-650-4681 🕘 24시간, 연중무휴 💰 무료 🅿 주차 15대 가능, 무료(공원 주차장 만차 시 유료 주차장 이용, 최초 10분 무료, 1시간 1,100원, 카드 결제만 가능) 🚗 통영수산과학관(0.68km)→산양일주로(0.98km)→달아공원

7 course

다양한 체험과 함께하는 아름다운 어촌 **연명마을**

연명마을에서는 바다목장 견학 및 낚시 체험, 선상낚시, 바지락 캐기 등의 어촌 체험을 직접 체험할 수 있다. 아이들과 함께하는 가족여행이라면 어렵지 않으면서도 재미난 바지락 캐기, 고동 줍기를, 연인이나 친구들과 함께하는 여행이라면 맑은 통영 바닷속까지 감상할 수 있는 투명 카약 체험을 추천한다. 어촌 체험은 예약제로 진행되며 연명마을 홈페이지를 통해 체험 정보, 물때 시간 확인, 예약이 가능하다.

📍 경상남도 통영시 산양읍 연명길 134 📞 055-642-2345 🕙 10:00~17:00, 연중무휴(예약제로 진행) 💰 바지락 캐기 어른 1만 원, 어린이 5,000원, 선상 낚시 1회(10인 기준) 35만 원, 바다목장 견학 체험 어른 2만 2,000원(15인 이상), 학생 1만7,000원(20인 이상) 🌐 yeonmyeong.seantour.org 🅿 어촌체험마을 주차장, 30대 가능, 무료 🚗 달아공원(1km)→연명길(0.3km)→연명마을

★ 알고 떠나면 더 즐거운 여행길 ★

이순신 장군의 발자취를 따라 만나는 통영

통영에 가면 이순신 장군의 흔적을 어렵지 않게 만날 수 있다. 통영의 옛 지명은 '충무'. 명장 이순신 장군의 시호를 따서 지은 이름이다. 당포해전은 미륵도 당포 앞바다에서 벌어진 전투로, 이순신 장군이 사천포해전에 이어 두 번째로 거북선을 앞세운 전투다. 적정과 지형에 대한 정확한 정보를 바탕으로 적의 대장선에 화력을 집중하는 이순신 장군의 치밀한 전략이 돋보인 전투이다. 이때 왜선 21척은 모두 격침되었고, 사살된 왜군은 수를 세기 어려울 정도였다. 미륵도에는 이순신 장군의 활동 경로를 따라 당포성지에서 미륵도 남쪽 해안으로 이어진 한산대첩길이 있다.

★ 놓치지 말자! ★

통영운하와 통영대교

통영시와 미륵도 사이를 흐르는 통영운하는 좁은 목이었던 곳인데 일제 강점기에 일본인들에 의해 운하로 만들어졌다. 같은 시기에 만들어진 통영해저터널은 미륵도와 통영 시내를 연결해주는 통로였다. 충무교와 통영대교가 지어진 이후로는 지하와 바다, 하늘로 길이 연결되는 독특한 모습을 연출한다. 1998년에 완공된 통영대교는 140m의 중앙 아치 부분에 196개의 투광등(投光燈)을 달아서 밤이 되면 초록빛을 발하며 운하를 따라 양쪽으로 이어진 가로등과 가게의 불빛들이 함께 어울려 멋진 야경을 만들어낸다.

📍 경상남도 통영시 미수해안로 45 통영해양관광공원 📞 통영관광안내소 055-650-4681 💰 무료 🅿 통영해양관광공원 내 주차장, 50대 가능, 무료 | 미수해안로 공영주차장, 80대 가능, 무료

용화사

미륵산은 예로부터 미래의 부처인 미륵불의 상주처로 믿어져 왔던 곳이다. 신라 선덕여왕 때 은점(恩霑)이 미륵산 중턱에 절을 짓고 '정수사'라 이름 지었다. 산사태와 화재 등의 재난을 겪은 후 1752년(조선 영조 28년)에 용화사가 되었다. 경내에는 보광전을 비롯하여 용화전, 해월루, 명부전 등 8동 건평 145평의 사우가 있다. 불사리 4사자 법륜탑은 우리나라에서는 보기 드문 고대 아쇼카 양식의 원주석탑으로 진신사리 7괴가 봉안되어 있다.

📍 경상남도 통영시 봉수로 107-82 📞 055-645-3060 💰 무료 🅿 광장 주차장, 60대 가능, 최초 30분 500원

★ 추천하고 싶은 곳 ★

🛏 추천 숙소

금호 충무마리나리조트

통영 미륵도 관광특구 내에 자리잡은 이곳은 전망이 뛰어나 어느 객실에서나 아름다운 남해 바다를 감상할 수 있다. 또한, 요트를 포함한 다양한 종류의 해양 스포츠와 해양관광을 즐길 수 있다.

📍 경상남도 통영시 큰발개1길 33 📞 055-643-8000, 055-646-7001 💰 12만 원(성수기, 비수기, 평일, 주말 요금 다름), *요트 이용요금 한산도 요트 투어(2시간 소요) : 10인 기준 29만 원(일반회원 기준), 일몰 세일 요트 투어(1시간 소요) : 어른 3만 원, 어린이 2만7,000원 🌐 www.kumhoresort.co.kr/resort 🚗 수륙~일운 해안도로 시작점에 위치

통영 거북선호텔

미륵도로 향하는 입구인 통영대교 앞에 거북선을 형상화한 외관의 거북선 호텔이 자리해 있다. 늠름한 자태의 외관과 달리 내부는 갤러리처럼 복도마다 전시가 이어지고, 나전칠기 등 고풍스러운 가구들이 채우고 있어 보는 재미까지 더해진다.

📍 경상남도 통영시 미수해안로 70 📞 055-646-0710 💰 9만 원~(성수기, 비수기, 평일, 주말 요금 다름) 🌐 www.geobukseonhotel.com 🚗 통영해저터널에서 0.65km

통영 블루마린펜션

통영공설해수욕장 바로 앞에 자리해 있어 탁 트인 바다 전망을 자리한다. 해수욕을 즐기러 온 여행객들에게는 더할 나위 없는 최고의 위치를 갖추고 있다.

📍 경상남도 통영시 삼칭이해안길 228 📞 010-5156-3065 💰 8만 원~(성수기, 비수기, 평일, 주말 요금 다름) 🌐 www.tybnlmarine.co.kr 🚗 수륙~일운 해안도로 입구에서 1.5km

☕ 추천 휴게소

달아마루

산양 일주도로 중 달아공원 입구에 위치한 달아마루. 식당, 편의점, 카페가 있어 드라이브 중 잠시 쉬어가기에 좋다. 특히, 바다 전망의 유리창을 통해 남해의 풍경과 노을을 감상하기에 최적의 장소다. 이곳에서 차 한잔의 여유를 즐겨보길 추천한다.

📍 경상북도 통영시 산양읍 산양일주로 1115 📞 055-642-8444 🕘 09:00~21:00, 연중무휴 🅿 주차장 만차 시 유료 주차장 이용, 15대 가능, 무료(최초 1시간 1,100원, 카드 결제만 가능) 🚗 달아공원 입구에 위치

🍴 추천 맛집

용궁식당

통영 최초로 물회를 팔았다는 용궁식당. 해녀에게 직접 공수받은 신선한 해산물을 만날 수 있는 곳이다. 시원하고 매콤한 맛을 자랑하는 물회는 계절에 따라 자리돔물회, 한치물회, 소라물회, 해삼물회가 준비된다. 바다 내음 가득한 멍게비빔밥도 별미다.

📍 경상남도 통영시 운하2길 20-8 📞 055-648-2280 🕘 09:00~20:30, 월 1회(부정기적), 설·추석 연휴 휴무 💰 자리돔물회·한치물회(식사용 1만2,000원, 안주용 2만5,000원), 소라물회·해삼물회(식사용 1만5,000원, 안주용 3만 원), 멍게비빔밥 1만 원 🅿 가게 앞 주차, 3대 가능, 무료 | 해저터널 공영주차장, 200대 가능, 무료 🚗 통영해저터널에서 0.06km

충무김밥(케이블카점)

과거 통영의 지명이던 '충무'를 따서 이름 지어진 충무김밥은 먼 뱃길을 떠날 때 김밥이 쉬지 않도록 밥 따로 반찬 따

로 싸서 먹던 것에서 유래
되었다. 충무김밥은 새콤
하게 익힌 무김치, 매콤한
오징어묵김치와 곁들여
먹는 최고의 간식거리다.
낚시나 등산, 여행을 즐기
러 가기 전 포장해 가려는
여행객의 발길이 끊이지
않는다.

📍 경상남도 통영시 발개로 108 📞 055-642-7585 🕐 06:00~22:30, 연중무휴 💰 1인분 4,500원(포장은 2인분부터 가능) 🚗 가게 앞 주차, 3대 가능, 무료 📍 한려수도 조망 케이블카에서 1.2km

영빈관

전국 굴의 70%를 생산
하는 통영에 갔다면 싱
싱한 굴 요리를 먹지 않
을 수 없다! 영빈관에서
는 굴밥, 굴전, 굴회, 굴
국밥 등 다양한 굴 요
리를 만날 수 있다. 굴
을 듬뿍 넣어 고소하게 구워낸 굴
전은 어른이나 아이 할 것 없이 모
두가 사랑하는 메뉴다. 꽃게, 새우,
백합, 바지락 등 해산물들이 풍성하
게 담겨진 해물뚝배기 한 그릇은 통영 바
다가 그대로 담겨진 듯하다.

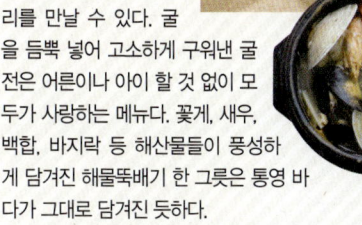

📍 경상남도 통영시 도남로 288(1호점), 경상남도 통영시 도남로 274(2호점) 📞 055-646-8028(1호점), 055-644-8028(2호점) 🕐 08:00~20:00, 1호점 첫째·셋째 월요일, 2호점 둘째·넷째 월요일, 설·추석 휴무 💰 굴정식·멍게 정식 1만7,000원, 굴밥 1만2,000원, 굴전 1만5,000원, 해물뚝배기 1만2,000원 🚗 도남관광지 트라이애슬론광장 주차장, 150대 가능, 무료 📍 수륙~일운 해안도로 입구에서 1km

🏪 추천 가게

오미사꿀빵

꿀빵은 6·25전쟁 후 달짝지근한 간식이 귀하던 시절, 통영
에서 탄생했다. 팥을 가득 넣고 튀긴 빵에 물엿을 입혀 참깨
나 견과류를 살짝 뿌려 달콤하고 고소하다. 수작업을 고집하
기 때문에 만들어내는 수량에 한계가
있어 주말이나 성수기 시즌에는 오
후 3~4시만 되어도 모두 팔려 살 수
없는 경우가 있으니 참고하자.

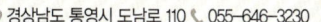

📍 경상남도 통영시 도남로 110 📞 055-646-3230 🕐 08:00~판매량 소진 시까지, 설·추석 휴무 💰 꿀빵 850g 8,000원, 꿀빵 투(Two)호박&자색고구마 600g 8,000원 🚗 주차 8대 가능, 무료 📍 통영해저터널에서 0.57km

통영전통공예관

통영은 청정해역과 함께 많은
전통문화를 가진 고장이다. 그
중에서도 옻칠 바탕에 전복 껍
질을 붙이고 그림과 무늬를 넣
은 민속공예인 나전칠기가 대표
적이다. 통영에서 나는 전복, 소
라, 조개껍데기는 모양과 색이
화려하여 최고의 나전칠기 재료
다. 통영전통공예관은 나전칠기는 물론, 통영 갓, 소반, 소목, 대발, 누비, 부채, 전통비연 등 통영에서 생산되는 각종 공예품을 전시·판매하고 있다. 또한, 나전칠기 만들기, 전통비연 만들기 등 체험 프로그램도 함께 운영하고 있다.

📍 경상남도 통영시 도남로 281 📞 055-645-3266 🕐 09:00~17:30, 1월 1일, 설·추석 연휴 휴무 💰 무료 🌐 www.craft12.co.kr 🚗 주차 20대 가능, 무료 📍 수륙~일운 해안도로 입구에서 0.9km

엔젤수산

통영에서 수확한 당일 경매
되는 수산물들을 엄선하여
직접 판매하기 때문에 신선
한 수산물을 저렴한 가격으
로 구입할 수 있다. 판매장
내부에 있는 작업장에서 직
접 선별, 포장 작업을 하고
있어 더 믿음이 간다. 엔젤수산은 온라인 쇼핑몰도 운영 중
이다.

📍 경상남도 통영시 착량길 51 📞 055-645-7947 🕐 09:00~16:00(부정기적), 설·추석 휴무(부정기적) 💰 생굴 1kg 1만6,000원~(제철에만 판매), 전복 5만 원~(크기, 시기에 따라 가격 변동) 🌐 angelsusan.com 🚗 해저터널관리소 앞 공영주차장, 30대 가능, 무료 📍 통영해저터널에서 1.15km

경상남도
DRIVE COURSE

통영 당포항~욕지도

해안 풍광이 수려한 욕지도를 일주하는 드라이브길

통영 당포항에서 뱃길로 1시간 정도의 거리에 위치해 있는 섬, 욕지도. 해안을 따라 만들어진 24㎞의 일주도로를 달리며 욕지도를 관광할 수 있는 드라이브 코스다. 일주도로 중간중간에 설치되어 있는 작은 쉼터는 저마다 다른 욕지도의 해안 경관을 보여준다. 한우와 견주어도 뒤지지 않는다는 욕지도 고등어와 육지에서도 공수하여 먹는다는 욕지도 고매(고구마)까지, 보는 즐거움과 먹는 즐거움을 모두 충족시킬 수 있는 코스다.

INFORMATION

*배로 이동하는 거리, 시간은 제외

- 이동거리 38.8㎞
- 드라이브 1시간 26분
- 전체 코스 4~5시간
- 포인트 욕지도 전체를 돌아볼 수 있게 만들어진 24㎞의 일주도로에서 일출부터 일몰까지!!
- 추천계절 가을(9~11월)
- 축제 욕지해맞이축제(1월 1일), 욕지섬문화축제(10월)

RECEIPT

입장료	무료
주차료	무료
식사 및 간식	
(점심)짬뽕&볶음밥	12,000원
(간식)고구마라떼&빼떼기죽	8,500원
(저녁)고등어회	30,000원

TOTAL 50,500원

(※2인 기준)

1 course

욕지도를 만나는 지름길 **당포항**

욕지도로 들어가는 배를 탈 수 있는 2개의 항구 중 하나. 1991년 1월 1일 국가어항으로 지정되었다. 그 당시 항구의 명칭은 '삼덕'이었으나 당포대첩, 당포성 등 역사성에 근거한 지명인 '당포'로 변경되었다.

📍 경상남도 통영시 산양읍 원항1길 3 📞 통영시청 관광과 055-650-0513 🕐 24시간, 연중무휴 💰 무료 📍 당포항 여객선 터미널 앞 주차장 및 주변 공터, 50대 가능, 무료
🚗 통영IC(1.7km)→남해안대로(2.3km)→여황로(3.5km)→미수로(2.1km)→산양일주로(2.3km)→당포항

TIP
- 배표를 구입하거나 배에 탑승할 때 신분증이 없으면 표를 구입할 수 없으니 여행을 시작하기 전, 신분증을 반드시 확인하자.
- 당포항에서 욕지항까지의 배편은 운영하는 회사(영동해운, 경남해운)에 따라 시간이 상이하니 미리 체크하자.
  영동해운 : 당포 출발(06:45, 10:00, 13:00, 15:30), 경남해운 : 당포 출발(06:00, 12:15, 16:30)

2 course

욕지도 여행의 첫 관문 **욕지항**

어서 오이소~
욕지도에 오신걸
환영합니데이~

당포항에서 1시간 정도의 거리에 떨어져 있는 욕지도의 항구. 1971년 12월 21일 국가어항으로 지정되었다. 욕지항 내 3개의 방파제는 어종이 다양하고 조황이 달라 사시사철 낚시꾼의 발길이 끊이지 않는 곳이다. 특히 항구의 조명이 만들어내는 욕지항 야경은 욕지 9경 중 하나에 속하는 것으로 절대 놓치지 말아야 할 풍경 중 하나다.

📍 경상남도 통영시 욕지면 동항리 📞 욕지 관광안내소 055-649-9905 🕐 24시간, 연중무휴 💰 무료 📍 주차 30대 가능, 무료 🚗 당포항에서 배 타고 50분

TIP
- 욕지항에서 당포항까지의 배편 시간을 알아두자.
  영동해운 : 욕지 출발(08:00, 11:30, 14:15, 16:35)
  경남해운 : 욕지 출발(07:30, 10:30, 14:00 17:50)

알고 떠나면 더 즐거운 여행길

이무기를 사랑한 세 여인, 삼여

욕지도의 대표적인 비경인 '삼여'에 얽힌 전설이 있다. 옛날 용왕의 세 딸이 900년 묵은 이무기가 변한 젊은 총각을 서로 사모하게 되었다. 이 사실을 알게 된 용왕은 크게 노하여 자신의 세 딸을 바위로 만들었다. '삼여'는 전설 속에 나오는 세 여인을 뜻하며 현재 삼여 전망대에서 볼 수 있다.

용왕이 미워 두개의 섬으로 바다를 막은 이무기

3 course

조용히 사색에 잠기고 싶다면 **모밀잣밤나무 숲**

천연기념물 제343호인 모밀잣밤나무 숲은 동항마을 뒷산에 조성되어 있는 상록수림이다. 100여 그루의 모밀잣밤나무를 중심으로 다양한 종류의 상록수림과 낙엽교목들이 숲을 이룬다. 이곳에서 볼 수 있는 다소 희귀한 식물로는 해변싸리, 애기등, 땅비싸리가 있다. 숲의 정상부에 올라서면 욕지면 충혼탑과 함께 작은 쉼터가 마련되어 있어 상쾌한 공기를 마시며 잠시 쉬어가기에 좋다.

◎ 경상남도 통영시 욕지면 욕지일주로 ☎ 욕지 관광안내소 055-649-9905 ⏰ 24시간, 연중무휴 ⓦ 무료 Ⓟ 욕지항 주차장, 30대 가능, 무료 🚗 욕지항(0.3㎞)→모밀잣밤나무 숲

4 course

잔잔한 파도와 몽돌이 반겨주는 **덕동해수욕장**

바위로만 뒤덮인 욕지도에는 도동해수욕장, 유동해수욕장 등 많은 몽돌 해변이 있다. 그중에서도 300m가량의 아담한 몽돌이 가득한 덕동해수욕장은 잔잔한 물결과 빼어난 주변 경관으로 많은 관광객의 사랑을 한 몸에 받고 있다. 더욱이 파도와 몽돌이 서로 부딪히며 만들어내는 해조음이 일품이다.

◎ 경상남도 통영시 욕지면 서산리 ☎ 욕지 관광안내소 055-649-9905 ⏰ 24시간, 연중무휴 ⓦ 무료 Ⓟ 주차 80대 가능, 무료 🚗 모밀잣밤나무 숲(7.9㎞)→덕동해수욕장

5 course

욕지도 최고의 일몰을 볼 수 있는 **유동 노을전망대**

유동 어촌체험마을과 삼여전망대 사이에 위치한 이곳은 욕지 일주도로를 이용해 드라이브를 하는 사람들에겐 최적의 일몰 장소다. 크지 않은 규모에 별다른 편의 시설은 없지만 일주도로에서 찾기 힘든 주차 시설이 잘 갖추어져 있다. 계단식 전망대에 앉아 햇살로 반짝이는 은빛 바다에 붉은 노을이 드리워진 풍경을 바라보며 하루를 마무리하는 것은 어떨까.

◎ 경상남도 통영시 욕지면 서산리 ☎ 통영 관광안내소 055-650-2570 ⏰ 24시간, 연중무휴 ⓦ 무료 Ⓟ 주차 6대 가능, 무료 🚗 덕동해수욕장(2.3㎞)→유동 노을전망대

6 course — 바위가 되어버린 세 여인을 볼 수 있는 **삼여전망대**

욕지의 대표적인 비경인 삼여를 볼 수 있는 곳. 삼여는 해안절벽과 붙어있는 3개의 갯바위다. 용왕의 세 딸이 900년 묵은 이무기가 변한 젊은 총각을 사랑하자 용왕이 격노해 세 여인을 바위로 만들었다는 전설이 내려오고 있다. 이곳은 1977년 개봉한 영화〈화려한 외출〉의 촬영지로 유명하며, 전망대에서 이를 기념한 영화비를 찾아볼 수 있다. 삼여전망대 바로 옆 쉼터에서도 삼여를 볼 수 있으니 참고하자.

📍 경상남도 통영시 욕지면 서산리 📞 욕지 관광안내소 055-649-9905 🕐 24시간, 연중무휴 💰 무료 🅿 유동 노을전망대 주차장, 6대 가능, 무료 🚗 유동 노을전망대(0.8km)→삼여전망대

제4회 백상예술대상 대상을 수상한 70년대 한국 영화의 대표작,〈화려한 외출〉!

이무기를 사랑한 세 여인을 찾아볼까?

깔끔하게 정돈된 전망대에서 만나는 삼여

7 course — 욕지도의 아침을 가장 먼저 마주하는 **새천년기념공원**

새천년을 기념해 2000년에 세운 기념탑이 세워져 있는 작은 규모의 새천년기념공원은 연화도, 매물도 등의 섬들을 배경으로 욕지도의 일출을 볼 수 있는 장소다. 이곳에서는 2000년 1월 1일 새해를 맞이하는 행사를 시작으로 하여 매년 1월 1일이 되면 주민과 관광객이 참여하는 욕지해맞이축제가 개최된다.

📍 경상남도 통영시 욕지면 서산리 📞 욕지 관광안내소 055-649-9905 🕐 24시간, 연중무휴 💰 무료 🅿 새천년기념공원 옆 체육공원 주차장, 10대 가능, 무료 🚗 삼여전망대(0.8km)→새천년기념공원

★ 놓치지 말자! ★

펠리컨바위

부리가 긴 펠리컨이 먼 바다를 향하여 둥지를 틀고 있는 모습이라고 하여 펠리컨바위라고 불린다. 욕지 일주도로에 위치한 새천년기념공원에서 내려다보면 다른 바위들과 어우러져 있는 펠리컨바위를 찾을 수 있다. 더 가까이에서 보고 싶다면, 출렁다리가 있는 욕지도 비렁길의 전망대로 가보자.

📍 경상남도 통영시 욕지면 서산리(새천년기념공원), 펠리컨바위를 볼 수 있는 장소 📞 욕지 관광안내소 055-649-9905 🕐 24시간, 연중무휴 💰 무료 🅿 새천년기념공원 옆 체육공원 주차장, 10대 가능, 무료

초록초록한 대지와 푸르른 바다를 함께 만나는 비렁길을 걸어요

8 course

아찔한 절벽 위를 이어주는 욕지도의 비경 **출렁다리**

벼랑을 따라 예부터 사용해온 길을 다듬어서 재탄생시킨 비렁길의 또 하나의 비경인 수직 절벽 위의 출렁다리를 건너면 넓은 마당바위가 나온다. 이 바위의 양쪽으로 펼쳐지는 욕지도의 풍광은 넋을 놓고 바라보게 될 만큼 화려하다. 출렁다리와 인접한 곳에 전망대와 고래강정도 있어 함께 관광하기에 좋다.

📍 서포로 카페 맞은편(서포로 카페 : 경상남도 통영시 욕지면 옥동로 117) 📞 욕지 관광안내소 055-049-9905 ⏰ 24시간, 연중무휴 💰 무료 🅿 서포로 카페 옆 공터 주차, 5대 가능, 무료 🚗 새천년기념공원(2.9km) → 출렁다리

★놓치지 말자!★

고래강정

고래강정으로 가는 길은 욕지도 비경인 출렁다리로 들어서는 입구에서 시작된다. 긴 산책로와 바위 위에 놓인 다리, 좁은 숲길을 지나야 비로소 고래강정을 만날 수 있다. 아찔한 절벽 사이로 보이는 욕지도의 바다와 깨끗한 에메랄드빛 바닷물이 만들어내는 풍경을 놓치지 말자. 강정이란 바위벼랑 끝이라는 뜻이다. 고래강정은 바위벼랑에 파도가 부딪히며 일어나는 하얀 포말이 흡사 고래가 숨을 쉴 때 뿜어내는 물줄기를 닮았다 하여 지어진 이름이다.

📍 서포로 카페 맞은편(서포로 카페 : 경상남도 통영시 욕지면 옥동로 117) 출렁다리로 들어가는 입구에서 도보 이동 📞 욕지 관광안내소 055-649-9905 ⏰ 24시간, 연중무휴 💰 무료 🅿 서포로 카페 옆 공터 주차, 5대 가능, 무료

흔들리는 다리 위에서 아찔한 풍경 감상!

★ 추천하고 싶은 곳 ★

🛏 추천 숙소

펜션 블루씨

32평부터 12평까지 다양한 종류로 이루어져 있고 야외 테라스는 물론 바다 전망 수영장 시설도 갖추고 있다. 바다 위 언덕에 자리하고 있어 욕지도의 끝없는 바다를 바라볼 수 있다.

📍경상남도 통영시 욕지면 욕지일주로 1536-24 📞055-642-5005 💰8만 원~(성수기, 비수기, 평일, 주말 요금 다름), 펜션 블루씨 이용객들에 한해서 여객선 운임 20% 할인 가능. 성수기 제외(구체적인 내용은 전화 문의) 🌐www.펜션블루씨.kr 🚗욕지항에서 1.61km

펜션 자드락

나지막한 산기슭의 비탈진 땅이라는 뜻의 자드락 펜션. 욕지도 선착장에서 5분 거리인 바닷가 언덕에 위치해 있다. 원룸 형식의 5개의 방이 있으며, 2층 테라스에서는 당포항의 전경을 바라볼 수 있다.

📍경상남도 통영시 욕지면 욕지일주로 1487-21 📞010-9340-2600 💰7만 원~(성수기, 비수기, 평일, 주말 요금 다름) 🌐www.yjjadrak.com 🚗욕지항에서 2.19km

옵타티오펜션

욕지도 유동마을과 덕동마을 사이에 있으며 5만 6,000㎡(1만 7,000평) 욕지도 최대 부지에 단독형 원룸, 투룸 형식의 동으로 구성되어 있다. 펜션 내의 전망대에서는 남해 바다의 일몰을 감상하기에도 좋다.

📍경상남도 통영시 욕지면 욕지일주로 1054 📞010-9062-9956 💰7만 원~(성수기, 비수기, 평일, 주말 요금 다름) 🌐www.optatio.co.kr 🚗욕지항에서 6.39km

☕ 추천 휴게소

통영 휴게소

통영 남해안대로에 위치한 휴게소. 넓은 주차장과 편의 시설을 갖추고 있어 여행 중에 쉬어가기에 좋다. 휴게소 내의 식당에서는 통영의 대표적인 음식인 충무김밥, 멍게비빔밥 등을 맛볼 수 있다. 통영을 여행하며 기념품을 구입하지 못했다면 이곳에 들러 거제특산품인 몽돌빵과 30년 전통의 통영꿀빵을 구입하자.

📍경상남도 통영시 용남면 남해안대로 325 📞통영 관광안내소 055-650-2570 🕐24시간 🅿주차 60대 가능, 무료 🚗당포항에서 14.07km

🍴 추천 맛집

한양식당

한양식당의 인기 메뉴이자 대표 메뉴인 짬뽕에는 해산물이 가득 들어 있어 더욱 시원하고 깊은 맛을 낸다. 욕지도를 다시 방문하고 싶은 이유가 이곳의 짬뽕을 먹기 위해서라고 말하는 사람들이 생겨날 만큼 맛있다고 하니 욕지도에서의 한 끼는 한양식당의 짬뽕을 추천한다.

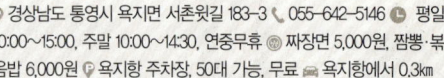

📍경상남도 통영시 욕지면 서촌윗길 183-3 📞055-642-5146 🕐평일 10:00~15:00, 주말 10:00~14:30, 연중무휴 💰짜장면 5,000원, 짬뽕·볶음밥 6,000원 🅿욕지항 주차장, 50대 가능, 무료 🚗욕지항에서 0.3km

해녀 김금단 포차

욕지도는 예부터 양질의 수산물이 풍부하기로 유명하다. 그중에서도 가장 대표적인 욕지도의 수산물은 고등어. 지금도 횟감 활고등어는 욕지에서만 생산한다. 해녀 김금단 포차에서는 욕지도의 대표 음식 고등어회와 함께 직접 물질해서 손질한 각종 해산물을 맛볼 수 있어 많은 관광객이 찾는 욕지도의 맛집이다.

경상남도 통영시 욕지면 동항리 055-643-5136, 010-3633-5136 07:00~20:00(부정기적), 부정기적 휴무 고등어회 3만 원~, 회덮밥·멍게비빔밥 1만2,000원, 보말죽·성게알미역국 1만 원 주차 3대 가능, 무료 욕지항에서 0.4km

고등어회

회덮밥

욕지도 할매 바리스타

평균연령 70대의 바리스타를 만날 수 있는 곳. 욕지 자부마을 할매 바리스타가 직접 로스팅하여 판매하는 커피를 마시기 위해 욕지도를 찾는 관광객들의 발길이 끊이지 않는다. 커피 이외에도 지역 특산물인 고구마를 이용한 메뉴가 인기다. 고구마로 만든 메뉴로는 빼떼기죽, 고구마라떼, 고구미케이크가 있다.

경상남도 통영시 욕지면 욕지일주로 155 055-645-8121 08:30~17:00(여름에는 22:00까지 운영하기도 함), 연중무휴 아메리카노 2,500원~, 빼떼기죽 5,000원, 고구마라떼 3,500원~, 카페라떼 3,500원~ 주차 3대 가능, 무료 욕지항에서 0.7km

추천 가게

욕지면 특산물 판매소

욕지면 관광안내소와 인접한 곳에 위치해 있어 쉽게 찾을 수 있다. 이곳에서는 고구마, 감귤, 유자, 땅두릅, 마늘 등 다양한 욕지도의 특산물을 판매한다. 특히 육지에서도 공수해

먹을 만큼 유명한 욕지도 고매(고구마의 방언)를 구매할 수 있어 욕지도 관광객들의 필수 코스다. 욕지도를 직접 방문하지 않고도 전화로 주문하여 택배로 받을 수 있다.

경상남도 통영시 욕지면 서촌아랫길 112 055-642-5019, 010-9533-0271 영업시간 부정기적, 매주 일요일 휴무 고구마 5kg 3만 원~ 욕지항 주차장, 50대 가능, 무료 욕지항에서 0.3km

서므로 카페

욕지도 비렁길(출렁다리) 입구에 위치한 노천 카페. 확 트인 카페의 테라스에서 욕지도의 풍경을 내려다보며 음료와 간단한 주전부리를 먹

을 수 있는 곳이다. 저녁에 이곳을 방문하면 욕지 9경 중 하나인 욕지항의 야경을 볼 수 있다. 실내 공간이 마련되어 있지 않아 비가 오는 날은 영업을 하지 않는다.

경상남도 통영시 욕지면 옥동로 117 010-8126-2337 12~2월 운영하지 않음, 09:30~20:00(부정기적), 연중무휴(비 오는 날 제외) 아메리카노·미숫가루·카페라떼 4,500원~, 어묵바 3,000원 seomeuro.alltheway.kr 주차 5대 가능, 무료 욕지항에서 2km

통영꿀빵(통영타워점)

통영꿀빵은 통영을 여행한다면 꼭 먹어봐야 할 통영 전통음식이다. 이곳에서는 오리지널 통영꿀빵, 고구마꿀빵, 흑미꿀빵 3가지 맛의 꿀빵이 들어 있는 '통영꿀빵 모둠'을 구매할 수 있다.

경상남도 통영시 용남면 남해안대로 21 055-645-7656 평일 07:00~22:00, 연중무휴 통영꿀빵 모둠 10개입 1만 원 주차 90대 가능, 무료 당포항에서 16.92km

경상남도 DRIVE COURSE

거제 망치해변~여차마을

눈과 귀가 즐거운 휴양지 드라이브길

어디로 핸들을 돌려도 아름다운 물빛이 눈 시리도록 빛나는 바다를 만날 수 있는 거제도. 해안 절경을 즐기다 몽돌 해변에서 가만히 돌 사이를 왔다 갔다 하며 차르륵 하는 파도 소리를 듣고 있노라면 얼굴에 미소가 절로 떠오른다. 거제가 품고 있는 이국적인 풍광의 외도와 해금강은 언젠가는 꼭 봐야 할 곳으로 손꼽힌다. 바다가 깨끗한 거제에서는 싱싱한 해산물을 안심하고 실컷 먹을 수 있으며 원한다면 언제, 어디서든 묵직한 손맛을 기대하며 낚싯대를 드리워 세월을 낚는 것도 추천한다.

INFORMATION
*배로 이동하는 거리, 시간은 제외
- 이동거리 112.71km
- 드라이브 2시간 21분
- 전체 코스 9시간
- 포인트 자글자글 몽돌 해변과 예쁜 물빛이 예술이다.
- 추천계절 봄~가을(3~11월)
- 축제 거제몽돌해변축제(6~7월), 거제예술제(10월)

RECEIPT
입장료
무료

주차료
무료

식사 및 간식
(점심)생선구이 정식 ············ 24,000원
(간식)바람의 핫도그 ············ 6,000원

TOTAL
30,000원

(※2인 기준)

1 course
샛바람소리길을 지나, 구조라성에서 바라보는 **구조라항**

장승포, 옥포 등의 큰 항구와 더불어 포구 형태로는 가장 큰 곳이다. 수정산 자락에 조선 시대 왜적을 막기 위하여 전방의 진지로 쌓은 구조라성이 있으며, 이곳에서 구조라항과 외도, 해금강 등이 한눈에 보여 전망이 좋다. 가는 길에 대나무로 이루어진 샛바람소리길이 있는데 인적이 드물어 산책하면서 대나무가 바람에 스치는 소리를 오롯이 즐길 수 있다.

⚐ 경상남도 거제시 일운면 구조라로 66 ☎ 거제 관광안내소 055-639-4178, 634-5454, 거제시청 관광과 055-639-4174 ⏱ 24시간, 연중무휴 ⓦ 무료
⚐ 주차 1,000대 가능, 무료 🚗 통영TG(26.1㎞)→국도우회로(3.16㎞)→거제대로(2.14㎞)→국도우회로(7.57㎞)→구조라로(0.86㎞)→구조라항

시원한 전망을 즐길 수 있는 조선 시대의 구조라성

한눈에 들어오는 구조라항 전경

2 course
조물주의 조각품 **해금강**

거제 해금강 마을 남쪽 약 500m 해상에 위치한 무인도. 지형이 칡뿌리가 뻗어 내린 형상을 하고 있다 하여 붙여진 '갈도'보다 바다의 금강산을 뜻하는 해금강으로 널리 불리고 있다. 해금강은 서복(서불)이 중국 진시황제의 불로장생초를 구하러 왔다 하여 '약초섬'으로도 불린다. 입도를 하지는 못하지만 유람선을 타고 파도가 깎아놓은 바위 틈인 석문으로 진입할 수 있다. 그 석문 안쪽에서 해금강 최고의 비경이라는 십자동굴을 볼 수 있다. 해금강 위로 펼쳐지는 일출이나 일몰이 특히 멋지다.

⚐ 경상남도 거제시 남부면 갈곶리 산1 ☎ 거제 관광안내소 055-639-4178, 634-5454, 거제시청 관광과 055-639-4174 ⏱ 배 운항시간에 따라 시간 조정, 연중무휴(기상 조건에 따라 운영) ⓦ 유람선 1만7,000원 이상 🌐 www.gujora.com, oedorang ⚐ 여객선 터미널 주차장, 1,000대 가능, 무료 🚗 구조라항(배로 20분)→해금강

TIP
- 코스나 시기, 위치에 따라 운항 일정이 다르므로 각 여객선 터미널에 문의하자. 인터넷 예매 시 3,000원 할인
- 해금강, 외도 유람선 : 구조라항(055-681-1188), 장승포(055-681-6565), 와현(055-681-2211), 도장포(055-632-8787), 해금강(055-633-1352)

바다의 금강산, 해금강
해금강의 석문 일부

3 course

이국적인 해상농원 외도

거제에서 4㎞ 정도 떨어진 곳에 위치한 개인 섬으로, 이창호·최호숙 부부가 무인도를 가꾸기 시작하여 1995년 외도 자연농원으로 처음 개원했다. 현재 840여 종의 아열대식물과 조각공원, 유럽풍 정원 등 이국적인 자연 풍경이 어우러진 국내 유일의 해상농원이다. 깨끗하고 맑은 바다가 둘러싸고 있어 아름다움을 더한다. 관광 코스는 선착장에서 출발하여 해금강·외도를 둘러보는 순서로 진행하며 소요시간은 외도 1시간 30분, 전체 3시간 정도 잡는 것이 여유 있다.

외도 표지석 앞에서의 인증샷은 기본

경상남도 거제시 일운면 외도길 17 055-681-4541 4. 16~8. 20 08:00~19:30, 8. 21~4.15 08:30~17:30, 연중무휴(기상 조건에 따라 운영) 어른 1만1,000원, 중고생 8,000원, 만 2세~초등학생 5,000원(여객선 가격은 해금강 팁박스 참고) 여객선 터미널 주차장, 1,000대 가능, 무료 해금강(배로 10분)→외도

눈이 부신 외도의 방파제

이국적인 해상공원을 산책하는 야외 주인공은 바로 나

4 course

자갈밭에 부서지는 파도 소리가 시원한 망치해변

모래가 아닌 작은 자갈로 이루어진 몽돌 해수욕장으로 폭은 25m, 길이는 600m에 이른다. 다른 해수욕장에 비해 비교적 덜 알려져 있어 깨끗하고 한적한 편이다. 그래서인지 몽돌이 파도와 만나서 내는 소리가 더욱 잘 들린다. 수평선 너머로 효자섬이라고도 불리는 윤돌섬과 외도가 보인다.

경상남도 거제시 일운면 거제대로 1880 거제관광안내소 055-639-4178, 634-5454, 거제시청 관광과 055-639-4174 24시간, 연중무휴 무료 주차 100대 가능, 무료 외도선착장(배로 10분)→구조라항(0.86㎞)→거제대로(3.21㎞)→망치3길(0.01㎞)→망치해변

5 course

흑진주 같은 몽돌이 빛나는 **학동몽돌해변**

흑진주 같은 검은 몽돌로 이루어진 해변으로, 전국에서 가장 아름다운 해변으로 꼽히고 있다. 몽돌이라 불리는 조약돌이 길이 약 1.2km, 폭 50m에 펼쳐져 있어 해변의 풍경이 독특하다. 지형이 학이 비상하는 모습과 흡사하다 하여 그 이름이 유래되었다. 2~3월에는 야생 동백림 군락지에 꽃이 피고 6~9월에는 천연기념물인 팔색조가 머물다 간다.

📍 경상남도 거제시 동부면 학동리 일원 📞 거제 관광안내소 055-639-4178, 거제시청 관광과 055-639-4174 🕐 24시간, 연중무휴 💰 무료 🅿️ 주차 200대 가능, 무료 🚗 망치해변(0.01km)→거제대로(8.17km)→학동몽돌해변

6 course

신선이 놀던 자리 **신선대**

거제 8경 중 하나인 신선대는 도장포마을 바닷가에 위치한 커다란 바위로 '갓'처럼 생겨 갓바위라고도 불린다. 기암절벽에 서 있는 소나무가 수묵화를 연상케 한다. 옆으로는 몽돌이 깔려 있는 작은 함목해수욕장이 있어 탁 트인 바다 풍경을 감상하기에 좋다. 기상 상황에 따라 출입하는 곳을 막기도 한다.

📍 경상남도 거제시 남부면 해금강로 일원 📞 거제 관광안내소 055-639-4178, 거제시청 관광과 055-639-4174 🕐 24시간(기상에 따라 입구 차단), 연중무휴 💰 무료 🅿️ 주차 20대 가능, 무료 🚗 학동몽돌해변(0.01km)→거제대로(4.86km)→해금강로(1.61km)→신선대

🎀 놓치지 말자! 🎀

신선대전망대

'바람의 언덕'에서 해금강으로 넘어가는 길목의 언덕에 신선대전망대가 있어 신선대부터 다포도까지 조망할 수 있다. 전체적인 풍경을 카메라에 담아낼 수 있어 인기가 많다. 자동차로 접근하기 편리하고 작은 공원처럼 꾸며놓아 잠시 쉬어가기에도 좋은 곳이다.

📍 경상남도 거제시 남부면 일원 📞 거제시청 관광과 055-639-4174 💰 무료 🅿️ 주차 20대 가능, 무료

7 course
풍차와 함께 이국적인 분위기 **바람의 언덕**

정상의 벤치에 앉아 탁 트인 바다 전망을 바라보기에 좋은 곳이다. 중턱부터 잔디로 이루어진 민둥산으로, 언덕 상단까지 나무 계단이 조성되어 있다. 계단으로 연결된 산책로를 따라 오르면 몸을 가누기 힘들 정도의 바람이 불어온다. '바람의 언덕' 윗자락에는 해풍을 맞으며 뿌리를 내린 수령 높은 동백나무 군락이 있으니 놓치지 말자.

📍 경상남도 거제시 남부면 갈곶리 산14-47 📞 거제 관광안내소 055-639-4178, 거제시청 관광과 055-639-4174 🕐 24시간, 연중무휴 💰 무료 🚗 주차 100대 가능, 무료 🚌 신선대(0.53km)→도장포1길(0.69km)→바람의 언덕

언덕까지 연결된 그림 같은 계단

바람의 언덕 포인트인 이국적인 풍차

8 course
조용한 작은 마을에서의 힐링 **다포항**

해금강을 앞에 두고 있어 경치가 아름답기로 유명하고, 어종이 풍부해 거제 남부권 최대의 낚시 출항지이다. 특별한 볼거리가 있다거나 변화하지 않은 곳이나, 해안길과 방파제를 따라 깔끔하고 아기자기하게 꾸며놓아 색다르고 예쁘다. 남쪽으로 난 해안도로를 끼고 즐기는 드라이브 코스가 눈길을 끈다. 특히 까마귀개(오포) 가기 전에 위치한 전망대에 오르면 손대도를 비롯한 한려해상국립공원의 비경이 한눈에 내려다보인다.

📍 경상남도 거제시 남부면 다포3길 📞 거제 관광안내소 055-639-4178, 거제시청 관광과 055-639-4174 🕐 24시간, 연중무휴 💰 무료 🚗 갓길 주차, 무료 🚌 바람의 언덕(0.14km)→도장포1길(0.54km)→해금강로(1.1km)→거제대로(3.69km)→거제남서로(0.71km)→다포3길(0.3km)→다포항

해안가를 따라 조성된 산책길이 깔끔하다

꽃길을 걷게 해줄게~

9 course 최고의 드라이빙 코스 **여차마을**

경사진 산지에 위치한 이 마을은 최고의 경관을 자랑하는 여차 해안도로 드라이빙을 위한 시작점이다. 홍포까지 이어지는 여차 해안도로는 거제 8경의 하나로, 비포장 산길을 굽이굽이 돌아가며 보이는 기암절벽과 바다의 조화가 최고의 절경을 이룬다. 거제 제1의 비경이라 하는 대소병대도와 멀리 보이는 이름 모를 섬들이 운치를 더한다. 드라이빙하며 이어지는 풍경 중 어느 곳 하나 아름답지 않은 곳이 없다.

📍경상남도 거제시 남부면 다포3길 📞거제 관광안내소 055-639-4178, 거제시청 관광과 055-639-4174 ⏰24시간, 연중무휴 💰무료 🅿️주차 200대 가능, 무료 🚗다포항(0.3km)→거제남서로(2.27km)→여차마을

구불구불 길을 따라 전망이 다채롭다

이제는 흔히 보기 힘든 비포장 숲속 드라이브 길

★ 놓치지 말자! ★

(구)해금강호텔 전망대

(구)해금강호텔 자리는 마을에서 제일 높은 언덕에 있어 해금강의 아름다운 바다 풍경이 한눈에 보인다. 산 위에 있는 이곳은 우제봉전망대에 비해 힘들게 등산할 필요 없고 차량 접근성이 좋아 가벼운 마음으로 일출이나 일몰을 보며 즐기기에 좋은 곳이다. 드라이브하다 우연히 시간이 맞으면 들러보길 추천한다.

📍경상남도 거제시 남부면 해금강3길 23 📞거제 관광안내소 055-639-4178 💰무료 🅿️해금강 유람선 주차장, 200대 가능, 무료

한려해상국립공원

한려해상 국립공원은 1968년 12월 해상공원으로는 국내에서 최초로 국립공원으로 지정되었다. 한산도와 여수시의 지명을 따 명명되었으며 전라남도 여수시에서 경상남도 통영시 한산도에 이르는 한려수도(閑麗水道)와 남해도·거제도의 해안 일부를 포함하는 국립공원이다. 거제·해금강 지구, 통영·한산 지구, 사천지구, 남해대교 지구, 상주·금산지구, 여수·오동도 지구 등 6개로 구분되며 전체 면적 510.32㎢ 중 해상 면적이 76%를 차지하고 있으며 크고 작은 360여 개의 섬들을 포함한다. 그중 거제·해금강 지구는 거제시 동남 해안과 가왕도·대덕도·갈곶도·장사도·장병태도 등을 포함한 지역으로 기암절벽이 장관을 이루는 곳이다.

📍경상남도 사천시 용현면 대밭담로 5-9 한려해상국립공원사무소 📞한려해상국립공원사무소 055-860-5800 🅿️공원 시설 주차장, 최초 1시간 1,100원 | 해금강 유람선 주차장, 200대 가능, 무료

★ 추천하고 싶은 곳 ★

🏠 추천 숙소

거제유스호스텔

전체적인 규모가 넓으며 운동시설, 산책로, 등산로를 비롯해 야외 풀장, 한식당, 편의점, 바비큐장 등 다양한 시설이 있어 이용이 편리하다. 평수별로 다양한 크기의 방이 있기 때문에 가족 단위부터 단체 숙박까지 많은 인원이 묵기에 불편함이 없는 곳이다.

📍 경상남도 거제시 남부면 거제대로 283 📞 055-632-7977, 9423 💰 5만 원~(성수기, 비수기, 평일, 주말 요금 다름) 🌐 www.geojedo.or.kr 🚗 신선대에서 3.3km

학동 자동차 야영장

학동몽돌해변의 건전한 캠핑 문화 보급을 위해 국립공원관리공단이 각종 편의 시설을 갖춰 현대식으로 구성한 캠핑장이다.

📍 경상남도 거제시 동부면 거제대로 981 📞 055-640-2400 💰 일반야영장 5,000원~(성수기, 비수기, 평일, 주말 요금 다름, *야영장은 1사이트당, 자동차 야영장 1만 3,000원~(성수기, 비수기, 평일, 주말 요금 다름, *자동차 야영장은 1대 기준) 🌐 reservation.knps.or.kr(이용 시 인터넷 예매) 🅿️ 일반 야영장 주차장, 200여 대 가능, 무료 / 자동차 야영장 주차장, 7대 가능, 유료(입장료 참고) 🚗 학동몽돌해변에서 0.2km

🍴 추천 맛집

바람의 핫도그

쿠폰제공

'바람의 언덕' 아래에서 매점 형태의 가게로 시작해 바람의 핫도그 하나로 입소문 난 곳이다. 현재는 다대로로 이전하여 카페 형태의 본점을 열었다. 매장 바로 앞이 바다이기 때문에 유명한 핫도그 맛뿐 아니라 끝내주는 전망을 함께 즐길 수 있다. 핫도그 안에 든 화이트 소시지가 맛있고 겉에 뿌려져 있는 코코넛 가루가 담백하고 깔끔해 특별하다.

📍 경상남도 거제시 남부면 다대5길 📞 1522-4766 🕘 09:00~18:00(부정기적), 연중무휴 💰 바람의 핫도그 3,000원 🅿️ 주차 20대 가능, 무료 🚗 다포항에서 2.22km

대박난 맛집

칼국수를 좋아한다면 이 집을 추천한다. 해물칼국수란 이름이 어색하지 않게 새우, 게, 바지락, 홍합이 워낙 풍성하게 들어가 있어 한참을 먹어도 끝이 없을 정도로 푸짐하다. 싱싱한 해물 육수가 우러나 국물이 시원해 해장용으로도 충분하다. 해물된장찌개 또한 칼칼하고 시원한 맛에 계속 손이 간다.

📍 경상남도 거제시 동부면 거제대로 910 📞 055-636-0118 🕘 07:00~19:00, 연중무휴 💰 해물칼국수 8,000원, 해물된장찌개 7,000원 🅿️ 주차 10대 가능, 무료 🚗 학동몽돌해변에서 0.84km

우리들 회식당

생선구이 전문점인 이곳은 조미료를 쓰지 않고 어머니 손맛을 추구하는 곳이다. 생선구이는 2인분 이상 주문하여야 하며 갈치, 고등어, 볼락, 가자미 구이를 맛볼 수 있다. 생선은 주문을 받고 나서 바로 철판에 구워 더욱 맛있다. 밑반찬도 전체적으로 맛있는 편이며 특히 곁들여 나오는 국은 굴미역국 혹은 시래깃국 등 제철 재료로 끓여 나와 입맛을 돋운다. 선상 낚시점과 연계하여 직접 잡은 생선으로 요리를 부탁할 수도 있다.

📍 경상남도 거제시 일운면 지세포4길 11 📞 055-681-0775 🕘 10:30 20:00, 15:30~17:00(브레이크 타임), 부정기적 휴무 💰 생선구이(2인 이상) 1만 2,000원 🅿️ 갓길 주차, 무료 🚗 망치해변에서 6.87km

경상남도 DRIVE COURSE

거제 홍포선착장~ 고현항 1018 해안도로

거제도를 만나는 가장 푸르른 길

거제 8경(내도·외도, 거제 해금강, 학동흑진주몽돌해변, 여차·홍포 해안 비경, 계룡산, 바람의 언덕과 신선대, 동백섬 지심도, 공곶이)을 감상하고 있노라면 시간의 흐름을 잊게 된다. 또한 거제도 곳곳의 아름다운 해안 절벽과 나무, 푸른 하늘과 바닥까지 보일 만큼 맑은 바다의 조화가 보는 사람의 머리 속까지 청량하게 한다.

TiP
- 가조도 연육교를 지나 노을지는 언덕까지의 도로가 심하게 굽이치며 언덕과 내리막이 잦아 서행해야 한다.
- 홍포선착장으로 내려가는 길은 경사가 심하고 길이 험해 초보 운전자에게는 부담이 될 수 있으니 주의해야 한다.

INFORMATION
- 이동거리 143.23km
- 드라이브 3시간 27분
- 전체 코스 8~9시간
- 포인트 전체적으로 차분한 분위기가 매력적이고 저녁 무렵의 그림 같은 노을이 압권이다.
- 추천계절 봄~가을(3~11월)
- 축제 해양스포츠 바다로 세계로(7월), 거제섬꽃축제(11월)

RECEIPT

입장료
거제자연예술랜드 ········· 12,000원

주차료
고현항 ················· 2시간 2,000원

식사 및 간식
(점심)멍게비빔밥 ········ 24,000원
(간식)순우볶 ··········· 14,000원

TOTAL 52,000원
(※2인 기준)

1 course

거제 최남단에 위치한 **홍포선착장**

홍포선착장은 거제 8경 중 하나인 여차·홍포 해안도로가 끝나는 지점이며 거제도의 여유로움을 느낄 수 있는 서쪽 해안 드라이브길의 시작점으로 잡기에도 좋다. 큰 길에서부터 숲길을 따라 300m가량 안쪽에 위치해 있어 아늑한 느낌을 준다. 낚시 포인트로도 유명하다.

📍 경상남도 거제시 남부면 거제남서로 66 📞 거제 관광안내소 055-639-4178, 거제시청 관광과 055-639-4174 🕐 24시간, 연중무휴 💰 무료 🅿 주차 10여 대 가능, 무료 🚗 통영TG(16.71km)→읍내로(8.64km)→산양2길(0.98km)→거제남서로(0.09km)→율포로(7.02km)→거제남서로(11.09km)→홍포선착장

2 course

수국 꽃길 해안도로를 만나는 **명사해수욕장**

명사마을 앞 350m의 해변으로 이름처럼 아름다운 금빛 모래가 맑고 고우며 물이 무척 깨끗하다. 여름철에 특히 해수욕장으로 인기가 좋으며 해안 뒤쪽의 소나무 숲 그늘이 운치 있게 드리워져 있어 아름답다. 명사해수욕장을 지나면서 아름다운 수국 꽃길을 만날 수 있다.

📍 경상남도 거제시 남부면 서구리 명사해수욕장길 일원 📞 거제시청 관광과 055-639-4174 🕐 24시간, 연중무휴 💰 무료 🅿 주차 1,150대 가능, 무료 🚗 홍포선착장(3.24km)→명사길(0.16km)→명사해수욕장

3 course

멋진 해안 풍광을 안고 있는 **가배항**

가배항은 명사해수욕장에서 내륙이 아닌 해안도로만 따라 달리다 보면 만나는 곳이다. 통영의 자생꽃 섬인 장사도로 들어가는 선착장으로도 유명하다.

📍 경상남도 거제시 동부면 거제남서로 2271-1 📞 가배항 유람선 055-638-1122 🕐 24시간, 연중무휴 💰 무료 🅿 주차 500여 대 가능, 무료 🚗 명사해수욕장(0.24km)→거제남서로(12.17km)→가배항

알고 떠나면 더 즐거운 여행길

거제도의 손맛

거제도는 낚시꾼에게 더욱 친숙한 곳이다. 배 타는 수고를 하지 않고서도 깨끗하고 씨알이 좋은 생선을 기대할 수 있기 때문이다. 그래서 방파제나 다리 위 곳곳에 낚시꾼들이 자리잡고 있다. 미리 낚시대 한두 개를 챙겨가도 좋고 대여해주는 곳도 많으므로 한 번쯤 도전해 보자. 횟집에서 '시가'라고 써있어 선뜻 먹을 수 없었던 종류의 생선회를 기대해 봐도 좋겠다.

짜릿한 손맛에 한번 도전!

4 course
자연이 예술로 탄생한 거제 자연예술랜드

시조 시인으로 활동 중인 능곡 이성보 씨 부부가 30여 년 동안 수집한 분재, 각종 희귀 수석 등을 전시해놓은 개인 전시관이다. 3개의 주 전시관과 12간지 연못, 목공예전시실, 석림지실(미니 장가계), 민속품전시실, 예술마당, 야외 공원 등으로 이루어져 있다. 맞은편 동부저수지 자연예술랜드 수상 레저장에서는 놀잇배를 운영한다.

📍경상남도 거제시 동부면 동부로 209 📞055-633-0002 🕐09:00~18:00(부정기적, 우천 시에는 대부분 개장하나 사정에 따라 폐장할 때도 있음), 연중무휴 💰어른·대학생 6,000원, 경로 5,000원, 중고생 3,000원, 초등생 2,000원 | 노보트 7,000원, 오리보트 2인승 8,000원, 3인승 9,000원 🌐www.geojeart.com 📍주차 50대 가능, 무료
🚗가배항(0.13km)→거제남서로(3.05km)→율포3길(4.57km)→부춘길(2.56km)→거제중앙로(1.47km)→동부로(0.8km)→거제 자연예술랜드

5 course
단청이 아름다운 거제현 관아

조선 시대 거제현의 현령이 행정·군사의 업무를 보았던 건물이다. 관아 뒤에 있는 객사인 기성관은 읍치의 전형적 경관과 구조를 보여줄 뿐 아니라 역사적으로 보존 가치가 매우 커 국가지정문화재(사적)로 지정·보존되고 있다. 단청이 화려하고 웅대한 누의 모습이 멋스럽다.

📍경상남도 거제시 거제면 읍내로2길 14-1 📞거제면사무소 055-639-6004, 거제시청 관광과 055-639-4174 🕐24시간(빗장이 걸려 있을 경우 직접 열고 입장 가능), 연중무휴 💰무료 📍면사무소 주차장, 30여 대 가능, 무료 🚗거제 자연예술랜드(5km)→읍내로(0.53km)→거제현 관아

★놓치지 말자!

거제향교

1432년(세종 14년)에 서문골에 건립되어 1664년(현종 5년) 거제 동헌을 거제로 옮겨올 때 당시 현령 이동고의 발의로 계룡산 기슭 서정리에 함께 옮겨와 복원했다. 지방의 중등교육과 지방민의 교화를 위해서 창건되었으며, 창건 연대는 미상이다. 1982년 경상남도 유형문화재 제206호로 지정되었다.

📍경상남도 거제시 거제면 기성로7길 1 📞거제 관광안내소 055-639-4178 🕐24시간, 연중무휴 💰무료 📍주차 5대 가능, 무료

6 course
청마 유치환의 숨결이 전해지는 **청마기념관**

정규 교과과정을 배운 한국인이라면 누구나 알 만한 유명한 시, '이것은 소리 없는 아우성'으로 시작하는 〈깃발〉의 작가 청마 유치환의 기념관이 그가 태어난 곳에서 2008년 개관하였다. 한국인이 가장 사랑하는 시인 중 한 명인 청마의 문학 정신을 기리고 업적을 다시 한 번 되짚어볼 수 있는 곳이다.

📍 경상남도 거제시 둔덕면 방하2길 10 📞 055-639-8340
🕘 09:00~18:00, 매주 월요일, 설·추석 휴무 💰 무료 🌐 www.cheongma.or.kr 🅿 주차 50여 대 가능, 무료 🚗 거제현 관아(0.01km)→읍내로2길(2.76km)→옥산로(0.61km)→외간옥산1길(8.54km)→산방산길(0.44km)→청마기념관

7 course
마음까지 붉게 물드는 **가조도 '노을이 물드는 언덕'**

널찍한 부지에 광장과 전망대, 화장실 등이 있고 지역 주민을 위한 체육 시설도 갖추어져 있어 가벼운 마음으로 나들이 하기에도 좋은 곳이다. 자연환경을 형상화한 벽화와 아치 형태의 다리가 눈에 띈다. '노을이 물드는 언덕'의 전망대에 올라서면 바다로 빠져드는 노을의 모습을 시원한 시야에서 만끽할 수 있다.

📍 경상남도 거제시 사등면 창호리 1458 📞 해양관광국 관광과 055-639-4195 🕘 24시간, 연중무휴 💰 무료 🅿 주차 10여 대 가능, 무료 🚗 청마기념관(0.42km)→청마로(3.42km)→언양로(3.01km)→지석로(2.95km)→거제대로(2.58km)→가조로(4.95km)→가조도 '노을이 물드는 언덕'

노을이 물드는 언덕에서 만난 붉은 노을

8 course 거제 경제의 중심 **고현항**

크고 작은 선박들이 다채롭다.

고현항은 1983년 제1종 지정항으로 지정되어 개항장으로 운영되고 있다. 거제 지역의 일반화물을 해상 수송할 수 있는 접안시설을 갖추고 있어 지역 경제 발전에 기여하고 있다. 거가대교 개통으로 58년간 운행하던 부산-거제간 여객선은 끊겼으나 각종 유흥·숙박 시설이 모여 있어 번화하다. 거제시에서 가장 큰 고현시장이 위치하고 있어 온갖 해산물을 구경할 수 있는데 시장을 지나가면서 비린내를 맡기 힘들 정도로 깨끗하다.

📍 경상남도 거제시 고현천로 10, 고현시장 경상남도 거제시 거제중앙로 1883-2 📞 고현동주민센터 055-639-6017, 거제시청 관광과 055-639-4174 🕐 24시간, 연중무휴 💰 무료 🅿 공영시민주차장, 14대 가능, 무료 | 고현종합시장 공영주차장, 272대 가능, 기본 30분 500원 🚗 가조도 '노을이 물드는 언덕'(1.08km)→가조로(3.87km)→거제대로(9.42km)→고현항

맛있음 그 자체, 고현시장

★ 놓치지 말자! ★

거제포로수용소 유적공원

1950년 한국전쟁 발발에 의한 포로들을 수용하기 위하여 UN이 고현, 상동, 용산, 양정, 수월, 해명, 제산 지구에 포로수용소를 설치하여 인민군 포로 15만과 중공군 포로 2만 등 17만 명의 포로를 수용하였던 곳이다. 현재는 당시의 자료와 기록물을 바탕으로 생활상 일부를 재현한 포로수용소 유적공원을 조성하여 전쟁 역사의 산교육장 및 관광명소로 각광받고 있는 곳이다.

📍 경상남도 거제시 계룡로 61 📞 055-639-0625 🕐 3~10월 09:00~18:00, 11~2월 09:00~17:00, 7. 20~8. 15 09:00~19:30, 설·추석 당일, 1~3월, 6월, 9~12월 매월 넷째 월요일 휴무(월요일이 공휴일인 경우는 다음 날 휴무) 💰 어른 7,000원, 청소년 5,000원, 어린이 3,000원 🌐 www.pow.or.kr 🅿 거제도 포로수용소 유적공원 분수, 주차 1,000여 대 가능, 최초 20분~3시간 2,000원

거제포로수용소 유적공원 분수

흥남 철수 작전 기념비

★ 추천하고 싶은 곳 ★

🛏 추천 숙소
거제자연휴양림

노자산 해발 150~565m에 위치한 휴양림이다. 경사가 완만하여 산책하기 좋고 산 정상의 전망대에서는 거제 바다를 조망할 수 있다. 등산로와 산책로, 야영 데크장 등의 편의 시설이 잘 갖추어져 있으며 깔끔한 편이다. 울창한 숲에서 삼림욕을 즐기며 자연과 호흡할 수 있는 숙박 시설이다.

📍 경상남도 거제시 동부면 거제중앙로 325 📞 055-639-8115 💰 5만원~(성수기, 비수기, 평일, 주말 요금 다름) 🌐 www.geojehuyang.or.kr 🚗 거제 자연예술랜드에서 6.06km

☕ 추천 휴게소
신대교 휴게소

통영과 거제를 연결하는 신거제대교 북단에 위치한 신대교 휴게소는 한산대첩의 주요 배경이 되었던 견내량이 보이는 곳에 있다. 거제가 한눈에 들어오는 시원한 조망으로 인해 휴식이 필요한 운전자들의 사랑을 받는 곳이다.

📍 경상남도 통영시 용남면 남해안대로 18 📞 010-3801-7067 🕐 08:00~19:00 💰 무료 🚗 통영TG에서 5.86km

🍴 추천 맛집
백만석

거제 8미 중 하나인 멍게비빔밥을 얘기할 때 빠지지 않는 곳이다. 멍게비빔밥 특유의 비린내 때문에 꺼려지는 사람에게는 더욱 추천한다. 양념 후 숙성시켜 살짝 얼린 멍게라서 먹기에 부담스럽지 않다. 거기에 함께 곁들인 생선 지리탕은 신선한 생선을 사용하여 비린내가 전혀 없고 칼칼하고 시원하여 주메뉴로도 손색이 없을 정도다. 회덮밥 또한 맛있는 양념장과 신선한 회가 어우러져 멍게비빔밥 못지않게 맛이 있다.

📍 경상남도 거제시 계룡로 47 오현빌딩 2층 📞 055-638-3300 🕐 09:30~21:00, 설·추석 전날과 당일 휴무 🍴 멍게비빔밥 1만2,000원, 생선회덮밥 1만3,000원 🅿 주차 50대 가능, 무료 🚗 고현항에서 2.64km

순대리아

거제 지역민들이 추천하는 고현종합시장 내에 위치한 순대 가게다. 순대도 맛있고 가게 이름도 순대리아지만 정작 이 집에서 유명한 건 떡볶이다. 꽤 매콤한 떡볶이를 판매하는데 맵기만 한 것이 아니라 감칠맛이 깊어 중독성이 있다. '순우복'이라는 메뉴가 인기 있는데 순대와 우동, 떡볶이를 같이 볶은 것이라서 한꺼번에 여러 가지를 맛볼 수 있다. 매운맛을 덜어줄 치자면 잔치국수와 곁들여 먹어도 좋다.

📍 경상남도 거제시 중앙로 1883-2 📞 055-636-8864 🕐 10:00~19:00(일요일 10:00~18:00), 셋째 일요일 휴무 🍴 순우복 7,000원,

떡볶이 2,000원, 순대 3,000원, 각종 국수류 3,000원 📍 고현종합시장 내 공영주차장, 272대 가능, 30분 500원 🚗 고현항에서 1.15km

여러 가지 맛을 한번에 순우복

개운한 치자면 잔치국수

몽돌빵, 햇살긴유자빵

몽돌빵은 거제 고구마 앙금을 속에 넣고, 겉에는 검은깨, 땅콩, 호두 분태를 얹어내 거제 몽돌을 형상화해서 만들었다. 햇살긴유자빵은 빵 사이에 유자가 들어가 씹히는 맛이 좋으며 향긋한 냄새에 기분까지 좋게 한다. 둘 다 지나치게 달지 않은 깔끔한 맛이라 누구나 즐길 만한 간식거리. 관광지나 휴게소 등에서 살 수 있다.

몽돌빵 📍 경상남도 거제시 사등면 지석2길 56 📞 055-638-0311 🕘 09:00~18:00, 토·일요일 휴무(성수기 연중무휴) 💰 몽돌빵 8개 1만 원 🚗 통영TG에서 10.99km

햇살긴유자빵 📍 경상남도 거제시 거제면 읍내로 293-5 📞 055-636-1494 🕘 09:00~18:00, 토·일요일 휴무 💰 햇살긴유자빵(소) 7,000원 🚗 통영TG에서 20.41km

🏠 추천 가게

거제시장

거제도에서 유일하게 남은 오일장으로 4, 9일 장이 열린다. 일정이 맞으면 들러볼 만하다. 그리 크지 않고 소박한 전경이 재미를 더하고 친절하고 후한 시골 인심

할머니가 직접 잡은 고동 한 바구니

은 언제나 기분 좋다. 그 지역에서 자란 농산물들과 갖가지 해산물 특히 해금강에서 잡히는 고동을 볼 수 있으며 한 바구니 만 원 정도로 가격 또한 저렴하다.

📍 경상남도 거제시 거제면 서상길 1 거제면사무소 일대 📞 거제면사무소 055-639-6004 🕘 일출~정오 정도(재래시장 특성상 일정치 않음) 🅿️ 갓길이나 거제면사무소 주차, 20대 가능, 무료 🚗 거제현 관아에서 0.06km

거제포로수용소 매점

거제에 오면 가장 많이 찾는 관광지 중의 하나인 거제도 포로수용소 내에 있는 매점. 가볍게 간식거리로 먹을 수 있는 유자빵이나 몽돌빵뿐 아니라 다양한 특산품을 판매하고 있다. 주차장이 넓고 찾기 쉬워 이용하기 편하다.

📍 경상남도 거제시 계룡로 61 📞 거제포로수용소유적공원 관리사무소 055-639-0625 🕘 거제포로수용소유적공원 참고, 영업시간, 휴무일 동일 🅿️ 거제포로수용소유적공원 주차장, 1,000대 가능, 3시간 2,000원 🚗 고현항에서 2km

경상남도
DRIVE COURSE

거제 거가대교~장승포항

가지각색의 빛을 가진 곳

국내 최대, 세계 최고를 자랑하는 해저 침매터널과 거가대교를 이어 달리는 이색적인 풍경과 함께 시작되는 드라이브 코스. 출발부터 남다른 설레는 코스다. 유난히 파랗고 맑기로 유명한 거제의 바다와 함께 각 해수욕장마다 백색의 모래사장과 흑진주색의 몽돌 해변이 자신만의 색으로 빛난다. 역사와 현재가, 예술과 삶이 함께 공존하는 거제로 떠나보자.

TIP
- 구불구불한 도로가 많으니 주의(관포교차로~농소몽돌해수욕장 구간, 복항마을~덕포해수욕장 구간)
- 양지암 조각공원 진입로는 가파르고 길이 좁다. 동절기에 특히 더 주의할 것
- 거가대교 도로에 진입하면 톨게이트를 나갈 때까지 우회로가 없으므로, 길을 잘못 들지 않도록 주의

INFORMATION
*배로 이동하는 거리, 시간은 제외
- 이동거리 92.25km
- 드라이브 2시간 5분
- 전체 코스 9~10시간
- 포인트 역사를 돌아보고, 뛰어난 건설 기술을 직접 만나볼 수 있는 드라이브 코스. 더불어 아름다운 휴양지까지 가득해 가족 단위 여행객에게 안성맞춤이다.
- 추천계절 봄~가을(3~10월)
- 축제 국제펭귄수영축제(1월), 죽림포레스티벌(4월), 양지암축제(5월), 옥포대첩기념제전(6월), 송년불꽃축제(12월)

RECEIPT

입장료
이수도(승선료) ·············· 16,000원

주차료
무료

식사 및 간식
(점심)소고기육전&비빔냉면 ············· 19,000원
(간식)아메리카노&마카롱 ············· 10,000원

TOTAL
45,000원

(※2인 기준)

구영해수욕장의 전경이 내려다보이는 해안도로

1 course

포플러나무와 거제 바다가 어우러진 **구영해수욕장**

거제도의 최북단에 위치한 해수욕장으로 수심도 얕고 경사도는 완만하다. 진해와 마주하고 있어 해군의 체력단련장으로도 이용되고 있다. 여행객의 발길이 드문 편이라 편의 시설은 미흡하지만, 조용히 거제의 바다 풍경을 감상하기에 좋다. 고즈넉한 분위기의 구영마을에는 조선 중기의 성터가 자리해 있다.

📍 경상남도 거제시 장목면 거제북로 📞 거제시청 해양항만과 055-639-4244 🕐 24시간, 연중무휴 💰 무료 🅿 구영카페리선착장 주차장, 50대 가능, 무료 🚗 가덕TG(13.38km)→거제북로(7.19km)→구영해수욕장

2 course

흑진주빛 가득한 **농소몽돌해수욕장**

몽돌과 파도의 합주를 감상해보세요!

해변 길이가 2km에 달하는 거제의 몽돌 해변 중 가장 큰 규모다. 새알같이 작고 둥근 몽돌이 펼쳐져 있어 몽돌 찜질과 함께 해수욕을 즐기기에 좋다. 한여름에 햇빛에 달구어진 몽돌밭을 맨발로 거닐면 발바닥의 천중혈을 지압하여 만병통치의 효과가 있다고 알려져 있다. 해수욕장 주변에는 낚시터로 유명한 백도 등 작은 섬들이 있다.

📍 경상남도 거제시 장목면 거제북로 2593 📞 거제시청 관광과 055-639-4175 🕐 24시간, 연중무휴 💰 무료 🅿 해수욕장 앞 공터나 갓길 주차, 50대 가능, 무료 🚗 구영해수욕장(6.9km)→농소몽돌해수욕장

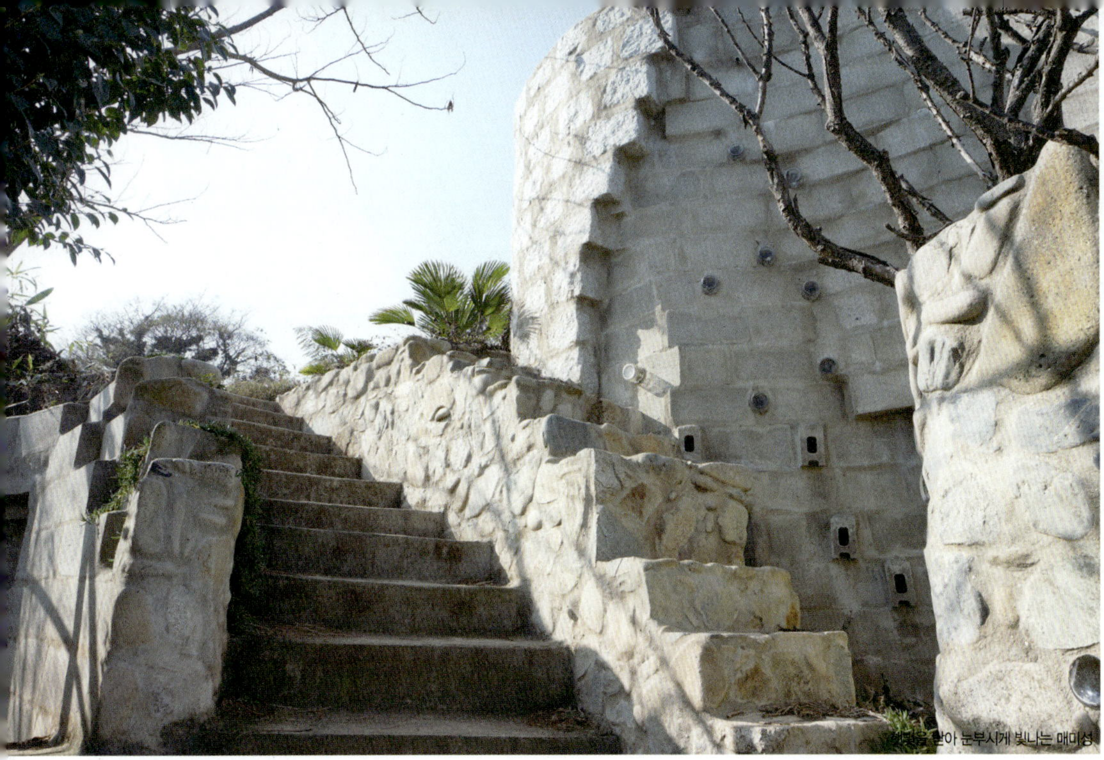

햇볕을 받아 눈부시게 빛나는 매미성

3 course 흰색 빛의 아름다운 성곽 복항마을 매미성

복항마을 해변에는 '매미성'이라 불리는 특별한 성곽이 있다. 이 성곽은 지난 2003년 태풍 매미가 거제 바다를 휩쓸고 가면서 힘들게 일군 밭을 잃게 된 백순삼 씨가 농작물을 지키기 위해 쌓은 것이다. 13년째 혼자 쌓고 있는 성곽은 규모만 120~130m다. 혼자 쌓았다고는 믿기지 않을 만큼 웅장한 자태와 탁 트인 바다, 몽돌 해변이 어우러져 그림 같은 모습을 만들어낸다.

경상남도 거제시 장목면 대금리 · 장목면사무소 055-639-6009 · 24시간, 연중무휴 · 무료 · 복항마을 입구 공터 주차, 4대 가능, 무료 · 농소몽돌해수욕장(2.54㎞)→거가대교(2.9㎞)→대금교차로(0.55㎞)→옥포대첩로(0.14㎞)→복항마을

Tip 복항마을은 도로가 좁아 안전상의 이유로 차량 진입을 금지하고 있다. 마을 입구에서 약 150m의 짧은 거리이니 마을 입구에 주차하고 도보로 방문하자.

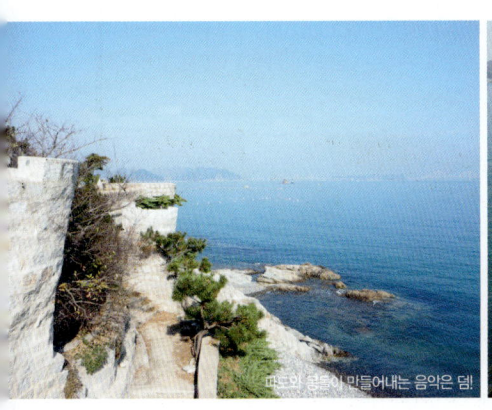

파도와 몽돌이 만들어내는 음악은 덤!

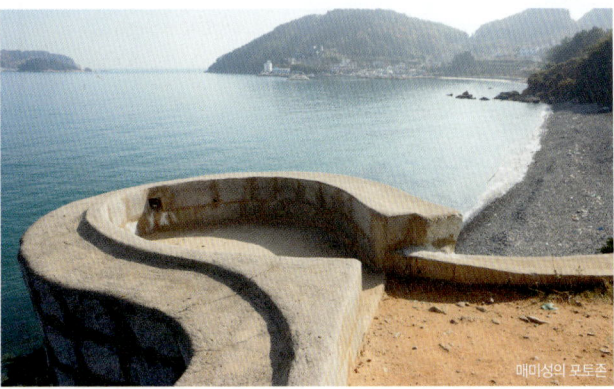

매미성의 포토존

이수도 문지기 빨간 등대

4 course
학처럼 순수한 바다 이수도

장목면 시방선착장에서 뱃길로 10분 남짓이면 만날 수 있는 이수도. 물이 이롭다 하여 '이물도'라고도 하고, 섬의 형상이 대금산을 향해 날아가는 학처럼 생겼다 하여 '학섬'이라고도 불린다. 배를 타고 섬으로 들어가다 보면 제일 먼저 눈에 들어오는 것은 그리스의 산토리니가 연상되는 절벽 위의 마을이다. 마을 안 골목에는 다양하고 재미난 벽화들로 가득하다. 폐교가 된 분교를 리모델링하여 어촌체험마을을 만들어 선상 낚시, 자망 체험, 해상콘도 등 다양한 체험 프로그램을 운영하고 있다.

📍 경상남도 거제시 장목면 이수도길 10(이수도), 경상남도 거제시 장목면 시방리(시방선착장) 📞 이수도 학교 민박 055-681-2501 🕐 이수도↔시방선착장 도선시간 08:00~18:00(기상 상황에 따라 변동될 수 있으니, 꼭 확인할 것) 문의 010-7441-8085), 연중무휴 💰 왕복 기준 어른 8,000원, 중고생 4,000원, 초등학생 이하 2,000원 🅿 시방선착장 주차장, 30대 가능, 무료 🚗 복항마을 매미성(0.7㎞)→시방2길(0.4㎞)→시방선착장(배로 10분)→이수도

벽화를 배경으로 나만의 화보 촬영

알고 떠나면 더 즐거운 여행길
이수도와 시방마을의 설화 이야기

이수도에는 시방마을을 바라보며 서 있는 비석이 있다. 이 비석에는 재미있는 설화가 전해 내려온다. 조선조 말엽, 이수도는 지형적인 위치로 보아 시방마을보다 어업이 잘 되고 잘 살아야 하는데 그러지 못했다. 이수도 주민들이 이유를 몰라 전전긍긍하던 어느 날 이수도를 찾은 도사가 "이수도가 명지(名地)인데 건너 시방마을이 활같이 생겨 그곳에서 활을 쏘고 있어 이수도의 학이 맥을 못 춘다"하며 화살을 막을 방패 비석을 세우면 나아질 것이라 말하고는 홀연히 떠났다. 이수도 주민들은 도사가 시키는 대로 뒷산에 비석을 세우고 거기에 방시순석(防矢盾石)이라는 글귀를 새겼다. 신기하게도 비석을 세우자 도사의 말대로 마을은 나날이 번창하였다고 한다. 이수도의 항구가 보이는 언덕 위에는 지금도 이 비석이 마을을 지켜주고 있다.

5 course

갈매기처럼 바다 위를 날아보자 **덕포해수욕장**

덕포해수욕장은 고운 모래, 완만한 경사로 이루어져 있고, 남쪽 해변에는 200년 이상 된 노송이 400여 평에 우거져 있어 가족 단위 여행객이 휴양을 즐기기에 좋다. 덕포해수욕장에는 해수욕장 양쪽으로 세워진 18m 높이의 탑에서 줄에 매달려 바다를 가로질러 날아가는 '시라인(Sea Line)'이라는 특별한 체험이 있다. 한 마리 새처럼 활강하면서 즐기는 체험은 특별한 추억을 선사한다.

매년 1월 국제펭귄수영축제가 열리는 곳

📍 경상남도 거제시 덕포동 364-4　📞 거제관광문화 055-639-3000　🕐 24시간, 연중무휴　💰 무료　🅿 주차 50대 가능, 무료　🚗 시방선착장(0.4km)→옥포대첩로(1.15km)→거가대로(6.8km)→덕포교차로(1km)→옥포대첩로(0.15km)→덕포6길(0.1km)→덕포5길(0.1km)→덕포해수욕장

Tip
📞 시라인 055-688-2351　💰 시라인 이용료 왕복 1만8,000원
🕐 체험시간 09:30~17:30(동절기 10:00~16:00)(*기상 악화 시 체험시간 변경 가능)

6 course

거북선을 만날 수 있는 **옥포항**

옥포항에는 임진왜란 당시 큰 역할을 했던 거북선을 복원한 임진란 거북선 2호가 있다. 현재는 안전상의 이유로 내부 관람은 불가능한 상태지만 직접 거북선을 볼 수 있다는 것이 새롭고 신기한 체험이다. 옥포항에는 해안선을 따라 산책로가 조성되어 있고, 주변 볼거리로는 옥포공원이 있다. 공원 내 팔각정에 오르면 탁 트인 바다와 옥포항의 전경, 대우조선소의 모습까지 한눈에 감상할 수 있다.

나의 죽음을 적에게 알리지 말라.

📍 경상남도 거제시 옥포동 1922-1　📞 거제 관광문화 055-639-3000　🕐 24시간, 연중무휴　💰 무료　🅿 주차 150대 가능, 무료　🚗 덕포해수욕장(0.2km)→옥포대첩로(3km)→옥포성안로4길(0.15km)→옥포항

해안선을 따라 걷는 산책길 / 옥포공원의 팔각정에서 본 바다와 옥포항 전경

7 course — 하늘과 맞닿은 미술관 **양지암 조각공원**

능포동에 위치한 양지암 조각공원은 천혜의 자연환경과 조화를 이룬 열린 문화공간이다. 공원으로 가는 도로가 오르막이 심해 다소 위험한 편이지만, 공원에서 바라보는 바다의 전경이 보상이라도 해주듯 아름다운 풍경을 선사해준다. 다양한 조각품들이 공원 곳곳에 자리하고 있어 문화예술과 산책을 동시에 즐길 수 있다.

⦿ 경상남도 거제시 능포동 426-3 ☎ 능포동주민센터 055-639-6792 ⏱ 24시간, 연중무휴 ⓘ 무료 🅿 주차 15대 가능, 무료 🚗 옥포항(0.3km)→옥포로(1.28km)→거제대로(5.04km)→능포로(1.63km)→장승포해안로(0.42km)→양지암 조각공원

풍경과 조각품이 함께 만들어진 야외 미술관

8 course — 하얀 등대가 반겨주는 **장승포항**

1965년 개장항으로 지정된 장승포항은 부산~장승포 간 쾌속선이 운항되어 1시간대에 부산항과 연결된다. 외도, 해금강, 한려수도 해상관광유람선도 운행되고 있어 해상관광도시의 중추적 역할을 하고 있다. 맑은 날에는 일본의 대마도가 육안으로 보이고, 일출 시 고기잡이배가 지나가는 장면도 인상적이다. 장승포항 주변에는 다양한 메뉴의 맛집들이 많아 여행객들과 미식가들의 발길이 이어진다.

⦿ 경상남도 거제시 장승로 138 ☎ 장승포유람선 055-681-6565 ⏱ 24시간, 연중무휴 ⓘ 무료 🅿 유람선터미널 공영주차장, 80대 가능, 무료 🚗 양지암 조각공원(0.88km)→장승포해안로(0.42km)→능포로(1.61km)→장승포로(0.43km)→장승포항

★ 놓치지 말자!

외도해금강유람선

장승포항에서 출발 및 도착하는 유람선으로 외도 보타니아(상륙관광 90분), 해금강(선상관광 20여 분), 지심도 해안선 및 서이말등대 기암절벽을 풀코스로 둘러본다. 해금강 내 십자동굴 관광은 날씨가 매우 좋을 때만 가능하다.

☎ 장승포유람선 055-681-6565 ⏱ 해상 날씨 악천후 시 휴무 ⓘ 어른(13세 이상) 1만7,000원, 어린이(25개월~12세) 1만2,000원, 유아(0~24개월) 무료, *토, 일, 공휴일 및 여름 성수기(7, 8월)는 할증요금(2,000원) 적용, *단체할인 : 대인기준 45인 이상일 경우 10%, *외도 입장료 별도(P.163 참고) 🅿 유람선터미널 공영주차장, 80대 가능, 무료

★놓치지 말자!★

옥포대첩 기념공원

옥포대첩 기념공원은 그 이름처럼 옥포해전을 기념하기 위해 만들어졌다. 옥포해전은 임진왜란 당시 왜군의 기세에 밀려 많은 군사를 잃었던 경상우수사 원균의 구원 요청에 의해 합세하게 된 충무공 이순신 장군의 최초의 해전이다. 옥포해전에서 이순신 장군은 별 피해 없이 적선 50여 척 중 26척을 격침하는 큰 승리를 이루었다. 공원에서는 매년 6월 16일을 전후하여 약 3일간 옥포대첩기념제전이 성대하게 열린다.

📍 경상남도 거제시 팔랑포2길 87 📞 055-639-8240, 8129 🕘 09:00~18:00, 매주 월요일 휴무 🆓 무료 🌐 www.gmdc.co.kr 🅿 주차 80대 가능, 무료

홍살문 너머 보이는 경왕문과 거충사(좌), 승리재(우)

죽고자하면 살고 살고자하면 죽을 것이다.

임진왜란 당시 사용했던 대포, 칼 등이 전시된 옥포대첩 기념관

맹종죽 테마공원

대나무종의 하나인 맹종죽을 이용한 주립테라피 공간이다. 빽빽하게 우거진 높은 맹종죽 숲이 바다 경관과 함께 어우러져 있다. 아이들을 위한 테마 공간과 죽통에 소원을 적어 걸어놓는 소원담장 등 즐길 거리까지 갖춘 다목적 공원이다. 맹종죽 숲은 밖의 온도보다 4~7도 정도 낮기 때문에 음이온 발생량이 10배 정도 높아 숲을 걷는 것만으로도 심신이 회복되는 신비한 숲이다.

📍 경상남도 거제시 하청면 거제북로 700 📞 055-637-0067 🕘 09:00~18:00, 설·추석 당일 휴무 💰 어른 3,000원, 청소년(만 18세 미만) 2,000원, 어린이(만 12세 미만) 1,500원 🌐 www.maengjongjuk.co.kr 🅿 주차 50대 가능, 무료

소원을 말해봐♪

★ 추천하고 싶은 곳 ★

🛏 추천 숙소

대명리조트 거제마리나

전체 객실이 한려해상국립공원을 바라보는 오션뷰를 자랑한다. 객실뿐만 아니라 각종 부대시설과 요트, 크루즈 등의 마리나 시설까지 갖추고 있어 국내 최고의 해양마리나리조트로 자리매김하고 있다.

📍 경상남도 거제시 일운면 거제대로 2660 📞 1588-4888 💰 21만1,000원~(성수기, 비수기, 평일, 주말 요금 다름) 🌐 www.daemyungresort.com/go 🚗 장승포항에서 4.8km

더비치펜션

여러 개의 건물이 펜션 단지를 이룬 듯한 모습의 더비치펜션은 리조트 못지않은 시설을 갖추고 있다. 야외 수영장, 노래방 등의 시설을 갖추고 있고, 예약을 통해 바다낚시도 즐길 수 있다.

📍 경상남도 거제시 장목면 거제북로 2738-3 📞 055-634-2700~1 💰 12만 원~(성수기, 비수기, 평일, 주말 요금 다름) 🌐 www.thebeach.co.kr 🚗 농소몽돌해수욕장에서 1.12km

이수도 섬펜션

이수도 선착장이 바로 내려다보이는 언덕 위에 위치해 이수

도 최고의 전망을 자랑하는 곳이다. 조용하게 여유를 즐기고 싶다면 이수도에서 하루 묵는 것도 좋다.

📍 경상남도 거제시 장목면 이수도길 21-34 📞 055-636-8919 💰 7만 원~(성수기, 비수기, 평일, 주말 요금 다름) 🌐 www.이수도섬펜션.kr 🚗 이수도선착장에서 0.3km

☕ 추천 휴게소

거제해양파크 휴게소

거가대로에 위치한 거제해양파크 휴게소. 남해의 풍경을 감상하며 쉬어가기에 좋은 장소다. 청결하고 편리한 휴게 시설과 편의 시설, 다양한 먹거리를 제공한다. 거제시 특산물판매장과 의류 매장도 운영하고 있다.

📍 경상남도 거제시 장목면 거가대로 1068 📞 055-736-2200 🕐 24시간, 연중무휴 🅿 주차 139대 가능, 무료 🚗 복항마을 매미성에서 1.2km

🍴 추천 맛집

하면옥

냉면 맛집으로 유명한 하면옥은 주말에는 줄을 서서 기다리지 않으면 맛보기 힘들 정도로 인기다. 거제도의 신선한 해물로 48시간 정성껏 우려내어 보름 동안 저온 숙성시킨 육수만을 사용한다. 달걀 옷을 입은 육전도 하면옥의 대표 메뉴. 아삭한 양파와 함께 먹는 것이 정석이지만, 비빔냉면에

싸 먹는 육전도 별미다.

📍 경상남도 거제시 장승포로 18 📞 055-682-3434 🕐 11:00~21:30, 연중무휴 🍴 물냉면·육전비빔밥 8,000원~, 비빔냉면 9,000원~, 메밀찐만두 5,000원, 소고기육전 1만 원 🌐 blog.naver.com/image5277 🅿️ 유람선 터미널 공영주차장, 80대 가능, 무료 🚗 장승포항에서 0.3km

항만식당

청정해역인 거제 연안에서 수확되는 소라, 게, 바지락, 백합, 새우, 낙지 등 풍부한 해산물이 가득 담긴 해물뚝배기 전문점이다. 항만식당의 뚝배기는 여느 음식점의 뚝배기 크기와는 차원이 다르다. 1인분용 뚝배기도 일반식당 뚝배기의 2~3배 크기다. 큰 크기와 무게, 온도 때문에 그릇 받침을 사용할 수 없어 은색 쟁반에 올려둔 채로 먹는 것이 이곳만의 방식! 화학조미료는 일체 넣지 않으며 직접 담근 된장으로 끓여낸 얼큰하고 구수한 맛이 일품이다.

📍 경상남도 거제시 장승포로7길 8 📞 055-682-4369, 3416 🕐 08:00~21:00, 연중무휴 🍴 해물뚝배기 1인 1만 8,000원, 해물뚝배기 3만 8,000~5만 4,000원 🅿️ 주차 25대 가능, 무료 🚗 장승포항에서 0.8km

카페 테라스

하청면 실전리에서 다리로 이어진 섬인 칠천도에 위치한 카페 테라스는 칠천교 바로 앞에 위치해 있어 전망이 좋다. 다양한 음료와 직접 만드는 아기자기하고 달콤한 수제 디저트들을 맛볼 수 있다.

📍 경상남도 거제시 하청면 어온4길 30 📞 055-632-1290 🕐 11:00~22:00, 첫째 월요일 휴무 🍴 아메리카노 4,000원, 카페라떼 4,500원, 각종 차 5,000원, 수제 마카롱 2,000원, 허니브레드 6,500원 🅿️ 주차 6대 가능, 무료 🚗 농소몽돌해수욕장에서 8.5km

🏠 추천 가게

싱싱게장

장승포항에 가면 게장 전문점을 많이 볼 수 있다. 싱싱게장은 그중에서도 원조 맛집으로 꼽힌다. 방부제, 색소, 조미료가 첨가되지 않아 안심하고 먹을 수 있고, 3일 동안 숙성하여 비린 맛도 잡았다. 포장 판매도 함께하고 있어 손님들의 발길이 이어진다.

📍 경상남도 거제시 장승포로 10 📞 055-681-5513 🕐 08:30~21:00, 연중무휴 🍴 간장돌게장·양념게장 1kg 2만 3,000원 🅿️ 주차 30대 가능, 무료 🚗 장승포항에서 0.2km

델리씨(Delisea)

델리씨는 대일수산에서 운영하는 굴 전문판매점. 신선한 생굴부터 훈제 굴 통조림, 마른 굴 등 다양한 굴 제품을 만날 수 있다. 홈페이지도 운영하고 있어 신선한 굴을 전국 어디서나 맛볼 수 있다. 생굴은 신선도 유지를 위해 당일 판매량만을 생산한다고 하니 믿고 구입할 수 있다.

📍 경상남도 거제시 하청면 거제북로 669 📞 055-636-8986, 055-635-7274 🕐 09:00~18:30, 매주 일요일, 설·추석 연휴 휴무 🍴 생굴 1kg 1만 5,000원~, 마른 굴 250g 9,000원, 훈제 굴 통조림 85gX3개입 9,800원 🌐 delisea.co.kr 🅿️ 주차 20대 가능, 무료 🚗 복항마을 매미성에서 8km

거제식품 건어물직매장

건어물직매장은 장목면 외포리 김영삼 대통령 기록 전시관 앞에 위치하여 전시관을 찾은 방문객들이 거제의 특산물을 쉽게 구입할 수 있다. 수협에서 지정한 중매인이 운영하는 곳이라 멸치, 다시마, 미역 등 거제 특산물을 저렴한 가격에 구입할 수 있다.

📍 경상남도 거제시 장목면 옥포대첩로 741-2 📞 055-636-7495 🕐 08:00~17:00, 연중무휴 🍴 마른 멸치 1.5kg 2만 6,000원~, 김 1톳 1만 8,000원~, 미역·다시마 1만 원~ 🅿️ 가게 앞 주차, 5대 가능, 무료 🚗 덕포해수욕장에서 3.7km

경상남도
DRIVE COURSE

남해 미조항~삼천포대교

잔잔한 남해의 풍경이 마음의 휴식을 가져다 주는 드라이브길

작고 큰 섬들과 어우러지는 해안의 풍경이 너무나 아름다워 보물섬이라 불리는 남해도. 해안도로 옆으로 펼쳐진 남해의 모습에 자꾸만 차를 멈추고 가만히 바라보게 된다. 남해의 아름다운 해안 절경을 천천히 감상하며 일상에서 잠시 벗어나 여유를 되찾을 수 있는 드라이브 코스다.

INFORMATION
- 이동거리 131.59km
- 드라이브 3시간 22분
- 전체 코스 8~9시간
- 포인트 남해의 해안 절경을 배경으로 한 일출은 이 코스에서 놓쳐서는 안 될 풍경이다.
- 추천계절 봄, 가을(3~5월, 9~11월)
- 축제 보물섬미조멸치축제(5월), 원예예술촌꽃밭축제(5~6월), 독일마을맥주축제(10월)

RECEIPT

입장료
- 해오름예술촌 ········· 4,000원
- 원예예술촌 ········· 10,000원
- 남해파독전시관 ········· 2,000원

주차료
무료

식사 및 간식
- (점심)게장백반 ········· 22,000원
- (간식)브라이트부어스트세트&아메리카노 ········· 22,000원

TOTAL
60,000원

(※2인 기준)

1 course

남해도 최남단의 나폴리 미조항

19번 국도의 종점이자 남해군 본섬 최남단에 자리한 남해의 어업 전진기지 미조항은 산과 바다의 어울림이 한 폭의 그림같이 아름다운 곳으로 유명하다. 미조항과 인접한 팔랑마을에서 송정해수욕장까지 이어지는 해안도로, 물미 해안도로는 남해 곳곳의 해안 절경을 볼 수 있어 최고의 드라이브 코스로 꼽힌다.

📍경상남도 남해군 미조면 미조리 📞남해군청 문화관광과 055-860-8605 🕒24시간, 연중무휴 💰무료 🅿️미조항 주차장, 100대 가능, 무료 | 미조면사무소 공영주차장, 50대 가능, 무료 🚗사천IC(3.6km)→남해고속도로(6.5km)→사천대로(20.3km)→동부대로(29.9km)→미조항

2 course

창창한 숲의 세상 남해 미조리 상록수림

천연기념물 제29호로 지정된 미조항으로 가기 전 언덕에 위치한 울창한 상록수림. 여러 종류의 상록수와 낙엽활엽수로 이루어져 있으며 그중에서 독특한 초본식물을 꼽자면 맥문아재비와 도깨비고비가 있다. 본래 풍수설에 따라 지형의 결점을 보완하려는 목적으로 시작된 미조리 상록수림은 현재 거센 바닷바람을 막아주는 방풍림과 남해의 물고기 떼를 불러들이는 어부림의 구실도 함께하고 있다.

📍경상남도 남해군 미조면 미송로12번길 14-7 📞남해군청 문화관광과 055-860-8632 🕒24시간, 연중무휴 💰무료 🅿️미조항 주차장, 100대 가능, 무료 | 미조면 공영주차장, 50대 가능, 무료 🚗미조항(0.19km)→미송로(0.4km)→남해 미조리 상록수림

3 course

길마다 색다른 풍경을 보여주는 물미 해안도로

물건리에서 미조면까지 이어지는 해안도로. 삼동면 물건리와 미조면의 앞 글자를 따서 지어진 이름이다. 물미 해안도로는 굽어진 길마다 다르게 보여지는 해안 절경을 천천히 감상하며 즐겨야 하는 드라이브 코스다. 해안도로의 중간에 있는 전망대와 쉼터에서 잠시 차를 세우고 아름다운 남해를 두 눈에 가득 담아와 보자.

📍 경상남도 남해군 삼동면 물건리 📞 남해군청 문화관광과 055-860-8607 🕒 24시간, 연중무휴 💰 무료 📍 물미 해안도로 전망대 주차장, 15대 가능, 무료 🚗 남해 미조리 상록수림(1.3km)→미송로(0.4km)→남해대로(2km)→동부대로(6.5km)→물미 해안도로

4 course

아름다운 자연 자체가 예술인 해오름예술촌

폐교로 방치되어 있던 옛 초등학교 건물을 개조하여 만든 문화·예술 공간. 바다가 내려다보이는 언덕에 자리하며 유럽풍 산장처럼 재단장했다. 민속자료실, 상설전시관, 초대·기획전시관 등의 시설이 갖추어져 있다. 전시관 옆길에는 커피를 마실 수 있는 카페도 있어 쉬어가기 좋다. 감성을 자극하는 이국적인 건물과 아름다운 조경 등으로 다양한 매체에도 소개되어 관광객들의 발길이 이어진다.

📍 경상남도 남해군 삼동면 동부대로 995 📞 055-867-0706 🕒 4~10월 09:00~18:00, 11~3월 09:00~17:00(체험은 주말만 가능), 연중무휴 💰 어른·청소년·대학생 2,000원, 경로·초등생 1,000원, 미취학아동 무료 🌐 www.남해해오름예술촌.com 📍 주차 8대 가능, 무료 🚗 물미 해안도로(1km)→동부대로(3.2km)→해오름예술촌

★ 놓치지 말자! ★

원예예술촌

원예 전문가를 중심으로 20여 명의 원예인들이 만든 작은 마을. 우리나라식의 정원부터 스파정원(핀란드풍), 풍차정원(네덜란드풍) 등 나라별 테마를 살려 집과 정원을 조성하였다. 안내 지도에 표시된 관람 순서에 따라 걸어가면 잘 가꾸어진 정원과 아기자기한 집은 물론, 전망대에서 남해의 풍경을 내려다볼 수 있다.

📍 경상남도 남해군 삼동면 예술길 39 📞 055-867-4702 🕒 09:00~17:30(계절, 일몰시간에 따라 폐장시간 부정기적), 매주 월요일 휴무 💰 어른 5,000원, 경로 4,000원, 청소년 3,000원, 어린이 2,000원 🌐 www.원예예술촌.kr, gotogarden.blog.me 📍 주차 130대 가능, 무료

5 course

300년간 마을을 지켜온 든든한 숲 물건리 방조어부림

약 300년 동안 강한 바닷바람과 해일 등으로부터 마을을 보호하고 있는 거대한 숲. 천연기념물 제150호이자, 남해 12경 중 10경에 속한다. 19세기 말엽 이 숲의 일부를 벌채했다가 큰 폭풍 피해를 입은 뒤부터 숲이 해를 입으면 마을이 망한다고 생각하며 보호하게 되었다. 방조어부림 안에 조성된 산책길에서는 울창한 나무들이 만들어주는 시원한 그늘과 상쾌한 공기를 그대로 느낄 수 있다. 초승달 모양의 물건리 방조어부림 전경을 보고 싶다면 독일마을의 윗부분이나 남송마리나피싱리조트를 추천한다.

📍 경상남도 남해군 삼동면 동부대로1030번길 59　📞 남해군청 문화관광과 055-860-8607　🕐 24시간, 연중무휴　💰 무료　🅿 주차 100대 가능, 무료　🚗 해오름예술촌(0.2km)→동부대로(0.3km)→동부대로1030번길(0.6km)→물건리 방조어부림

6 course

이국적인 풍경을 엿볼 수 있는 독일마을

1960년대 조국의 경제발전에 헌신한 독일 거주 교포들을 위해 남해군에서 조성한 마을. 이곳의 전통 독일식 주택에서는 실제 독일 교포들이 생활하면서 관광객을 위한 민박을 운영하는 곳도 있다. 마을의 높은 지대에 올라서면 빨간색 지붕의 주택들이 만들어내는 이국적인 풍경을 볼 수 있을 뿐 아니라, 물건리 방조어부림의 전경까지 볼 수 있다.

📍 경상남도 남해군 삼동면 물건리(원예예술촌에서 도보 이동, 원예예술촌 : 경상남도 남해군 삼동면 예술길 39)　📞 055-860-3540　🕐 24시간, 연중무휴　💰 무료　🌐 nhpadok.namhae.go.kr　🅿 주차 90대 가능, 무료　🚗 물건리 방조어부림(0.3km)→동부대로1030번길(0.6km)→동부대로(0.5km)→독일로(0.5km)→독일마을

★ 놓치지 말자! ★

남해 파독전시관

독일마을 내에 위치한 전시관. 1960년대 파독 광부, 간호사들의 이야기와 각종 물품을 볼 수 있는 곳이다. 규모가 크지는 않지만 입구에 설치된 탄광터널부터 각종 전시물들, 약 10여 분 동안 보여지는 그들의 삶이 담긴 영상까지 그 시대를 살았던 이들의 삶을 느껴보기에는 충분하다. 남해 독일마을을 관광한다면 남해 파독전시관을 놓치지 말자.

📍 경상남도 남해군 삼동면 독일로 89-7　📞 055-860-3540　🕐 09:00~18:00, 매주 월요일(월요일이 공휴일인 경우 다음 날), 설·추석 당일 휴무　💰 1,000원, 미취학아동·경로·남해 군민 무료　🌐 nhpadok.namhae.go.kr　🅿 주차 85대 가능, 무료

7 course — 유채꽃이 만발한 아름다운 풍경 **늑도 유채꽃길**

삼천포대교를 지나다 보이는 아담한 마을 늑도에 위치한 유채꽃길. 4월이 되면 활짝 핀 노란 유채꽃을 보기 위해 전국 각지의 사람들로 넘쳐난다. 노란 유채꽃과 푸른 바다가 어우러져 눈길이 닿는 모든 풍경들이 한 폭의 그림 같다. 이곳에서는 유채꽃과 함께 창선·삼천포 대교 전경을 찍기에도 좋은 장소다.

📍 경상남도 사천시 늑도동 📞 사천시청 녹지공원과 055-831-3411, 3413 🕐 24시간, 연중무휴 💰 무료 📍 늑도마을회관 주차장, 50대 가능, 무료 | 사천초양 휴게소 주차장, 50대 가능, 무료 🚗 독일마을(19.8km)→삼천포대교로(1.2km)→늑도 유채꽃길

8 course — 창선·삼천포 대교의 전경을 볼 수 있는 **삼천포대교공원**

삼천포대교 바로 옆에 위치하고 있어 삼천포대교의 전경을 보기에는 최적의 장소다. 연인들에게는 사랑의 메시지를 담은 자물쇠를 걸어둘 수 있어 둘만의 여행을 기념하기에 좋다. 공원의 한쪽에는 임진왜란 당시 왜적을 물리쳤던 이순신 장군의 거북선을 그대로 만들어놓아 아이들과 함께 온 가족 단위 여행객들의 눈길을 끈다.

📍 경상남도 사천시 사천대로 17 📞 삼천포대교공원 관광안내소 055-835-1023, 사천시 관광안내소 055-832-9610 🕐 24시간, 연중무휴 💰 무료 📍 주차 80대 가능, 무료 🚗 늑도 유채꽃길(3.2km)→삼천포대교로(0.5km)→사천대로(0.2km)→삼천포대교공원

알고 떠나면 더 즐거운 여행길

청춘 남녀의 애절한 사랑과 이별 그리고 서민들의 애환을 담은, 삼천포 아가씨

은방울 자매가 부른 노래 '삼천포 아가씨'에 얽힌 러브스토리가 있다. 어린 시절 순희와 재호는 평생을 약속했지만 재호는 일본 탄광에 징용으로 끌려가게 된다. 삼천포항에서 눈물의 작별을 하게 된 순희와 재호. 순희는 뱃고동 소리가 들릴 때마다 삼천포항에서 재호가 돌아오기만을 기다렸지만 결국 만나지 못했다는 슬픈 사랑 이야기다. 이 이야기를 듣고 감동한 작곡가 송운선이 만든 노래가 바로 '삼천포 아가씨'. 청춘 남녀의 애절한 사랑과 이별 그리고 서민들의 애환을 담은 이 노래는 남쪽의 작은 항구도시 삼천포항을 전국으로 알리게 되는 계기가 된다. 이 노래의 주인공인 삼천포 아가씨 동상은 현재 노산공원에서 볼 수 있다.

★ 추천하고 싶은 곳 ★

🛏 추천 숙소

삼천포 해상관광호텔

사천에 위치한 3성급 호텔로 삼천포대교, 남일대 해수욕장, 삼천포시외버스터미널 등이 가깝게 위치하고 있다. 커피숍, 레스토랑, 연회장 등의 부대시설을 갖추고 있으며, 전 객실에 PC가 마련되어 있어 인터넷을 자유롭게 할 수 있다.

📍 경상남도 사천시 사천대로 80 📞 055-832-3004 💰 7만9,000원~(성수기, 비수기, 평일, 주말 요금 다름) 🌐 www.3004hotel.com 🚗 삼천포대교공원에서 0.8km

남송마리나피싱리조트(남송가족관광호텔)

남해 12경 중 10경에 해당하는 물건리 방조어부림과 물건항의 전경을 한눈에 바라볼 수 있으며, 객실에서 남해의 바다와 일출을 볼 수 있다는 장점이 있다. 독일마을, 파독전시관, 원예예술원, 해오름예술촌 등의 관람지와 가까워 여행하기에 좋다.

📍 경상남도 남해군 삼동면 동부대로1122번길 132-52 📞 055-867-4710~2 💰 9만9,000원~(성수기, 비수기, 평일, 주말 요금 다름) 🌐 www.namsongresort.co.kr 🚗 물건리 방조어부림에서 1.92km

남일대리조트(호텔 엘리너스)

2008년 11월에 개장한 종합관광휴양지로, 객실에서 남일대해수욕장의 빼어난 전망을 바라볼 수 있다. 해수월드(사우나, 찜질방)와 레스토랑 등의 부대시설부터, 기업체 및 대학 세미나, 워크숍, MT는 물론이거니와 결혼, 회갑 등의 다양한 행사를 치를 수 있는 시설까지 보유하고 있다.

📍 경상남도 사천시 남일대길 70 📞 055-832-9800 💰 11만 원~(성수기, 비수기, 평일, 주말 요금 다름) 🌐 www.namiltte.com 🚗 삼천포대교공원에서 4.73km

☕ 추천 휴게소

사천초양 휴게소

삼천포대교의 중간에 위치한 휴게소. 다른 휴게소들에 비해 규모가 매우 작다. 하지만 주차장과 편의 시설이 갖추어져 있고, 확 트인 남해의 풍경을 볼 수 있어 많은 이들의 발길을 붙잡는다. 특히나 일출시간에 맞추어 이곳에 온다면 동양에서 가장 큰 굴뚝을 가진 삼천포화력발전소를 배경으로 최고의 일출 사진을 얻어갈 수 있다. 남해의 일출을 보기 위한 장소를 찾는다면, 이곳을 놓치지 말자.

📍 경상남도 사천시 삼천포대교로 112 📞 한려해상국립공원 초양도 탐방지원센터 055-835-3528 🕐 24시간, 연중무휴 💰 무료 🅿 주차 50대 가능, 무료 🚗 삼천포대교공원에서 1.58km

🍴 추천 맛집

삼천포돌게장

삼천포대교와 멀지 않은 곳에 위치한 게장백반 전문점. 삼천포돌게장의 유일한 메뉴인 게장백반을 시키면 꽃게된장찌개, 간장게장, 양념게장, 멍게비빔밥이 함께 나온다. 꽃게가 신선하고 속살이 가득 차 있어 든든하면서도 맛있는 한 끼를 챙기기에 부족함이 없다. 게장과 멍게젓갈 그리고 꽃게된장찌개는 포장 판매도 가능하다.

📍 경상남도 사천시 벌리로 41 📞 055-835-9052 🕐 10:30~20:00, 매주 수요일, 설·추석 연휴 휴무 💰 게장백반(꽃게된장찌개+간장게장+양념게장+멍게비빔밥) 1만1,000원 | 포장 판매 간장게장(2kg) 2만5,000원, 양념게장(1.3kg) 3만 원, 멍게젓갈 500g 1만5,000원, 꽃게된장찌개 1만 원 🅿 주차 20대 가능, 무료 🚗 삼천포대교공원에서 3.56km

남해밥상

남해에 들어서면 멸치쌈밥이나 멸치회를 판매하는 식당을 흔하게 볼 수 있다. 그중에서도 이곳 남해밥상은 독일마을과 근접해 있으며 깔끔하고 정갈한 상차림으로 많은 관광객들이 찾는 맛집이다. 이곳의 멸치쌈밥은 다른 식당에 비해 국물을 넉넉하게 부어 멸치와 채소에서 우러난 담백한 국물을 맛볼 수 있는 게 특징이다. 남해를 여행한다면, 남해의 대표 특산물 멸치로 만들어진 멸치쌈밥을 꼭 먹어보자.

📍경상남도 남해군 삼동면 동부대로 1375 📞055-867-8882 🕐10:30~20:00, 매주 수요일 휴무(부정기적) 🍴멸치쌈밥(2인 이상) 1인 1만 원, 시골된장찌개 8,000원, 멸치회 2만 원~, 멸치튀김 1만2,000원, 멸치 코스(2인 이상 : 멸치회+멸치튀김+멸치쌈밥) 1인 2만2,000원 🅿주차 30대 가능, 무료 🚗독일마을에서 2.94km

삼다도해물집

미조면사무소와 인접한 골목에 위치한 삼다도해물집은 '착한 식당'이라는 타이틀이 항상 따라붙는다. TV 프로그램 〈먹거리 X파일〉에서 소비자가 믿고 먹을 수 있는 식당으로 지정된 후, 더 많은 관광객이 찾는 맛집이다. 가장 인기 메뉴는 전복죽. 직접 물질해서 손질한 전복이 들어가 있어 신선하고 담백하다.

📍경상남도 남해군 미조면 미조로 104-82 📞055-867-7562 🕐11:30~19:00, 연중휴무(매년 5, 6월 휴업, 설·추석 연휴 부정기적 휴무) 🍴전복죽 1만 원, 전복(소) 3만 원~, 소라(소) 2만 원~ 🅿미조면사무소앞 미조 공영주차장, 50대 가능, 무료 🚗미조항에서 0.4km

🏪 추천 가게

수정건어물

수정건어물은 삼천포대교 옆 삼천포대교공원 내에 있어 찾기 쉽고 가게 앞 주차 시설도 넓어 이용하기 편리하다. 이곳에서는 남해의 대표적인 특산물인 죽방멸치는 물론이거니와 보리새우, 감태, 다시마, 톳 등 남해의 다양한 건어물을 구입할 수 있다. 그리고 전국 무료 택배가 가능하기 때문에 지인에게 선물을 하거나 재구매를 하고자 할 때 편리하다.

📍경상남도 사천시 사천대로 25 📞055-833-0507 🕐09:00~18:00(부정기적), 부정기적 휴무 🍴보리새우 5,000원, 감태 5,000원 🅿주차 48대 가능, 무료 🚗삼천포대교공원 내 위치

카페 그리다

독일마을에 인접한 브런치 맛집. 이곳의 인기 메뉴는 독일인 마이스터가 만든 수제 소시지에 토마토, 매시트 포테이토를 곁들여 먹을 수 있는 브라이트부어스트 세트다. 담백하고 고소한 소시지에 남해 특산물인 유자로 만든 상큼한 유자스무디를 함께 곁들이면 그야말로 환상의 조합. 독일 맥주와 함께 제대로 된 독일식 한 끼를 먹어보는 것도 좋다.

📍경상남도 남해군 삼동면 동부대로 1125-6 📞010-9479-2628 🕐09:00~22:00, 부정기적 휴무 🍴브라이트부어스트 세트 1만4,000원, 유자스무디 6,000원, 아메리카노 4,000원, 독일 맥주 5,000~7,000원 🌐blog.naver.com/oceanvillage, namhaecaffegreeda.modoo.at 🅿주차 30대 가능, 무료 🚗독일마을에서 0.3km

보물선 건어물 장터

보물선 건어물 장터는 미국 FDA가 인정한 청정해역인 남해안 한려수도의 중심인 삼천포에 위치하고 있으며 우리나라 죽방렴의 절반 이상이 위치한 창선면 지족에 인접하여 죽방멸치를 시중보다 저렴하게 공급하고 있다. 뿐만 아니라 멸치액젓, 다시마, 보리새우, 미역, 삼천포 쥐포, 건홍합 등 다양한 제품을 구입할 수 있으며, 택배를 원할 경우 전화를 통해 상담 가능하다.

📍경상남도 남해군 창선면 동부대로 2060 📞055-867-8004 🕐09:30~18:00, 연중무휴 🍴남해 멸치액젓 1.8L 9,000원, 4.5L 2만 원(남해 멸치 종류에 따라 가격 상이), 통흑마늘 3만5,000원 🅿주차 10대 가능, 무료 🚗삼천포대교공원에서 12.11km

경상남도
DRIVE COURSE

남해 해안 일주도로

낭만가도를 따라 스트레스 확 날리는 아름다운 길

이국적이고 아름다운 해변과 작은 마을들이 여기저기서 모습을 드러낸다. 뒤로는 깊은 산이 병풍처럼 둘러져 있고, 앞에는 깊고 푸른 바다가 펼쳐진다. 산골 마을인지 바닷가 마을인지 헷갈리는 지형적 특성이 마음을 사로잡는다. 마을 끝에는 해수욕장과 포구가 있다. 가루처럼 부드러운 모래, 작은 몽돌, 전통적인 고기잡이 어장 석방렴 등 다양한 모습의 남해를 만난다.

TIP 산 중턱을 드라이브 하다 보면 바닷가에 형성된 마을과 해변을 동시에 감상할 수 있는 곳들이 곳곳에 있다. 지나치기 쉬우므로 천천히 운전하면서 남해의 아름다운 해안과 경관을 제대로 감상해보자.

INFORMATION
- 이동거리 141.39km
- 드라이브 3시간 39분
- 전체 코스 7~8시간
- 포인트 이국적이고 아름다운 도로와 다랭이마을에서 남해의 멋을 즐긴다.
- 추천계절 사계절(1~12월)
- 축제 다랭이마을모내기축제(6월), 석방렴축제(6월), 상주 은모래비치 섬머페스티벌(7월)

RECEIPT
입장료
무료

주차료
무료

식사 및 간식
(점심)멸치쌈밥 ·················· 30,000원

TOTAL
30,000원

(※2인 기준)

1 course

남해에서 가장 아름답다는 **상주 은모래비치**

남해 하면 가장 먼저 떠올리게 되는 아름다운 해수욕장이다. 부드러운 모래와 몇백 년 된 아름드리 소나무 숲, 맑고 푸른 바닷물까지 모두 갖추고 있다. 사시사철 사람들의 발길이 끊이지 않으며 특히 여름이면 1백만 여 명이 찾는 유명 해수욕장이다. 뒤로 금산이 포근하게 품어주고, 앞으로는 초승달 모양의 해변이 아늑하게 자리 잡고 있다. 포구에 정착해 있는 배들은 한 폭의 그림이 되어준다.

📍경상남도 남해군 상주면 상주로 10-3 📞 상주면번영회 055-863-3573, 남해관광안내소 1588-3415 🕐 24시간, 연중무휴 🆓 무료 🅿 주차 150대 가능, 무료
🚗 사천IC(22.8㎞)→삼천포대교(13.3㎞)→동부대로, 지족삼거리(18.6㎞)→남해대로, 초전삼거리(4.9㎞)→상주 은모래비치

★ 놓치지 말자! ★

금산 보리암 전망대

상주에서 보리암으로 가는 길은 17㎞나 되는 길이다. 구불구불 산길을 지나 주차장에 도착하면 10~20분 정도 능선을 따라 산길을 걸어간다. 숨차고 힘든 산길을 오르는 동안 괜히 이 길로 들어섰나 싶기도 하다. 하지만 보리암 전망대에서 모든 것이 순식간에 바뀌어 버린다. 기이하게 생긴 바위 절벽, 남해 바다의 아름다운 모습 등 한눈에 들어오는 전경이 숨차게 산길을 오르는 동안 스멀스멀 올라오던 후회를 쏙 들어가게 만든다.

📍경상남도 남해군 상주면 보리암로 665 📞 055-862-6115 🆓 무료 🅿 주차 30대 가능, 무료

2 course

천혜의 자연환경을 갖춘 바닷가 정원 **신전 앵강다숲**

군부대가 있어서 일반인 출입이 금지되었다가 2007년 군부대가 이전하면서 생태관광지로 조성되었다. 이 숲은 400여 년 전부터 신전마을 주민들이 방풍림으로 조성해 왔다. 상수리나무 군락지인 신전 숲, 휴식을 취할 수 있는 그늘은 물론 편히 쉴 수 있는 의자와 어린이들이 신나게 뛰어놀 수 있는 놀이터도 마련되어 있다. 숲과 앵강만을 사이에 두고 남해바래길이 이어져 있어 바다를 끼고 산책할 수도 있다.

📍경상남도 남해군 이동면 성남로 79-10 📞 남해 관광안내소 1588-3415 🕐 24시간, 연중무휴 🆓 무료 🅿 주차 40대 가능, 무료 🚗 상주 은모래비치(8.9㎞)→남해 원천동주민센터(1.6㎞)→성남로 입구(3.3㎞)→성남로, 금평교(0.8㎞)→신전 앵강다숲

3 course

카페와 펜션의 거리 미국마을

아담하고 예쁜 펜션과 별장, 카페로 이루어진 마을이다. 이국적인 시골 풍경과는 또 다른 서구적인 분위기의 건물들이 자리 잡고 있다. 규모는 작지만 잘 조성된 가로수 길과 함께 용문사로 가는 길이 이어진다. 근처의 용문사와 두곡해수욕장으로 가는 길목에 조그마한 꼭두방바위도 둘러볼 만하다.

경상남도 남해군 이동면 미국마을길 6 · 남해 관광안내소 1588-3415 · 24시간, 연중무휴 · 무료 · 마을 주변 공터 주차, 5대 가능, 무료 · 신전 앵강다숲 (1.2km)→1024 해안대로(1.2km)→미국마을

4 course

자연을 이용해 고기를 잡았던 홍현마을 석방렴

썰물과 밀물을 이용하여 물고기를 잡던 대표적인 어로 시설로, 죽방렴과 석방렴이 있다. 그중 돌을 쌓아 고기를 잡던 석방렴의 모습을 볼 수 있다. 전복, 소라, 해삼, 멍게가 많이 잡히던 홍현마을에서 주로 사용했던 방법이다. 앵강만에서는 석방렴을 이용한 어로 활동이 많았으나, 1959년 사라호 태풍 때 대부분 소실됐다. 자연 자원을 크게 해치지 않으면서 먹거리를 해결하던 조상의 따뜻한 마음이 느껴진다.

경상남도 남해군 남면도679번길 7-3 · 남해 관광안내소 1588-3415 · 24시간, 연중무휴 · 무료 · 주차, 15대 가능, 무료 · 미국마을(2.8km)→두곡해수욕장 (4.9km)→홍현마을 석방렴

5 course

자연과 인간의 합작품 다랭이마을

농지가 부족한 갯마을 경사진 비탈에 석축을 쌓아 계단식 논을 일구며 삶을 이어갔던 농부의 억척스러움이 엿보인다. 주어진 자연에 순응하고 조화를 이루며 살아온 모습이 경이롭기까지 하다. 차곡차곡 바다를 향해 내려간 계단식 논은 곡선의 아름다움을 마음껏 보여준다. 다랭이 논두렁 산책길을 걸으면 시원하게 펼쳐진 망망대해가 자연스레 가슴에 와 닿는다. 마을의 주택들도 대부분 경사진 지형에 자리한 까닭에 어느 집이든 모두 전망대다. 예부터 농사를 지으며 지게를 지고 다니던 지겟길과 암수바위, 밥무덤도 이 마을의 명소다.

경상남도 남해군 남면 남면로 702 · 가천 관광안내소 055-863-3893 · 24시간, 연중무휴 · 무료 · 주차 50대 가능, 무료 · 홍현마을 석방렴 (0.7km)→홍현리 보건진료소(3.4km)→다랭이마을

6 course

연인과 함께하기 좋은 호젓한 사촌해수욕장

작은 규모의 해수욕장이지만, 이곳의 모래는 마치 가루를 만지는 듯 부드럽고 감촉이 좋다. 특히 바다가 얕고 파도가 잔잔하여 해양스포츠인 래프팅, 카약을 즐기기 좋다. 옥빛 출렁이는 바다에는 바다낚시를 즐기는 고기잡이 작은 배들이 떠 있고 날씨가 맑으면 바다 너머 여수가 뚜렷하게 보인다. 가족 여행이든 연인과의 데이트든 최적의 장소라 할 수 있다.

📍 경상남도 남해군 남면 성구리 1060-3 📞 남해 관광안내소 1588-3415 🕐 24시간, 연중무휴 💰 무료 🅿 주차 40대 가능, 무료 🚗 다랭이마을(4.6km)→선구마을 보건진료소(1.1km)→사촌해수욕장

7 course

우리나라에서 가장 작은 바래길 작은미술관

아마도 세상에서 가장 작을 것 같은 미술관이다. 다랭이 지겟길이 시작되는 곳에서 몇 점 안 되는 작품들이 누군가 봐 주기를 기다리고 있다. 남해군 화가들의 작품을 전시하고 판매하기도 한다. 미술관을 둘러보고 평산항의 바다에서 소리도 질러보고 다랭이 지겟길을 따라 산책하며 마을을 둘러볼 수 있다.

📍 경상남도 남해군 남면 남면로1739번길 44-1 📞 055-862-5557 🕐 10:00~17:00(점심시간 12:00~13:00), 매주 월요일, 설·추석 휴무 💰 무료 🅿 주차 5대 가능, 무료 🚗 사촌해수욕장(4km)→유구마을회관(2km)→바래길 작은미술관

나는 세상에서 가장 작은 미술관!

작은 공간이라 더 예쁜 작품들의 세계

귀윰귀움한 미술관 작품들

가까이 더 가까이 들여다보게 하는 작은미술관의 매력!

8 course

감춰놓은 남해의 보물 **구미동해변**

길이가 500m 정도밖에 되지 않는 아담한 해변이지만 울창한 숲과 자갈밭이 어우러져 경치가 아름답다. 태풍과 해일 등의 피해를 막기 위해 느티나무, 팽나무, 이팝나무 등 350여 그루가 심어져 있는 구미동해변 숲길은 휴양림의 역할까지 하고 있다. 숲 안에는 '치유의 숲길'이라 불리는 오솔길이 나 있다. 도시 생활의 지친 마음에 휴식과 힐링을 제공해주는 해변과 여름의 따가운 햇살을 피해 숲길을 걸으며 파도 소리까지 들을 수 있는 일석이조의 여행지다.

📍 경상남도 남해군 남면 남서대로 1176 📞 남해관광안내소 1588-3415
🕐 24시간, 연중무휴 💰 무료 🅿️ 주차 15대 가능, 무료 🚗 바래길 작은미술관(1.2km)→남서대로1179번길 교점(1km)→상덕천(0.1km)→남서대로교점(1.1km)→구미동해변

★ 놓치지 말자!

용문사, 용문사계곡

원효대사가 금산에 세웠던 보광사를 후에 이곳으로 옮긴 것이 용문사라고 전해지고 있으나 정확한 창건 연대는 알 수 없다. 용문사 대조전은 예술적 감각이 뛰어난 건축 조성 기법으로 알려져 있다. 용문사계곡의 맑은 물과 울창한 숲 주변의 운치를 더해준다. 조그만 계곡이지만 사시사철 물이 마르지 않아 여름에 물놀이를 즐길 수 있는 곳이다.

📍 경상남도 남해군 이동면 용문사길 166-11 📞 055-862-4425 💰 무료 🌐 www.yongmunsa.net 🅿️ 주차 130내 가능, 무료

알고 떠나면 더 즐거운 여행길

죽어서도 외롭지 않게, 밥무덤

가족이 없거나 함께할 친구가 없다는 것은 누가 봐도 외롭고 쓸쓸한 일이다. 죽어서도 챙겨줄 이 하나 없어 제삿밥도 얻어먹지 못하는 망자를 위해 제사를 챙겨주고 밥을 묻어놓는 곳이 밥무덤이다. 이렇게 외로운 망자를 위해주고 제삿밥을 챙김으로써 마을의 안녕과 풍년을 기원하던 풍습이 아직도 남해에 전해오고 있다.

★ 추천하고 싶은 곳 ★

🚗 추천 숙소

모던하우스 팬션

상주 은모래비치가 바라보이는 곳에 위치하며 이름처럼 모던하고 심플한 디자인의 건물을 자랑하는 전망 좋은 펜션이다. 가족, 친구, 커플 등을 위한 맞춤형 객실이 준비되어 있다. 이용후기 평도 좋다. 통발 체험, 갯벌 체험, 개막이 체험 등도 가능하다.

📍 경상남도 남해군 상주면 남해대로701번길 24-1 📞 055-862-5355 💰 7만 원~(성수기, 비수기, 평일, 주말 요금 다름) 🌐 www.modernhousepension.com 🚗 상주 은모래비치에서 0.3km

남해 월포펜션

조각보 같은 논밭 사이로 들어서면 독채 같은 아담한 펜션이 눈에 들어온다. 뒤로는 월포해수욕장과 두곡해수욕장이 펼쳐지고 바닷가를 따라 해안산책길이 마련되어 있다. 별채 건물이 있어 가족 여행으로 딱이다.

📍 경상남도 남해군 남면 남서대로 611-25 📞 055-863-2215, 010-7572-7792 💰 6만 원~(성수기, 비수기, 평일, 주말 요금 다름) 🌐 www.wolpo.kr 🚗 앵강다숲마을에서 6km

은모래펜션

상주 은모래비치에서 걸어갈 수 있는 가까운 거리에 위치한다. 객실 내부는 아기자기한 소품이 많아서 따뜻한 느낌을 주며, 앞 바다가 보이는 야외 테라스에서 맥주 한잔을 즐길 수 있다. 동네 골목길을 산책하는 기분으로 찾아간 펜션에서 집에 온 듯한 편안함을 느낄 수 있다.

📍 경상남도 남해군 상주면 남해대로701번길 21 📞 055-862-1289 💰 7만 원~(성수기, 비수기, 평일, 주말 요금 다름) 🌐 www.enmorae.com 🚗 상주 은모래비치에서 0.3km

☕ 추천 휴게소

사천초양 휴게소

초양대교를 지나고 모계교로 진입하기 바로 전에 만나게 되는 휴게소다. 작은 편의점이 있고, 초양도 탐방지원센터가 2층에 있다. 전망대와 쉼터도 마련되어 있어 한려해상국립공원의 바다를 제대로 감상할 수 있다. 이곳에서 여행 안내 지도를 구할 수 있다.

📍 경상남도 남해군 사천시 삼천포대교로 112 📞 한려해상국립공원 초양도 탐방지원센터 055-835-3528 🕐 24시간, 연중무휴 🅿️ 주차 50대 가능, 무료 🚗 상주 은모래비치에서 32.7km

🍴 추천 맛집

남해자연맛집

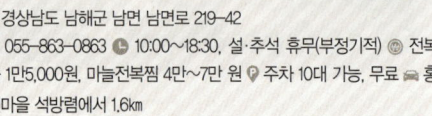

바다를 식탁 위로 옮겨놓은 듯 멍게, 해삼, 호래기(꼴뚜기), 굴 등이 반찬으로 올라온다. 삶은 호래기와 생굴, 멍게, 해삼 등을 초장에 찍어 먹으면 싱싱한 바다가 입안으로 들어오는 듯하다. 식당 앞바다에서 해녀들이 직접 잡은 전복으로 끓인 전복죽도 부드럽고 고소하다.

📍 경상남도 남해군 남면 남면로 219-42 📞 055-863-0863 🕐 10:00~18:30, 설·추석 휴무(부정기적) 💰 전복죽 1만5,000원, 마늘전복찜 4만~7만 원 🅿️ 주차 10대 가능, 무료 🚗 홍현마을 석방렴에서 1.6km

시골할매 유자잎 막걸리

바다가 훤히 보이는 곳에 위치한 다랭이마을에서 가장 오래된 식당이다. 조막심 할머니가 시작한 식당을 지금은 세상을 떠난 할머니를 대신하여 며느리가 이어 가고 있다. 게와 새우 등 싱싱한 해산물을 넣어 끓인 해물된장 정식, 해삼을 썰어 비빈 해삼비빔밥 등을 맛볼 수 있다.

📍 경상남도 남해군 남면 남면로679번길 17-37 📞 055-862-8381 🕐 08:00~20:00(부정기적), 연중무휴 🍴 멍게비빔밥 1만 원, 해물된장 정식 7,000원 🅿 주차 150대 가능, 무료 🚗 다랭이마을에서 0.5km

미가식당

남해에서는 멸치가 많이 잡힌다. 그래서인지 멸치조림에 쌈을 싸 먹는 멸치쌈밥은 남해에서 흔히 보게 되는 메뉴 중 하나다. 미가식당의 대표 메뉴이기도 한 멸치쌈밥과 멍게비빔밥은 누구나 좋아하고 즐기는 음식이다. 멸치와 우거지, 고추를 된장과 함께 자작자작 끓여낸 다음 밥과 함께 상추나 깻잎에 싸서 먹는다. 멍게비빔밥을 멸치쌈밥과 함께 먹으면 또 다른 별미다.

📍 경상남도 남해군 삼동면 동부대로 1021 📞 055-862-2959 🕐 09:00~20:30, 부정기적 휴무 🍴 멸치쌈밥(2인 이상) 소(2인 기준) 3만 원, 멍게비빔밥 1만 원 🅿 주차 5대 가능, 무료 🚗 상주 은모래비치에서 0.1km

> **추천 가게**
> ### 다랭이마을 사랑채
> 다랭이마을의 기념품을 이곳에서 구입할 수 있다. 다랭이마을에서 생산한 친환경 쌀과 마늘로 만든 장아찌 등 종류

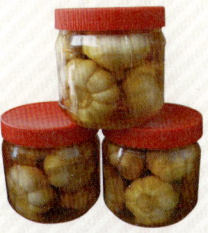

도 다양하다. 여행안내소 역할도 해주고 있다.

📍 경상남도 남해군 남면 남면로 702 📞 다랭이마을 남면면사무소 055-860-8271, 가천마을 부녀회장 010-5417-2319 🕐 08:00~19:00(부정기적), 부정기적 휴무 🍴 친환경 쌀 1kg 5만 원 🅿 주차 150대 가능, 무료 🚗 다랭이마을에서 0.1km

독일로특산물

남해의 특산품인 유자, 멸치, 마늘 등을 구입할 수 있다. 직접 담근 유자차는 시중의 것보다 달지 않으면서도 은은한 향이 제대로 느껴진다.

📍 경상남도 남해군 삼동면 독일로 101 📞 055-863-5570 🕐 09:00~18:00(부정기적), 연중무휴 🍴 보리새우 250g 5,000원 🅿 주차 5대 가능, 무료 🚗 상주 은모래비치에서 16.4km

오즈 카페

카페에 들어서면 아기자기한 소품들로 장식된 내부가 따뜻한 느낌이며, 수제 액세서리를 직접 만들어 벽에 걸어놓아 구경도 하고 구매할 수도 있다. 주인장의 시어머니가 직접 담갔다는 대추차와 유자차가 일품이다.

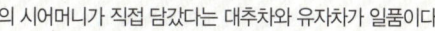

📍 경상남도 남해군 동부대로1876번길 1 📞 010-8311-5813 🕐 11:00~20:00, 연중무휴 🍴 유자차 5,000원, 대추차 6,000원 🅿 주차 5대 가능, 무료 🚗 상주 은모래비치에서 20km

경상남도

DRIVE COURSE

부산 광안리~기장

화려한 빌딩 숲부터 소박한 어촌마을까지 다양한 매력이 가득한 곳

광안리부터 기장읍까지 이어지는 부산 동부해안도로는 다양한 모습을 선사해준다. 화려하게 빛나는 마린시티와 광안대교, 국내외 여행객으로 북적이는 해수욕장과 거리를 지나고 나면 나타나는 정겹고 소박한 어촌마을. 이 모든 것들과 어우러져 더 아름답게 빛나는 바다. 부산을 대표하는 아름다움을 모두 갖춘 드라이브 코스다.

INFORMATION

- 이동거리 80.41km
- 드라이브 2시간 42분
- 전체 코스 9~10시간
- 포인트 연인들에게는 로맨틱 데이트 코스, 가족들에겐 신나는 휴양지. 각양각색 재미로 가득한 부산의 매력을 만끽해보자.
- 추천계절 사계절(1~12월)
- 축제 기장멸치축제(4월), 해운대모래축제(6월), 센텀맥주축제(7월), 부산바다축제(8월), 부산국제코미디페스티벌(8월), 국제해양레저위크(9~10월), 부산국제영화제(10월), 부산불꽃축제(10월)

RECEIPT

입장료
무료

주차료
광안리해수욕장 ········· 2시간 3,600원
해운대해수욕장 ········· 2시간 3,600원
달맞이길 ················ 2시간 3,600원
해동용궁사 ·························· 3,000원
*성수기, 주말 주차료 변동

식사 및 간식
(점심)달인초밥세트 ············· 66,000원
(간식)애플파이 ½ &키슈&슈크림빵
························ 14,300원

TOTAL
94,100원

(※2인 기준)

1 course 아름다운 자연을 만끽하며 달리는 **이기대공원 해안도로**

오륙도에서 동생말까지 이어지는 이기대공원 해안도로. 약 6km의 드라이브 코스로 울창한 나무 사이로 보이는 바다를 감상하며 달리는 길이 인상적인 곳이다. 이기대공원로의 시작점인 오륙도는 정면에서 보면 5개, 측면(서쪽)에서 보면 6개의 섬으로 보인다 하여 이름 붙여졌다. 오륙도 스카이워크에 오르면 한쪽으로는 오륙도를, 다른 한쪽으로는 해안 절벽을 따라 광안대교까지 이어지는 아름다운 풍경을 만끽할 수 있다. 이기대공원로는 운전자들이 차를 잠시 멈추고 풍광을 감상할 수 있도록 도로 중간에 주차 공간이 마련되어 있다.

📍 부산광역시 남구 용호3동 산25 📞 해파랑길 관광안내소 051-607-6395 🕐 24시간, 연중무휴 💰 무료 🅿 오륙도 스카이워크 주차장, 45대 가능, 10분 300원(22:00~다음 날 08:00 무료) | 이기대공원 내 주차장, 50대 가능, 무료 🚗 대동TG(9.6km)→관문대로(8.1km)→성남로(0.8km)→충장대로(0.4km)→동서고가도(3.7km)→신선로(2.1km)→신선대산복로(2.25km)→오륙도로(1.4km)→오륙도 해맞이공원(이기대공원 해안도로 시작점)

오륙도 스카이워크에 올라 아름다운 해안 절벽을 만끽해보자.

바다 위를 걷는 듯 짜릿한 스카이워크

2 course 부산을 대표하는 그림 같은 휴양지 **광안리해수욕장**

금련산에서 내린 질 좋은 모래에 반월형으로 휘어진 백사장, 해수욕장 정면으로 보이는 광안대교는 부산을 대표하는 모습이 되었다. 해수욕장뿐만 아니라 해변로를 따라 형성된 카페 거리와 동쪽에 있는 전국에서 가장 큰 규모를 자랑하는 민락 횟집촌 등 즐길 거리도 다양하다. 부산의 야경을 완성하는 광안대교는 첨단 조명 시스템이 구축되어 10만 가지 이상의 색상으로 화려함을 연출한다. 경관 조명으로 인해 '다이아몬드 브리지'라는 애칭을 갖게 되었고 부산의 대표 랜드마크다.

📍 부산광역시 수영구 광안해변로 219 📞 051-610-4211 🕐 24시간, 연중무휴 💰 무료 🅿 주차 55대 가능, 10~5월 평일 10분 300원, 주말·공휴일 10분 500원, 6~9월 10분 500원 🚗 오륙도 해맞이공원(이기대공원 해안도로 시작점)(6.66km)→신선로(2.8km)→광안리해수욕장

3 course

국가대표 해변, 국가대표 야경 **해운대해수욕장**

해운대해수욕장은 해마다 여름철 피서객의 규모를 가늠하는 척도로 이용될 만큼 국내 최대 인파가 몰리는 우리나라를 대표하는 해수욕장이다. 해안선 주변에 크고 작은 빌딩과 고급 호텔들이 줄지어 있어 현대적이고 세련된 분위기를 자아낸다. 계절마다 크고 작은 다양한 행사들이 열리고 해수욕장 주변에 동백섬, 아쿠아리움, 요트 경기장, 벡스코 등 즐길 거리와 볼거리가 많아 사시사철 여행객으로 붐빈다. 밤이 되면 마린시티의 황홀한 야경이 펼쳐지는데, 초고층 빌딩들이 뿜어내는 아름다운 야경은 마치 외국의 어느 도시에 온 듯한 착각이 들게 한다.

부산광역시 해운대구 해운대해변로 264 해운대 관광안내소 051-749-5700 24시간, 연중무휴 무료 주차 300대 가능, 10~5월 평일 10분 300원, 주말·공휴일 10분 500원, 7~8월 10분 500원(평일·주말 구분 없음) 광안리해수욕장(0.82km)→민락본동로(0.35km)→광남로(3.2km)→해운대해수욕장

★ 놓치지 말자!

부산아쿠아리움

해운대해수욕장에 위치한 부산아쿠아리움은 연면적 1만3,223㎡로 단일 시설물로는 국내 최대 규모의 수족관이다. 상어, 가오리, 자카스펭귄을 포함한 1만여 마리의 해양생물을 다양한 테마와 함께 만날 수 있다. 정치망 그물에 갇혀 구조된 상괭이가 재활, 방류하는 과정을 볼 수 있으며 성게, 불가사리 등을 만질 수 있는 터치 풀, 수중 다이버가 상어에게 먹이를 주는 피팅쇼, 퀴즈탐험 등 다양한 프로그램을 운영하고 있다. 부산아쿠아리움의 하이라이트는 270도로 펼쳐진 해저터널. 머리 위에서 양쪽으로 헤엄치는 다양한 물고기들을 보며 걷다 보면 물속을 걷는 듯한 착각에 빠지게 된다.

부산광역시 해운대구 해운대해변로 266 051-740-1700 평일 10:00~19:00, 공휴일·주말 09:00~21:00, 연중무휴 어른 2만9,000원, 어린이(만 3~12세) 2만3,000원 www.busanaquarium.com 주차 40대 가능, 30분 1,000원

낭만 가득한 연인들의 달맞이길에서 바라본 푸른 바다

4 course

달빛으로 물든 낭만 가득한 **달맞이길**

벚나무와 송림이 울창한 달맞이길은 총 8km에 달하는 환상적인 드라이브 코스다. 해운대의 화려한 경관을 감상할 수 있고 길을 따라 카페, 레스토랑, 갤러리들이 이어져 있어 연인들에게 특히 인기가 많다. 낮의 달맞이길도 멋지지만, 밤이 되면 그 이름의 진가가 발휘된다. 고갯길 정상에 있는 달맞이동산의 해월정은 정월 대보름날 달을 가장 잘 볼 수 있는 곳이고, 달맞이길 월출은 대한팔경 중 하나로 꼽힌다. 달구경뿐만 아니라 광안대교부터 해운대 마린시티까지 이어지는 야경을 한눈에 내려다볼 수 있다.

📍 부산광역시 해운대구 달맞이길 190 📞 달맞이길 관광안내소 051-749-5710 🕐 24시간, 연중무휴 💰 무료 🅿 주차 40대 가능, 10분 300원 🚗 해운대해수욕장(0.53km)→달맞이길(1.85km)→달맞이길

5 course

서퍼들의 파라다이스 **송정해수욕장**

복잡하고 화려한 광안리와 해운대 해변은 관광객에게 내어주고 부산 사람들은 송정해수욕장으로 모인다. 해운대보다 더 너른 백사장을 가지고 있는 송정해수욕장은 평안하고 정겨운 바다의 모습을 간직하고 있다. 1년 내내 서핑을 즐길 수 있는 파도를 만날 수 있어 서퍼들에게도 인기다. 초보자들을 위한 서핑학교부터 전문 서퍼들을 위한 숙소와 카페까지, 서퍼들을 위한 모든 것이 잘 갖추어져 있다.

📍 부산광역시 해운대구 송정동 712-2 📞 051-749-5800 🕐 24시간, 연중무휴 💰 무료 🅿 주차 355대 가능, 1~6월·9~12월 무료, 7~8월 10분 300원, 1일 8,000원 🚗 달맞이길(3.7km)→송정광어골로(0.7km)→송정해변로(0.29km)→송정해수욕장

★ 놓치지 말자!

영화의 거리

해운대 마린시티 해안도로를 따라 조성된 영화의 거리는 천만 관객을 동원했던 한국 영화들의 포스터와 주요 장면, 배우와 감독의 핸드프린팅, 영화 관련 조형물과 포토존 등으로 다양하게 구성되어 있다. 그리스 산토리니를 모티브로 만든 산토리니 광장과 그 뒤로 보이는 광안대교의 전경은 기념사진을 찍으려는 여행객들에게 인기 만점인 곳이다.

📍 부산광역시 해운대구 우동 📞 해운대구청 문화관광과 051-749-4000
🕐 24시간, 연중무휴 💰 무료 🅿️ 동백사거리 공영주차장, 150대 가능, 10~5월 평일 10분 300원, 주말 10분 500원, 6~9월 10분 500원

6 course

바다와 가장 가까운 사찰 **해동용궁사**

우리나라 3대 관음성지의 하나로, 1376년 나옹화상이 창건한 사찰이다. 바다와 용과 관음대불이 조화를 이루어 그 어느 곳보다 신앙의 깊은 뜻을 담고 있으며, 진심으로 기도를 하면 누구에게나 꼭 한 가지 소원을 이루어주는 영험한 곳으로 유명하다. 경내로 들어가는 길에는 사람 키보다 더 큰 십이지신상이 늘어서 있고 108계단을 지나 내려가면 사찰을 만날 수 있다. 바다와 절이 어우러진 멋진 풍광 때문에 불자와 여행객들의 발길이 끊이지 않는 곳이다.

📍 부산광역시 기장군 기장읍 용궁길 86 📞 051-722-7744 🕐 04:00~일몰시(약사전, 방생터는 24시간), 연중무휴 💰 무료 🅿️ 주차 200대 가능, 1일 3,000원 ▶ 송정해수욕장(0.26km)→기장해안로(2.06km)→용궁길(0.55km)→해동용궁사

바다를 마주하고 앉은 남다른 위용이 느껴지는 해동용궁사

아가들과 함께라면
더 좋은,
절벽등대

7 course

해양수산부가 선정한 아름다운 어촌 **기장 대변항**

동해와 남해가 만나는 곳에 자리한 대변항은 기장의 자랑인 멸치축제가 열리는 항구로 미역 맛이 좋기로도 유명하다. 국내 유일하게 멸치회를 만날 수 있는 곳으로 3~5월에는 멸치회를 맛보기 위해 식객들이 몰려든다. 물살이 센 동해 바다지만 바로 앞의 죽도가 방파제 역할을 해주어 천혜의 조건을 가진 어항으로 꼽힌다. 대변항을 향해 가는 길에는 포구마다 젖병 등대, 야구 등대, 마징가Z 등대 등 이색 등대들이 설치되어 있어 드라이브하는 재미를 더해준다.

📍 부산광역시 기장군 기장읍 기장해안로 📞 기장군청 051-709-4000 🕐 24시간, 연중무휴 🎫 무료 🅿 주차 100대 가능, 무료 🚗 해동용궁사(0.55㎞)→기장해안로(3.82㎞)→기장 대변항

★ 놓치지 말자! ★

멸치축제

기장하면 대변의 멸치를 연상할만큼 전국적으로 유명한 봄철 대표 수산물인 기장멸치. 아름다운 대변항 일대에서는 멸치 수확이 가장 많은 4월에서 5월 사이에 '기장멸치축제'를 개최한다. 1년 중 유일하게 멸치회를 맛볼 수 있으며, 선원들이 노동요에 맞춰 멸치를 터는 광경마저도 그림이 된다.

📞 축제 문의 : 기장군 해양수산과 051-709-4502

오도카니 서 있는 아담한 성당은 연인들의 인생사진 핫 스폿!

8 course

동해 바다를 배경으로 서 있는 그림 같은 **죽성성당**

드라마 〈드림〉의 세트장으로 사용되었던 죽성성당은 드라마가 끝난 지 꽤 시간이 흐른 지금까지도 많은 사랑을 받고 있다. 드라마의 이름을 따 드림성당이라고도 불린다. 실내 보수공사로 내부도 개방하지 않고 있지만, 아름다운 외관만으로도 찾아오는 관광객이 끊이지 않는다. 맑게 빛나는 탁 트인 바다와 성당의 모습은 카메라 셔터를 대충 눌러도 작품이 된다. 신혼부부들의 웨딩 촬영 장소로도 사랑받는 곳이다.

📍 부산광역시 기장군 기장읍 죽성리 134-7　📞 기장군청 051-709-4000　🕐 24시간, 연중무휴　💰 무료　🅿 주차 30대 가능, 무료
🚗 기장 대변항(3.4㎞)→죽성교(0.6㎞)→죽성성당

알고 떠나면 더 즐거운 여행길

인어 공주의 궁궐, 동백섬

동백섬 해안산책길을 따라 걷다 보면 슬픈 표정으로 바다를 바라보는 인어상을 만날 수 있다. 이 인어상에는 애틋한 전설이 깃들어 있다. 바닷속 나란다국의 황옥 공주는 무궁국의 은혜왕에게 시집을 왔는데, 세월이 흐르자 고국을 매우 그리워하게 되었다. 옆에서 호위하고 있던 거북이 이를 안타깝게 여겨 황옥 왕비에게 황옥(黃玉)을 주면서 보름달이 뜨는 날 황옥을 꺼내어 달에 비추어 보라고 일러 주었다. 보름날 황옥 왕비가 황옥을 달에 비추어 보니 눈앞에는 꿈에도 그리던 고국의 아름다운 달밤이 나타났고, 또한 황옥 왕비는 결혼 전의 모습인 인어 공주로 변신되어 바닷속을 마음대로 헤엄칠 수 있었다는 이야기다.

황옥 공주의 애처로운 눈빛!

★ 추천하고 싶은 곳 ★

🛏 추천 숙소

웨스틴조선호텔 부산

해운대해수욕장의 서쪽 끝에 자리한 웨스틴조선호텔. 바다 전망의 탁 트인 전망을 자랑하며 동백섬 산책로와 바로 연결된다. 2005년 부산 APEC 정상회의 때에 미국 부시 대통령 내외가 묵었던 곳으로도 유명하다.

📍 부산광역시 해운대구 동백로 67 📞 051-749-7000 💰 25만 원~(성수기, 비수기, 평일, 주말 요금 다름) 🌐 twcb.echosunhotel.com 🚗 해운대해수욕장에서 1km

이비스 버젯 앰배서더 해운대

2014년 부산에 처음 들어온 이비스 버젯 앰배서더 해운대는 높은 가격대의 호텔이 즐비한 해운대에서 가성비가 뛰어나다는 호평을 받고 있다. 저렴한 숙박비에 깨끗한 시설, 바다 전망까지 더해져 실속 있는 여행자들에게 큰 사랑을 받고 있다.

📍 부산광역시 해운대구 해운대해변로209번길 8 📞 051-901-1100 💰 8만5,000원~(성수기, 비수기, 평일, 주말 요금 다름) 🌐 ibisbudget.ambatel.com/haeundae 🚗 해운대해수욕장에서 0.7km

호텔 일루아(ILLUA)

현대식과 한국식 건축 양식이 조합된 독특한 외관으로 눈길을 끄는 호텔 일루아는 건물 자체는 높지 않지만, 달맞이길 언덕 위에 자리해 있어 어느 호텔보다도 멋진 바다 전망을 자랑한다. 달맞이길 산책로와 인접해 있고, 호텔 건물과 주변에 맛있는 식당과 카페들이 즐비해 더욱 인기가 많다.

📍 부산광역시 해운대구 달맞이길 97 📞 051-744-1331 💰 11만5,000원~(성수기, 비수기, 평일, 주말 요금 다름) 🌐 www.hotelillua.com 🚗 달맞이길에서 0.95km

☕ 추천 휴게소

황령산 전망쉼터

부산 도심에 자리한 황령산. 산의 정상 봉수대 앞에 위치한 황령산 전망쉼터에 오르면 광안리 해안을 비롯한 부산 전 지역을 내려다볼 수 있다. 낮에는 탁 트인 전경이 일품이고 밤에는 광안리, 해운대의 야경으로 특히 연인들의 데이트 코스로 유명하다.

📍 부산광역시 남구 황령산로 391-39 📞 070-7542-7080 🕐 카페 10:00~23:00, 연중무휴(설·추석 당일 제외) 💰 무료 🅿 황령산 봉수대 주차장, 50대 가능(약 200m 거리), 무료 🚗 광안리해수욕장에서 5.51km

🍴 추천 맛집

문스시

해산물이 풍부하고 지리적으로 일본과 가까운 부산에선 다양한 일본 음식을 맛볼 수 있다. 문스시는 좋은 재료를 이용한 깔끔하고 정갈한 스시 요리를 만날 수 있는 곳이다. 셰프에게 믿고 맡긴다는 뜻의 '오마카세 코스 요리'부터 사시미, 물회 등 생선 요리가 다양하다.

📍 부산광역시 해운대구 좌동순환로 43 📞 051-744-3316 🕐 점심 11:30~14:30, 저녁 17:30~21:30, 매주 월요일 휴무 💰 오마카세 코스 요리 5만~12만 원, 달인초밥세트 3만3,000원, 단품스시 4,000원~1만 원 🅿 주차 5대 가능, 무료 🚗 해운대해수욕장에서 2.55km

OPS 베이커리

부산 맛집으로 빠지지 않는 OPS 베이커리. 빵집이 무슨 맛집이냐 하겠지만, 여행객부터 부산 토박이들 모두의 입맛을 사로잡은 곳이다. 세계 각지의 최상급 원재료를 사용하여 100% 핸드메이드로 만드는 부산의 토종 베이커리로 부산에만 9개 지점이 있고 서울, 인천 등 전국으로 매장이 늘어나고 있는 추세다. 대표 메뉴로는 슈크림빵, 애플파이, 오렌지케이크, 키슈 등이 있고, 예약과 택배 주문도 가능하다.

📍 부산광역시 해운대구 마린시티1로 167, 1층(카멜리아 오뜨점) 📞 051-743-1950 🕐 08:00~23:00, 연중무휴 🍞 슈크림빵 2,300원, 애플파이(1/2) 7,000원, 키슈 5,000원 🌐 ops.co.kr 🅿 주차 100대 가능, 1시간 무료 🚗 해운대해수욕장에서 1.38km

밀양순대돼지국밥

돼지국밥은 한국전쟁 당시 부산으로 피난 온 피난민들이 먹을 것이 부족하자 미군 부대에서 나오는 돼지 뼈를 이용하여 설렁탕을 만들어 먹은 데서 유래되었다고 한다. 하지만 북한 실향민들이 북한의 순대국밥을 순대 대신 돼지 편육을 넣은 것이라는 설도 있다. 유래는 정확하지 않지만 속을 든든하게 채워주는 돼지고기가 듬뿍 담긴 뜨끈한 돼지국밥은 부산을 대표하는 음식임은 확실하다. 뽀얀 국물에 부추를 넣고 새우젓으로 알맞게 간을 하면 돼지국밥을 더 맛있게 즐길 수 있다.

📍 부산광역시 해운대구 구남로24번길 3(해운대점) 📞 051-731-7005 🕐 24시간, 연중무휴 🍲 돼지국밥 외 국밥류 7,500원, 수육(소) 2만 5,000원~, 맛보기수육·순대 한 접시 7,500원 🅿 도로 맞은편 동남주차장, 40대 가능, 1시간 무료 🚗 해운대해수욕장에서 0.35km

수육

돼지국밥

🏠 추천 가게

해동용궁수산

해동용궁사 사찰 입구에 위치하며 멸치, 돌미역, 다시마, 액젓 등 다양한 기장군의 특산물들을 직접 맛보고 저렴하게 구입할 수 있다.

📍 부산광역시 기장군 기장읍 용궁길 62-9 📞 051-747-0998 🕐 08:30~18:00, 연중무휴 🛒 미역·기장다시마 5,000원~ 🅿 해동용궁사 주차장, 200대 가능, 1일 3,000원 🚗 해동용궁사에서 0.08km

기장멸치수산

전국 멸치 어획고의 60%를 차지하는 대변항에 위치한 기장멸치수산에서는 생멸치, 마른 멸치, 멸치젓 등 다양한 기장멸치 상품을 만날 수 있다. 산지에 위치한 만큼 신선함을 자랑한다. 홈페이지도 운영하고 있어 전국에서 택배로 주문이 가능하다.

📍 부산광역시 기장군 기장읍 두메로 5 📞 051-721-0296 🕐 09:00~18:00, 연중무휴 🛒 생멸치(소금간 15kg 3만 원, 구이·찌개용 1.5kg 1만 5,000원~), 마른 멸치 1만5,000~4만원, 멸치액젓 1.8kg 1만2,000원, 멸치육젓 2kg 1만2,000원 🌐 www.gijangsoosan.com 🅿 가게 앞 주차, 3대 가능, 무료 🚗 기장 대변항에서 0.5km

달빛거리 체스카

나무 봉에 반죽을 말아서 만드는 유럽 체코의 국민 빵이라고 하는 뜨레들로를 맛볼 수 있는 카페. 달맞이길 언덕에 위치해 있어 전망도 좋고, 분위기도 아기자기해 여자 손님들의 사랑을 듬뿍 받고 있다.

📍 부산광역시 해운대구 달맞이길117번길 17-11 📞 051-741-1070 🕐 09:00~23:00, 연중무휴 🍞 뜨레들로 체코빵 3,000원, 브런치 1만 1,000원~, 아메리카노 4,300원 🅿 건물 뒤편 주차장 8대 가능, 무료 🚗 달맞이공원에서 1.3km

경상남도

DRIVE COURSE

부산 태종대~
다대포해수욕장

바다 내음 가득한 진짜 부산을 만나는 여행

진짜배기 부산의 모습을 그대로 간직하고 있는 자갈치시장과 국제시장, 부산에서만 맛볼 수 있는 별미들이 즐비한 먹거리 골목, 섬 전체가 유원지인 듯 아름다움으로 가득한 영도와 다대포해수욕장의 그림 같은 낙조까지, 부산의 맛과 멋을 고루 갖춘 드라이브 코스다.

INFORMATION

- 이동거리 79.97km
- 드라이브 2시간 39분
- 전체 코스 9~10시간
- 포인트 친구끼리 연인끼리, 볼거리와 먹거리, 부산의 진면목을 만나는 즐거운 드라이브 코스
- 추천계절 사계절(1~12월)
- 축제 부산항축제(5월), 송정해변축제(8월), 부산국제영화제(10월), 부산자갈치축제(10월), 부산고등어축제(10월), 부산항빛축제(12월), 부산크리스마스트리문화축제(12월)

RECEIPT

입장료
무료

주차료
- 태종대 ·················· 1시간 2,000원
- 절영해안산책로 ········ 1시간 1,200원
- 용두산공원 ············· 1시간 1,800원
- 자갈치시장 ············· 1시간 3,000원
- BIFF거리 ················ 1시간 3,000원
- 송도해수욕장 ·········· 1시간 1,800원
- 다대포해수욕장 ········ 1시간 600원

식사 및 간식
- (점심)냉채족발 ················ 30,000원
- (간식)부산해물빵 ·············· 10,000원

TOTAL
53,400원

※2인 기준

1 course

보물섬 영도를 한눈에 담다 **청학배수지전망대**

청학배수지전망대는 '보물섬'이라 불리는 영도의 아름다운 비경을 감상하기에 최적의 장소다. 전망대에 올라서면 사면이 바다로 둘러싸인 영도의 전경과 부산항대교, 부산항이 한눈에 들어온다. 200㎡의 규모에 시민들을 위한 쉼터와 운동 시설이 갖추어져 있다. 그림자가 따라가지 못할 정도로 빠르다는 절영마 조형물과 조내기 고구마를 짊어진 농부의 조형물이 볼거리를 제공한다.

📍 부산광역시 영도구 청학동 📞 상수도시설관리사업소 051-669-5637 🕐 24시간, 연중무휴 💰 무료 🅿 주차 10대 가능, 무료 🚗 대동TG(9.46km)→백양터널요금소(5.26km)→수정터널요금소(3.4km)→제5부두사거리에서 태종대 방면(3km)→세관삼거리에서 태종대 방면(0.54km)→부산대교(1.15km)→봉래교차로에서 태종대, 영도구청 방면(0.9km)→봉학새싹길(0.3km)→하나길(0.15km)→청학서로(0.32km)→와치로(0.42km)→청학배수지전망대

2 course

기암절벽 위에서 바라보는 쪽빛 바다 **태종대**

태종대는 신라 29대 임금이자 삼국통일의 초석을 다진 태종 무열왕(김춘추)이 전국을 순회하던 도중 울창한 소나무 숲과 삼면이 바다로 둘러싸인 기암절벽 등 이곳의 빼어난 해안 절경에 심취해 활을 쏘며 즐긴 것에서 유래된 명칭이다. 그 유래만큼 아름다운 경관을 자랑한다. 태종대유원지는 태종사, 구명사, 영도등대, 신선바위, 망부석, 자갈마당, 전망대 등으로 구성되어 있다. 그중 영도등대는 태종대 하면 가장 먼저 떠오르는 명소 중의 명소로 갤러리, 영상관, 전시실 등으로 이루어진 종합해양문화공간이다. 새하얀 영도등대와 깎아 세운 듯한 절벽, 새파란 바다가 어우러진 절경은 계단을 오르내리는 수고도 잊게 만들어 준다.

📍 부산광역시 영도구 전망로 24 📞 부산시설공단 고객센터 051-405-2004 🕐 3~10월 04:00~24:00, 11~2월 05:00~24:00, 연중무휴 💰 무료 🅿 주차 800대 가능, 3시간 소형 2,000원, 중형 3,500원 (이후 30분당 500원) 🚗 청학배수지전망대(0.17km)→청학남로(0.25km)→일산봉로(0.24km)→태종로(1.72km)→해양로(2.25km)→태종대

Tip 태종대유원지는 관광객의 편의를 위해 다누비 순환열차를 운행하고 있다. 6개의 정류장으로 이루어져 있고 각 정류장마다 하차한 후, 다시 승차가 가능하다. 편안하고 여유롭게 태종대를 둘러보고 싶다면 순환열차를 이용하길 추천한다.
💰 어른 3,000원, 청소년 2,000원, 어린이 1,500원

3 course

영도의 해안 절경을 따라 굽이굽이 걷는 **절영해안산책로**

대마도와 송도 쪽으로 드넓은 바다 풍경을 배경 삼아 3km의 해안산책로가 이어져 있다. 굽이굽이 거닐 때마다 경치가 달라지고 파도가 만든 자갈 소리가 운치 있다. 곳곳마다 전망대, 피아노계단, 무지개다리, 출렁다리 등이 이어진다. 해안산책로 절벽 위로는 절영해안길이 있다. 전망대, 하늘공원, 사랑의 자물쇠, 75광장 등 1.5km로 구성되어 있으며 높은 곳에서 바라보는 풍경이 해안산책로와는 또 다른 매력이 있다.

부산광역시 영도구 해안산책길 52 영도구청 문화관광과 051-419-4064 24시간, 연중무휴 무료 절영해안산책로 입구 공영주차장, 100대 가능, 10분 200원 태종대(1.55km)→와치로(0.38km)→절영로(3.7km)→작은시장2길(0.12km)→해안산책길(0.25km)→절영해안산책로

4 course

부산타워 야경에 '와우' 소리가 절로 나는 **용두산공원**

용두산은 부산 시내에 있는 구릉으로서 부산 3대 명산 중 하나다. 공원을 빙 두른 숲길이 아름답고, 부산 시내와 부산항이 내려다보이는 전망도 좋다. 용두산공원의 명물은 높이 120m의 부산타워. 타워 내에는 엘리베이터로 오를 수 있는 전망대가 있다. 부산타워 외에도 이순신 장군 동상, 팔각정, 꽃시계, 부산 시민의 종이 공원을 풍성하게 채운다. 부산타워와 용두산공원 전체가 빛으로 뒤덮여 로맨틱한 야경을 만들기 때문에 데이트 코스로도 유명하다.

"신에게는 아직 더 멋진 전망이 남아 있습니다."

부산광역시 중구 용두산길 37-55 부산시설공단 고객센터 051-860-7820, 부산타워 051-661-9393 24시간, 연중무휴(부산타워 10:00~23:00) 무료(공원 내 일부 시설 유료), 부산타워 전망대 어른 8,000원, 아동·청소년 6,000원 한국은행 쪽 공영주차장, 400대 가능, 10분 300원 절영해안산책로(1.68km)→태종로(0.68km)→중앙대로(0.55km)→대청로(0.43km)→용두산길(0.11km)→용두산공원

5 course

오이소! 보이소! 사이소! **자갈치시장**

내가 바로 자갈치 아지매!

좁은 골목 가득 다양하고 신선한 수산물들이 넘쳐나고, 식당들이 줄지어 선 골목에는 생선 굽는 냄새가 유혹적인 자갈치시장. 갈매기가 날아가는 모양을 본떠서 건축한 웅장한 자갈치시장에는 막 잡아온 생선이 거래되는 어시장, 회센터, 해산물 뷔페 등이 있고, 옥상의 하늘정원에서는 바다, 남항대교 전경을 감상할 수 있다. 매년 10월이면 '오이소! 보이소! 사이소!'라는 슬로건으로 부산자갈치축제를 개최하고 있다.

부산광역시 중구 자갈치해안로 52 자갈치시장 조합사무실 051-245-2594 09:00~21:30, 첫째·셋째 화요일 휴무 무료 주차 129대 가능, 10분 500원, 주차권 있는 경우 최대 2시간 무료(자갈치시장 내에서 물건 구입 혹은 식사 시 주차권 제공) 용두산공원(0.18km)→대청로(0.43km)→대교로(1.47km)→자갈치로(0.32km)→자갈치48번길(0.05km)→자갈치시장

6 course — 멋! vs 맛! BIFF거리

부산국제영화제(Busan International Film Festival)의 약자인 BIFF거리는 부산국제영화제의 발판이 된 문화거리다. 찾는 재미가 있는 핸드페인팅과 재미난 조형물들로 가득하다. 최근엔 영화보다 먹거리가 더 유명세를 떨치고 있다. BIFF광장의 명물인 씨앗호떡, 매콤한 떡볶이와 부산어묵…. 이제는 해외 길거리 음식들마저 BIFF광장으로 모여들고 있다. 매년 12월에는 남포동 거리에서 크리스마스트리문화축제가 열려 거리 곳곳을 가득 메운 전구들이 화려하게 빛나는 모습을 볼 수 있다.

부산광역시 중구 부평동2가 부산 종합관광안내소 051-253-8253 가게별 상이 무료 중구 공영주차장, 150대 가능, 10분 500원 자갈치시장(0.1km)→자갈치로47번길(0.1km)→자갈치로37번길(0.05km)→구덕로(0.23km)→구덕로84번길(0.12km)→BIFF거리

씨앗호떡

Tip
- BIFF거리는 보행자가 많아 복잡하고 주차 공간이 부족하므로 주차장에 차를 대고 도보로 방문하기를 추천!
- 행사로 인하여 곳에 따라 '차 없는 거리'를 운영하기도 한다.

알고 떠나면 더 즐거운 여행길
영화로 만나는 부산

부산은 영화의 도시라 불릴 만큼 영화와 밀접한 곳이다. 매년 부산국제영화제가 개최되고 부산의 곳곳이 영화 촬영장으로 쓰이기도 한다. 남포동 건어물 도매상가는 영화 〈친구〉에서 장동건, 유오성 등 주인공 넷이 'Bad Case of Loving You' 음악과 함께 골목을 뛰던 명장면의 무대가 되었다. 또, 영화 〈국제시장〉에서는 자갈치시장, 용두산공원 등 부산의 여러 장소가 배경이 되었다. 특히, 주 배경이 되었던 '꽃분이네'는 중구 신창동 국제시장에 실제로 존재하는 곳! 영화의 인기만큼 꽃분이네는 관광객의 발길이 끊이지 않는다. 영화의 명소를 찾아보는 것도 부산을 즐기는 또 다른 감동과 재미가 있다.

7 course — 100년의 역사를 가진 송도해수욕장

1913년 개장한 부산 최초의 해수욕장이다. 2000년부터 5년간 대대적인 연안 정비사업의 결과 100살이라는 나이가 무색하게 깔끔하고 현대적인 모습을 갖추게 되었다. 해수욕장 앞 바다에는 건강과 재복을 상징하는 거북섬과 스카이워크가 있고, 송도의 밤을 밝히는 야간 경관은 화려하고 환상적인 해변 분위기를 연출한다. 해수욕장 옆의 송림공원은 송림해수욕장의 볼거리와 재미를 가득 채워준다.

부산광역시 서구 송도해변로 50 서구청 문화관광과 051-240-4061 24시간, 연중무휴 무료 songdo.bsseogu.go.kr 송도 공영주차장, 200대 가능, 10분 300원 BIFF거리(0.12km)→구덕로(2.4km)→충무대로(0.58km)→송도해변로(0.2km)→송도해수욕장

굳세어라, 금순아 —현인

8 course

꿈의 낙조를 만날 수 있는 **다대포해수욕장**

아름다운 일몰로 유명한 다대포해수욕장은 해 질 녘이 되면 연인들과 사진 작가들이 모여드는 곳이다. 일몰의 명소인데, 겨울철에는 일출까지 볼 수 있는 기묘한 곳이기도 하다. 낙동강의 민물과 바닷물이 만나는 부근이라 수온이 따뜻하고 수심이 얕아서 가족 단위 피서지로도 인기가 많다. 해수욕장 옆으로 공원이 조성되어 있어 산책하기 좋고, '꿈의 낙조분수'라는 이름의 음악분수 공연도 만날 수 있다(분수 공연 : 동절기는 운영하지 않음).

📍 부산광역시 사하구 몰운대길 14 📞 사하구청 문화관광과 051-207-6041 🕐 24시간, 연중무휴 💰 무료 🅿 주차 300대 가능, 10분 100원 🚗 송도해수욕장(0.17km)→충무대로(0.57km)→감천로(2.26km)→을숙도대로(2.3km)→다대로(4.82km)→다대포해수욕장

책더미 속 보물찾기 한게임 어떠세요?

★ 놓치지 말자! ★

보수동 책방 골목

대한민국 유일의 헌책방 골목인 보수동 책방 골목은 60년이 넘는 역사를 지니고 있다. 6·25전쟁 당시 피난민과 외국 선박까지 부산으로 몰려들면서 난전 책방들이 생겨나기 시작한 것이 지금까지 이어지고 있다. 소설, 잡지부터 만화책, 참고서, 문제집까지 다양한 종류의 책들이 좁고 긴 골목에 늘어서 있다. 천장까지 닿을 정도로 가득 쌓인 책들 속에서 추억의 책을 찾는 것이 마치 보물찾기처럼 설레고 즐겁다.

📍 부산광역시 중구 보수동1가 119-6 📞 보수동책방골목번영회 051-253-7220 💰 무료 🌐 bosubookstreet.com 🅿 보수 공영주차장, 34대 가능, 10분 300원

영도대교 도개식

1934년 개통되었던 영도대교는 국내 최초로 바다에 세워진 해상가교이자 국내 유일의 도개교였다. 6·25전쟁 때에는 가족을 찾기 위해 모여든 피난민들의 애절한 사연이 얽히는 무대가 되기도 했다. 1966년 이후 더 이상 도개를 하지 않다가 2013년 현대적으로 복원하면서 도개식도 부활했다. 하루 한 번! 오후 2시면 영도대교의 도개식을 만날 수 있다. 도개식을 조망하기에 남포동, 자갈치시장, 부산항 등도 좋지만 롯데백화점 광복점의 하늘공원이 가장 좋다.

📍 부산광역시 영도구 대교동1가 📞 영도구청 문화관광과 051-419-4064 🕐 매일 오후 2시 💰 무료 🌐 tour.yeongdo.go.kr 🅿 자갈치매립지 공영주차장, 18대 가능, 10분 500원

★ 추천하고 싶은 곳 ★

🛏 추천 숙소

코모도호텔

이순신 장군을 테마로 한 전통적인 인테리어가 인상적인 호텔이다. 자갈치시장, BIFF거리, 부산역과 매우 인접해 있어 관광객들에게 인기 있다.

📍 부산광역시 중구 중구로 151 📞 051-466-9101 💰 13만 원~(성수기, 비수기, 평일, 주말 요금 다름) 🌐 www.commodore.co.kr 🚗 용두산공원에서 1.5km

타워힐호텔

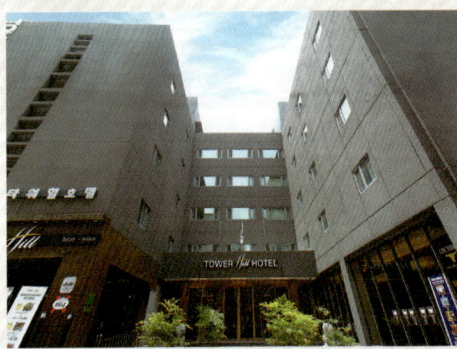

용두산공원 바로 옆에 자리한 타워힐호텔은 2013년 리노베이션하여, 전 객실과 부대시설이 깨끗하고 쾌적하다.

📍 부산광역시 중구 백산길 20 📞 051-243-1001 💰 10만 원~(성수기, 비수기, 평일, 주말 요금 다름) 🌐 www.towerhill.co.kr 🚗 용두산공원에서 0.6km

송도비치호텔

송도해수욕장 바로 앞에 위치해 있어 주변 경관이 뛰어나고, 해수욕을 즐기기에도 편리하다.

📍 부산광역시 서구 암남공원로 9 📞 051-254-2000~9 💰 7만 8,000원~(성수기, 비수기, 평일, 주말 요금 다름) 🌐 www.songdobeachhotel.co.kr 🚗 송도해수욕장에서 0.1km

🍴 추천 맛집

한양족발

부산을 대표하는 먹거리 중 하나인 냉채족발! 중구 부평동에는 큰 규모의 족발 골목이 형성되어 있다. 그중에서도 한양족발은 1983년부터 장사를 시작한 원조 족발집이다. TV 프로그램에 소개된 것만 수십 차례일 정도로 손꼽히는 곳이다. 코가 뻥~ 뚫릴 듯한 겨자 소스에 양념된 족발, 새콤달콤 해파리냉채와 오이무침! 눈물이 찔끔 나도 또 젓가락을 들게 되는 중독적인 맛이다.

📍 부산광역시 중구 중구로23번길 13 📞 051-246-3039 🕐 10:00~24:00, 연중무휴 🍽 냉채족발·족발 3만~4만 원 🅿 중구 공영주차장, 150대 가능, 10분 500원 🚗 BIFF거리에서 0.45km

한월식당

현대식 자갈치시장에서 나와 재래시장 쪽으로 가면 맛있는 생선구이 냄새가 여기저기서 새어 나온다. 40년 전통의 한월식당은 모든 메뉴부터 반찬 하나까지 직접 만드는 곳이다. 믿기 어려울 만큼 큰 크기의 갈치구이, 매콤한 양념이 밴 조림까지! 짜지 않고 담백한 맛이 일품이다.

📍 부산광역시 중구 자갈치해안로 27 📞 051-246-2421 🕐 08:00~21:30,

연중무휴 🍴 생선구이 정식 7,000원, 갈치구이 정식 1만 원, 갈치조림 3만~4만 원 📍 자갈치시장 내 주차장, 129대 가능, 10분 500원 🚗 자갈치시장에서 0.14km

개미집

최근 한 TV 프로그램에서 소개되면서 부산의 새로운 먹거리로 떠오른 부산의 향토음식이자 명물인 낚지볶음집이다. 낙지와 곱창, 새우를 함께 먹는 볶음요리인 '낙곱새볶음'이 인기다. 낚지볶음을 시키면 밥이 같이 나오는데, 밥에 볶음 양념과 김가루를 솔솔 뿌려 함께 비벼 먹으면 더욱 맛있다. 개미집은 부산 지역에 여러 개의 지점이 있다.

📍 부산광역시 부산진구 신천대로62번길 73(서면점) 📞 051-819-8809 🕐 24시간, 연중무휴 🍴 낙지볶음 8,000원, 낙곱볶음·낙곱새볶음 1만 원, 전골류 2만5,000~4만 원 📍 메가박스 서면점 앞 공영주차장, 27대 가능, 10분 300원 🚗 용두산공원에서 7.75km

낙곱새볶음

낙지볶음

🏪 추천 가게
남포동 건어물 도매상가

남포동 건어물 도매상가는 약 270여 상가가 밀집해 있는 전국 최대 규모의 건어물 도매시장이다. 상가 안에는 부산수협 남포동 공판장이 있어, 산지에서 가져온 상품들이 경매를 통해 바로 공급되기 때문에 시중보다 훨씬 저렴한 가격으로 구입할 수 있다.

📍 부산광역시 중구 용미길8번길 4-1 📞 상인회 051-254-3311 🕐 06:00~18:00(가게별 상이) 🍴 마른 멸치 1만 원~, 건새우 1만 원~(가게별 상이) 📍 자갈치매립지 공영주차장, 18대 가능

10분 500원 🚗 자갈치시장에서 0.5km

범표 어묵

범표 어묵은 밀가루를 전혀 섞지 않고 생선살 88%와 감자 전분만으로 만들어서 그냥 먹어도 쫄깃한 식감을 즐길 수 있다. 또한, 제조 과정에서도 찜솥에서 한 번 찐 후에 살짝 튀겨내기 때문에 건강한 맛을 자랑한다. 자갈치시장 내에 위치한 남포동 본점에서는 시식 후 구입할 수 있고, 2층 카페테리아에서는 영도대교와 바다 전망을 바라보며 음료와 어묵 요리를 맛볼 수 있다.

📍 부산광역시 중구 자갈치해안로 73-3(남포본점) 📞 051-244-5082 🕐 09:00~19:00 🍴 수제어묵 1개 800원, 수제어묵 15종 세트 1만 원, 📍 자갈치매립지 공영주차장, 18대 가능, 10분 500원 🚗 자갈치시장에서 0.3km

자갈치 아지매가 만든 부산해물빵

전복, 문어, 새우, 매생이, 파래, 김태 등의 신선한 해산물이 들어간 부산해물빵은 부산에서만 맛볼 수 있는 이색 빵이다. 호두과자처럼 생겼으나 맛은 바다의 맛이 가득 담겨 있다. 부산해물빵 본점은 자갈치시장 신관 정문 에스컬레이터 입구에 있다.

📍 부산광역시 중구 태종로 10-1(본점) 📞 051-255-3615 🕐 10:00~19:00 🍴 부산해물빵 1만 원(체인점마다 다름) 📍 주차 129대 가능, 10분 500원 🚗 자갈치시장에서 0.6km

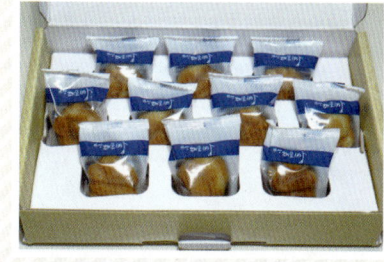

경상남도
DRIVE COURSE

밀양 천왕재 고갯길

전통과 자연이 공존하는 도시, 밀양 드라이브길

유서 깊은 문화유산이 많아 예부터 영남의 관광지로 잘 알려진 밀양. 우리나라 3대 명루인 영남루에서 시작하여 밀양의 빼어난 절경을 바라보며 달리는 천왕재 고갯길까지, 비교적 짧은 거리의 드라이브 코스지만 발길 닿는 곳마다 풍부한 문화 관광자원을 자랑한다. 수려한 자연의 품에서 휴식같은 여행을 즐길 수 있는 드라이브 코스다.

INFORMATION

- 이동거리 76.4km
- 드라이브 2시간
- 전체 코스 3~4시간
- 포인트 밀양 시내의 중심지에서 시작되는 드라이브 코스. 밀양의 풍부한 문화 관광자원을 보고 느낄 수 있다.
- 추천계절 봄~가을(3~11월)
- 축제 삼랑진 딸기 한마당축제(3월), 밀양무안 맛나향 고추축제(4월), 밀양아리랑대축제(5월), 밀양여름공연예술축제(7월 말~8월 초), 얼음골사과축제(10월), 밀양대추축제(10월)

RECEIPT

입장료
밀양시립박물관 ········· 2,000원
영남알프스 얼음골
케이블카 ··············· 24,000원

주차료
무료

식사 및 간식
(점심)메기국수 ········· 12,000원
(간식)사과주스, 딸기칩 ···· 11,000원

TOTAL
49,000원

(※2인 기준)

1 course

우리나라 3대 누각의 멋진 야경 영남루

낙동강의 지류인 밀양강 변 절벽에 위치한 누각. 진주 촉석루, 평양의 부벽루와 함께 우리나라 3대 누각 중 하나에 속한다. 영남루에서 내려다보이는 풍광은 1931년 조선 16경 중의 하나로 선정되기도 할 만큼 아름답다. 영남루를 중심으로 천진궁, 석화 등의 다양한 문화유적지가 산재해 있어 많은 관광객들의 발길이 끊이지 않는다. 영남루 건너편에 위치한 수변공원에서는 밀양 8경에 속해 있는 영남루 야경을 볼 수 있으니 놓치지 말자.

📍 경상남도 밀양시 중앙로 324 📞 055-359-5590 🕘 09:00~18:00, 연중무휴 💰 무료 🅿 주차 14대 가능, 무료 🚗 밀양IC(1.9km)→밀양대로(2.5km)→밀양대공원로(1.2km)→영남루

TiP 문화관광해설사의 설명을 듣고 싶다면?
📞 영남루 문화관광해설사 055-359-5590

2 course

도심 속의 옛 풍경 밀양관아지

밀양상설시장과 인접한 곳에 위치한 밀양의 관아. 본래의 건물은 임진왜란으로 전소되었고 1612년에 재건하였다. 고종 32년(1895년) 이후 군청, 밀양읍사무소 등으로 이용되다가 2010년에 비로소 옛 모습을 간직한 현재의 관아로 복원되었다. 포졸이 지키고 있는 내삼문을 지나 관아지에 들어서면 근민헌, 납청당, 매죽당이 들어서 있다. 입구에서는 역대 부사들의 애민정신을 표상으로 삼고자 세운 19개의 비석, 유허비를 볼 수 있다.

📍 경상남도 밀양시 중앙로 348 📞 밀양시청 문화관광과 055-359-5641 🕘 09:00~18:00, 연중무휴 💰 무료 🅿 주차 18대 가능, 무료 🚗 영남루(0.3km)→밀양관아지

3 course

낙동강 유역의 문화를 집대성한 밀양시립박물관

낙동강 유역의 문화를 집대성하여 보존·전시하고 있으며 다양한 향토 자료들을 통해 밀양의 역사와 전통문화를 조명해볼 수 있는 곳이다. 전시형 목판수장고, 화석전시실, 밀양독립운동기념관 등의 시설이 갖추어져 있다. 특히 기본 안내 책자와 함께 어린이용 책자도 준비되어 있어 어린이를 동반한 가족 단위 여행객에게도 추천할 만하다.

📍 경상남도 밀양시 밀양대공원로 100 📞 055-359-5589 🕘 09:00~18:00, 매주 월요일(월요일이 공휴일이면 다음 날 휴무), 1월 1일, 설·추석 당일 휴무 💰 어른 1,000원, 청소년·학생 700원, 어린이 500원 🅿 아리랑 아트센터 주차장, 190대 가능, 무료 🚗 밀양관아지(0.7km)→밀양대공원로(1.1km)→밀양시립박물관

4 course
세계 각국의 연극인들과 조우하는 밀양연극촌

국내 유일의 성벽극장을 비롯하여 공연장 6개소, 숙박 시설, 소품 제작소 등의 시설을 갖춘 종합예술창작촌. 1999년 이윤택과 연희 단거리패의 연극인들이 폐교를 개조하여 입주하면서 지금의 밀양 연극촌이 시작되었다. 현재 연극 교육 및 제작을 기반으로 주말극 장, 밀양여름공연예술축제 등 다양한 문화 사업을 하고 있다. 토요일에 밀양 여행을 떠난다면, 밀양연극촌의 주말 연극을 놓치지 말자.

📍 경상남도 밀양시 창밀로 3097-16 📞 055-355-2308 🕐 24시간(단, 밀양연극촌 내의 공연 일정 및 시간은 때에 따라 상이), 연중무휴 🎭 공연에 따라 상이 🌐 cafe.daum.net/sttweekend 🅿️ 주차 80대 가능, 무료 🚗 밀양시립박물관 (0.3km)→창밀로(5.1km)→밀양연극촌

TIP 밀양연극촌 카페에서 공연과 그 외의 프로그램 일정 확인 및 예매 가능

★ 놓치지 말자! ★

수려한 연꽃의 자태에 흠뻑 빠져드는 밀양연꽃단지

밀양연극촌 바로 옆에 위치해 있어 찾기 쉽다. 밀양 연꽃단지는 밀양연극촌 주변 '살기 좋은 지역 만들기' 사업 일환으로 조성되었다. 이곳에서는 연꽃과 수변식물 등의 관찰 및 연잎, 연근 수확 체험 등을 할 수 있다. 매년 7월에서 8월이 되면 분홍의 연꽃이 만개하여 장관을 이룬다. 연꽃단지에서 진행되는 체험 및 교육은 밀양연꽃단지 홈페이지를 참고 하자.

📍 경상남도 밀양시 창밀로 3097-23 📞 010-3870-8008 🕐 24시간, 연중무휴 💰 무료(체험 및 교육 비용 별도) 🌐 miryanglotus.kr 🅿️ 밀양연극촌 앞 주차장, 80대 가능, 무료 🚗 밀양연극촌 옆에 위치

5 course
낚시인들의 쉼터 가산저수지

밀양시 부북면과 퇴로리, 월산리 등에 걸쳐 있는 낚시인들에게는 꽤나 유명한 저수지다. 위양못, 밀양연극촌, 밀양연꽃단지와 인접해 있다. 저수지를 둘러싸고 있는 산책로를 따라 천천히 걸으며 풍경을 즐길 수도 있고, 자전거를 이용하여 관광할 수도 있다. 그리고 저수지 주변으로 도로가 잘 정비되어 있기 때문에 드라이브 코스로도 부족함이 없다.

📍 경상남도 밀양시 부북면 퇴로리 📞 밀양시청 문화관광과 055-359-5641 🕐 24시간, 연중무휴 💰 무료 🅿️ 밀양연극촌 앞 주차장, 80대 가능, 무료 🚗 밀양연극촌(2.5km)→가산저수지

6 course

이팝나무가 만들어내는 영화 같은 풍경 **위양못**

신라 시대 때 농업용수 공급을 위해 축조된 저수지. 다섯 개의 작은 섬과 이팝나무 등의 크고 작은 나무들이 어우러져 풍치를 만들어낸다. 특히 이팝나무 전체가 하얀 꽃으로 만발하는 봄에는 위양못의 수려한 운치가 더욱 빛을 발하여 연인들의 데이트 명소로 유명하다. 꼭 봄이 아니더라도 계절과 날씨에 따라 다른 분위기를 자아내기 때문에 사시사철 많은 이들이 찾는 관광 명소다.

경상남도 밀양시 부북면 위양로 273-36 밀양시청 문화관광과 055-359-5641 24시간, 연중무휴 무료 주차 30대 가능, 무료 가산저수지(0.3km)→위양로(1.6km)→위양못

연두연두한 저수지와 매력은 누가 뭐래도 사진각

예쁨 넘치는 옥빛 가득 머금은 위양못

7 course

스릴 만점인 드라이브 **천왕재 고갯길**

창녕군의 성산면 덕곡리 가복에서 밀양시 청도면 두곡리로 가는 고개. 오르막과 내리막 사이에 구불구불하게 이어진 코스들이 빈번하게 나타나 드라이브를 하는 내내 지루할 틈이 없다. 더욱이 이곳을 지나며 보이는 화려한 자연경관은 끊임없이 감탄을 자아내게 한다. 드라이브를 즐기는 것은 물론, 중간중간에 위치한 쉼터에 들러 가만히 풍경을 감상해보는 것도 좋다. 이륜차가 많이 다니는 코스이므로 안전 운전에 특히 유의해야 하며 과속은 절대 금물이다.

경상남도 창녕군 고암면 감리 밀양시청 문화관광과 055-359-5641 24시간, 연중무휴 무료 쉼터 주차장, 10대 가능, 무료 위양못(0.8km)→위양로(2.2km)→퇴로로(0.9km)→창밀로(15.3km)→천왕재 고갯길

★놓치지 말자!★

표충비각

임진왜란 때 국난을 극복한 사명대사의 뜻을 새긴 비석. 밀양의 3대 신비 중 하나에 속하며 '한비' 또는 '땀흘리는 비'라고도 불린다. 표충비는 국가의 중대사를 전후하여 비면에 자연적으로 땀방울이 맺혀 흐른다. 이러한 현상을 두고 나라와 겨레를 염려하는 사명대사의 영험이라고 여기며 신성시하고 있다. 홍제사 내에는 표충비 이외에도 표충비를 세운 기념으로 식수한 300살의 무안리 향나무가 있다.

- 경상남도 밀양시 동부동안길 4　홍제사 055-352-0125
- 24시간, 연중무휴　무료　주차 15대 가능, 무료

영남알프스 얼음골 케이블카

현존하는 국내 최장 거리의 케이블카. 해발 1,020m 고지까지 도달하는 동안 가지산도립공원의 수려한 자연경관을 한눈에 볼 수 있다. 백운산에서는 호랑이 모양의 백호바위 역시 놓쳐서는 안 될 풍경이다. 상부 승강장에서 전망대까지 이어진 하늘사랑길을 걸으며 주변 산을 천천히 둘러보자. 늘 관광객의 발길이 끊이지 않는 곳이기에 오후 2시 이후에는 대기시간이 길어지기 쉽다. 이곳을 방문할 계획이라면 비교적 하행이 원활한 오전 시간을 추천한다.

백운산 백호바위에 숨은 호랑이 찾기!!

- 밀양시 산내면 얼음골로 241　055-359-3000~1　3~11월: 상행 첫차 08:30, 상행 막차 17:00, 하행 막차 17:50 | 12~2월: 상행 첫차 09:00, 상행 막차 16:00, 하행 막차 16:50, 연중무휴(설·추석 당일 휴무), * 인원 및 기상이변, 점검 등으로 연장운영 또는 중단될 수 있음　어른 1만2,000원, 청소년 1만 원, 어린이·경로 9,000원(할인대상자는 확인증 지참 필수)　www.icevalleycablecar.com　주차 50대 가능, 무료

알고 떠나면 더 즐거운 여행길

관노에게 죽임을 당한 아랑의 설운 넋, 밀양아리랑

경상도를 대표하는 민요 가운데 한 곡인 밀양아리랑은 밀양 지방의 명소인 영남루와 아랑의 설화를 주제로 한 통속 민요다. 밀양아리랑의 배경이 되는 설화는 '아랑 설화'다. 조선 명종 때 밀양 부사에게 아랑이라는 딸이 있었는데, 젊은 관노가 아랑을 사모하게 되었다. 어느 날 이 관노가 침모를 시켜 아랑을 영남루로 유인했다. 관노는 아랑에게 사랑을 호소했지만 아랑은 거절했고 결국 아랑은 관노에게 죽임을 당한다. 아랑의 정절을 기려 밀양의 부녀들이 부르던 노래가 '아랑가'였으며 그것이 변하여 지금의 밀양아리랑이 되었다고 한다. 이 설화에 언급된 영남루의 입구에는 밀양아리랑의 가사가 적힌 노래비가 세워져 있다.

★ 추천하고 싶은 곳 ★

🛏 추천 숙소

밀양관광호텔

지하 1층, 지상 8층 규모의 밀양 지역 1호 관광호텔로, 밀양역 인근에 위치해 있다. 연회장, 카페 라운지, 노래방, 세미나실 등의 부대시설을 갖추고 있으며, 호텔 내의 사우나 이용 시 1실 2명까지 무료 이용이 가능하다.

📍 경상남도 밀양시 가곡7길 5-1 📞 055-356-3882 💰 6만 원~(성수기, 비수기, 평일, 주말 요금 다름) 🚗 영남루에서 2.88km

화왕산 자연휴양림

창녕의 진산인 화왕산 자락에 자리잡고 있는 화왕산 자연휴양림은 휴양관, 숲속의 집, 야영 데크, 정자, 산책로 등의 시설을 갖추고 있으며 화왕산 트레킹을 즐길 수 있다. 인근에는 우포늪, 부곡온천, 옥천 관룡사 등의 관광지도 있어 볼거리도 다양하다.

📍 경상남도 창녕군 고암면 청간길 128-126 📞 055-533-2332 💰 5만 원~(성수기, 비수기, 평일, 주말 요금 다름) 🌐 hwawang.or.kr 🚗 천왕재 고갯길에서 7.7km

행랑채펜션

밀양시 산외면에 자리하고 있는 펜션. 비빔밥, 수제비 등의 식사와 전통차를 마실 수 있는 가게를 함께 운영하고 있다. 자연과 어우러진

한적하고 고요한 곳에서 여유로운 한때를 보내기에도 좋다.

📍 경상남도 밀양시 산외로 731 📞 055-352-8927 💰 8만 원~(성수기, 비수기, 평일, 주말 요금 다름) 🚗 영남루에서 10.99km

☕ 추천 휴게소

청도 새마을 휴게소(부산 방향)

새마을운동의 발상지 청도에 위치한 휴게소. 이곳의 종합안내소에는 청도와 새마을운동에 대해 간략하게 소개해놓은 작은 전시관이 마련되어 있다. 휴게소 내에는 청도 특산품 가게도 있어 특화 농산물을 이용한 제품을 구입하기에 좋다. 이곳은 다른 휴게소와 달리 블로그 운영으로 휴게소의 소소한 이야기부터 식당에서 판매하는 메뉴가 만들어지는 과정, 이벤트 등을 포스팅하며 꾸준히 사람들과 소통하고 있다.

📍 경상북도 청도군 청도읍 하지길 59-49 📞 054-373-8121 ⏰ 24시간, 연중무휴 💰 무료 🅿 주차 180대 가능, 무료 🚗 영남루에서 35.08km

🍴 추천 맛집

단골집

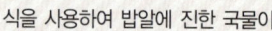

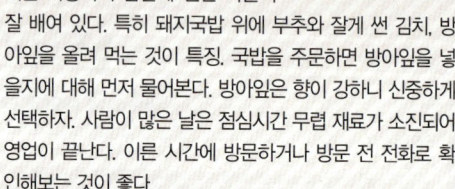

70년 전통 돼지국밥집. 밀양상설시장과 밀양관아지 사이에 위치해 있어 찾기에 어렵지 않다. 이곳의 대표 메뉴인 돼지국밥은 토렴 방식을 사용하여 밥알에 진한 국물이 잘 배어 있다. 특히 돼지국밥 위에 부추와 잘게 썬 김치, 방아잎을 올려 먹는 것이 특징. 국밥을 주문하면 방아잎을 넣을지에 대해 먼저 물어본다. 방아잎은 향이 강하니 신중하게 선택하자. 사람이 많은 날은 점심시간 무렵 재료가 소진되어 영업이 끝난다. 이른 시간에 방문하거나 방문 전 전화로 확인해보는 것이 좋다.

📍 경상남도 밀양시 중앙로 347 📞 055-354-7980 ⏰ 08:00~20:00(부정기적, 재료 소진시 영업마감), 수요일, 설·추석 전날, 당일 휴무 💰 돼지국밥·내장국밥·섞어국밥 6,500원 🅿 밀양상설시장 내 주차장, 20대 가능, 30분 500원(밀양상설시장 내의 점포에서 주차권을 받으면 주차권 1매당 30분 무료 주차) 🚗 밀양관아지에서 0.06km

밀양명물메기국수

밀양 향토관광음식 지정업소인 이곳의 대표 메뉴 메기국수는 커다란 뚝배기 그릇에 메기로 우려낸 진한 국물과 각종

채소 그리고 국수가 함께 담겨 나온다. 얼큰한 국물이 일품이며 양 또한 푸짐하니 든든한 한 끼로 전혀 부족함이 없다. 담백하면서도 비리지 않아 남녀노소 모두에게 추천할 만한 보양 음식이다.

📍경상남도 밀양시 삼문4길 4 📞055-351-3580 🕐10:00~20:00(첫째·셋째 일요일 12:00~20:00), 연중무휴 💰메기국수·비빔국수 6,000원, 메기따로국밥 7,000원, 메기국 포장 1만 2,000원, 잔치국수 5,000원 🅿️주차 5대 가능, 무료 🚗영남루에서 1.1km

행랑채

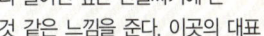

있는 그대로의 자연을 이용하여 전통적인 멋을 살린 식당. 마치 도시와는 멀리 떨어진 깊은 산골짜기에 온 것 같은 느낌을 준다. 이곳의 대표 메뉴는 각종 나물을 얹은 비빔밥. 자칫 평범할 수 있는 메뉴지만 이곳의 분위기가 담백한 맛을 더욱 배가시킨다. 행랑채는 식사 외에도 전통차를 마실 수 있는 찻집과 펜션을 함께 운영하고 있다.

📍경상남도 밀양시 산외면 산외로 731 📞055-352-8927 🕐10:00~20:30, 연중무휴(설·추석 제외) 💰비빔밥·수제비 7,000원, 감자전·고추전 1만 원 🅿️주차 30대 가능, 무료 🚗영남루에서 10.99km

🏪 추천 가게
밀양상설시장

밀양 시내의 중심지에 위치한 밀양의 전통 시장. 밀양관아지와 인접해 있다. 밀양상설시장은 1915년부터 시작된 시장이지만 옛날 시골장터의 분위기와 사뭇 다르다. 식당, 식료품부, 잡화부 등의 점포가 중심을 이루고 있고, 그 외에도 다양한 점포들이 있다. 장날은 2, 7일이다.

📍경상남도 밀양시 상설시장1길 11 📞밀양시청 기업경제과 055-359-5052, 밀양시청 문화관광과 055-359-5638 🕐가게별 상이 🅿️주차 20대 가능, 30분 500원(밀양상설시장 내의 점포에서 주차권을 받으면 주차권 1매당 30분 무료 주차) 🚗영남루에서 0.4km

밀양역 종합관광안내소

밀양역에 위치한 이곳에서는 관광객을 위한 관광 안내 업무는 물론, 밀양의 관광 상품 및 특산품 판매도 함께 하고 있다. 판매 상품으로는 한천젤리종합세트, 얼음골사과즙, 밀양12경도 미니 병풍, 영화 〈밀양〉 볼펜, 사명대사 합장주 등이 있다. 단, 카드 결제는 되지 않는다. 특산품 구입을 위해 이곳에 방문할 계획이라면 현금을 반드시 챙겨가자.

📍경상남도 밀양시 중앙로 60 📞055-356-1355 🕐09:00~18:00, 연중무휴(설·추석 당일 휴무) 💰한천젤리종합세트 7,000원, 양갱 20개입 5,000원, 얼음골사과즙 8개입 1만 원 🅿️주차 53대 가능, 30분 500원 🚗영남루에서 3.48km

미지안

부산대학교 밀양웰빙RIS사업단에서 운영하는 커뮤니티 캐주얼 카페. 밀양의 기차역과 인접한 곳에 위치해 있다. 이곳에선 밀양의 특화 농산물로 개발한 얼음골 사과를 이용한 얼음골 사과 주스, 얼음골 사과당근 주스 등을 비롯하여 밀양 대추를 이용한 대추칩을 구입하거나 여행의 피로를 풀며 쉬어가기에 안성맞춤이다.

📍경상남도 밀양시 중앙로 66-3 📞070-7347-5490 🕐평일 08:00~22:00, 주말 09:00~22:00, 연중무휴 💰얼음골 사과 주스·얼음골 사과당근 주스 4,000원, 밀양 아삭 사과칩·밀양 아삭 딸기칩 3,000원 🅿️밀양역 주차장, 53대 가능, 30분 500원 🚗영남루에서 3.31km

경상남도
DRIVE COURSE

합천 백리벚꽃길

사시사철 빼어난 경관이 반겨주는 드라이브길

곳곳의 수려한 자연 풍경이 또 하나의 관광 명소를 만들어내는 곳, 합천. 맑은 황강과 깨끗한 모래사장으로 유명한 황강레포츠공원과 함벽루를 지나 합천호를 향해 달리다 보면 백여 리의 분홍빛 벚꽃 터널을 만날 수 있다. 봄이면 벚꽃을, 가을이면 색색의 단풍을 배경으로 사진 촬영을 하거나 가족 또는 연인과 함께 추억을 만들기에 안성맞춤이다. 합천의 8경을 따라 여행하며 고즈넉한 풍경에 마음의 위안을 얻고 8품(品), 8미(味)를 맛보며 먹는 즐거움과 건강까지 챙길 수 있는 코스다.

INFORMATION
- 이동거리 113.8km
- 드라이브 2시간 40분
- 전체 코스 4~5시간
- 포인트 황강과 합천호를 따라 이어지는 코스. 계절에 따라 다른 분위기를 자아내 사진 촬영 장소 및 연인들의 데이트 코스로 좋다.
- 추천계절 봄~여름(3~8월)
- 축제 벚꽃마라톤대회(4월), 황매산철쭉제(5월), 황강레포츠축제(7월), 호러마을축제(7월), 대장경세계문화축전(9월)

RECEIPT
입장료
합천영상테마파크 ·············· 10,000원

주차료
무료

식사 및 간식
(점심)메기매운탕 ·············· 25,000원

TOTAL
35,000원

(※2인 기준)

1 course
다라국의 역사와 문화를 한눈에 **합천박물관**

전국에서 유일하게 가야국의 일원인 다라국을 테마로 한 전시관이다. 다라문화실, 다라역사실, 합천역사실, 어린이체험실 등의 시설을 갖추고 있으며 합천의 고대부터 근대에 이르는 유구한 역사와 다라국의 화려한 유물들을 볼 수 있다. 어린이체험실에서는 탁본하기, 발굴 체험 등의 놀이를 통해 보다 쉽고 재밌게 역사를 접할 수 있다. 체험은 무료이며 어린이를 동반한 가족 단위의 관광객들에게 추천할 만하다.

📍 경상남도 합천군 쌍책면 황강옥전로 1558 📞 055-930-4882 🕐 09:00~18:00, 매주 월요일(월요일이 공휴일인 경우 다음 날 휴무), 1월 1일, 설·추석 당일 휴무 💰 무료 🅿 주차 100대 가능, 무료 🚗 고령IC(9.6km)→88올림픽고속도로(19.8km)→쌍쌍로(9.3km)→합천박물관

2 course
백여 리의 맑은 물과 깨끗한 모래사장 **정양레포츠공원**

합천 황강 변에 위치해 있는 레포츠공원. 공원의 이름에 걸맞게 생활체육기구부터 수상 레포츠 시설까지 갖추고 있다. 여름철이면 수상 레저와 야영을 하기 위해 이곳을 찾는 관광객으로 가득하다. 공원 내에는 산책로도 조성되어 있어 잔잔한 강가를 벗 삼아 걸으며 여유를 즐기기에 부족함이 없다. 2017년 6월 말부터 오토캠핑장 운영을 시작하였으며 9월부터는 카라반, 글램핑 등의 운영도 실시할 예정이라고 하니 캠핑을 좋아한다면 이곳을 주목하자.

📍 경상남도 합천군 대양면 동부로 39-13 📞 합천군청 관광진흥과 055-930-4664, 055-933-5538, (*정양레포츠공원 오토캠핑장 010-2077-5550, 인터넷으로도 예약 가능) 🕐 24시간, 연중무휴 💰 무료 🅿 주차 120대 가능, 무료 🚗 합천박물관(5.1km)→아막재로(2.6km)→동부로(10.6km)→정양레포츠공원

3 course
다양한 동식물의 보금자리 **정양늪 생태공원**

지금으로부터 1만 년 전 후빙기 이후 해수면이 상승하고 낙동강 본류가 퇴적되며 생겨난 정양늪에는 식물류, 포유류, 조류, 양서류, 파충류 등 동식물 200여 종이 서식하고 있다. 늪을 가로지르고 있는 탐방로인 생명길은 습지의 생태를 직접 관찰하며 산책할 수 있도록 되어 있다. 혼자 또는 연인과 함께 관광하여도 좋고, 가족 단위 관광객에게도 더없이 좋은 관광지다. 정양늪 생명길은 '합천활로'라는 8개 테마 길 중 하나에 속해 있다(*조류독감 발생 시 출입 통제).

📍 경상남도 합천군 대양면 대야로 730 📞 합천군청 환경위생과 055-930-3312 🕐 24시간, 연중무휴(정양늪 생태전시관은 동절기에 관광객의 방문이 드물어 문을 닫기도 함) 💰 무료 🅿 주차 30대 가능, 무료 🚗 정양레포츠공원(0.3km)→동부로(0.3km)→합천대로(0.2km)→정양늪 생태공원

4 course

옛 문인들이 황강을 바라보며 풍류를 즐긴 **함벽루**

경상남도 문화재자료 57호이며, 합천 8경 중에서 5경에 속하는 함벽루. 정면 3칸, 측면 2칸, 5량 구조의 팔작지붕 목조와가다. 함벽루(잠길 함, 푸른 벽, 다락 루)의 이름은 푸른 물에 잠긴 누각(다락)이라는 뜻으로, 푸른 강물(황강)에 누각의 반영이 비친 풍경을 나타낸다. 황강 바로 옆에 있는 함벽루는 비가 오면 처마의 물이 황강에 바로 떨어지도록 한 배치로 유명하다. 누각의 뒤 암벽에 새겨진 글자들 중 우암 송시열이 '함벽루(涵碧樓)'라고 쓴 글씨도 찾아볼 수 있다. 누각 내부에는 이황, 송시열, 조식의 글이 쓰여진 현판이 있다.

📍 경상남도 합천군 합천읍 죽죽길 80 📞 합천군청 문화체육과 055-930-3176 🕐 24시간, 연중무휴 💰 무료 🅿 주차 15대 가능, 무료 🚗 정양늪 생태공원(0.5km)→동부로(0.5km)→대야로(0.7km)→죽죽길(0.4km)→함벽루

5 course

과거로의 시간 여행이 가능한 **합천영상테마파크**

〈태극기 휘날리며〉, 〈각시탈〉, 〈써니〉 등 영화·드라마·CF 130여 편의 작품이 촬영된 대한민국 최고의 시대물 세트장. 실제 크기의 옛 건물이 가득한 거리로 들어서면 마치 옛 서울의 거리로 시간 여행을 온 것만 같은 착각이 든다. 중장년층 관광객들은 세트장을 거닐며 옛 추억을 이야기 나눌 수 있는 곳이다. 가끔 영화 촬영을 위해 세트장을 꾸미고 있는 모습도 볼 수 있어 또 하나의 색다른 관광 포인트가 된다. 합천영상테마파크 홈페이지에 영화 촬영 및 공연·전시 일정을 공지해놓으니 관심 있는 사람은 이 기간에 맞추어 관광하여도 좋다.

📍 경상남도 합천군 용주면 합천호수로 757 📞 매표소 055-930-3744 🕐 3~10월 09:00~18:00, 11~2월 09:00~17:00, 매주 월요일 휴무(월요일이 공휴일이면 다음 날 휴무) 💰 어른 5,000원, 학생·어린이 3,000원, 경로 2,000원, 6세 이하 무료 🌐 culture.hc.go.kr 🅿 주차 300대 가능, 무료 🚗 함벽루(1.5km)→죽죽길(0.4km)→문화로(0.6km)→합천호수로(9.6km)→합천영상테마파크

TIP 걸어서 약 1시간 20분 거리를 마차를 타면 약 15분 정도 편하게 둘러볼 수 있다
💰 어른 5,000원, 어린이 3,000원
📞 문의 010-7144-6677

6 course
물의 소중함을 일깨워주는 합천댐 물문화관

합천군 대병면 회양리에 위치한 합천댐 물문화관은 k-water(한국수자원공사)에서 설립하였다. 물에 대한 이야기, 합천의 대표 관광 명소인 합천댐 수상태양광 발전시설까지 다양한 정보를 얻을 수 있는 곳이다. 옥상 전망공간에 올라서면 주변 산들과 어우러진 합천댐의 전경, 저수지 수면을 활용한 수상태양광의 모습도 볼 수 있으니 이 또한 놓치지 말자.

📍 경상남도 합천군 대병면 합천호수로 197 📞 055-930-5292 🕐 10:00~17:00, 매주 월요일, 설·추석 당일 휴무 💰 무료 🅿 주차 30대 가능, 무료 🚗 합천영상테마파크(4.9㎞)→합천댐 물문화관

7 course
볼거리와 놀 거리가 가득한 합천호 회양관광단지

합천호 청정사우나, 골프 연습장, 어린이 물놀이터, 조각공원 등 다양한 시설을 갖추고 있는 대규모 공원이다. 합천호를 바라보며 운동할 수 있는 체육공원과 숙박 시설도 관광단지 내에 자리하고 있어 이곳에서만 하루를 보내도 좋다. 특히 여름철에는 모터보트, 수상스키, 바나나보트, 플라이피시 등 여러 종류의 수상 레저를 즐길 수 있어 많은 관광객들이 찾는다.

📍 경상남도 합천군 대병면 회양관광단지길 📞 합천군청 관광진흥과 055-930-4664 🕐 24시간, 연중무휴 💰 무료 🅿 주차 50대 가능, 무료 🚗 합천댐 물문화관(0.2㎞)→합천호수로(1.4㎞)→서부로(0.4㎞)→회양관광단지길(0.2㎞)→합천호 회양관광단지

8 course
합천호를 따라 이어지는 벚꽃 터널 합천호 백리벚꽃길

합천읍 남서쪽에서 호반도로로 이어지는 길 위에는 합천호를 따라 백리벚꽃길이 펼쳐진다. 봄이 되면 길 양쪽으로 벚꽃이 만개해 장관을 만들어내며 이 풍경은 합천 8경 중 6경에 속한다. 이렇듯 화려한 풍경을 자랑하는 백리벚꽃길은 사진 촬영 장소와 연인, 가족들의 드라이브 코스로 각광받고 있다. 매년 4월 이곳에서는 '합천벚꽃마라톤대회'가 개최된다.

📍 경상남도 합천군 용주면 가호리 📞 합천군청 관광진흥과 055-930-4664 🕐 24시간, 연중무휴 💰 무료 🅿 댐 하류 전망대 및 쉼터 주차장, 24대 가능, 무료 🚗 합천호 회양관광단지(0.5㎞)→합천호수로(0.2㎞)→합천호 백리벚꽃길

★놓치지 말자!★

합천 옥전고분군

4~6세기 전반경에 만들어진 가야고분군은 최고 수장급의 고분에서 발견되는 유물이 거의 망라되어 있는 가야 다라국 지배층의 무덤이다. 합천박물관을 방문했다면 옥전고분군도 들러보자. 옥전고분군은 정문 주차장으로 들어서는 길 이외에도 합천박물관 뒤쪽으로 이어지는 길이 있다. 넓은 구릉에 밀집되어 있는 고분은 그 크기가 어마어마하여 웅장함이 느껴진다. 합천박물관에서 고분으로 향하는 길 중간에는 공원이 잘 꾸며져 있어 쉬어가기에 좋다.

📍 경상남도 합천군 쌍책면 성산리 산23 📞 합천군청 문화체육과 055-930-3176
🕐 24시간, 연중무휴 💰 무료 🅿 주차 20대 가능, 무료

이주홍 어린이문학관

합천 출신 어린이문학가 향파 이주홍 선생님을 기념하고 어린이문학을 소개하기 위해 만들어진 곳으로 상설전시실, 자료실, 어린이도서관 등의 시설이 갖추어져 있다. 단순히 글로 소개하는 것에 그치지 않고 다양한 체험 시설을 통해 보다 쉽고 재밌게 어린이문학을 이해할 수 있도록 하였다.

쉽고 재미있는 어린이 문학의 세계, 이주홍 어린이문학관

📍 경상남도 합천군 용주면 합천호수로 828-7 📞 055-933-0036 🕐 09:00~18:00, 매주 월요일 휴무(월요일이 공휴일인 경우 다음 날 휴무), 설·추석 당일 휴무 💰 무료 🌐 juhong.hc.go.kr 🅿 주차 80대 가능, 무료

우리나라 어린이 문학 차근차근 알아볼까요?

체험으로 어린이 문학을 쉽고 재밌게

어린이 문학과 친해져야 하는 7가지 이유

알고 떠나면 더 즐거운 여행길

마을이 지켜낸 보물, 영암사지 쌍사자 석등

통일신라 시대의 절터인 영암사지에는 우리나라 보물 제535호로 지정된 쌍사자 석등이 세워져 있다. 이 보물은 '마을이 지켜낸 보물'이라는 수식어가 늘 붙어다닌다. 무슨 일이 있었던 것일까? 때는 1933년경 일제 강점기, 일본인들이 불법으로 반출하려던 것을 마을 사람들이 나서서 막아내었다. 그 이후 가회면사무소에서 보관하다가 1959년 절터에 암자를 세우고 원래의 자리로 옮겨놓은 것이 바로 영암사지 쌍사자 석등이다.

★ 추천하고 싶은 곳 ★

🏠 추천 숙소

합천영상테마파크 숙박 시설

합천영상테마파크 내에 테마하우스, 향원, 아틀란펜션 총 3종류의 숙박 시설이 갖추어져 있다. 테마하우스는 영상테마파크 내 한국은행 건물, 아틀란펜션은 대서양주식회사 건물을 사용하고 있어 옛 서울의 어딘가를 여행하는 기분을 느껴볼 수 있으며 개인은 물론 단체 숙박도 가능하다. 향원은 영화 〈마이웨이〉를 촬영했던 일본식 저택으로 빼어난 주변경관을 자랑한다.

📍 경상남도 합천군 용주면 합천호수로 757 📞 테마하우스 055-933-9332, 향원 010-4803-5867, 아틀란펜션 055-932-9806, 010-7554-9806 💰 테마하우스(4인) 10만 원~, 향원(6인) 10만 원~, 아틀란펜션(2인) 6만 원~, *성수기, 비수기, 평일, 주말 요금 다름 🌐 합천군청 문화관광 culture.hc.go.kr, 아틀란펜션 atlan.or.kr 🚗 합천영상테마파크 내 위치

합천호 스마일펜션

합천댐이 보이는 합천호 회양관광단지 내의 커플독채형 펜션. 가족, 친구, 연인과 함께 합천호의 수려한 풍경을 바라보며 조용히 쉬어가기에 좋다.

📍 경상남도 합천군 대병면 회양관광단지길 61 📞 055-931-1638, 010-2659-1638 💰 9만 원~(성수기, 비수기, 평일, 주말 요금 다름) 🌐 www.lakesmile.com 🚗 합천호 회양관광단지 내 위치

향파 이주홍 생가(현재 휴업, 2018년 상반기 중으로 리뉴얼 오픈 예정)

이주홍 어린이문학관 옆에 위치하며 생가 체험을 할 수 있다. 생가를 이용하는 기간에 한하여 문학관 2층 어린이 도서관 내 도서를 대출할 수 있다.

📍 경상남도 합천군 용주면 합천호수로 828-7 📞 이주홍 어린이문학관 055-933-0036, 합천군청 문화체육과 055-930-3174 💰 안채(최대 4인) 3만 원, 사랑채(최대 8인) 4만 원~(성수기, 비수기, 평일, 주말 요금 다름, 동절기에는 운영하지 않음. 방문전 전화문의 필수) 🌐 juhong.hc.go.kr(예약 신청은 사용일 전월 1일부터 가능) 🚗 이주홍 어린이문학관에서 도보 3분

☕ 추천 휴게소

황매산 만남의 광장

황매산으로 향하는 입구에 위치한 작은 규모의 휴게소. 주차장, 편의점, 전기차 충전소 등의 편의 시설과 함께 식당, 농산물 판매장, 도라지 체험장 등도 마련되어 있다. 식당 '황대감'에서는 약도라지백숙, 상황버섯전복삼계탕 등 보양식을 판매하고 있어 식당을 방문하기 위해 찾는 관광객도 많다. 휴게소 내의 도라지 체험장은 합천 도라지를 이용한 음식을 직접 만들어볼 수 있어 가족 단위의 관광객들에게 추천할 만하다.

📍 경상남도 합천군 가회면 서부로 1563 📞 황대감 055-931-1870, 도라지 체험장 055-934-1870 🕐 24시간(식당 08:00~부정기적), 연중무휴 💰 무료 🅿 주차 140대 가능, 무료 🚗 합천댐 물문화관에서 5.83km

🍴 추천 맛집

순할머니 손칼국수

이곳의 대표 메뉴인 들깨칼국수는 걸쭉하고 진한 국물에 들깨의 고소함과 은은한 버섯의 향이 어우러져 풍미를 더한다. 엄나무를 넣은 닭칼국수도 소화 및 간 기능 회복에 도움이 된다고 하여 맛은 물론이거니와 건강까지 챙길 수 있어 든든한 한 끼 식사로 전혀 부족함이 없다. 합천시외버스터미널과 인접한 곳에 있어 쉽게 찾을 수 있다.

📍 경상남도 합천군 합천읍 동서로 92-38 📞 055-933-7004 🕐

들깨칼국수

엄나무 닭칼국수

09:00~17:00, 매주 월요일, 설·추석 전날, 당일 휴무 ⓟ 전통칼국수 6,000원, 들깨칼국수 7,000원, 엄나무 닭칼국수 6,000원 🅿 주차 2대 가능, 무료 🚗 함벽루에서 1km

행복한 농부

합천영상테마파크 합천 로컬푸드 직매장 2층에 위치한 농가 뷔페 레스토랑. 품질이 우수한 합천 지역 농산물을 이용하여 만든 다양한 음식을 맛볼 수 있다. 점심시간만 운영하기 때문에 이곳에서 식사를 하려면 영업시간에 특히 유의하자. 특히 합천영상테마파크에서 촬영이 있거나 사람이 많은 날이면 재료가 빨리 소진될 수 있으니 방문 전에 전화로 확인해보고 가는 것이 좋다. 그릇에 담아간 음식을 남기면 500원을 내야 한다.

📍 경상남도 합천군 용주면 합천호수로 757 ☎ 055-933-9680 ⏰ 09:00~15:00, 매주 월요일, 설·추석 전날, 당일 휴무 ⓟ 농가 뷔페 1인 7,000원, 수제 왕돈가스 9,000원 🅿 주차 300대 가능, 무료 🚗 함벽루에서 10.6km

어신민물매운탕

여러 차례 매스컴에 출연했던 맨손 낚시 달인이 운영하는 식당. 이곳의 인기 메뉴인 메기매운탕은 얼큰하고 진한 국물이 일품이다. 커다란 그릇이 꽉 찰 만큼 푸짐하고 특히나 금직하면서노 야들야들한 생선살이 가득하다. 각종 채소와 칼칼한 양념이 생선의 비린내를 잡아주고 담백한 맛을 배가시켜 남녀노소 모두에게 추천할 만하다.

📍 경상남도 합천군 합천읍 충효로3길 6 ☎ 055-931-1266, 010-8559-1047 ⏰ 12:00~20:00, 부정기적, 부정기적 휴무(정기휴무는 셋째 일요일) ⓟ 메기매운탕 2만5,000원~, 어탕국수·붕어탕 6,000원 🅿 주차 25대 가능, 무료 🚗 함벽루에서 1.28km

🏠 추천 가게

합천 로컬푸드 직매장

합천영상테마파크 내에 있어 찾기 쉽다. 합천에서 생산된 농

산물을 도매시장을 거치지 않고 직거래로 판매하고 있으며 정성 들여 키운 농산물을 농민이 직접 가격을 정하고 진열한다는 것이 특징이다. 이런 과정을 통해 농민들은 자긍심이 높아지고 소비자는 착한 가격에 안전한 먹거리를 구입할 수 있다. 합천 명물인 우리밀빵, 친환경 사과, 밤과 돼지감자로 만든 힐링 와인 등이 있다.

📍 경상남도 합천군 용주면 합천호수로 757 ☎ 055-933-9680 ⏰ 3~10월 09:00~18:00, 11~2월 09:00~17:00, 매주 월요일 휴무 ⓟ 마늘즙 5,000원, 흑미쿠키 3,700원, 쌀쿠키 3,500원, 생강차 1만2,000원, 친환경 가야황토사과 5kg 2만 원, 호박카스텔라 3,900원 🅿 주차 300대 가능, 무료 🚗 합천영상테마파크 내 위치

합천축협 축산물판매장

하나로마트 합천축협 본점이며 합천 8품 중에서도 으뜸인 합천 황토한우를 구입할 수 있는 곳이다. 우수한 등급의 고기를 눈으로 보고 구입할 수 있다. 1층의 축산물판매장과 함께 2층에는 합천 황토한우 전문식당이 자리하고 있다.

📍 경상남도 합천군 합천읍 동서로 96 ☎ 055-933-0056 ⏰ 08:30~19:00, 연중무휴(설·추석 당일 오전 운영, 다음 날 휴무) 🅿 주차 21대 가능, 무료 🚗 함벽루에서 1.09km

황대감

황매산 만남의 광장 휴게소 내에 위치한 식당. 도라지를 넣어서 끓여낸 약도라지백숙과 오리도라지백숙으로 든든한 보양

식 한 끼를 하여도 좋다. 식당에서는 합천 지역 농산물인 도라지를 이용한 도라지 엑기스, 도라지환, 도라지가루 등도 판매하며 택배도 가능하다.

📍 경상남도 합천군 가회면 서부로 1563 ☎ 055-931-1870 ⏰ 08:00~ 부정기적, 첫째·셋째 월요일, 설·추석 당일 휴무 ⓟ 도라지 엑기스 60포 12만 원, 도라지환 20만 원, 도라지가루 10만 원, 건도라지 12만 원 🅿 주차 140대 가능, 무료 🚗 합천댐 물문화관에서 5.83km

인천 & 경기도 DRIVE COURSE

강화도 동부

조상들의 얼과 나라 사랑이 깃든 길을 따라가는 드라이브

강과 바다가 만나는 곳, 과거와 현재가 만나는 곳, 바로 강화도다. 현재의 건물들 사이로 자연스레 어우러진 고궁들과 성벽들. 어느 골목 하나 허투루 넘길 수 없다. 아름다운 물줄기를 따라 드라이브를 즐기다 보면 과거 여행과 역사 여행까지 함께 이루어지는 일석이조 드라이브 코스다.

INFORMATION

- 이동거리 94.15km
- 드라이브 3시간 10분
- 전체 코스 8~9시간
- 포인트 강화도를 여행하는 것만으로도 정신이 건강해지는 기분이다. 아름다운 풍광, 조상의 얼이 담긴 문화재들이 끊임없이 이어진다. 자연스레 역사 공부까지 덤으로 얻어가는 유익한 드라이브 코스라 아이와 함께하길 추천한다.
- 추천계절 봄~가을(3~11월)
- 축제 고려산진달래축제(4월), 강화고려인삼축제(10월)

RECEIPT

입장료
- 고려궁지 ················· 1,800원
- 갑곶돈대 ················· 1,800원
- 광성보 ··················· 2,200원
- 덕진진 ··················· 1,400원
- 초지진 ··················· 1,400원
- 전등사 ··················· 6,000원

주차료
- 전등사 ··············· 1일 2,000원

식사 및 간식
- (점심) 주꾸미메밀막국수 ······ 18,000원
- (저녁) 테라스피자 ············ 13,000원

TOTAL
47,600원
(5대 전적지 일괄관람권 이용 시, 입장료 할인)

(※2인 기준)

1 course — 강화도령이 살았던 **용흥궁**

★ 놓치지 말자! ★
대한성공회 강화성당

고종 33년(1896년) 강화에서 처음으로 한국인이 세례를 받은 것을 계기로 1900년 11월 15일에 최초의 한옥 성당을 세우게 되었다. 건립자인 한국성공회 초대 주교인 존 코르페(C. John Corfe : 한국명 고요한)가 '성베드로와 바우로의 성당'으로 축성하였다. 사적 제424호인 강화성당은 외부는 전통 한옥 양식이며, 내부는 바실리카 양식으로 지어진 서구 기독교의 토착화 산물이다. 성당 내부에는 1900년 축성식 당시 사용했던 교회기 깃발이 아직도 보존되어 있으며 지금도 매 주일 예배가 진행되고 있다. 천주교인이 아니더라도 출입이 가능하니 역사와 문화를 이어가고 있는 강화성당의 모습을 놓치지 말자.

📍 인천광역시 강화군 강화읍 관청길27번길 10 📞 032-934-6171 🆓 무료 🅿 용흥궁 공원 주차장, 100대 가능, 무료

강화도령으로 불렸던 조선 제25대 왕인 철종이 왕위에 오르기 전에 살던 집이다. 철종이 왕위에 오른 뒤 강화유수 정기세가 건물을 새로 짓고 용흥궁이라 하였다. 내전과 외전, 별전이 각각 1동씩 남아 있고, 철종이 살았던 집임을 표시하는 비석과 비각이 세워져 있다. 용흥궁은 창덕궁의 연경당, 낙선재처럼 살림집의 유형을 따라 지어져 소박한 느낌을 가지고 있다.

📍 인천광역시 강화군 강화읍 동문안길21번길 16-1 📞 강화군청 문화관광과 032-930-3563 🕘 09:00~18:00, 연중무휴 🆓 무료 🅿 용흥궁 공원 주차장, 100대 가능, 무료 🚗 김포IC(1km)→김포대로320번길(1.4km)→김포한강로(11.6km)→356번 지방도(2.3km)→김포대로(17.85km)→북문길(0.25km)→관청길(0.1km)→용흥궁

> **TiP** 용흥궁은 좁은 골목길 안에 위치해 있어 차량 진입이 불편하다. 내비게이션으로 용흥궁을 지정하는 것보다 '용흥궁 공원'을 목적지로 지정하고 가는 것이 편리하다.

2 course — 침략의 아픔을 간직한 터 **고려궁지**

고종 19년(1232년) 고려가 몽고의 침략에 대항하기 위하여 도읍을 송도에서 강화도로 옮긴 후 원종 11년(1270년) 개성으로 환도할 때까지 39년간 사용된 궁궐터다. 강화도의 고려궁궐은 송도의 궁궐보다 작지만 비슷하다. 조선 시대 강화성문의 열고 닫음을 알렸던 보물 제11-8호 '강화 동종'과 조선 정조 때 설치된 왕립 도서관 규장각(奎章閣)의 부속 도서관인 외규장각 등이 있다.

📍 인천광역시 강화군 강화읍 강화대로 394 📞 032-930-7078 🕘 09:00~18:00, 연중무휴 🎫 어른 900원, 어린이·청소년 600원 🅿 주차 15대 가능, 무료 🚗 용흥궁(0.3km)→고려궁지

> **TiP** 전적지 5개소 통합관람권(초지진, 덕진진, 광성보, 갑곶돈대, 고려궁지)을 이용하면 할인된 금액으로 관람을 즐길 수 있다.
> 🎫 어른 2,700원, 어린이·청소년 1,700원

3 course

제비꼬리를 닮은 물줄기를 감상하는 **연미정**

강화 8경의 하나로, 뛰어난 경관을 자랑하는 연미정은 민통선 지역이라 출입이 통제되었다가 2008년 개방되었다. 이곳은 한강과 임진강이 합류하여 한 줄기는 서해로, 다른 한 줄기는 강화해협으로 흐른다. 이 모양이 마치 제비꼬리 같다 하여 정자의 이름을 연미정이라 지었다고 전해진다. 시원하게 흐르는 강 건너편으로는 북한 땅이 보인다. 정자는 정면 3칸, 측면 2칸의 팔작지붕 건물로 높다란 주초석(柱礎石) 위에 세워져 있다. 정자 양쪽으로 수백 년 묵은 느티나무 두 그루가 정취를 더해준다.

인천광역시 강화군 강화읍 월곶리 242 역사관 관광안내소 032-932-5464 24시간, 연중무휴 무료 주차 20대 가능, 무료 고려궁지 (0.44㎞)→강화대로(0.38㎞)→동문로(3.26㎞)→해안북로(0.35㎞)→연미정

4 course

고려의 든든한 버팀목 **갑곶돈대**

강화도 곳곳에는 돌이나 흙으로 쌓은 관측·방어 시설인 돈대가 자리하고 있다. 그중에서도 갑곶돈대는 몽고와의 전쟁에서 강화해협을 지키던 중요한 요새로, 대포 8문이 배치된 포대다. 아픔을 간직한 곳임에도 갑곶돈대에서 바라보는 풍광은 너무나도 아름다워 더욱 슬픔이 묻어나는 곳이다. 함께 입장 가능한 강화전쟁박물관에서는 강화에서 일어났던 각종 전쟁 관련 유물을 전시하고 있다. 역사의 고비 때마다 국방상 요충지 역할을 수행했던 강화의 호국 정신을 배우고 느낄 수 있는 곳이다. 그 외에도 67기 비석이 모여 있는 비석군, 금속활자 중흥비, 이섭정 등이 자리해 있다.

인천광역시 강화군 강화읍 해안동로1366번길 18 갑곶돈대 매표소 032-930-7076~7 09:00~18:00, 연중무휴 어른 900원, 어린이·청소년 600원 주차 75대 가능, 무료 연미정(4.91㎞)→해안동로(0.19㎞)→해안동로1366번길(0.28㎞)→갑곶돈대

5 course

조국을 지키기 위해 치열하게 싸웠던 격전지 **광성보**

광성보는 고려가 몽골의 침략에 대항하기 위해 해협을 따라 길게 쌓은 성이다. 또한, 1871년 신미양요 때 가장 치열했던 격전지이기도 하다. 당시 광성보를 지키던 어재연 장군과 부대원들이 열세한 무기로 싸우다 결국 전원이 순국하고 말았다. 이를 잊지 않기 위해 어재연 장군 형제의 충절을 기리는 쌍충비각, 신미양요 순국무명용사비가 세워져 있고, 신미순의총에 전사한 용사들을 합장하여 그 순절을 기리고 있다. 광성보 내에는 광성돈대, 용두돈대, 손돌목돈대 3개의 돈대가 자리해 있다. 그중 용두돈대에서는 손돌의 전설이 깃든 손돌목의 거센 물살을 내려다볼 수 있다.

인천광역시 강화군 불은면 해안동로466번길 27 매표소 032-930-7070 09:00~18:00, 연중무휴 어른 1,100원, 어린이·청소년 700원 주차 100대 가능, 무료 갑곶돈대(8.86㎞)→해안동로466번길(0.27㎞)→광성보

6 course

해협의 관문을 지키는 강화도 제1의 포대 덕진진

고려 시대 병자호란 이후 강화도를 보호하기 위한 방법으로 내성, 외성, 돈대 등의 12진보를 만들었다. 덕진진이 바로 강화 12진보 중 하나로 덕포진과 더불어 강화도 제1의 포대다. 1866년 병인양요 때는 양헌수가 이끄는 군대가 덕진진을 거쳐 정족산성으로 들어가 프랑스 군대를 격파하였고, 1871년 신미양요 때는 미국 함대와의 치열한 포격전이 덕진진에서 벌어졌다. 덕진진 남쪽 끝 덕진돈대 앞에는 흥선대원군이 세운 해문방수비가 자리해 있다. 이 비석에는 '해문방수타국선신물과(海門防守他國船愼勿過)'라고 음각되어 있는데, 이는 '바다의 문을 막고 지켜서, 다른 나라의 배가 지나가지 못하도록 하라'는 의미다.

인천광역시 강화군 불은면 덕진로 34 032-930-7074~5 09:00~18:00, 연중무휴 어른 700원, 어린이·청소년 500원 주차 30대 가능, 무료 광성보(0.26㎞)→해안동로(1.64㎞)→덕진로(0.3㎞)→덕진진

7 course

전쟁의 상처를 간직한 초지진

조선 효종 7년(1656년)에 구축된 요새다. 강화도의 다른 방어 시설에 비해 작은 규모지만 외세가 침략했을 당시 어느 곳보다도 격렬하게 싸웠던 곳이다. 초지진은 많은 전투들로 인해 소실되었다가 1973년에 초지돈만 복원하였다. 그러나 격렬한 싸움의 흔적은 지금도 초지진의 성벽과 성벽 앞 소나무에 포탄 자국으로 고스란히 남겨져 있다. 초지진에 오르면 눈앞에 펼쳐진 평화로운 갯벌 풍경에 조상들을 향한 감사의 마음이 피어오른다.

인천광역시 강화군 길상면 해안동로 58 032-930-7072~3 09:00~18:00, 연중무휴 어른 700원, 어린이·청소년 500원 주차 100대 가능, 무료 덕진진(0.3㎞)→해안동로(2.4㎞)→초지진

8 course

역사와 보물이 가득 담긴 사찰 전등사

전등사는 단군왕검의 세 아들이 쌓았다는 전설을 간직한 삼랑성 내에 자리 잡고 있다. 고구려 소수림왕 11년(381년)에 아도화상이 처음 창건하고 진종사(眞宗寺)라 이름 지었다. 그 후, 고려 충렬왕 때 충렬왕비 정화궁주가 이 절에 귀한 옥등을 시주했다 하여 전등사(傳燈寺)로 개명하였다. 지붕을 떠받들고 있는 나부상으로 유명한 전등사 대웅보전 안에는 1544년 정수사에서 판각되어 옮겨진 법화경 목판 104매가 보전되고 있다.

역사의 섬에 창건된 고찰

📍 인천광역시 강화군 길상면 전등사로 37-41 ☎ 032-937-0125 🕐 08:00~18:00(동절기 ~17:00), 연중무휴 💰 어른 3,000원, 청소년 2,000원, 어린이 1,000원 🅿 전등사 남문주차장, 250대 가능, 1일 소형 2,000원 🚗 초지진(0.49km)→초지로(4.46km)→전등사로(0.22km)→전등사

알고 떠나면 더 즐거운 여행길

백범 김구 선생과 강화도와의 인연

강화산성 남문 근처 골목에 한옥을 개조한 '남문로 7'이라는 카페가 있다. 이곳은 백범 김구 선생과 인연이 깊은 곳으로 '김구 고택'이라고도 불려지는 곳이다. 1896년 백범 김구 선생은 황해도 치하포에서 조선인 행세를 하던 일본인 쓰치다 조스케를 을미사변의 공범으로 적시하고 처형한다. 이 일로 김구 선생은 조선인 관헌에 의해 체포되어 사형 선고를 받고 투옥된다. 이때, 김구 선생을 구명하기 위해 나선 사람이 강화도에 거주하던 김주경 선생이다. 김주경 선생은 김구 선생의 석방을 위해 전 재산을 털어 구명운동을 전개하였고, 뜻을 이루지 못하자 김구 선생에게 탈옥을 권유하는 시를 지어 보내 이 시를 계기로 김구 선생은 탈옥을 감행했다고 한다.

📍 인천광역시 강화군 강화읍 남문안길 7(카페 남문로7) ☎ 032-933-9300 🕐 10:30~22:00, 연중무휴 💰 드립커피 5,000원, 아메리카노 4,500원, 팥빙수 7,000원 🅿 주차 4대 가능, 무료

놓치지 말자!

김포함상공원

강화초지대교 동측에 위치한 김포함상공원은 서측에 위치한 초지진과 마주 보며 자리하고 있다. 퇴역 함정인 운봉함을 정박해놓고 내부에 전시실을 만들어놓아 함선의 실제 내부를 들어가서 살펴볼 수 있어 새롭다. 전시실에서는 여러 상륙작전과 천안함 및 연평도 북괴 도발에 관한 자료와 영상을 보여준다. 해병대 군장 체험, 서치라이트 체험도 할 수 있어 어린이, 청소년과 함께하는 가족 단위 여행객이라면 놓치지 말고 들러볼 유익한 곳이다.

📍 경기도 김포시 대곶면 대명항1로 110-36 ☎ 031-987-4097~8 🕐 3~10월 09:00~19:00, 11~2월 09:00~18:00, 설·추석 당일 휴무 💰 어른 3,000원, 청소년 2,000원, 어린이 1,000원 🌐 www.gimpo-hamsang.co.kr 🅿 주차 50대 가능, 무료

★ 추천하고 싶은 곳 ★

🛏 추천 숙소
호텔 에버리치

강화버스터미널 등 시내에 인접해 있으면서도 조용하고 아늑한 분위기의 자연친화적 부티크 호텔이다. 야외 수영장, 카페, 레스토랑 등 부대시설이 잘 갖춰져 있다.

📍 인천광역시 강화군 강화읍 화성길50번길 43 📞 032-934-1688 💰 9만5,000원~(성수기, 비수기, 평일, 주말 요금 다름) 🌐 www.hoteleverrich.com 🚗 용흥궁에서 3km

어썸플레이스펜션

모던한 외관과 인테리어로 시선을 끄는 펜션. 스파룸, 바비큐장 등이 나만의 공간으로 꾸며져 있어 편안하고 프라이빗한 여행을 하기에 좋은 곳이다.

📍 인천광역시 강화군 길상면 해안남로20번길 6 📞 032-937-8404, 010-8754-0428 💰 10만 원~(성수기, 비수기, 평일, 주말 요금 다름) 🌐 www.asomeplace.co.k 🚗 전등사에서 6.71km

휴젠리조트 펜션

아름다운 일몰을 자랑하는 동막해변 바로 앞에 자리한 휴젠리조트 펜션. 1층에는 조개구이, 활어회를 맛볼 수 있는 식당과 편의점까지 마련되어 있어 전망과 편의 모두 갖춘 숙소이다.

📍 인천광역시 강화군 화도면 해안남로 1476 📞 032-423-5500 💰 9만 원~(성수기, 비수기, 평일, 주말 요금 다름) 🌐 www.huezen.com 🚗 전등사에서 8.15km

🍴 추천 맛집
황촌집

주꾸미볶음과 메밀막국수가 대표 메뉴인 황촌집에서 이 메뉴를 시키면 간이 거의 되지 않은 메밀막국수와 매콤한 주꾸미볶음이 접시에 담겨 나온다. 처음 방문한 손님들에겐 사장님이 메밀막국수를 가위로 두어 번 자른 후 매콤한 주꾸미볶음을 면에 얹어 먹으라고 방법을 알려준다. 쫄깃하고 담백한 메밀막국수와 매콤한 주꾸미볶음의 궁합이 일품이다. 면을 맛본 뒤 보리밥에 주꾸미 양념을 비벼서 먹는 것이 두 번째 찰떡궁합. 주꾸미볶음이 맵다면 기본으로 제공되는 진한 고기 육수로 매운맛을 달래 주면 된다.

📍 경기도 김포시 대곶면 약암로 853 📞 031-989-7977 🕘 09:00~20:30, 연중무휴 💰 주꾸미메밀막국수 9,000원(주꾸미볶음+메밀막국수+보리밥), 비빔 메밀막국수 7,000원, 회 메밀막국수 10,000원, 왕새우튀김 1만3,000원 🅿️ 주차 30대 가능, 무료 🚗 초지진에서 4.1km

장어마을

강과 바다가 만나는 강화도는 우리나라에서 특히 유명한 장어 서식지다. 강화도에서는 장어를 갯벌에서 양식한다. 민물장어와 품종이 같지만 갯벌의 미네랄을 먹고 자라 더욱 힘이 좋다. 장어마을에서는 강화도에서 자란 갓 잡은 신선한 갯벌장어를 숯불에 구워서 맛볼 수 있다.

📍 인천광역시 강화군 길상면 해안남로 298 📞 032-937-0592 🕐 10:00~22:00, 연중무휴 🍴 민물장어 1kg 7만8,000원, 갯벌장어 1kg 9만8,000원(시세에 따라 다름) 🅿 주차 100대 가능, 무료 🚗 초지진에서 3.42km

테라스157

마당이 있던 집을 개조해 이국적인 외관의 카페로 탈바꿈한 곳. 아기자기한 분위기와 맛있는 메뉴. 포토 스폿인 벽화가 시선을 끈다. 이국적인 느낌의 포토월 앞에서 마음껏 자세를 취해보자. 인생사진을 건질지 모를 일이다.

📍 인천광역시 강화군 강화읍 강화대로157번길 48 📞 032-932-2428 🕐 11:00~23:00(동절기 ~22:00) 🍴 테라스피자 1만3,000원 🅿 주차 20대 가능, 무료 🚗 갑곶돈대에서 0.5km

🏪 추천 가게
강화인삼농협

강화에서 유명한 특산물 중 하나가 인삼이다. 한국전쟁 이후 개성에서 내려온 인삼 업자들이 강화에 머물면서 삼업조합이 결성되고, 인삼 재배가 확대되면서 강화인삼은 특산물이 되었다. 강화도 안에는 인삼 직매장, 인삼백화점 등 다양한 인삼 판매장을 볼 수 있다. 그중 농협에서 직접 관리하는 강화인삼농협은 믿고 구매할 수 있는 곳이다.

📍 인천광역시 강화군 강화읍 강화대로 335 📞 032-932-3737 🕐 09:00~18:00, 첫째·셋째 월요일 휴무 🍴 수삼선물세트 1kg 10만 원~, 6년근 양삼 300g 12만~22만 원, 홍삼젤리 450g 5,000원 🅿 주차 100대 가능, 무료 🚗 용흥궁에서 1km

영현네 젓갈(강화풍물시장 1086호)

강화도 새우젓은 매년 가을 새우젓축제가 열릴 정도로 그 맛이 유명하다. 강화풍물시장 내 위치한 '영현네 젓갈'에서는 새우젓뿐만 아니라 명란젓, 밴댕이젓 등 다양한 감칠맛 나는 젓갈을 구입할 수 있다. 대형 마트보다 뛰어난 품질과 저렴한 가격, 넉넉한 인심까지 더해져 사는 사람도 파는 사람도 즐겁다.

📍 인천광역시 강화군 강화읍 중앙로 17-9 📞 032-933-2739, 010-9055-2739 🕐 08:00~19:30(부정기적), 첫째·셋째 월요일 휴무(매월 2, 12, 22일이 월요일일 경우 운영) 🍴 새우젓 1kg 1만5,000원~, 명란젓 400g 1만3,000원~, 밴댕이젓 1kg 1만 원~ 🅿 주차 250대 가능, 30분 무료, 1시간 600원(풍물시장 내 상품 구입 시 무료 주차권 제공, 최대 2시간) 🚗 용흥궁에서 1.2km

망월장순상회(강화풍물시장 1132호)

강화도 특산품 중 하나인 속노랑고구마 전문점인 망월장순상회는 생산자가 직접 판매하여 믿을 수 있는 곳이다. 강화 속노랑고구마는 속이 일반 고구마보다 더 짙은 노란색을 띠고 있어 속노랑고구마, 호빅고구마 등으로 불려진다. 강화도 특유의 해풍과 풍부한 일조량, 깨끗한 지하수, 좋은 토양에서 재배해 맛과 영양이 뛰어나다.

📍 인천광역시 강화군 강화읍 중앙로 17-9 📞 032-934-6377, 010-9045-3999 🕐 08:00~18:00(부정기적), 첫째·셋째 월요일 휴무(매월 2, 12, 22일이 월요일일 경우 운영) 🍴 속노랑고구마 4kg 1만 원~ 🅿 주차 250대 가능, 30분 무료, 1시간 600원(풍물시장 내 상품 구입 시 무료 주차권 제공, 최대 2시간) 🚗 용흥궁에서 1.2km

TIP • 좋은 고구마 고르는 방법
① 크기와 모양이 균일하고 매끈한 것
② 표피 색이 밝고 진하며 속이 노란 고구마
③ 표피에 주름과 검은 반점이 없는 것
④ 상처가 없고 육질이 단단한 것

인천 & 경기도
DRIVE COURSE

강화도 서부

삼도삼색(三島三色) 다양한 매력을 만나는 곳

강화 본섬에서 시작해 석모도, 교동도까지 세 개의 섬으로 이어지는 드라이브 코스다. 모든 섬이 다리로 이어져 있어 편안하게 드라이브를 즐길 수 있다. 자연을 만끽할 수 있는 석모도와 시간이 멈춘 듯한 교동도, 볼거리, 즐길 거리가 가득한 강화 본섬까지! 전혀 다른 세 곳의 매력을 한번에 느낄 수 있다.

TIP
- 교동도 코스는 민통선 지역으로 교동대교 진입 시 검문과 신분증 확인을 거쳐 임시출입증을 발급받아야 한다.
- 전체 코스가 구불구불한 길이 이어지므로 운전에 주의하자.
- 일몰 후 가로등이 없는 도로가 많다. 출발 전 전조등 점검 필수!

INFORMATION
- 이동거리 167.93km
- 드라이브 5시간 3분
- 전체 코스 10~12시간
- 포인트 해수욕과 갯벌 체험, 과거로의 시간 여행까지 즐길 수 있다. 싱싱한 해산물도 맛보고 아름다운 낙조까지 감상할 수 있으니, 어느 하나 부족함이 없는 드라이브다.
- 추천계절 봄~가을(3~11월)
- 축제 강화개천대축제(10월), 강화도새우젓축제(10월)

RECEIPT

입장료
- 강화갯벌센터 ········· 3,000원
- 보문사 ··············· 4,000원
- 강화역사박물관 ······· 6,000원

주차료
- 동막해변 ········· 1시간 1,200원
- 민머루해변 ······· 1시간 1,200원
- 보문사 ··········· 1일 2,000원
  *개장 시에만 주차료 있음
  (개장 시기는 해마다 다름)

식사 및 간식
- (점심)냉면 ········· 12,000원
- (간식)구름라떼 ····· 15,000원

TOTAL 44,400원

(※2인 기준)

1 course

강화도의 낙조 명소 **동막해변**

강화도 본섬의 유일한 해수욕장인 동막해변은 넓은 백사장과 울창한 소나무 숲으로 둘러싸여 아름다운 자연경관을 자랑한다. 천혜의 갯벌을 품고 있는 동막해변은 썰물 때가 되면 직선 거리로 4㎞까지 드넓은 갯벌이 펼쳐진다. 밀물 때는 해수욕을, 썰물 때는 갯벌 체험을 즐길 수 있어 가족 단위 여행객들에게 인기다. 일몰이 아름답기로도 유명한 동막해변은 해 질 녘이 되면 해변가를 거닐거나, 해변 동쪽 끝자락에 위치한 분오리돈대로 올라가서 낙조를 감상하기 좋다.

📍 인천광역시 강화군 화도면 해안남로 1481 📞 032-937-4445 🕐 24시간, 연중무휴 💰 무료 🅿 주차 150대 가능, 08:00~20:00(1시간 1,200원), 20:00~다음 날 08:00 무료 🚗 김포IC(10.25㎞)→김포한강2로(0.65㎞)→김포한강4로(2.6㎞)→석모로(3.1㎞)→대명항로(12.9㎞)→보리고개로(2㎞)→해안남로(5㎞)→동막해변

2 course

저어새와 함께 떠나는 갯벌 여행 **강화갯벌센터**

강화도 남단에 펼쳐진 갯벌은 세계 5대 갯벌에 꼽히며, 전체 면적은 약 353㎢에 달한다. 갯벌이 한눈에 내려다보이는 곳에 위치한 갯벌센터는 전시실과 갯벌 탐방로를 통해 체계적으로 갯벌에 대해 배우고 갯벌의 중요성을 느끼게 하는 교육의 장으로 활용되고 있다. 또한, 강화에서 서식하는 다양한 새들의 이야기도 만날 수 있다. 특히 강화의 철새인 저어새는 멸종 위기의 희귀종이지만 강화도 갯벌에 300여 마리가 서식하는 것으로 알려져 있다. 강화갯벌센터 입구에는 숟가락 모양을 닮은 부리로 먹이를 물고 날아가는 저어새의 모습을 재현해놓은 조형물이 방문객을 반겨준다.

📍 인천광역시 강화군 화도면 해안남로 2293-37 📞 032-930-7064~5 🕐 09:00~17:00, 매주 월요일, 1월 1일, 설·추석 당일 휴무 💰 어른 1,500원, 청소년 1,000원, 어린이 800원 🅿 주차 40대 가능, 무료 🚗 동막해변(9.66㎞)→강화갯벌센터

저어새의 집이기도 해요!

3 course 석모도의 하나뿐인 해수욕장 민머루해변

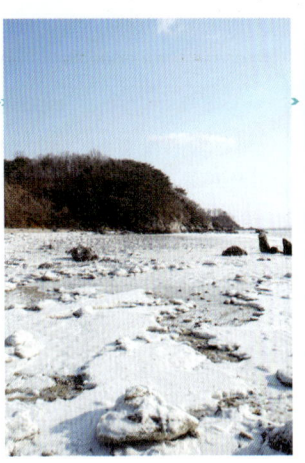

민머루해변은 석모도의 유일한 해수욕장이다. 고운 백사장의 민머루해변은 바닷물이 빠지면 수십만 평의 갯벌이 나타난다. 갯벌과 모래에는 미네랄 성분이 다량으로 함유되어 있어 각종 부인병, 신경통, 피부 미용에 효과가 있다고 알려져 있다. 한겨울이 되면 바다가 꽁꽁 얼어버리는 진풍경이 펼쳐지기도 한다. 근처 항구인 어류정항에서는 신선한 회도 즐길 수 있어 더 즐겁다.

인천광역시 강화군 삼산면 어류정길212번길 7-12 강화군청 문화관광과 032-930-3527 24시간, 연중무휴 무료 주차 180대 가능, 무료(여름 성수기, 공휴일 유료, 15분당 300원, 1일 최대 6,000원) 강화갯벌센터(1㎞)→해안남로2220번길(0.2㎞)→해안남로(6.6㎞)→해안서로(8.9㎞)→석모대교(1.54㎞)→삼산북로(0.85㎞)→삼산남로(3.65㎞)→어류정길(2.26㎞)→민머루해변

4 course 소원이 이루어지는 길을 따라가면 보문사

석모도 낙가산에 위치한 보문사는 신라 선덕여왕 4년(635년) 금강산에서 내려온 회정대사가 창건했다고 전해진다. 전등사, 정수사와 함께 강화 3대 고찰로 꼽히며 자연석으로 되어 있는 거대한 석실과 와불전, 오백나한상, 33관세음보살 사리탑, 약 600년 수령의 향나무 등이 자리해 있다. 절 마당에서 '소원이 이루어지는 길'로 칭하는 419개의 계단을 따라 오르면 낙가산 중턱 눈썹바위에 새겨진 마애관세음보살좌상을 만날 수 있다. 보물들이 가득한 아름다운 사찰 보문사에서 바라보는 서해 바다의 일몰 또한 장관을 연출한다.

인천광역시 강화군 삼산남로828번길 44 032-933-8271~3 09:00~18:00, 연중무휴 어른 2,000원, 중고생 1,500원, 초등학생 1,000원 주차 100대 가능, 1일 2,000원 민머루해변(2.3㎞)→삼산남로(3.78㎞)→삼산남로828번길(0.12㎞)→보문사

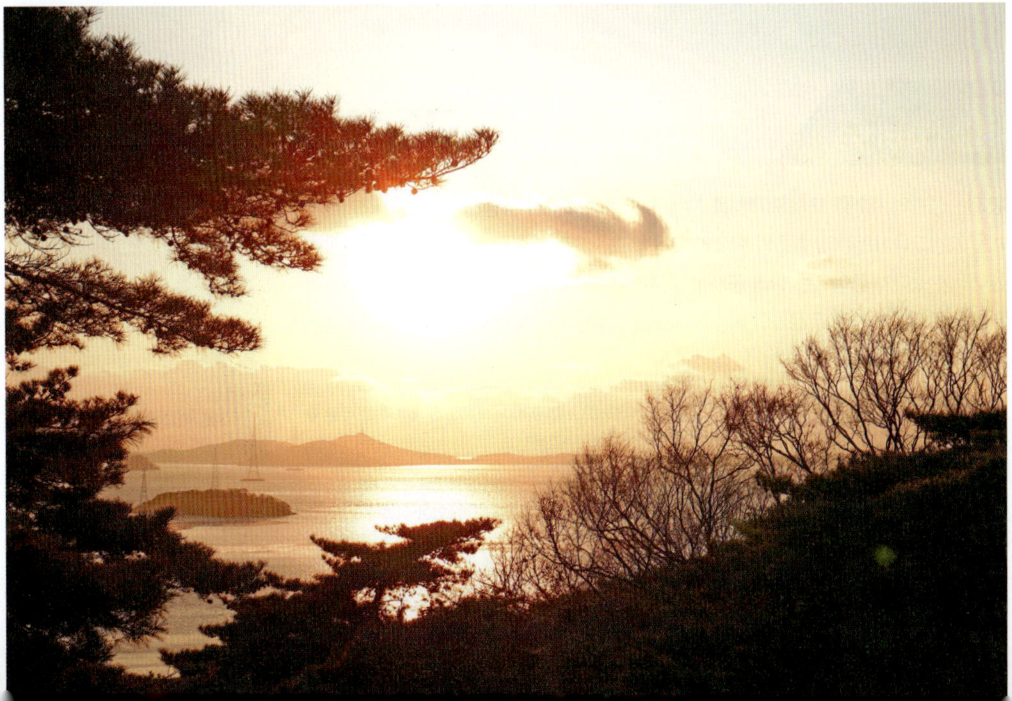

동막해변 – 강화갯벌센터 – 민머루해변 – 보문사 – 교동대룡시장 – 교동향교 – 부근리 고인돌 – 강화역사박물관

알고 떠나면 더 즐거운 여행길

보문사 나한상 이야기

신라 선덕여왕 때, 한 어부가 바다 속에 그물을 던져 돌덩이 22개를 건졌다. 어부가 돌덩이를 바다에 버리고 돌아온 날 밤, 꿈에 노승이 나타나서 혼을 내며 "다시 건지거든 좋은 산에 모시라"며 당부했다. 다음 날 어부는 또 그물을 던졌고 나한상 22개를 건졌다. 꿈에서 만난 노승의 뜻을 따라 모실 곳을 찾다가 보문사 석실 부근에 이르렀는데, 갑자기 나한상이 무거워져 움직일 수 없게 되었다. 어부는 '바로 이곳이 신령스러운 장소로구나' 생각하여 단을 놓고 그곳에 모시게 되었다고 한다. 보문사 석실에는 현재도 23개의 나한상을 모시고 있으며, 보문사에서는 모두 다른 표정을 하고 있는 오백나한상의 모습도 볼 수 있다.

오백나한상의 표정이 모두 다르다니!

5 course — 시간이 멈춘 듯한 과거로의 여행 **교동대룡시장**

교동도에 위치한 대룡시장은 6·25전쟁 때 연백군에서 교동도로 잠시 피난 온 주민들이 남북이 분단되어 고향에 다시 돌아갈 수 없게 되자 고향에 있는 연백시장을 본떠 만든 골목시장이다. 배편만이 유일한 교통수단이었던 교동도는 사람들의 왕래가 적었으나, 2014년 7월 강화 본섬과 잇는 교동대교가 개통되면서 마치 1960년대의 영화 세트장 같은 대룡시장을 카메라에 담기 위해 관광객들이 찾기 시작했다. 흙빛 벽에 그려진 벽화와 예전 모습을 그대로 간직한 가게들, 작지만 정감 있는 대룡시장은 마치 시간이 멈춘 듯한 모습이다.

📍 인천광역시 강화군 교동면 교동남로 35　📞 강화군청 문화관광과 032-930-3524, 교동면사무소 032-930-4502　🕐 09:00~19:00(계절, 가게별 상이), 연중무휴　🎫 무료　🅿 수정식당 앞 대룡시장 소형차 전용 주차장, 30대 가능, 무료　🚗 보문사(0.23km)→삼산남로(8.27km)→석모대교(1.54km)→중앙로(0.23km)→강화서로(10.22km)→인화로(4.35km)→교동동로(6.76km)→대룡안길(0.55km)→교동대룡시장

6 course — 한국 최초의 향교 **교동향교**

향교는 성현의 위패를 모시고 제사를 지내며, 백성의 교육을 담당하기 위해서 국가에서 세운 지방교육기관이다. 최초의 향교인 교동향교는 고려 충렬왕 12년(1286년)에 안향이 원나라에 갔다가 돌아오는 길에 공자상을 들여와 봉안하였다. 공자의 신주와 유현들의 위패를 모시는 대성전, 유생들의 배움을 익히는 명륜당과 기숙사인 동·서재, 제사용품을 보관하는 제기고 등이 있다.

📍 인천광역시 강화군 교동면 교동남로 229-49　📞 032-932-6931　🕐 09:00~18:00, 연중무휴　🎫 무료　🅿 주차 45대 가능, 무료　🚗 교동대룡시장(1.92km)→교동남로(0.34km)→교동향교

> **TIP** 교동향교 입구 도로는 차 한 대가 겨우 지나갈 정도로 매우 좁고 난간이 없어 위험하다. 반대편에서 차가 올 경우 곤란한 상황이 생길 수 있으므로 도로 진입 전 반대편을 꼭 확인해야 한다.

7 course — 세계문화유산 강화지석묘를 만날 수 있는 **부근리 고인돌**

우리나라는 세계에서 가장 많은 고인돌이 전국에 걸쳐 분포해 있다. 강화군에는 내가면, 하점면에 걸쳐 고려산 능선을 중심으로 약 120여 개의 고인돌이 분포되어있다. 이 중, 강화지석묘를 점골고인돌을 포함한 5개의 고인돌군은 2000년 12월 세계문화유산으로 등재되었다. 부근리 고인돌공원 중앙에는 강화지석묘가 자리해 있고, 세계 각국의 고인돌을 재현해놓아 다양한 고인돌을 만나볼 수 있다.

📍인천광역시 강화군 하점면 강화대로 994-12 📞032-933-3624 🕐24시간, 연중무휴 💰무료 📍고인돌 유적지, 강화역사박물관 공용주차장, 300대 가능, 무료 🚗교동향교(2.59km)→교동동로(5km)→48번 국도(6.4km)→강화대로(4.09km)→부근리 고인돌

8 course — 오천 년 역사와 문화를 자랑하는 **강화역사박물관**

강화역사박물관은 개국시원부터 청동기시대, 고려, 조선, 근·현대시대까지 다양한 문화재를 통해 역사를 배울 수 있는 곳이다. 또한, 고인돌 축조과정, 정족산성 전투 등을 실감나게 재현해 두어 문화유산을 보존·활용하기 위한 조사연구 및 전시교육 활동을 돕고 있다. 통합입장권으로 이용 가능한 강화자연사박물관에는 화석, 광물, 곤충 등의 다양한 표본들을 통해 자연생태계를 보고 관찰할 수 있도록 전시하고 있다.

📍인천광역시 강화군 하점면 강화대로 994-19 📞032-934-7887 🕐09:00~18:00, 매주 월요일, 1월 1일, 설·추석 당일 휴무 💰어른 3,000원, 청소년·어린이 2,000원(강화역사박물관 입장권으로 자연사박물관 통합관람) 📍고인돌 유적지, 강화역사박물관 공용주차장, 300대 가능, 무료 🚗부근리 고인돌→도보(0.05km)→강화역사박물관

★ 놓치지 말자! ★

강화평화전망대

남한에서 가장 가까운 거리에서 육안으로 북한을 볼 수 있는 곳이다. 전망대 내부에는 강화의 전쟁사와 국방, 끝나지 않은 전쟁, 통일로 가는 길 등의 테마로 구성된 전시실과 통일염원소가 있다. 또한, 조망실에서는 북한 땅과 주민의 생활 모습을 직접 볼 수 있다. 옥외 전시장에는 북한에 고향을 둔 이산가족들이 고향을 바라보며 제를 올릴 수 있도록 야외 망배단이 자리하고 있다.

📍인천광역시 강화군 양사면 전망대로 797 📞032-930-7062~3 🕐3~11월 09:00~18:00, 12~2월 09:00~17:00, 연중무휴 💰어른 2,500원, 청소년 1,700원, 어린이 1,000원 🅿주차 80대 가능, 무료

강화화문석문화관

강화도의 특산품인 화문석의 역사와 전통적인 제작법을 보존하고 전시하기 위해 설립된 곳이다. 짚풀과 인간, 왕골 재배와 가공, 화문석 제작 등 다양한 테마의 전시관이 마련되어 있다.

📍인천광역시 강화군 송해면 장정양오길 413 📞032-930-7060 🕐09:00~17:00, 1월 1일, 설·추석 당일 휴무 💰어른 1,000원, 청소년 700원, 어린이 500원(체험학습 비용 5,000원, 체험은 1일 전 예약) 🌐www.hwamunseok.co.kr 🅿주차 30대 가능, 무료

★ 추천하고 싶은 곳 ★

🛏 추천 숙소
엘리시아펜션

펜션 앞으로 동막해변과 서해 바다가 넓게 펼쳐져 있고, 아름다운 낙조까지 감상할 수 있는 곳이다. 특히 여름철에는 펜션 안에 있는 수영장에서 바다를 바라보며 수영을 즐길 수 있다.

📍 인천광역시 강화군 화도면 해안남로 1585 📞 032-937-6091 💰 8만원~(성수기, 비수기, 평일, 주말 요금 다름) 🌐 www.elysiapension.net 🚗 동막해변에서 1km

올제펜션

강화갯벌센터 입구에 위치한 펜션. 간조 때면 드넓게 펼쳐지는 신비한 갯벌을 한눈에 조망할 수 있고, 다양한 체험 거리를 즐길 수 있다.

📍 인천광역시 강화군 화도면 해안남로 2289-9 📞 032-937-6771 💰 11만원~(성수기, 비수기, 평일, 주말 요금 다름) 🌐 www.olzepension.com 🚗 강화갯벌센터에서 0.2km

노을 내리는 아름다운 집 펜션

석모도의 서쪽 해안에 자리해 있어 바다로 떨어지는 낙조를 감상하기에 최적의 장소다. TV 프로그램이었던 〈지오디의 육아일기〉 촬영 장소이기도 하다.

📍 인천광역시 강화군 삼산면 삼산남로 933 📞 032-933-9677 💰 7만원~(성수기, 비수기, 평일, 주말 요금 다름) 🌐 www.casamia1004.com 🚗 보문사에서 1.3km

🍴 추천 맛집
토담마을

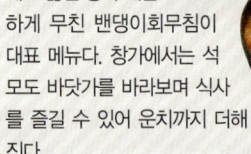

초가지붕의 건물 외관과 야생화들이 가득한 정감 있는 분위기의 한식당 토담마을. 살이 통통하게 오른 서해 바다의 꽃게로 끓인 탕과 매콤하게 무친 밴댕이회무침이 대표 메뉴다. 창가에서는 석모도 바닷가를 바라보며 식사를 즐길 수 있어 운치까지 더해진다.

📍 인천광역시 강화군 삼산면 삼산남로 910 📞 032-932-1020 🕙 10:00~19:00, 매주 화요일 휴무 💰 꽃게탕 5만5,000원~, 밴댕이회무침 정식(2인분) 3만 원 🌐 www.todamvillage.com 🅿 주차 10대 가능, 무료 🚗 보문사에서 1.1km

대풍식당

교동도에서는 6·25전쟁 때 내려온 피난민들이 먹었던 이북 음식을 그대로 맛볼 수 있다. 그중 황해도 연백식 물냉면이 대표적인데, 바로 대룡시장에 위치한 대풍식당에서 맛볼 수 있다. 대풍식당은 별다른 메뉴판도 없고, 간판에 그저 '냉면, 국밥'이라고만 쓰여 있을 뿐이다. 물냉면은 평양식 물냉면과 달리 육수가 아닌 채수를 써 깔끔하고 담백한 맛이다. 독특하게 설탕 한 스푼과 후춧가루를 뿌려서 내어준다. 직접 빚은 만두 역시 소박하고 정감 있는 맛이다.

📍 인천광역시 강화군 교동면 대룡안길54번길 28 📞 032-932-4030 🕙 11:00~19:00(마감시간 변동 있음), 부정기적 휴무 💰 냉면·떡만둣국·찐만두 6,000원 🚏 대룡시장 소형차 전용 주차장, 30대 가능, 무료 🚗 교동대룡시장에서 0.15km

카페 라르고

강화 라르고빌 리조트 내에 위치한 카페 라르고에는 보통 카페에는 없는 특별하고 귀여운 메뉴들이 가득하다. 따뜻한 라떼와 핫초코 위에 고양이 모양의 마시멜로가 떠 있는 키튼라떼와 아이스라떼 위에 솜사탕을 얹어놓은 구름라떼 등. 가장 인기 메뉴인 화분아이스크림은 화분에 담긴 아이스크림 위로 오레오 가루를 흙처럼 뿌려두고 조화를 꽂아 완성한다. 재치 넘치는 귀여운 메뉴 때문에 리조트에 묵지 않아도 카페 라르고를 찾아오는 발길이 이어지고 있다.

📍 인천광역시 강화군 화도면 해안남로2845번길 25　📞 라르고빌 리조트 032-555-8868　🕘 09:00~21:00, 연중무휴　🍴 화분아이스크림·키튼라떼·키튼초코·구름라떼 7,500원　🌐 www.largoville.com　🅿 주차 50대 가능, 무료　🚗 강화갯벌센터에서 7.5km

찹쌀 5kg 1만5,000원, 강화약쑥엑기스 30포 3만5,000원(시세에 따라 다름)　🅿 주차 10대 가능, 무료　🚗 부근리 고인돌에서 9.4km

외포항 젓갈수산시장

외포리선착장 옆에 위치한 외포항 젓갈수산시장은 큰 규모와 쾌적한 시설을 자랑한다. 조개, 새우, 산낙지 등 신선한 해산물들과 맛깔스런 젓갈 가게들이 늘어서 있다. 영양소가 풍부하기로 유명한 가을에 잡히는 새우로 담그는 추젓부터 토굴에서 숙성한 토굴젓 등 다양한 새우젓을 포함하여 밴댕이젓, 낙지젓 등을 직접 맛보고 구입할 수 있다. 매년 10월이면 강화도 새우젓축제가 열리는 곳이기도 하다.

📍 인천광역시 강화군 내가면 해안서로 899-2　📞 032-932-6408　🕘 08:00~19:00, 부정기적 휴무　🍴 새우추젓 1kg 1만5,000원~, 밴댕이젓 1kg 8,000원~, 석화 1kg 5,000원~, 왕새우 1kg 2만5,000원(시세에 따라 다름)　🅿 주차 100대 가능, 무료　🚗 부근리 고인돌에서 12.5km

🏠 추천 가게

강화농업경영인 농산물직판장

강화농업경영인 영농조합법인에서 직접 운영하는 판매장으로, 고품질의 강화 농산물과 특산물을 거품 없는 가격으로 믿고 구매할 수 있다.

📍 인천광역시 강화군 강화읍 강화대로 193　📞 032-933-5287　🕘 09:00~18:00, 매주 일요일 휴무　🍴 강화섬쌀 5kg 1만4,000원, 강화섬

영인팜

영인팜은 강화도에서 땅과 더불어 살아가는 젊은 농사꾼이 운영하는 곳이다. 강화도의 특산물인 속노랑고구마, 강화섬쌀, 약쑥, 순무, 순무김치 등을 전문으로 판매하고 있다. 특히 순무김치는 '강화 순무김치 명인 선발대회'에서 대상을 수상한 김경숙 명인이 직접 담가 우수한 맛을 자랑한다.

📍 인천광역시 강화군 양도면 중앙로 979　📞 070-4156-8800　🕘 09:30~18:30, 부정기적 휴무　🍴 쌀눈쌀 현미 5kg 1만9,000원, 순무김치 3kg 3만 원~(시세에 따라 다름)　🅿 주차 10대 가능, 무료　🚗 부근리 고인돌에서 14.1km

인천&경기도

DRIVE COURSE

인천 송도~무의도~영종도

서울권에서 쉽게 떠날 수 있는 제대로 된 해안도로 드라이브길

2003년부터 2020년까지 개발·간척 중인 송도국제도시를 시작으로 인천국제공항이 위치한 영종도까지 돌아볼 수 있다. 영종도는 섬이라는 특성 덕분에 해수욕장과 바다와 같은 아름다운 자연환경을 함께 즐길 수 있는 곳이다. 거기에 해안도로로서는 흔치 않게 직선 도로가 시원하게 뻗어 있어 드라이브를 하다 보면 모든 스트레스가 날아갈 것만 같은 코스다.

> **TiP** 영종도를 돌아보는 일주도로는 여름 성수기를 제외하곤 통행량이 많지 않은 데다 바다를 끼고 직선으로 길게 나 있는 도로라 쉽게 과속을 하게 되는 구간이다. 제한속도가 60㎞라는 것을 잊지 말 것! 과속 카메라도 있고, 자칫하면 사고가 크게 나는 구간이니 조심해야 한다.

INFORMATION
*배로 이동하는 거리, 시간은 제외

- 이동거리 87.54km
- 드라이브 2시간 34분
- 전체 코스 8~9시간
- 포인트 서울에서 가까워 드라이브에의 갑작스러운 충동도 언제든 OK!
- 추천계절 봄~여름(3~8월)
- 축제 송도세계문화축제(8월), 영종도풍등축제(8~9월), 강화개천대축제(10월), 송도불빛축제(10월)

RECEIPT

입장료
무의도 하나개해수욕장 ········ 4,000원
실미해수욕장 ················· 4,000원
*개장 시에만 입장료 있음
(개장 시기는 해마다 다름)

주차료
인천 송도센트럴파크
                    2시간 2,000원
실미해수욕장 ·········· 1일 5,000원
(폐장 시 주차료 3,000원)

식사 및 간식
(점심)골동반 ············· 30,000원
(간식)우유모닝 ············ 5,000원

TOTAL
50,000원

(※2인 기준)

1 course

이국적인 풍경의 도심 송도센트럴파크

주거 단지와 국제업무지구 중간에 위치해 있어 시민들에게 다양한 휴식 공간을 제공하는 곳이다. 고층 건물들 사이로 인공 수로와 공원이 쾌적하게 조성되어 있어 송도 특유의 분위기를 느낄 수 있다. 도시 열섬 현상을 막고 효율적인 수자원 관리를 위해 해수를 끌어와 조성된 우리나라 최초의 해수 공원이다.

📍 인천광역시 연수구 테크노파크로 196 📞 인천광역시 시설관리공단 032-721-4405, 주차 032-851-0477 🕐 24시간, 연중무휴 💰 무료 🌐 www.insiseol.or.kr 🅿 주차 2,000대 가능, 최초 1시간 1,000원 🚗 문학IC(0.44km)→미추홀대로(5.34km)→송도센트럴파크

2 course

우리나라에서 가장 긴 다리 인천대교

인천국제공항이 있는 영종도와 송도국제도시를 연결하는 총 21.38km의 다리로 우리나라에서 가장 크고 길다. 왕복 6차로의 고속도로인 인천대교는 사장교, 접속교, 고가교 등 다양한 형식의 특수 교량으로 구성되어 있으며, 사장교의 주교각 사이 거리는 800m로 준공시점 기준으로 세계에서 네 번째로 길다. 2005년 6월 착공하여 2009년 10월 완공하였다.

📍 인천광역시 중구 인천대교고속도로 3 인천대교 영업소 및 사무소 📞 032-745-8281 🕐 24시간, 연중무휴 💰 무료 🅿 인천대교기념관 주차장, 100대 가능, 무료 🚗 송도센트럴파크(1.35km)→아트센터대로(1.74km)→아암대로(1.39km)→인천대교고속도로(16.61km)→인천대교(영종IC)

3 course

시원하게 뻗은 도로를 달리다 영종해안남로

보기만 해도 스트레스 해소

도로 옆으로든 분위기 있는 산책길이 많다.

인천대교에서 내려와 을왕리 잠진도선착장 방면으로 가다 보면 영종도와 용유도를 간척하면서 만든 약 15km에 달하는 곧게 뻗은 방조제길을 만날 수 있다. 옆으로는 시원한 바다가 한눈에 들어오고, 머리 위로는 항공기가 쉴 새 없이 이착륙하는 것을 볼 수 있다. 끝이 보이지 않을 정도로 곧게 뻗은 이 해안도로는 스트레스를 날려버리기 위한 드라이브 코스로 제격이다.

📍 인천 광역시 중구 영종해안남로 📞 영종동주민센터 032-760-8880 🕐 24시간, 연중무휴 💰 무료 🅿 남측 방조제 후문 공원 주차장, 30대 가능, 무료 🚗 인천대교(영종IC)(1.43km)→하늘대로(0.43km)→영종해안남로(6.48km)→영종해안남로

TiP 왕산해수욕장에서 나와 공항 입구 JC까지의 길을 따라가면 북쪽을 둘러 나오는 영종해안북로를 만난다. 영종해안남로와 마찬가지로 간척하면서 만들어진 길게 뻗은 방조제길로, 남로와 비슷한 도로를 다시 한 번 만날 수 있다.

인천대교 기념관

세계 10대 건설 프로젝트에 포함된 인천대교를 기념하기 위해 2010년 개관한 곳이다. 인천대교에 관한 여러 자료들을 자세히 알아볼 수 있으며, 맨 위층인 4층에는 인천대교 및 인천 앞바다를 조망할 수 있는 전망대가 있다. 인천대교 기념관 앞 공원에는 장애인을 위한 재활승마센터, 생명존중 프로그램의 일환으로 유기되거나 학대받던 동물들의 보금자리인 '도담도담 동물누리' 등이 있어 아이들과 함께 둘러보기에도 좋은 곳이다.

📍 인천광역시 중구 영종해안남로 1017 📞 032-745-8123 🕐 4~10월 10:00~18:00, 11~3월 10:00~17:00(11~3월엔 월요일 휴관), 설·추석 당일 휴관, 연휴가 있는 월요일 개관 후 다음 날 휴무 🎫 무료 🌐 www.incheonbridge.com 🅿 주차 100대 가능, 무료

기념관에서 바라본 인천대교

독특한 모양의 기념관 건물

인천대교를 비롯한 주변 야경을 모형으로 만들어 한눈에 살펴볼 수 있다.

4 course

무의도에서 가장 큰 갯벌 **무의도 하나개해수욕장**

서해안에서는 드물게 1㎞가 넘게 백사장이 펼쳐져 있는 하나개해수욕장은 밀가루만큼 곱고 깨끗한 모래와 경사가 완만한 백사장 덕에 아이들이 놀기 좋은 장소로 가족 단위의 여행객들에게 특히 사랑받는 곳이다. 총 200여 동의 숙박 시설과 샤워장 2동, 식당·노래방 등의 편의 시설이 갖추어져 있다. 가까이에 실미해수욕장과 호룡곡산, 국사봉의 등산 코스도 있다.

📍 인천광역시 중구 하나개로 📞 하나개해수욕장번영회 032-751-8833 🕐 24시간, 연중무휴 🎫 어른 2,000원, 어린이 1,000원(3~12월까지만) 🌐 www.hanagae.co.kr 🅿 주차 1,000대 가능, 무료 🚗 영종해안남로(2.65㎞)→잠진도길(1.41㎞)→잠진도선착장(배로 10분)→큰무리선착장(2.47㎞)→대무의로(0.61㎞)→하나개로(1.28㎞)→무의도 하나개해수욕장

해변의 오두막 느낌 물씬 나는 숙박 시설

5 course

바다를 가로질러 **실미해수욕장**

무의도에서는 하나개해수욕장과 사유지인 실미해수욕장이 가장 잘 알려져 있다. 그중 영화 촬영지로 유명세를 떨친 이곳은 실미도까지 바다 갈라짐 현상을 볼 수 있는 곳으로 유명하다. 100m 정도의 길이로, 시간에 맞추어 가면 장화가 없어도 걸어갈 수 있다. 빼곡이 들어찬 푸른 해송을 배경으로한 깨끗한 백사장이 인상 깊은 곳이다.

📍 인천광역시 중구 큰무리로 99 📞 실미유원지 032-752-4466 🕐 24시간, 연중무휴 💰 어른 2,000원, 어린이 1,000원 🅿 주차 500대 가능, 3,000원(7, 8월 5,000원) 🚗 무의도 하나개해수욕장(1,87km)→대무의로(1,73km)→큰무리로(1,12km)→실미해수욕장

Tip
바다 갈라짐 시간 확인 : 국립해양조사원(www.khoa.go.kr) 참조

6 course

공항 활주로를 한눈에 **인천공항 전망대**

2001년 개항한 인천공항 활주로를 가장 잘 조망할 수 있는 곳이다. 오성산 기슭에 위치하여 인천국제공항 3본의 활주로가 모두 조망 가능하다. 항공기가 주기되어 있는 계류장은 물론, 이착륙하는 모습까지도 한눈에 바라볼 수 있다.

가까이에서 이착륙하는 비행기 모습이 흥미진진!

📍 인천광역시 중구 공항서로 279 📞 032-751-2117 🕐 3~11월 10:00~17:00, 12~2월 10:30~16:00, 연중무휴 💰 무료 🅿 주차 50대 가능, 무료 🚗 실미해수욕장(1.05km)→큰무리로(0.07km)→대무의로(0.76km)→큰무리선착장(배로 10분)→영종해안남로(1.03km)→공항서로(2.78km)→남북로182번길(0.19km)→인천공항전망대

7 course

아름다운 낙조와 조개구이 먹방 **을왕리해수욕장**

초승달처럼 반원을 이룬 백사장 길이 약 700m, 평균 수심 1.5m로 비교적 규모가 큰 해수욕장이다. 울창한 송림과 해수욕장 양쪽으로 기암괴석이 늘어서 있어 경관이 매우 아름답다. 해수욕과 각종 스포츠, 낚시 등을 즐길 수 있는 종합 휴양지로, 충분한 숙박 시설과 각종 위락 시설이 있어 많은 관광객들을 수용할 수 있다. 해변을 따라 조개구이집을 비롯 각종 맛집들이 늘어서 있어 계절에 관계없이 활기차다.

📍 인천광역시 중구 용유서로302번길 📞 을왕리해수욕장번영회 032-746-4112 🕐 24시간, 연중무휴 💰 무료 🅿 주차 600대 가능, 무료 🚗 인천공항 전망대(0.19km)→공항서로(4.19km)→용유서로(1.1km)→을왕리해수욕장

8 course

서울에서 가장 빠르게 바다를 만날 수 있는 길 **영종대교**

인천국제공항이 자리 잡은 영종도와 인천장도를 잇는 영종도 유일의 연육교로서 총 4.4㎞에 달한다. 도로와 철도가 동시에 통과하고, 교량 아래로 1만 톤급의 선박이 통행할 수 있는 세계 최초의 3차원 자정식(교량 스스로 무게를 지탱하는 방식) 현수교로서, 강풍과 지진에도 잘 견딜 수 있도록 내진 설계되었다. 교량의 기능뿐 아니라 건설 미학을 구현한 교량이며, 국내 토목 건축물로서는 최초로 2002년 일본 최고 권위의 다나카상을 수상하였다.

세계에서 인정받는 다리를 신나게 달려보자.

📍 인천광역시 서구 봉수대로 1048 📞 인천국제공항고속도로 032-560-6114 🕐 24시간, 연중무휴 💰 무료 🅿 영종대교 휴게소 주차장, 500대 가능, 무료 🚗 을왕리해수욕장(2.46㎞)→용유로(0.45㎞)→영종해안북로(8.22㎞)→공항동로(0.24㎞)→영종해안북로(4.03㎞)→인천국제공항고속도로(6.43㎞)→영종대교

알고 떠나면 더 즐거운 여행길

선녀바위해수욕장

옥황상제의 노여움을 사 땅으로 떨어진 선녀는 우연히 바위라는 총각을 만나 도움을 얻고 사랑이 싹터 부부의 연을 맺었다. 그 후 1년, 옥황상제가 사신을 보내 그 선녀를 하늘로 다시 불렀지만 선녀는 바위와 부부로 살겠다고 하였다. 이 소식을 들은 옥황상제는 화가 나 둘을 갈라놓으려고 벼락을 내렸으나 선녀와 바위는 죽어도 같이 죽고 살아도 같이 살아야 한다는 마음으로 서로 꼭 안고 떨어질 줄 몰랐다. 결국 벼락을 맞은 바위와 선녀는 그 자리에 선 채로 둘이 한 몸이 되어 바위가 되었다. 동네 사람들은 벼락이 치고 난 후 새로 생겨난 그 바위를 보고 선녀바위라 불렀고 선녀바위를 본 부부는 금실이 좋아진다는 이야기가 전해진다.

금실이 좋아진다는 이야기가 사실인지 직접 가보자.

★놓치지 말자!★

왕산해수욕장

화려하거나 활기차기보다는 호젓한 느낌의 해수욕장. 바로 옆의 을왕리해수욕장에 비해 유명세는 덜하지만 왕산해수욕장만의 차분한 분위기 때문에 사랑받고 있다. 왕산의 낙조는 용유 8경 중 하나로, 성수기가 아니면 비교적 조용한 분위기에서 바라볼 수 있어 더 좋은 곳이다.

📍 인천광역시 중구 을왕동 810-92 일원 📞 032-760-8958 💰 무료(개장 시기에는 텐트 설치비, 쓰레기 처리 비용 5,000원~1만 원) 🅿 주차 200대 가능, 무료

★ 추천하고 싶은 곳 ★

🛏 추천 숙소
네스트호텔

주변을 감싸고 있는 갈대와 바다, 소나무가 어우러진 풍광이 아름답다. 발코니가 넓어 전망 구경하기에 좋으며 아침 식사에 대한 평도 좋은 편이다. 세련된 디자인의 외관이 인상적이다.

📍 인천광역시 중구 영종해안남로 19-5　📞 032-743-9000　💰 16만 5,000원~(성수기, 비수기, 평일, 주말 요금 다름)　🌐 www.nesthotel.co.kr　🚗 인천공항 전망대에서 4.3km

며, 영종대교를 한눈에 조망할 수 있는 전망대가 있다.

📍 인천광역시 서구 정서진남로 25　📞 032-560-6400　🕐 24시간(상업시설 08:00~20:00)　🅿 주차 500대 가능, 무료　🚗 김포IC에서 16.4km

영종스카이리조트

을왕리해수욕장이 가까워 이용이 편리하며 한눈에 해수욕장을 조망할 수 있는 뷰가 인상적인 곳이다. 계절에 따라 야외 풀장이나 스파를 운영하고 있는데 워터파크는 특히 가족 단위 여행객들에게 인기 만점이다. 번화한 지역에 가까이 위치해 있다.

📍 인천광역시 중구 용유서로 379　📞 032-745-9000　💰 11만 원~(성수기, 비수기, 평일, 주말 요금 다름)　🌐 www.yjskyresort.com　🚗 을왕리해수욕장에서 3.3km

☕ 추천 휴게소
영종대교 휴게소

휴게소 입구에는 영종대교의 랜드마크인 세계 최대 높이의 곰 조형물 포춘베어(Fortune Bear)가 서 있어 인상적이다. 영종대교의 역사와 기술을 보여주는 전시관이 자리잡고 있으

🍴 추천 맛집
기와집 담

섬 한편에 단아하게 자리잡은 한옥으로 꾸며진 음식점. 음식 하나하나에 정성이 느껴진다. 골동반이라고 불리는 이 집만의 특별한 비빔밥은 일반적인

나물비빔밥이 아니라 각종 해초와 부드럽게 삶은 오징어가 어우러져 산뜻하고 깔끔하다. 또 다른 메뉴인 갈비탕은 전복과 신선한 버섯 향이 가득하여 고급스럽다.

📍 인천광역시 중구 용유로21번길 65-17　📞 032-747-0205　🕐 11:00~20:00(부정기적), 매주 월요일 휴무　💰 골동반·전복갈비탕 1만 5,000원　🅿 주차 50대 가능, 무료　🚗 영종해안남로에서 3.8km

황해칼국수

단순한 바지락칼국수가 아니라 해산물이 푸짐한 해물칼국수다. 이곳의 시원한 국물의 비법 중 하나인 북어와 함께 바지락, 가리비를 비롯, 여러 종류의 조개와 새우가 그릇이 넘칠 정도로 푸짐하게 담겨 나온다. 먹다 보면 조개껍질을 까서 버리는 것조차 지칠 정도로 많은 양이다. 이곳은 1인분 주문이 가능해 혼자 들르기에도 부담이 없다.

📍 인천광역시 중구 용유로21번길 3(1호점) ☎ 032-746-3017 🕐 09:00~19:50, 연중무휴 🍴 해물칼국수 1만 원 🅿 1호점 만차 시 100m 앞의 2호점 주차장, 100대 가능, 무료 🚗 영종해안남로에서 3km

동해막국수

명태식해가 들어간 매콤한 비빔국수가 자랑인 이곳은 수육과 메밀전, 막국수를 모두 시켜 한 번에 먹어야 제대로다. 메밀전에 수육, 명태식해, 마늘, 백김치, 쌈장 등을 모두 싸서 한데 먹으면 감칠맛 가득한 이곳만의 별미를 느낄 수 있다. 전국에서 찾아오는 사람들의 발길이 끊이지 않는다.

📍 인천광역시 중구 용유서로479번길 16 ☎ 032-746-5522 🕐 11:00~21:00, 설·추석 전일, 당일 휴무 🍴 물막국수·메밀전 5,000원, 보쌈(소) 1만3,000원 🅿 주차 30대 가능, 무료 🚗 을왕리해수욕장에서 4.9km

🏠 추천 가게

안스 베이커리

제7대 제과 명장 안창현 씨가 운영하는 안스 베이커리의 송도지점이다. 안스 베이커리는 유기농 밀가루에 천연발효종, 친환경 무항생제 달걀, 신안 천일염 등을 제빵에 사용하므로 재료부터 믿고 안심할 수 있다. 가장 인기 있는 것은 우유모닝이다.

📍 인천광역시 연수구 센트럴로 160, 103동 1층 ☎ 032-851-0045 🕐 08:00~23:00, 설·추석 당일 휴무 🍴 우유모닝 5,000원, 피자 포카치아 4,000원 🅿 송도센트럴파크 공원 주차장, 2,000대 가능, 송도센트럴파크 주차요금 참고 🚗 송도센트럴파크에서 도보로 0.8km

올 Coffee and Tea

인천대교 기념관 1층에 자리한 커피숍. 이곳은 인천대교 주식회사와 '말아톤 복지재단'이 장애인 복지를 위한 사회공헌 활동으로 함께 만들어 운영 중인 곳이다. 성장발달 장애가 있는 이들의 직업 재활을 위한 취지와 어울리는 따뜻한 분위기가 좋은 곳이다.

📍 인천광역시 중구 인천대교고속도로 3(인천대교 기념관점) ☎ 032-751-9422 🕐 4~10월 10:00~18:00, 11~3월 10:00~17:00, 월요일 휴무 🍴 아메리카노 3,500원, 얼그레이 4,500원 🅿 주차 100대 가능, 무료 🚗 인천대교 기념관 위치

인천 & 경기도

DRIVE COURSE

인천 영흥도

작은 섬들과 갯벌 따라 낭만 드라이브

수도권에서 떠나고 싶을 때 쉽게 섬 여행을 할 수 있는 곳. 아름다운 해수욕장과 너른 벌판 같은 갯벌이 펼쳐진 영흥도의 섬 여행은 당일 코스로 즐기기에 충분한 곳이다. 해안길을 달리며 시원스럽게 펼쳐진 바다에 보이는 작은 섬들과 영흥대교가 눈을 더 즐겁게 해준다. 물때를 잘 만나면 갯벌 체험도 할 수 있는 곳이다. 섬을 한 바퀴 돌아도 1시간이면 충분한 여행지다.

INFORMATION
- 이동거리 98.38km
- 드라이브 2시간 57분
- 전체 코스 4~5시간
- 포인트 소사나무 군락지와 바다가 이루어낸 독특한 분위기가 근사하다.
- 추천계절 사계절(1~12월)
- 축제 십리포물빛축제(8월), 장경리물빛축제(8월), 영흥도농수산물축제(9월)

RECEIPT

입장료
무료

주차료
십리포해수욕장 ·············· 2시간 2,500원
장경리해수욕장 ·············· 2시간 2,500원
*개장 시에만 주차료 있음
(개장 시기는 해마다 다름)

식사 및 간식
(점심)바지락칼국수 ·············· 12,000원

TOTAL
17,000원

(※2인 기준)

1 course

소사나무 군락지를 품은 **십리포해수욕장**

진두선착장에서 십 리 거리에 있다 해서 붙여진 이름 십리포해수욕장. 우리 나라에서 유일한 소사나무 군락지를 따라 해변이 펼쳐져 있고, 자갈과 모래, 조개껍데기 조각이 뒤섞인 조금은 거친 백사장이 매력적이다. 썰물 때에는 갯벌도 즐길 수 있다. 해안을 따라 설치된 수변 데크 위를 걸으면 십리포 해수욕장의 전경이 한눈에 들어온다.

📍 인천광역시 옹진군 영흥면 영흥북로 382 십리포해수욕장 주차장 📞 032-886-6717, 영흥면사무소 032-899-3810 🕐 24시간, 연중무휴 💰 무료 🅿️ 주차 150대 가능, 무료(*해수욕장 개장 시 유료, 최초 30분 1,000원, 1일 주차권 1만 원) 🚗 정왕IC(17.38km)→서해안로(6.8km)→대부황금로(11.8km)→대선로(8.7km)→십리포해수욕장

2 course

농어를 닮은 **농어바위**

여기에서 있기만 해도 농어가 쭉쭉!

십리포해수욕장에서 장경리로 가는 도중 만나게 되는 작은 바위. 여름에는 갯벌 체험과 캠핑장으로 인기가 많은 곳이다. 갯벌 체험을 하며 바지락 채취도 할 수 있다. 농어가 많이 잡힌다 하여 붙여진 이름처럼, 낚시하는 사람들에게 인기가 많다. 농어바위 앞 바다를 지나는 큰 배들 중 중국을 오가는 배들도 많다. 물이 빠지면 농어바위까지 걸어갈 수 있다.

📍 인천광역시 옹진군 영흥면 내리 산120-52 📞 영흥면사무소 032-899-3810, 영암어촌계 032-888-5633 🕐 24시간, 부정기적 휴무 💰 무료(체험비 1만 원) 🅿️ 갓길 주차, 무료 🚗 십리포해수욕장(3.5km)→농어바위

> **TiP** • 평소에는 길가에 주차를 해도 문제가 없으나, 휴가철이나 캠핑하기 좋은 계절이 오면 주차가 곤란하다. 농어바위 캠핑장으로 들어오기 전 길가나 공터에 미리 주차를 하고 걸어 들어오는 것이 편하다.

3 course

노송과 함께하는 백사장 **장경리해수욕장**

자갈모래가 1.5km에 달하는 해수욕장과 100년 이상 된 노송으로 둘러싸인 숲이 울창하여 편안하게 휴식을 취하기에 안성맞춤이다. 자연적으로 형성된 포구가 바다를 가르고 그 앞으로는 정박된 선박들이 머무른다. 자연산 굴밭이 있어 돌에서 자라는 굴을 직접 체험해볼 수 있다.

📍 인천 광역시 옹진군 영흥면 영흥로 741 장경리해수욕장 공용주차장 📞 영흥면사무소 032-899-3810, 장경리해수욕장 관광사무소 032-886-5672 🕐 24시간, 연중무휴 💰 무료 🌐 www.janggyeongni.com 🅿️ 주차 100대 가능, 무료(해수욕장 개장 시 유료, 최초 30분 1,000원, 1일 주차권 1만 원) 🚗 농어바위(1.7km)→장경리해수욕장

4 course

아이와 함께 재미있는 에너지 공부 영흥에너지파크

전기와 에너지에 대한 이해와 자연의 소중함을 소개하는 전력홍보관이다. 전기에너지체험관은 어린이를 위한 전시 공간과 체험할 수 있는 공간이 마련되어 있고, 영상관에서는 에너지 관련 입체 영화도 관람할 수 있다. 각종 전기에너지 시설을 설치한 야외 공원은 온 가족이 즐길 수 있는 테마파크다.

📍 인천광역시 옹진군 영흥면 영흥남로293번길 75 📞 070-8898-3570 🕘 09:30~17:30, 1월 1일, 설·추석 연휴, 근로자의 날, 기타 회사 지정 휴일 휴무 💰 무료 🌐 www.e-park.co.kr 🅿 주차 50대 가능, 무료 🚗 장경리해수욕장(5㎞)→영흥에너지파크

5 course

한적한 바다에서 조개 캐기 용담리해변

한적하고 조용한 바닷가 풍경이 펼쳐진 용담리해변에서 잠시 머무르면 자연스럽게 마음이 안정이 되고 발길이 느슨해진다. 용담리해변의 넓고 광활한 갯벌을 보는 즐거움도 있지만, 넓은 대지를 달리는 기분으로 해안도로를 드라이브하거나 천천히 바다를 보며 산책하는 즐거움도 느낄 수 있다.

📍 인천광역시 옹진군 영흥면 외리 📞 영흥면사무소 032-899-3810 🕘 24시간, 연중무휴 💰 무료 🅿 길가 주차, 5대 가능, 무료 🚗 영흥에너지파크(2.7㎞)→용담리해변

조개, 바지락, 게... 잡아보고 싶지 않아?

6 course

갯벌을 직접 체험할 수 있는 **용담리 어촌체험계**

날씨가 좋으면 낚시꾼들이 몰리는 곳이지만 낚시하는 사람이 아니어도 이곳은 휴식을 취하기 위해 많은 사람들이 찾는다. 근처 용담리해변에서 즐겨도 좋고 캠핑도 가능해서 가족 캠핑족에게도 아주 좋은 곳이다. 이곳에서 영흥대교를 바라보며 한껏 밤바다의 분위기에 취해보는 것도 멋지다. 약간의 체험료를 부담하면 조개잡이 체험을 신나게 즐길 수 있다.

📍 인천광역시 옹진군 영흥면 영흥남로9번길 179-21(어촌마을 건너면 식당 주소) 📞 영흥면사무소 032-899-3810, 어촌체험마을 032-886-2074 🕐 24시간, 연중무휴 💰 무료, 체험료(어른 8,000원, 어린이 5,000원) 🅿 주차 10대 가능, 무료 🚗 용담리해변(0.5km)→용담리 어촌체험계

7 course

인천상륙작전을 생각하며 **해군영흥도 전적비**

방파제 도로를 조금 더 달리면 동산이 나온다. 100개의 계단을 올라가면 전망대 누각과 해군전적비가 세워져 있다. 한국전쟁 당시 '인천상륙작전'을 위한 첩보 작전이 활발했던 영흥도는 그만큼 적의 보복과 공격으로 많은 희생자를 만들기도 했다. 그때 희생된 영흥 지구 전투 전사자들과 대한청년단 방위대원의 업적을 기리기 위해 전적비가 건립되었다. 전망대에서 내려다보면 바로 앞에 한 척의 군함이 치열했던 당시의 전투 상황을 알려주기라도 하듯 조용히 서 있다. 노을이 내려앉은 붉은 바다의 전경도 감상 포인트다.

나라를 지키는 용사들을 기억하며

📍 인천광역시 옹진군 영흥면 내리 산314 📞 영흥면사무소 032-899-3810 🕐 24시간, 연중무휴 💰 무료 🅿 주차 20대 가능, 무료 🚗 용담리 어촌체험계(3km)→해군영흥도 전적비

8 course

영흥도 여행의 시작과 끝 **진두선착장**

영흥도로 들어서면 맨 먼저 도착하는 곳이 진두선착장이다. 또한 영흥도를 떠나기 위해 거쳐야 하는 마지막 거점도 진두선착장이다. 이곳에서 영흥대교의 웅장한 모습을 볼 수도 있고, 유람선을 타고 바다를 즐길 수도 있다. 선착장에 정박해 있는 배와 다리, 해안도로와 가로수가 어우러진 작지만 아름다운 선착장이다.

📍 인천광역시 옹진군 영흥면 영흥로 109-22 📞 영흥면사무소 032-899-3810 🕐 24시간, 연중무휴 💰 무료 🅿 주차 100대 가능, 무료 🚗 해군영흥도 전적비(1.8㎞)→진두선착장

★ 놓치지 말자! ★

영흥도 일출공원(앞바다)

진두선착장에서 십리포해수욕장으로 향하는 길에 아름다운 경치를 감상할 수 있는 영흥도 일출공원 펜션이 자리한다. 이곳 일출공원에서 보이는 서해 바다와 영흥대교, 질마섬이 아름답다. 앞 바닷가에서 잠시 즐겨보자.

📍 인천광역시 옹진군 영흥면 영흥북로 258 📞 영흥면사무소 032-899-3810 💰 무료 🅿 주차 20대 가능, 무료

국사봉, 통일사

영흥도의 국사봉 중간 지점에 오르면 통일사라는 작은 사찰이 있다. 6·25전쟁 당시 학도병으로 싸우다 전사한 전우들을 따라 자결한 남편의 넋을 기리기 위해 아내가 지었다는 사찰이다. 또한 이곳에는 이성계의 세력에 몰려 국사봉까지 쫓겨온 익령군 왕기가 국사봉 옹달샘에서 물을 마셨는데 물맛이 좋아 우물을 팠으나 맑은 물은커녕 콩가루 같은 흙이 나와 겁이 나서 덮었다가 범상치 않은 예감이 들어 이 물에 목욕을 하고 국사봉에 올라 고려의 재건을 빌었다는 이야기가 전해온다.

📍 인천광역시 옹진군 영흥로722번길 146 📞 032-886-7529 🕐 24시간, 연중무휴 💰 무료 🅿 주차 10대 가능, 무료

알고 떠나면 더 즐거운 여행길

신령이 도와주는 섬, 영흥도

영흥도(靈興島) 지명에 관한 유래를 살펴보면 옛날 중국에서 오던 배가 풍랑을 만나 침몰 직전에 처했을 때 거북이 한 마리가 나타나 파손된 구멍을 막아주고 이 섬으로 인도해주었다고 하여 '신령이 도와준 섬'이란 뜻에서 영흥도라 부르게 되었다는 이야기가 전해진다.

★ 추천하고 싶은 곳 ★

🛏 추천 숙소

미림펜션

장경리해수욕장과 딱 붙었다 해도 과언이 아닐 정도로 가깝고, 소나무 숲속에 감추어 놓은 듯 자리잡고 있어 조용하고 아늑한 분위기에서 쉬고자 하는 사람에게 좋다. 깔끔한 유럽풍 외관이 멋지고 주변 산책로를 걸으며 휴식을 취할 수 있다.

📍 인천광역시 옹진군 영흥면 영흥로 679 📞 032-883-9333 💰 5만 8,000원~(성수기, 비수기, 평일, 주말 요금 다름) 🌐 www.himirim.com 🚗 장경리해수욕장에서 0.6km

오페라하우스

복층으로 되어 있는 이국적인 전원주택형 리조트다. 자연과 어우러진 가운데 동화책 속의 성을 연상시킨다. 야외 수영장은 손님이 많은 날에도 맘껏 즐길 수 있을 만큼 규모가 크다. 가족이 함께하는 여행이라면 더욱 즐거움이 커지는 숙소다.

📍 인천광역시 옹진군 영흥면 영흥로 676 📞 032-882-8190 💰 7만 원~(성수기, 비수기, 평일, 주말 요금 다름) 🌐 www.opera-house.kr 🚗 장경리해수욕장에서 0.6km

솔밭펜션

3층 건물로 된 깔끔한 모습의 펜션이다. 솔밭 사이로 보이는 아름다운 바다 전경이 눈을 즐겁게 한다. 방 타입은 복층, 온돌방, 침대방 등 다양하다. 펜션이 예쁘다 보니 사진 찍으러 들르는 사람도 있다. 밖에는 바비큐 파티를 할 수 있는 곳도 있다.

📍 인천광역시 영흥면 영흥서로 527-12 📞 032-886-8603, 010-2029-4154 💰 7만 원~(성수기, 비수기, 평일, 주말 요금 다름) 🌐 www.영흥도솔밭펜션.kr 🚗 장경리해수욕장에서 0.6km

🍴 추천 맛집

명주가든

건물은 작고 허름하지만 안으로 들어서면 각종 매스컴에 출연했던 사진들이 걸려 있어 맛집임을 증명한다. 바지락 등 지역 수산물을 이용한 음식으로 맛을 자랑하는 곳이다. 요리대회에서 여러 번 수상을 하기도 한 주인의 손맛이 녹아 있다. 전골과 고추장찌개가 유명하다.

📍 인천광역시 옹진군 영흥면 영흥로176번길 57 📞 032-255-9978 🕐 10:00~19:00(재료 소진 시 마감), 매주 수요일 휴무 💰 바지락두부전골(중) 3만 원, 바지락 고추장찌개(2인 이상) 2만2,000원 🅿 주차 10대 가능, 무료 🚗 진두선착장에서 0.9km

영흥 바지락 해물칼국수

주방을 지키는 주인은 요리를 담당하고, 어머니는 바다에서 바지락과 해산물을 채취하고 아버지는 채소를 직접 키우며 가족이 함께 운영하는 식당이다. 이 식당에서 먹는 해산물과 채소 모두 직접 채취하거나 키운 것들로 차려진다. 15년째 영업 중인 이곳은 영흥도 주민이 추천하는 맛집이기도 하다. 이 식당은 처음 시작할 때부터 지금까지 한 번도 음식 가격

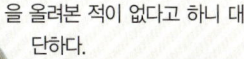

을 올려본 적이 없다고 하니 대단하다.

📍 인천광역시 옹진군 영흥면 영흥북로 203 📞 032-886-3644 🕐 10:30~20:00(부정기적), 설·추석 당일 휴무 🍴 칼국수 6,000원, 보쌈 1만5,000원 🚗 주차 10대 가능, 무료 🛥 진두선착장에서 1.9km

여러 가지 생선, 소금, 김을 살 수 있다.

📍 인천광역시 옹진군 영흥면 영흥로 109-10 📞 032-884-2004 🕐 09:00~21:00(주말은 유동적) 부정기적 휴무 🍴 김 1톳 1만 원~, 미역 400g 2만 원~ 🚗 주차 200대 가능, 무료 🛥 진두선착장에서 0.2km

🏠 추천 가게

영흥수협 수산물직판장

살아 있는 해산물들이 시선을 끄는 넓은 직판장 안에는 여러 가게들이 입주해 있다. 가게에서 해산물을 구입하면 그 자리에서 맛볼 수 있게 바로 요리도 해준다.

📍 인천광역시 옹진군 영흥면 영흥로 109-12 📞 010-9349-3280(51호) 🕐 10:00~21:00(부정기적), 둘째, 넷째 수요일 휴무 🍴 조개 1kg 15,000원~, 가리비, 맛조개 1kg 20,000원~, 모둠(중) 40,000~(시세에 따라 다름) 🚗 주차 200대 가능, 무료 🛥 진두선착장에서 0.2km

카페 빠세

영흥도에서 낭만이 함께하는 여행을 꿈꾼다면 카페 빠세를 찾아가 보길 권한다. 주인의 동생이 세계를 돌아다니며 직접 수집한 손때 묻은 인테리어 소품들이 가득하고, 그래서인지 실내 분위기도 빈티지스러움이 물씬 풍긴다. 차 한잔을 마시거나 앉아서 담소를 즐기며 여행의 흔적을 따라가 볼 수 있다.

📍 인천광역시 옹진군 영흥북로 374-24 📞 031-888-9974 🕐 09:00~19:00(부정기적), 부정기적 휴무 🍴 오렌지 주스 4,000원 에스프레소 5,000원, 핫초코 6,000원 🚗 주차 10대 가능, 무료 🏖 십리포해수욕장에서 0.3km

옹진군 특산품 전시판매장

영흥도에서 특산물이나 해산물을 구매할 수 있는 유일한 곳이다. 영흥도뿐만 아니라 주변 옹진군의 특산품도 함께 판매한다. 미역 등 해조류와

인천&경기도

DRIVE COURSE

인천 신도, 시도, 모도

자연 그대로를 간직한 삼 형제 섬

영종도 삼목선착장에서 뱃길로 10분이면 만날 수 있는 신도. 신도에서부터는 시도, 모도까지 다리를 통해 차례로 연결된다. '삼 형제 섬'이라고도 불리는 세 개의 작은 섬이 나란히 이어지는 바닷길 드라이브 코스. 소박한 마을과 해변, 썰물 때 드러나는 신비로운 모습의 갯벌까지 삼 형제 섬은 때 타지 않은 순수한 모습을 그대로 간직하고 있다.

TiP
- 작은 섬들로 구성된 드라이브 코스로, 전체적으로 좁은 도로가 이어지니 운전에 주의하자.
- 신도·시도 연도교, 시도·모도 연도교를 제외한 전체 코스가 가로등이 거의 없다. 출발 전, 전조등 점검 필수!
- 작은 섬 지역으로 스폿 중 세부 주소가 없는 곳이 많다. 내비게이션 명칭 검색 혹은 지도로 위치 체크 후 이동하는 것이 좋다.
- 운항시간표를 미리 체크하여 드라이브에 차질이 없도록 하자. 신분증 미지참 시 탑승 불가
  삼목→신도 : 세종해운(07:10~18:10/1시간 간격 운항), 한림해운(08:40~18:40/2시간 간격 운항)
  신도→삼목 : 세종해운(07:30~18:30/1시간 간격 운항), 한림해운(10:00~20:00/2시간 간격 운항)
- 물때 시간 확인 사이트 www.badatime.com

INFORMATION
*배로 이동하는 거리, 시간은 제외

- 이동거리 27.8km
- 드라이브 1시간 7분
- 전체 코스 6~7시간
- 포인트 산과 바다가 어우러진 신도, 작은 해변들이 곳곳에 숨어 있는 시도와 모도. 화려하고 바쁜 도시 생활에 지쳐 자연과 함께 힐링하는 여행을 찾는다면 신도, 시도, 모도 바닷길 코스를 추천한다.
- 추천계절 봄~가을(3~11월)
- 축제 없음

RECEIPT

입장료
삼목선착장 ················· 14,000원
신도선착장 ················· 14,000원
배미꾸미 조각공원 ········· 4,000원

주차료
무료

식사 및 간식
(점심)돈가스 ··············· 20,000원
(간식)핸드드립 커피 ······· 10,000원

TOTAL
62,000원

※2인 기준

1 course

갈매기와 함께 떠나는 뱃길 **삼목선착장**

삼목선착장에서는 신도, 장봉도를 오가는 카페리가 1시간 간격으로 운항된다. 드라이브를 즐기려는 차들과 등산을 즐기려는 등산객들, 자전거 하이킹을 즐기려는 여행객들로 매시간마다 페리는 만선이다. 10분 남짓의 짧은 뱃길은 갈매기가 여행객들과 새우 과자를 나눠 먹으며 신도선착장까지 가는 길을 안내해준다.

인천광역시 중구 영종해안북로847번길 55 세종해운 032-751-2211, 한림해운 032-746-8020 세종해운 07:10~18:10(출발시간 기준), 한림해운 08:40~20:40(출발시간 기준), 연중무휴 하단 운항요금표 참고 주차 150대 가능, 무료 공항신도시IC(1.95㎞)→영종해안북로 847번길(0.78㎞)→삼목선착장

TiP 운항요금표(편도 기준)를 미리 확인하고 신분증을 꼭 챙기자.
- **세종해운**(신도&장봉도) 어른·중고생 2,000원, 어린이 1,300원, 인천 시민 50% 할인(차량 할인 제외) | 승용차 1만 원
- **한림해운**(신도) 어른 2,000원, 어린이 1,500원, 인천 시민 50% 할인(차량 할인 제외) | 승용차 1만 원
  (장봉도) 어른 3,000원

2 course

삼 형제 섬의 맏형 **신도선착장**

삼 형제 섬 중 가장 크고 제일 먼저 만나볼 수 있는 곳이 신도다. 주민들의 인심이 후하고 순박하여 서로 믿고 살아간다는 뜻으로 신도(信島)라고 부르게 되었다고 한다. 삼 형제 섬 중 유일하게 삼목선착장과 뱃길이 이어지는 곳이다. 선착장 양옆으로는 갯벌이 펼쳐지고 정면으로 보이는 구봉산의 모습이 신도로 들어오는 여행객들을 반겨준다.

인천광역시 옹진군 북도면 신도리 032-751-0192 07:30~20:00(계절별 상이), 연중무휴 삼목선착장 운항요금표 참고 주차 60대 가능, 무료 삼목선착장(배로 10분)→신도선착장

3 course

아름다운 마을 속 **신도저수지**

섬 중앙 푸른벗말 입구의 신도 저수지는 구봉산이 올려다보이는 곳에 위치해 있으며, 저수지를 둘러싼 갈대 숲, 나무 다리로 연결된 산책로와 정자가 고즈넉한 분위기를 만들어낸다. 푸른벗말은 갯벌, 염전, 논밭이 함께 어우러진 마을로 여러 테마를 한꺼번에 체험해볼 수 있어 아이와 함께하는 가족 여행객들에게 좋다(푸른벗말 홈페이지 pureun.go2vil.org).

인천광역시 옹진군 북도면 신도리 옹진군청 관광문화과 032-899-2114, 2211~4 24시간, 연중무휴 무료 주차 10대 가능, 무료 신도선착장(4.41㎞)→신도저수지

4 course

신도와 시도를 이어주는 **신도 · 시도 연도교**

신도와 시도를 연결해주는 신도·시도 연도교는 밀물과 썰물 때 서로 다른 모습을 가지고 있다. 밀물 때는 두 개의 섬들 사이로 뻗은 바닷길이 강화도의 마니산까지 펼쳐져 있고, 썰물 때에는 산등성이처럼 울룩불룩한 갯벌들이 양옆으로 펼쳐져 신비로운 모습을 만들어낸다.

📍 인천광역시 옹진군 북도면 시도리 📞 옹진군청 관광문화과 032-899-2114, 2211~4 🕐 24시간, 연중무휴 💰 무료 🅿 시도 쪽 방파제 주차, 20대 가능, 무료 🚗 신도저수지(0.5km)→신도로(2.93km)→신도·시도 연도교

5 course

하얀 금싸라기로 빛나는 **시도 염전**

시도에는 작은 염전마을이 있다. 관광객의 발길이 많지 않아 체험이나 즐길 거리는 아직 준비되어 있지 않지만, 천일염이 제작되는 과정과 모습들을 볼 수 있는 것만으로도 즐거운 경험이 될 수 있고 구입도 가능하다. 시도 염전의 천일염은 염도가 낮아 맛도 좋고 건강에도 좋기로 유명하다. 염전 옆의 방파제에 오르면 건너편 신도의 모습과 햇빛에 반사되어 새하얗게 빛나는 염전의 전경을 한눈에 담을 수 있다.

📍 인천광역시 옹진군 북도면 시도리 📞 옹진군청 관광문화과 032-899-2114, 2211~4 🕐 24시간, 연중무휴 💰 무료 🅿 시도 염전 입구 주차, 10대 가능, 무료 🚗 신도·시도 연도교(0.57km)→시도로86번길(1.23km)→시도 염전

6 course

삼 형제 섬의 보석 같은 존재 **수기해수욕장**

시도에 위치한 수기해수욕장은 TV 드라마 〈풀하우스〉의 세트장으로 더 유명하다. 아쉽게도 현재는 철거되어 세트장은 사라졌다. 소나무로 둘러싸인 아름다운 경관뿐 아니라 경사가 완만하여 해수욕을 즐기기에 안성맞춤이며, 무료로 캠핑도 즐길 수 있다. 또한 아침에는 일출의 장관까지 선사해준다.

📍 인천광역시 옹진군 북도면 시도로86번길 291-48 📞 옹진군청 문화관광과 032-899-2114, 2211~4 🕐 24시간, 연중무휴 💰 무료 🅿 주차 40대 가능, 무료 🚗 시도 염전(0.43km)→수기해수욕장

TIP 수기해수욕장으로 가는 길은 가파른 언덕과 좁은 도로가 이어지니 주의하자.

7 course

막내 섬으로 가는 길 시도·모도 연도교

2002년에 준공한 시도·모도 연도교는 예전에는 썰물 때만 드러나는 잠수교였는데 지금은 언제나 건널 수 있는 다리가 되었다. 작은 돌섬이 반겨주는 시도·모도 연도교는 중간이 꺾여져 독특한 모습이다. 모도로 들어서자마자 위치한 작은 선착장에서는 다리의 전경과 시도의 모습을 함께 감상할 수 있다. 삼 형제 섬 중 막내 섬인 모도는 어부가 고기를 낚기 위해 그물을 쳐 두었는데 고기와 풀이 섞여 나왔다 해서 띠 모(茅)를 써 그 이름이 붙여졌다고 한다.

📍 인천광역시 옹진군 북도면 시도리 📞 옹진군청 문화관광과 032-899-2114, 2211~4 🕐 24시간, 연중무휴 💰 무료 🅿 시도 쪽 주차장, 30대 가능, 무료 | 모도선착장 주차장, 15대 가능, 무료 🚗 수기해수욕장(1.65km)→시도로(1.2km)→시도·모도 연도교

8 course

해변과 예술작품이 반기는 배미꾸미 조각공원

모도의 유일한 해변 배미꾸미해변에 위치한 조각공원이다. 조각가 이일호 씨의 작품들이 해변가에 자리해 있어 해변의 풍경과 작품을 함께 감상할 수 있는 곳이다. 조각품들은 밀물 때에는 물에 잠겼다가 썰물 때가 되면 온전히 모습을 드러내기도 한다. 아름다운 일몰로도 유명한 배미꾸미해변은 바다 건너편으로 인천국제공항이 자리하고 있어 뜨고 내리는 비행기와 활주로의 모습까지 함께 감상할 수 있다.

> **TIP** 배미꾸미 조각공원의 작품들은 성(性)을 주제로 한 작품들이 많으니 아이와 함께라면 참고하여 방문하자.

📍 인천광역시 옹진군 북도면 모도로140번길 41 📞 배미꾸미 조각공원·펜션 032-752-7215 🕐 일출~일몰 시, 연중무휴 💰 어른(중학생 이상) 2,000원, 초등생 1,000원(펜션 이용객 무료 입장) 🅿 주차 30대 가능, 무료 🚗 시도·모도 연도교(1.23km)→모도로140번길(0.22km)→배미꾸미 조각공원

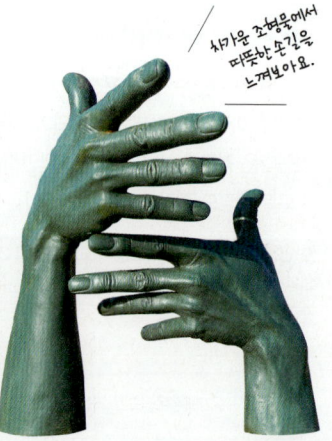

따뜻한 조형물에서 따뜻한 손길을 느껴보아요.

★ 놓치지 말자! ★

TV 드라마 〈슬픈 연가〉 촬영지

시도에 위치한 드라마 〈슬픈 연가〉의 세트장은 건너편 신도에서도 훤히 보일 정도로 눈에 띄는 좋은 전망을 자랑하는 곳에 위치해 있다. 기존에는 입장료를 내고 들어가 내부도 관람할 수 있었으나 현재는 아쉽게도 내부 관람이 불가능한 상태다. 그러나 세트장 옆으로 이어지는 바닷길 산책로와 마니산까지 조망할 수 있는 풍광이 아름다워 여행객들의 발길은 지금도 이어지고 있다.

📍 인천광역시 옹진군 북도면 시도리 📞 옹진군청 문화관광과 032-899-2114, 2211~4 @ 무료 🅿 주차 5대 가능, 무료

TiP 내비게이션 검색이 안 될 경우 '바람이 머문 바다 펜션' 지정 후 이동하면 편리하다.
📍 인천광역시 옹진군 북도면 시도로86번길 394

시도 장골해변

시도의 남쪽 끝에 위치한 작은 해변이다. 내비게이션에도 등록되어 있지 않은 곳이지만, 그만큼 자연 그대로의 아름다움을 간직한 소중한 곳이다. 썰물 때가 되면 바닷속에 숨어 있던 바위와 돌들이 드러나 이색적인 풍경을 만들어내고, 걸어서 닿을 수 있을 듯 모도가 가까이 자리해 있다.

📍 인천광역시 옹진군 북도면 시도리 📞 옹진군청 문화관광과 032-899-2114, 2211~4 @ 무료 🅿 주차 10대 가능, 무료

TiP 내비게이션에도 등록되어 있지 않은 시도 장골해변 가는 방법
🚗 신도·시도 연도교(0.21km)→시도로47번길(0.86km)→좌회전(0.55km)→장골해변

알고 떠나면 더 즐거운 여행길

서해안에서만 볼 수 있는 독특한 고기잡이 '독살'

신도, 시도, 모도 바닷길을 따라 여행하다 보면 갯벌에 돌담이 쌓여진 것들을 볼 수 있다. 이는 서해안에서만 볼 수 있는 고기잡이 방식이다. 조수 간만의 차가 큰 서해안에서는 바닥이 암석층인 갯벌에 1.5m 내외의 담을 쌓아놓고 고기를 잡는다. 육지를 향해 입이 벌어지도록 'ㄷ'자 혹은 반원 모양으로 담을 쌓아 밀물 때 돌담 안으로 들어온 고기가 썰물 때 나가지 못하게 하여 고기를 잡는 전통적인 방법이다.

★ 추천하고 싶은 곳 ★

🛏 추천 숙소

엠큐브펜션

마치 커다란 장난감 블록이 줄지어 서 있는 듯한 재미있는 외관의 엠큐브펜션. 각 방마다 독립된 한 건물씩 사용해서 방해받지 않고 지낼 수 있고, 앞으로는 바다 전망까지 있어 로맨틱한 분위기에 연인들에게 인기가 많다.

📍 인천광역시 옹진군 북도면 신도로 809 📞 032-885-7774, 010-5324-5886 🕐 24시간, 연중무휴 💰 8만 원~(성수기, 비수기, 평일, 주말 요금 다름) 🌐 www.mcubeps.com 🚗 신도선착장에서 2.13km

풀사이드펜션

한적하고 아늑한 분위기에 해수욕과 캠핑까지 즐길 수 있는 수기해수욕장 바로 앞에 위치한다. 1층에는 편의점까지 운영하고 있어 편리하다.

📍 인천광역시 북도면 시도로86번길 291-48 📞 032-752-2580 💰 10만~(성수기, 비수기, 평일, 주말 요금 다름) 🌐 poolside.co.kr 🚗 수기해수욕장에서 0.1km

이솔라펜션

시도에 위치하며 아기자기한 방들과 수영장까지 갖추고 있어 가족, 연인 모두에게 만족도가 높다. 식당을 겸업하고 있

어 편리하다.

📍 인천광역시 옹진군 북도면 시도로86번길 25 📞 032-752-9255 💰 8만 원~(성수기, 비수기, 평일, 주말 요금 다름) 🌐 www.isolapension.com 🚗 신도·시도 연도교에서 0.7km

🍴 추천 맛집

섬마을 다리집

신도·시도 연도교 앞에 위치한 섬마을 다리집은 신도의 맛집으로 입소문 난 곳이다. 신선한 소라가 듬뿍 담기고 고소한 참기름 냄새가 입맛을 자극하는 소라비빔밥은 꼭 맛보길 추천한다. 깔끔하고 정갈한 맛에 푸근한 인심까지 가득하다.

📍 인천광역시 옹진군 북도면 신도로 254 📞 032-751-0206 🕐 07:00~21:00(배 시간에 따라 변동), 부정기적 휴무 💰 생선조림 1만 2,000원, 소라비빔밥 1만 원, 소라무침 3만 원 🅿 주차 15대 가능, 무료 🚗 신도·시도 연도교에서 0.3km

섬사랑 굴사랑

모도에 위치한 섬사랑 굴사랑의 인기 메뉴 중 하나인 굴밥은 자연산 굴을 사용해 양식보다 크지는 않지만, 신선하고 깊은 맛을 자랑한다. 굴과 해물이 가득 담긴 굴부침 역시 별미다.

📍 인천광역시 옹진군 북도면 모도로50번길 10 📞 032-752-7441 🕐 10:00~20:00(배 시간에 따라 변동), 부정기적 휴무 💰 영양굴밥·회덮밥·굴부침 1만 원(계절에 따라 메뉴 변동), 활어회(4인 기준) 10만 원~ 🅿 주차 5대 가능, 무료 🚗 시도·모도 연도교에서 0.4km

영양굴밥

회덮밥

안녕 바다

신도선착장 바로 앞에 위치하며 돈가스 맛집으로 유명하다. 갖가지 채소로 맛을 낸 수제 소스가 그 비결이다. 큼직하게 썰

린 채소들이 소스와 함께 듬뿍 얹어져 나온다. 신도, 시도, 모도의 특산물인 굴과 해물을 넣어 시원하고 칼칼한 국물 맛을 낸 굴라면 또한 별미다.

📍 인천광역시 옹진군 북도면 신도로 22 📞 032-746-7576 🕐 09:00~19:00(부정기적), 매주 화요일 휴무(부정기적) 💰 돈가스 1만 원, 파스타 9,000원 🅿 주차 3대 가능, 무료 🚗 신도선착장에서 0.25km

는 쌍화차, 모과차, 유자차 등 유기농 전통차가 더 인기 있다.

📍 인천광역시 옹진군 북도면 모도로140번길 41 📞 032-752-7215 🕐 일출~일몰 시, 부정기적 휴무 💰 쌍화차·모과차 7,000원, 유자차·핫초코 6,000원 🅿 주차 30대 가능, 무료 🚗 배미꾸미 조각공원 내 위치

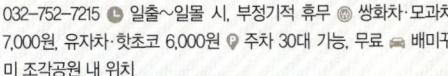

🏠 **추천 가게**

작은 언덕 로마 카페

신도선착장에서 신도·시도 연도교로 향하는 길 언덕에 위치한 카페. 한쪽으로는 구봉산의 모습과 다른 한쪽으로는 바다의 풍경이 펼쳐지는 아름다운 전망을 자랑한다. 아프리카 잠비아에 계신 지인분이 보내주신 원두를 직접 로스팅하기 때문에 신선하고 깊은 맛의 커피를 맛볼 수 있다. 레모네이드에 사용되는 레몬청도 직접 만들어 사용한다.

📍 인천광역시 옹진군 북도면 신도로 105 📞 010-4540-2691 🕐 10:00~19:00, 부정기적 휴무 💰 핸드드립 커피·레모네이드 5,000원, 카페라떼 6,000원 🅿 주차 5대 가능, 무료 🚗 신도선착장에서 1.06km

카페 배미꾸미

배미꾸미 조각공원 내에 위치한 카페. 조각공원과 배미꾸미 해변을 조망하며 차와 식사를 즐길 수 있는 곳이다. 커피보다

신도낚시·슈퍼

신도선착장 근처에 위치한 신도낚시·슈퍼에서는 자전거 대여가 가능하다. 신도, 시도, 모도는 드라이브 코스로도 유명하지만 자전거 하이킹하기에도 최적의 장소로 꼽힌다. 작은 섬들로 이어진 곳이기 때문에 차로는 갈 수 없는 좁은 길들을 자전거로는 놓치지 않고 감상할 수 있기 때문이다. 삼 형제 섬을 속속들이 여행하고 싶다면 잠시 자전거로 둘러보는 것도 좋다.

📍 인천광역시 옹진군 북도면 신도리 📞 032-815-7335 🕐 일출~일몰 시, 부정기적 휴무 🚲 자전거 대여 1시간 3,000원, 1일 만 원 🅿 주차 3대 가능, 무료 🚗 신도선착장에서 0.4km

인천 & 경기도

DRIVE COURSE

인천 시화방조제~
십리포해변

경기도의 시원하면서 아기자기한 해안 드라이브길

시화공단을 지나 서해와 시화호를 가르는 인공 바닷길 시화방조제는 동양에서 가장 길며, 드라이브하다가 낚시를 즐기기에도 손색이 없다. 구석구석 다채로운 재미를 가지고 있는 대부도를 지나 아기자기한 제부도를 구경하고, 육지를 연결하는 모세의 기적길을 걸어보는 색다른 즐거움을 느낄 수 있다. 그리고 끝없이 펼쳐진 모랫길이 환상적인 선재도와 영흥대교를 거쳐 소사나무 군락과 산책로가 일품인 십리포해변을 돌아보는 것으로 일정을 마무리하는 알찬 코스다.

> **TIP** 제부도와 탄도 바닷길은 통행 가능한 시간이나 횟수가 매일 다르므로 해당 날짜별 시간을 확인하고 가는 것이 필수다. 제부모세마을(jebumose.invil.org) 참조.

INFORMATION
- 이동거리 114.79km
- 드라이브 3시간 32분
- 전체 코스 8~9시간
- 포인트 수도권 가까이에서 즐기는 섬과 해안도로, 해변까지 즐길 거리가 풍성하다.
- 추천계절 봄~여름(3~8월)
- 축제 대부바다향기 꽃축제(4월), 대부포도축제(9월)

RECEIPT

입장료
무료

주차료
오이도 해안도로 ········· 2시간 5,200원
십리포해수욕장 ········· 2시간 2,500원
*개장 시에만 주차료 있음
(개장 시기는 해마다 다름)

식사 및 간식
(점심)짬뽕순두부 ············ 18,000원
(간식)술빵 ··················· 4,000원

TOTAL
29,700원

(※2인 기준)

1 course

아기자기한 볼거리가 넘쳐나는 **오이도 해안도로**

원래 까마귀 귀 모양을 닮은 섬이라고 하여 오이도로 이름 지어진 이곳은 일제 강점기에 군수용 소금 채취를 위하여 제방으로 육지와 연결된 곳이다. 방조제 위의 도로가 인상적이며, 서해안의 드넓은 갯벌은 이곳을 더욱 특별하게 만든다. 오이도 해안 드라이브 코스로는 등대와 함선, 전망대 세 군데가 있다.

경기도 시흥시 정왕동 시흥시청 문화관광과 031-310-6591 24시간, 연중무휴 무료 주차 200대 가능, 1시간 4,000원 정왕IC(0.32km)→서해안로(4.84km)→오이도로(1.81km)→오이도 해안도로

빨간 등대 안에서 바라보는 서해의 조망은 더 예쁠까?

2 course

동양 최대의 길이를 자랑하는 **시화방조제**

시흥시 오이도와 안산시 대부도를 연결하는 총 12.7km의 방조제로, 서해안의 지도를 바꿀 만큼 거대한 규모를 자랑한다. 탁 트인 바닷길을 시원하게 달리다가 조력발전소의 달 전망대에 들러 멋진 전망도 감상할 수 있다. 시원한 풍경과 널찍한 길 때문에 자전거 라이딩 코스로도 각광받는 곳이다.

경기도 시흥시 정왕동 시흥시청 문화관광과 031-310-6591 24시간, 연중무휴 무료 시화나래 휴게소 주차장, 오이도 기념공원 주차장, 각 200대 가능, 무료 오이도 해안도로(1.54km)→대부황금로(7.79km)→시화방조제

3 course

대부도의 끝 **탄도항**

대부도의 남쪽 끝에 위치한 탄도항은 참나무가 울창하여 숯을 많이 구워 냈다 하여 탄도라 불린 마을이다. 수도권에서 가깝고 아름다운 섬들이 주변에 많아 당일치기 여행지로도 인기다. 인근 누에섬까지 잇는 바닷길이 썰물에 열린다.

경기도 안산시 단원구 대부황금로 1432 031-481-6591 24시간, 연중무휴 무료 주차 100대 가능, 무료 시화방조제(0.1km)→대부황금로(18.85km)→탄도항

★ 놓치지 말자!

전곡항

제부도와 누에섬을 마주하는 항구로, 전국 최초로 레저 어항 시범지역으로 선정되어 다기능 테마 어항으로 조성되었다. 요트와 보트의 접안시설이 있으며, 파도가 적고 수심이 3m 이상이라 수상 레저의 최적지로 알려져 있다. 국제 요트대회가 열리면서 유명세를 탄 곳이다.

경기도 화성시 서신면 전곡항로5번길 전곡마리나 클럽하우스 1층 화성시 콜센터 1577-4200, 마리나 사무실 031-366-7623~4 90분 1인당 3만 원 www.요트닷컴.kr 주차 50대 가능, 무료

탄도항에 섰을 때의 설레는 기분은 신비한 바닷길 때문만은 아니다.

4 course 걸어서 들어가는 **누에섬 등대전망대**

탄도에서 1.2km 떨어진 작은 무인도로, 일명 햄섬(해미섬)이라고도 불리며, 누에처럼 생겼다 하여 누에섬이라고도 한다. 누에섬 등대전망대가 있어 경치를 감상하기 좋고 탄도항과 연결되는 바닷길 중간에 있는 거대한 풍력발전소가 인상 깊다. 썰물에만 입장이 가능하므로 물때를 미리 확인해야 한다.

📍 경기도 안산시 단원구 대부황금로 17-156 📞 안산어촌 민속박물관 032-886-0126 🕐 물때에 따라 바닷길 이용시간이 다름. *전망대 이용 가능 시간 09:00~18:00, 매주 월요일, 1월 1일, 설·추석 휴무 💰 등대박물관 입장료 : 어른 2,000원, 청소년 1,500원, 어린이 1,000원, 등대전망대 : 무료 🌐 www.ansanuc.net 🅿 탄도항 주차장, 100여 대 가능, 무료 🚗 탄도항(도보 30분)→누에섬 등대전망대

바닷길 중간에 서서 카메라 셔터를 누르는 순간 누구나 사진작가가 된다.

5 course 모세의 기적 **제부도**

물때가 맞아야 섬에 입도할 수 있다. 서신면 송교리와 제부도 사이 2.3km 물길이 빠져나가면 너비 6.5m의 바닷길이 드러난다. 예전에는 허벅지까지 빠지는 뻘로 된 길이었으나 시멘트 포장을 하여 차량 통행이 가능하다. 썰물에 물길이 드러나기 시작해 밀물로 길을 덮을 때까지 6시간 정도 걸리며 하루 두 번 바닷길이 열린다. 그다지 크지 않은 섬임에도 불구하고 각종 해산물 식당과 숙박 시설 등이 많아 여행하기 편리하다.

📍 경기도 화성시 서신면 제부리 📞 화성시 콜센터 1577-4200 🕐 24시간, 연중무휴 💰 무료 🌐 jebumose.invil.org 🅿 수자 1,000내 가능, 무료 🚗 누에섬 등대전망대(도보 30분)→탄도항(0.14km)→대부황금로(1.24km)→전곡산단로(1.34km)→해양공단로(2.64km)→제부로(2.51km)→제부도

알고 떠나면 더 즐거운 여행길

제부도 매바위 전설

제부도 바닷가에 사는 부부가 아이가 없어 하늘에 빌어 쉰둥이를 보았지만 앞을 보지 못하였다. 어느 날 어린 매가 떨어져 정성껏 키웠고, 매는 은혜에 보답하겠다는 마음으로 아이 대신 부모를 봉양하기를 결심한다.

어느 날 왕비가 행차 길에 반지를 잃어 임금은 재상의 자리를 걸고 반지를 찾는다. 이 사실을 안 노모는 매가 반지를 찾게 하였고 아들은 재상이 되어 서울로 가게 된다. 매는 제부도가 그리워 돌아왔지만 까막까치들의 질투 어린 공격을 받게 된다. 이를 본 임금은 신하에게 까막까치를 향해 활시위를 당기라고 명령했는데 신하의 잘못 쏜 화살에 맞아 매가 떨어져 죽게 되었다. 그 후 매는 바위가, 까막까치의 시체는 제부도의 검고 모난 돌들이 되었다고 한다.

6 course

아름다운 모랫길 선재도

대부도와 영흥도를 잇는 징검다리 섬이다. 대부도에서 선재대교를 지나면 보이는 작은 목섬으로 가는 350m의 모래바닷길이 또 다른 모세의 기적길을 선보이며 장관을 이룬다. 물에 잠기는 길이라고는 믿을 수 없을 정도의 딱딱한 모랫길이라서 산책할 수 있다. 이곳 갯벌에서 바지락과 낙지 등이 많이 잡혀 갯벌 체험도 즐겁다.

📍인천광역시 옹진군 영흥면 선재로 📞선재어촌체험마을 032-888-3110 🕐24시간, 연중무휴 🎣 바지락·동죽 캐기 체험, 트랙터 이용권은 3~11월까지 운영, 체험하는 경우 시설이용료 무료, 체험 안 하는 경우 평일 입장 불가, 주말·공휴일 입장료 1,000원, 장화 있는 경우 1만 원 없으면 1만2,000원 (장화 2,000원 추가) 🅿️주차 50대 가능, 무료 🚗제부도(2.54km)→해양공단로(2.65km)→전곡산단로(1.34km)→전곡항로(9.52km)→대부중앙로(0.95km)→공마루길(0.3km)→상동로(0.82km)→장끝1길(1.31km)→대선로(6.84km)→선재도

7 course
섬을 잇는 시원한 다리 영흥대교

길이 1,240m, 너비 9.5m 규모의 왕복 2차선 규모로, 2001년 개통된 다리이며 국내 기술로 건설된 최초의 해상 사장교(斜張橋)다. 1시간 소요되던 인천과 영흥도 사이의 뱃길을 육로로 연결한 것이다. 영흥대교 주변으로 조용한 항구와 너른 갯벌이 펼쳐져 있어 바닷가 분위기를 즐기며 산책하기에 적당하다.

📍 인천광역시 옹진군 영흥면 내리 일원 📞 영흥대교 관리사무소 032-887-1728, 영흥면사무소 032-899-3810 ⏰ 24시간, 연중무휴 @ 무료 📍 주차 20대 가능, 무료 🚗 선재도(0.51km)→선재로(0.55km)→영흥로(0.73km)→영흥대교

8 course
소사나무의 절경 십리포해수욕장

길이 1㎞ 규모의 왕모래와 자갈밭으로 이루어진 아담한 해수욕장. 수백 년 된 소사나무 군락이 이국적이면서 동양화 같은 멋들어진 정취를 풍긴다. 들어갈 수는 없으나 가장자리의 그늘에서 쉴 수는 있다. 조개껍질이 가득한 해변 곁으로 조성한 데크 길은 낭만 가득한 추억을 만들어준다.

📍 인천광역시 옹진군 영흥면 영흥북로 382 📞 032-886-6717 ⏰ 24시간, 연중무휴 @ 무료 🌐 www.simnipo.com 📍 주차 200대 가능, 무료(해수욕장 개장 시 유료, 최초 30분 1,000원, 1일 주차권 1만 원) 🚗 영흥대교(1.07km)→영흥로176번길(0.67km)→영흥서로(0.22km)→영흥북로(2.27km)→십리포해수욕장

데크길 따라 여유로운 산책길

★ 추천하고 싶은 곳 ★

🛏 추천 숙소
유리섬 펜션타운

고급 리조트 분위기를 만끽할 수 있는 펜션이 타운을 형성하고 있는 단지에 위치해 있다. 추가 요금을 내면 스파 등을 단독으로 사용할 수 있다. 편의 시설도 다양해 가족 간의 모임 등에 더욱 어울리는 곳이다.

📍 경기도 안산시 단원구 부흥로 241 📞 1588-1403 💰 15만 원~(성수기, 비수기, 평일, 주말 요금 다름) 🌐 glassisland.net 🚗 선재도에서 19.8km

수에뇨펜션

도보 3분 거리에 선착장과 해수욕장이 위치해 있어 제부도 여행을 만끽할 수 있는 숙소다. 방마다 다른 콘셉트로 꾸민 아기자기한 인테리어가 인상적이다. 실내·외 바비큐장이 있어 날씨에 따라 선택 가능하다. 자전거 대여, 갯벌 체험, 승마 체험 등 다양한 프로그램도 준비되어 있다.

📍 경기도 화성시 서신면 해안길 377 📞 010-2578-1843 💰 8만 원~(성수기, 비수기, 평일, 주말 요금 다름) 🌐 www.sueno.co.kr 🚗 제부도 내 위치

☕ 추천 휴게소
대부도 티라이트 휴게소

오이도와 대부도 사이 시화방조제에 위치한 휴게소로, 바다와 이어지는 해안정원을 산책하며 운전으로 누적된 피로를 풀어줄 수 있는 곳이다. 관광객들이 많이 찾는 25층 높이의 달 전망대를 무료로 운영하고 있어 늘 사람들로 북적인다. 전망대 데크는 유리로 만들어져 아찔한 높이에서 아래를 쳐다보는 스릴을 선사하여 특히 어린이들에게 인기 만점이다.

📍 경기도 안산시 단원구 대부황금로 190 📞 032-880-7002 🕐 24시간(편의점) 🅿 주차 200대 가능, 무료 📌 시화방조제에 위치

🍴 추천 맛집
산호식당

여러 가지 조개, 통새우, 가리비가 듬뿍 들어간 된장찌개를 판매하는 곳이다. 구수한 된장 맛과 해물 특유의 시원한 맛이 더해져 먹을수록 당긴다. 찌개에 들어간 해산물의  신선도와 양을 생각한다면 가격 또한 저렴한 편이다.

📍 인천광역시 옹진군 영흥면 영흥로 162 📞 032-886-1320

10:00~21:00, 부정기적 토요일 휴무 ◎ 해물된장찌개·바지락 손칼국수 7,000원 ◎ 주차 10대 가능, 무료 🚗 영흥대교에서 1km

강릉짬뽕순두부

얼큰한 짬뽕 국물에 담백하고 부드러운 순두부를 넣고 밥을 말아서 먹는 조금은 독특한 음식이다. 이곳은 콩뿐 아니라 쌀, 고기, 고춧가루, 해산물 등 대부분의 재료를 국내산을 사용해 안심하고 먹을 수 있다. 식사를 하고 나오는 길에는 두부를 만들고 남은 콩비지를 무료로 가지고 올 수 있다.

📍 경기도 시흥시 오이도로 245 📞 031-488-9819 🕐 08:00~21:00, 매주 월요일 휴무 ◎ 짬뽕순두부(10:30~재료 소진 시) 9,000원, 초두부 8,000원 ◎ 주차 10대 가능, 무료 🚗 오이도 해안도로에서 1km

🏠 추천 가게
술찐빵 가게

가게에서 손수 막걸리로 자연 발효시켜 빵을 만든다. 주문을 하면 바로 쪄주기 때문에 몇 분 정도 기다려야 하지만 그 대신 따끈따끈하고 쫀득한 식감은 더 좋다. '맛없으면 환불해준다'는 안내문이 큼지막하게 걸려 있다. 실내에서는 먹을 수 있는 공간이 없으며 포장만 가능하다.

📍 경기도 시흥시 오이도로 105 📞 031-432-8852 🕐 11:00~21:00, 매주 월요일 휴무 (월요일이 공휴일인 경우 영업, 익일 휴무) ◎ 술찐빵 5개 4,000원, 만두 1인분(10개) 4,000원 🚗 오이도 해안도로에서 0.8km

동주염전

일제 강점기부터 소금 생산을 시작한 동주염전은 아직도 전통 방식 그대로 천일염을 생산하고 있다. 옹기판염 방식으로 소금을 생산해 더욱 청결하며, 유해성분이 쉽게 배출되고 미네랄 함유량이 높다고 한다. 예약 신청하면 염전 체험이 가능하며 소금을 직접 구입할 수 있다.

📍 경기도 안산시 단원구 동주길 18 📞 032-886-0900 🕐 운영시간 부정기적 ◎ 동주염전 전통 옹기판 천일염 20kg 2만 원 ◎ 주차 5대 가능, 무료 🚗 시화방조제에서 11.8km

그랑꼬또 대부도 와인

1954년 대부도에서 캠벨얼리 포도나무를 심으면서 포도 재배를 시작했고, 2001년 32명 조합원이 와인을 생산하게 되었다. 그랑꼬또라는 이름은 큰 언덕이라는 뜻의 '대부'도를 프랑스어로 번역한 이름으로, 그랑꼬또가 대부도의 신토불이 와인임을 상징적으로 나타낸다.

📍 경기도 안산시 단원구 뻐꾹산길 107 📞 032-886-9873 🕐 09:00~18:00, 연중무휴 ◎ 로제와인 2만5,000원, 레드 2만1,000원 ◎ 주차 10대 가능, 무료 🚗 시화방조제에서 8.4km

인천&경기도

DRIVE COURSE

인천 아라뱃길~정서진

낭만의 뱃길 따라 정서진까지 주욱~

경인 아라뱃길은 한강 하류인 행주대교에서 서해 바다로 이어지는 인공 수로다. 2012년 5월에 개통된 후 자전거를 타거나 드라이브를 하려는 사람들이 많이 찾는 곳이다. 경인항 김포여객터미널에서 경인항 인천여객터미널 사이에 선착장과 공원, 전망대 등을 두루 갖추어놓고 여행객들을 부르고 있다. 정서진은 이미 해넘이 명소로 알려지면서 연말이면 해넘이축제에 참여하기 위해 수많은 인파가 몰린다. 서울이나 수도권에서 멀리 가지 않고도 아름다운 일몰을 볼 수 있다는 장점이 있다.

TIP
- 바로 갈 수 있는 작은 도로가 없고 주로 대교를 이용해야 하기 때문에 실제로 가까운 거리인 강의 반대편으로 가기 위해 멀리 돌아가는 경우가 많다. 당황하지 말자.
- 뱃길 도중 사천교와 계양교 전망대뿐만 아니라 곳곳에 전망대가 있다. 전망대의 위치에 따라 보는 전경도 조금씩 다르다.

INFORMATION

- 이동거리 49.5km
- 드라이브 1시간 27분
- 전체 코스 4~5시간
- 포인트 뱃길 따라 드라이브하며 전망대에서 가슴이 뻥 뚫리는 여행을 경험해보자.
- 추천계절 사계절(1~12월)
- 축제 아라문화축제(10월), 정서진 해넘이불꽃축제(12월)

RECEIPT

입장료
무료

주차료
무료

식사 및 간식
(점심)비빔막국수 ·············· 18,000원

TOTAL
18,000원

(※2인 기준)

1 course

쾌적한 휴식처 **아라파크웨이**

벌말교를 중심으로 위쪽에는 나지막한 언덕 풀밭 위에 뱃길 조각공원이, 아래쪽으로는 아라파크웨이 마당과 플라잉가든이 있다. 아랫길 파크웨이 12개 테마 공간 중 '만남'의 역할을 하는 곳이며 아라 뱃길의 미니어처와 수변 데크가 있다. 뱃길 조각공원은 대학생들이 참여하여 제작한 작품들로 이루어져 있다.

📍 인천광역시 계양구 평동 일원 📞 아라뱃길 종합안내센터 1899-3650 🕐 24시간, 연중무휴 💰 무료 🅿 주차 100대 가능, 무료 🚗 계양IC(2.9km)→북부생태공원삼거리(1km)→대장2교(4.2km)→수송도로삼거리(2km)→아라파크웨이

하늘 높이높이 비상을 꿈꾸자~

나랑 놀자.
습지지역이에요.
예쁜 꽃을 보면서 힐링하세요.

2 course

도심 속 자연 산책로 **두리생태공원**

자연스럽게 자란 습지 생물들을 가까이에서 느끼고 볼 수 있다. 습지생태원 위에 설치된 S자 곡선으로 놓인 데크를 따라 '어리연망루'까지 가면 두리생태공원 전체를 바라볼 수 있다. 습지 식물이 무성한 곳을 걸어가면 바람 소리도 시원하게 들린다. 강과 바다에서 느끼던 것과는 또 다른 경험을 해볼 수 있다.

📍 인천광역시 계양구 굴현동 일원 📞 아라뱃길 종합안내센터 1899-3650 🕐 24시간, 연중무휴 💰 무료 🅿 주차 50대 가능, 무료 🚗 아라파크웨이(2.5km)→두리생태공원

힘들면 쉬고, 쉬었으면 공원을 걸어보세요. 정자에서 공원을 감상해도 되고요.

3 course

시간이 멈춘 듯한 전통 정원 수향원

아라뱃길 공원으로 향하면 광장에는 꼬리를 말아 올린 커다란 황어 동상이 세워져 있고 조금만 걸으면 수향원 앞을 지키고 있는 천하대장군과 지하여장군을 보게 된다. 전통 대문과 초정을 지나면 웅장하게 자리 잡고 있는 수향루가 나온다. 수향루에 올라 아라천을 바라보면 답답하던 가슴도 확 풀릴 것만 같다.

📍 인천광역시 계양구 장기동 일원 📞 아라뱃길 종합안내센터 1899-3650 ⏰ 24시간, 연중무휴 💰 무료 🅿 24주차장, 45대 가능, 무료 🚗 두리생태공원(5.1km)→수향원

당장이라도 물속으로 뛰어 들어갈 것 같지?

4 course

보기만 해도 시원한 아라폭포

국내 최대의 인공 폭포인 아라폭포는 아라뱃길에서도 최고의 명소로 꼽힌다. 인공적으로 만들어진 폭포지만 웅장하여 보는 즐거움이 크다. 데크를 따라 걸어가면 수면에서 45m 높이에 위치한 원형 모양의 커다란 전망대를 만난다. 전망대 바닥이 유리로 되어 있어 짜릿함과 함께 재미도 더해준다.

📍 인천광역시 계양구 둑실동 산77-9 📞 아라뱃길 종합안내센터 1899-3650 ⏰ 24시간, 연중무휴 💰 무료 🅿 29주차장, 95대 가능, 무료 🚗 수향원(2.8km)→아라폭포

★ 놓치지 말자! ★

두물머리의 아라등대

한강에서 내려오는 아라뱃길과 굴포천이 만나는 두물머리에 위치한 등대공원. 이곳에는 등대를 형상화한 예쁜 조형물과 데크가 설치되어 있다. 두물머리에 위치한 만큼 한강에서 내려오는 뱃길과 서해로 흘러가는 뱃길, 그리고 굴포천까지 모두 돌아볼 수 있다.

📍 인천광역시 계양구 상야동 413-3 📞 아라뱃길 종합안내센터 1899-3650 💰 무료 🅿 두리생태공원 주차장, 50대 가능, 무료 | 아라파크웨이마당 주차장, 100대 가능, 무료

TIP 아라등대로 차가 들어가기는 힘들다. 두리생태공원이나 아라파크웨이마당 주차장에 주차하고 자전거길을 달려보거나 은행나무 산책길을 걸어보는 것도 새로우니 추천!

나는 등대일까? 배일까? 아니면 전망대일까?

5 course
아라뱃길의 숨겨진 쉼터 시천공원

여러 종류의 나무들이 잘 가꾸어져 있어 시원한 그늘과 눈의 피로를 풀어줄 수 있는 시천공원에서 멈추어보자. 정자에서 쉴 수도 있고, 공원 산책길에서 아이들과 같이 거닐며 숲의 기운을 느껴볼 수 있다. 시천교 전망 엘리베이터에서 수향 3경(서해바다 낙조, 인천여객터미널, 시천가람터)의 전망을 한눈에 감상할 수 있다. 시천은 '시냇물이 시작되는 곳이란 뜻'으로 물과 숲이 어우러지는 곳이다. 공원 내에도 작은 시냇물이 있고 숲속 작은 오솔길도 나 있다. 특히 이 공원이 아름다운 계절은 가을이다. 시천공원 풍차에서 주변을 감상하는 것도 좋다.

📍 인천광역시 서구 시천동 162 시천공원 주차장 📞 아라뱃길 종합안내센터 1899-3650 🕐 24시간, 연중무휴 ⓜ 무료 🅿 31주차장, 50대 가능, 무료
🚗 아라폭포(3.5㎞)→시천공원

6 course
가족이 함께 즐기기에 최고의 나들이 장소 시천가람터

시천나루 남쪽 선착장에서 이어지는 시천가람터는 수변 무대, 가족소풍마당 등이 마련되어 있어 가족 나들이 하기에 좋다. 징검다리를 이용해 수변 무대로 건너가면 한적하게 산책과 다양한 문화행사를 즐길 수 있다. 시원한 강바람을 맞으며 자전거 타기에도 좋고 수상분수를 즐기거나 주변 매화나무 꽃길에서 꽃놀이에 빠져보는 것도 좋다.

📍 인천광역시 서구 시천동 163-7 시천가람터 분수 📞 아라뱃길 종합안내센터 1899-3650 🕐 24시간, 연중무휴 ⓜ 무료 🅿 6주차장, 50대 가능, 무료
🚗 시천공원(1.5㎞)→시천가람터

7 course
동식물 세계의 매력에 풍덩 국립생물자원관

우리나라의 고유 생물 및 자생 생물 표본을 전시하고, 산림, 하천·호수, 갯벌 및 해양 생태계를 재현하여 실내에서 우리의 환경을 체험할 수 있게 구성되어 있다. 식물 표본과 동물들의 박제 모양을 보면서 한반도 생물의 다양함과 환경의 소중함도 새삼 배울 수 있다. 전문 해설사나 음성안내기를 통해 설명을 들을 수도 있다.

📍 인천광역시 서구 환경로 42 📞 032-590-7000 🕐 3~10월 09:30~17:30, 11~2월 09:30~17:00, 매주 월요일, 1월 1일, 설·추석 휴무 💰 무료 🌐 www.nibr.go.kr
🅿️ 주차 100대 가능, 무료 🚗 시천가람터(4.9km)→국립생물자원관

8 course
낭만이 가득한 아라뱃길의 종착점 정서진 광장

아라뱃길의 정점은 정서진 광장에서 마무리하게 된다. 인천여객터미널의 독특한 외관과 정서진 광장의 설치물들은 미술품 같은 느낌을 주면서 관심을 끌기에 충분하다. 아라타워 전망대와 함상공원에서 망망대해 같은 서해 바다를 감상하고, 저녁이 되면 바다로 떨어지는 노을을 감상하는 것으로 아라뱃길의 드라이브를 마감하는 것도 좋을 듯하다.

📍 인천광역시 서구 오류동 일원 📞 아라뱃길 종합안내소 1899-3650 🕐 24시간, 연중무휴 💰 무료 🅿️ 주차 200대 가능, 무료 🚗 국립생물자원관(4.4km)→정서진 광장

알고 떠나면 더 즐거운 여행길
정서진

서울 광화문을 기준으로 국토의 정서 쪽에 있는 지역을 일컫는 말로 원래는 강화도에 있는 낙조대를 일컫는 별칭이었다. 인천광역시가 정서진의 위치를 확실하게 정하려는 입장을 밝히자 원래 그 이름을 쓰던 강화도와 치열한 접전을 벌이게 되었고, 결국 인천이 광화문에서 일직선상에 놓인 육지의 끝 지점인 서구 세어도 부근을 정서진으로 해야 한다는 주장이 받아들여졌다. 그래서 경인 아라뱃길이 서해와 만나는 지점이므로 정서진이라는 이름을 사용하기 시작했다. 한편 충남 태안군은 대한민국 전체 영토의 서쪽 맨 끝에 자리하고 있는 만리포가 정서진이라 해석하고 있어, 현재도 인천 서구와 태안군이 서로 정서진 지역이라고 주장하고 있다.

★ 놓치지 말자!
녹청자박물관

구석기 시대에 제작된 토기를 비롯한, 도기, 와당, 자기, 옹기 등이 전시돼 있어 한국의 도자기 발전상을 한눈에 이해할 수 있다. 예전에 조상들이 사용해왔던 도자기는 물론, 제작 기법까지 이해하기 쉽게 미니어처로 만들어져 있어 아이들의 호기심을 끌기에 충분하다. 기획전시실에는 현대도예를 주제로 한 실험적인 작품들이 전시돼 있다.

📍 인천광역시 서구 도요지로 54 📞 032-560-2932 🕐 09:00~18:00, 매주 월요일(공휴일과 겹치는 월요일은 개관), 공휴일 다음 날(공휴일 다음 날 주말일 경우는 개관), 1월 1일, 설·추석 연휴 휴무 💰 무료 🌐 www.nokcheongja.or.kr
🅿️ 주차 14대 가능, 무료

★ 추천하고 싶은 곳 ★

🛏 추천 숙소

SG관광호텔

인천국제공항, 여객터미널 등에서 픽업서비스를 하고 있어 이용하기 편하다. 깔끔한 곳에서 숙박하고 싶은 사람에게 잘 맞을 만한 곳이다. 젊은이들이 선호하는 모던한 분위기의 호텔이다. 생일, 동호회 모임 등의 이벤트도 가능하다.

📍 인천광역시 서구 탁옥로51번길 13-9 📞 032-562-0512 ⓦ 7만 원~(성수기, 비수기, 평일, 주말 요금 다름) 🌐 www.sghotel.kr 🚗 정서진 광장에서 7.7km

호텔 카리스

시내 중심에 위치하고 있어서 관광지와의 접근성이 좋다. 깔끔한 실내와 직원들의 친절함에 기분이 좋아진다.

📍 인천광역시 계양구 계양대로 28 📞 032-556-0880 ⓦ 8만 원~(성수기, 비수기, 평일, 주말 요금 다름) 🌐 www.hotelcharis.com 🚗 정서진 광장에서 14.6km

캐피탈관광호텔

호텔 앞쪽은 찻길이라 소음이 있지만 숲이 보이는 뒤쪽 방은 자연의 품처럼 아늑하다. 인천 주변과 아라뱃길을 둘러보기 좋은 위치다.

📍 인천광역시 계양구 경명대로972번길 5-14 📞 032-545-2685 ⓦ 5만 원~(성수기, 비수기, 평일, 주말 요금 다름) 🚗 정서진 광장에서 11km

☕ 추천 휴게소

아라마루 휴게소

아라뱃길 도중에 있는 휴게소. 2층의 아라뱃길이 보이는 전망 좋은 곳에서 차나 식사를 하며 쉬어갈 수 있는 곳이다. 한쪽에는 어린이 놀이 공간이 따로 마련되어 있다. 아라폭포를 둘러보고 들르기에 딱 좋다.

📍 인천광역시 계양구 아라로 228 📞 032-551-2260 🕐 11:00~22:00 🅿 주차 95대 가능, 무료 🚗 아라폭포에서 0.4km

🍴 추천 맛집

홍장표 동해막국수

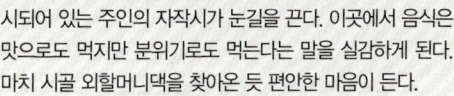

홍장표 시인이 운영한다는 동해막국수는 메밀막국수와 메밀전의 깔끔한 맛이 일품이다. 마당에 들어서면 각종 항아리와 조각품들이 정겹고 마당을 빙 돌아가며 전시되어 있는 주인의 자작시가 눈길을 끈다. 이곳에서 음식은 맛으로도 먹지만 분위기로도 먹는다는 말을 실감하게 된다. 마치 시골 외할머니댁을 찾아온 듯 편안한 마음이 든다.

📍 인천광역시 계양구 학고개길 15-29 📞 032-515-2731 🕐 11:00~21:00, 설·추석 당일 휴무 🍴 물막국수·비빔막국수 9,000원, 메밀부침 1만 원 🅿 주차 25대 가능, 무료 🚗 두리생태공원에서 6km

풍차설렁탕

설렁탕과 갈비탕이 맛있는 곳이다. 갈비에 고기가 많이 붙어 있어 푸짐하다. 밑반찬으로 나오는 김치는 길게 찢어 먹는

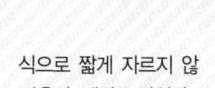

식으로 짧게 자르지 않고 나온다. 게장도 맛있다.

📍 인천광역시 계양구 황어로126번길 19 📞 032-555-2700 🕐 09:00~21:30, 매주 화요일, 설·추석 연휴 휴무 🍽 왕갈비탕 1만 원, 소한마리 설렁탕 7,000원 🅿 주차 5대 가능, 무료 🚗 수향원에서 0.6km

화가가 만든 칼국수

미술을 전공한 화가가 운영하는 음식점이다. 입구에서부터 분위기 있는 그림이 걸려 있고, 실내에도 멋있는 그림이 많이 있다. 작가가 혼신의

힘을 다해 그림 한 장을 그려내는 마음으로 음식을 준비한다는 곳이다. 칼국수는 물론, 걸쭉한 들깨수제비와 해물갈비찜도 맛있다.

📍 인천광역시 계양구 양지로 133 📞 032-546-6566 🕐 11:00~22:00, 설·추석 연휴 휴무 🍽 해물갈비찜(소) 4만5,000원, 바지락칼국수 7,000원 💻 화가가만든칼국수.com 🅿 주차 5대 가능, 무료 🚗 수향원에서 4km

🏠 추천 가게

카페 아라

정서진 광장의 모습과 서해 바다의 낙조를 감상하기 좋은 아라타워에 위치한 카페. 서해 바다를 향해 앉을 수 있는 자리는 인기가 좋다. 사방이 통유리로 되어 있어 탁 트인 풍경을 보면서 식사가 가능하다. 식사 메뉴도 많고 고급스러워 데이트 코스로 딱이다.

📍 인천광역시 서구 정서진로 41 아라타워 24층 📞 032-564-4501 🕐 11:00~22:00, 연중무휴 🍽 아메리카노 7,000원, 라떼 8,000원 🅿 주차 200대 가능, 무료 🚗 정서진 내 위치

해산물파스타

자색고구마라떼

커피 볶는 예술

아기자기한 실내가 깔끔하면서도 부담스럽지 않아 편안하다. 매장에서 직접 볶은 신선한 원두로 만든 커피와 수제 차, 그리고 후식으로는 머핀과 와플이 있다. 간단하게 카페에서 브런치를 할 경우 편히 찾을 수 있는 곳이다.

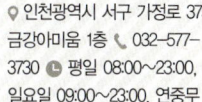

📍 인천광역시 서구 가정로 375 금강아미움 1층 📞 032-577-3730 🕐 평일 08:00~23:00, 일요일 09:00~23:00, 연중무휴 🍽 딸기요거트 5,000원, 와플 7,000원 💳 영수증 지참 시 2시간 무료 🚗 시천공원에서 6.7km

정서진 중앙시장

정서진 중앙시장에 가면 웬만한 것은 다 구할 수 있다. 물건을 사는 재미도 있지만 시식하며 이것저것 구경하는 재미도 쏠쏠하다. 찐빵, 만두 등 간식거리도 없는 게 없다.

📍 인천광역시 서구 가정동 📞 032-575-5002 🕐 08:00~24:00(가게별 상이), 연중무휴(가게별 상이) 🅿 주변이 복잡하고 차가 많아 주차 불가 (콜롬비아공원 주차장 이용) 🚗 시천공원에서 5.9km

인천 & 경기도

DRIVE COURSE

화성 궁평항~화성호 방조제

철새들과 함께하는 드라이브

서울에서 1시간 남짓이면 닿는 화성. 높은 건물들이 빼곡한 신도시 구역을 벗어나면 전혀 다른 모습의 화성시를 만날 수 있다. 도시 곳곳에 자리하고 있는 문화재와 역사적 흔적들을 고스란히 간직한 바다와 갈대, 파란 하늘 철새들의 군무 등. 방조제가 건립되며 생겨난 화성호는 철새들의 보금자리가 되었고, 시원하게 쭉 뻗은 방조제를 따라 달리면 답답했던 가슴이 뻥 뚫리는 듯하다.

INFORMATION
- 이동거리 70.86km
- 드라이브 2시간 25분
- 전체 코스 7~8시간
- 포인트 서울에서 멀리 떠나지 않아도 만날 수 있는 자연과 역사가 공존하는 드라이브 코스. 아이들에게는 다양한 체험을 할 수 있는 곳, 어른들에게는 힐링과 미식을 즐길 수 있는 곳이다.
- 추천계절 봄~가을(3~10월)
- 축제 화성뱃놀이축제(5월), 정조 효(孝)문화제(10월)

RECEIPT

입장료
우리꽃식물원 ················ 6,000원

주차료
무료

식사 및 간식
(점심)바지락칼국수 ·········· 14,000원
(간식)핫도그 ················ 4,000원

TOTAL
24,000원

(※2인 기준)

1 course

성모님 품처럼 아늑한 **남양성모성지**

남양성모성지는 병인박해(1866년) 때 목숨을 잃은 순교자들을 현양하는 순교성지다. 우리나라 최초이자 유일한 성모마리아 순례성지로 선포된 곳이기도 하다. 화강암으로 만든 높이 3.5m의 성모상을 비롯하여 예수 동상, 과달루페 성모상, 성 요셉상과 길이 약 1km의 20단 묵주기도의 길, 십자가의 길 등이 조성되어 있다. 아늑하고 포근한 경관을 가진 곳으로 천주교 신도가 아니더라도 누구나 찾아와 마음의 휴식을 가질 수 있다.

인자한 미소의 성모상

과달루페 성모상

📍 경기도 화성시 남양읍 남양성지로 112 📞 031-356-5880 🕐 08:30~20:00(미사시간 11:00, 월요일 제외), 연중무휴 💰 무료 🅿 주차 120대 가능, 무료 🚗 비봉TG(8.1km)→남양시장로25번길(0.6km)→남양시장로(0.05km)→남양시장로42번길(0.2km)→남양성지로(0.25km)→남양성모성지

2 course

옛 선비들의 정신이 남아 있는 **안곡서원**

1616년 지금의 화성시에 해당되는 남양의 현감으로 부임한 민기중이 창건한 안곡서원은 조선 중종 때의 문신 박세희와 박세훈, 홍섬 3인의 학문과 덕행을 추모하기 위해 세워졌다. 서원 건물은 외삼문, 사당, 내삼문, 강당, 홍살문 등으로 이루어져 있다. 대문인 외삼문을 지나 건물 뒤편으로 자리하고 있는 또 하나의 문이 내삼문, 내삼문을 지나면 안곡서원의 사당이 자리한다. 매년 4월 4일에는 이곳에서 춘향대제가 열린다.

📍 경기도 화성시 서신면 제부로 860-36 📞 화성시 콜센터 1577-4200, 화성시청 문화해설사 031-369-3872 🕐 24시간, 연중무휴 💰 무료 🅿 주차 15대 가능, 무료 🚗 남양성모성지(1.16km)→화성로(11.91km)→매화1길(0.61km)→궁평항로(0.3km)→제부로(0.3km)→안곡서원

3 course

갯벌 체험은 여기가 최고 **백미리 어촌체험마을**

깨끗한 갯벌을 품고 있어 해산물의 종류가 많고 그 맛 또한 다양해 '백미'라고 불리는 백미리가 어촌체험마을로 지정된 후 다양한 프로그램으로 여행객을 모으고 있다. 갯벌이 펼쳐지면 조개 캐기 체험, 망둥어 낚시, 굴 따기 체험, 갯벌마차 타기, 뻘썰매 타기 등을 즐길 수 있다.

📍 경기도 화성시 서신면 백미길 210-35 📞 031-357-3379 🕐 물때 시간에 맞춰 운영(방문 전 전화 문의), 연중무휴(날씨에 따라 운영 제한) 💰 조개 캐기 체험 어른 8,000원, 어린이 5,000원 | 망둥어 낚시(8월부터 가능) 어른 4,000원, 어린이 3,000원 | 카약 타기 체험 어른 5,000원, 어린이 3,000원, 대여료 장화 2,000원, 호미 1,000원 🌐 baekmiri.invil.org 🅿 주차 60대 가능, 무료 🚗 안곡서원(1.7km)→화성로(2.38km)→궁평항로(1.9km)→백미길(2.2km)→백미리 어촌체험마을

TiP 물때 시간 확인 www.badatime.com

4 course

맛과 멋이 가득한 **궁평항**

궁평항은 2008년 국가어항으로 지정된 아름다운 풍경을 자랑하는 곳이다. 다양한 해산물을 구입하고 맛볼 수 있는 수산물직판장이 자리해 있고, 바다낚시를 즐길 수 있는 곳이기도 해서 평일에도 많은 사람들이 찾는다. 특히 낙조가 아름다워 사진 애호가들에게도 사랑받는 곳이다.

📍 경기도 화성시 서신면 궁평항로 1049-24 수산물직판장 📞 화성시 콜센터 1577-4200 🕐 24시간, 연중무휴 💰 무료 🅿 주차 400대 가능, 무료 🚗 백미리 어촌체험마을(2.2km)→궁평항로(4.96km)→궁평항

5 course

지평선을 향해 달리다 **화옹방조제**

총 9.8km 길이의 화옹방조제는 화성시의 화옹 지구 간척사업을 통해 건립되었다. 궁평항이 자리한 서신면 궁평리부터 우정읍 매향리까지 직선으로 이어져 있다. 자전거 도로까지 설치되어 있어 라이딩 코스로도 인기다. 방조제가 건립되면서 생겨난 화성호에서 철새들을 조망할 수 있다. 궁평리 6.6km 지점에 위치한 매향항 선착장은 차를 잠시 세워두고 양쪽으로 뻗은 방조제를 감상하기에 좋다.

📍 경기도 화성시 우정읍 매향리 📞 화성시 콜센터 1577-4200 🕐 24시간, 연중무휴 💰 무료 🅿 매향항 주차장, 30대 가능, 무료 🚗 궁평항(6.7km)→화옹방조제

6 course

평화를 향한 마음 **매향리 평화마을**

어촌과 농촌이 어우러진 매향리 마을은 미 공군 전투기 소음 피해, 사격연습장에서 발생한 인명 피해 등에 시달리던 주민들이 싸움 끝에 되찾은 땅이다. 화약 냄새 진동하던 매향리 사격장은 2005년 폐쇄되어 시민의 품으로 돌아왔다. 매향리 평화역사관 앞에는 버려진 포탄과 탄두 등으로 만든 작품을 전시하여 당시의 아픔을 나누고 있다.

📍 경기도 화성시 우정읍 기아자동차로 199 📞 화성시 콜센터 1577-4200 🕐 24시간, 연중무휴 💰 무료 🅿 매향리 평화역사관 주차장, 50대 가능, 무료 | 고온항 주차장, 200대 가능, 무료 🚗 화옹방조제(4.06km)→기아자동차로(0.46km)→매향리 평화마을

- '매향리 평화역사관' 내비게이션 검색이 안 될 경우, '매향교회'를 검색하면 편리하다.
- 매향리 평화역사관과 고온항으로 가는 도로는 좁고 구불구불하니 운전에 주의하자.

7 course 꽃잔치의 향연 **우리꽃식물원**

화성시 팔탄면에 위치한 우리꽃식물원에는 국내 1,000여 종의 식물을 식재하여 수목의 천국을 연출하고 있다. 280년 된 해송 소망나무와 1,000년의 시간을 지낸 박달나무 뿌리, 석림원 등의 볼거리와 체험학습장, 솔숲쉼터 등이 어우러져 있다. 봄과 여름에는 꽃이 만발하고, 가을에는 단풍들이 아름답게 물들어 계절마다 색다른 매력을 뽐낸다. 유리 온실로 된 사계절관에서는 1년 365일 언제나 푸르른 식물들을 만날 수 있다.

📍 경기도 화성시 팔탄면 3.1만세로 777-17 📞 031-369-6163 🕐 3~10월 09:00~18:00, 11~2월 09:00~17:00, 매주 월요일(월요일이 공휴일인 경우 다음 날 휴무), 1월 1일, 설·추석 휴무 💰 어른 3,000원, 청소년 2,000원, 어린이 1,500원, 6세 이하·경로 무료 🅿 주차 150대 가능, 무료 🚗 매향리 평화마을(4km)→포승향남로(9.05km)→서근내길(0.06km)→버들로(3.26km)→3.1만세로(0.33km)→우리꽃식물원

8 course 선열들의 애국정신이 담긴 **제암리 3·1운동순국기념관**

1919년 일본 군경이 3·1만세운동이 일어났던 제암리에 찾아와 마을 주민 약 30명을 제암교회당에 감금한 상태로 학살하고 불을 질렀다. 이때 희생당한 선열들을 기리기 위해 제암리에 3·1운동순국기념관이 세워졌다. 기념관에서는 사진과 증언을 통해 3·1운동의 역사적 내용을 기록하고 있으며, 언덕 위에 모셔진 순국묘지에는 제암리사건 희생자 23인 선열의 넋을 모시고 있다.

📍 경기도 화성시 향남읍 제암길 50 📞 031-369-1663 🕐 10:00~18:00, 매주 월요일, 1월 1일, 설·추석 당일 휴무 💰 무료 🅿 주차 50대 가능, 무료 🚗 우리꽃식물원(0.2km)→3.1만세로(2km)→제암길(0.45km)→제암리 3·1운동순국기념관

일본의 만행을 해외에 알린 프랭크 윌리엄 스코필드

3·1운동 순국기념탑

알고 떠나면 더 즐거운 여행길

3·1운동을 주도했던 수촌교회

장안면 수촌리에 위치한 수촌교회. 빨강 벽돌로 지어진 현재의 교회당 옆으로 초가집 형태의 수촌교회가 복원되어 있다. 1905년 교인 김응태의 주도하에 정청하의 집에서 교인 7명이 모여 예배를 본 것을 계기로 창건되었다. 1907년에 초가집 15칸을 매입하여 예배당을 만들었는데, 이 무렵 교인이 약 100여 명에 달했다고 한다. 1919년 3·1운동 당시 진압하던 일본 경찰이 마을 전체를 방화하는 만행을 저질렀고 이때 교회도 모두 불에 타버렸다. 1922년 선교사 아펜젤러(Alice R. Appenzeller)와 감리사 노블(W. A. Noble)의 도움으로 초가집 8칸의 예배당을 건립하게 되었고, 1932년 현재의 자리로 이전하였다. 1974년에 양식 기와로 지붕을 개량하였다가 1987년에 초가 형태로 다시 복원되었다.

★ 놓치지 말자! ★

하내테마파크

자연 속에서 신체와 정신을 수련하자는 이념으로 설립된 하내테마파크는 10만6,000㎡에 이르는 부지에 석(石)박물관과 곤충박물관 등 다양한 테마 전시관과 승마 체험, 서바이벌 게임장, 170m 하강 레펠 등 즐거운 체험들이 가득하고 하절기에는 수영장까지 운영한다. 배움과 놀이가 가득하고 숙박 시설과 식당까지 갖추어져 있어 아이가 함께하는 가족 단위 여행객에게는 종합선물 세트 같은 곳이다.

경기도 화성시 서신면 당성로 102-31 031-357-6151~3 어른 3,000원, 청소년·경로 2,000원, 취학 전 유아 1,000원(체험 프로그램 요금 별도) www.hane.co.kr 주차 50대 가능, 무료

용주사

본래 용주사는 신라 문성왕 16년(854년)에 갈양사로 창건된 청정하고 이름 높은 도량이었으나, 병자호란 때 소실되었다. 조선 제22대 임금인 정조(正祖)가 보경 스님으로부터 《부모은중경》 설법을 듣고 크게 감동하여 아버지 사도세자의 넋을 위로하기 위해 능을 화산으로 옮기면서 이 터에 절을 새로 지었다. 대웅보전 낙성식 전날 밤 용이 여의주를 물고 승천하는 꿈을 꾼 정조는 용주사라 이름 짓고 대웅보전 현판을 직접 쓰기도 했다. 효심의 본찰로서 불심과 효심이 한데 어우러진 곳으로, 효행박물관이 사찰 내에 자리하고 있다. 대웅보전에는 삼세불상을 모시고 있으며, 내부에 봉안되어 있는 삼세여래후불탱화는 조선 최고의 화가인 단원 김홍도의 작품이다.

경기도 화성시 용주로 136 031-234-0040 어른 1,500원, 청소년 1,000원, 어린이 700원, 대한불교조계종 신도증 소지자·7세 미만·경로 무료 www.yongjoosa.or.kr 신도용 주차장, 70대 가능, 무료 | 공영주차장, 150대 가능, 무료

★ 추천하고 싶은 곳 ★

🛏 추천 숙소

롤링힐스호텔

화성 시내 중심의 산중턱에 위치한 롤링힐스호텔. 낮은 산의 중턱이지만, 상쾌한 공기를 느끼며 쉴 수 있는 공간이다. 쾌적한 시설과 깔끔하고 아늑한 분위기를 가진 곳이다.

📍 경기도 화성시 남양읍 시청로 290 📞 031-268-1000 💰 24만2,000원~(성수기, 비수기, 평일, 주말 요금 다름) 🌐 www.rollinghills.co.kr 🚗 남양성모성지에서 3.15km

베니키아 더 에이치 호텔

특별한 전망은 없지만, 어디든 이동하기 좋은 도심 한가운데 자리해 있다. 합리적인 가격에 깔끔한 시설을 갖추고 있다.

📍 경기도 화성시 남양읍 역골로 3-12 📞 031-350-6200 💰 9만 원~(성수기, 비수기, 평일, 주말 요금 다름) 🌐 www.thehhotel.co.kr 🚗 남양성모성지에서 1.74km

빨강노을펜션

시원하게 쭉 뻗은 화성호 방조제의 전경을 내려다볼 수 있는 곳에 위치한 빨강노을펜션. 아름다운 바다 전망과 눈이 부시도록 아름다운 저녁 노을을 감상할 수 있다.

📍 경기도 화성시 우정읍 궁평항로 81-94 📞 031-358-7676 💰 10만 원~(성수기, 비수기, 평일, 주말 요금 다름) 🌐 sunsetpension.co.kr 🚗 화옹방조제에서 3.6km

☕ 추천 휴게소

화성 휴게소(목포 방향)

서해안고속도로 하행에 위치한 화성 휴게소는 낙조를 감상할 수 있는 휴게소로 유명하다. 휴게소 한편에는 해넘이공원과 낙조 전망대가 조성되어 있다. 해 질 녘 휴게소에 들를 경우 해넘이공원에서 꼭 낙조를 감상하며 잠시 쉬어가길 추천한다.

📍 경기도 화성시 팔탄면 서해안고속도로 301-1 📞 031-353-8140 🅿 주차 500대 가능, 무료 🚗 비봉IC에서 11.4km

🍴 추천 맛집

진주네(궁평항 수산물직판장 B-95호)

궁평항에는 큰 규모의 수산물직판장이 운영되고 있다. 직판장 안에는 수십 개의 가게들과 식당이 자리해 있다. 2층 식당에서는 자릿세와 요리 비용을 지불한 후, 구매한 생선을 맛볼 수 있다. 진주네는 자체 식당을 가지고 있어 자릿세 없

이 바로 식사를 즐길 수 있어 경제적이다.

📍 경기도 화성시 서신면 궁평항로 1049-24 📞 010-9250-7154 ⏰ 09:00~22:00, 둘째, 넷째 수요일 휴무 💰 회, 조개, 대하 등 수산물은 시가, 바지락칼국수 7,000원 🅿️ 궁평항 주차장, 400대 가능, 무료 🚗 궁평항 수산물직판장 내 위치

궁평항 수제 핫도그

궁평항 입구에는 수제 핫도그와 간단한 음료들을 판매하는 노점들이 즐비하다. 궁평항에 들렀다면 핫도그를 맛보고 오라고 할 정도다. 바로바로 만들어낸 큼직한 핫도그는 어른 아이 할 것 없이 모두의 손에 들려 있다.

📍 경기도 화성시 서신면 궁평항로 1069-17 ⏰ 운영시간 부정기적 💰 수제 핫도그 2,000원 🅿️ 궁평항 주차장, 400대 가능, 무료 🚗 궁평항 입구 위치

🏠 추천 가게
화성 로컬푸드 직매장(봉담점)

화성시에 위치한 각종 축산 농가에서 생산되는 농축산물이 직거래되는 곳이다. 화성쌀, 각종 채소와 과일, 육류까지 한번에 만날 수 있고, 축산 농가와 바로 직거래되기 때문에 더욱 신선하며 가격에도 거품이 없다. 제품마다 생산자의 사진과 이름, 지역이 표기되어 있어 더욱 믿음이 간다.

📍 경기도 화성시 봉담읍 서봉산길 10 📞 031-8025-4670 ⏰ 08:00~20:00, 설·추석 당일 휴무 🅿️ 주차 60대 가능, 무료 🚗 제암리 3·1운동순국기념관에서 10.5km

대발이네 강경젓갈
(궁평항 수산물직판장 B-99, 100호)

궁평항 수산물직판장에 위치한 대발이네 강경젓갈에서는 새우육젓, 낙지젓, 명란젓 등 맛깔나는 젓갈들과 서해안에서 잡은 꽃게와 돌게로 담근 간장게장 등을 직접 맛보고 구입할 수 있다.

📍 경기도 화성시 서신면 궁평항로 1049-24 📞 010-8909-0487 ⏰ 09:00~22:00, 둘째·넷째 수요일 휴무(6~8월 매주 수요일) 💰 오징어젓·낙지젓 500g 7,500원~, 간장게장 1kg 4만 원~ 🅿️ 궁평항 주차장, 400대, 무료 🚗 궁평항 내 위치

카페 다이아몬드

정남면 보통리저수지에 위치한 카페 다이아몬드는 창 바로 앞에 저수지가 펼쳐져 있어 아름다운 전망을 자랑한다. 향긋한 커피와 함께 저수지 산책을 즐기기에 좋다.

📍 경기도 화성시 정남면 세자로 285-49 📞 031-353-3505 ⏰ 10:00~23:00, 연중무휴 💰 아메리카노 4,900원, 카푸치노 5,400원, 크리스피 모카번 2,900원 🅿️ 주차 20대 가능, 무료 🚗 제암리 3·1운동순국기념관에서 16.65km

인천 & 경기도

DRIVE COURSE

가평 호명산 환상길

언제라도 바람 쐬기 좋은 가까운 드라이브길

수도권에서 가까워 가벼운 마음으로 떠날 수 있는 드라이브 코스다. 북한강을 끼고 있어 한쪽으로는 고요한 강과 산, 굽이치는 도로가 한눈에 들어오는 풍광이 아름다워 차 안에서 바라보는 것만으로도 즐겁다. 멋진 드라이브길과 더불어 유명 관광지가 많아 동행이 누구라도 취향대로 선택할 선택지가 많아 부담이 없다. 산과 계곡, 강과 호수 자연 모두를 한꺼번에 즐길 수 있는 곳이다.

INFORMATION

*배로 이동하는 거리, 시간은 제외

- 이동거리 84.22km
- 드라이브 2시간 21분
- 전체 코스 8~9시간
- 포인트 다양한 볼거리와 알찬 관광지로 가득해 누구와 함께해도 지루하지 않다.
- 추천계절 사계절(1~12월)
- 축제 자라섬 씽씽겨울축제(1월), 자라섬 국제재즈페스티벌(10월)

RECEIPT

입장료
청평자연휴양림 ················ 10,000원
쁘띠프랑스 ···················· 16,000원
남이섬 ························ 20,000원
나비스토리(이화원) ·············· 14,000원

주차료
남이섬 ····················· 1일 4,000원

식사 및 간식
(점심)장작불곰탕 ··············· 18,000원
(간식)바비큐소시지 ·············· 5,000원

TOTAL
87,000원

(※2인 기준)

1 course

자연과 함께 숨 쉴 수 있는 **청평자연휴양림**

청평자연휴양림은 다른 곳과 마찬가지로 산림욕을 하며 자연을 즐길 수 있는 곳이지만 이곳은 특히 아기자기하게 꾸며놓은 정원이 인상 깊다. 휴양림이 대체로 그렇듯 숙박객이 아니라면 입장료를 내야 하지만 휴양림 내에 있는 카페에서 입장권을 제시하면 커피나 음료를 무료로 제공해준다. 우람한 수탉과 예쁜 고양이가 있는 카페에서 커피 한잔 후 산책하는 것만으로도 즐거운 곳이다.

📍 경기도 가평군 청평면 북한강로2246번길 8-6 📞 031-584-0528 🕐 4~10월 09:00~18:00, 11~3월 09:00~17:00, 연중무휴 💰 어른 5,000원, 어린이 4,000원 🅿 주차 100대 가능, 무료 🚗 서종TG(0.22km)→북한강로(10.99km)→북한강로2246번길(0.08km)→청평자연휴양림

2 course

산과 호수가 어우러진 가평 제1경 **청평호**

1943년에 세워진 청평댐은 전력뿐 아니라 한강 수위 조절에 있어 커다란 역할을 하는 곳이다. 청평호는 청평댐으로 인해 만들어진 지형으로, 가평 제1경으로 손꼽히는 곳이다. 경관이 무척 수려하고 넓어 수상 스포츠를 즐기기에 완벽한 조건을 가지고 있다. 각종 편의 시설들이 잘 갖추어져 있어 7~8월이면 수상 스키, 모터보트를 즐기는 사람들로 북적인다.

📍 경기도 가평군 청평면 청평리와 설악면 회곡리 📞 가평군청 관광운영팀 031-580-2511, 가평군 문화관광 031-580-2114, 청평면사무소 031-584-3001 🕐 24시간, 연중무휴 💰 무료 🅿 주차 10대 가능, 무료 🚗 청평자연휴양림(0.08km)→북한강로(0.72km)→유명로(0.46km)→경춘로(0.76km)→호반로(9.73km)→청평호

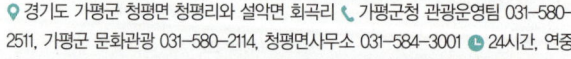

놓치지 말자!

청평호 일대 수상 레저 사업장

여름철 청평호 부근에서는 물에서 즐길 수 있는 다양한 프로그램을 진행한다. 기본적으로 바나나 보트나 블롭점프 등의 다양한 물놀이 기구를 패키지로 이용할 수 있으며, 수상 스키, 웨이크보드, 플라이보드 등의 수상 스포츠는 초보자라도 기초 강습을 받은 후 체험할 수 있다. 업체별로 운영하는 체험 프로그램이 조금씩 다르기 때문에 사전 확인 후 취향에 맞는 곳을 선택하면 된다.

클럽이글스
🌐 www.clubeagles.co.kr 📞 031-585-3635 💰 Big3 수상레저 놀이기구 13종 중 택3 + 자켓대여 + 의류대여 + 수건대여 + 안전보험 가입(워터파크, 플라이 별도) 2만9,900원~, 수상 스키·웨이크보드·플라이보드 5만 원

리버포인트
🌐 www.riverpoint.co.kr 📞 010-7142-6003 💰 놀이기구 2가지 선택 2만5,000원~, 웨이크보드 또는 수상스키 강습+놀이기구 1가지 선택 6만 원~

포세이돈
🌐 www.pose2don.com 📞 031-585-7461 💰 수상 스키, 웨이크보드 초보 강습 6만 원~, 수상놀이기구 2만 원~, 스피드모터보트 6만 원~

Club Fun 수상레저
🌐 www.clubfun.co.kr 📞 031-584-2365 💰 왕초보 패키지 4만 원~, 놀이기구 패키지 3만5,000원~

3 course

어린 왕자를 만나러 가는 **쁘띠프랑스**

프랑스풍의 건물에 꽃과 별, 어린 왕자를 콘셉트로 한 마을을 재현해놓았다. 쁘띠프랑스 내에는 아름다운 프랑스 전원 별장을 재현한 주택전시관, 어린 왕자의 작가이자 세계적인 프랑스 문학가인 생텍쥐페리의 일생을 볼 수 있는 3층 규모의 생텍쥐페리기념관, 프랑스 현지에서 직접 수입한 수백 년 된 대형 오르골이 있는 오르골 하우스 등의 테마 건물이 이색적인 재미를 준다.

📍 경기도 가평군 청평면 호반로 1063 📞 031-584-8200 🕘 09:00~18:00, 연중무휴 💰 어른 8,000원, 청소년 6,000원, 어린이 5,000원 🅿 정문 주차장 250대 가능, 무료 🚗 청평호(0.1km)→호반로(0.65km)→쁘띠프랑스

Tip 후문은 공휴일과 주말에만 개방하므로 평일에는 정문 주차장을 이용하는 게 편리하다.

4 course

누구와 함께라도 좋은 **호명산 환상의 드라이브길**

환상의 드라이브 코스라고 이름 지어진 이곳은 보통 호명산 동쪽 자락을 넘어 가평으로 넘어가는 구불구불한 고갯길을 일컫는데 사실 환상적인 경치는 청평호부터 시작되어 운전자의 시선을 빼앗는다. 계절에 맞게 아름다운 옷으로 갈아입는 호명산의 나무숲 터널은 설경과 단풍, 푸르른 숲으로 어느 때나 '환상적'이라는 단어가 절로 떠오르게 한다. 코스를 따라가며 보이는 동화에서나 나올법한 예쁜 펜션들과 카페들이 이색적이다.

📍 경기도 가평군 청평면 호명리 일원 📞 가평군청 관광사업단 031-580-2511~3 🕘 24시간, 연중무휴 💰 무료 🅿 카페, 식당 등의 주차장 이용 🚗 쁘띠프랑스에서 호명산까지 가는 길

누구와 함께해도 좋은 호젓한 산길 드라이브

5 course
잣나무 숲으로 백패킹을 떠나자 호명산

호명산은 이름 그대로 호랑이 울음소리가 들렸다는 전설을 가지고 있다. 해발 632m 높이의 산으로, 북한강을 사이에 두고 청평 시내와 마주 보고 있다. 북한강이 한눈에 보여 멋진 경치를 선사하고, 잣으로 유명한 가평의 산답게 잣나무가 장관을 이룬다. 정상에는 인공호수인 호명호수가 있고 등산 코스가 유명하다. 호명호수까지는 차량 진입이 불가능하고 버스를 이용해야 한다. 셔틀버스는 눈이 내릴 경우 운행하지 않으므로 미리 확인하는 것이 좋다.

📍경기도 가평군 청평면 상지로 370(호명호수 주차장) 📞가평군청 관광사업단 031-580-2512 🕐24시간, 연중무휴, 호명호수 09:00~18:00, 매년 6월 둘째 목요일, 12. 1~다음 해 3. 15 휴무(날씨에 따라 부정기적) 💰무료 📍호명호수 주차장, 200대 가능, 무료 🚗쁘띠프랑스(0.1㎞)→호반로(4.62㎞)→상지로(7.22㎞)→호명산

6 course
동화처럼 아름다운 나미나라 남이섬

원래는 홍수 때만 섬으로 고립되었으나 1944년 청평댐 건설로 완전한 섬이 되었다. 조선 초기의 무장 남이 장군의 묘가 있어 남이섬으로 불리게 되었다. TV 드라마 〈겨울연가〉의 촬영지로 더 잘 알려져 있다. 잣나무길, 메타세쿼이아길, 은행나무길 등 섬 전체가 나무로 어우러진 길이 아름다우며 갤러리, 박물관, 공연장 등 여러 테마의 구성들이 지루하지 않다. 색다른 분위기를 찾는 가족들과 낭만을 찾는 연인들까지 모두를 만족시킬 만한 곳으로 관광객들이 끊이지 않는 곳이다.

📍강원도 춘천시 남선면 남이섬길 1, 경기도 가평군 가평읍 북한강변로 1024(선착장) 📞031-580-8114 🕐선박 운항시간 07:30~21:40(당일 여행객 마지막 입도시간 20:30), 짚와이어 4~10월 09:00~19:00, 11~3월 09:00~18:00, 연중무휴 💰어른 1만 원, 학생 8,000원(12~3월 18:30 이후, 4~11월 19:30 이후 입장료 4,000원), 짚와이어 3만8,000원 📍주차 2,000대 가능, 1일 4,000원(주변 시설 주차장은 계절, 위치에 따라 다름) 🚗호명산(6.24㎞)→상지로(5.06㎞)→호반로(3.51㎞)→염창길(0.48㎞)→북한강변로(1.13㎞)→남이섬 종합휴양지 선착장 주차 후 남이섬(배로 5분)

연못 위의 누각, 나만의 정원을 걷는 듯한 기분이다

수풀이 우거진 축축한 실내온실

7 course

나비들의 화려한 군무 **나비스토리(이화원)**

"내가 나비인가 나비가 나인가"

자라섬에 위치한 나비스토리(이화원)는 나비를 테마로 6,000㎡(1,800평)의 온실과 1,058㎡(320평)의 나비존으로 구성된 나비 생태식물공원이다. 실제 나비들을 가까이서 볼 수 있기 때문에 온실의 풍경은 언제나 봄과 같이 아름답고 열대 식물들로 인해 무척 이국적이다. 3~10월에는 10시부터 매시간 문화해설사의 자세한 설명을 들을 수 있다.

📍 경기도 가평군 가평읍 자라섬로 64　📞 031-582-3061　🕘 3~10월 09:00~18:00, 11~2월 09:00~17:00, 매주 월요일 휴무　💰 어른 7,000원, 2~19세 5,000원　🅿 주차 1,000대 가능, 무료　🚗 남이섬(배로 5분)→남이섬 종합휴양지 선착장(0.07km)→달전로(1km)→호반로(0.07km)→가평제방길(0.58km)→자라섬로(0.27km)→나비스토리(이화원)

나비들의 정원에서 노닐어 보아요~

만지면 안 돼요, 살아 있거든요.

8 course

캠핑과 재즈 공연을 동시에 즐길 수 있는 **자라섬**

북한강에 떠 있는 섬으로, 자라의 모양을 하고 있으며, 비가 와서 물이 불면 섬이 잠겼다가 나타난다 하여 붙여진 이름이다. 150만㎡(45만 평) 정도의 크기이며 육지와 연결되어 있다. 4km의 수변 산책로와 요즘 보기 힘든 흙길, 미루나무 강변길 등 아름다운 풍경이 펼쳐진다. 자연휴양림, 깔끔하고 편리한 캠핑장 등으로 꾸준한 인기를 얻고 있고 자라섬 재즈페스티벌로 유명해지기 시작했다.

📍경기도 가평군 가평읍 달전리 산7 📞031-580-2700 🕐24시간, 연중무휴 💰무료 🅿주차 1,000대 가능, 무료 🚗나비스토리(이화원)(0.1km)→자라섬

저와 닮았다고 이곳이 자라섬이래요!

낭만적인 자라섬에서의 하룻밤!

✦ 놓치지 말자! ✦

자라섬 페스티벌

매년 9~10월 중, 초가을 가평의 자라섬에서는 국제재즈페스티벌, 일명 jj페스티벌이 열린다. 2004년을 시작으로 벌써 2018년 15회를 맞는 자라섬 페스티벌에는 매년 세계적인 뮤지션들이 수준 높은 공연을 선사하여 가평을 감동적인 음악 축제로 들썩이게 한다. 현재는 자라섬뿐 아니라 가평군 전체로 행사가 확대되고 있으며 재즈 마니아들뿐 아니라 모두가 즐길 수 있는 구성으로 질적인 성장을 거듭하여 우리나라의 대표적 음악 축제 중 하나로 손꼽히고 있다.

💰2017년(14회) 기준(10. 1~3) 얼리버드 : 3일권 8만 원, 인터넷 일반예매 : 3일권 10만 원, 2일권 8만 원, 1일권 5만 원, 청소년 1일권 3만5,000원, 현장판매 : 1일권 5만5,000원, 청소년 1일권 4만 원 🔗www.jarasumjazz.com

★놓치지 말자!

아침고요수목원

1966년 개원한 아침고요수목원은 대학 원예학과 교수가 원예미학적인 관점에서 20여 개의 주제를 가지고 하나하나 의미를 담아 가꿔놓은 정원이다. 한국식 정원의 멋으로 꾸며놓은 정자와 꽃나무들이 정겹고 분재, 야생화, 각종 나무 등 다양하고 아름다운 식물을 한번에 즐길 수 있다. 한반도 모양으로 조경된 하경정원과 함께 수목원의 풍경이 한눈에 들어오는 하경전망대가 특히 인기다.

📍 경기도 가평군 상면 수목원로 432 📞 1544-6703 💰 어른 9,000원, 중고생 6,500원, 어린이 5,500원
🕐 11:00~21:00(토요일 ~23:00), 연중무휴 🌐 www.morningcalm.co.kr 🅿 주차 1,000대 가능, 무료

용추계곡

칼봉산에서부터 시작하여 옥녀봉을 감싸 안은 계곡으로, 암벽과 능선에 굽이치는 물줄기가 한 폭의 동양화 같은 감동을 준다. 자연을 그대로 간직한 용추계곡은 물이 맑고 계곡이 깊어 더욱 아름답다. 수도권 계곡 중 으뜸이라는 말이 아깝지 않다. 또한 자생식물원과 오토캠핑장, 야영장 등의 시설이 잘 갖추어져 이용하기 편리하다.

📍 경기도 가평군 가평읍 승안리 📞 가평군청 관광사업단 031-580-2512 💰 무료
📍 연인산 탐방안내소 주차장, 200대 가능, 무료

알고 떠나면 더 즐거운 여행길

단군이 묻힌 용추계곡

단군의 친형인 중국의 천자가 조선 땅을 탐내자 단군의 아내 용녀가 결투를 신청했다. 아름다운 국토를 빼앗기지 않으려고 용녀는 비를 억수같이 내리게 했다. 그러자 홍수가 나면서 인명 피해가 속출하였고 천자는 조선을 포기하였다. 하지만 여러 날 동안 비가 그치지 않아 온 천지가 물바다가 되어 단군은 일행들과 춘천으로 피난을 왔다. 이곳에 도착한 신하들은 굶주림과 병으로 하나둘씩 죽어나갔다. 다시 배를 돌려 승안리로 피난을 와 지금의 미륵바위가 있는 곳에 멈추니 비가 그치고 하늘이 개었다. 그러나 홍수 때문에 모든 곡물이 다 떠내려가고 병이 창궐하여 단군과 그의 가족들도 이곳에서 모두 죽었다고 한다. 단군이 묻히신 곳이 바로 승안리 용추계곡이라 전해진다.

★ 추천하고 싶은 곳 ★

🛏 추천 숙소
청평자연휴양림

수도권에서 가까워 손쉽게 갈 수 있는 휴양림이며, 도심을 벗어나 호젓하게 자연을 느끼며 휴식을 취할 수 있다. 정돈된 산책로를 따라 융단처럼 펼쳐진 숲을 건너 청평호반이 아름답게 펼쳐진다. 입장권에는 휴양림 내부의 예쁜 카페에서 마실 수 있는 음료 한잔도 포함되어 있다.

📍 경기도 가평군 청평면 북한강로2246번길 8-6 📞 031-584-0528 💰 8만 원~(성수기, 비수기, 평일, 주말 요금 다름) 🌐 www.campcp.com 🚗 청평자연휴양림 내 위치

정관루

남이섬 안에서의 하룻밤을 보내는 이색적인 경험을 할 수 있다. 관광객들이 빠져나가고 고요한 섬에서의 산책을 즐길 수 있다. 본관의 객실은 화가, 공예가, 작가 등 많은 예술가들이 직접 꾸며놓은 룸들이 완성되면서 갤러리호텔로 재탄생했다.

📍 강원도 춘천시 남선면 남이섬길 1 📞 031-580-8000 💰 9만 7,000원~(성수기, 비수기, 평일, 주말 요금 다름) 🌐 namisum.com/hotel/jeonggwanru 🚗 남이섬 내 위치

🍴 추천 맛집
원조장작불곰탕

가게 출입문 옆에서 장작을 지펴가며 거대한 가마솥에 곰탕을 끓여내는 광경이 신선하다. 가마솥에서 오래오래 푹 고아내기 때문에 국물이 뽀얗고 깊은 맛이 난다. 기본 반찬인 무김치와 배추김치가 맛있고, 양파와 고추를 찍어먹게 내오는 직접 담근 장이 깔끔하다.

📍 경기도 가평군 청평면 경춘로 980 📞 031-584-0751 🕐 05:00(동절기 06:00~)~22:00, 설·추석 당일 휴무 💰 장작불곰탕 9,000원, 차돌박이곰탕 1만1,000원 🅿 주차 40대 가능, 무료 🚗 청평자연휴양림에서에서 9.88km

카페테라

호명산 드라이브길을 따라가다 보면 예쁜 카페들을 많이 만나게 되는데 그중 유명하고 예쁜 집이다. 카페 앞마당부터 화장실까지 어느 곳 하나 신경 쓰지 않은 곳이 없을 정도로 세심한 인테리어가 돋보인다. 추천 음료인 단호박라떼는 단호박의 부드러운 단맛이 기분을 즐겁게 해주며 허니밀크티는 꿀을 이용해 은은한 맛과 향이 일품이다.

📍 경기도 가평군 가평읍 상지로 705-5 📞 031-582-8789 🕐 09:00~21:00(부정기적), 설·추석 당일 오전 휴무 💰 아메리카노 5,000원, 허브티·단호박라떼 7,000원 🅿 주차 10대 가능, 무료 🚗 청평호수에서 9.4km

명지쉼터가든

잣을 갈아 만든 국물에 잣이 들어간 반죽으로 만든 쫄깃한 국수 면을 말아낸 잣국수가 유명한 집이다. 국수를 한 그릇 먹고 나면 그 후에도 한참이나 입안에서 잣 향기가 맴돌아 잣을 좋아한다면 적극 추천한다. 온국수와 냉국수가 있어 계절이나 취향에 따라 선택할 수 있다. 면을 좋아하지 않는다면 잣을 아끼지 않고 넣어 만든 잣곰탕을 선택하면 된다. 진한 곰탕에 잣이 들어가 더 고소하고 깊은 맛이 난다.

📍 경기도 가평군 북면 가화로 777　📞 031-582-9462　🕐 08:00~20:00, 설이 있는 주 휴무　🍜 잣국수(2인 이상) 9,000원, 곱빼기 1만2,000원, 잣곰탕 1만1,000원　🅿 주차 10여 대 가능, 무료　🚗 남이섬에서 9.88km

🏠 추천 가게
남이섬 소시지

남이섬에는 갖가지 간식거리들과 먹거리들이 많이 있는데 간편하게 출출함을 달랠 수 있는 가게다. 참숯에 구운 소시지에 케첩과 머스터드소스를 뿌려준다. 캔 맥주도 함께 판매하기 때문에 간단한 술안주로 삼아도 좋다. 소시지는 흔하게 먹을 수 있는 먹거리지만 남이섬의 특별함과 함께라서 더욱 맛있게 느껴진다.

📍 강원도 춘천시 남선면 남이섬길 1　📞 전화 없음, 나미나라 안내소 031-580-8114　🕐 남이섬 개방시간과 동일(선박 운항시간 07:30~21:40)　🍢 바비큐소시지 2,500원, 아이스크림 2,000원　🅿 남이섬 주차장, 2,000대 가능, 1일 4,000원, 2,000~4,000원(각 영업점별 상이)　🚗 남이섬 내 위치

가평잣 소라네 농원

잣을 직접 채취, 생산, 제조하여 판매하는 곳이기 때문에 판매장과 더불어 가공 공장을 함께 둘러볼 수 있다. 다양한 잣 제품들과 더덕술, 잣술 등의 여러 특산품이 있고 금액대가 다양하여 선택의 폭이 넓다. 매장이 넓고 직원들이 친절하여 마음 편히 쇼핑할 수 있다.

📍 경기도 가평군 북면 가화로 711　📞 031-581-7389　🕐 06:00~19:30, 연중무휴　🌰 잣 1kg 5만5,000원 안팎(수확 철에 따라 변동)　🅿 주차 20대 가능, 무료　🚗 남이섬에서 9.23km

아침고요수목원 정원 가게

아침고요수목원 내에 위치한 허브 관련 제품을 판매하는 곳이다. 저렴한 허브쿠키부터 허브 관련 제품들이 있어 구경거리가 많다. 직접 향을 맡아보면서 제품을 선택할 수 있으며 아침고요수목원 내에 자리하고 있어 수목원 이용객만 들어갈 수 있다.

📍 경기도 가평군 상면 수목원로 435 아침고요수목원 내　📞 031-584-1497　🕐 4~11월 09:00~18:00, 12~3월 13:30~21:00, 연중무휴　🌿 아로마 민트 스프레이 Ⅱ 1만7,000원, 어성초 샴푸 2만8,000원　🅿 주차 1,000대 가능, 무료

인천 & 경기도 DRIVE COURSE

양평 커피문화길

향긋한 커피 향과 함께 만나는 아름다운 풍경과 문화의 감동

양평은 명산 여럿을 병풍처럼 두르고 남한강, 북한강의 푸른 물줄기를 감고 있어 영화나 드라마, CF의 단골 배경으로 나올 만큼 뛰어난 풍광을 자랑하고 있다. 자연경관뿐만 아니라 다양한 문화 공간과 강변을 따라 조성된 카페촌과 맛집, 서울에서 1시간 내외의 지리적 장점까지 갖추고 있어 드라이브 명소로 꼽히는 코스다.

TIP 소나기마을~중미산 자연휴양림 구간은 커브가 심한 산길 구간이니 안전 운전에 유의하자.

INFORMATION
- 이동거리 84.24km
- 드라이브 2시간 15분
- 전체 코스 8~9시간
- 포인트 아름다운 산과 강의 풍경, 문화와 예술의 명소까지 볼거리가 가득해 연인들에게는 로맨틱한 데이트 코스, 아이들에게는 체험교육의 장이 되어 주는 팔방미인 같은 여행이다.
- 추천계절 사계절(1~12월)
- 축제 용문산산나물축제(5월), 남양주다산문화제(9월), 물 맑은 양평 빙어축제(12~2월)

RECEIPT

입장료
- 세미원 ······ 10,000원
- 소나기마을 ······ 4,000원
- 중미산 자연휴양림 ······ 2,000원
- 양평군립미술관 ······ 2,000원
- 양평들꽃수목원 ······ 16,000원
- 몽양 여운형 생가·기념관 ······ 2,000원

주차료
- 두물머리 ······ 1일 2,000원
- 중미산 자연휴양림 ······ 1일 3,000원

식사 및 간식
- (점심)순두부백반 ······ 14,000원
- (간식)팥죽 ······ 20,000원

TOTAL 75,000원

(※2인 기준)

1 course

정약용의 업적과 지혜를 만날 수 있는 **다산유적지**

조선 후기 최고의 실학자인 다산 정약용 선생의 유적지다. 마재마을은 다산 정약용이 태어나고 숨을 거둔 곳으로 유적지 내에는 그의 생가인 여유당(與猶堂)과 묘, 다산기념관, 다산문화관 등이 있다. 다산기념관에는 다산의 저서 《목민심서》, 《경세유표》, 《흠흠신서》의 사본이 전시되어 있고, 다산의 설계로 제작되었던 거중기와 녹로의 모형도 볼 수 있다. 다산문화관에는 다산이 설계한 배다리를 이용해 정조가 아버지 사도세자의 묘소를 참배하러 갈 때의 모습을 그린 능행도와 500여 권에 달하는 저술을 분야별로 기록해놓았다.

📍 경기도 남양주시 조안면 다산로747번길 11 📞 031-590-2837 🕘 09:00~18:00, 매주 월요일, 1월 1일, 설·추석 당일 휴무 💰 무료 🅿 주차 65대 가능, 무료 🚗 하남IC(1.55km)→창우로(1.49km)→경강로(1.1km)→다산로(3.64km)→다산로362번길(1.35km)→다산로526번길(0.95km)→다산로(0.12km)→다산유적지

2 course

마음이 평온해지는 선물 같은 풍경 **두물머리**

금강산에서 흘러내린 북한강과 강원도 금대봉 기슭 검룡소에서 발원한 남한강의 두 물이 합쳐지는 곳이라 하여 두물머리라 이름 붙여졌다. 두물머리는 '한국관광 100선'에 선정되고 각종 드라마, 영화 촬영지로 나올 만큼 아름다운 풍광을 자랑하는 곳이다. 이른 아침에 피어나는 물안개, 황포돛배, 400년이 넘은 느티나무가 잔잔하게 흐르는 강물과 함께 어우러진다. 두물머리의 느티나무는 세 그루가 마치 한 그루처럼 보이는 두물머리의 상징이다.

📍 경기도 양평군 양서면 두물머리길 134(느티나무) 📞 양평군청 관광진흥과 031-770-2068 🕘 24시간, 연중무휴 💰 무료 🅿 두물머리 느티나무 주차장, 80대 가능, 1일 2,000원 🚗 다산유적지(1.26km)→북한강로(4.1km)→두물머리길(1.2km)→두물머리

> **TIP**
> • 느티나무 주차장에서 300m 거리인 양수대교 밑 공영주차장은 무료 이용
> • 느티나무 주차장은 22:00에 차단되니 야간 방문 시 주차장 차단으로 인한 불이익이 없도록 주의하자.

두물머리에 하늘이 퐁당

3 course 연꽃의 정원을 거닐다 **세미원**

세미원은 "물을 보며 마음을 씻고, 꽃을 보며 마음을 아름답게 하라"는 옛 성현의 말씀에서 그 뜻을 담아 이름 지어졌다. 세미원은 수생식물을 이용한 대표적인 자연정화공원이다. 5월에는 창포, 6월에는 온대수련, 7~8월에는 연꽃과 열대수련, 9월에는 국화가 개화해서 세미원을 화려하게 채운다. 세미원에는 연꽃박물관, 수련전시관을 비롯하여 한반도 지형의 정원인 국사원, 추사 김정희 선생의 세한도를 재현한 세한정, 장독대 분수, 정조가 현륭원을 가기 위해 한강에 설치하였던 열수주교를 재현한 열수주교 배다리 등 볼거리가 다양하여 산책하듯 둘러보기에 좋다.

📍 경기도 양평군 양서면 양수로 93 📞 031-775-1834 🕐 6~8월 07:00~22:00, 9~5월 09:00~21:00, 축제기간(5~10월) 연중무휴, 11~4월 매주 월요일 휴무(월요일이 공휴일일 경우 개관) 💰 어른 5,000원, 어린이·청소년·경로 3,000, 12~2월 입장료 어른 3,000원, 어린이·청소년·경로 2,000원 📍 주차 60대 가능, 무료 🚗 두물머리(1.18km)→양수로(0.46km)→세미원

Tip 세미원 내 열수주교를 건너면 두물머리 산책로로 이어진다. 이때 입장권 확인이 필요하니 입장 후에도 입장권을 잘 챙겨두자.

자분자분 손잡고 걸어요.

숨바꼭질 어때요? 꼭꼭 숨어라 머리카락 보인다.

4 course 소설 속 소년, 소녀가 되어보자 **소나기마을**

황순원문학촌 소나기마을은 소설 《소나기》의 배경을 재현하여 황순원문학관을 조성했다. 황순원문학관에는 황순원의 유품과 작품을 전시하는 전시실, 노즐을 통해 인공적으로 소나기를 만드는 소나기광장, 수숫단 오솔길, 징검다리 등 소설의 배경도 재현해두었다. 그 외에도 《일월》해와 달의 숲, 《카인의 후예》고향의 숲 등을 통하여 황순원의 다른 소설들의 배경들도 만나볼 수 있다.

📍 경기도 양평군 서종면 소나기마을길 24 📞 031-773-2299, 4499 🕐 3~10월 09:30~18:00, 11~2월 09:30~17:00, 매주 월요일(월요일이 공휴일인 경우 다음 날 휴무), 1월 1일, 설·추석 당일 휴무 💰 어른 2,000원, 청소년 1,500원, 어린이 1,000원, 6세 이하·경로·양평 군민 무료 📍 소나기마을 입구 주차장, 45대 가능, 무료 · 징검다리 쪽 주차장, 70대 가능, 무료 🌐 www.sonagi.go.kr 🚗 세미원(0.4km)→북한강로(6.78km)→무내미길(0.53km)→중미산길(1.86km)→황순원로(1.05km)→소나기마을길(0.03km)→소나기마을

가위바위보 놀이 하면서 올라가볼까

소설 속 배경이래, 알아맞혀봐~

5 course
숲과 친구가 되는 중미산 자연휴양림

중미산은 아름다움이 금강산 다음으로 아름답다고 하여 버금 중(仲), 아름다울 미(美)를 붙여 중미산(仲美山)이라고 부르게 되었다. 중미산 자연휴양림은 산림청에서 직접 관리하는 곳으로 주변 풍광이 좋고 야영장, 산책로, 등산로, 숲속의 집 등이 잘 조성되어 있다. 상쾌한 공기를 마시며 걷는 것만으로도 건강해지는 것 같다. 전문 숲해설가를 통한 숲 체험, 지도와 나침반을 이용해 길을 찾는 오리엔티어링, 삼나무 판재로 직접 만들어보는 퍼즐 만들기 등 다양한 체험 프로그램도 운영되고 있다.

📍 경기도 양평군 옥천면 중미산로 1152 📞 031-771-7166 🕐 2~11월 09:00~18:00, 12~3월 09:00~17:00, 매주 화요일 휴무(7월 중순~8월 말 연중무휴) 💰 어른 1,000원, 청소년 600원, 어린이 300원, 12~3월 입장료 면제 🅿 주차 50대 가능, 1일 경형 1,500원, 중소형 3,000원 🚗 소나기마을(1.96km)→중미산로(9.52km)→중미산 자연휴양림

TiP 체험 프로그램은 사전 예약 필수!
📞 문의 031-771-7166

6 course
현대적 감각의 젊은 미술관 양평군립미술관

양평은 예술의 고장답게 크고 작은 갤러리, 미술관, 박물관 들을 많이 만날 수 있다. 그 중심에 있는 양평군립미술관은 미술문화의 확산과 육성을 위해 2011년에 개관되었다. 다양한 전시가 열리는 전시관뿐 아니라 교육 시설, 콘퍼런스룸, 어린이 체험 공간 등을 갖추고 있어 남녀노소 누구나 문화에 쉽게 다가가고 참여할 수 있도록 돕고 있다. 드라이브를 잠시 멈추고 전시 관람과 야외 조각공원을 둘러보며 쉬어가기에 좋다.

📍 경기도 양평군 양평읍 문화복지길 2 📞 031-775-8515 🕐 10:00~18:00, 매주 월요일, 1월 1일, 설·추석 당일 휴무 💰 어른 1,000원, 청소년 700원, 어린이 500원(대관전은 무료) 🌐 www.ymuseum.org 🅿 주차 100대 가능, 무료 🚗 중미산 자연휴양림(0.54km)→마유산로(12.27km)→양평군립미술관

7 course

강변의 정취와 들꽃이 아름다운 **양평들꽃수목원**

양평들꽃수목원은 한강 변을 따라 다양한 수목과 야생화, 허브가 어우러진 강변 수목원이다. 테마별로 다양한 들꽃과 조형물들이 갖추어져 있다. 이국적인 풍경을 만날 수 있는 열대온실, 아이들을 위한 체험학습장과 미로원 등 볼거리가 가득하다. 곳곳에 놓인 의자들과 피크닉장에서 여유롭게 남한강의 아름다움과 꽃의 향기를 만끽해보자.

경기도 양평군 양평읍 수목원길 16 031-772-1800 4~11월 09:30~18:00, 12~3월 09:30~17:00, 금~일요일 09:30~22:00, 연중무휴 어른 8,000원, 중고생 6,000원, 36개월~초등학생 5,000원, 양평 군민 4,000원 주차 50대 가능, 무료 양평군립미술관(1.88km)→경강로(0.32km)→양평들꽃수목원

8 course
3·1운동의 숨결이 느껴지는 몽양 여운형 생가·기념관

우리 민족의 자주 독립과 평화 통일을 위해 일생을 바친 몽양 여운형(1886~1947년)의 삶과 정신을 널리 알리고자 개관했다. 6·25전쟁 중에 소실되었던 생가가 2001년 양평 군민들의 노력으로 정비되었고, 2011년 지금의 모습으로 복원되었다. 기념관에는 서거 당시 입고 계시던 혈의, 서울 계동 집에 있던 책상, 2008년 추서된 건국훈장 대한민국장 등의 유품과 자료가 전시되어 있다.

📍 경기도 양평군 양서면 몽양길 66 📞 031-770-2309 🕐 2~10월 09:30~18:00, 11~1월 09:30~17:00, 매주 월요일(월요일이 공휴일일 때 다음 날 휴무), 1월 1일, 설·추석 당일 휴무 💰 어른 1,000원, 중고생 800원, 초등학생 500원, 양평 군민·경로·7세 이하 무료 🅿 주차 12대 가능, 무료
🚗 양평들꽃수목원(11.39km)→몽양길(0.61km)→몽양 여운형 생가·기념관

TIP 기념관으로 오르는 길이 좁으니 주의하자.

"지난날의 아프고 쓰라린 것들은 이 자리에서 잊어버리고, 이때에 합리적이고 이상적인 낙원을 건설하여야 한다."

알고 떠나면 더 즐거운 여행길

소설 《소나기》 속 설레는 첫 만남 이야기

황순원의 대표적 단편소설 《소나기》에서 소년, 소녀의 첫 만남 장소였던 징검다리가 양평군 서종면 '황순원문학촌 소나기마을'에 재현되어 있다. 소설의 장면을 상상해 보면 재미와 감동이 배가된다.

「다음 날은 좀 늦게 개울가로 나왔다. 이날은 소녀가 징검다리 한가운데 앉아 세수를 하고 있었다. 분홍 스웨터 소매를 걷어 올린 팔과 목덜미가 마냥 희었다. 한참 세수를 하고 나더니 이번에는 물속을 빤히 들여다본다. 얼굴이라도 비추어보는 것이리라. 갑자기 물을 움켜낸다. 고기 새끼라도 지나가는 듯. 소녀는 소년이 개울 둑에 앉아 있는 걸 아는지 모르는지 그냥 날쌔게 물만 움켜낸다. 그러나 번번이 허탕이다. 그래도 재미있는 양, 자꾸 물만 움킨다. 어제처럼 개울을 건너는 사람이 있어야 길을 비킬 모양이다. 그러다가 소녀가 물속에서 무엇을 하나 집어낸다. 하얀 조약돌이었다. 그리고는 훌 일어나 팔짝팔짝 징검다리를 뛰어 건너간다. 다 건너가더니 획 이리로 돌아서며, "이 바보." 조약돌이 날아왔다.」

- 황순원의 《소나기》 중에서 -

★ 놓치지 말자! ★

용문산 관광지

1971년 국민관광지로 지정된 용문산 관광지는 용문사, 천년은행나무, 용문산전투전적비 등 문화유적 등의 볼거리가 많고, 용문산과 중원산에서 내려오는 맑은 계곡물로 사시사철 관광객의 발길이 끊이지 않는 곳이다. 그 외에도 야외 공연장과 잔디광장, 야영장, 친환경농업박물관 등이 조성되어 있어 즐길 거리도 다양하다. 관광지 입구에서 20분 남짓 숲길을 오르면 만날 수 있는 용문사에는 수령 1,100여 년이 넘는 천연기념물 제30호인 은행나무가 있다. 높이가 42m로 동양에서 가장 큰 은행나무다.

경기도 양평군 용문면 용문산로 641 031-773-0088 어른 2,500원, 청소년 1,700원, 어린이 1,000원, 7세 미만·경로 무료 tour.yp21.net 주차 1,000대 가능, 소형 1,000원, 중대형 3,000원

알고 떠나면 더 즐거운 여행길

은행나무의 전설

용문사 천년은행나무에는 여러 전설이 있다. 신라의 마지막 왕인 경순왕이 스승 대경대사를 찾아와 심었다는 전설과 경순왕의 맏아들 마의태자가 나라 잃은 설움을 안고 금강산으로 들어가는 길에 심었다는 전설, 신라의 고승 의상대사가 짚고 다니던 지팡이를 꽂아놓은 것이 뿌리내린 것이라는 전설이 내려온다.

더그림

50여 편의 드라마, 영화의 촬영지로 유명한 더그림. 수년간 가꾸던 별장의 정원을 공원으로 공개·운영하게 된 곳이다. 구석구석 세심한 손길로 꾸며진 더그림의 정원은 마치 드라마 속으로 들어온 듯 아름답다. 봄에는 철쭉, 여름에는 푸르른 녹음, 가을에는 단풍과 겨울에는 눈꽃으로 사계절 다른 매력을 뽐낸다. 유럽풍 건물과 다양한 조형물, 잘 다듬어진 조경이 어우러진 정원에서는 카메라 셔터를 대충 눌러도 화보가 된다. 아름다운 정원에서 새소리를 들으며 마시는 차 한잔은 드라마 속 주인공이 된 듯한 기분마저 들게 한다.

경기도 양평군 옥천면 사나사길 175 070-4257-2210 10:00~19:00, 매주 수요일 휴무 어른 7,000원, 초등학생 이하·양평 군민 5,000원(입장권에 음료 한 잔 포함) www.thegreem.com 주차 50대 가능, 무료

분위기 근사한 더그림, 아주 칭찬해

★ 추천하고 싶은 곳 ★

추천 숙소

한화리조트 양평

공기 맑은 유명산 자락에 자리잡아 자연경관이 수려할 뿐 아니라 수도권에서 가까워 실속파 여행객에게 좋은 곳이다.

경기도 양평군 옥천면 신촌길 188 031-772-3811 13만8,000원~(성수기, 비수기, 평일, 주말 요금 다름) www.hanwharesort.co.kr 중미산 자연휴양림에서 7.2km

테이트펜션

갤러리와 같은 모던한 분위기의 펜션. 펜션 뒤로 병풍처럼 펼쳐진 산의 절경과 맑은 공기는 힐링 여행을 떠나온 기분을 들게 한다.

경기도 양평군 서종면 황순원로238번길 11-3 031-775-3572 13만 원~(성수기, 비수기, 평일, 주말 요금 다름) www.tatepension.co.kr 소나기마을에서 1.6km

정배리한옥펜션

한옥에서 보내는 특별한 기분을 느낄 수 있는 곳이다. 겉으로는 한옥 그대로의 모습이지만, 편의 시설이 현대식으로 갖추어져 있어 불편함이 없다.

경기도 양평군 서종면 중미산로 912 010-3894-4500, 010-5586-4500 12만 원~(성수기, 비수기, 평일, 주말 요금 다름) www.jeongbae-ri.com 중미산 자연휴양림에서 3.34km

추천 휴게소

양평 만남의 광장 휴게소

남한강 변에 위치한 양평 만남의 광장 휴게소는 2015년 새 단장해 쾌적한 시설을 자랑한다. 드라이브 코스로 유명한 양평은 자동차 드라이브뿐만 아니라 바이크 드라이브로도 인기가 많아 바이크 전용 주차장과 편의 시설까지 갖추고 있어 세심함이 돋보이는 곳이다.

경기도 양평군 양서면 경강로 954 070-8707-4592 주차 80대 가능, 무료 몽양 여운형 생가·기념관에서 3.7km

추천 맛집

옥천함흥냉면 본점

양평군 옥천면에는 냉면마을이 조성되어 있다. 오랜 세월 옥천냉면의 맛을 이어온 맛집들로 넘쳐난다. 쫄깃한 면발과 돼지 육수로 맛을 낸 옥천냉면에 편육과 동그랑땡 같은 완자를 곁들여 먹으니 더욱 감칠맛이 난다. 매콤새콤한 무김치가 입맛을 더 돋워준다.

경기도 양평군 옥천면 북부길 14 031-772-5145 10:00~20:00, 연중무휴 물냉면·비빔냉면·회냉면 8,000원, 편육·완자 1만6,000원 주차 20대 가능, 무료 양평들꽃수목원에서 4.7km

문호리팥죽(본점)

문호리팥죽은 국산 팥을 수작업으로 선별한 최상의 팥만을 사용한다. 일부 업소에서 팥을 빨리 풀어지게 하기 위해 소다를 사용하거나, 짧은 시간 안에 걸쭉한 맛을 내기 위해 감자 전분을 넣기도 하는데, 문호리팥죽은 팥 이외에 다른 첨가물은 전혀 사용하지 않

고 오랜 시간 정성으로 끓여 맛을 낸다. 이 때문에 다소 묽은 팥죽이 낯설지만 팥 본연의 맛을 보고 나면 다시 찾게 되는 곳이다.

경기도 양평군 서종면 북한강로 641 031-774-5969 10:30~20:00, 매주 월요일, 설·추석 연휴 휴무 팥죽 1만 원, 팥칼국수 9,000원 www.moonhori.com 주차 20대 가능, 무료 세미원에서 6.7km

기와집순두부

가게 이름처럼 기와집으로 된 순두부 전문 식당이다. 대표 메뉴인 순두부 백반을 주문하면 밑반찬과 함께 대접에 순두부만 담겨 나온다. 100% 국산 콩만을 사용하여 직접 만든 순두부라서 고소하고 깔끔한 맛을 느낄 수 있다. 별미로는 북어 양념구이와 제육 등이 있다. 전체적으로 짜지 않고 담백한 건강한 맛이다. 두부를 만들고 나온 콩비지를 손님들에게 무료로 나눠주고 있다.

경기도 남양주시 조안면 북한강로 133 031-576-9009, 0117 09:30~21:00, 설·추석 전날, 당일 휴무 순두부 백반·콩탕 7,000원, 북어 양념구이 8,000원, 재래식 생두부 9,000원 주차 60대 가능, 무료 다산유적지에서 2.6km

🏠 추천 가게
테라로사(서종점)

양평의 인기 카페 중 하나인 테라로사는 다양한 산지별 커피와 에스프레소 메뉴를 선보이는 곳이다. 카페 내 베이커리에서는 유기농 밀가루에 천연 발효종을 사용하여 자연 발효된 빵들을 매일 구워낸다. 풍미 깊은 커피에 달콤한 파이나 케이크, 상큼한 레몬타르트를 곁들여 먹으면 환상적이다. 운치 있는 테라스에

서 먹으면 맛이 배가된다.

경기도 양평군 서종면 북한강로 992 031-773-6966 09:00~21:00, 연중무휴 카페라떼·드립커피 5,000원~, 아메리카노 4,500원, 레몬타르트 6,500원 주차 40대 가능, 무료 소나기마을에서 5.6km

갤러리 피아노키오

동화에 나올 듯한 외관부터 시선을 잡는 이곳은 내부에는 다양한 미술 작품과 목각 인형들이 전시되어 있어 향긋한 커피와 함께 관람까지 즐길 수 있는 복합문화 공간이다. 신선한 샐러드와 파스타, 샌드위치 등 맛있는 브런치 메뉴들도 맛볼 수 있다.

경기도 양평군 서종면 북한강로 1268-1 031-772-5395, 031-774-6623 11:00~17:00, 부정기적 휴무 아메리카노 5,000원, 카페라떼 6,000원, 샌드위치+커피 1만2,000원, 브런치세트 2만9,000원~ www.pianocchio.com 주차 12대 가능, 무료 소나기마을에서 9.5km

하버커피

북한강 변에 위치한 하버커피에서는 강의 전망을 즐기며 커피나 차를 맛볼 수 있다. 창가 테이블에 앉으면 마치 강에 떠 있는 기분이 들 만큼 탁 트인 전망을 자랑한다. 여름에는 빙수 메뉴가 인기인데, 국산 팥 100% 사용하며 팥빙수 종류만 10가지 가까이 된다.

경기도 양평군 서종면 북한강로 1041 070-4402-2060 11:00~22:00(토요일 11:00~23:00), 연중무휴 아메리카노 5,500원, 카페라떼 6,500원, 홍차·허브차 7,500원, 팥빙수 1만4,000원 주차 20대 가능, 무료 소나기마을에서 6km

충청도

DRIVE COURSE

홍성 천수만

섬세하고 아름다운 바다 천수만의 품에 안기고 싶어

천수만 건너 안면도와 나란히 달리는 천수만 해안도로는 환상의 드라이브 코스다. 아름다운 천수만과 천수만 너머 안면도에 떨어지는 일몰을 가슴에 담고, 조개구이 등 해산물과 함께 맛 기행을 떠나보자. 시원하게 뻗은 방조제를 질주하며 푸른 바다를 보며 웃고 떠들다 보면 그동안의 스트레스는 온데간데없다. 항구마다 멈추어서 주변 경관을 감상하며 잠시 숨을 고르고, 해수욕장에서 맘껏 즐길 수 있다. 순환 여객선을 타고 섬 여행까지 완벽하게 마무리하자.

TIP 원산도행 여객선은 하루에 3회 운행하므로 여객선 시간표를 미리 알아두면 좋다. 그리고 배를 타고 들어가면서 나오는 배 시간을 미리 체크하면 일정에 차질이 없다. 순환선을 끊으면 배를 타고 섬 기행을 할 수 있다.

INFORMATION
*배로 이동하는 거리, 시간은 제외
- 이동거리 79.95km
- 드라이브 1시간 59분
- 전체 코스 8~9시간
- 포인트 해가 질수록 더 아름다운 일몰 전망대가 곳곳에 기다리고 있다.
- 추천계절 사계절(1~12월)
- 축제 남당항새조개축제(1월), 궁리 바다문화축제(2월), 보령머드축제(7월), 남당항대하축제(9~10월), 보령천북굴축제(12~1월)

RECEIPT
입장료
홍성조류탐사과학관 ············ 6,000원
원산도여객선 ················· 19,800원

주차료
무료

식사 및 간식
(점심)강개미무침 ············· 40,000원

TOTAL
65,800원

(※2인 기준)

1 course
새 박사가 되어보자 홍성조류탐사과학관

세계 최대의 철새 도래지 천수만에 있는 홍성조류탐사과학관은 천수만의 여러 철새를 비롯한 갯벌 생물에 이르기까지 생태 환경을 배울 수 있는 곳이다. 옥상 전망대에서는 궁리항의 아름다운 낙조와 바다 건너 안면도까지 훤히 보인다. 물이 빠지면 드넓은 갯벌이 드러나 아름다운 천수만 갯벌도 볼 수 있다.

홍성조류탐사과학관에서 바라보는 궁리항

홍성조류탐사과학관에서 보이는 천수만 앞바다

📍 충청남도 홍성군 서부면 남당항로 934-14 📞 041-630-9696 🕐 10:00~17:00, 매주 월요일(월요일이 공휴일인 경우 다음 날 휴무), 1월 1일, 추석 휴무 💰 어른 3,000원, 청소년 2,000원, 어린이 1,500원 🅿️ 주차 25대 가능, 무료 🚗 홍성IC(1.05㎞)→서해안고속도로(0.6㎞)→내포로(1.3㎞)→천수만로(7.3㎞)→홍성조류탐사과학관

2 course
타이타닉의 주인공이 되다 속동전망대

궁리포구와 아사포구 중간에 위치한 속동전망대는 홍성의 명소다. 나무 계단을 통해 모섬으로 건너가면 100m의 절벽 너머 경관이 절경이다. 속동전망대 앞 모섬에 있는 배 모형 '홍성 천수만호'에서 타이타닉의 주인공이 돼 볼 수도 있다. 주변에 해송림이 있어 호젓하게 숲에서의 휴식을 즐길 수도 있고, 대낮의 풍경 못지않게 아름다운 천수만의 낙조도 전망대에서 볼 수 있다.

📍 충청남도 홍성군 서부면 남당항로 689 📞 홍성군청 문화관광과 041-930-3541 🕐 24시간, 연중무휴 💰 무료 🅿️ 주차 30대 가능, 무료 🚗 홍성조류탐사과학관(3㎞)→속동전망대

3 course
바다 먹거리의 천국 남당항

남당마을은 해양수산부가 선정한 아름다운 어촌마을이다. 새조개가 유명해 전국의 미식가들이 찾아온다. 껍데기 모양은 일반 조개와 같지만 알맹이는 새의 부리를 닮아서 새조개라 한다. 남당항 주변에는 새조개 맛집들이 많다. 천수만 일대가 다 그렇듯, 이곳도 저녁노을이 아름답다. 안면도와 죽도와 천수만이 어우러진 아름다운 절경을 자랑한다.

📍 충청남도 홍성군 서부면 남당리 📞 홍성군청 문화관광과 041-930-3541 🕐 24시간, 연중무휴 💰 무료 🅿️ 주차 300대 가능, 무료 🚗 속동전망대(5.1㎞)→남당항

4 course

시원하게 펼쳐진 천수만을 가슴에 품다 **홍성방조제 준공탑**

홍성과 보령의 경계에 홍성방조제가 있고, 옆의 작은 산을 오르면 방조제를 기념하는 준공기념탑이 서 있다. 준공기념탑 공원의 한쪽에는 방조제 전체 모습을 조망할 수 있는 홍성방조제 전망대가 설치되어 있다. 홍성에서 방조제를 지나가면 바로 보령이다. 전망대에 서면 방조제는 물론 보령의 천북굴구이 단지까지 한눈에 들어온다. 혼자도 즐겁고 함께도 즐거운 방조제 여행이다.

📍 충청남도 홍성군 서부면 홍보로 📞 홍성군청 문화관광과 041-930-3541 🕐 24시간, 연중무휴 🅿 주차 40대 가능, 무료 🚗 남당항(5km)→홍성방조제 준공탑

천북굴구이 단지대!!

여기에서는 온 세상이 다 보여~

5 course

충청도 수군의 본거지 **보령 충청수영성**

통일신라 시대부터 당나라와 교역이 활발했던 오천항. 고려 시대부터 왜구의 침입이 잦았던 오천항을 지키기 위해 수군이 주둔하기 시작했고, 조선 시대에는 수영이 설치되어 충청도 수군의 총 본거지로 사용되었던 곳이다. 성 가운데 있는 영보정은 경관이 아름다워 시인 묵객들이 즐겨 찾는 곳이었다. 성벽을 따라 한 바퀴 돌아보면 자연적으로 형성된 오천포구의 아름다움도 함께 감상할 수 있다.

📍 충청남도 보령시 오천면 소성안길 36 📞 보령시 문화관광과 041-930-3114 🕐 24시간, 연중무휴 💰 무료 🅿 주차 30대 가능, 무료 🚗 홍성방조제 준공탑(13.2km)→보령 충청수영성

6 course

우리나라 유일의 바닷가 성지 갈매못성지

1866년 병인박해 때 500명의 순교자가 발생했던 성지다. 순교자 대부분은 이름을 알 수 없고, 신원이 알려진 열 명 중 다섯 명이 성인 반열에 올랐다. 갈매못은 목마른 말에게 물을 먹이는 연못이라는 뜻이다. 우리나라 유일의 바닷가 성지로 풍광 또한 뛰어나 성지순례 여행객들이 많이 찾는다. 성당 건물 정면으로 펼쳐진 바다는 오히려 호수에 가깝다. 사람의 흔적이 거의 없어보이는 자연 그대로의 모습에 꼭꼭 숨겨놓은 보물을 발견한 것처럼 희열이 느껴진다.

📍 충청남도 보령시 오천면 오천해안로 610 📞 041-932-1311 🕐 24시간, 연중무휴 💰 무료 🅿 주차 20대 가능, 무료 🌐 www.galmaemot.kr 🚗 보령 충청수영성(1.9km)→갈매못성지

7 course

삶의 에너지가 넘치는 대천항

수많은 배들이 정착해 있는 대천항에서는 삶의 에너지가 느껴진다. 항구 주변에서 그물을 다듬고 정돈하는 어부들을 볼 때면 더 그렇다. 새벽이면 이곳의 생동감은 더욱 넘쳐난다. 해산물 경매시장에서 상인들의 에너지 넘치는 목소리로 시끌벅적한 시간이 지나고 나면, 싱싱한 해산물을 직접 구입하기 위해 사람들이 몰려든다. 주변의 크고 작은 섬들을 여행하기 위해 거쳐야 하는 대천항은 여행자들에게는 도착지면서 새로운 여행지로의 출발점이기도 하다.

> **Tip**
> 각종 생선은 수산종합시장이 저렴하다. 조개구이는 남포방조제에서 좀 더 저렴하고 푸짐하게 먹을 수 있다.

📍 충청남도 보령시 대천항 중앙길 54 📞 보령시 문화관광과 041-930-3114 🕐 24시간, 연중무휴 💰 무료 🅿 주차 500대 가능, 무료 🚗 갈매못성지(26.3km)→대천항

8 course

섬 여행의 매력이 한 데 모인 아름다운 섬 **원산도**

원산도는 충청도의 섬들 중 안면도 다음으로 큰 섬이면서 배를 타고 들어가야 하는 섬 중에는 가장 크다. 저두선착장과 선촌선착장을 이용할 수 있다. 하루 3~4차례 운행하는 여객선을 이용하면 된다. 차량을 가지고 가면 섬을 한 바퀴 드라이브할 수 있지만 버스를 이용하여 여행할 수도 있다. 원산도의 저두해수욕장과 오봉산해수욕장은 아름답기도 하지만 가족 캠핑 장소로도 좋은 곳이다. 대천항 여객터미널에서 여객선 순환표를 끊어서 원산도를 비롯한 주변 섬 풍경을 감상하는 것도 좋다. 한 시간이면 주변 섬을 돌아서 다시 대천항에 도착한다.

📍 충청남도 보령시 오천면 원산도리 📞 오천면 원산도 출장소 041-930-3618 🕐 24시간, 연중무휴 💰 무료(선박이용료 왕복 9,900원) 🅿 주차 50대 가능, 무료 🚗 대천항(배로 30분)→원산도

TiP 차를 가지고 가면 원산도를 편하게 드라이브할 수 있다.

★ 놓치지 말자! ★

김좌진 장군 생가

우리나라 대표적인 독립운동가였던 김좌진 장군의 생가는 홍성 8경의 하나다. 아담한 생가에는 장독대, 우물이 놓여 있고, 옆에는 박물관이 있다. 뒤쪽에는 백야공원이 조성되어 있어서 편안하게 휴식을 취할 수 있다.

📍 충청남도 홍성군 갈산면 백야로546번길 12 📞 041-634-6952 🕐 24시간, 연중무휴 💰 무료 🅿 주차 150대 가능, 무료

대천해수욕장

금빛 모래가 반짝이는 3.5km 길이, 폭 100m가 넘는 대형 해수욕장이다. 수심이 얕고 완만하며 수온 또한 적당하여 가족 동반한 여행자들에게는 천국 같은 곳이다. 조개껍질이 오랜 세월의 풍화작용을 거쳐 고운 모래가 된 백사장에서 마음껏 뛰어놀자. 백사장 남쪽으로 이어진 기암절벽이 비경을 연출한다. 겨울 바다 여행으로도 손색없는 곳이다.

📍 충청남도 보령시 머드로 123 📞 대천관광협회 041-933-7051 🌐 www.daecheonbeach.kr 🅿 주차 1,000대 이상 가능, 무료

알고 떠나면 더 즐거운 여행길

천수만

남북으로 긴 천수만을 사이에 두고 안면도와 태안반도가 접하고 있고, 서산시와 홍성군, 보령시로 둘러싸인 만이다. 해안선 길이가 약 200km. 작은 섬들과 바위들이 많아서 서해의 아름다운 비경을 연출한다. 천수만과 접한 어느 곳에서 보아도 환상적인 낙조를 감상할 수 있다. 겨울 철새 도래지로도 유명한 곳이다.

★ 추천하고 싶은 곳 ★

🛏 추천 숙소

KD모텔

남당항에서 승용차로 5분 거리에 위치해 있다. 고급스러운 실내 인테리어와 깨끗한 시설이 돋보인다. 남당항의 낙조를 즐기며 야외 바비큐도 가능하다. 섬 여행을 위한 선박과 보트 이용료도 할인받을 수 있다.

📍 충청남도 홍성군 서부면 남당항로228번길 48 📞 041-631-2815 💰 4만 원~(성수기, 비수기, 평일, 주말 요금 다름) 🚗 남당항에서 0.7km

솔밭천수모텔

남당항 앞바다가 한눈에 보이는 전망 좋은 솔밭 언덕 위에 위치해 있다. 넓은 솔밭에서 삼림욕도 즐길 수 있고 노래방 시설도 제공한다. 천북굴구이 단지 근처에 숙소가 없기 때문에 이곳을 찾는 사람이 많다. 예약을 하고 떠나자.

📍 충청남도 홍성군 서부면 남당항로264번길 25 📞 041-631-0840 💰 3만5,000원~(성수기, 비수기, 평일, 주말 요금 다름) 🚗 남당항에서 0.8km

환상의 바다 리조트

대천해수욕장과 대천항 앞바다가 한눈에 들어오는 곳이다. 그래서 이곳에서 바라보는 야경이 유명하다. 공기청정기, 정수기, 전기밥솥, 전자렌지 등 취사도구도 준비되어 있다.

📍 충청남도 보령시 대천항1길 67-7 📞 041-931-0101 💰 3만 원~(성수기, 비수기, 평일, 주말 요금 다름) 🌐 www.oceanoffantasy.com 🚗 대천항에서 0.5km

☕ 추천 휴게소

대천 휴게소(목포 방향)

전주식 음식점과 깨끗한 화장실, 휴식 공간이 눈에 띄는 휴게소다. 휴게소 건물 테라스에는 힐링 공간이 마련되어 있다. 건물 뒤쪽으로 돌아가면 나무가 잘 가꾸어진 공간이 있어 조용히 담소를 나누기에도 적당하다.

📍 충청남도 보령시 주교면 서해안고속도로 199 📞 041-931-6901 🕐 24시간, 연중무휴 🅿 주차 500대 가능, 무료 🚗 홍성조류탐사과학관에서 37km

🍴 추천 맛집

갈매기횟집

궁리포구 근처에는 횟집이 즐비하다. 아무 데나 들어가도 싱싱한 회와 해산물을 즐길 수 있다. 갈매기횟집에선 보령의 특산물인 새조개 요리를 맛볼 수 있다. 새조개, 배추 등 채소를 넣어 끓인 국물에다 새조개를 살짝 익혀 내어 초장에 찍어 먹는 재미가 쏠쏠할 뿐 아니라 라면 사리를 넣어 먹는 것도 별미다.

📍 충청남도 홍성군 서부면 남당항로 853-5 📞 041-631-2868 🕐 10:30~21:00, 연중무휴 🍽 회(2인) 6만 원~, 회초밥 1만5,000원(시세에 따라 따름) 🅿 주차 10대 가능, 무료 🚗 홍성조류탐사과학관에서 0.6km

갯마을회센터

지역민들이 많이 찾는 맛집이다. 회도 유명하지만 꽃게와 우

럭 등이 들어간 매운탕과 구이 또한 맛있다. 반찬으로 나오는 생선 요리만도 구이, 조림 등 네다섯 가지가 된다. 여러 생선의 맛을 볼 수 있다.

📍 충청남도 홍성군 서부면 남당항로 868 📞 041-631-3969 🕐 11:00~21:00, 연중무휴 🍽 매운탕(중) 6만 원, 구이 정식 1만7,000원, 기본 회(2인) 6만 원 🅿 주차 15대 가능, 무료 🚗 홍성조류탐사과학관에서 0.5km

매운탕   게장   생선구이

숙이네 맛집

한 곳에서 15년 이상을 지켜온 맛집이다. 제철 음식인 주꾸미 요리와 강개미라 불리는 간자미회무침이 유명하다. 매운탕이 맛있는데 특히 붕장어탕은 붕장어도 넉넉히 들어 있고, 국물이 시원하여 추천하고 싶어진다. 점심시간이면 단체로 몰려오는 직장인들과 지역민들로 자리잡을 틈이 없다.

📍 충청남도 보령시 해안로 474 📞 041-932-0181, 010-4142-5334 🕐 10:00~21:00, 연중무휴 🍽 강개미무침(중) 4만 원, 아나고구이(중) 5만 원~ 🅿 주차 20대 가능, 무료 🚗 대천항에서 3.8km

🏠 **추천 가게**

엘가 커피(대천점)

대천해수욕장 근처에 위치하며 해수욕을 즐기고 나서 찾기 쉬운 각종 디저트와 빙수는 물론 차가 준비되어 있다. 빙수는 국산 팥을 이용하며 전국 4대 빙수로 유명한 곳이다.

📍 충청남도 보령시 대해로 890 📞 070-8882-8283 🕐 09:30~24:00(시기에 따라 다름), 연중무휴 🍽 딸기빙수

9,800원, 에스프레소 3,300원 🅿 대천수욕장 주차장, 1,000대 가능, 무료 🚗 대천해수욕장에서 0.5km

대천항 수산시장

대천항과 함께 명소인 곳이 대천항 수산시장이다. 온갖 수산물을 다 만날 수 있는 해산물의 천국이다. 1층에서 구입한 해산물을 2층에서 요리해주니까 싱싱한 해산물을 바로 맛볼 수 있어 좋다.

📍 충청남도 보령시 대천항로 334 📞 041-933-4549(수산시장 73호) 🕐 09:00~21:00(부정기적), 가게별 상이 🍽 갑오징어 1마리 1만 원, 광어 2만 원~, 새조개 1kg 2만 원, 석화 10kg 1만5,000원(시세에 따라 다름) 🅿 주차 300대 가능, 무료 🚗 대천항에서 0.2km

광신건어물직판장

궁리항의 대표적인 건어물 직판장이다. 마른 해산물과 주꾸미, 오징어, 다시마, 김 등을 판매하고 새우젓 등 갖가지 젓갈이 전시되어 있다. 직접 잡은 주꾸미도 말려서 판매하고 있다.

📍 충청남도 홍성군 서부면 남당항로 882 📞 010-2467-7771 🕐 10:00~18:00, 부정기적 휴무 🍽 새우젓·어리굴젓 1kg 1만5,000원~ 🅿 주차 50대 가능, 무료 🚗 홍성조류탐사과학관에서 0.7km

충청도 DRIVE COURSE

당진 서해대교

서해대교를 시작으로 방조제 따라 바닷길을 달린다.

아산만 바다와 담수호의 아름다운 풍경을 보며 시원하게 달리는 방조제길. 서해대교를 지나 삽교천방조제를 거쳐 아산만방조제까지 시원하게 달리다 보면 푸른 서해 바다와 노을 지는 아름다운 바다 풍경까지 모두 볼 수 있다. 혼자 여행하기에도 그만이지만 가족과 함께하거나 연인끼리 여행하기에도 좋은 곳이다. 어디에 있어도 푸른 바다 위에 시원하게 걸쳐 있는 서해대교가 한눈에 들어온다. 삽교천방조제에는 싱싱한 해산물과 조개구이를 즐길 수 있는 맛집이 즐비하다. 싱싱하고 짭조름한 바다 내음과 함께 바닷길 여행을 떠나보자.

TIP 삽교천방조제와 아산만방조제에서 보는 일몰이 아름다운 경관을 자아낸다. 계절에 따른 일몰시간을 챙겨두자. 물때 시간을 알 수 있는 홈페이지 www.badatime.com

INFORMATION
- 이동거리 58.7km
- 드라이브 1시간 29분
- 전체 코스 5~6시간
- 포인트 방조제 따라 바람을 가르며 달리는 잊을 수 없는 낭만의 길이다.
- 추천계절 사계절(1~12월)
- 축제 삽교호해돋이행사(1월 1일), 삽교호조개구이축제(10월)

RECEIPT

입장료
삽교호 함상공원 ·········· 12,000원
피나클랜드 ·············· 14,000원

주차료
무료

식사 및 간식
(점심)두부김치 ············ 30,000원

TOTAL
56,000원

(※2인 기준)

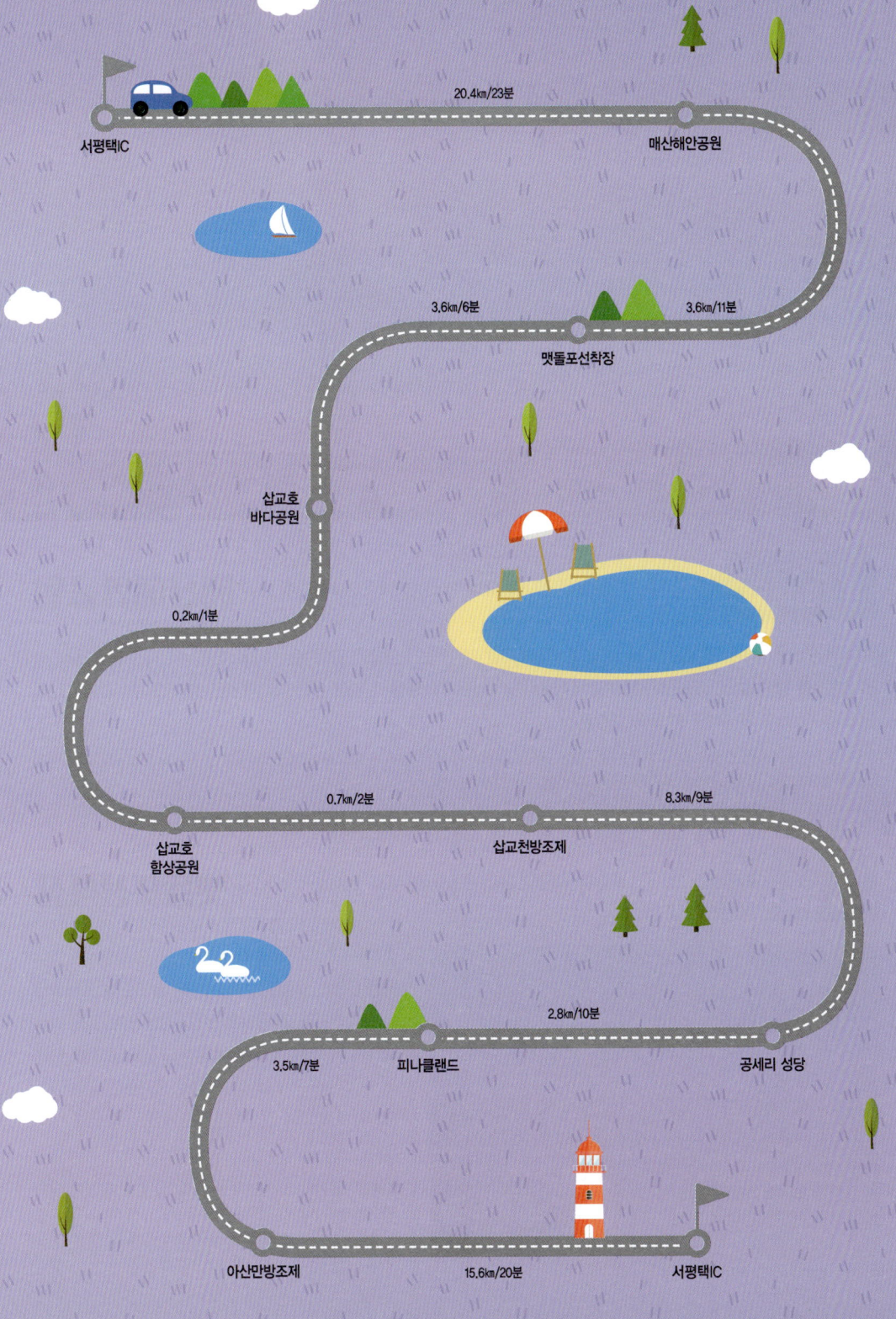

1 course
서해 바다의 매력에 빠지게 되는 매산해안공원

주욱 뻗어나간 서해대교를 한눈에 볼 수 있다. 휴게소로만 기억되는 행담도가 아름다운 섬으로 다가온다. 매산해안공원의 해변 산책로를 따라 걸으면 서해안 푸른 바다의 아름다움에 감탄하지 않을 수 없다. 푸른 바다와 갯벌, 멀리 보이는 현대식 건물들까지도 모두 잘 어우러져 평화로워 보인다.

📍 충청남도 당진시 신평면 매산해변길 144(해어름카페) 📞 당진시청 문화관광과 041-360-6541 🕐 24시간, 연중무휴 💰 무료 🅿 주차 50대 가능, 무료
🚗 서평택IC(11.8㎞)→행담도(4.4㎞)→송악IC(0.7㎞)→송악TG(3.5㎞)→매산해안공원

2 course
해안 탐방로를 따라가는 드라이브의 시작 맷돌포선착장

몇 가구 안 되는 어촌마을과 포구라고 하기에도 아주 작은 규모인 맷돌포선착장에 가면 삽교호 해안 탐방로가 기다리고 있다. 삽교호와 선착장을 잇는 길을 따라 걸으며 바닷바람에 몸을 맡길 수도 있으나, 차를 이용해 드라이브도 가능하다. 탐방로 중간중간 놓여 있는 의자에서 바다를 감상하며 가슴에 풍경을 담을 수도 있다.

📍 충청남도 당진시 신평면 부수리 📞 당진시청 문화관광과 041-360-6541 🕐 24시간, 연중무휴 💰 무료 🅿 수변 데크 곳곳에 주차, 5대 가능, 무료 🚗 매산해산공원(3.6㎞)→맷돌포선착장

3 course — 서해대교와 삽교천을 사이에 두고 **삽교호 바다공원**

해안 탐방로가 끝나는 지점에 또 다른 수변 데크가 바다로 향해 놓여 있다. 말 그대로 바다 위에서 바다를 감상할 수 있다. 서해대교가 멀리 보이고, 함상공원의 전시된 군함도 잘 보인다. 해 질 무렵 수변 데크에서 바라보는 갯벌의 모습도 아름답다. 바다와 호수가 중심인 공원이며, 간단한 체육 시설이 있어 운전하며 뻐근해진 근육을 풀고 갈 수 있다.

📍 충청남도 당진시 신평면 운정리 📞 당진항만 관광공사 041-363-6960
🕐 24시간, 연중무휴 💰 무료 🅿️ 주차 1,000대 가능, 무료 🚗 맷돌포선착장(3.6km)→삽교호 바다공원

4 course — 동양 최초의 군함 테마 공원 **삽교호 함상공원**

우리나라의 영해를 지키던 두 척의 해군함이 퇴역하여 함상공원에서 다시 태어났다. 바다에 정박한 상륙함과 구축함에 각종 해군 관련 장비를 전시하고 있다. 해양테마과학관에서는 바닷속 신비한 생물들의 모습을 재현하고 있다. 전시관 밖에는 선착장과 각종 이벤트가 열리는 데크가 설치되어 가까이서 바다를 즐길 수 있다.

📍 충청남도 당진시 신평면 삽교천3길 79 📞 당진항만 관광공사 041-363-6960
🕐 6~8월 09:30~19:30, 3~5월, 9~10월 09:00~18:30, 11~2월 09:00~18:00, 연중무휴 💰 어른 6,000원, 어린이 5,000원 🅿️ 삽교천 관광지 내 공영주차장, 1,000대 가능, 무료 🚗 삽교호 바다공원(0.2km)→삽교호 함상공원

5 course — 삽교천과 바다를 막아 호수를 만들다 **삽교천방조제**

삽교천 하구를 가로막아서 역류하는 바닷물로 인해 해마다 입던 피해를 방지하게 된 삽교천방조제. 삽교천방조제의 건설로 8,400만 톤의 저수량을 자랑하는 삽교호가 조성되었다. 넓은 삽교호와 바다를 바라보면 자연의 아름다움은 물론, 자연을 극복해가는 사람들의 위대함도 함께 보게 된다. 수변 데크와 전망대에서 삽교천방조제를 감상할 수 있다. 겨울에는 삽교호의 얼음 위로 번지는 노을이 아름답다.

📍 충청남도 아산시 인주면 문방리 📞 당진항만 관광공사 041-363-6960, 당진시청 문화관광과 041-360-6541 🕐 24시간, 연중무휴 💰 무료 🅿️ 삽교천 관광지 공영주차장, 1,000대 가능, 무료 🚗 삽교호 함상공원(0.7km)→삽교천방조제

6 course
지치고 힘든 영혼들을 안아주는 공세리 성당

1895년에 설립된 공세리 성당은 조선 시대 전국의 조세를 걷어 모아두던 공세창고가 있던 자리에 성당이 들어서면서 공세리 성당으로 불리게 되었다. 프랑스에서 온 에밀 드비즈 신부가 직접 설계하여 지은 성당이다. 조용하고 성스런 분위기를 잘 나타내주고 있어 영화나 드라마의 촬영지로 많이 이용되고 있다. 2005년 한국관광공사에서 '대한민국을 대표하는 가장 아름다운 성당'으로 선정되기도 할 정도로 성당 건물이 아름답고 잘 보존되어 있다. 성당 부지에는 350년 이상 된 국가보호수도 몇 그루가 있고 대부분의 나무들도 오래 되어 자연경관이 훌륭하다. 충청남도 지정문화재 제144호다.

📍 충청남도 아산시 인주면 공세리성당길 10 📞 041-533-8181 🕐 공세리 성당 박물관 10:00~16:00, 매주 월요일 휴무(공세리 성당 박물관) 🌐 www.gongseri.or.kr 💰 무료
📍 주차 50대 가능, 무료 🚗 삽교천방조제(8.3km)→공세리 성당

알고 떠나면 더 즐거운 여행길
공세리 성당과 고약의 유래

어렸을 때 피부에 염증이 생기거나 곪게 되면 바르곤 했던 고약을 기억하는 사람은 지금 많지 않다. 그러나 나이가 40~50대 이상이라면 아마도 한두 번 고약을 발라본 경험을 추억으로 간직하고 있을 것이다. 그 고약을 처음 만들어 보급한 곳이 바로 공세리 성당이다. 1895년 이곳으로 부임되어 온 에밀 드비즈 신부가 프랑스에서 배운 방법으로 원료와 재료를 구입해 고약을 만들어 무료로 나누어주기 시작했다. 당시 에밀 드비즈 신부를 도와 고약을 만들었던 이명래가 전수받아 '이명래 고약'이라는 이름으로 전국에서 판매되었다.

우리나라에서 가장 아름다운 성당이라구~

7 course
자연이 살아 숨 쉬는 궁전 피나클랜드

'산의 최정상'이라는 뜻을 가진 피나클랜드는 아산 만방조제 매립을 위한 채석장으로 쓰여지던 곳을 활용한 곳이다. 각종 테마 정원과 다양한 산책로가 마련되어 있어 누구나 즐길 수 있다. 가족 여행 중이라면 아이들도 신나게 즐길 수 있고, 어른들은 가로수 산책길을 따라 걸으며 맑은 공기를 마음껏 마실 수 있다. 물과 바람, 꽃과 나무가 있는 자연에서 행복한 시간을 만드는 피나클랜드로 떠나보자.

📍 충청남도 아산시 영인면 월선길 20-42 📞 041-534-2580 🕐 1~3월 10:00~17:00, 4~9월 10:00~18:00, 10~12월 10:00~18:30, 매주 월요일, 설·추석 연휴 휴무 🌐 www.pinacleland.net 💰 어른 7,000원, 어린이 6,000원 📍 주차 100대 가능, 무료 🚗 공세리 성당(2.8km)→피나클랜드

이대로 멈추어주었으면~

8 course

경기도와 충청도를 이어주는 **아산만방조제**

경기도 평택시와 충청도 아산시를 이어주는 아산만방조제. 석양 무렵이면 방조제에서 바라보는 일몰은 아름답다 못해 정열적이라고 할 만큼 붉게 물든다. 멀리 서해대교까지 하나의 그림으로 다가온다. 방조제를 따라 끝까지 걸어보고 싶은 충동을 느낄 만큼 시원한 바다와 호수가 가슴을 탁 트이게 한다. 평택 쪽에 주차하면 평택호 관광지도 둘러볼 수 있다.

📍 경기도 평택시 현덕면 권관리 📞 현덕면사무소 031-8024-8005 🕐 24시간, 연중무휴 💰 무료 🅿 주차 10대 가능, 무료 🚗 공세리 성당(3.5km)→아산만방조제

★ 놓치지 말자! ★

아산향교

조선 시대의 대표적인 교육 기관이었던 향교의 흔적을 볼 수 있다. 영인산 아래에 위치한 아산향교는 언제 처음 창건했는지는 알 수 없으나 1575년 이곳으로 옮겨졌다는 기록만 전해진다. 평소에는 문이 잠겨 있어 안으로 들어갈 수 없으나 바깥에서 향교의 모습을 볼 수 있다. 향교로 가는 길목에 있는 여민루도 볼 수 있다.

📍 충청남도 아산시 영인면 영인루길 82 📞 아산시청 문화관광과 041-540-2069 🅿 향교 올라가기 전 마을 경로회관에 주차, 5대 가능, 무료

영인산 자연휴양림

예로부터 산이 영험하다고 하여 이름 붙여진 영인산. 눈썰매장과 습지식물원, 산림박물관 등 볼거리, 즐길 거리도 다양하다. 산림박물관에서는 숲과 자연에 대해 쉽게 다가갈 수 있도록 여러 전시물이 설치되어 있고, 자연의 소리와 향기를 맡으며 힐링하며 쉬어갈 수 있다. 영인산 정상과 산림박물관 전망대에서는 아산 시내기 훤히 내려다보인다.

📍 충청남도 아산시 영인면 아산온천로 16-26 📞 041-538-1958, 수목원 041-538-1958 🕐 3~10월 08:00~18:00, 11~2월 10:00~17:00, 산림박물관 매주 월요일 휴무 💰 어른 2,000원, 청소년 1,500원, 어린이 1,000원 🌐 forest.younginsan.co.kr 🅿 주차 100대 가능, 1일 소형 2,000원

★ 추천하고 싶은 곳 ★

🛏 추천 숙소

칸호텔

삽교호 함상공원과 삽교천을 가까이에 두고 있는 숙박 시설이다. 깨끗하고 정갈한 실내가 인상적이다. 서해대교와 바다를 조망하기 좋다.

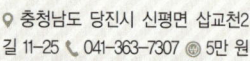

📍 충청남도 당진시 신평면 삽교천2길 11-25 📞 041-363-7307 💰 5만 원~(성수기, 비수기, 평일, 주말 요금 다름) 🚗 매산해안공원에서 7.3km

삽교호 비치파크

삽교호 입구에 위치하고 있어서 삽교호의 야경을 감상하기에 최적의 숙소다. 근처에 시장도 있고 방조제도 있어 드라이브하거나 출출할 때 나가기도 쉽다.

📍 충청남도 당진시 신평면 삽교천2길 35 📞 041-363-2425 💰 4만 원~(성수기, 비수기, 평일, 주말 요금 다름) 🚗 삽교호 함상공원에서 0.2km

아리아모텔

동화 속 디즈니 궁전 같은 모습의 건물이다. 서해대교의 아름다운 야경을 감상하기에 좋다. 주차가 편하고 한적한 곳에 위치하고 있어 사람이 많지 않아 가족 여행이라면 더 좋은 곳이다.

📍 충청남도 당진시 송악읍 북구산업로 666 📞 041-357-1091 💰 4만 원~(성수기, 비수기, 평일, 주말 요금 다름) 🚗 매산해안공원에서 2.5km

☕ 추천 휴게소

행담도 휴게소

서해대교의 중간 즈음에 위치한 행담도 휴게소. 섬이었으나 서해안고속도로가 건설되고 서해대교가 이 섬을 지나면서 휴게소로서 들르는 곳이다. 건물이 마치 동화 속에 나오는 집처럼 예쁘다. 음식 종류도 한식, 일식, 양식 등 다양하고 깔끔하다. 이곳에서 서해대교를 감상하는 것도 좋다.

📍 충청남도 당진시 신평면 서해안고속도로 275 📞 041-358-0700 🕐 24시간, 연중무휴 🚗 주차 700대 가능, 무료 🚗 매산해안공원에서 7.6km

🍴 추천 맛집

낭만조개구이

삽교천공원에는 맛집이 즐비하다. 마치 식도락가의 천국 같은 분위기가 들 만큼 횟집이 많다. 해안가를 여행하면 해산물을 맛보는 것은 필수 코스. 조개구이와 대하구이를 먹는 것만으로도 배가 부르다. 이 집은 알밥이 독특하게 뚝배기에 담긴 얼린 밥 위에 알이 올려져 나오는데, 숯불 위에서 익혀내면 쫀득쫀득한 식감의 밥맛이 느껴진다.

📍 충청남도 당진시 신평면 삽교천3길 12 📞 041-363-7811 🕐 11:00~03:00(부정기적), 연중무휴 💰 모둠조개구이(소) 5만 원~, 모둠조개구이+칼국수(2인) 6만5,000원 🚗 주차 10대 가능, 무료 🚗 삽교호 함상공원에서 0.4km

공세뜰 두부집

공세리 성당 진입하기 바로 전, 아기자기하고 정겨운 가게들을 하나둘 만나게 된다. 그중에 사람을 끄는 작은 식당 하나가 보인다. 간판도 예쁜 '공세뜰 두부집'. 식당 내부는 몇 좌석 안 되지만 왠지 정감이 간다. 이곳의 대표 메뉴는 두부 음식. 두부전골, 두부찌개, 두부보쌈 등등. 이 집에서 사용하는 두

부는 모두 이 지역에서 생산되는 콩으로 만든다.

📍 충청남도 아산시 인주면 공세길 55(공세리 성당 앞) 📞 041-533-1545, 010-6236-1545 🕐 11:30~19:00(부정기적), 설·추석 당일 휴무(부정기적) 🍴 두부김치 1만5,000원, 순두부 8,000원 📍 공세리 성당, 마을 주변 주차, 50대 가능, 무료 🚗 아산만방조제에서 3km

명가 해물칼국수

공세리 성당 진입하기 전 위치한다. 해물칼국수는 해물도 있지만 유부, 콩나물, 버섯 등 들어가 있어 시원하며 면은 무한리필이고 김치도 맛있다. 해물전은 오징어, 주꾸미, 새우 등이 푸짐하게 들어가 있어 보기에 먹음직스럽고 먹기 아깝다는 생각이 들 만큼 예쁘다.

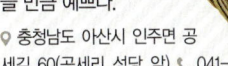

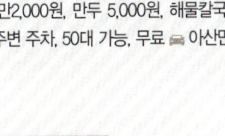

📍 충청남도 아산시 인주면 공세길 60(공세리 성당 앞) 📞 041-532-1866, 010-7182-1866 🕐 10:00~21:00, 부정기적 휴무 🍴 해물전 1만2,000원, 만두 5,000원, 해물칼국수 7,000원 📍 공세리 성당, 마을 주변 주차, 50대 가능, 무료 🚗 아산만방조제에서 3km

🚗 후천 기개
삽교호 수산물 특화시장

수산물 가게가 모여 있는 수산물 특화시장에 가면 웬만한 수산물은 다 구입할 수 있다. 저렴한 가격으로 싱싱한 해산물을 사들고 오는 뿌듯함도 맛볼 수 있다. 특히 각종 조개와 석화 등을 저렴하게 구입할 수 있어 많은 사람들이 찾는다. 이뿐만 아니라 마른 해산물과 젓갈 등도 만날 수 있다.

📍 충청남도 당진시 신평면 삽교천길 101-10 📞 현대회센타 041-363-8183 🕐 09:00~20:00(가게별 상이), 부정기적 휴무 🍴 광어회 1kg 3만5,000원~, 조개 모둠 1kg 1만 원~ 📍 주차 50대 가능, 무료 🚗 삽교호 함상공원에서 0.4km

허브향기

피나클랜드 내에 있는 허브 제품 판매점. 허브로 만든 비누와 초는 물론, 각종 허브차와 사탕, 아로마 오일까지 없는 게 없다. 허브 사탕은 아이들

이 좋아하지만 색과 향이 어른도 좋아하게 만든다. 감기에 좋은 허브차부터 각종 차의 정보도 얻을 수 있다.

📍 충청남도 아산시 영인면 월선리 20-42 피나클랜드 내 📞 041-547-0210 🕐 10:00~16:30(부정기적), 매주 월요일, 설·추석 연휴 휴무 🍴 허브차(소) 6,000원, 허브 사탕(소) 3,000원 📍 주차 100대 가능, 무료 🚗 피나클랜드 내 위치

해어름 카페

매산해안공원에 위치한 해어름 카페는 인공적으로 만든 아름다운 정원과 서해 바다의 자연미를 함께 즐길 수 있는 곳이다. 통유리로 된 실내에서 바다를 감상하는 행운까지 얻을 수 있다. 차와 식사가 모두 가능하며 이곳에서는 경치에 취해 모든 음식이 다 맛있을 수밖에 없다.

📍 충청남도 당진시 신평면 매산해변길 144 📞 041-362-1955 🕐 평일·일요일 11:00~22:00, 부정기적 휴무 🍴 라떼 9,000원, 에이드 1만 원 📍 주차 50대 가능, 무료 🚗 매산해안공원 내 위치

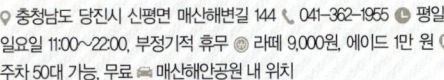

충청도
DRIVE COURSE

당진 송악

바다와 인공호를 끼고 방조제를 달리는 낭만 여행

중간중간 만나는 조그만 포구와 방조제는 당진의 매력이다. 바다를 메운 간척지와 담수호, 푸른 바다가 함께 펼쳐지는 길을 달릴 수 있다. 당진 필경사에서 심훈 문학의 산실을 돌아보고, 도비도 농어촌 휴양단지에서는 시원하게 펼쳐진 바다와 작은 섬들을 배경으로 낙조의 아름다움을 눈에 담아보자. 물때를 잘 만나면 갯벌에서 조개 줍는 체험도 가능하다. 장고와 왜목 포구의 명물 간자미회무침으로 입맛을 돋우는 것도 잊지 말자.

TiP 웅장한 산업 단지들 사이로 여기저기 숨겨진 작은 포구들과 간척지, 담수호를 바라보는 전망대를 놓치지 말자. 왜목마을 전망대와 당진전력문화홍보관 옆 석문각에서 사방으로 탁 트인 전경을 감상할 수 있다.

INFORMATION
- 이동거리 95.6km
- 드라이브 2시간 11분
- 전체 코스 6~7시간
- 포인트 당진에서 최고의 일출·일몰을 즐기자.
- 추천계절 사계절(1~12월)
- 축제 당진풍어굿제(2~3월), 기지시 줄다리기 민속축제(4월 둘째 주), 장고항실치축제(5월), 상록문화제(9월 말~10월 초), 삽교호조개구이축제(10월)

RECEIPT
입장료
무료

주차료
무료

식사 및 간식
(점심)간자미회무침 ·············· 35,000원

TOTAL
35,000원

(※2인 기준)

1 course

농촌 계몽소설 《상록수》의 산실 **필경사**

우리나라 농촌 계몽소설의 대표적인 작가인 심훈이 직접 지은 집이다. 심훈은 이곳에 거처하며 《상록수》를 발표했다. 필경사는 황토를 입힌 목조 건축물에 초가지붕을 하고 아직도 사람이 살고 있는 듯 단아하게 그 자리를 지키고 있다. 뒤로는 대나무 숲이 감싸고 있고, 앞쪽에는 소나무가 푸른빛을 발하며 꼿꼿하게 서 있다. 옆에 있는 심훈기념관에서 심훈의 집필 과정과 삶에 대해 살펴볼 수 있다.

📍 충청남도 당진시 송악읍 상록수길 97 📞 041-360-6883 🕘 3~10월 09:00~18:00, 11~2월 09:00~17:00, 매주 월요일, 설·추석 당일 휴무 💰 무료 🅿 주차 25대 가능, 무료 🚗 송악IC(2.8km)→부곡교차로(1.8km)→한진교차로(1km)→필경사

★ 놓치지 말자! ★

심재영 고택

심재영은 심훈의 조카이면서, 소설 《상록수》의 주인공인 박동훈의 실제 모델이 되었던 인물이다. 심훈이 당진으로 내려왔을 때 이 집에서 기거하면서 필경사를 설계하고 집을 지으면서 집필 활동도 했다. 심재영이 살았던 고택 입구는 소나무가 울창하고 아름답다. 소나무 숲 사이 열린 문으로 들어가면 아직도 농사를 짓고 있는 넓은 밭과 고택이 눈에 들어온다. 후손이 거주하므로 외부에서만 관람할 수 있다.

📍 충청남도 당진시 송악읍 상록수길 32 📞 당진시청 문화관광과 041-350-3592 💰 무료 🅿 주차 5대 가능, 무료

2 course

서해대교의 아름다운 일출 명소 **한진포구**

1960년대까지 인천을 오가는 여객선이 있었고, 지금은 서해대교의 아름다운 모습을 보기 위해서 찾는 사람들이 많다. 주변에 싱싱한 해산물을 먹을 수 있는 횟집들이 모여 있다. 굴밥, 굴칼국수 등 이 지역 특산품인 싱싱한 굴을 맛볼 수 있다.

📍 충청남도 당진시 송악읍 한진포구길 49 📞 당진시청 문화관광과 041-350-3592 🕘 24시간, 연중무휴 💰 무료 🅿 주차 70대 가능, 무료 🚗 필경사(3.2km)→한진포구

★ 놓치지 말자! ★

실치회

당진에서 간자미회무침과 실치회무침을 먹는 것은 이곳을 여행하는 사람들의 필수 코스다. 실치는 3월 말에서 4월 초에 가장 맛있게 먹을 수 있다. 그때가 되면 실치회를 먹기 위해 식도락가들이 전국에서 찾아온다. 실치회무침은 유일하게 이곳에서만 맛볼 수 있기 때문에 3월 말에서 4월 초 당진을 여행할 계획이라면 기회를 놓치지 말자.

3 course

깔끔한 해안공원이 있는 **안섬포구**

고대리 바닷가에 위치한 안섬포구는 배를 타고 나간 어부들의 무사 귀환과 만선을 기원하는 풍어 당굿이 열리던 곳이다. 도착하면 깔끔하게 조성된 해안공원과 붉은 등대가 여행자를 맞이해준다. 등대까지 걸으며 진한 바다 내음을 만끽하고, 공원에서 드라이브에 지친 몸과 마음을 잠시 쉬어갈 수 있다.

📍 충청남도 당진시 송악읍 고대리 📞 당진시청 문화관광과 041-360-3592 🕐 24시간, 연중무휴 ⓜ 무료 📍 주차 50대 가능, 무료 🚗 한진포구(11km)→안섬포구

4 course

제방 질주의 중심에 선 **석문방조제**

새만금방조제가 생기기 전만 해도 우리나라에서 가장 긴 방조제였다. 10.6km에 달하는 석문방조제는 당진의 송산면과 석문면을 연결해주는 바닷길이다. 아무런 방해도 받지 않고 시원스럽게 달릴 수 있는 드라이브 코스로, 방조제에 올라 푸른 바다를 바라보며 휴식을 취할 수 있다. 석문방조제 사이로 드넓은 간척지와 담수호가 펼쳐진다. 썰물일 때는 갯벌에서 조개잡이 체험을 하며 신나는 추억을 쌓을 수도 있다.

📍 충청남도 당진시 석문면 삼화리 📞 당진시청 문화관광과 041-360-3592 🕐 24시간, 연중무휴 ⓜ 무료 📍 주차 120대 가능, 무료 🚗 안섬포구(11.6km)→석문방조제

5 course

암석과 바위가 빚어낸 절경 **장고항 노적봉**

2월과 10월이면 서해의 아름다운 일출을 감상하기 위해 매년 사람들이 몰려든다. 노적봉과 촛대바위 사이에 걸린 아침 해를 카메라에 담기 시작하면서 알려지게 되어  지금은 전국의 일출 명승지로서 당당히 이름을 올리고 있다. 오랜 시간 바람과 파도에 깎여 형성된 해식동굴과 노적봉 촛대바위만으로도 절경이다.

📍 충청남도 당진시 석문면 장고항로 324 📞 당진시청 문화관광과 041-360-3592 🕐 24시간, 연중무휴 ⓜ 무료 📍 주차 50대 가능, 무료 🚗 석문방조제(13.6km)→장고항 노적봉

> ★ 놓치지 말자! ★
>
> **석문 해안도로**
>
> 장고항에서 나와 왜목마을로 가다 보면 오른쪽으로 바다가 아름답게 펼쳐진다. 바다를 따라 이어진 석문 해안도로를 달리다 보면 한쪽에 데크와 전망대가 나타난다. 이곳에서 국화도가 정면으로 보이고, 약간 오른쪽으로는 장고항 노적봉이 서 있다. 해안도로에서 운전을 멈추고 정자에서 잠시 쉬어가면서 앞에 펼쳐진 바다 풍경을 감상하자.
>
> 📍 충청남도 당진시 송악읍 장고항로 📞 당진시청 문화관광과 041-350-3592 🕐 24시간, 연중무휴 📍 주차 5대 가능, 무료

6 course

해가 뜨고 지는 **왜목마을**

일출과 일몰을 동시에 감상할 수 있는 왜목마을. 2월과 10월에는 노적봉에서, 7월과 8월은 노적봉과 국화도 사이 바다에서 떠오르는 아침 해를 볼 수 있다. 왜목마을은 해양수산부가 선정한 아름다운 어촌마을이기도 하다. 백사장 앞에는 견우직녀가 만나는 다리가 만들어져 있다. 바다 앞의 석문산 정상에 오르면 왜목마을과 바다, 작은 섬들, 그리고 드넓은 간척지가 펼쳐진 광경까지 감상할 수 있다.

여기가 해가 뜨고 지는 데야~

충청남도 당진시 석문면 왜목길 26 ☎ 당진시청 문화관광과 041-350-3592, 석문면사무소 041-360-8202 ⓘ 24시간, 연중무휴 @ 무료 ⓟ 주차 70대 가능, 무료 🚗 장고항 노적봉(4.5km)→왜목마을

알고 떠나면 더 즐거운 여행길

견우직녀와 오작교

옥황상제의 손녀인 직녀는 은하수 건너편에 사는 견우와 결혼을 했다. 옷감도 잘 짜고 부지런했던 직녀는 신혼의 달콤함에 빠져 견우와 함께 게을러졌다. 화가 난 옥황상제는 서로 헤어지도록 했고, 일 년에 한 번만 만날 수 있게 했다. 바로 그날, 견우와 직녀가 은하수를 건너지 못하는 것이 안타까웠던 까마귀들이 머리를 이어 다리를 놓자 다리 중간에서 견우와 직녀가 만나 회포를 풀었다. 까마귀들이 두 연인을 위하여 만든 다리가 오작교다.

7 course

일출을 보며 새해 소원을 빌던 **석문각**

정월이면 사람들이 찾아와 영롱한 일출을 보며 복을 빌던 곳이다. 지금도 일출을 보기 위해 많은 사람들이 찾는 명소다. 넓게 펼쳐진 잔디 마당에선 아이들이 마음껏 뛰놀 수 있다. 정자에 올라서면 잔디밭에서는 전혀 보이지 않던 탁 트인 바다가 시선을 사로잡는다. 손에 잡힐 듯 가깝게 보이는 국화도, 풍도, 육도와 대호방조제까지 선명하다.

충청남도 당진시 석문면 교로리 산984 ☎ 당진시청 문화관광과 041-350-3592 ⓘ 24시간, 연중무휴 @ 무료 ⓟ 주차 40대 가능, 무료 🚗 왜목마을(3.1km)→석문각

별거 아닌 것 같지만… 여기에 서면

가슴이 시원~~해진다는 사실

기다리면 멋진 저녁 노을도 볼 수 있는데…

8 course

서해안 휴양의 메카 **도비도 농어촌 휴양단지**

도비도는 원래 섬이었으나 대호방조제가 생기면서 육지가 되어버린 곳이다. 드넓은 대호환경농업시범지구와 습지를 이용한 생태공원을 조성하여 농어촌 현장 체험과 전시관, 학습관, 휴양시설 등을 제공하고 있다. 낚시, 갯벌 체험 등 다양한 체험을 할 수 있다.

📍 충청남도 당진시 석문면 대호만로 2888-14 📞 당진시청 문화관광과 041-350-3592 🕐 24시간, 연중무휴 💰 무료 🅿 주차 120대 가능, 무료 🚗 석문각(5.2km)→도비도 농어촌 휴양단지

★ 놓치지 말자! ★

도비도 농어촌 체험

농업 체험장에서는 우렁이, 오리 등을 이용한 친환경 유기농법으로 농사짓는 모습을 견학할 수 있다. 갯벌 체험장에서는 조개 캐기와 갯벌 생태관찰을 통해 어촌의 삶을 체험한다. 주변 마을에서 카약 등 해양레저 체험도 가능하다.

여기선 낚시 체험도 가능하답니다.

서산까지 시원~하게 드라이브 떠날까?

★ 추천하고 싶은 곳 ★

🏠 추천 숙소

미래의 아침

각 객실마다 바다를 조망할 수 있어 서해 일출을 감상할 수 있다. 펜션 바로 앞에서 굴·조개 등을 채취하며 갯벌 체험을 할 수 있다. 바비큐 파티는 물론 장고항이 가까워 싱싱한 해산물을 맛볼 수 있다.

📍 충청남도 당진시 석문면 장고항로 357 📞 041-354-9911 💰 10만 원~(성수기, 비수기, 평일, 주말 요금 다름) 🌐 www.미래의아침.com 🚗 장고항 노적봉에서 0.3km

J블리스모텔

이곳에 묵으면 왜목마을의 해 뜨는 모습을 감상하기 위해 추위를 감수하지 않아도 된다. 모든 객실에서 조망이 가능하다. 왜목을 찾는 여행자를 위해 준비한 모텔인 듯하다.

📍 충청남도 당진시 석문면 왜목길 15-12 📞 041-353-7333 💰 5만 원~(성수기, 비수기, 평일, 주말 요금 다름) 🌐 jbliss.alltheway.kr 🚗 왜목마을에서 0.9km

썬라이즈호텔

뒤로는 석문산이 있고, 앞으로는 왜목마을 바다를 바라보고 있어 일출을 감상하기에 좋다. 왜목포구에서 낚시배를 출항하여 배낚시를 즐기기 좋다.

📍 충청남도 당진시 석문면 왜목길 39 📞 041-353-3790 💰 6만 원~(성수기, 비수기, 평일, 주말 요금 다름) 🌐 www.wmsunrise.com 🚗 왜목마을에서 1km

☕ 추천 휴게소

송악 휴게소

그리 큰 규모의 휴게소는 아니지만 작은 식당과 편의점이 마련되어 있다. 행담도 휴게소를 거치지 않는다면 이곳에서 잠시 휴식을 취하고 차량 점검을 하며 머물러 갈 수 있는 곳이다.

📍 충청남도 당진시 송악읍 부곡리 143-11 📞 041-357-5727 🕐 24시간, 연중무휴 🅿️ 주차 30대 가능, 무료 🚗 필경사에서 2km

🍴 추천 맛집

왜목 해맞이수산

당진을 여행 중이라면 꼭 먹어봐야 할 간자미회무침이 맛있다. 아삭하게 씹히는 채소와 부드럽게 씹히는 간자미의 맛이 일품이다. 해물탕

을 비롯한 대부분의 음식에는 채소가 푸짐하게 들어가 있어 식사를 잔뜩 하고도 부담스럽지 않다. 2층 창가에 자리잡고 앉아 해변을 바라보며 식사를 하다 보면 음식 맛은 두 배로 커진다.

📍 충청남도 당진시 석문면 왜목길 51 📞 041-355-0849 🕐 10:00~22:00, 연중무휴 🍽 간자미회무침 3만5,000원, 해물탕 5만 원 🅿️ 주차 10대 가능, 무료 🚗 장고항 노적봉에서 4.5km

사랑방 손칼국수

한진포구는 바지락과 굴이 유명하다. 인근에서 잡은 싱싱한 생굴을 초장에 찍어 먹으면 바다 내음과 함께 상큼한 굴 특유의 맛을 느낄 수 있다. 부추를 넣은 반죽으로 만든 녹색 칼국수 면에 굴이 듬뿍 들어간 굴칼국수를 먹기 위해 방문하는 사람이 많다. 먹다 남긴 생굴을 칼국수에 넣으면 짭조름하게 간이 배 더 맛있는 굴칼국수를 맛볼 수 있다.

📍 충청남도 당진시 송악읍 한진포구길 53 📞 041-358-8861 ⏰ 09:00~21:00(부정기적), 둘째·넷째 화요일 휴무 🍴 바지락칼국수 7,000원, 해물칼국수 8,000원 🚗 한진포구 주차장, 70대 가능, 무료 🚗 한진포구 내 위치

오두막

드라이브하는 길에 눈에 확 띄는 황토집으로 된 오두막 한 채가 보인다. 실내는 고풍스럽고 편안한 분위기다. 삼겹살과 함께 먹는 밑반찬도 예전에 시골에서 할머니가 해주시던 음식 같이 친근하다.

📍 충청남도 당진시 석문면 대호만로 2370 📞 041-353-3088 ⏰ 10:00~20:00, 설·추석 연휴 휴무 🍴 묵은지 삼겹살(2인 이상) 1인 1만2,000원, 도토리묵무침 1만3,000원 🚗 주차 10대 가능, 무료 🚗 왜목마을에서 2.4km

추천 가게
당진수산물유통센터

당진 장고항에 있는 수산물유통센터에서 지역 특산 해산물인 석화와 간자미, 실치 등은 물론, 젓갈과 살아 있는 활어도 구입할 수 있다. 수산물유통센터에 여러 가게가 있어 말만 잘하면 더 저렴하게 구입할 수 있는 기회도 있다.

📍 충청남도 당진시 석문면 장고항로 334-48 📞 당진시청 항만수산과 041-350-4725, 상가회장 010-4410-2661 ⏰ 08:00~20:00(부정기적), 월요일 휴무(부정기적) 🍴 석화 10kg 2만 원~, 간자미 1마리 2만5,000원~(시세에 따라 다름) 🚗 주차 70대 가능, 무료 🚗 장고항 노적봉에서 0.5km

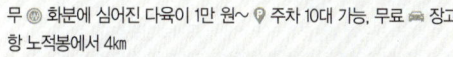

당진 꽃식물원

다육이란 다육이는 다 모아놓은 듯한 당진 꽃식물원에서는 작은 화분에 심어진 작고 귀여운 다양한 다육이를 만날 수 있다.

📍 충청남도 당진시 석문면 대호만로 1619-2 📞 041-355-8044 ⏰ 09:00~18:00(부정기적), 부정기적 휴무 🍴 화분에 심어진 다육이 1만 원~ 🚗 주차 10대 가능, 무료 🚗 장고항 노적봉에서 4km

충청도

DRIVE COURSE

태안 안면도

해변의 진수를 경험할 수 있는 드라이브

안면도의 몽산포해변에서 시작하여 20여 개의 해변이 줄지어 자리하고 있는 안면도의 서쪽 해안선을 드라이브하는 코스. 여러 해변을 다니는 일정이지만 바다라고 하여 다 같은 바다가 아니다. 코스 내의 해변들은 각각의 개성과 관광 포인트를 가지고 있어 색다른 느낌을 준다. 탁 트인 바다를 원 없이 즐기며 마음과 머리를 정화시키고, 태안의 특산물이자 보양식으로 으뜸인 낙지와 굴로 건강까지 챙길 수 있는 금상첨화 드라이브 코스다.

TIP 일출·일몰/물때 시간 및 내용은 태안군청 홈페이지(www.taean.go.kr) 참조

INFORMATION

- 이동거리 160.7km
- 드라이브 4시간 37분
- 전체 코스 8~9시간
- 포인트 낮에는 안면도의 서쪽 해변을 따라 드라이브하고, 해 질 무렵에는 곳곳의 일몰과 야경 포인트를 찾아다니는 재미가 쏠쏠하다.
- 추천계절 봄~가을(3~11월)
- 축제 태안세계튤립축제(4~5월), 태안백합꽃축제(8월), 안면도 백사장 대하축제(10월), 태안바다황토축제(11월), 태안빛축제(연중무휴)

RECEIPT

입장료
안면도 자연휴양림 ·············· 2,000원

주차료
안면도 자연휴양림 ·········· 1일 3,000원

식사 및 간식
(점심)게국지 ························ 40,000원
(간식)아메리카노 ················· 12,000원

TOTAL
57,000원

(※2인 기준)

1 course

수려한 해안 풍경을 자랑하는 **몽산포해변**

태안군에 자리한 몽산포해수욕장은 태안해안국립공원에 속해 있으며, 아름다운 풍치로 태안 8경으로 선정되어 있다. 3.5km 길이의 백사장에 수심이 얕고 경사가 완만하며 썰물 때에는 조개 채취 등의 갯벌 체험 학습이 무료로 가능하다. 소나무 숲에서는 오토캠핑장을 운영하고 있어 여름철 가족 단위의 관광객들이나 캠핑족에게 피서지로 추천할 만하다. 매해 여름철이면 '몽산포 국제 모래조각 페스티벌'을 개최하고 있어 시기에 맞춰서 가면 다채로운 체험 프로그램에 참여할 수 있다.

바다도 보고, 갯벌 체험도 하고 여름 휴가지로 최고!

📍 충청남도 태안군 남면 몽산포길 65-27 📞 태안군청 문화관광과 041-670-2772, 몽산포해수욕장번영회 041-672-2971 🕐 24시간, 연중무휴 💰 무료
🌐 www.mongsanpo.or.kr 🚗 주차 300대 가능, 무료 🚘 해미IC(9.3km)→안면대로(32.7km)→달산포로(3.2km)→몽산포길(0.9km)→몽산포해변

놓치지 말자!

네이처월드 태안빛축제

태안의 대표적인 축제이자 필수 관광 코스인 태안빛축제. 본래 일정 기간에만 개최하던 축제였지만 2015년부터 '꽃과 빛의 만남'이라는 주제로 일 년 내내 개장하게 되었다. 때문에 태안을 방문하는 관광객들은 언제든 빛축제를 즐길 수 있다. 공원 내의 나무와 조형물을 감싸고 있는 색색의 LED 전등이 화려한 야경을 만들어내어 관광객의 사랑을 한 몸에 받고 있다. 단, 전기를 사용하기 때문에 우천 시에는 일정이 취소된다.

📍 충청남도 태안군 남면 마검포길 200 📞 041-675-9200
🕐 일몰 후 점등(입장시간 17:30~22:00(Tip박스 참고, 퇴장시간 22:30~23:00), 연중무휴(우천 시 취소) 💰 태안빛축제 개인 9,000원, 단체 8,000원, 청소년 단체 할인 7,000원
🌐 www.ffestival.co.kr/web 🚗 주차 250대 가능, 무료

Tip 🕐 입장 시작 시간(일몰에 따라 변경 가능)

기간	시간	기간	시간
2.1~2.28	18:00	3.1~4.12	18:30
5.11~5.31	19:30	6.1~7.31	20:00
8.1~8.31	19:30	9.1~10.9	18:30
10.10~10.31	18:00	11.1~1.31	17:30

2 course

'대하랑 꽃게랑' 다리가 있는 **백사장항**

태안군의 대표적인 특산품인 대하의 우수성을 알리는 축제가 개최되는 장소이다. '안면도 백사장 대하축제'는 매해 10월 중순에서 11월 초에 개최되며, 이 시기에는 전국 각지의 사람들이 축제를 즐기기 위해 백사장항으로 모여든다. 백사장항의 '대하랑 꽃게랑' 다리(백사장항 해상인도교)는 백사장항의 관광 포인트다. 도보로만 이동이 가능한 곳이며 산책하기에 좋다. 백사장항 해변길은 백사장해수욕장까지 바다를 보며 걷거나 차로 이동할 수 있다. 백사장항에 위치한 '대한회센터'는 예능 프로그램 〈슈퍼맨이 돌아왔다〉에서 송일국과 아이들이 방문했던 곳이다.

충청남도 태안군 안면읍 창기리 태안군청 문화관광과 041-670-2772 24시간, 연중무휴 무료 주차 1,000대 가능, 무료 몽산포해변(1.7km)→달산포로(3.3km)→안면대로(7.4km)→백사장1길(1.1km)→백사장항

3 course

세 개의 봉우리와 울창한 곰솔숲이 반기는 **삼봉해변**

세 개의 봉우리 즉, 삼봉괴암과 해당화가 유명한 삼봉해수욕장에서 세 개의 봉우리만큼 여행객들이 많이 찾는 곳이 바로 해수욕장 뒤편에 자리한 곰솔숲길(해변길)이다. 울창한 수천 그루의 곰솔나무 사이로 만들어진 산책길에는 곰솔의 향기가 가득하다. 이 길을 걸어보는 것만으로도 건강해지는 느낌이다.

충청남도 태안군 안면읍 창기리 태안군청 문화관광과 041-670-2772 24시간, 연중무휴 무료 주차 120대 가능, 무료 백사장항(1km)→해안관광로(1.2km)→삼봉길(0.3km)→삼봉해변

★ 놓치지 말자! ★

안면도 쥬라기박물관

국내 최대 공룡 화석 표본을 보유하고 있는 안면도 쥬라기박물관은 지상 3층으로 되어 있어 각 층마다 중생대, 신생대 공룡의 골격을 살펴볼 수 있다. 직접 만져보거나 문제를 풀어보는 체험 시설도 마련되어 있어 아이들을 동반한 가족들에게 추천할 만하다. 야외에는 폭포와 한국자생 소나무, 야생화 등을 심은 자연생태공원으로 꾸며졌으며, 공원 곳곳에선 실물 크기의 공룡 모형이 움직이거나 소리를 내면서 관람객의 시선을 끈다.

충청남도 태안군 남면 곰섬로 37-20 041-674-5660~1 09:30~17:30, 매주 월요일, 설·추석 당일 휴무 어른 1만 원, 청소년 8,000원, 어린이 4,000원, 경로 2,000원 www.anmyondojurassic.com 주차 300대 가능, 무료

4 course

소나무 그늘이 좋은 바다 두여해변

태안군 안면읍에 위치한 해수욕장. 지리적 형상이 좋고 소나무 숲이 우거져 도인들이 도를 닦던 마을이라 하여 '도여'라고 불렸으며, 지금은 '두여'라고 불리고 있다. 넓은 백사장과 수온이 높은 바닷물 덕에 늦여름에도 여행객들의 모습을 찾을 수 있는 곳이다. 해변의 한쪽에는 갯벌여장군과 갯벌대장군이 세워져 있다.

📍 충청남도 태안군 안면읍 승언리 📞 태안군청 문화관광과 041-670-2772 🕐 24시간, 연중무휴 💰 무료 🅿 주차 80대 가능, 무료
🚗 삼봉해변(0.4km)→해안관광로(3.7km)→두여해변

5 course

국내 유일의 소나무 천연림이 있는 안면도 자연휴양림

꽃지해변과 인접한 곳에 자리하고 있는 자연휴양림으로 올곧은 나무들 사이로 난 산책로는 물론이거니와 산림전시관, 수목원 등의 볼거리가 풍성하다. 상쾌한 공기를 마시며 산책로를 걷다 보면 나무들 앞에 우스꽝스러운 표정을 한 안면도깨비가 있어 웃음을 자아낸다. 전망대에 오르면 꽃지해변과 마을의 풍광을 내려다볼 수 있으니 놓치지 말자. 안면도 자연휴양림의 소나무 보존을 위해 야영과 취사는 금지된다.

📍 충청남도 태안군 안면읍 안면대로 3195-6 📞 041-674-5019, 5021 🕐 3~10월 09:00~18:00, 11~2월 09:00~17:00, 첫째 월요일 휴무(숲속의 집 : 입실시간 14:00, 퇴실시간 11:00) 💰 어른 1,000원, 청소년 800원, 어린이 400원, 만 6세 이하·경로 무료 🌐 www.anmyonhuyang.go.kr 🅿 주차 300대 가능, 1일 경차 1,500원, 중형 3,000원 🚗 두여해변(1.1km)→해안관광로(4.5km)→꽃지해안로(0.9km)→안면대로(1.6km)→안면도 자연휴양림

6 course

CNN도 인정한 아름다운 꽃지해변

태안군 안면읍에 위치한 꽃지해수욕장은 길게 이어진 백사장을 따라 만개해 있는 해당화의 모습에 '꽃지'라고 불리기 시작했다. 꽃지해수욕장의 관광 포인트는 할미·할아비바위, 일몰 그리고 꽃지해변 길 다리 야경이다. 남편을 기다리던 아내가 죽어서 할미바위가 되었고, 남편은 바다 쪽에 자리한 할아비바위가 되었다는 슬픈 전설이 전해진다. 이 바위들 사이로 지는 일몰 풍경은 관광객들의 발길이 끊이지 않게 할 만큼 장관이다.

📍 충청남도 태안군 안면읍 승언리 📞 태안군청 문화관광과 041-670-2772 🕐 24시간, 연중무휴 💰 무료 🅿 주차 800대 가능, 무료 🚗 안면도 자연휴양림(0.6km)→안면대로(0.6km)→꽃지해안로(1.5km)→꽃지2길(0.8km)→꽃지해변

알고 떠나면 더 즐거운 여행길

꽃지해수욕장의 슬픈 전설, 할미·할아비바위

신라 흥덕왕 때, 장보고의 안면도 전진 기지 책임자였던 승언. 군사들을 이끌고 북쪽으로 진군하라는 명령에 따라 사랑하는 아내 미도와 떨어져야 했다. 그 이후 돌아오지 않는 남편을 매일같이 기다리던 미도는 바위에서 죽고 말았고, 남편을 기다리며 서 있는 그 모습 그대로 변해 할미바위가 되었다. 후에 할미바위 옆에 큰 바위가 우뚝 솟았고 이를 할아비바위라 부르게 되었다고 한다.

7 course 해변의 솔섬과 황홀한 일몰 **운여해변**

태안해변길 7코스 바람길을 조성하면서 알려진 해변. 운여해변은 본래 방파제로, 한쪽 끝이 파도로 잘리고 난 뒤 밀물 때면 바닷물이 들어와 작은 해변을 만들어내는 곳이다. 해가 질 무렵, 붉게 물들어가는 하늘을 배경으로 솔섬(솔숲)이 물에 반영을 이루어내는 환상적인 풍경이 관광 포인트다. 일몰 사진 찍기에 좋은 출사지로 유명하다.

충청남도 태안군 고남면 장곡리 ☎ 태안군청 문화관광과 041-670-2772 ⏰ 24시간, 연중무휴 ⓦ 무료 🅿 주차 10대 가능, 무료 🚗 꽃지해변(3.3km)→꽃지해안로(3.2km)→원활안면대로(5.8km)→장삼포로(3km)→운여해변

TIP 일출·일몰, 물때 시간 및 내용은 태안군청 홈페이지(www.taean.go.kr) 참조
단, 만조 시간이 일몰 시간과 맞아야 하므로 이곳에서 일몰을 보려면 미리 물때를 체크하는 것은 필수다.

8 course 안면도의 마지막 항구 **영목항**

안면도의 끝자락에 위치하는 영목항은 보령과 태안을 연결하는 해상교통로로서, 여객선 터미널을 운영하고 있다. 보령의 대천항, 장고도, 고대도 등을 다닐 수 있는 여객선이 운항한다. 그 밖에 영목항 쾌속유람선도 운항하고 있다. 현재 영목항에서 원산도까지 다리를 놓고 원산도에서 대천항을 잇는, 국내에서는 가장 길고 세계에서는 다섯 번째로 긴 해저 터널을 만드는 공사가 진행 중에 있다.

충청남도 태안군 고남면 고남리 ☎ 영목항 여객선 터미널 010-3891-3256, 태안군청 문화관광과 041-670-2772 ⏰ 24시간, 연중무휴 ⓦ 무료 🅿 주차 200대 가능, 무료 🌐 www.shinhanhewoon *영목항 운항정보 검색 가능 🚗 운여해변(5.7km)→안면대로(3.8km)→영목항

TIP 쾌속유람선의 경우, 승선할 사람이 어느 정도 모여야 출발 가능하니 미리 전화해서 알아보는 것이 좋다. 여객선의 경우, 물때에 따라 하루에 1~2번 정도 운항한다.

★ 추천하고 싶은 곳 ★

추천 숙소

블루오션리조트 <쿠폰제공>

몽산포해변에 위치해 있으며, 병풍처럼 둘러싼 소나무 향기가 서해 바다와 조화를 이룬 휴양지다. 매점은 물론 캠프파이어장, 노래방, 세미나실 등의 부대시설을 갖추고 있다.

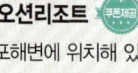

📍 충청남도 태안군 남면 몽산포길 161 📞 041-672-0188, 2069 💰 6만 원~(성수기, 비수기, 평일, 주말 요금 다름) 🌐 www.mongsanporesort.co.kr 🚗 몽산포해변에서 0.73km

드르니오션리조트 <쿠폰제공>

독채 펜션 7채, 복층 콘도식 펜션 6채, 원룸 3채 규모이며 세미나실, 수영장, 족구장, 노래방 등의 부대시설과 다수의 야외 데크 및 정자 그리고 야외 음악회를 할 수 있는 장소를 갖추고 있다. 소나무 숲과 한적한 바닷가에 둘러싸여 조용하고 안락하다.

📍 충청남도 태안군 남면 드르니길 53 📞 010-3430-2521 💰 11만 원~(성수기, 비수기, 평일, 주말 요금 다름) 🌐 www.deureuni.com 🚗 백사장항에서 6.24km

꿈꾸는 다락방

안면도 기지포해수욕장에 위치한 애견 전용 펜션. 애견 잔디밭 놀이터, 애견 카페, 애견 실내 수영장, 애견 전용 샤워실

등이 마련되어 있다.(*애견동반의 경우, 1마리당 1만 원 추가, 9kg 미만의 경우만 가능)

📍 충청남도 태안군 안면읍 해안관광로 730-3 📞 010-9046-1231 💰 13만 원~(성수기, 비수기, 평일, 주말 요금 다름) 🌐 꿈꾸는다락방.kr 🚗 백사장항에서 3.41km

추천 맛집

원조뚝배기식당

충청남도 향토음식인 게국지, 우럭젓국, 물메기탕 등을 맛볼 수 있다. 인기 메뉴인 게국지는 본래 먹을 것이 없던 시절 먹고 남은 게를 이용하여 만든 서민 음식이다. 꽃게와 각종 채소가 어우러져 국물 맛이 일품이라서 밥 한 공기쯤은 게는 감추듯 먹어 치우게 된다.

📍 충청남도 태안군 태안읍 시장5길 18-5 📞 041-674-0098, 0955 🕘 09:30~21:00, 연중무휴 🍽 게국지·우럭젓국·물메기탕·갈치조림 4만 원~ 🅿 주차 75대 가능, 무료 🚗 몽산포해변에서 10.23km

백사장 수산물어시장

백사장항과 인접한 곳에 자리하고 있어 찾기에 어렵지 않다. 대하, 꽃게, 회, 조개 등 싱싱한 수산물을 구입 후 포장해 갈 수도 있고, 식당에서 먹을 수도 있다. 홈페이지에서 수산물 구입이 가능하다. 수산물 이외에도 건어물과 젓갈, 액젓 등도 판매하고 있다.

📍 충청남도 태안군 안면읍 백사장2길 13 📞 041-672-6701~3 🕘 운영시간 부정기적, 연중무휴 🍽 멍게 1kg 1만 원, 가리비 1kg 2만 원, 해삼 1kg 3만 원~, 우럭매운탕 4만5,000원~(시세에 따라 다름) 🌐 www.anmyun-do.com 🅿 주차 50대 가능, 무료 🚗 백사장항에서 0.5km

안면식당

안면식당의 대표 메뉴는 조개를 이용한 시원한 국물을 맛볼 수 있는 큰조개칼국수다. 메뉴의 이름에서도 느껴지듯 큰 조개들이 가득 얹어져 나온다. 밀가루 음식이 부담스럽다면 조개탕을 추천한다. 칼국수와 마찬가지로 크고 탱글탱글한 조갯살이 한가득 들어 있다. 칼국수의 국물에 비해 조개탕은 칼칼한 끝맛이 있어 아침에 해장국으로도 괜찮다.

📍 충청남도 태안군 안면읍 백사장1길 24 📞 041-673-7736, 010-3478-7736 🕐 07:00~21:00, 연중무휴 💰 큰조개칼국수 7,000원, 조개탕 9,000원, 회덮밥 1만 원 🌐 cafe.daum.net/6737736 🅿 주차 12대 가능, 무료 🚗 백사장항에서 0.93km

안면도 시골농산

안면도 특산품 중 하나인 호박고구마 이외에도 고구마말랭이, 어리굴젓, 천일염, 무화과잼, 생강 한과 등 다양한 상품이 구비되어 있다. 홈페이지를 통해 구입이 가능하다.

📍 충청남도 태안군 남면 천수만로 18 📞 041-675-3691 🕐 07:00~21:00(부정기적), 부정기적 휴무 💰 호박고구마 3kg 1만3,000원~, 고구마말랭이 1만 원, 생강 한과 1만 원~(계절에 따라 다름) 🌐 hobakgoguma.com 🅿 주차 20대 가능, 무료 🚗 몽산포해변에서 6.91km

추천 가게
TRAVEL BREAK COFFEE(트래블 브레이크 커피)

안면도를 여행하는 젊은 관광객들의 핫 플레이스. 트래블 브레이크 커피는 입구부터 내부 곳곳에 자리한 식물들과 원목의 인테리어가 편안함과 안락함을 느끼게 한다. 이곳의 인기 메뉴는 화덕에서 구워내는 맛있는 피자와 커피. 그중에서도 마르게리타와 일리 커피들이 인기. 트래블 브레이크의 테이크아웃용 컵 역시 이곳만의 개성을 느껴진다.

📍 충청남도 태안군 안면읍 등마루1길 125 📞 010-9510-9036 🕐 10:00~20:30, 부정기적 휴무 💰 아메리카노 6,000원~, 청포도에이드 7,000원, 허니버터브레드 8,000원 🌐 www.travelbreakcoffee.com 🅿 주차 20대 가능, 무료 🚗 백사장항에서 4.49km

태안푸드

무공해 장류를 맛볼 수 있는 태안푸드는 태안의 청정 갯바람을 이용하여 친환경 스테비아 농법으로 직접 재배한 농산물을 원재료로 사용한다. 설탕, 물엿, 액상과당, 정제소금을 일체 사용하지 않고 태안의 명물인 송화소금을 숙성시켜 사용하는 등 건강한 먹거리를 제공하기 위해 힘쓰고 있다. 대표 상품으로는 된장, 고추장 등의 장류가 있고, 그 외에도 찹쌀파이와 바비큐 세트가 인기다. 홈페이지에서 구매가 가능하다.

📍 충청남도 태안군 태안읍 군청7길 33 📞 041-672-9286, 010-4731-9286 🕐 10:00~17:30(부정기적), 매주 일요일 휴무(부정기적) 💰 된장 500g 9,000원, 유황육쪽마늘고추장 500g 1만4,500원 🌐 www.taeanfood.co.kr, 블로그 blog.naver.com/sej6125, 페이스북 www.facebook.com/taeanfood, 카카오스토리 story.kakao.com/ch/taeanfood 🅿 맞은편 공영주차장, 60대 가능, 무료 🚗 몽산포해변에서 10.77km

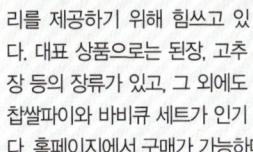

충청도
DRIVE COURSE

태안반도 북부

태안이 연출하는 아름다운 경관을 감상할 수 있는 드라이브길

2007년 최악의 기름 유출 사건으로 고통받았던 태안이 지금은 전문가들로부터 99% 이상 회복되었다고 인정받았고, 세계자연보호연맹은 태안의 보호 지역 범주를 '국립공원'으로 변경하였다. 자연의 위대함과 사람들의 노력으로 결국 아름다운 태안을 되찾았다. 오랜 기간 동안 자연이 만들어 낸 한국 최대의 사구 지역인 신두리 해안사구부터 학이 노니는 곳이라는 이름을 가진 학암포를 거쳐, 태안 사고 때 복구 작업을 위해 만들어지기 시작한 솔향기길 시작점 만대항까지, 다시 되찾은 태안의 아름다운 절경을 느낄 수 있다.

INFORMATION
- 이동거리 154.33km
- 드라이브 3시간 13분
- 전체 코스 10~11시간
- 포인트 특이한 볼거리가 넘쳐나는 매력적인 투어다.
- 추천계절 봄~가을(3~11월)
- 축제 태안튤립축제(4~5월), 신두리사구축제(11월), 태안빛축제(연중무휴)

RECEIPT
입장료
무료

주차료
무료

식사 및 간식
(점심)박속밀국낙지탕 ········· 34,000원
(간식)순대 ····················· 8,000원

TOTAL
42,000원

(※2인 기준)

1 course

자연의 신비를 담은 모래 언덕 **신두리 해안사구**

1만 5,000년 전부터 해류와 파랑 그리고 바람의 영향으로 서서히 형성되어 온 우리나라 최대의 사구 지대다. 태안 8경 중 하나로 우리나라에서 보기 힘든, 모래가 광활하게 둔덕을 이룬 광경을 볼 수 있다. 천연기념물이기 때문에 사구 사이로 마음대로 다닐 수는 없으며 지정된 탐방로만 다닐 수 있다. 탐방 소요시간별로 3개 코스로 나뉘어져 있다.

📍 충청남도 태안군 원북면 신두해변길 201-54　📞 041-672-0499　🕐 24시간, 3~10월 09:00~18:00, 11~2월 09:00~17:00, 매주 월요일 휴무　💰 무료　📍 신두리 해안사구 주차장, 30대 가능, 무료　🚗 해미TG(0.15km)→한티로(0.57km)→중앙로(10.41km)→양열로(4.5km)→서해로(24.32km)→소근로(9.32km)→신두로(1.42km)→신두해변길(1.01km)→신두리 해안사구

2 course

금개구리 서식처 **두웅습지**

다양한 생명체가 함께 사는 숨 쉬는 자연의 신비

해안사구가 형성되는 과정에서 생긴 습지로, 이곳에서 자생하는 동식물 중에는 멸종 위기종 2급인 금개구리가 대표적으로 유명하다. 300여 종의 식물, 천연기념물을 포함 39종의 조류, 중요 양서류가 서식하는 등 생태학적 보존 가치가 무척 큰 곳이며, 사구 습지 하부에는 지하수가 연결되어 있어 물이 마르는 법이 없다. 탐방 초소가 설치되어 있고 안내판과 관람 데크가 조성되어 관람하기 편리하다.

📍 충청남도 태안군 원북면 신두해변길 291-30　📞 태안군청 관광진흥과 041-670-2544　🕐 24시간, 연중무휴　💰 무료　📍 주차 10대 가능, 무료　🚗 신두리 해안사구(0.47km)→신두해변길(1.18km)→두웅습지

3 course

저녁노을이 아름다운 **해녀마을**

약간은 외진 곳에 위치한 규모가 크지 않은 해녀마을. 그래서 더 아늑하고 조용하다. 암석이 많고 수심이 얕아 썰물에 드넓은 갯벌이 펼쳐진다. 이곳에서 해녀들이 직접 잡은 해산물이나 주요 양식 품목인 전복과 해삼을 맛볼 수 있다. 아름다운 전경과 함께할 수 있어 더욱 운치 있는 곳이다.

📍 충청남도 태안군 원북면 구례포길 47-488　📞 원북면사무소 041-672-5002　🕐 24시간, 연중무휴　💰 무료　📍 주차 5대 가능, 무료　🚗 두웅습지(1.02km)→두웅로(3.5km)→옥파로(3.44km)→구례포길(1.58km)→해녀마을

> **TIP** 해녀마을로 들어가는 입구가 가파르고 좁아 주의가 필요하다.

4 course
태안의 숨겨놓은 비경 **먼동해수욕장**

파란 바다와 모래 그리고 검은 돌과 바위가 어우러져 한 폭의 수묵화를 연상케 하는 아름다운 해수욕장이다. 썰물 때면 물이 빠져 바다 앞쪽의 고깔섬과 거북바위까지 걸어갈 수 있으며, 해녀마을 앞바다와도 연결되어 있다. 소나무 두 그루가 뿌리내린 거북바위와 왼쪽의 삼각형 바위 사이로 떨어지는 일몰이 해변 풍광의 아름다움을 더한다.

📍 충청남도 태안군 원북면 구례포길 47-50 📞 태안군청 관광진흥과 041-670-2544 🕐 24시간, 연중무휴 💰 무료 🅿 주차 50대 가능, 무료 🚗 해녀마을(0.1km)→구례포길(0.84km)→먼동해수욕장

동양화 한 폭의 일부분이 되어 걷는 기분

5 course
물 맑고 고기도 많은 **학암포해수욕장**

이름부터 낭만적인 해수욕장이다. 해변에 물이 빠지면 바위가 마치 학처럼 보인다 하여 유래된 이름이다. 해안가로는 송림이 울창하여 캠핑하기 적당하며, 모래가 곱고 넓게 펼쳐져 있어 해수욕을 즐기기에 알맞다. 조개비들이 다닥다닥 붙어 있는 갯바위가 정취를 더하며 괴목과 동백 등이 어우러져 멋지다.

📍 충청남도 태안군 원북면 옥파로 일원 📞 태안해안국립공원 사무소 041-672-9737 🕐 24시간, 연중무휴 💰 무료 🅿 주차 100대 가능, 무료 🚗 먼동해수욕장(0.65km)→구례포길(0.84km)→옥파로(1.42km)→학암포길(0.13km)→학암포해수욕장

 가끔 차량이 모래에 빠지는 경우가 있다. 해변 가까이 무리하게 차를 대려고 하지 말자.

6 course
희망의 벽화가 반겨주는 **이원방조제**

2007년 태안 기름 유출 사고를 극복하기 위해 고생한 130만여 명의 자원봉사자들의 노력을 기리기 위해 이원방조제 벽면에 높이 7.2m, 길이 2.7km 구간에 걸쳐 벽화를 그렸다. 에코, 그린에너지, 희망이라는 3가지 주제의 작품들과 총 7만여 개의 손도장을 볼 수 있다. 탁 트인 전경을 배경으로 끝이 없는 듯 이어지는 벽화가 장관이다.

📍 충청남도 태안군 이원면 관리 1581 📞 태안군청 관광진흥과 041-670-2544 🕐 24시간, 연중무휴 💰 무료 📍 주차 11대 가능, 무료 🚗 학암포해수욕장(2.24km)→학암포길(0.35km)→발전로(5.77km)→이원방조제

7 course
낚시도 하고 해루질도 하고 **꾸지나무골해수욕장**

작고 아담한 백사장에 푸른 소나무 숲이 어우러져 있다. 아직 많이 알려지지 않아서 주변 해수욕장에 비해 조용한 편이다. 양쪽으로 갯바위가 있어 낚시를 즐기기에 좋고 갯벌 체험을 하기에도 좋은 곳이다.

📍 충청남도 태안군 이원면 내리 498-1 📞 태안군청 관광진흥과 041-670-2544 🕐 24시간, 연중무휴 💰 무료 📍 주차 10대 가능, 무료 🚗 이원방조제(2.7km)→원이로(4.88km)→꾸지나무길(1km)→꾸지나무골해수욕장

8 course
호젓한 포구에서 즐기는 바다의 맛 **만대항**

태안반도 끝자락에 위치한 포구다. 솔향기길 제1코스의 출발점으로 유명해져 관광객들의 방문으로 주말이면 북적이지만 고요한 포구의 분위기는 그대로 간직하고 있다. 횟집은 세 곳이 있는데, 모두 기본 상차림이 훌륭하고 해산물이 신선하다. 게다가 서비스로 꾸지나무길 정도의 거리라면 어디든 태워오고 태워다 주어 편리하다.

📍 충청남도 태안군 이원면 내리 📞 태안군청 관광진흥과 041-670-2772, 태안해안국립공원 사무소 041-672-9737 🕐 24시간, 연중무휴 💰 무료 📍 주차 26대 가능, 무료 | 솔향기길 주차장, 200대 가능, 무료 🚗 꾸지나무골해수욕장(0.1km)→꾸지나무길(0.9km)→원이로(6.12km)→만대항

사목해수욕장

아담한 규모의 한적한 해수욕장이다. 모래가 곱고 모래층이 두터워 해수욕장으로 훌륭하지만 잘 알려지지 않은 곳이다. 해변 뒤로는 울창한 소나무 숲을 이루어 캠핑하기에 적합하다. 편의 시설은 부족한 편이지만 조용하고 아름다운 해변을 찾는 사람들에게 좋은 곳이다.

- 충청남도 태안군 이원면 내리
- 태안군청 관광진흥과 041-670-2544
- 24시간, 연중무휴
- 주차 10대 가능, 무료

태을암

태안 8경 중 1경으로 손꼽히는 백화산 중턱의 작은 사찰이다. 대웅전에서 위쪽으로 30m 정도 떨어진 곳에 백제 시대 마애불상 중 가장 오래된 국보 제307호의 태안마애삼존불이 있다. 자연 암벽에 새겨진 불상을 마애불이라 하는데, 이름 그대로 커다란 바위에 불상이 새겨져 있다. 중앙에는 관음보살상이, 좌우에는 약사여래와 아미타여래의 불상이 있어 독특하다.

- 충청남도 태안군 태안읍 원이로 78-132
- 041-672-1440
- 24시간, 연중무휴
- 주차 10대 가능, 무료

아담한 태을암도 아름답고 태을암에서 바라보는 산경도 볼 만하다

백제의 미소를 머금은 삼존불

마애 삼존불을 품고 있는 목조처실

바위에 새겨진 태을동천. 동천은 산수가 좋다는 별천지를 뜻한다

태안 절경을 굽이굽이 거닐 수 있는 도보로 하는 여행, 생태문화탐방로 태안 솔향기길

- **제1코스** 거리 10.2km, 소요시간 약 3시간 30분 | 만대항→당봉전망대→여섬→꾸지나무골해수욕장
- **제2코스** 거리 9.9km, 소요시간 약 3시간 | 꾸지나무골해수욕장→가로림만→사목해수욕장→볏가리마을→희망벽화
- **제3코스** 거리 9.5km, 소요시간 약 3시간 | 볏가리마을→당산임도→밤섬나루터→새섬리조트
- **제4코스** 거리 12.9km, 소요시간 약 3시간 30분 | 새섬리조트→호안, 임도→청산포구→갈두천
- **제5코스** 거리 8.9km, 소요시간 약 2시간 30분 | 갈두천→선돌바위→용주사→생태공원→백산산

★추천하고 싶은 곳★

추천 숙소

별궁 _추천재강_

한옥 스타일의 펜션으로 한국 전통 건축 양식을 따르려고 노력한 흔적이 곳곳에 보인다. 시멘트를 사용하지 않은 외부와 구들 난방 방식이 정겹다. 갯벌 체험과 바비큐장이 있어 가족 단위 여행객에게 더욱 사랑받고 있다.

📍 충청남도 태안군 이원면 원이로 2492 📞 010-4579-7272 💰 9만 원~(성수기, 비수기, 평일, 주말 요금 다름) 🌐 www.byulgung.com 🚗 꾸지나무골해수욕장에서 2.3km

하늘과 바다 사이 해양리조트

객실 수 180여 개의 규모를 자랑하는 대형 리조트 단지로 아기자기한 분위기는 아니지만 단지 전체가 이국적인 분위기라서 색다르다. 신두리해변 쪽에 위치해 있어 여름철 휴양지로 선택하기에 더욱 좋다.

📍 충청남도 태안군 원북면 신두해변길 207 📞 041-675-2111 💰 7만 2,000원~(성수기, 비수기, 평일, 주말 요금 다름) 🌐 www.sky-sea.co.kr 🚗 신두리 해안사구에서 1.4km

학암포 퍼스트 카라반

해수욕장 바로 앞 언덕 위에 있어 풍경이 압권이며, 색다른 숙박 형태인 카라반을 간편하게 즐길 수 있다.

📍 충청남도 태안군 원북면 옥파로 1169-3 📞 010-2169-0983 💰 8만 원~(성수기, 비수기, 평일, 주말 요금 다름) 🌐 www.firstcamp.kr 🚗 학암포해수욕장 내 위치

추천 맛집

만대회수산

회를 시키면 기본적으로 내오는 상차림이 훌륭하고 화려한 것으로 유명해진 곳이다. 횟감도 훌륭하지만 이곳의 거의 모든 해산물 재료가 신선하다. 회가 부담스럽다면 이 집의 간편 메뉴인 회덮밥, 물회 등을 주문하여도 신선하고 맛있는 회를 맛볼 수 있다.

📍 충청남도 태안군 이원면 원이로 2969 📞 041-675-0108 🕘 09:00~21:00, 연중무휴 💰 회덮밥 1만 원, 물회 1만3,000원, 회 5만 원~ 🌐 만대수산.com 🅿️ 주차 20대 가능, 무료 🚗 만대항 내 위치

밥줘

태안의 향토 음식인 게국지가 대표 메뉴다. 게국지는 손질한 꽃게에 늙은 호박과 게장 소스를 넣고 담은 김치와 함께 끓여 먹는 음식으로 구수한 국물이 일품이다. TV 출연으로 더욱 입소문이 난 곳이지만 그 전부터 비교적 저렴한 가격과 시원한 국물 맛으로 지역민들에게 사랑받고 있던 곳이다.

📍 충청남도 태안군 태안읍 시장5길 38-6 📞 041-675-0336 🕒 09:00~21:00(부정기적), 연중무휴 💰 게국지 3만5,000원~, 흑해지두루치기 9,000원 🌐 blog.naver.com/d2o4u 🅿️ 주차 5대 가능, 무료 🚗 신두리 해안사구에서 19.3km

이원식당

영업을 시작한 지 50년이 넘은 이 집은 '박속밀국낙지'의 원조격이다. 특이한 식감의 박속이 무척 시원한 맛을 내며, 샤부샤부하듯 살짝 익혀 먹는 낙지의 식감도 좋다. 낙지를 다 먹은 후 국물에 칼국수와 수제비를 넣어 끓여 먹는 걸로 마무리하기 때문에 속이 든든하다.

📍 충청남도 태안군 이원면 원이로 1539 📞 041-672-8024 🕒 09:00~21:00, 설·추석 당일 휴무 💰 박속밀국낙지탕 1만7,000원 🅿️ 주차 30대 가능, 무료 🚗 이원방조제에서 5.8km

🏠 추천 가게
황골전통손맛 조청

조청은 엿기름을 삭혀 단맛을 내도록 오랜 시간 정성을 들여 만드는 전통 음식이다. 100% 우리 농산물을 이용해 전통 방식으로 만든 조청과 엿을 구입할 수 있다. 따로 가게가 있는 곳이 아니니 기내 공장에서 직접 혹은 택배로 구매할 수 있다.

📍 충청남도 태안군 원북면 옥파로 928-3 📞 041-674-7017 🕒 운영시간 부정기적 💰 쌀엿·생강엿 1만2,000원~ 🅿️ 주차 10대 가능, 무료 🚗 먼동해수욕장에서 2km

솔향기길 염전

소나무 많은 지역에서 송홧가루가 날리는 5~6월에 생산된 소금만 식용으로 판매하며, 이를 송화소금이라 한다. 염전과 판매처가 같이 있어 염전을 가까이서 구경할 수 있고 체험도 가능하다. 타일 판을 이용해서 소금을 채취하며 탈수 과정에서 불순물과 소금을 분리하기 때문에 깔끔하다.

📍 충청남도 태안군 이원면 원이로 2808-4 📞 041-675-7892 🕒 운영시간 부정기적 💰 2kg 1만~20만 원 🅿️ 주차 5대 가능, 무료 🚗 만대항에서 1.7km

시장왕순대

태안시장의 맛집으로 유명하다. 순대와 내장 등 재료가 신선하여 잡내가 나지 않는다. 순대와 함께 나오는 맛있게 익은 배추김치와 무김치, 칼칼한 맛의 고추장아찌가 순대와 잘 어울린다. 시장에 들러서 따끈한 국물 한 그릇 먹고 싶다면 넉넉한 양의 순대국밥을 추천한다.

📍 충청남도 태안군 태안읍 시장4길 28-1 📞 041-674-3168 🕒 08:00~21:00, 첫째·셋째 월요일 휴무 💰 모둠순대 4,000원~, 순대국밥 6,000원 🅿️ 태안상설시장 주차장, 50대 가능, 무료 🚗 신두리 해안사구에서 19km

모둠순대

순대국밥

충청도
DRIVE COURSE

태안반도 남부

해송과 고운 모래 해변을 맘껏 즐길 수 있는 드라이브 코스

태안반도는 동쪽을 제외하고는 3면이 모두 바다로 둘러싸여 있으며, 114개의 크고 작은 섬들이 있다. 해안선이 559.3km에 이르며 이 해안선을 따라 천연 송림과 30여 개의 크고 작은 해수욕장, 섬 등 다양한 볼거리가 넘쳐난다. 서해안 3대 해수욕장으로 꼽히는 만리포해수욕장에서 시작해 북쪽 해안을 둘러보며 태안의 다양한 매력에 흠뻑 취해보자.

TIP 주요 도로를 제외하고 왕복 1~2차선인 경우가 대부분이다. 비켜서서 통행해야 하는 경우가 있으므로 조심해서 서행하자.

INFORMATION
- 이동거리 150.91km
- 드라이브 3시간 25분
- 전체 코스 10~11시간
- 포인트 크고 작은 섬과 해수욕장, 바다를 실컷 만끽할 수 있다.
- 추천계절 봄~가을(3~11월)
- 축제 태안튤립축제(4~5월) 태안수산물(해삼)축제(5월 말~6월 초), 태안빛축제(연중무휴)

RECEIPT
입장료
갈음이해수욕장 ·················· 10,000원
*개장 시에만 입장료 있음
(개장 시기는 해마다 다름)

주차료
무료

식사 및 간식
(점심)시골밥상 ·················· 12,000원
(간식)아메리카노 ·················· 6,000원

TOTAL
28,000원

(※2인 기준)

드넓은 만리포해수욕장이 마음부터 설레게 한다.

1 course — 똑딱선 기적 소리 젊은 꿈을 싣고서 **만리포해수욕장**

반야월 작사의 유명한 '만리포 사랑' 노래로 유명한 이곳 만리포해수욕장은 태안 8경 중 제1경인 동시에 서해안 3대 해수욕장을 손꼽히는 곳이다. 그 명성에 걸맞게 드넓은 백사장과 바다의 조화는 보는 이의 눈과 마음을 시원하게 하고 병풍처럼 펼쳐진 소나무 숲이 있어 놀기에도 좋고, 보기에도 좋다. 모래가 곱고 경사가 완만하여 가족이 함께 즐기기에 좋은 해수욕장이다. 주변의 수많은 기반 시설이 만리포해수욕장의 위상을 알려준다.

📍 충청남도 태안군 소원면 서해로 일원 📞 태안군청 관광진흥과 041-670-2761 🕐 24시간, 연중무휴 💰 무료 🅿 주차 500대 가능, 무료 🚗 해미TG(0.72㎞)→중앙로(10.41㎞)→양열로(4.5㎞)→서해로(30.42㎞)→만리포해수욕장

2 course — 싱싱한 횟감 천국 **모항항**

만리포와 천리포 해수욕장 인근에 위치한다. 만리포에서 모항항으로 가는 산길이 해송과 어우러져 운치 있다. 불모지라는 뜻을 갖고 있는 모항항은 이름과 다르게 낚시 포인트가 산재해 있어 만리포와 더불어 우럭 낚시터로 손꼽힌다. 수산물직판장이 있어 신선한 해산물을 구입할 수 있다.

📍 충청남도 태안군 소원면 모항항길 122-29 📞 태안군청 해양수산과 041-670-2857 🕐 24시간, 연중무휴 💰 무료 🅿 주차 50대 가능, 무료 🚗 만리포해수욕장(0.89㎞)→만리포2길(0.86㎞)→모항항길(0.45㎞)→모항항

3 course

거친 파도 소리와 해옥이 아름다운 **파도리해수욕장**

파도리는 파도가 거칠어 지나가기 어려운 곳이란 뜻의 '난행량'에서 유래된 이름이다. 갯바위와 자갈이 많아 파도 소리가 거세다. 검은 갯바위와 파도가 만든 작은 돌인 해옥이 깔려 있어 경관이 아름답다. 여타 다른 서해의 해수욕장에 비해 바닷물이 맑아 바다 생물이 많이 서식해 피서지 겸 자연학습장으로 이용하기 좋다.

충청남도 태안군 소원면 파도길 63-12 태안군청 관광진흥과 041-670-2761 24시간, 연중무휴 무료 주차 10대 가능, 무료 모항항(0.12km)→모항항길(0.51km)→모항파도로(4.07km)→파도길(0.51km)→파도리해수욕장

4 course

물에 잠기는 선착장 **통개항**

작은 시골 마을 같은 느낌의 조용하고 아담한 항구다. 만조가 되면 물속에 잠기는 낮은 콘크리트 선착장이 있다. 그 길 주변으로 뻘이 넓게 펼쳐지기 때문에 어민들이 물 빠진 바다 갯벌에서 어패류를 채취하는 해루질을 한다. 물이 만조가 되면 길뿐 아니라 선착장까지 모두 물에 잠기기 때문에 주의해야 한다.

충청남도 태안군 소원면 파도리 태안군청 해양수산과 041-670-2857 24시간, 연중무휴 무료 주차 10대 가능, 무료 파도리해수욕장(0.15km)→파도길(0.58km)→아치내길(0.61km)→통개항길(0.73km)→통개항

알고 떠나면 더 즐거운 여행길

태안반도 남부의 갯벌 체험

태안은 갯벌이 드넓어 특별히 금지된 곳을 제외하고는 갯벌 체험을 하기에 좋다. 조개나 골뱅이 등의 바다 생물을 채취할 수 있는 시간은 물때 시간부터 저조 시간을 기점으로 2시간 전후가 바닷물이 빠져 있는 시간이라 가능하다. 음력으로 보름날(15일)이나 그믐날(30일)을 전후하여 3~4일 정도가 갯벌 체험하기에 좋은 때다. 채취에 필요한 호미나 모종삽, 손전등, 양동이나 바구니 등을 준비해야 한다. 잡은 어패류는 바닷물을 양동이에 담아 약 3~4시간 정도 담가놓은 후에 먹을 수 있다.

 일출·일몰/물때 시간 및 내용은 태안군청 홈페이지(www.taean.go.kr) 참조

5 course

은빛 모래언덕에서 왈츠를 **갈음이해수욕장**

영화 〈번지점프를 하다〉에서 두 주인공이 왈츠를 추는 장면의 배경으로 나온 해수욕장이다. 입구부터 눈에 들어오는 높은 모래 둔덕이 독특하다. 모래가 사막처럼 바람에 날릴 정도로 고와서 밟으면 푹신할 정도다. 해안가로 시원한 송림 숲이 우거져 있어 캠핑하기에 안성맞춤이다. 원래 군사 지역으로 묶여 있다가 민간인 출입이 가능해진 것은 1990년대 정도부터라 아직 많이 알려지지 않아 여유롭다.

📍 충청남도 태안군 근흥면 갈음이길 38-30 📞 태안군청 관광진흥과 041-670-2761 🕐 24시간, 연중무휴 ◎ 무료(개장 시 5,000원, 1일 추가 시 2,000원) 🅿 주차 100대 가능, 무료 🚗 통개항(0.63km)→통개항길(0.7km)→구모배길(0.51km)→모항파도로(4.93km)→서해로(6.94km)→마금로(3.71km)→근흥로(9.59km)→갈음이길(1.44km)→갈음이해수욕장

6 course

태안에서 가장 큰 항 **신진도항(안흥외항)**

충남의 대표적인 항이라 할 만큼 규모가 크며, 한국 본토로서는 서해에서 가장 깊숙이 들어와 있는 항이다. 낚시 포인트로 유명한 곳이며, 고기잡이배들로 가득하다. 고려 때 송나라로 가는 사신이 우리나라를 떠날 때 이곳에서 산제를 지내고 날씨가 청명하기를 기다렸다는 구전이 내려오고 있다.

📍 충청남도 태안군 근흥면 신진도리 📞 태안군청 해양수산과 041-670-2857 🕐 24시간, 연중무휴 ◎ 무료 🅿 주차 300대 가능, 무료 🚗 갈음이해수욕장(1.44km)→근흥로(3.55km)→신진부두길(0.12km)→신진도항(안흥외항)

★ 놓치지 말자! ★

안흥성

조선 효종 6년 서해안을 방어하기 위한 목적으로 축성되었다. 동학혁명 때 성내의 건물은 모두 소실되었고 폐성이 되었다. 중국 사신을 영접하던 곳이기도 하며, 군사적 요새지로 중요한 임무를 수행한 곳이다. 지금은 출입구만 남아 있지만 성곽으로 보았을 때 큰 성이었음을 알 수 있다. 충청남도 기념물 제11호로 지정되었다. 뒤편 태국사로 가는 길에서 내려다보면 신진대교와 안흥성이 한눈에 들어와 전망이 좋다.

📍 충청남도 태안군 근흥면 안흥성길 33-6 📞 태안군청 문화관광과 041-670-2771 🕐 24시간, 연중무휴 ◎ 무료 🅿 주차 50대 가능, 무료

7 course

태안의 보물섬이라 불리는 **마도**

신진도의 서쪽 제방으로 연결되어 있는 섬이다. 마도 앞바다는 물살이 세기 때문에 배가 빈번히 난파하곤 했다. 2007년에 조선 시대의 조운선이 인근에서 발견되어서 이목을 집중시킨 바 있다. 원래 낚시 포인트로 유명해 철에 따라 낚시꾼들이 많이 모여든다. 신진도와 마도를 둘러보는 해안 드라이브길이 아름답다.

📍 충청남도 태안군 근흥면 신진대교길 94-33 📞 근흥면사무소 041-673-0006 🕐 24시간, 연중무휴 💰 무료 🅿 주차 60대 가능, 무료 🚗 신진도항(안흥외항)(0.31km)→신진부두길(0.78km)→마도길(0.83km)→마도

멋진 드라이브길의 휴식이 되어주는 곳

8 course

신선한 해산물이 생각나면 **채석포항**

예전에 금을 캐던 광산이 있어 채석포라 이름 불리는 이곳은 꽃게와 대하가 유명하다. 제철이 되면 이곳 경매장에서 비교적 값싸게 거래된다. 그리 크지 않은 마을이지만 횟집 등 해산물을 파는 곳이 많은 편이다. 주민들이 직접 잡아서 판매하기 때문에 다른 관광지보다 저렴하고 싱싱하게 먹을 수 있어 피서객뿐 아니라 많은 이들이 꾸준히 찾고 있다.

📍 충청남도 태안군 근흥면 도황리 📞 근흥면사무소 041-673-0006 🕐 24시간, 연중무휴 💰 무료 🅿 주차 50대 가능, 무료 🚗 마도(0.61km)→마도길(0.89km)→근흥로(6.63km)→용도로(2.54km)→채석포항

★ 놓치지 말자! ★

연포해수욕장

난류의 영향으로 수온이 높아서 개장 기간이 전국에서 가장 긴 것으로 유명한 해수욕장이다. 활처럼 휜 백사장이 인상적이다. 백사장 옆으로는 송림이 길게 우거져 있으며 기암괴석과 어우러져 경관이 아름답다. 대규모의 해수욕장은 아니지만 시설들이 잘 되어 있는 편이며, 많이 붐비는 편이 아니어서 성수기에도 들러볼 만하다.

📍 충청남도 태안군 근흥면 용도로 89-3 연포번영회 사무실 📞 근흥면사무소 041-673-0006 🌐 www.yeonpo.net 🅿 주차 300대 가능, 무료

★ 추천하고 싶은 곳 ★

🛏 추천 숙소
블레스오션

펜션 바로 앞이 드넓은 해수욕장이라 여름철 여행지로 아주 훌륭하다. 신진항이나 채석포항 등 숙소 근처의 가까운 항구에서 싱싱한 해산물을 구입해 숙소의 주방에서 요리를 해먹을 수도 있고 요금을 추가하면 고기 무한리필이 가능한 바비큐 파티 패키지도 선택할 수 있다.

📍 충청남도 태안군 근흥면 용도로 126-18 📞 041-673-2727 💰 7만 원~(성수기, 비수기, 평일, 주말 요금 다름) 🌐 www.blessocean.co.kr 🚗 채석포항에서 1.45km

말리호텔 앤 리조트

카페, 옥상 펍, 바비큐장, 야외 캠핑장, 야외 수영장, 세탁실까지 갖춘 편리한 부대시설이 눈길을 끈다. 리조트 내에서 조식을 선택할 수 있어 숙소에서 여유로운 시간을 즐기고 싶은 여행객에게 추천할 만하다. 만리포 관광지 중심에 위치해 있어 이동이 더욱 좋다.

📍 충청남도 태안군 소원면 만리포1길 95 📞 041-675-3877 💰 7만 원(조식 포함)~(성수기, 비수기, 평일, 주말 요금 다름) 🌐 malihotelresort.com 🚗 만리포해수욕장 내 위치

🍴 추천 맛집
시골밥상

음식점 같은 건 없을 법한 시골길을 따라가다 보면 만날 수 있는 맛집이다. 옛날 한옥을 개조한 집에서 먹어서 그런지 더욱 정겹다. 제철 음식을 정성껏 차려낸 소박한 밥상으로, 국과 전 외에 기본적으로 9찬이 나온다. 표고와 한약재를 이용해 만든 김치를 비롯, 조청으로 14시간을 조린 우엉볶음 등 정성이 듬뿍 들어간 음식을 맛볼 수 있다.

📍 충청남도 태안군 소원면 대소산길 368 📞 041-675-3336 🕐 평일 09:00~15:00(반찬 소진 시까지), 토요일 09:00~19:00, 매주 일요일 휴무 💰 시골밥상 6,000원(주류는 판매하지 않음) 🅿 주차 10대 가능, 무료 🚗 채석포항에서 14.9km

만리포 어시장

바닷가 관광지에서 회를 먹으려면 비싼 값을 치러야 한다. 하지만 이곳은 기본 안주 없이 회에 충실한 식당으로, 주변에 비해 저렴한 가격으로 먹을 수 있다. 포장도 가능하며, 식당을 이용할 경우 채소 값만 내면 그 자리에서 회나 조개 등

의 해산물을 먹을 수 있다. 가격은 시세에 따라 바뀌니 점포 앞의 가격표를 미리 확인하자.

📍 충청남도 태안군 소원면 서해로 6 📞 041-672-9956 🕐 09:00~부정기적(아침 식사는 06:30부터 가능), 연중무휴 💰 광어 1kg 3만5,000원(시가에 따라 다름), 모둠조개(중) 4만 원, 채소 값 5,000원, 매운탕(2인분 이상) 4만 원~ 📍 만리포해수욕장 주차장, 500대 가능, 무료 🚗 만리포해수욕장 내 위치

가보

중화요리 신4대문파 중 하나인 대려도파의 황소화 씨가 운영하는 식당이다. 정통 중화요리를 서울이 아닌 지방에서 만날 수 있다고 하여 유명한 곳이다. 채소가 싱싱하며 재료가 풍부하게 들어 있다. 짬뽕 맛을 결정하는 육수가 깊고 깔끔하여 사람들이 많이 찾는다. TV 프로그램 〈생활의 달인〉 출연 이후로 더욱 인기가 많아져 식사 때가 아니어도 사람들로 늘 북적인다.

📍 충청남도 태안군 태안읍 군청8길 14-1 📞 041-672-2600 🕐 10:30~21:00, 설·추석 전날, 당일 휴무 💰 소고기짬뽕·사천탕면 8,000원, 새우볶음밥 7,000원 🌐 okqr.kr/16527 📍 주차 30대 가능, 무료 🚗 채석포항에서 13.3km

🏪 추천 가게
태안상설시장

충남 서북부의 대표적인 오일장으로 매월 3, 8일에 시장이 열린다. 지역의 문화관광형 시장으로 육성하면서 콘크리트 건물로 개축하였다. 과거에는 어물전, 나무전, 싸전 등이 주로 있었지만, 현재는 인근 청정해역에서 잡아 올린 신선한 해산물은 물론, 태안 특산품인 마늘과 생강 등을 저렴하게 구입할 수 있다.

📍 충청남도 태안군 태안읍 시장4길 18 📞 시장상인회장 010-5450-0688 🕐 가게별 상이 📍 주차 50대 가능, 무료 🚗 채석포항에서 12.6km

CAFE 에뜨왈

태안 시내 교통광장 오거리 옆에 있는 예쁜 카페 겸 식당. 주메뉴인 수제 등심돈가스와 각종 음료를 판매한다. 이곳엔 카페에서 찾아보기 힘든 좌식 테이블 두 개가 있어 어린아이들과 동행하는 가족들이 편히 이용할 수 있어 더욱 사랑받는 곳이다. 여름철에 판매하는 빙수도 맛있다.

📍 충청남도 태안군 태안읍 동백로 135 📞 041-675-3337 🕐 09:00~20:00, 매주 일요일, 설·추석 당일 휴무 💰 아메리카노 3,000원, 돈가스 9,000원 📍 주차 6대 가능, 무료 🚗 채석포항에서 11.4km

충청도 DRIVE COURSE

보령 해안 로드

색다른 여행이 가능한 오감만족 드라이브 코스 따라 '씽씽'

피부 미용에 좋다고 알려진 청정해역의 머드를 만날 수 있는 보령. 보령머드축제가 개최되는 대천 해수욕장에서 시작한다. 저마다 다른 서해의 비경을 즐길 수 있는 해수욕장들을 중심으로 독특한 체험관과 전시관이 있어 이색적인 여행을 계획하기에 제격이다. 다채로운 볼거리와 즐길 거리가 가득하고 풍부한 해산물로 먹거리까지 준비된 드라이브 코스다.

TIP 대부분 월요일이 휴관이니, 월요일을 피하자.

INFORMATION
- 이동거리 28.1km
- 드라이브 1시간 3분
- 전체 코스 6~7시간
- 포인트 비교적 짧은 코스임에도 먹거리, 볼거리, 즐길 거리가 행복감을 안겨준다.
- 추천계절 봄~가을(3~11월)
- 축제 무창포 주꾸미·도다리축제(3~4월경), 주산벚꽃축제(4월), 대천항 수산물축제(5월), 보령머드축제(7월), 무창포 신비의 바닷길 축제(8월), 무창포 대하·전어축제(9~10월)

RECEIPT

입장료
박물관은 살아있다 ……… 18,000원
상화원 ……………………… 12,000원

주차료
무료

식사 및 간식
(점심)해물칼국수 …………… 14,000원
(간식)코랄커피 ……………… 8,400원

TOTAL
52,400원

(※2인 기준)

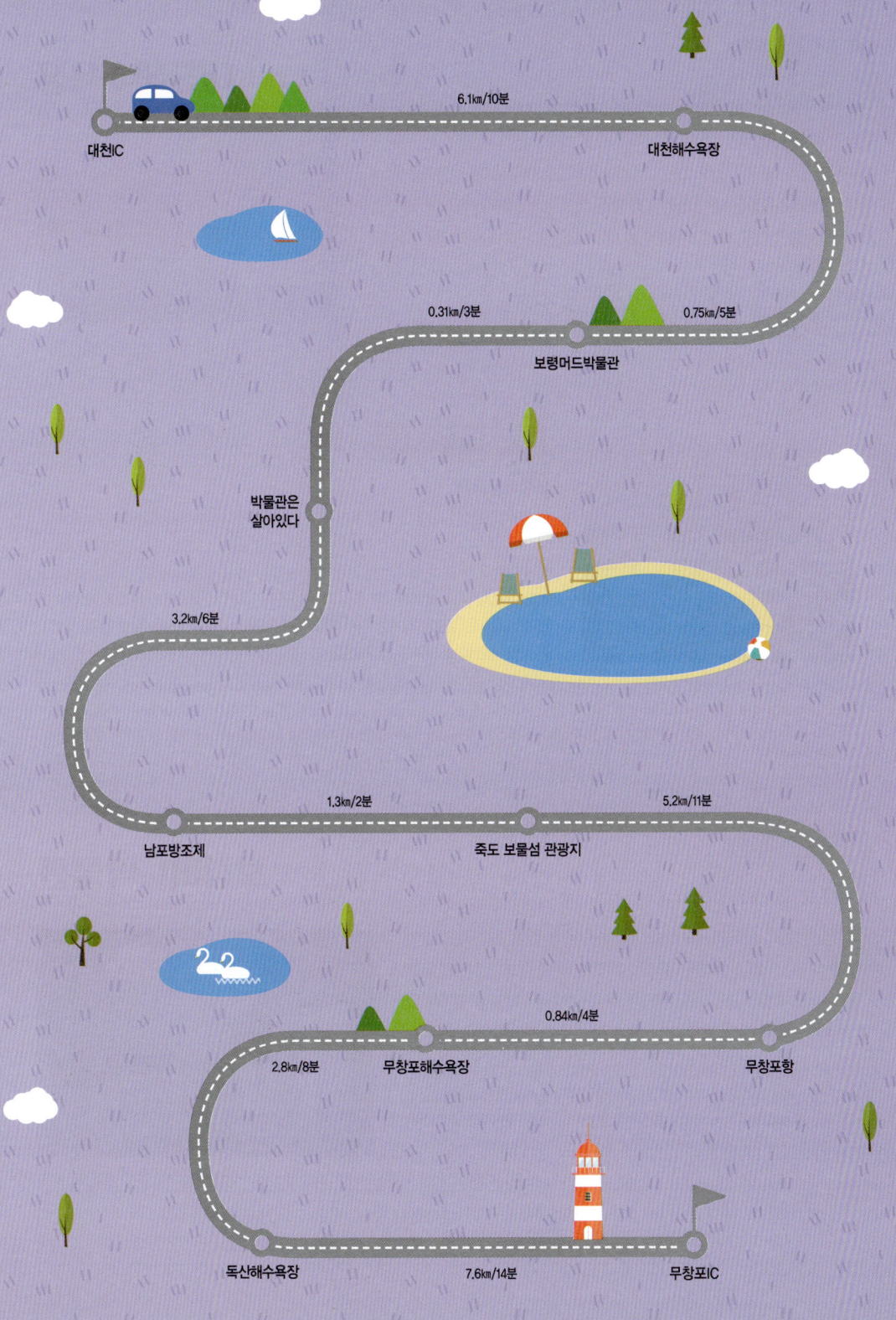

1 course

보령머드축제가 열리는 대천해수욕장

충남 보령시 신흑동에 위치한 해수욕장으로 보령 1경에 속한다. 큰 규모의 백사장과 한편에 자리하고 있는 기암괴석이 어우러져 빼어난 풍경을 보여준다. 대천해수욕장은 매년 6월 말경 혹은 7월 초가 되면 개장식이 열리고, 7월이면 보령의 대표 축제 보령머드축제가 개최된다. 이때는 다양한 이벤트와 공연이 함께 진행되어 많은 관광객들이 몰려든다. 대천해수욕장의 축제 일정 및 이벤트 소식은 홈페이지를 통해 확인할 수 있다.

📍충청남도 보령시 머드로 123 📞041-933-7051 🕐24시간, 연중무휴 🌐www.daechonbeach.or.kr 💰무료 🅿️주차 700대(공영주차장 포함) 가능, 무료 🚗대천IC(0.4km)→서해안고속도로(0.9km)→대해로(4.8km)→대천해수욕장

★놓치지 말자!★

보령머드축제

보령의 대표적인 축제. 보령의 특산품인 보령머드 화장품과 대천해수욕장을 비롯한 지역 내 관광명소를 홍보하기 위해 1998년 7월 처음 개최되었으며 2017년 20회를 맞이했다. 매년 보령의 대천해수욕장 머드광장 및 시내 일원에서 진행되며 머드 셀프 마사지, 머드 보디페인팅 등의 체험 행사와 기획전시 행사를 비롯하여 다양한 연계행사가 운영된다. 자세한 행사 일정 및 행사장 안내는 보령머드축제 홈페이지를 통해 확인할 수 있으며 입장권은 온라인 및 현장에서 구매 가능하다.

📍충청남도 보령시 대해로 897-15 대천해수욕장 머드광장 및 시내 일원 🕐매년 7월(홈페이지 통해 확인 필수) 📞보령머드축제위원회 041-930-3882 💰일반존 어른 평일(월~목요일) 10,000원, 주말(금~일요일) 1만2,000원, 청소년 평일 8,000원, 주말 1만 원), 키즈존 (보호자 : 평일 4,000원, 주말 6,000원, 어린이 : 평일 7,000원, 주말 9,000원, 만 3세 미만 무료) 🌐www.mudfestival.or.kr 🅿️대천해수욕장 주차장, 700여 대(공영주차장 포함), 무료

---

2 course

머드에 대해 알고 싶다면 보령머드박물관

우리나라 유일의 머드박물관으로, 대천해수욕장 앞에 위치하고 있어 찾기에 어렵지 않다. 박물관에서는 머드에 대한 정보는 물론, 머드샤워장, 머드 마사지실, 머드 화장품 등 머드 관련 체험을 할 수 있다. 보령머드축제 사진 전시, 역대 자료 전시실도 마련되어 있다.

📍충청남도 보령시 대해로 897-15 📞041-931-4021 🕐09:00~18:00, 매주 월요일, 설·추석 연휴, 공휴일 다음 날 휴무 💰머드샤워장 어른 4,000원, 어린이(만 12세 미만) 3,000원 🌐mud.brcn.go.kr 🅿️대천해수욕장 주차장, 700대 가능, 무료 🚗대천해수욕장(0.15km)→대해로4길(0.6km)→보령머드박물관

Tip
- 박물관의 1층 한편에는 머드 화장품 및 기념품 판매소가 있어 보령의 명물인 머드로 만들어진 화장품을 구입할 수 있다.
- 머드축제기간에 박물관 내의 샤워장을 이용할 경우 머드팩을 무료로 사용할 수 있다.

3 course

미술 작품을 통한 이색적인 경험 **박물관은 살아있다**

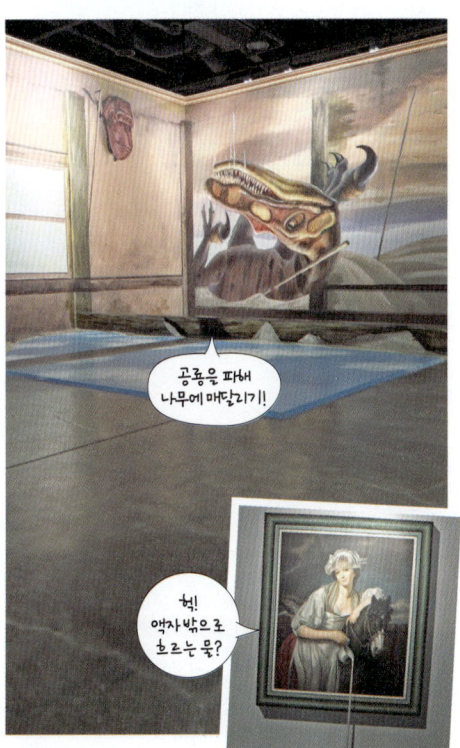

국내 최초로 착시 미술을 도입하여 미디어, 오브제 아트 등 다양한 영역을 접목시킨 관객 참여 문화놀이공간 및 체험전시관이다. 현재 국내외 14개의 상설 전시장을 보유하고 있으며, 대천 지점은 보령시 신흑동 한화리조트 내에 자리하고 있다. 과학적 원리와 독창적인 아이디어로 만들어진 전시 작품을 이용하여 관람객이 직접 다양한 연출을 해볼 수 있다. 독특한 사진을 한가득 남길 수 있는 곳이므로 카메라 준비는 필수다.

📍 충청남도 보령시 해수욕장3길 11-10 한화리조트 내천파로스 3층 📞 041-930-8590 🕐 09:00~19:00(일·월요일 17:00, 연휴 시 부정기적), 연중무휴 💰 어른(일반 9,000원, 투숙객 8,000원) 청소년(일반 8,000원, 투숙객 7,000원) 어린이(일반 7,000원, 투숙객 6,000원) 🌐 한화리조트 www.hanwharesort.co.kr, 박물관은 살아있다 www.alivemuseum.com 🅿 주차 300대 가능, 무료 🚗 대천해수욕장(0.31㎞)→박물관은 살아있다

TiP '박물관은 살아있다' 100% 즐기기

- 사진 촬영 시 플래시는 피하자.
  높은 조도로 인해 빛이 번지는 현상이 발생된다.
- 전시관 바닥의 '포토포인트'를 찾아라.
  투시로 표현된 작품은 이곳에서 구도가 완성된다.
- 친구, 연인, 가족 모두와 함께 사진을 찍고 싶다면? 전시관 스태프를 찾자.

4 course
서해 바다를 가로지르는 드라이브 코스 남포방조제

무창포해수욕장과 대천해수욕장을 잇고 있는 방조제. 남포 간척지를 위해 만들어진 남포방조제는 약 4km 길이로, 바다 사이에 길게 뻗어 있어 드라이브 코스로 제격이다. 방조제 중간 지점에 위치한 죽도와 연결되어 있어 섬으로 들어갈 수 있다. 죽도 관광지 내에 주차를 한 뒤 방조제 위를 걸으며 산책해 보아도 좋다.

📍 충청남도 보령시 남포면 양항리 📞 보령시 관광안내소 041-932-2023 🕐 24시간, 연중무휴 🎫 무료 🅿️ 죽도유원지 주차장, 30대 가능, 무료 🚗 박물관은 살아있다(0.6km)→갓바위1길(0.3km)→광장진입로(0.5km)→남포방조제로(1.8km)→남포방조제

5 course
숨겨진 보물 같은 정원 죽도 보물섬 관광지

보령 8경 중 6경에 속하는 죽도는 섬 전체를 울창한 대나무가 덮고 있어 이와 같은 이름이 붙은 것이라 한다. 대천해수욕장과 무창포해수욕장의 중간 지점에 있으며 남포방조제가 완공되면서 육지와 섬이 연결되었다. 죽도 내에서 추천할 만한 장소는 상화원. 죽도의 아름다운 자연을 최대한 훼손하지 않는 선에서 조성된 한국식 전통 정원이다. 상화원은 예약제로 개방하므로 방문할 계획이라면 홈페이지를 통해 반드시 예약해야 한다.

📍 충청남도 보령시 남포면 월전리 📞 보령시 관광안내소 041-932-2023 🕐 24시간(상화원은 4.1~11.30까지 매주 금~일요일, 법정 공휴일에 10:00~16:00 개방, 4~11월에는 매주 월요일 휴무), 연중무휴 🎫 무료(상화원 입장료 6,000원 별도) 🌐 상화원 www.sanghwawon.com 🅿️ 주차 30대 가능, 무료 🚗 남포방조제(1.3km)→죽도 보물섬 관광지

> **TIP 상화원 숙박 시설 이용하기**
> - 상화원 내의 한옥마을과 빌라 단지는 숙박 시설로 사용되고 있다.
>   기업체의 연수원이나 휴양소, 내·외국인의 영빈관 또는 가족 행사, 결혼식 등의 대규모 단체가 사용하기에 적합하다. 소규모의 개인은 이용이 불가능하다.
> - 상화원 객실 관련 문의는 전화, 메일을 통해 가능하다.
>   📞 서울사무소 02-398-1711, 상화원 041-933-4750 ✉️ sanghwawon@kci.co.kr

6 course
구름다리와 방파제가 멋진 무창포항

보령의 3대 항구로 신비의 바닷길과 주꾸미로 유명한 무창포항. 무창포항의 관광 포인트는 노란 구름다리다. 다리 아래로 작은 배들이 지나다닐 수 있도록 하기 위해 높게 만들어졌다. 푸른 바다 위에 나란히 서 있는 하얀 등대와 빨간 등대, 항구의 작은 낚싯배들이 어우러져 멋진 풍경을 만든다.

📍 충청남도 보령시 웅천읍 관당리 📞 보령시 관광안내소 041-932-2023 🕐 24시간, 연중무휴 🎫 무료 🅿️ 주차 50대 가능, 무료 🚗 죽도 보물섬 관광지(0.5km)→남포방조제로(2.2km)→열린바다로(2.5km)→무창포항

7 course

보령 신비의 바닷길 **무창포해수욕장**

서해안 최초의 해수욕장으로 1928년에 개장되었다. 길게 펼쳐진 모래사장 위로 송림이 울창하여 삼림욕을 즐기기에도 부족함이 없다. 무창포해수욕장에는 모세의 기적을 재현하는 듯한 바닷길 열림 현상이 나타나는데, 이를 보기 위해 해수욕장을 찾는 관광객의 발길이 끊이지 않는다. 이곳에서는 주꾸미·도다리축제, 신비의 바닷길 축제, 대하·전어축제 등 매년 다양한 행사가 개최되고 있다.

📍 충청남도 보령시 웅천읍 열린바다1길 10 📞 무창포관광협의회 041-936-3561, 보령시 관광안내소 041-932-2023 🕐 24시간, 연중무휴 💰 무료 🌐 www.muchangpo.or.kr 🅿️ 제1~6 공영주차장, 620대 가능, 무료 🚗 무창포항(0.34㎞)→열린바다2길(0.2㎞)→열린바다1길(0.3㎞)→무창포해수욕장

Tip 무창포해수욕장의 바닷길을 보고 싶다면 홈페이지에서 일별 시간을 미리 확인하고 가는 것이 좋다.

8 course

거닐기에 좋은 한적한 바닷가 **독산해수욕장**

보령시 웅천읍에 위치한 독산해수욕장은 바닷가에 홀로 있는 산이라는 뜻의 홀뫼라고도 불리기 때문에 홀뫼해수욕장이라 칭하기도 한다. 독대섬을 중심으로 모래사장과 갯벌이 이어져 있는 이곳은 코스 내의 다른 해수욕장에 비해 비교적 한적하므로 바닷가를 산책하기에 좋다. 또한 완만한 경사에 물이 맑아 안전한 여름철 피서지로도 추천할 만하다. 물이 빠진 뒤에는 무료 갯벌 체험이 가능하여 아이를 동반한 가족들에게 추천한다.

📍 충청남도 보령시 웅천읍 독소리 📞 보령시 관광안내소 041-932-2023 🕐 24시간, 연중무휴 💰 무료 🅿️ 주차 20대 가능, 무료 🚗 무창포해수욕장(2.8㎞)→독산해수욕장

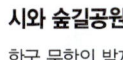
★ 놓치지 말자! ★

웅천 돌문화공원

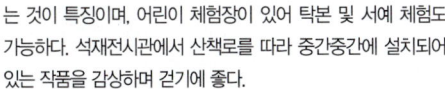

웅천 소도읍 육성사업의 일환으로 만들어진 곳으로, 공원 내에는 석재전시관을 조성하여 웅천 석재 단지의 역사와 남포오석 등을 한눈에 볼 수 있다. 전시관에는 전국 최대의 남포 벼루가 전시되어 있는 것이 특징이며, 어린이 체험장이 있어 탁본 및 서예 체험도 가능하다. 석재전시관에서 산책로를 따라 중간중간에 설치되어 있는 작품을 감상하며 걷기에 좋다.

📍 충청남도 보령시 웅천읍 구장터3길 102 📞 041-931-7688 🕐 내부 전시 11~2월 09:00~17:00, 3~10월 09:00~18:00, 야외 전시 24시간, 매주 월요일, 설·추석 휴무 💰 무료 🅿️ 공원 아래 주차장, 20대 가능, 무료 | 석재전시관 앞 주차장, 15대 가능, 무료

시와 숲길공원

한국 문학의 발자취가 남겨져 있는 공원으로, 120여 기의 시인과 문학인의 문학비가 세워져 있어 자연을 즐김과 동시에 다양한 문학을 접할 수 있다. 공원 내에는 시와 숲길을 비롯하여 보령민요바위, 수태의 돌 등 다양한 볼거리가 있다.

📍 충청남도 보령시 주산면 작은샘실길 58-18 📞 070-4112-5337, 010-8766-5337 🕐 24시간, 연중무휴 💰 무료(당분간) *아직 완전히 조성된 단계가 아니므로 이용료, 시설 등이 변경될 가능성 있음 🌐 www.poet.ne.kr 🅿️ 주차 25대 가능, 무료

★ 추천하고 싶은 곳 ★

🛏 추천 숙소

머드비치호텔

대천해수욕장 앞에 위치해 있으며 세미나실, 커피전문점, 편의점 등의 시설을 갖추고 있다. 특히 전 객실에서 바다를 조망할 수 있다.

📍 충청남도 보령시 해수욕장8길 14 ☎ 041-935-0114 ⓦ 7만 원~(성수기, 비수기, 평일, 주말 요금 다름) www.mudbeach.com 🚗 대천해수욕장에서 1.53km

비체펠리스

무창포의 아름답고 고즈넉한 해변을 바라볼 수 있는 리조트. 레스토랑과 라운지는 물론 특산물 판매장과 노래방 등의 편의 시설을 갖추고 있다.

📍 충청남도 보령시 웅천읍 열린바다길 78 ☎ 1588-0009 ⓦ 7만 원~(성수기, 비수기, 평일, 주말 요금 다름) www.beachepalace.co.kr 🚗 무창포해수욕장에서 0.9km

호텔 머드린

보령 지역의 MUD와 청정 지역이란 의미의 RIN을 조합한 이름의 특2급 호텔. 레스토랑, 바, 노래방 등의 부대시설이 있으며 대천해수욕장 앞 머드광장에 자리하고 있다.

📍 충청남도 보령시 해수욕장8길 28 ☎ 041-934-1111 ⓦ 15만4,000원~(성수기, 비수기, 평일, 주말 요금 다름) www.mudrin.com 🚗 대천해수욕장에서 1.48km

🍴 추천 맛집

보령해물칼국수

보령시 남곡동에 위치한 해물칼국수 전문 식당. 메뉴는 두 가지, 해물칼국수와 왕만두. 해물칼국수는 황태와 미더덕이 들어가 있어 국물이 시원하면서 깔끔하다. 이곳의 특징은 칼국수와 함께 나오는 보리밥. 열무김치와 고추장을 밥과 함께 비비면 그 맛이 일품이며, 해물칼국수 국물과의 조화는 두말할 것도 없다.

📍 충청남도 보령시 해안로 444 ☎ 041-931-1008 ⓦ 10:00~21:00, 연중무휴(설·추석 당일 제외) 해물칼국수 7,000원, 왕만두 1인분(5개) 5,000원 주차 15대 가능, 무료 🚗 대천해수욕장에서 7.15km

대천본가

대천해수욕장과 인접해 있어 찾기에 쉽다. 대천본가의 대표 메뉴이자 인기 메뉴는 해물뚝배기. 조개와 꽃게 등 푸짐한 해물과 각종 채소들이 만들어내는 시원한 국물 맛이 일품이다. 또 다른 인기 메뉴인 황태해장국은 큼직한 황태와 콩나물이 들어가 시원하면서도 칼칼하여 이른 아침 속을 달래기에 제격이다.

📍 충청남도 보령시 대해로 891 ☎ 041-932-1595 ⓦ 07:00~22:00, 연중무휴 해물뚝배기(2인) 2만2,000원, 황태해장국 7,000원, 꽃게탕·해물탕 5만 원~, 해물칼국수(2인 이상) 1인 7,000원 대천해수욕장 주차장, 740대 가능, 무료 🚗 대천해수욕장에서 0.55km

코랄커피 쿠폰제공

대천해수욕장 인근에 위치해 있는 카페. 문을 열면 크기가 큰 강아지들이 손님들을 맞이한다. 때문에 입구에는 '매장 안에 래브라도 리트리버가 있는데 괜찮으세요?'라는 문구의 팻말을 세워놓았다. 내부 인테리어는 블랙&화이트 그리고 원목이 어울려 깔끔하고 세련된 느낌이다. 이 점이 해수욕장을 찾는 젊은 여행객들의 발길을 끄는 이유다. 강아지를 좋아하는 이들에게는 더욱 추천할 만하다.

📍 충청남도 보령시 해수욕장4길 82 📞 041-934-7011 🕐 평일 11:00~22:00, 주말 10:00~01:00, 부정기적 휴무 ☕ 아메리카노 4,200원, 카페라떼 4,600원, 에이드 5,600원 🌐 www.coralcoffee.com 🅿 대천해수욕장 주차장, 740대 가능, 무료 🚗 대천해수욕장에서 0.9km

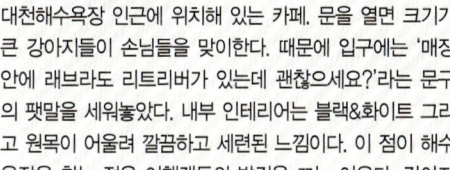

대천김 판매·홍보관 쿠폰제공

서해안 청정해역에서 생산된 좋은 원료를 선별하여 전통 재래방식으로 김을 가공하여 판매하는 곳이다. 김은 비타민과 무기질이 풍부하여 자연이 인간에게 준 최고의 선물이라고도 불린다. 대천김 판매·홍보관에서는 재래김, 돌김, 파래김 등 여러 종류의 김을 다양한 무게로 판매하고 있으며 볶음 멸치, 캔 멸치 등도 함께 판매하고 있다.

📍 충청남도 보령시 대해로 415 📞 041-935-8595 🕐 평일 09:00~18:00, 토요일 09:00~14:00, 연중무휴 💰 온라인·오프라인 가격이 상이함 | 명품 캔김 오프라인 1만 8,000원, 온라인 2만 원 | 캔자반 오프라인 1만 8,000원, 온라인 2만 3,000원 | 재래김(20봉) 오프라인 1만 9,000원, 온라인 2만 3,000원 🌐 www.15889293.com 🅿 주차 20대 가능, 무료 🚗 대천해수욕장에서 4.72km

🏪 추천 가게

머드 화장품 및 기념품 판매소

보령머드박물관 내에 위치해 있으며 보령의 명물인 머드로 만들어진 화장품을 구입할 수 있는 보령시청 직영 판매점이다. 보령 청정해역에서 채취한 양질의 바다 진흙을 가공한 머드 파우더와 머드 워터는 피부 미용에 좋다고 알려져 있다. 때문에 보령을 방문하는 관광객들의 필수 구입품 중 하나로 꼽힌다. 이곳에서는 머드 화장품 이외에도 축제 기념품을 판매하고 있다.

📍 충청남도 보령시 대해로 897-13 📞 041-931-4021 🕐 09:30~18:00, 매주 월요일 휴무 💰 보령머드 클렌징 폼 150ml 1만 2,000원, 머드랑 팩 150ml 1만 6,000원(택배 가능) 🅿 대천해수욕장 주차장, 740대 가능, 무료 🚗 보령머드박물관 내 위치

대천항 수산시장

보령시 신흑동 대천항에 자리하고 있는 수산시장. 이곳에서는 보령 앞바다에서 잡은 다양한 종류의 해산물들을 보다 저렴하게 구입하거나 맛볼 수 있다. 1층에는 활어류, 어패류, 건어류를 판매하는 70여 개의 상점이 입점해 있으며 2층에는 10개의 식당이 있다. 대천항 수산시장의 홈페이지를 통해 시장 내에 입점해 있는 상점의 정보를 미리 알아볼 수 있고 예약도 가능하다.

📍 충청남도 보령시 대천항로 334 📞 041-662-6680 🕐 09:00~21:00(부정기적), 가게별 상이 🌐 sm.mf24.net/4 🅿 여객선 터미널 앞 주차장, 300대 가능, 무료 🚗 대천해수욕장에서 3.27km

충청도 DRIVE COURSE

보령 춘장대

재미있는 추억을 만들 수 있는 서해 바다와 청정 갯벌이 부른다.

충남 보령시에 자리한 장안해수욕장에서 시작하여 바다 위를 달리는 듯한 시원한 드라이브길, 부사방조제를 통해 서천군으로 이어진다. 서천의 해안을 따라 이어진 해수욕장과 항구에서 서해 바다의 풍치를 마음껏 즐겨보자. 청정 갯벌의 월하성마을과 선도리마을에서는 갯벌 체험을 통해 조개를 맛볼 수 있다. 특산품인 한산소곡주는 조선 4대 명주에 속하는 만큼, 서천에 방문했다면 한 번쯤은 맛보기를 추천한다.

TIP
- 갯벌을 보고 싶다면 물때를 잘 맞춰서 가야 한다. 물때표 사이트 www.badatime.com
- 갯벌 체험장에서 장비를 모두 대여해주지만 미리 챙겨가면 대여료를 절약할 수 있다.
- 갯벌 체험 시 필요한 준비물 : 장화 혹은 헌 운동화, 여벌 옷, 삽이나 호미, 굵게 같은 천연 소금

INFORMATION
- **이동거리** 49.67km
- **드라이브** 1시간 39분
- **전체 코스** 4~5시간
- **포인트** 보령시에서 서천군에 이르는 해수욕장과 해변 마을들을 돌아보는 코스로, 서해 바다의 풍치를 제대로 즐길 수 있다.
- **추천계절** 사계절(1~12월)
- **축제** 마량포 해넘이·해돋이축제(1월), 동백꽃·주꾸미축제(3월), 자연산 광어·도미축제(5월), 장항항 수산물 꼴갑축제(5월), 한산모시문화제(6월), 춘장대해수욕장 여름문화예술축제(7월), 홍원항 자연산 전어·꽃게축제(9월), 군산–서천 금강철새여행(11월)

RECEIPT

입장료
마량리 동백나무 숲 ············ 2,000원

주차료
무료

식사 및 간식
(점심)김굴해장국 ············ 16,000원
(간식)생모시떡 ············ 20,000원

TOTAL
38,000원

(※2인 기준)

드라이브코스로도, 호젓한 산책로로도 추천.

1 course
바다 사이를 가로지르는 드라이브길 부사방조제

서천군과 보령시 경계에 위치해 있어 서천군 서면 도둔리와 보령시 웅천읍 독산리를 연결하고 있다. 본래 부사방조제는 서해에서 밀려드는 조수의 피해를 막고 농경지를 보호할 목적으로 건설되었다. 지금은 바다낚시와 민물낚시를 즐길 수 있는 낚시터로 각광받고 있다. 또한 바다 사이로 길게 뻗어 있는 도로는 양옆에 바다를 두고 달릴 수 있어 드라이브 코스로도 추천할 만하다.

📍 충청남도 보령시 주산면 증산리 📞 보령시 관광안내소 041-932-2023, 보령시청 문화관광과 041-930-3997 🕐 24시간, 연중무휴 💰 무료 🅿 주차 10대 가능, 무료 🚗 무창포IC(0.87㎞)→무창포로(1.1㎞)→장마큰길(2.5㎞)→부사로(8.1㎞)→부사방조제

2 course
해수욕장과 바다낚시로 유명한 춘장대해수욕장

사진제공 : 서천시청

창창한 해송과 아카시아 숲이 넓게 분포되어 있는 춘장대해수욕장은 서천 8경 중의 5경, 전국 10대 해수욕장, 꼭 가봐야 할 우리나라 낭만 피서지 12선 등으로 선정되어 여름철 피서지로 추천할 만하다. 여름철이면 더위를 피해 해송 숲에서 캠핑을 즐기는 사람들로 가득하다. 이곳은 수심이 얕아서 여름철 빈번하게 일어나는 수상 안전사고가 거의 없다는 장점이 있다. 때문에 매년 가족 단위의 관광객들에게 인기다.

📍 충청남도 서천군 서면 춘장대길 20 📞 서천종합관광안내소 041-952-9525, 서천군청 문화관광과 041-950-4256 🕐 24시간, 연중무휴 💰 무료 🅿 주차 200대 가능, 무료 🚗 부사방조제(1.1㎞)→부사로(1.9㎞)→춘장대로(0.8㎞)→춘장대길(0.3㎞)→춘장대해수욕장

3 course

마량리의 보물 마량리 동백나무 숲

마량리 언덕 입구에서 누각 동백정으로 올라가는 돌계단 양쪽과 누각 주변으로 동백나무가 무리 지어 숲을 이룬다. 이곳이 바로 천연기념물 제169호의 '마량리 동백나무 숲'이다. 동백나무 꽃은 매년 3월 말부터 피어나기 시작하여 4월 중순에 만발한다. 이곳은 서천 8경 중 하나로 꼽히며, 동백정 누각 위에서 내려다보는 서해 바다의 풍치 역시 장관이다.

충청남도 서천군 서면 서인로235번길 103 매표소 041-952-7999, 서천군청 문화관광과 041-950-4256 09:00~18:00, 연중무휴 어른 1,000원, 학생·청소년 700원, 어린이 500원 주차 80대 가능, 무료 춘장대해수욕장(1.1km)→춘장대로(0.7km)→서인로(2.5km)→서인로235번길(1km)→마량리 동백나무 숲

4 course

일출과 일몰을 모두 볼 수 있는 마량포구

우리나라 유일의 해넘이·해돋이 마을. 이곳에서는 매년 1월, 마량포 해넘이·해돋이축제가 개최된다. 축제 때는 각종 먹거리는 물론이거니와 소원나무 새해 소망 달기, 덕담 엽서 보내기 등 참여할 수 있는 프로그램들이 다양하다. 이 시기에는 축제를 즐기기 위한 관광객으로 발 디딜 틈이 없다. 축제 시기가 아닌 계절에도 흰 등대, 노란 등대, 뜬 방파제 두 곳까지 4개의 방파제가 바다를 가로질러 길게 뻗어 있어 바다를 벗 삼아 여유롭게 산책을 즐기면 좋다.

충청남도 서천군 서면 서인로 56 서천 종합관광안내소 041-952-9525 24시간, 연중무휴 무료 주차 300대 가능, 무료 마량리 동백나무 숲(1.3km)→장산로(2.1km)→마량포구

5 course

서천 전어·꽃게축제의 개최지 **홍원항**

바다 풍경을 바라보기도, 바다 위를 걸어볼 수도!

길게 쌓아놓은 방파제 끝, 빨간 등대를 향해 걸어가다 보면 항구의 풍경을 즐길 수 있는 전망대와 연결된다. 전망대 바닥을 훤히 보이도록 만들어놓아 아찔한 경험을 할 수 있는 관광 포인트다. 홍원항에는 매년 가을이면 자연산 전어·꽃게축제가 개최되고, 축제를 즐기기 위해 전국 각지에서 몰려드는 사람들로 가득하다.

📍 충청남도 서천군 서면 홍원길 130-3 📞 홍원항 어촌계 041-951-4880 🕐 24시간, 연중무휴 💲 무료 🅿️ 주차 200대 가능, 무료 🚗 마량포구(0.7km)→서인로(3.1km)→홍원길(0.9km)→홍원항

6 course

신선도 반했다는 아름다운 **월하성 어촌체험마을**

서천의 선도리, 장포리와 함께 갯벌이 잘 발달되어 있는 곳 중 하나다. TV 프로그램 〈아빠 어디 가〉에서 아빠와 아이들이 이곳에 들러 맛조개를 잡는 모습이 나오면서 더욱 알려졌다. 체험 프로그램은 갯벌 체험과 도자기 체험이 있으며, 홈페이지와 전화로 예약이 가능하다. 월하성마을에는 초승달을 닮은 마을 해안과 마을 앞바다에 비친 달그림자를 보고 신선이 반해 내려와 놀았다는 전설이 있다.

📍 충청남도 서천군 서면 월하성길 96 📞 010-4484-7060, 서천 종합관광안내소 041-952-9525 🕐 24시간, 연중무휴 💲 무료(갯벌 체험 비용 별도) | 체험료 어른 5,000원, 어린이 3,000원~, 장비대여료 1,000원(갈구리, 호미, 장화, 소금 등), 체험도구(장화, 소금 및 기타 도구)는 체험장 매표소에서 빌릴 수 있다. 🌐 walhasung.seantour.com 🅿️ 주차 100대 가능, 무료 🚗 홍원항(1.8km)→서인로(3.5km)→갯벌체험로(1.9km)→월하성길(1km)→월하성 어촌체험마을

7 course

해수욕과 갯벌 체험을 한번에 **선도리 갯벌체험마을**

농촌과 어촌이 함께 있는 마을, 선도리. 이곳의 갯벌은 2009년 람사르 습지로 지정될 만큼 청정 자연의 쾌적함을 간직하고 있는 곳이다. 주변에 캠핑장, 숙박 시설 등 관광객들을 위한 시설이 잘 정비되어 있어 여름철 갯벌 체험을 하기에 좋다. 이외에도 어촌 체험(조개잡이), 농촌 체험 등 다양한 체험 프로그램이 있어 가족 단위 관광객들에게 추천할 만하다.

📍 충청남도 서천군 비인면 갯벌체험로 428-13 📞 010-3733-5288, 041-952-5212 🕐 24시간, 연중무휴 💲 무료(갯벌 체험 비용 별도) | 체험료 어른 5,000원, 6~19세 3,000원 | 장비대여료 1,000원(갈구리, 호미, 장화, 소금 등), 체험도구(장화, 소금 및 기타 도구)는 체험장 매표소에서 빌릴 수 있다. 🅿️ 주차 70대 가능, 무료 🚗 월하성 어촌체험마을(0.3km)→월하성길(1km)→갯벌체험로(2.5km)→선도리 갯벌체험마을

★놓치지 말자!

띠섬목해변

서천군 서면에 위치한 해변. '서울시 서천연수원' 인근에 자리하고 있다. 입구를 찾기가 비교적 어렵지만 띠섬목해변이 보여주는 잔잔한 바다의 물결과 고운 모래사장까지, 풍광이 아름다워 추천할 만하다. 노을 지는 풍경을 바라보며 연인과 함께, 혹은 가족들과 함께 거닐기에 좋은 한적한 해변이다.

📍 충청남도 서천군 서면 신합리 📞 서천 종합관광안내소 041-952-9525 🕐 24시간, 연중무휴 🅿 주차 30대 가능, 무료

호젓하고 여유로운 시간을 갖고 싶다면, 여기가 제격!

춘장대역 간이역

춘장대해수욕장 인근의 아담한 간이역. 서천화력발전소의 석탄 공급을 위한 화물 전용 선로, 서천화력선이 지나간다. 역의 입구에 올라서면 나무 침목을 사용하여 만든 승강장과 작은 의자들, 정감 가는 그림이 가득 채워진 컨테이너 박스가 놓여 있다. 간이역에서만 느낄 수 있는 고즈넉한 분위기가 전해진다.

📍 충청남도 서천군 서면 서인로47번길 1 📞 서천 종합관광안내소 041-952-9525 🕐 24시간, 연중무휴 🅿 춘장대해수욕장 주차장, 200대 가능, 무료

 TiP
- '서도카 클리닉' 옆 작은 굴다리를 건너면 철도로 올라갈 수 있는 돌계단이 나온다.
- 화물 전용 열차가 아직 운행하기 때문에 선로 위를 지나가지는 말자.

알고 떠나면 더 즐거운 여행길

'앉은뱅이 술'이라 칭하는, 한산소곡주

한산소곡주는 조선 4대 명주이며, 세계 3대 주류품평회 '2014 몽드셀렉션'에서 금상을 수상하기도 하였다. 한산소곡주의 또 다른 이름은 '앉은뱅이 술'. 이 명칭에 대해 전해지는 여러 이야기가 있다. 술이 독하여 며느리가 술맛을 보느라 젓가락으로 찍어 먹다가 저도 모르게 취하여 일어서지도 못하고 앉은뱅이처럼 엉금엉금 기어 다닌다고 하여 앉은뱅이 술이라 칭했다는 이야기. 그리고 워낙에 맛과 향이 뛰어나 한번 맛을 보면 자리에서 일어날 줄 모른다고 하여 지어진 이름이라고도 전해진다. 어느 것이 맞다고 할 수는 없지만, 그 맛은 무형문화재에 속할 만큼 일품이다. 서천에 가면 한산소곡주를 판매하는 곳을 흔하게 만나볼 수 있다.

★ 추천하고 싶은 곳 ★

🛏 추천 숙소

쌍도펜션타운

가족단위로 조용히 머물기 좋은 곳으로 시설이 대체로 깔끔하며, 4층 신축 건물로 300여 명을 동시에 수용 가능하다. 부대시설로는 100여 명 수용이 가능한 세미나실이 있다.

📍 충청남도 서천군 비인면 갯벌체험로 33 📞 010-5450-1336 💰 6만 원~(성수기, 비수기, 평일, 주말 요금 다름) 🌐 www.ssangdo.com 🚗 선도리 갯벌체험마을에서 1.06km

에벤에셀펜션

춘장대해수욕장에 위치한 이국적인 외관의 펜션. 3층 건물 2동 규모로, 넓은 객실과 바비큐시설을 갖추고 있다.

📍 충청남도 서천군 서면 춘장대길 73 📞 041-952-3166 💰 8만 원~(성수기, 비수기, 평일, 주말 요금 다름) 🌐 www.ebenesel.co.kr 🚗 춘장대해수욕장에서 0.39km

🍴 추천 맛집

강가네 해물칼국수

바다가 보이는 곳에 자리하고 있어서 맛있는 음식과 탁 트인 경치를 동시에 즐길 수 있다. 이곳의 인기 메뉴는 짜글이전골. 칼칼한 국물에 돼지고기와 콩나물이 한가득 들어 있어 시원하면서 깔끔하다. 짜글이전골과 곁들여 먹기 좋은 메뉴는 만두. 아담한 크기의 만두는 매콤한 찌개 국물을 양념장 삼아 먹어도 좋고, 찌개를 먹고 난 후 마무리 입가심으로도 좋다.

📍 충청남도 서천군 비인면 갯벌체험로 492-25 📞 전화 없음 🕐 운영시간 부정기적, 부정기적 휴무 💰 짜글이전골(2인 이상) 공깃밥 포함 1인 7,000원, 찐만두 5,000원, 단호박 해물칼국수 7,000원 🌐 kangkane.modoo.at 🚗 주차 10대 가능, 무료 🚗 선도리 갯벌체험마을에서 1.01km

만리향

춘장대해수욕장과 인접해 있고 홍원항 입구에 자리하고 있어 찾기에 어렵지 않다. 뽕잎짜장과 뽕잎짬뽕 전문 식당인 만리향의 특징은 모든 면을 만들 때 당뇨와 고혈압에 좋다고 알려진 뽕잎가루를 함께 넣는다는 것이다. 맛과 건강을 동시에 챙길 수 있어 일석이조다.

📍 충청남도 서천군 서면 서인로 78 📞 041-952-8111 🕐 10:00~20:30, 둘째·넷째 월요일 휴무 💰 짜장면 5,000원, 짬뽕·간짜장 6,000원 🌐 www.만리향.com 🚗 주차 50대 가능, 무료 🚗 홍원항에서 0.96km

뽕잎짬뽕   뽕잎짜장

보라가든

춘장대해수욕장과 인접한 곳에 위치한 보라가든. 자연산 장어, 양식 장어, 촌닭백숙 등 기력을 회복하기에 좋은 메뉴들이 가득하다. 이곳의 인기 메뉴는 서천에서 비교적 쉽게 구

할 수 있는 김을 이용한 김굴해장국. 김의 고소한 향과 은은한 굴 향이 어우러져 감칠맛 나는 국물을 만들어낸다. 더욱이 매콤한 고추가 듬뿍 들어가 국물을 한층 더 시원하고 칼칼하게 잡아준다.

📍 충청남도 서천군 서면 부사로 238 📞 041-952-2616, 0027, 010-5012-2616 🕐 07:30~21:00, 설·추석 연휴 휴무 🍜 김굴해장국 8,000원, 선지해장국·콩나물해장국 7,000원, 촌닭백숙 5만5,000원 🌐 okqr.kr/16527 🅿 주차 20대 가능, 무료 🚗 춘장대해수욕장에서 1.15km

고수록

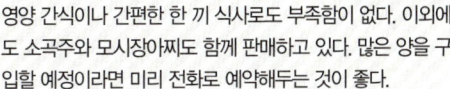

모시로 만든 떡을 맛볼 수 있는 곳으로 대표 상품은 모시송편과 개떡이다. 모시송편과 개떡은 5~10월 사이에 수확한 모싯잎을 씻어서 삶은 후 서천 쌀과 함께 곱게 갈아서 반죽한다. 쫄깃한 식감이 일품이며, 모시 향이 진하지 않고 은은하여 남녀노소 누구에게나 추천할 만하다. 영양 간식이나 간편한 한 끼 식사로도 부족함이 없다. 이외에도 소곡주와 모시장아찌도 함께 판매하고 있다. 많은 양을 구입할 예정이라면 미리 전화로 예약해두는 것이 좋다.

📍 충청남도 서천군 비인면 서인로1117번길 1 📞 041-952-9330 🕐 09:30~18:00, 연중무휴 🍡 생모시개떡·생모시송편 1.2kg 1만 원(택배 가능) 🌐 gosurok.modoo.at 🅿 주차 30대 가능, 무료 🚗 선도리 갯벌체험마을에서 3.63km

🏪 추천 가게
한산 예담은 소곡주

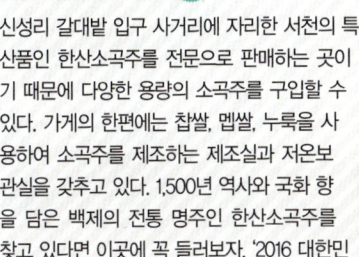

신성리 갈대밭 입구 사거리에 자리한 서천의 특산품인 한산소곡주를 전문으로 판매하는 곳이기 때문에 다양한 용량의 소곡주를 구입할 수 있다. 가게의 한편에는 찹쌀, 멥쌀, 누룩을 사용하여 소곡주를 제조하는 제조실과 저온보관실을 갖추고 있다. 1,500년 역사와 국화 향을 담은 백제의 전통 명주인 한산소곡주를 찾고 있다면 이곳에 꼭 들러보자. '2016 대한민국 우리술 품평회'에서 일반증류주 부문의 장려상을 수상하기도 했다.

📍 충청남도 서천군 한산면 한마로 5 📞 041-951-0785 🕐 09:00~20:00, 부정기적 휴무 🍶 한산소곡주 750㎖ 1만2,000원, 한산소곡주 1.5L 2만 원 🌐 예담은소곡주.com 🅿 주차 10대 가능, 무료 🚗 선도리 갯벌체험마을에서 30.14km

서천특화시장

서천군 서천읍에 위치하고 있는 현대식 특화시장. 각종 잡화, 의류, 농산물과 수산물 등 다양한 종류의 물품을 만날 수 있다. 그중에도 서천 앞바다에서 갓 잡은 해산물이 주요 품목. 싱싱한 활어와 횟감을 비교적 저렴하게 구입할 수 있어 인근 보령, 군산 등 전국의 사람들이 이곳을 찾는다. 장날은 매월 2, 7, 12, 17, 22, 27일이다.

📍 충청남도 서천군 서천읍 충절로 42 📞 서천특화시장운영위원회 041-951-1445 🕐 가게별 상이 🌐 market.chungnam.net/html/seocheon 🅿 주차 150대 가능, 무료 🚗 선도리 갯벌체험마을에서 13.07km

서천 다사항~신성리 갈대밭

서천 구석구석에 숨어 있는 보물들을 만나는 여행

충남 서천군의 관광 포인트는 청정 자연을 즐기는 것에 있다. 상쾌한 솔 내음이 가득한 송림 산림욕장과 우리나라 4대 갈대 군락지, 신성리 갈대밭까지 수려한 자연경관이 곧 서천의 대표적인 관광지가 된다. 다사항에서 시작해 서천의 자연과 풍부한 생태 자원을 볼 수 있는 코스를 따라 내려왔다면 충남 서천과 전북 군산의 경계인 금강 하굿둑에 다다른다. 붉게 물드는 하늘과 길게 뻗어 있는 금강 하굿둑이 어우러진 아름다운 낙조와 함께 하루를 마무리하는 코스다.

 관광지의 휴무는 대부분 월요일이다. 서천 여행을 계획한다면 월요일은 피하자.

INFORMATION
- 이동거리 68.5km
- 드라이브 2시간 21분
- 전체 코스 4~5시간
- 포인트 드넓은 서해와 철새들의 쉼터인 금강을 함께 즐길 수 있다.
- 추천계절 봄~가을(3~11월)
- 축제 마량포 해넘이·해돋이축제(1월), 동백꽃주꾸미축제(3월), 서천 자연산 광어·도미축제(5월), 장항항 수산물 꼴갑축제(5월), 한산모시문화제(6월), 춘장대해수욕장 여름문화예술축제(7월), 홍원항 자연산 전어·꽃게축제(9월), 군산-서천 금강철새여행(11월)

RECEIPT

입장료
- 장항스카이워크 ……………… 4,000원
- 국립해양생물자원관 ………… 6,000원

주차료
- 무료

식사 및 간식
- (점심)아나고구이 ……………… 40,000원

TOTAL 50,000원

(※2인 기준)

1 course

작은 규모의 한가로운 포구 **다사항**

서천군 비인면에 위치한 다사항은 마을 어부들의 고깃배 정박지로 사용되는 비교적 규모가 작은 포구다. 조용하게 사색을 즐기거나 낚시를 즐기기에 좋다. 바다를 향해 길게 뻗어 있는 방파제는 고요한 항구를 즐기기에 제격이며 작은 조류 관찰소가 있다. 외관은 옛날의 버스 정류장을 떠올리게 하는 나무로 된 공간이다. 별다른 설치물이 없이 그저 바다를 향해 조그마한 창이 몇 개 뚫려 있을 뿐이다.

📍 충청남도 서천군 비인면 다사리 📞 서천 종합관광안내소 041-952-9525 🕐 24시간, 연중무휴 💰 무료 🅿 주차 5대 가능, 무료 🚗 춘장대IC(1.6km)→충서로(6.3km)→갯벌체험로(1.6km)→갯벌체험로944번길(0.7km)→다사항

2 course

바다 위를 걷는 아찔한 전망대 **장항 스카이워크**

장항송림산림욕장에 위치해 있는 장항 스카이워크는 기벌포해전과 진포해전이 있었던 곳이기에 기벌포해전 전망대라고도 불린다. 높이 15m, 길이 250m로 계단을 따라 전망대 위로 올라가면 탁 트인 바다와 장항송림산림욕장을 함께 내려다 볼 수 있다. 전망대는 발아래의 해송 숲과 바다가 보이도록 되어 있어 긴장감이 가득하다.

📍 충청남도 서천군 장항읍 장항산단로34번길 74-45 📞 서천군 공공시설사업소 복합문화시설팀 041-950-6864 🕐 4~9월 09:00~17:30, 10~3월 09:00~16:30, 매주 월요일, 설·추석 당일 휴무(날씨에 따라 입장 불가능) 💰 1인 2,000원(서천사랑 상품권(서천 내에서 사용 가능) 2,000원 발급) 🅿 국립해양생물자원관 주차장, 200대 가능, 무료 🚗 다사항(2.9km)→갯벌체험로(3km)→장천로(7.5km)→장항산단로(0.8km)→장항 스카이워크

TIP
- 날씨가 좋지 않을 때는 개방하지 않기도 하니, 출발 전 미리 전화로 확인해보는 것이 좋다.
- 굽이 높은 신발을 신었다면 전망대에 오르기 전, 관리사무실에 비치된 슬리퍼로 갈아 신을 것을 권한다.

3 course

바다의 매력을 알려주는 **국립해양생물자원관**

우리나라 해양 생물자원을 수집 및 보존·관리, 전시와 교육을 담당하는 기관으로 제1~3전시실, 4D영상실, 기획전시실로 구성되어 있다. 어린이 서가, 카페 등의 편의 시설도 갖추어져 있다. 살아 있는 듯 움직이는 로봇 물고기와 국내에 서식하는 해양 생물 표본 5,000여 점이 담긴 SEED BANK는 놓치지 말아야 할 포인트다.

📍 충청남도 서천군 장항읍 장산로101번길 75 📞 041-950-0600 🕐 09:00~18:00(전시관 : 3~10월 09:30~18:00, 11~2월 09:30~17:00), 토요일·공휴일 1시간 연장 운영, 매주 월요일(월요일이 공휴일인 경우 다음 날), 설·추석 당일 휴무 💰 어른 3,000원, 청소년 2,000원, 어린이 1,000원, 4D상영실 : 어린이·청소년·어른 1,000원(5세 미만, 임산부 입장 제한) 🌐 www.mabik.re.kr 🅿 주차 200대 가능, 무료 🚗 장항 스카이워크(0.7km)→장항산단로34번길(0.2km)→신화송로130번길(0.6km)→장산로101번길(0.3km)→국립해양생물자원관

4 course

마음이 편해지는 힐링 숲 **장항송림산림욕장**

장항 솔숲이라고도 불리는 이곳은 서천군 장항읍 송림리의 해송 숲과 백사장 일대를 가리킨다. 해송 숲에는 산책길이 만들어져 있어 솔 내음 가득한 해송 사이를 거닐기에 좋다. 장항송림산림욕장은 모래찜질로도 유명하다. 이곳의 모래는 염분과 우라늄 성분이 다량 함유돼 있어 신경통에 좋다고 알려져 있다. 매년 음력 4월 20일은 '검은 모래 눈뜨는 날(모래 속 깊이 쌓였던 뜨거운 지열이 모래 위로 올라오는 때)'이라 불리여 전국 각지의 사람들이 이곳에서 모래찜을 즐긴다.

📍 충청남도 서천군 장항읍 장항산단로34번길 104 📞 서천군청 농림과 041-950-4436, 서천 종합관광안내소 041-952-9525 🕐 24시간, 연중무휴 💰 무료 🅿 주차 100대 가능, 무료 🚗 국립해양생물박물관(0.2km)→장산로101번길(0.8km)→장산로(0.8km)→장암길(0.3km)→장항송림산림욕장

5 course

금강을 한눈에 내려다보는 **장항항**

서천에 위치한 충남 최남단의 무역항구. 2015년 말부터 좌우측 항로 경계 표지에 동기점멸시스템을 구축하여 장항항을 이용하는 선박의 안전한 야간 항해가 가능해졌다. 이곳에서는 매년 5월 말, '장항항 수산물 꼴갑축제'가 개최된다. 밴댕이와 꼴뚜기, 갑오징어 등 서천의 수산물을 저렴한 가격에 구입하거나 현장에서 맛볼 수 있으니 놓치지 말자.

📍 충청남도 서천군 장항읍 신창리 📞 서천 종합관광안내소 041-952-9525 🕐 24시간, 연중무휴 💰 무료 🅿 주차 100대 가능, 무료 🚗 장항송림산림욕장(0.3km)→장암길(0.3km)→장산로(2.1km)→장항항

6 course

역사의 아픔을 딛고 예술 공간으로 태어난 **장항문화예술창작공간**

1936년 장항미곡창고라는 이름으로 지어졌다. 일본이 쌀을 수탈해 장항항에서 일본으로 보내기 전, 보관 장소로 사용되었다. 일본에게 탄압당했던 아픔이 고스란히 서려 있는 이 공간은 사람들에 의해 장항문화예술창작공간으로 재탄생했다. 내부에 들어서면 연·월·일이 새겨져 있는 기둥이 눈에 띈다. 2012년 공장미술제 때 만들어진 퍼포먼스 작품으로, 지나가는 사람들에게 인생에서의 가장 특별한 날을 물어보고 그날을 기록한 것이다.

📍 충청남도 서천군 장항읍 장산로 323 📞 041-956-3161(체험 프로그램 참여 : 전화 예약) 🕐 평일 09:00~18:00, 토요일 10:00~17:00, 매주 월요일 휴무(일요일 부정기적) 💰 무료(공연·전시·체험 프로그램 비용 별도) 🎭 공연·전시·체험 프로그램 일정 안내 및 예약 blog.naver.com/eehqha 🅿 주차 100대 가능, 무료 🚗 장항항(0.2km)→장산로(0.9km)→장항문화예술창작공간

7 course

철새 여행이 가능한 금강 변 산책로 **김인전공원**

김인전 선생은 충남 서천 출신으로 한영학교 설립, 3·1만세운동 등 조국의 광복을 위해 헌신하신 분이다. 그의 나라 사랑 정신을 후세에 계승·발전하기 위해 이곳에 그분의 흉상을 세웠다. 흉상을 지나면 길게 이어진 강변 산책로가 나온다. 잔잔한 물결 위로 수많은 철새들이 쉬어가는 풍경을 가장 가까이에서 볼 수 있다. 또한 서천과 군산을 이어주고 있는 금강 하굿둑도 볼 수 있어 추천할 만하다.

📍 충청남도 서천군 마서면 도삼리 📞 서천 종합관광안내소 041-952-9525 🕐 24시간, 연중무휴 💰 무료 🅿 주차 100대 가능, 무료 🚗 장항문화예술창작공간(1.2km)→장산로(1.3km)→대백제로(2.4km)→금강로(2.5km)→김인전공원

11월 철새 여행은 서천으로 오세요!

★ 놓치지 말자! ★

국립생태원

넓은 규모의 국립생태원은 금구리 구역, 하다람 구역, 에코리움 구역, 연구교육 구역 등으로 나뉘어 있다. 아이들을 동반한 가족 관광객이라면 에코리움을 추천한다. 에코리움에는 세계 5대 기후 전시관(열대관, 사막관, 지중해관, 온대관, 극지관)이 있어 각 기후대별 대표 동식물을 한 눈에 관찰할 수 있다. 그 외에도 아이들이 생태계를 더 쉽게 이해할 수 있도록 하기 위한 기획전시실과 체험놀이존, 어린이 생태글방이 있다.

📍 충청남도 서천군 마서면 금강로 1210 📞 041-950-5300, 응급전화 041-950-5911(위급 상황 발생 시 이용) 🕐 09:30~18:00, 매주 월요일, 설·추석 연휴 휴무 💰 어른 5,000원, 청소년 3,000원, 어린이 2,000원(여행관광주간에는 50% 할인) 🌐 www.nie.re.kr 🅿 주차 350대 가능, 무료

서천군 조류생태전시관

금강에 찾아오는 철새에 대해 알아보고 직접 관찰할 수 있는 곳. 국내 최대의 철새 도래지인 금강 하구의 체계적인 보전과 지속 가능한 이용을 도모하기 위해 만들어졌다. 에코라운지, 버드 시네마, 버드 디스커버리 룸, 옥상정원 등의 시설이 갖추어져 있다. 철새 생태와 관련된 다양한 영상과 전시를 볼 수 있고 체험 교육을 할 수 있도록 하여 가족 단위의 관광객에게 추천할 만하다.(*조류 독감 유행 시 폐쇄)

📍 충청남도 서천군 마서면 장산로 916 📞 041-956-4002 🕐 10:00~18:00, 매주 월요일, 설·추석 당일 휴무 💰 어린이 1,000원, 청소년 이상 1,500원(입체영상 체험료 초등학생 이상 1,000원) 🌐 bird.seocheon.go.kr/bird.do 🅿 주차 14대 가능, 무료

하늘거리는 갈대밭, 내 마음도 하늘하늘

8 course

불어오는 바람에 춤추는 갈대 물결 **신성리 갈대밭**

신성리 갈대밭은 서천 8경 중 4경이자 우리나라 4대 갈대 군락지 중 하나에 속한다. 아름다운 풍경으로 유명하여, 영화 〈공동경비구역 JSA〉와 인기 드라마 〈미안하다 사랑한다〉, 〈추노〉, 〈자이언트〉 등의 촬영 장소로도 사용되었다. 금강 변에 위치하여 반짝이는 강 물결과 하늘거리는 갈대의 모습을 함께 볼 수 있다. 산책길의 입구에는 이곳의 아름다움을 노래한 '신성리 갈대밭 연가'의 노래비가 세워져 있다.

📍 충청남도 서천군 한산면 신성리 125-1　☎ 서천군청 문화관광과 041-950-4224
🕐 24시간, 연중무휴　💰 무료　🅿 주차 150대 가능, 무료　🚗 김인전공원(1.2km)→장산로(8.2km)→충절로(2.6km)→신성로(4.9km)→신성리 갈대밭

알고 떠나면 더 즐거운 여행길

고향 사랑이 가득 담긴, '신성리 갈대밭 연가'

'신성리 갈대밭 연가'는 서천 출신 서예가이자 전각자인 국당 조성주 선생의 세 번째 음반 '즐거운 인생'의 타이틀 곡이다. 조성주 선생은 1997년 5,440자에 달하는 금강경 전체를 새긴 작품으로 한국기네스북에 이름을 올린 명인이다. 그는 고향인 서천과 갈대밭을 많은 사람들에게 알리기 위해 이 노랫말을 만들어 불렀으며 노래비 글씨도 국당이 직접 새겼다. 신성리 갈대밭에 가면 '신성리 갈대밭 연가'의 노래비가 세워져 있다.

신성리 갈대밭 연가

갈꽃은 하늘하늘 그리움도 하늘하늘
말없이 떠나버린 사랑했던 그 사람
예전처럼 지금 이 자리 신성리 갈대밭
바람결에 갈잎은 깊은 사연 속삭이네
내 마음 바람 따라 흘러만 가네

반짝이는 금강과 갈꽃을 바라보며

★ 추천하고 싶은 곳 ★

🛏 추천 숙소

국립생태원 방문자 숙소

국립생태원 내에 있으며 개인의 경우 국립생태원의 생태해설을 듣는 사람에 한해서만 숙박이 가능하다.(*전화 예약 시, 생태해설 예약일자와 예약번호 필요 *개인 예약이 불가한 일자가 있으므로 숙박 예정 1주일 전에 전화로 예약 가능 여부 확인 필수 *해설프로그램은 유료이며, 금액 및 프로그램 일정은 홈페이지 참고)

📍 충청남도 서천군 마서면 금강로 1210 📞 041-950-5960 💰 6만 원~(성수기, 비수기, 평일, 주말 요금 다름) 🌐 www.nie.re.kr, www.facebook.com/EcoplexKorea(당일 현장 예약 불가, 전화예약 가능) 🚗 김인전공원에서 2.83km

서천유스호스텔

청소년을 위한 유럽형 수준의 숙박 시설이자 청소년 교류공간이다. 또한 서천을 찾는 관광객들이 저렴하고 편안하게 묵을 수 있는 숙박 시설이다.

📍 충청남도 서천군 장항읍 장항산단로34번길 72-40 📞 041-956-0003 💰 3만5,000원~(성수기, 비수기, 평일, 주말 요금 다름) 🌐 www.scyouthtel.or.kr, www.facebook.com/scyouthtel 🚗 국립해양생물자원관에서 0.7km

서천 휴 리조트 펜션

유럽풍으로 지어진 한국형 지중해 시실리마을. 총 8개동, 50여 개의 객실이 있으며 각 동마다 고흐, 클림트 등 유명한 미술가의 이름을 따 지었다.

📍 충청남도 서천군 장항읍 장항산단로34번길 61 📞 070-8887-2222 💰 6만 원~(성수기, 비수기, 평일, 주말 요금 다름) 🌐 schue.kr 🚗 국립해양생물자원관에서 0.73km

☕ 추천 휴게소

금강호 휴게소

서천과 군산의 경계인 금강 하굿둑을 지나자마자 만나는 휴게소. 넓은 주차장과 식당 등의 편의 시설이 갖추어져 있고 주변 경관을 즐기기에 좋다. 한편에는 작은 터널을 두고 금강공원과 연결될 수 있도록 하여 가볍게 산책하며 돌아볼 수 있다. 휴게소의 뒤편에는 서천까지 연결되어 있는 금강 하굿둑과 금강이 어우러져 멋진 풍경이 펼쳐진다. 해 질 무렵부터 밤까지의 모습은 야경의 명소로 추천하기에 전혀 부족함이 없다.

📍 전라북도 군산시 성산면 철새로 25 📞 063-453-9530 🕐 24시간, 식당(08:00~21:00, 마감시간 부정기적) 🅿 주차 200대 가능, 무료 🚗 김인전공원에서 2.54km

🍴 추천 맛집

나무

가벼운 디저트와 음료를 즐길 수 있는 아담한 카페. 서천 휴 리조트 펜션과 서천군 청소년수련관이 인접해 있어 찾기에 어렵지 않다. 이곳의 대표 메뉴는 플랫브레드. 종류는 무화과, 시금치, 리코타 샐러드가 있다. 상큼하고 깔끔한 플랫브레드에 쌉싸름한 커피를 함께 곁들여주면 그야말로 환상의 조합. 주변의 숙박 시설을 이용한다면 이곳에 들러 맛보기를 추천한다.

📍 충청남도 서천군 장항읍 장항산단로34번길 60-12 📞 041-956-0808 🕐 평일 10:00~21:00, 토요일 10:00~22:00, 매주 월요일 휴무(부정기적) 💰 아메리카노 3,000원~, 무화과 고르곤졸라 플랫브레드 1만4,000원, 망고빙수 1만 원 🅿 서천군 청소년수련관 옆 주차장, 100대 가능, 무료 🚗 국립해양생물자원관에서 0.83km

덕수궁 해물칼국수

서천을 대표하는 음식 중에 하나인 해물칼국수. 덕수궁 해물칼국수는 서천의 많은 해물칼국수 식당 중에서도 푸짐한 양과 진한 국물로 관광객들의 발길이 끊이지 않는 곳이다. 금강 하

굿둑 관광지 입구에 자리하고 있어 찾기에도 쉽다. 이곳의 대표 메뉴는 단연 해물칼국수. 각종 채소와 홍합, 새우 등의 해물이 시원한 국물 맛을 낸다. 칼국수와 함께 먹기 좋은 메뉴로 왕만두가 있다. 2만만 시킬 수도 있어서 칼국수를 끓여낼 동안 애피타이저로 먹기에 좋다.

📍 충청남도 서천군 마서면 장산로855번길 5 📞 041-956-7066 ⏰ 10:00~20:00, 연중무휴 💰 바지락해물칼국수·얼큰해물칼국수 7,000원, 왕만두(5개) 6,000원 🅿️ 금강 하굿둑 관광지 주차장, 200여 대 가능, 무료 🚗 김인전공원에서 0.16km

유정식당

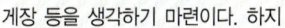

장항항과 인접한 곳에 자리한 유정식당은 서천의 명물인 꽃게를 색다르게 먹을 수 있는 곳이다. 일반적으로 꽃게 요리라 하면 꽃게탕이나 게장 등을 생각하기 마련이다. 하지만 유정식당의 꽃게 메뉴는 흔하지 않은 꽃게무침. 꽃게의 살을 다 발라내어 매콤달콤한 양념에 버무려 나온다. 시가에 따라 가격이 책정되어 비교적 가격이 높지만 밥 한 그릇을 게눈 감추듯 뚝딱 비우게 할 만큼 그 맛이 일품이다.

📍 충청남도 서천군 장항읍 장서로29번길 24 📞 041-956-5494 ⏰ 12:00~21:00, 연중무휴 💰 꽃게무침은 시가에 따라 다름. 아귀탕(1인) 1만7,000원, 아나고구이(1인) 2만 원 🅿️ 맞은편 공영주차장, 15대 가능, 무료 🚗 장항항에서 1.2km

🏪 추천 가게
국립생태원 특산물 매장

국립생태원의 방문자센터 1층에 위치해 있다. 규모는 비교적 작지만 서천 맛김, 젓갈, 소곡주 등 서천의 다양한 특산물을 보고 구입하기에는 부족하지 않다. 직접 방문하여 구입할 수 있는 것은 물론, 홈페이지와 쇼핑몰, 블로그까지 운영하고 있어 온라인을 이용한 상품 구입도 가능하다. 국립생태원을 방문할 계획이라면 이곳에 들러 서천의 특산물을 구입해도 좋다.

📍 충청남도 서천군 마서면 금강로 1210 국립생태원 방문자센터 1층 📞 070-8849-9901 ⏰ 09:30~18:00, 부정기적 휴무 💰 한산소곡주 1.8L 2만4,000원, 서천엔 3종 조미료 세트 2만 원, 한산모싯잎차 세트 3만5,000원 🌐 blog.naver.com/localfoodshop 🅿️ 주차, 350대 가능, 무료 🚗 김인전공원에서 2.83km

버드 북카페

서천군 조류생태전시관 지하에 있는 카페. 금강 하굿둑의 탁 트인 풍경을 바라보며 음료를 즐길 수 있는 곳이다. 특이하게 카페 한편에는 소곡주, 모시소금, 모시차 등 서천의 특산물을 구입할 수 있도록 전시하고 있다. 버드 북카페의 특징은 모시를 이용한 음식이나 옷 등 서천의 특산품을 만들어내는 원재료인 모시나무(모시잎)를 볼 수 있어 또 하나의 이색적인 관광 포인트가 된다(*조류 독감 유행 시 폐쇄).

📍 충청남도 서천군 마서면 장산로 916 📞 010-3392-0076 ⏰ 10:00~17:00(부정기적), 설·추석 당일 휴무(부정기적) 💰 모시차(40g) 1만5,000원, 모시차(1잔) 3,000원 🅿️ 주차 15대 가능, 무료 🚗 김인전공원에서 0.57km

한산모시홍보관

서천군 한산면에 위치한 모시홍보관은 1층에는 한산 모시 전시·판매장, 카페테리아(특산물 판매장)가 있고 2층에는 유네스코관, 모시의상실, 모시공예 체험장으로 구성되어 있다. 지하층으로 가면 직접 베틀을 이용해 모시 짜는 모습을 볼 수 있다. 다른 곳에 비해 모시를 이용한 상품이 다양하며 그 품질 또한 우수하다. 특히 셔츠, 바지 등 의류는 고품질을 자랑한다. 모시 옷을 찾는다면 한산모시홍보관으로 가보자.

📍 충청남도 서천군 한산면 충절로 1089 📞 매장 041-952-9480, 사무실 041-951-9480 ⏰ 09:00~17:30, 연중무휴 💰 옷은 종류에 따라 가격 상이, 차통(소) 3만6,000원, 사각보석함(소) 4만 원, 모시코사지 6,000원 🌐 www.hansanmosi.kr 🅿️ 주차 150대 가능, 무료 🚗 김인전공원에서 12.17km

군산항~변산해수욕장

끝없이 펼쳐진 서해를 가로질러 달리는 드라이브길

근대 해상 물류유통의 중심지 군산. 과거의 모습을 고스란히 간직한 근대역사문화거리에서 시작하여 새만금방조제를 따라 달리면 양옆으로 펼쳐지는 드넓은 서해의 모습에 답답한 마음이 뻥 뚫리는 것만 같다. 새만금방조제에서 이어지는 부안의 변산해수욕장은 고운 모래와 맑은 물빛을 담고 있어 바다를 거닐며 지는 해와 함께 하루를 마무리하기에는 최적의 장소다. 마음이 탁 트이는 시원한 드라이브는 물론이거니와 우리나라의 역사까지 보고 느낄 수 있는 일석이조의 코스다.

> **TIP** 군산의 대표적인 관광지들의 휴무는 대부분 월요일이다. 군산 여행을 계획하고 있다면, 월요일은 피하자!

INFORMATION

- 이동거리 113.63km
- 드라이브 2시간 47분
- 전체 코스 8~9시간
- 포인트 군산 대표 관광지인 새만금방조제. 끝없이 펼쳐진 서해를 가로질러 달려보자.
- 추천계절 봄, 가을(3~5월, 9~11월)
- 축제 군산새만금해맞이축제(1월 1일), 군산벚꽃축제(4월), 군산꽁당보리축제(5월 초), 군산시간여행축제(10월), 군산세계철새축제(11월)

RECEIPT

입장료
근대역사박물관 ·················· 4,000원

주차료
무료

식사 및 간식
(점심)뭇국 ························ 16,000원
(간식)쌀앙금빵&야채빵 ········ 5,800원
(간식)미즈치노 ···················· 5,800원

TOTAL
31,600원

(※2인 기준)

1 course — 근대 해상 물류유통의 중심지 **군산항(군산내항)**

군산항은 군산내항과 군산외항으로 나뉜다. 지금의 군산내항은 무역항으로서의 기능은 상실되었지만 개항 이전 국내 조운의 중심지이자 일제 강점기에 일본이 전라도에서 수탈한 쌀을 일본으로 송출하기 위해 이용했던 부잔교(뜬다리 부두)가 남아 있어 역사적으로 큰 의미를 담고 있는 곳이다. 현재 여객선과 화물선은 군산외항을 통해 운항된다.

📍 전라북도 군산시 장미동 23-3 📞 군산지방해양수산청 063-441-2223 🕘 24시간, 연중무휴 💰 무료 🅿 주차 62대 가능, 무료 🚗 군산IC(1.6km)→구암교삼거리(5.4km)→경암사거리(1.3km)→내항사거리(1.5km)→군산항

2 course — 과거로의 시간 여행을 할 수 있는 **근대역사박물관**

다양한 테마의 전시관들로 호기심을 부르는 근대역사박물관

해상 물류유통의 중심지였던 옛 군산의 모습과 근대 문화자원을 전시해놓은 박물관. 해양물류역사관, 어린이체험관, 특별전시관, 근대생활관, 기획전시실 등의 시설이 갖추어져 있다. 이 중에서도 근대생활관은 1930년대 군산에 존재했던 건물들을 재현해두어 박물관이라기보다 드라마 세트장을 방불케 한다. 역사박물관이지만 남녀노소 모두가 친숙하게 느낄 수 있도록 다양한 전시물로 구성해두어 보다 재미있게 근대 역사를 배워갈 수 있는 곳이다.

📍 전라북도 군산시 해망로 240 📞 063-454-7870 🕘 3~10월 09:00~18:00, 11~2월 09:00~17:00, 1월 1일, 설·추석 연휴, 부정기적 휴무(홈페이지 참고) 💰 어른 2,000원, 청소년 1,000원, 어린이 500원(군산 시민의 경우 어른 1,000원, 청소년 500원, 어린이 300원) 🌐 museum.gunsan.go.kr 🅿 주차 485대 가능, 무료 🚗 군산항(0.3km)→해망로(0.3km)→근대역사박물관

빈티지 소품이 가득, 드라마 세트장을 방불케 하는 근대생활관

잘 만들어진 정원과 나무 구조물이 인상적인 전통 일본 가옥의 전경

3 course

전통식 일본 가옥의 고즈넉함이 살아 있는
군산 신흥동 일본식 가옥(히로쓰 가옥)

일본인 히로쓰가 건축한 전형적인 일본식 전통 가옥. 2005년 국가등록문화재 제183호로 등록되었다. 2층의 본채와 단층의 객실이 연결되어 있으며 목조 주택에서 느껴지는 고즈넉함과 두 건물 사이에 꾸며진 일본식 정원에 있는 나무들의 창창함이 어우러져 운치 있는 풍경을 만들어낸다. 영화 〈장군의 아들〉, 〈바람의 파이터〉, 〈타짜〉 등 다수의 영화 촬영지로 사용되어 많은 관광객들의 발길이 끊이지 않는 곳이다. 현재 내부 시설은 관람할 수 없고 외부 관람만이 가능하다.

📍 전라북도 군산시 구영1길 17 ☎ 군사시청 문화예술과 063-454-3274 🕐 10:00~18:00, 연중무휴 💰 무료 🅿 고우당 앞 주차장, 17대 가능, 무료 🚗 근대역사박물관(0.4km)→구영3길(0.4km)→군산 신흥동 일본식 가옥

붉은 벽과 검은 기와가 인상적인 히로쓰 가옥

동그란 창문과 반듯한 미닫이문이 이국적이다.

4 course
아픈 역사를 지닌 일본식 사찰 동국사 대웅전

국가등록문화재 제64호로 지정된 한국 유일의 일본식 사찰. 1913년 일제 강점기에 '금강사'라는 이름으로 창건되었고 8·15광복 이후 동국사로 이름이 바뀌어 현재까지 사용되고 있다. 한국식 사찰에서는 곡선의 아름다움과 처마의 단청에서 화려함을 느낄 수 있는데 비해, 일본식 사찰인 동국사 대웅전에서는 직선의 용마루와 아무런 장식이 없는 처마에서 절제된 단조로움을 느낄 수 있다. 이곳에는 '참사문비'와 '군산평화의 소녀상'이 세워져 있어 일제 강점기에 우리나라가 겪었던 아픈 역사를 다시금 돌아보게 된다.

📍 전라북도 군산시 동국사길 16 📞 063-462-5366, 군산시청 관광진흥과 063-454-3337 🕐 08:30~20:30, 연중무휴 💰 무료 🅿 동국사 주차장, 10대 가능, 무료 | 동국사 맞은편 전주우족설렁탕 주차장, 30대 가능, 무료 🚗 군산 신흥동 일본식 가옥(0.6km)→구영1길(0.03km)→구영3길(0.27km)→구영7길(0.23km)→동국사

깔끔한 느낌의 일본식 사찰, 동국사 대웅전
일제 강점기 '금강사'로 창건되었으나 광복 이후 이름을 바꾼 '동국사'의 간판

5 course
물빛다리의 오색찬란한 야경이 빼어난 은파호수공원

본래 농업용 저수지로 사용되다가 1985년에 국민관광지로 지정되었다. 산책로와 야외 음악당, 수변 무대, 연꽃 자생지, 바닥분수 등의 시설을 갖추고 있다. 호수를 둘러싼 6.5km의 길에는 봄이면 벚꽃이 만개하여 연인들의 핫 플레이스가 되고, 물빛다리와 음악분수는 오색찬란한 조명과 함께 아름다운 야경을 만들어내어 많은 관광객들의 사랑을 받고 있다. '살기 좋은 지역 만들기 지역자원 콘테스트'에서 전국 100대 관광 명소로 선정되기도 했다.

📍 전라북도 군산시 은파순환길 9 📞 063-454-4896 🕐 24시간, 호수공원 물빛다리 음악분수(일몰~22:00), *가뭄 때는 수위 낮아 운영 중단함, 연중무휴 💰 무료 🅿 주차, 8개소 800대 가능, 무료 🚗 동국사 대웅전(0.5km)→대학로(0.6km)→백토로(3.4km)→계산2길(0.6km)→은파호수공원

깔끔하게 정리된 공원 광장

오색찬란한 조명의 물빛다리와 음악분수

6 course
해돋이도 보고 회도 먹고 **새만금 종합수산시장**

서해와 전라북도를 대표하는 자연산 전문 수산시장. 활어, 건어, 선어, 젓갈, 패류 등 모든 수산물을 취급하며, 총 150여 개의 점포가 이곳에서 성업 중이다. 1층에서 싱싱한 횟감을 골라 2층 식당으로 올라가면 각종 밑반찬과 함께 구입한 생선을 손질하여 푸짐한 한 상을 차려준다. 수산물 중에서도 이곳에서 가장 잘 나가는 메뉴는 킹크랩과 대게 그리고 랍스터다.

📍 전라북도 군산시 비응남로 111 📞 063-452-9757 🕘 09:00~21:00, 부정기적 휴무 💰 가게별 상이 🅿 주차 100대 가능, 무료 🚗 은파호수공원(1.9km)→은파순환길(1.2km)→미룡로(0.5km)→새만금북로(13.7km)→새만금 종합수산시장

7 course
속이 뻥 뚫리는 최고의 드라이브 코스 **새만금방조제**

새만금 간척 사업의 1단계 사업으로서, 19년의 공사 기간을 거쳐 2010년 4월에 준공된 길이 33.9km의 세계 최장 방조제다. 방조제 상단부에 4차선 도로를 건설하였고, 이 도로는 전북 군산시와 고군산반도(선유도) 그리고 부안군을 연결하는 육로로 사용되고 있다. 도로의 좌우로 탁 트인 바다가 끝없이 펼쳐져 있어 도로를 달리는 내내 속이 뻥 뚫리는 시원함을 느낄 수 있다. 방조제의 중간에는 휴게소와 쉼터 그리고 전망을 볼 수 있는 장소도 마련되어 있어 드라이브 장소를 찾는 사람들에게는 강력 추천할 만한 곳이다.

📍 전라북도 군산시 비응로 129 📞 새만금 관광안내소 063-467-6030 🕘 24시간, 연중무휴 💰 무료 🅿 주차 30대 가능, 무료 🚗 새만금 종합수산시장(0.5km)→비응동로(0.5km)→비응로(0.2km)→새만금로(6.4km)→새만금방조제

가슴속까지 뻥 뚫리모록 시원하게 뻗은 도로

황금빛 노을이 하늘을 물들이기 시작하면 사람들도 하나둘 해변으로 모여든다.

8 course

백사청송과 바다가 그린 그림 **변산해수욕장**

변산반도에 위치한 변산해수욕장은 백사청송을 자랑하는 서해안 3대 해수욕장의 하나다. 희고 고운 모래는 맑은 물빛과 배후의 푸른 소나무 숲에 의해 더욱 빛을 발한다. 썰물 때 드러난 드넓은 백사장에서는 가족들이 함께 소금을 이용한 맛조개 잡기 체험을 하기에 좋다. 낙조공원과 전망대가 마련되어 있어 아름답기로 유명한 낙조 감상과 여름철 해수욕장을 찾는 관광객들이 찾는 명소 중 하나다.

📍 전라북도 부안군 변산면 대항리 609 📞 부안군청 문화관광과 063-580-4739 🕐 24시간, 연중무휴 💰 무료 🅿 주차 750대 가능, 무료 🚗 새만금방조제(4.7km)→새만금로(34.1km)→변산로(3.9km)→변산해수욕장

변산해수욕장의 아름다운 낙조를 보고 싶다면 이곳 낙조전망대를 놓치지 말자.

★ 놓치지 말자! ★

추억의 영화 속 장소, 나도 주인공이 되어보자!

경암동 철길마을

영화 〈남자가 사랑할 때〉의 촬영 장소. 영화 속에서 주인공이 걸었던 기찻길이 바로 이곳, 철길마을이다. 1944년 4월 4일 군산시 조촌동에 소재한 신문용지 제조업체의 생산품과 원료를 실어 나르기 위해 만들었다. 철길을 사이에 두고 판잣집이 마주 보며 늘어서 있다. 녹이 슬어버린 판자, 색색의 벽들과 집 앞에 놓여 있는 못 쓰는 타이어, 바구니, 가전제품들까지도 철길마을에 있으니 그들끼리 어우러져 운치 있는 풍경을 만들어낸다. 영화 촬영 장소로 많이 알려져 있지만 이곳은 아직도 누군가의 삶의 터전이기도 하다. 아름다운 풍경은 즐기되 그들의 삶을 배려하는 자세를 가지는 것도 잊지 말자.

📍 전라북도 군산시 경촌4길 14 📞 근대역사종합안내센터 063-446-5114
🕐 24시간, 연중무휴 🅿️ 군산경찰서 민원봉사실 맞은편 공영주차장, 29대 가능, 무료

초원사진관

영화 〈8월의 크리스마스〉의 촬영 장소. 원래는 차고로 이용하던 것을 주인에게 허락받아 사진관으로 개조하여 촬영한 후 철거되었다가, 이후 군산시에서 관광객들이 관람하고 사진도 찍을 수 있도록 복원하였다. 초원사진관 내부에는 영화를 떠올릴 수 있게끔 여러 사진을 전시해두었고, 실제 사진관처럼 사진을 찍을 수 있는 장소도 마련되어 있다. 혼자 여행하는 경우, 그곳에서 기념사진을 남기고 싶다면 초원사진관의 친절한 관리자님께 부탁하면 기꺼이 사진을 찍어준다.

📍 전라북도 군산시 구영2길 12-1 📞 근대역사종합안내센터 063-446-5114 🕐 09:00~18:00, 매주 월요일 휴무 💰 무료 🅿️ 고우당 앞 주차장, 17대 가능, 무료(*근대역사박물관에 주차 후 도보 이동)

★ 알고 떠나면 더 즐거운 여행길 ★

은파 세 바위 전설
욕심을 버리고 좋은 일을 행하는 자, 극락의 복이 따르리라!

쌀물방죽에 얽힌 여러 전설 중 가장 대표적인 전설이다. 심술궂은 시아버지의 용서를 구하기 위해 착한 며느리는 스님에게 많은 쌀과 금은보화를 시주로 건네게 되었고, 스님은 며느리에게 극락장생의 방법을 알려주었다. 하지만 이승과 저승의 경계를 넘을 때까지 뒤를 돌아봐서는 안 된다는 스님의 말을 어겨 그 자리에서 자신과 업고 있던 세 살배기 아이, 주인을 따라나선 개 그리고 제대로 인도를 하지 못한 스님까지 모두 돌이 되었다는 이 전설은 방죽이 생기게 된 시초다. 전설 속 세 바위(개바위, 애기바위, 중바위)는 현재 은파교회 옆 은파호수공원 생활체육장에서 볼 수 있다.

★ 추천하고 싶은 곳 ★

🏨 추천 숙소
고우당

고우당은 '고우다'의 전라도 사투리 '고우당께'를 표현한 말로, 일제 강점기의 건축물을 활용하여 일본식 가옥 체험과 함께 과거 일제 강점기의 아픔을 되새기는 역사의 현장으로 인기를 끌고 있다.

📍 전라북도 군산시 구영6길 13 📞 063-443-1042 💰 3만 원~(성수기, 비수기, 평일, 주말 요금 다름) 🌐 www.gowoodang.com 🚗 군산 신흥동 일본식 가옥에서 0.2km

군산 베니키아 아리울 관광호텔

한국관광공사 베니키아사업단의 중저가 체인 호텔로 새만금로의 오식도동에 위치해 있으며 군산공항, 선유도해수욕장, 연안여객선터미널 등과 가깝다.

📍 전라북도 군산시 가도안길 45 📞 1588-0292 💰 7만 7,000원~(성수기, 비수기, 평일, 주말 요금 다름) 🌐 www.gunsanariul.com 🚗 새만금 종합수산시장에서 3.28km

☕ 추천 휴게소
새만금 휴게소

새만금방조제 도로 중간에 지어진 휴게소로, 규모는 크지 않지만 간단한 요깃거리를 구매하거나 건어물직판장에서 멸치, 새우 등의 각종 건어물을 구매할 수도 있다. 새만금 휴게소 뒤편에서 내려다보이는 신시배수갑문의 전망은 놓치지 말아야 할 포인트다. 입구에는 다양한 조각들이 세워져 있어 방조제를 배경으로 기념사진을 찍을 수 있게 해두었으니 이것 또한 놓치지 말자.

📍 전라북도 군산시 새만금로 📞 새만금 관광안내소 063-467-6030 🕐 24시간, 연중무휴 🚗 새만금 휴게소 앞 공터 주차, 300대 가능, 무료

🍴 추천 맛집
한일옥

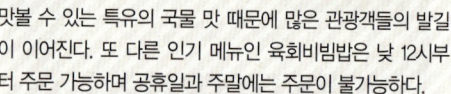

36년 전통의 가업을 이어가는 한일옥은 군산의 관광지로 유명한 초원사진관 맞은편에 위치한다. 이곳의 대표 메뉴는 무와 소고기로 오랫동안 끓여낸 맑은 국물의 소고기뭇국이다. 자칫 평범할 수 있는 메뉴지만 한일옥에서만 맛볼 수 있는 특유의 국물 맛 때문에 많은 관광객들의 발길이 이어진다. 또 다른 인기 메뉴인 육회비빔밥은 낮 12시부터 주문 가능하며 공휴일과 주말에는 주문이 불가능하다.

📍 전라북도 군산시 구영3길 63 📞 063-446-5491 🕐 06:00~20:00, 설·추석 당일 휴무 💰 뭇국·육회비빔밥 8,000원, 시래깃국 7,000원, 콩나물국 6,000원 🅿️ 주차 6대 가능, 무료 🚗 군산항에서 0.9km

영빈각

군산에는 짜장면과 짬뽕으로 유명한 맛집이 많다. 그중에서도 영빈각을 찾는 이유는 한 번 맛보면 오래도록 여운이 남기 때문이다. 이곳의 대표 메뉴는 간짜장과 짬뽕. 짜장의 소스와 짬뽕의 국물에 가득 담겨 있는 각종 채소들이 단맛을 내어 담백하면서도 고소한 맛을 낸다. 이곳의 또 다른 인기 메뉴인 탕수육에는 아삭아삭한 식감을 살린 연근이 들어가 있는 것이 특징이다.

📍 전라북도 군산시 풍남길 36 📞 063-442-6105 🕐 11:00~20:00, 매주 일요일, 설·추석 연휴 휴무(부정기적) 💰 짜장면 5,000원, 간짜장·짬뽕 5,500원, 탕수육 1만6,000원 🅿️ 가게 앞 주차, 2대 가능, 무료 🚗 동국사 대웅전에서 1.4km

중동호떡

1943년부터 3대째 이어져 오는 호떡집으로, 관광객뿐 아니라 군산 지역민들에게도 인기 있는 곳이다. 기름 없이 구워내어 담백하며, 군산을 대표하는 흰 찹쌀 보리와 블랙 푸드(검은콩, 검은쌀, 검은깨 등) 선식으로 만든 시럽 때문에 먹으면 고소함이 입안에 가득하다. 인기가 많은 터라 반죽이 조기에 소진되어 일찍 마감할 수 있으니 저녁 7시 이후 방문 시 전화로 미리 주문해 두는 것이 좋다.

📍 전라북도 군산시 서래로 51-2 📞 063-445-0849 🕐 10:00~19:00, 매주 일요일, 설·추석 당일 휴무(부정기적) 💰 1개 1,000원, 12개 1만 원 🅿️ 중동호떡 골목 주차장, 5대 가능, 무료 🚗 동국사 대웅전에서 2km

미즈커피

일제 강점기에는 '미즈상사'라는 이름의 무역회사로 사용되다가, 해방 이후 검역소로 사용되었고 후에 보수·복원하여 현재의 미즈커피가 탄생하였다. 1층은 화사한 조명과 아기자기한 소품들 때문에 아늑하고 따뜻한 느낌이 들며, 2층 일본식 전통 다다미방에서는 책도 보고 차도 마실 수 있다. 근대 역사의 중심지인 군산에 방문했다면, 한 번쯤은 들려봄직한 카페이다.

📍 전라북도 군산시 해망로 232 📞 063-445-1930 🕐 09:30~21:00, 연중무휴 💰 아메리카노 3,300원~, 요거트 스무디 5,500원 🅿️ 군산근대역사박물관 맞은편 공영주차장, 83대 가능, 무료 🚗 근대역사박물관 옆

🏪 추천 가게
이성당

우리나라에서 현존하는 가장 오래된 빵집. 1920년대에 일본인이 '이즈모야'라는 화과자점으로 영업하다가 해방 이후부터 현재 상호명으로 이어져 오고 있다. 이곳의 대표적인 빵은 쌀 앙금빵(팥빵)과 야채빵으로 빵이 나오는 시간에 맞춰 길게 줄을 서서 기다릴 정도로 유명하다. 쌀 앙금빵은 쌀가루로 만들어내어 쫀득하고 촉촉하며 속에 달달한 팥앙금이 가득 차 있어 특히 어르신들에게 인기가 있다.

📍 전라북도 군산시 중앙로 170 📞 063-445-2772 🕐 08:00~22:00, 첫째·셋째 월요일 휴무 💰 쌀 앙금빵(팥빵) 1,300원, 야채빵 1,600원, 슈크림빵 1,000원 🅿️ 이성당 건물 앞(에넥스텔레콤) 주차장, 15대 가능, 무료 🚗 동국사 대웅전에서 0.5km

군산시 농수특산물 전시홍보관

군산의 대표적인 농산물, 수산물, 축산물, 가공식품, 건강식품, 특산물을 전시해놓고 있다. 하지만 전시홍보관에서 구입은 불가능하다. 물품 구매는 군산시 농수특산물 쇼핑센터 사이트(www.gunsanfarm.co.kr)에서 가능하다.

📍 전라북도 군산시 비응로 129 새만금 관광안내소 내 📞 새만금 관광안내소 063-467-6030 🕐 09:00~18:00, 연중무휴 🅿️ 주차, 193대 가능, 무료 🚗 새만금 종합수산시장에서 0.5km(새만금 관광안내소 내)

전라도
DRIVE COURSE

부안 변산반도

변산반도 해안도로를 따라 달리며 붉은 노을에 취하고 철썩이는 파도에 즐겁다.

빡빡한 서해안고속도로를 잠시 벗어나면 만날 수 있는 변산반도 해안도로. 구불구불한 해안도로를 따라 달리다 보면 해수욕장, 해안 절벽, 갯벌, 염전까지 서해 바다의 다양한 매력들이 펼쳐진다. 싱싱한 해산물과 곰소염전 천일염으로 만들어진 젓갈 등 풍성한 먹거리가 가득하고, 서해 낙조 3대 명소로 꼽히는 일몰까지 즐길 수 있다. 오감만족 드라이브 코스 변산반도로 떠나보자.

TiP
- 구불구불한 길(고사포해수욕장–하섬전망대–적벽강 구간), 오르막 및 내리막이 많은 코스(궁항–모항해수욕장–곰소항 구간)이므로 출발 전 차량 상태 점검 필수!
- 하섬 및 격포 채석강은 물때 시간을 미리 알아두자.
- 물때 확인은 국립해양조사원 홈페이지(www.khoa.go.kr) 참조
- 겨울철 눈이 내릴 경우 해안도로를 폐쇄하는 경우도 자주 있다.

INFORMATION
- 이동거리 74.68km
- 드라이브 2시간
- 전체 코스 7~8시간
- 포인트 변산반도 해안도로를 따라 달리면 한쪽으로는 푸르른 나무들이, 다른 한쪽으로는 해수욕장과 해안 절벽이 펼쳐진다. 볼거리, 먹거리까지 가득해 가족, 연인 모두가 만족스럽다.
- 추천계절 봄~가을(3~11월)
- 축제 부안마실길축제(5월), 곰소젓갈축제(10월)

RECEIPT
입장료
무료

주차료
무료

식사 및 간식
(점심)꽃게장 정식 ·············· 46,000원
(간식)오디팥빙수 ·············· 10,000원

TOTAL
56,000원

(※2인 기준)

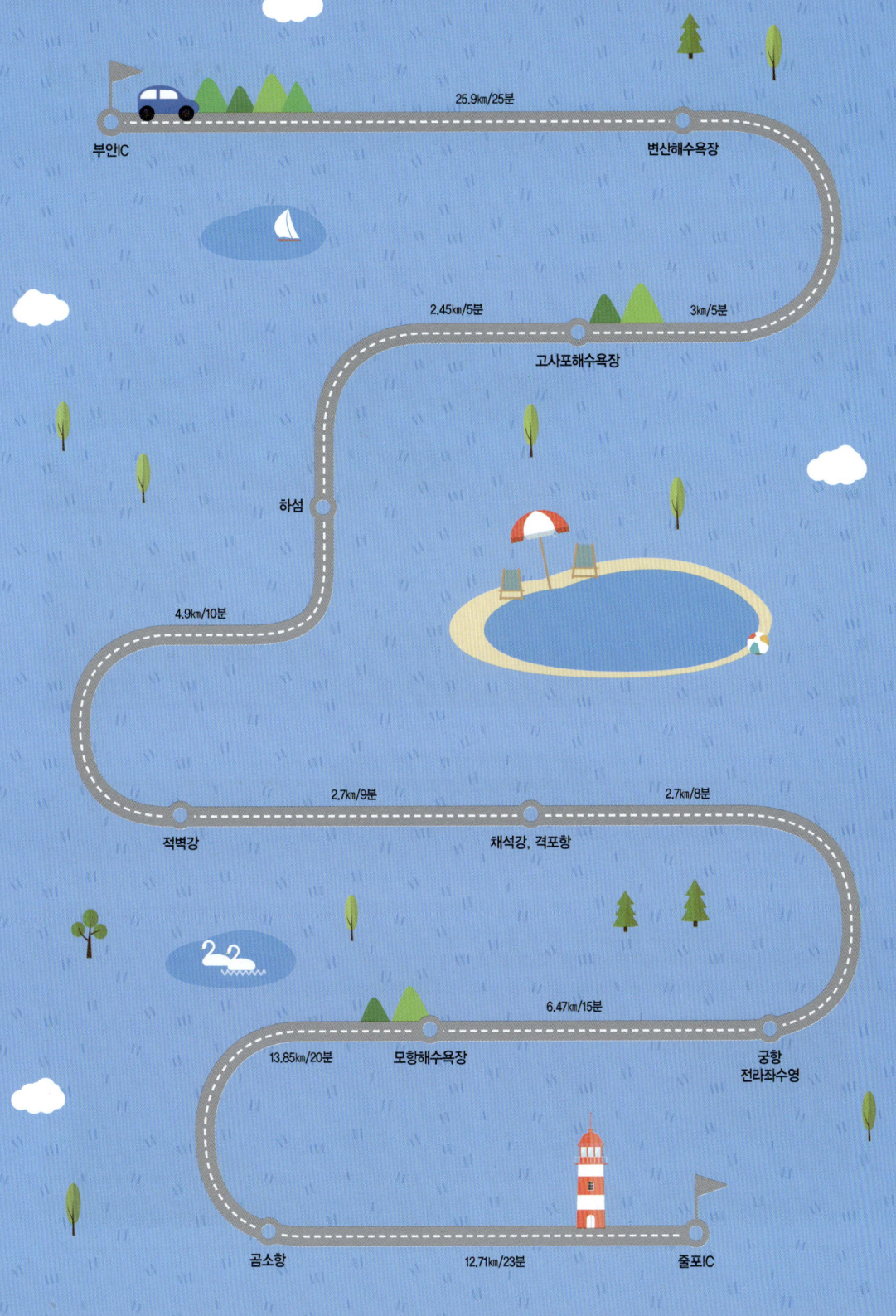

1 course

백사청송을 자랑하는 **변산해수욕장**

희고 고운 모래로 된 긴 사빈과 푸른 소나무 숲이 어우러졌다 하여 '백사청송' 해수욕장으로도 불린다. 조석 간만의 차도 심하지 않아 대천·만리포 해수욕장과 함께 서해안의 3대 해수욕장의 하나로 꼽힌다. 팔각정 위에서 내려다보면 탁 트인 풍경이 눈앞에 펼쳐진다. 팔각정 앞에 위치한 '사랑의 낙조공원'에서 조각물들 사이로 보이는 바다와 일몰이 인기다. 해변 끝에 송포항이 맞닿아 있어 싱싱한 해산물도 만날 수 있다.

📍 전라북도 부안군 변산면 대항리 609 📞 부안군청 문화관광과 063-580-4739 🕐 24시간, 연중무휴 💰 무료 🅿 주차 750대 가능, 무료 🚗 부안IC(20.8㎞)→변산로(3.7㎞)→방포교차로(0.5㎞)→변산우회길(0.3㎞)→변산로(0.6㎞)→변산해수욕장

사빈과 청송이 어우러진 변산해수욕장 전경

사랑의 낙조공원, 사랑해요!

사랑의 낙조공원 전망대, 팔각정

알고 떠나면 더 즐거운 여행길

서해 낙조 3대 명소, 변산반도

서해 바다 위로 떨어지는 해를 바라보고 있노라면 가슴이 벅차 오른다. 서해 낙조 3대 명소에 꼽힐 만큼 아름다운 석양을 자랑하는 변산반도는 잔잔한 바다, 갯벌 위로 드리워지는 해그림자가 일품이다. 낙조를 감상하기 좋은 장소로는 변산해수욕장이 내려다보이는 사랑의 낙조공원, 솔숲으로 떨어지는 일몰을 감상할 수 있는 전북학생해양수련원, 바위와 바다가 노을과 함께 붉게 물들어가는 적벽강을 꼽을 수 있다. 하지만 변산반도라면 그 어디든 일몰을 즐기기에 아름다운 장소임에는 틀림없다. 그러니 해 질 녘에는 드라이브를 잠시 멈추고 차에서 내려 서해 바다의 아름다운 해넘이를 감상하자.

🕐 네이버 일출·일몰계산기(weather.naver.com/life/sunRiseSetView.nhn)를 통해 원하는 날짜의 일몰시간을 확인할 수 있다.

탁 트인 변산해변과 사랑의 낙조공원을 볼 수 있는 팔각정

낭만이 내리 깔린 늦은 오후의 곰소항

2 course

파도 소리가 들려오는 숲속 낭만 캠핑 **고사포해수욕장**

변산해수욕장과 3km 남짓 거리에 위치한 고사포해수욕장. 2014년에 개장하여 시설들이 깨끗하고, 변산해수욕장에 비해 덜 알려져 조용히 해수욕을 즐기기에 좋다. 약 2km에 이르는 백사장과 넓고 긴 송림이 장관을 이룬다. 송림 사이 위치한 야영장에서는 캠핑을 즐기기에 좋고, 간조 때에는 갯벌 체험도 가능하다.

📍 전라북도 부안군 변산면 노루목길 8-8 📞 변산반도국립공원 063-582-7808 🕐 24시간, 연중무휴 💰 무료
🅿 주차 300대 가능, 무료 🚗 변산해수욕장(1km)→변산교차로(1.4km)→운산교차로(0.6km)→고사포해수욕장

2km에 이르는 넓은 백사장의 고사포해수욕장

양옆으로 보이는 송림에서는 캠핑을 즐기기에 그만이다.

3 course

바닷길이 열리는 **하섬**

바다에 떠 있는 연꽃 같다 하여 연꽃 하(蝦) 자 하섬이라고도 하고, 새우가 웅크리는 모양을 하고 있다 하여 새우 하(鰕) 자를 써서 하섬이라고도 한다. 음력 1일과 15일을 전후하여 간조 때가 되면 2~3일 동안 바닷길이 드러난다. '바다가 갈라지는 곳', '바다가 열리는 곳'이라고 불리는 변산반도의 인기 장소다. 갯벌과 모래가 적당히 섞인 바닷길을 걷는 기분이 색다르다.

📍 전라북도 부안군 변산면 마포리 📞 변산반도국립공원 063-582-7808 🕐 24시간(*간조 시기 확인은 국립해양조사원 홈페이지(www.khoa.go.kr) 참조, 연중무휴 💰 바닷길 무료 🅿 하섬전망대 주차장, 8대 가능, 무료 🚗 고사포해수욕장(2.45km)→하섬

TIP
- 하섬은 원불교에서 운영하는 자체 해상수련원으로, 일반인의 출입은 금지되어 있으며 원불교 교도와 동행 시에만 출입이 허용된다.
- 2014년도부터 고사포해수욕장의 끝자락인 성천에서 반월까지 하섬 주변 지역은 해양생물채취금지구역으로 지정되었으니 주의하자.

한 달에 딱 두 번 바다가 열리는 날에만 닿을 수 있는 곳, 하섬

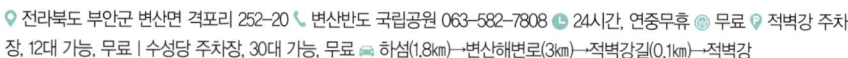
붉은색을 띤 바위와 절벽이 아름다운 적벽강

4 course

변산해변의 붉은 절경이 빛나는 **적벽강**

후박나무 군락(천연기념물 제123호)이 있는 연안으로부터 용두산을 돌아 절벽과 암반이 펼쳐지는 해안선 약 2㎞를 적벽강이라 한다. 붉은색을 띤 바위와 절벽이 문화재 명승으로 지정될 정도로 장관이다. 특히, 석양 무렵 햇빛을 받아 바위가 붉게 타오를 때는 감탄이 절로 나온다. 죽막마을을 경계로 북쪽이 적벽강이고 남쪽이 채석강이다. 적벽강 길을 따라 조금 더 들어가면 수성당이 있다. 이곳은 서해 바다를 다스리던 개양할미로 불리는 신을 모시는 단칸 기와집 형태의 작은 신당이다. 절벽 끝에 위치하여 서해 바다를 내려다 볼 수 있는 곳으로 어부들의 만선과 안전을 기하는 어민들의 제사가 지금까지도 이어지고 있다.

📍 전라북도 부안군 변산면 격포리 252-20 📞 변산반도 국립공원 063-582-7808 🕐 24시간, 연중무휴 💰 무료 🅿️ 적벽강 주차장, 12대 가능, 무료 | 수성당 주차장, 30대 가능, 무료 🚗 하섬(1.8㎞)→변산해변로(3㎞)→적벽강길(0.1㎞)→적벽강

서해 바다를 다스리던 개양할미를 모시는 작은 신당, 수성당

아름다운 바다를 보며, 적벽강길을 따라 걸어보자.

5 course 오랜 세월의 걸작품 **채석강** 맛과 멋이 넘쳐나는 **격포항**

채석강은 강이 아니라 변산반도 서쪽에 있는 해식절벽과 바닷가를 총칭하는 이름이다. 바닷물에 침식되어 퇴적한 절벽이 마치 수만 권의 책을 쌓아놓은 듯하고 절벽 사이에는 해식동굴도 뚫려 있다. 자연의 신비함을 느끼게 하는 곳이다. 채석강 옆으로는 격포해수욕장이 펼쳐져 있어 해수욕도 즐길 수 있다. 서해 청정해역의 싱싱한 해산물들을 만날 수 있는 격포항은 특히 봄 주꾸미, 가을 전어 철에는 미식가와 관광객들로 붐빈다. 격포항은 노을 질 무렵 풍경이 아름다우니 해산물로 배를 채운 뒤, 해넘이공원과 해변 산책로를 거닐며 낙조를 감상하는 것도 좋다.

📍 전라북도 부안군 변산면 변산해변로 1 📞 변산반도국립공원 063-582-7808 🕐 24시간, 연중무휴 💰 무료 🅿️ 주차 135대 가능, 무료 🚗 적벽강(0.1km)→변산해변로(1.45km)→채석강길(0.15km)→격포로(0.6km)→격포중앙길(0.4km)→격포항

해변 산책로를 걸으며 낙조를 감상해보자.

마치 수만 권의 책을 쌓은 듯 자연의 신비가 느껴지는 채석강

6 course 사극 여행지로 떠오르는 **궁항 전라좌수영**

궁항 작은 어촌마을에 위치한 촬영 세트장 전라좌수영은 드라마 〈불멸의 이순신〉, 영화 〈명량〉에서 이순신 장군을 재현해내는 데에 한몫했다. 5,000여 평 규모의 이곳에서 낙조를 보고 있노라면 타임머신을 타고 조선 시대로 온 착각을 일으키기도 한다.

📍 전라북도 부안군 변산면 궁항영상길 91 📞 변산반도 국립공원 063-582-7808 🕐 24시간(사극 촬영장의 특성상 세트장 내 가로등이 없어 야간에는 관람 불가), 연중무휴 💰 무료 🅿️ 주차 30대 가능, 무료 🚗 격포항(0.18km)→격포중앙길(0.28km)→격포로(0.32km)→궁항로(1.37km)→궁항영상길(0.55km)→궁항 전라좌수영

과거로의 타임슬립, 이순신 장군을 만나다! 궁항 전라좌수영

★ 놓치지 말자! ★

부안영상테마파크

격포항에서 5분 거리, 변산로를 따라 달리다 보면 만날 수 있는 부안영상테마파크는 조선 중기 때를 재현한 왕궁, 사대부가, 도자기촌, 시전 거리 등 촬영 시설이 갖추어진 종합촬영장이다. 최근 영화 〈광해〉, 〈왕이 된 남자〉, 〈사도〉 등의 촬영지로 유명하다. 영화에서의 장면을 상상하며 관람하면 재미가 더해진다. 촬영 의상 체험, 활터, 페인트볼, 민화 체험 등 다양한 체험 프로그램들이 있어 가족, 연인 모두에게 추천한다.

전라북도 부안군 변산면 격포로 309-64 063-581-0975 3~6월 09:00~18:00, 7~10월 09:00~19:00, 11~2월 09:00~17:00(야간개장 시 ~22:00), 연중무휴 어른 4,000원, 청소년·경로 3,500원, 어린이 3,000원(야간개장 금액 별도, 어른 1만2,000원, 어린이 1만 원) 주차 100대 가능, 무료

높은 성벽에서 부안영상테마파크를 감상해보자
어서 오너라! 문을 열어라
사뿐사뿐 걸어보는 옛 우리의 왕궁

7 course

즐길 거리가 가득한 온 가족의 놀이터 **모항해수욕장**

간조 때 물이 빠져도 하얀 모래 빛은 잃지 않는 아름다운 해수욕장. 변산반도의 다른 해수욕장에 비해 작은 규모지만, 해수욕과 갯벌 체험, 갯바위 낚시, 야영장까지 갖추고 있다. 양쪽의 바위 언덕이 해변을 감싸고 있는 지형 때문에 파도가 잔잔해 어린아이들이 함께하는 가족 단위 여행객들에게 특히 인기가 많은 곳이다.

전라북도 부안군 변산면 도청리 172 063-580-4739 24시간, 연중무휴 무료 모항 갯벌체험장 홈페이지 www.ibuan.co.kr/tour08, 전화 063-584-7788 주차 110대 가능, 무료 궁항 전라좌수영(0.56km)→궁항로(1.93km)→언포교차로(3.72km)→모항길(0.26km)→모항해수욕장

해변을 감싸안은 듯한 모항해수욕장

곰소항의 시선강탈 주인공
빨간 등대

8 course

백색 소금이 빛나는 **곰소항**

전라북도 내에서 군산항 다음으로 큰 항구인 곰소항. 곰소라는 말은 곰처럼 생긴 두개의 섬이라는 말과 그 섬 앞바다에 깊은 소(沼)가 있어 생긴 이름이다. 곰소항에 들르면 새하얀 소금과 염부들의 땀방울이 아름답게 빛나는 곰소염전도 만날 수 있다. 곰소염전에서 생산되는 천일제염도 유명하지만, 근해에서 나는 싱싱한 어패류에 곰소염전에서 생산한 천일염으로 담근 젓갈들이 더 유명하다. 대규모 젓갈 단지가 조성되어 있어 관광객들로 붐비며, 매년 10월에는 곰소젓갈축제가 열린다.

📍 전라북도 부안군 진서면 진서리 📞 진서면사무소 063-580-3661 🕐 24시간, 연중무휴 💰 무료 🅿️ 주차 100대 가능, 무료 🚗 모항해수욕장(0.26km)→변산로(4.25km)→청자로(9.22km)→곰소항길(0.12km)→곰소항

★ 놓치지 말자! ★

내소사

변산반도국립공원 내에 위치한 천년고찰의 기품과 고즈넉함을 간직한 내소사. 이를 지켜주듯 내려다보고 있는 관음봉의 모습이 아름답다. 내소사 수변을 놀아보며 주변 경관을 감상할 수 있는 초급자 코스(3.7km/2시간 소요)와 중급자 코스(5km/3시간 소요)로 나뉘어진 등산 코스가 있다. 산길이 익숙하지 않은 여행객이라면 일주문부터 천왕문까지 약 600m의 전나무 숲길을 걸어보길 추천. 전나무가 뿜어내는 숲 내음이 상쾌하다. 봄에는 화려한 벚꽃, 여름에는 싱그러운 전나무 숲길, 가을 단풍과 겨울 설경의 아름다움을 고루 갖춘 내소사는 청자로를 타고 달리다가 석포삼거리에서 내소사로를 타고 5분 정도 올라가면 만날 수 있다.

📍 전라북도 부안군 진서면 내소사로 243 📞 063-583-7281, 변산반도국립공원 주차장 063-583-2443 🕐 일출~일몰 시, 연중무휴 💰 어른 3,000원, 청소년 1,500원, 어린이 500원 🌐 www.naesosa.org 🅿️ 변산반도국립공원 주차장, 100대 가능, 최초 1시간 1,100원

★ 추천하고 싶은 곳 ★

🛏 추천 숙소

대명변산리조트

격포해수욕장 바로 옆에 위치하며 바다를 바라보며 물놀이를 즐길 수 있는 아쿠아월드가 있어 아이들에게 더욱 인기다.

📍 전라북도 부안군 변산면 변산해변로 51 📞 1588-4888 💰 13만5,000원~(멤버십 가입시 홈페이지에서 무료 가입 가능, 성수기, 비수기, 평일, 주말 요금 다름) 🌐 www.daemyungresort.com/bs 🚗 채석강에서 0.6km

☕ 추천 휴게소

하섬 휴게소

변산반도 해안도로에는 어촌마을들이 계속 이어져 있다 보니 큰 규모의 휴게소가 없다. 고사포해수욕장과 하섬 사이 움푹 들어간 곳에 위치한 작은 항구인 성천항에 하섬 휴게소가 있는데 민박을 함께 운영한다. 아름다운 성천항을 보기 위해서라도 들러볼 만한 곳이다.

📍 전라북도 부안군 변산면 성천길 7-18 📞 063-581-8493 🅿️ 성천항 주차, 10대 가능, 무료 🚗 고사포해수욕장에서 1.45km

쁘띠블랑펜션

자연이 만들어낸 신비로운 적벽강 절벽에 위치한 펜션. 스파룸에는 시원한 바다 풍경을 감상하며 즐길 수 있는 야외 스파 시설이 마련되어 있다.

📍 전라북도 부안군 변산면 적벽강길 17 📞 063-581-2767 💰 7만 원~(성수기, 비수기, 평일, 주말 요금 다름) 🌐 www.petitblanc.co.kr 🚗 적벽강에서 0.1km

🍴 추천 맛집

변산명인바지락죽

부안의 별미 백합죽과 바지락죽. 그중 바지락죽의 원조로 꼽히는 이곳은 바지락죽 최초 개발자의 집답게 깊은 맛을 자랑한다. 죽 한 그릇에 아낌없이 듬뿍 담긴 바지락과 6년근 인삼까지 들어 있어 보양식으로도 손색없다. 별미인 메밀바지락전 역시 고소하고 깔끔한 맛으로 인기다.

인삼바지락죽
메밀바지락전

📍 전라북도 부안군 변산면 변산해변로 794 📞 063-584-7171 🕐 08:30~19:30, 연중무휴 💰 인삼바지락죽 9,000원, 바지락회비빔밥 1만1,000원, 메밀바지락전 1만3,000원, 바지락회무침 3만 원~ 🌐 변산명인.com 🅿️ 주차 45대 가능, 무료 🚗 고사포해수욕장에서 0.45km

마리나스파펜션

고사포해수욕장, 변산해수욕장과 인접해 있고 바다 전망을 자랑한다. 전 객실에 제트스파가 설치되어 있고 서해 바다를 전망으로 큼직한 야외 수영장이 2개나 있어 휴식과 휴가를 동시에 즐길 수 있다.

📍 전라북도 부안군 변산면 변산해변로 799-21 📞 010-3059-3700 💰 12만 원~(성수기, 비수기, 평일, 주말 요금 다름) 🌐 www.marinab.co.kr 🚗 고사포해수욕장에서 1.6km

칠산꽃게장

곰소항에서 3분 거리에 위치한 칠산꽃게장은 '전라북도 명품인증'을 받은 집으로 100% 국내산 꽃게와 양념만을 사용한다. 곰소 천일염 등 10여 가지 재료로 맛

을 내 짜지 않고 깊은 맛을 낸다. 대표 메뉴인 간장게장은 살과 알이 꽉 차는 4~5월에 싱싱한 국내산 암꽃게만을 사용한다.

📍 전라북도 부안군 진서면 청자로 906 📞 063-581-3470~1 🕐 09:00~19:30, 설·추석 연휴 휴무 🍽 꽃게장 정식·꽃게무침 2만3,000원, 꽃게탕(2인) 4만7,000원~ 🌐 www.7sancrab.com 🅿 주차 10대 가능, 무료 🚗 곰소항에서 0.5km

산사의 하루

국내 최대 오디 생산지인 부안은 뽕나무 열매인 오디로 만든 음식이 많다. 내소사 입구에 위치한 이 카페에서는 내소사 농장에서 수확한 새콤달콤한 오디로 만든 빙수를 맛볼 수 있다. 오디가 나는 시기인 6월에는 그날그날 따온 신선한 오디로 만든 오디 빙수, 오디 음료도 만날 수 있다.

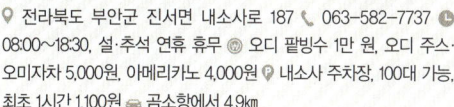

📍 전라북도 부안군 진서면 내소사로 187 📞 063-582-7737 🕐 08:00~18:30, 설·추석 연휴 휴무 🍽 오디 팥빙수 1만 원, 오디 주스·오미자차 5,000원, 아메리카노 4,000원 🅿 내소사 주차장, 100대 가능, 최초 1시간 1,100원 🚗 곰소항에서 4.9km

🏠 추천 가게
곰소우정젓갈

곰소항에는 젓갈 단지가 형성되었을 만큼 젓갈로 유명하다. 그중 2대째 운영되고 있는 곰소우정젓갈은 관광객뿐 아니라 지역민들도 즐겨 찾는 곳이다. 고운 빛깔과 감칠맛을 자랑하는 다양한 젓갈을 시식해 보고 구매할 수 있다. 색소나 합성 보존료를 일체 넣지 않고 만들어진 자연명란젓은 도시에서는 구할 수 없는 명품 젓갈이다.

📍 전라북도 부안군 진서면 곰소항길 66-1 📞 063-582-7102 🕐 09:00~19:00, 연중무휴 🍽 어리굴젓 500g 1만3,000원, 토하젓 500g 1만5,000원, 비빔낙지젓 500g 1만2,000원 🅿 가게 앞 주차, 5대 가능, 무료 🚗 곰소항 주차장, 100대 가능, 무료 🚗 곰소항에서 0.06km

부안수협 바다마트(부안수협 격포지점)

격포항에 위치한 부안수협 바다마트는 수협 직영점이기에 현지 수산물, 건어물, 젓갈, 액젓, 천일염을 믿고 구매할 수 있다. 2층에서는 횟집을 운영하고 있어 어민이 직접 잡은 자연산 활어를 맛볼 수 있다.

📍 전라북도 부안군 변산면 격포항길 64-7 📞 063-581-1614 🕐 09:00~16:00(악천후 시 조기마감), 연중무휴 🅿 격포항 주차장, 400대 가능, 무료 🚗 격포항에서 0.25km

군산식당

죽 한 그릇, 백반 하나만 시켜도 맛깔스러운 반찬들이 상 위를 가득 채우는 인심 후한 맛집이다. 부안의 갯벌에서 나는 살이 가득 찬 백합으로 만든 백합죽은 건강과 맛을 모두 갖춘 음식이다. 단품 메뉴를 시켜도 충분히 푸짐한 식사를 할 수 있지만, 부안의 바다를 한번에 맛보고 싶다면 백합으로 만든 탕, 찜, 죽, 갑오징어무침까지 모두 맛볼 수 있는 백합 세트를 추천한다.

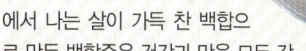

📍 전라북도 부안군 변산면 격포항길 16 📞 063-583-3234 🕐 08:00~20:00, 설·추석 휴무 🍽 백합죽 1만 원, 충무공 정식(2~3인) 3만6,000원, 백합 세트(2인) 6만 원 🅿 주차 20대 가능, 무료 🚗 채석강에서 0.01km

전라도 DRIVE COURSE

부안 줄포~고창

몸과 마음을 힐링해주는 드라이브길

몸과 마음의 치유가 필요할 때, 이 모두를 한 번에 해결해줄 수 있는 곳을 찾는다면 이 코스를 추천한다. 세계 5대 습지인 줄포만 갯벌생태공원과 동백나무 숲으로 유명한 선운산을 들르고 동호항과 구시포항을 연결하는 명사십리길을 돌아보면 일상의 피로는 저절로 날아간다. 거기에다 전국 최고라 자부하는 고창 풍천장어에 고창 복분자주 한잔까지 더하면 에너지도 충전된다.

> **TIP** 해안도로 중 폭이 좁은 구간이 있으니 주의가 필요하며, 특히 야간에는 가로등 없는 곳이 많으므로 전조등은 점검 필수다.

INFORMATION
- 이동거리 96.27km
- 드라이브 2시간 26분
- 전체 코스 7~8시간
- 포인트 수백 년 된 소나무 숲과 바다의 완벽한 하모니를 이룬다.
- 추천계절 봄~가을(3~11월)
- 축제 고창청보리밭축제(4월 중순~5월 초순), 고창 복분자와 수박 축제(6월)

RECEIPT

입장료
- 줄포만 갯벌생태공원 ········ 4,000원
- 고인돌박물관 ··················· 6,000원

주차료
- 선운산 ···························· 1일 2,000원

식사 및 간식
- (점심)우렁쌈밥 ················ 20,000원

TOTAL 32,000원

(※2인 기준)

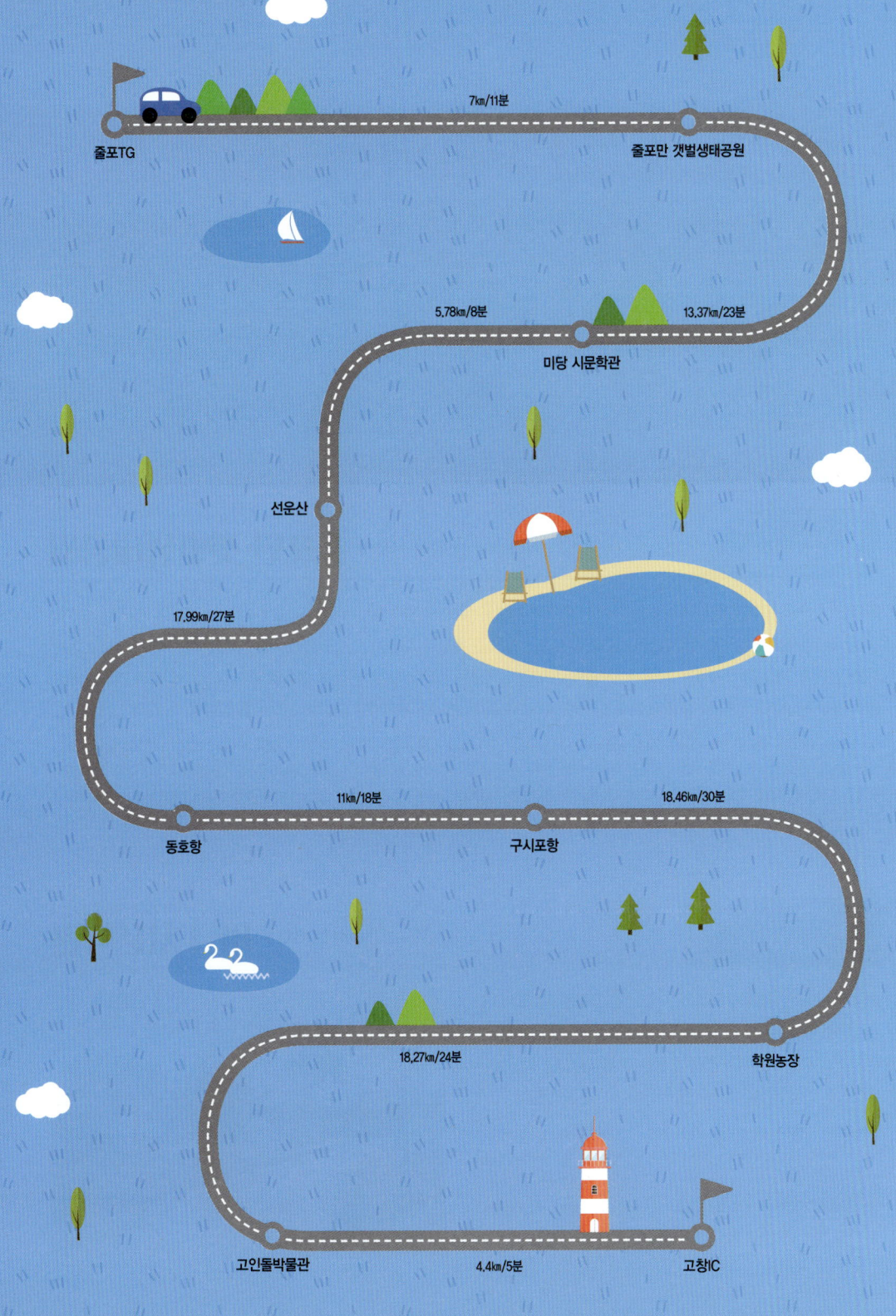

하늘하늘 흔들리는 억새가 아름다운 줄포만 갯벌생태공원의 가을

1 course

가족 모두를 위한 여행지 **줄포만 갯벌생태공원**

2003년 우포리 일대에 저지대 침수를 대비하기 위해 제방을 쌓은 후 담수습지가 형성되면서, 자연적으로 생태늪지로 발전되어 종합적인 복합공원으로 자리잡았다. 주요 시설로는 해의길 유원지, 부안자연생태공원, 갯벌 습지 등이 있다. 계절별로 봄은 유채·양귀비·백일홍이, 가을은 갈대·억새·황화코스모스, 겨울은 설경이 눈을 즐겁게 해준다. 숙박이 가능하도록 캠핑장과 숙박 시설도 운영하고 있다. 수로를 따라 운행하는 모터보트를 타보거나 자전거를 대여해 산책로를 탐방할 수 있다.

📍 전라북도 부안군 줄포면 생태공원로 38 📞 063-580-3171~8 🕐 공원 24시간, 연중무휴, 갯벌생태관 3~10월 09:00~18:00, 11~2월 09:00~17:00, 매주 월요일 휴무, 설·추석 당일 휴무 💰 공원 무료 | 갯벌생태관 6세~어른 2,000원, 5세 이하 1,000원, 경로 무료 | 모터보트(4~11월에만 이용 가능) 이용료 초등생 3,000원, 중학생부터 5,000원 | 자전거 이용료(1인용) 3,000원, 1시간 🌐 julpoman.buan.go.kr 🅿 주차 268대 가능, 무료 🚗 줄포TG(0.5km)→주을로(0.15km)→반월제길(1.97km)→신리로(1.37km)→부안로(0.74km)→줄포중앙로(0.88km)→생태공원로(1.55km)→줄포만 갯벌생태공원

2 course

시인의 감성이 느껴지는 **미당 시문학관**

미당의 시 구절 '눈이 부시게 푸르른 날은 그리운 사람을 그리워하자'를 모르는 사람은 거의 없을 것이다. 폐교를 개조한 시문학관에서 그의 생애와 작품을 한눈에 볼 수 있다. 시문학관 우측으로 미당 서정주의 생가를 복원하여 보존하고 있다.

📍 전라북도 고창군 부안면 질마재로 2-8 📞 063-560-8058 🕐 하절기 09:00~18:00, 동절기 09:00~17:00, 매주 월요일, 1월 1일, 설·추석 당일 휴무 💰 무료 🅿 주차 100대 가능, 무료 🚗 줄포만 갯벌생태공원(0.3km)→생태공원로(0.38km)→우포로(3.95km)→김소희길(0.09km)→사포상암로(3.52km)→수양신촌길(0.47km)→인촌로(4.66km)→미당 시문학관

3 course

천오백 년 고찰 선운사를 품은 선운산

본래 도솔산이었으나 백제 때 창건한 선운사가 유명해지면서 선운산으로 이름이 바뀌었다. 봄에는 동백과 벚꽃이, 여름에는 시원한 계곡이, 가을에는 형형색색의 단풍이, 겨울에는 설경이 장관인 선운산은 호남의 내금강이라 불릴 정도로 아름답다. 주차장 가까이에 선운산 생태공원이 있어 잠시 절경을 즐기며 산책하기에도 좋고, 백제 위덕왕 24년(577년)에 창건된 선운사도 둘러볼 수 있다. 다양한 등산 코스가 있어 체력에 맞춰 등산도 가능하다.

전라북도 고창군 아산면 선운사로 158-6 도립공원 관리사무소 063-560-8682~3(관리사무소), 063-561-1423(사찰 매표소) 07:00~18:00(동절기~17:30)(공원은 제한 없음), 연중무휴 도립공원 선운사 어른 3,000원, 청소년 2,000원, 어린이 1,000원, 경로 무료 주차 2,000대 가능, 1일 2,000원(경차 1,000원) 미당 시문학관(0.08km)→인촌로(1.95km)→선운대로(2.37km)→선운사로(1.38km)→선운산

호남의 내금강이라 불릴 만큼 사계절 아름다운 선운산 산책길

4 course

싱그러운 해변 산책길 동호항

아주 작은 항구지만 옆쪽으로 완만한 경사의 4km에 달하는 해수욕장도 있다. 특히 수백 년 된 소나무 숲이 매력적이며, 구시포항까지 연결되는 명사십리 드라이브 코스의 시작점이다. 동호항 가는 길에 강을 따라 자전거 도로도 잘 정비되어 있으며, 국가생태문화탐방로도 있어 둘러볼 만하다.

전라북도 고창군 해리면 동호리 일원 고창군청 해양수산과 063-560-2633 24시간, 연중무휴 무료 길가 주차, 10대 가능, 무료 선운산(1.37km)→선운대로(8.52km)→애향갯벌로(6.28km)→동호로(1.26km)→구동호2길(0.56km)→동호항

5 course

TV 프로그램 <삼시세끼> 촬영지 **구시포항**

주변 경치가 아름다워 해양수산부에서 선정한 '아름다운 어촌 100선'에 뽑힌 곳으로, 동호항에서부터 오른쪽으로 바다를 끼고 명사십리를 10㎞ 정도 따라가면 구시포항에 도착한다. 구시포항 왼쪽으로 걸어 내려가면 폭 700m, 길이 1㎞로 넓고 긴 형태의 갯벌 한 점 없이 고운 백사장이 돋보이는 구시포해수욕장이 있다. 염도가 높아 해수찜이 특히 유명하다.

📍 전라북도 고창군 상하면 자룡리 📞 고창군청 해양수산과 063-560-2633 🕐 24시간, 연중무휴 💰 무료 🅿 길가 주차, 10대 가능, 무료 🚗 동호항(0.22㎞)→구동호2길(0.97㎞)→명사십리로(8.81㎞)→구시포해변길(1㎞)→구시포항

★놓치지 말자!

구시포 해수찜

구시포 해수찜은 혈액 순환과 중풍 예방, 다이어트에 효과가 있다고 알려져 있다. 탕에 들어가는 방식이 아니라 뜨거운 해수를 준비해 그 물을 수건에 적셔 직접 몸에 두드리며 찜질하는 방식이다. 이런 찜을 하는 형태는 함평과 더불어 전국에 두 곳뿐이다. 1인실부터 6인실까지 갖춰져 있어 개인이나 가족 단위로 이용하기에 편하다.

📍 전라북도 고창군 상하면 진암구시포 540 📞 063-561-3324 🕐 08:00~23:00, 연중무휴 💰 해수찜 1인 3만2,000원~, 6인 이상 8인까지 1인당 1만2,000원 | 사우나 5,000원(남자), 7,000원(여자) 🅿 주차 200대 가능, 무료

6 course

계절마다 다른 옷을 입는 **학원농장**

넓은 구릉 위에 자연이 빚어낸 절경이 이국적으로 다가온다. 봄에는 청보리밭을, 가을에는 하얀 메밀밭을 만날 수 있다. 흰 눈이 내려앉은 듯한 메밀꽃이 장관이다. 뛰어난 절경 덕에 <웰컴 투 동막골>, <늑대 소년>을 비롯한 영화와 드라마뿐만 아니라 CF 촬영지로도 각광받고 있다. 학원농장으로 들어가는 플라타너스 가로수 길도 무척 아름다워 도착하기 전부터 감탄사를 자아낸다. 봄과 가을에 축제가 열린다.

📍 전라북도 고창군 공음면 학원농장길 158-6 📞 063-564-9897 🕐 산책로 24시간, 학원농장 상설식당 매점 10:00~17:30(4~10월에만 운영), 연중무휴 💰 무료 🌐 www.borinara.co.kr 🅿 주차 200여 대 가능, 무료 🚗 구시포항(0.93㎞)→구시포해변길(1.94㎞)→진암구시포로(3.14㎞)→선운대로(7.67㎞)→참나무정1길(1.05㎞)→공음대산로(1.08㎞)→용수로(0.71㎞)→청천길(1.49㎞)→학원농장길(0.45㎞)→학원농장

도심에서는 보기 힘든 드넓은 들판

학원농장 들판을 가로지르는 작은 오솔길

7 course

다양한 고인돌 이야기 고인돌박물관

2008년 개관한 고인돌박물관은 고인돌의 제작 모습, 청동기 시대의 유물, 생활상 등을 전시해 다양한 볼거리를 제공한다. 뿐만 아니라 청동기 시대의 각종 유물과 탁자 모양, 바둑판 모양 등 다양한 형태의 고인돌을 한눈에 살펴볼 수 있다. 넓은 공원 내를 돌아볼 수 있도록 탐방열차(20~30분 소요)를 운행 중이며 탁 트인 전경이 펼쳐져 산책하기에도 좋다.

📍 전라북도 고창군 고창읍 고인돌공원길 74 📞 063-560-8666 🕐 3~10월 09:00~18:00, 11~2월 09:00~17:00, 매주 월요일, 설·추석 당일 휴무 💰 어른 3,000원, 청소년 2,000원, 어린이 1,000원 🅿️ 주차 2,000대 가능, 무료 🚗 학원농장(1.15km)→씨앗등로(0.95km)→왕제산로(4.35km)→무장남북로(1.18km)→동서대로(9.9km)→고인돌공원길(0.74km)→고인돌박물관

TiP 탐방열차
💰 어른 1,000원, 청소년 700원, 어린이 500원
🕐 3~10월 10:30~17:30(1시간 간격), 11~2월 10:30~16:30(1시간 간격)

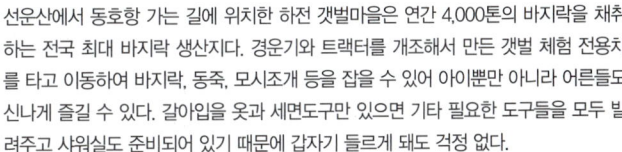
★ 놓치지 말자! ★

하전 갯벌 체험장

선운산에서 동호항 가는 길에 위치한 하전 갯벌마을은 연간 4,000톤의 바지락을 채취하는 전국 최대 바지락 생산지다. 경운기와 트랙터를 개조해서 만든 갯벌 체험 전용차를 타고 이동하여 바지락, 동죽, 모시조개 등을 잡을 수 있어 아이뿐만 아니라 어른들도 신나게 즐길 수 있다. 갈아입을 옷과 세면도구만 있으면 기타 필요한 도구들을 모두 빌려주고 샤워실도 준비되어 있기 때문에 갑자기 들르게 돼도 걱정 없다.

체험 트랙터를 타고 갯벌 위를 폭주해보자.

📍 전라북도 고창군 심원면 서전길 30 📞 063-564-8831 🕐 3월 중순~11월 중순까지만 운영, 시간은 물때에 따라 다르므로 미리 문의 및 예약 필수 💰 어른 1만2,000원, 어린이 8,000원(갯벌 전용차, 장화, 갈퀴 포함) 🌐 hajeong.invil.org 🅿️ 주차 100대 가능, 무료

고창 재래시장

시골에 가면 오일장 들르는 재미가 언제나 쏠쏠하다. 사람 구경에다 맛있고 저렴한 음식까지 맛보고 알뜰하게 장도 볼 수 있다. 고창 재래시장은 특히 상설시장이면서 오일장도 겸하고 있기 때문에 3, 8일인 날짜에 방문하게 된다면 들러보자.

📍 전라북도 고창군 고창읍 시장안길 25 📞 063-564-3097 🕐 08:00~19:00(가게별 상이), 첫째, 셋째 주 일요일 휴무 🅿️ 주차 100대 가능, 무료

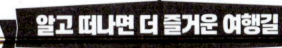
알고 떠나면 더 즐거운 여행길

고창 지방의 독특한 민속놀이로 '답성놀이(성밟기)'가 있다. 우리나라의 대표적인 답성 놀이 중 하나로 민속 신앙에 놀이의 성격이 겸해진 형태다. 한 바퀴 돌면 다릿병이 낫고, 두 바퀴 돌면 무병장수하며, 세 바퀴 돌면 죽어 저승길이 훤히 트여 극락에 갈 수 있다고 한다. 실제 성 둘레가 1,684m나 되는 모양성을 세 바퀴 도는 것은 상당한 운동이 되며 답성놀이를 통해 성을 주기적으로 점검하고 발로 성을 밟아 다지는 실용적인 놀이이다.

무병장수까지? 아니면 극락까지?
사진제공: 고창군청

★ 추천하고 싶은 곳 ★

🛏 추천 숙소
산사의 아침

선운산 초입에 위치한 곳으로 뒤로는 소나무 숲으로 둘러싸여 있고 앞에는 실개천이 흘러 주변 경관이 아름답다. 양실, 한실, 복합실 등의 객실 형태가 있으며 바비큐 시설과 캠프파이어장도 준비되어 있다.

📍 전라북도 고창군 아산면 삼인길 10 📞 063-562-6868 💰 6만 원 ~(성수기, 비수기, 평일, 주말 요금 다름) 🌐 www.ssmorning.net 🚗 선운산에서 1km

마루아라하우스

줄포만 갯벌생태공원에서 운영하는 펜션이다. 늦은 시간까지 공원을 산책하다 잠들 수 있고 이른 아침 이슬에 젖어 있는 자연도 느낄 수 있다. 돔 형태의 집이 독특하다. 예약은 홈페이지에서만 가능하다.

📍 전라북도 부안군 줄포면 생태공원로 38 📞 063-580-3171~8 💰 10만 원~(성수기, 비수기, 평일, 주말 요금 다름) 🚗 줄포만 갯벌생태공원 내 위치

☕ 추천 휴게소
고창 고인돌 휴게소(서울 방향)

고인돌 휴게소는 9홀 미니 파크 골프장을 무료로 개방하고 있어 졸음을 쫓거나 운전으로 피곤한 몸을 풀 수 있는 곳이다. 신분증만 제시하면 파크 골프채도 무료로 빌려준다. 일반 운전자들을 위한 샤워실도 준비되어 있다. 비 오는 날엔 보증금 1만 원을 내면 우산 대여가 가능하며, 사용 후 나가는 길에 주유소에서 반납하면 된다. 또한 애견 동반 운전자가 식사하는 동안 강아지를 안내소에서 맡아주는 서비스도 제공한다. 세심한 서비스가 돋보이는 휴게소다.

📍 전라북도 고창군 고창읍 서해안고속도로 80 📞 063-561-6323 🕐 24시간, 연중무휴 🚗 줄포IC에서 14.9km

🍴 추천 맛집
유신식당

고창은 강 하구와 바다가 만나는 지점인 풍천에서 잡힌 장어가 유명하다. 현재는 거의 자연산을 구경하기 힘들지만 고창의 물과 풍토가 좋아 이곳에서 양식한 장어들은 튼실하고 살이 맛있다 하여 전국 최고로 쳐준다. 이곳은 지역민들에게 풍천장어 원조집이라 불리는 곳 중 유일하게 숯불에 직접 구워 먹는다. 2대를 넘어 3대째 운영 중이며, 특히 복분자로 직접 만든 소스가 맛있고 깻잎장아찌에 싸 먹는 소금구이 장어도 별미다.

📍 전라북도 고창군 아산면 선운사로 25 📞 063-562-1566 🕐 10:00~20:00, 설·추석 전날, 당일 휴무 💰 양념·소금 장어구이 2만 7,000원, 장어탕 1만 원 🅿 주차 20대 가능, 무료 🚗 선운산에서 1.6km

선운식당

자극적인 음식에 지쳐 있다면 20년 이상 운영되고 있는 이 식당을 추천한다. 주인이 직접 장을 담가 사용하며 화학조미료도 쓰지 않아 맛이 담백하고 깔끔하다. 메주 만드는 작업부터 나물 말리는 일 등을 주인이 직접 블로그에 올릴 정도로 식재료에 대한 애정이 많은 곳이다. 밑반찬인 장아찌류가 특히 맛있다. 돌솥비빔밥을 시키면 음식이 나올 때 참기름 냄새부터 다른 것을 알 수 있다.

◎ 전라북도 고창군 아산면 중촌길 15 ☎ 063-561-1960 ⏰ 06:00~19:00(부정기적), 매주 월요일 휴무 ◉ 돌솥비빔밥 9,000원, 우거지해장국콩나물국밥 7,000원, 파전 1만 원 🅿 선운산 주차장, 2,000대 가능, 1일 2,000원 🚗 선운산 바로 앞 위치

돌솥비빔밥

우거지해장국

정통옛날쌈밥

고창 보리를 사용한 우렁쌈밥 메뉴 하나만을 판매하는 식당이다. 보리밥은 젖은 삼베를 깔고 소쿠리에 담아낸다. 싱싱한 쌈 채소와 국내산 우렁을 사용한 쌈된장이 주인공이지만 함께 나오는 제육볶음도 그에 못지않게 맛있어 고기를 좋아하는 사람들도 만족한다. 복분자를 포함한 여러 과일과 멸치 육젓을 함께 갈아 만든 소스 또한 별미다. 이미 전국적으로 소문난 맛집이라서 점심시간은 예약 필수다.

◎ 전라북도 고창군 고창읍 남정6길 7 ☎ 063-564-3618 ⏰ 12:00~20:00, 연중무휴 ◉ 우렁쌈밥 1만 원 🅿 갓길 주차 가능, 무료 🚗 선운산에서 16.73km

🏠 추천 가게
선운산 농협

고창에서 생산되는 지역특산물을 판매하는 곳이다. 고창에서 생산된 복분자, 블루베리, 오디, 땅콩 등을 구입할 수 있으며 계절에 따라 생과 및 냉동제품, 원액 등 다양한 제품을 만나볼 수 있다. 선운산 주차장에 위치하고 있어 이용하기도 편리하다.

◎ 전라북도 고창군 아산면 선운사로 158-1 ☎ 063-561-3443 ⏰ 08:30~18:00, 연중무휴 ◉ 복분자 순액 4만 원, 오디 원액 2만 2,000원, 블루베리즙 4만 2,000원 🚗 선운산 내 위치

고창 복분자 선연 웰빙플라자

유네스코 생물권보전지역으로 지정된 고창에서 직접 생산된 복분자로만 가공하는 지역 브랜드 '베리웰' 제품을 다수 만날 수 있으며, 현지에서 생산된 특산품 위주로 판매하고 있다. 웰빙플라자 1층은 전시 판매, 휴게 공간 및 편의 시설이 있는 2층에는 문화관광 홍보, 복분자 홍보, 와인바, 시음장으로 운영된다.

◎ 전라북도 고창군 아산면 선운사로 164 ☎ 063-561-3443 ⏰ 09:00~18:00, 3~11월 운영, 12~2월 휴업 🚗 선운산 내 위치

영광 법성포~백수 해안도로

서해 최고의 낙조를 만날 수 있는 드라이브길

법성포 일대는 영광과의 성공적인 첫 만남을 하기에 안성맞춤인 곳이다. 법성포를 벗어나 '한국의 아름다운 길 100'선에 선정된 바 있는 백수 해안도로로 가보자. 백수 해안도로는 드라이브를 하는 내내 그 명성에 걸맞은 모습을 보여준다. 볼거리와 즐길 거리로 가득한 해안도로를 오가다 보면 어느덧 일몰 시간이 다가와 해안도로 그 어디에서든 환상적인 낙조를 경험할 수 있으니 나만의 장소에서 아름다운 노을을 두 눈에 담아보자.

TiP 풍성한 볼거리로 가득한 백수 해안도로에서는 곳곳마다 차에서 내려 산책하는 것을 추천한다. 백수 해안도로는 갓길마다 넉넉한 주차장 시설을 갖추고 있으니 주차에 대한 부담 없이 여유롭게 코스를 즐겨보자.

INFORMATION
- 이동거리 50.45km
- 드라이브 1시간 30분
- 전체 코스 6~7시간
- 포인트 비교적 짧은 시간 안에 백수 해안도로의 아기자기한 매력을 모두 살필 수 있다.
- 추천계절 봄~가을(3~11월)
- 축제 영광찰보리문화축제(5월), 영광법성포단오제(6월), 영광갯벌축제(7월), 불갑산상사화축제(9월), 백수해안도로 노을축제(10월)

RECEIPT

입장료
무료

주차료
무료

식사 및 간식
(점심)돌솥 굴비 정식 ·········· 20,000원
(저녁)마른 굴비 녹차 얼음밥
······························· 30,000원

TOTAL
50,000원

(※2인 기준)

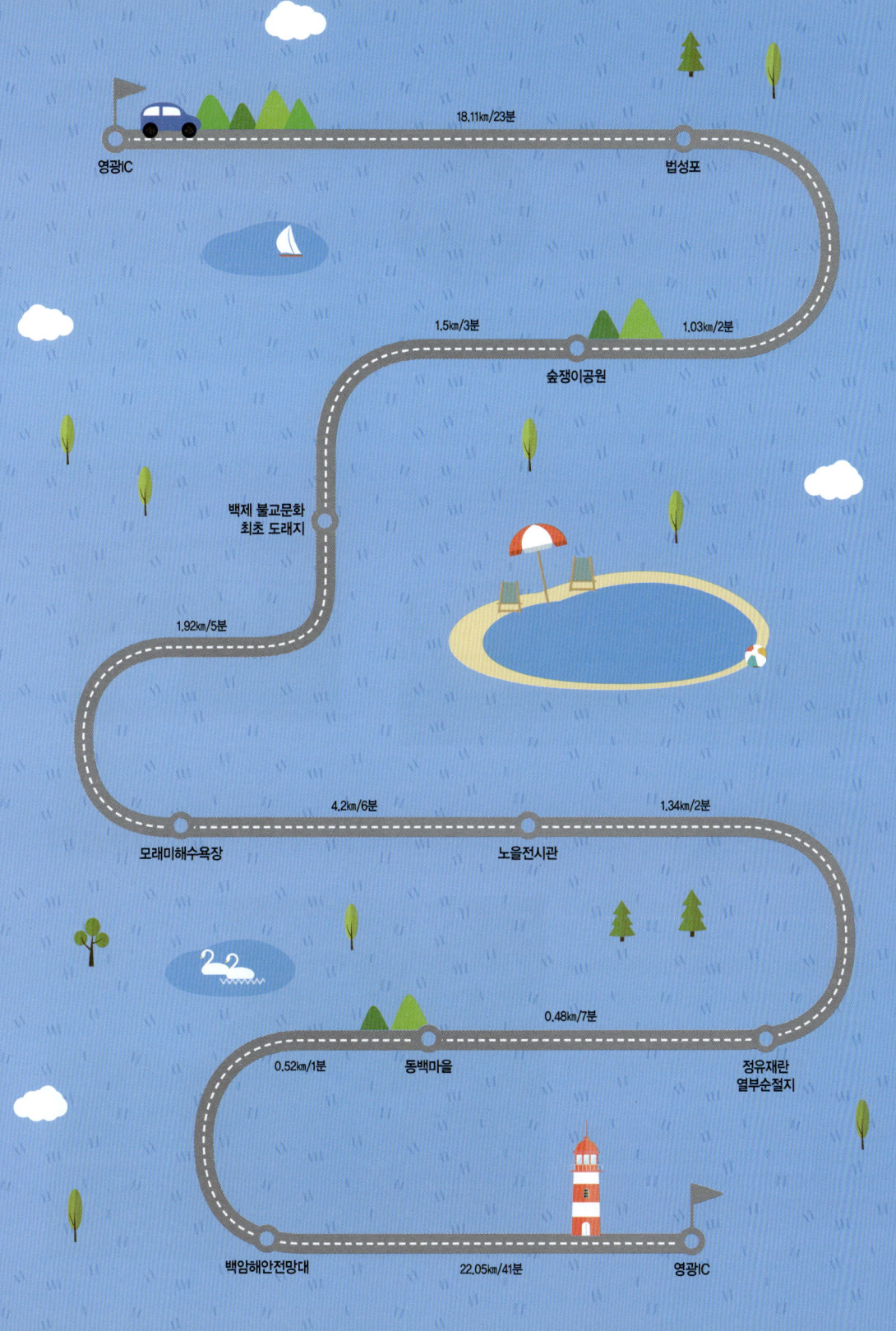

1 course

굴비의 고장 영광과의 첫 인사 **법성포**

영광에 대해 잘 모르는 사람들도 '영광' 하면 굴비를 떠올린다. 그 정도로 영광은 우리에게 굴비의 고장으로 친숙하다. 법성포는 그러한 기대를 제대로 충족시켜준다. 법성포에 진입하자마자 볼 수 있는 굴비 모양 동상과 곳곳에서 볼 수 있는 조기 말리는 풍경은 바로 여기가 굴비의 고장임을 제대로 각인시킨다. 법성포를 기점으로 쭉 늘어선 식당에서 영광만의 굴비 정식을 먹으며 코스를 마무리해보자.

전라남도 영광군 법성면 굴비로 📞 영광군청 관광과 061-350-5753, 영광군청 관광해설사 061-350-4889 🕐 24시간, 연중무휴 💰 무료 🅿 법성항 갓길 주차, 무료 🚗 영광IC(18.11km)→법성포

놓치지 말자!

영광굴비특품사업단

입구에 들어서자마자 쉽고 재미있는 방식으로 굴비의 유래에서부터 굴비가 만들어지는 과정까지 한눈에 볼 수 있게 설명해놓아 아이들과 함께 방문하기 좋은 곳이다. 홈페이지에서는 영광의 대표 특산품도 구매할 수 있으니 참고하자.

전라남도 영광군 법성면 연우로 47-7 📞 061-356-5657, 4657, 1657 🕐 월~금요일 09:00~18:00(토요일 영업 안 함), 매주 일요일 휴무 💰 무료 🌐 www.ygbest.com 🅿 영광굴비특품사업단 앞 주차장, 50대 가능, 무료

2 course

언제나 머물고 싶은 마음의 안식처 **숲쟁이공원**

숲쟁이공원은 조선 중종 때 축조된 법성진성의 연장으로 심은 느티나무 등이 100여 년 이상 성장하여 이루어진 숲이다. 국가지정 명승 22호로 지정되어 있으며, 매년 5월마다 '법성포단오제'가 열리는 유서 깊은 곳이기도 하다. 오랜 역사만큼이나 듬직하게 서 있는 느티나무들 사이를 거닐어보자.

전라남도 영광군 법성면 진굴비길 156 📞 영광군청 관광과 061-350-5753, 영광군청 관광해설사 061-350-4889 🕐 24시간, 연중무휴 💰 무료 🅿 숲쟁이 꽃동산과 백제 불교문화 최초 도래지 인근 주차장, 10대 가능, 무료 🚗 법성포(0.15km)→법성포2길(0.01km)→굴비로1길(0.65km)→진굴비길(0.22km)→숲쟁이공원

3 course
마라난타를 만나다 **<백제 불교문화 최초 도래지>**

서기 384년, 인도의 승려 마라난타 존자에 의해 우리나라에 처음으로 불교가 들어오게 되었다. 바로 이 마라난타가 불법을 가지고 들어온 곳이 지금의 법성항이다. '백제 불교문화 최초 도래지'는 마라난타에 의해 우리나라에 불교가 들어온 것을 기념하기 위한 곳으로, 부용루, 탑원, 만다라 광장, 간다라유물전시관, 사면대불상이 내부에 자리하고 있다. 불교 신자가 아니더라도 산책 코스로 손색없는 곳이다.

전라남도 영광군 법성면 백제문화로 203 061-356-6008 24시간, 연중무휴(단, 간다라유물전시관은 설·추석 당일 휴무) 무료 숲쟁이 꽃동산과 백제 불교문화 최초 도래지 인근 주차장, 10대 가능, 무료 숲쟁이공원(0.2km)→진굴비길4길(0.5km)→백제문화로(0.8km)→백제 불교문화 최초 도래지

이국적인 외관의 간다라유물전시관

뾰족한 불탑이 인상적인 탑원

마라난타를 만나러 왔느냐?

4 course
미지의 아름다움이 남아 있는 **모래미해수욕장**

모래미해수욕장은 규모가 큰 해수욕장은 아니지만, 아기자기한 해안선을 따라 여유롭게 걸을 수 있다. 첫눈에 특별함을 느끼지는 못하지만 해변을 감싸고 있는 정겨운 풍경에 마음이 편해진다. 시간을 잘 맞추면 자유로운 갯벌 체험도 가능하다고 하니 맛 좋은 조개를 캐고 싶다면 때를 잘 맞추어 방문하자.

전라남도 영광군 백수읍 해안로 1389 영광군청 관광과 061-350-5753, 영광군청 관광해설사 061-350-4889 24시간, 연중무휴 무료 '다담 모시송편' 옆 공터, 10대 가능, 무료 백제 불교문화 최초 도래지(0.12km)→칠곡로(0.7km)→홍농로(0.8km)→해안로(0.3km)→모래미해수욕장

★ 놓치지 말자! ★

칠산정, 건강365계단

모래미해수욕장에서 노을전시관으로 향하는 도로에 위치한 칠산정은 백수 해안도로의 전경을 살펴볼 수 있는 전망대이고, 지친 몸을 쉬어가기에 안성맞춤인 곳이다. 날씨가 좋은 날에는 시야 확보가 좋아 백수 해안도로를 둘러싸고 있는 바다를 한눈에 볼 수 있다. 건강365계단은 도로에서 해안 쪽으로 쭉 이어지는 계단으로, 싱그러운 나무 그늘에서 가벼운 산책을 하기에 좋은 곳이다.

 모래미해수욕장과 노을전시관 사이 도로, 건강365계단 표지판이 잘 보이게 설치되어 있다. 24시간, 연중무휴 무료
 건강365계단 앞 갓길 주차, 무료

5 course — 아는 만큼 보여요 **노을전시관**

백수 해안도로 중심에 위치한 노을전시관은 그 이름 자체만으로도 호기심을 자극한다. 2009년 개관한 이래 많은 관광객들의 발길을 붙잡은 노을전시관은 백수 해안도로의 주요 관광지다. 총 2층의 전시관에서는 노을의 과학적 원리와 노을에 관한 다양한 정보를 얻을 수 있다. 더불어 일몰 때는 따로 마련된 전망대와, 걸어서 5분 거리에 위치한 등대에서 노을을 감상할 수도 있다. 노을, 좀 더 똑똑하게 즐겨보자.

📍 전라남도 영광군 백수읍 해안로 957 📞 061-350-5600 🕐 10:00~18:00(6~8월 10:00~19:00, 11~2월 10:00~17:00), 공휴일·주말 19:00까지 연장 운영, 매주 월요일 휴무(단, 월요일이 휴일인 경우 다음 날), 설·추석 당일 휴무 💰 무료(라이더 영상 관람(1인) 2,000원, 노을 기념사진 촬영(1장) 1,000원) 🅿 노을전시관 앞 갓길 주차, 무료 🚗 모래미해수욕장(1km)→대신길(1.1km)→77번국도(1km)→해안로(1.1km)→노을전시관

노을에 관해 알고 싶다면 영광노을전시관

노을전시관에서 5분 거리의 등대와 바다 전경

전망대에서 보다 가까이 노을을 직접 만나보자!

6 course — 아름다운 해안에 담긴 비극적 이야기 **정유재란열부순절지**

아름다운 칠산 앞바다를 뒤에 두고 두 개의 비각이 서 있다. 이 비각에는 정유재란 당시 왜군을 피해 도망 온 부녀자들이 결국 왜군에게 붙잡히자 절개를 지키기 위해 바다에 몸을 던졌다는 비극적인 이야기가 쓰여 있다. 이 이야기를 읽고 비각과 칠산 바다를 다시 바라보면 아름답게만 느껴지던 풍경이 왠지 모르게 슬프게 다가온다.

📍 전라남도 영광군 백수읍 해안로 847-8 📞 영광군청 관광과 061-350-5753, 영광군청 관광해설사 061-350-4889 🕐 24시간, 연중무휴 💰 무료 🅿 정유재란열부순절지 표지판 앞 갓길 주차, 무료 🚗 노을전시관(1.07km)→대신길(0.12km)→해안로(0.15km)→정유재란열부순절지

절개를 지키기 위해 바다로 몸을 던진 열부들의 순정이 느껴진다.

아름다운 해안, 칠산 앞바다의 서정적인 풍경

아홉 여인의 숨결이 전해지는 것 같아요!

7 course — 영화 〈마파도〉 촬영지 **동백마을**

동백마을은 영화 〈마파도〉 촬영지와 TV 프로그램 〈1박 2일〉 촬영지로 우리에게 익숙한 곳이다. 마을 입구에서부터 시작되는 길을 따라 들어서면 오래된 풍경들이 낯선 이들을 반겨준다. 앞마당에서 감을 말리고 있는 모습, 녹슨 우편함 위에 올려진 돌멩이, 더 이상 사람이 살지 않는 빈집, 벽을 가득 메우고 있는 담쟁이, 낯선 이에게 꼬리 치는 백구를 보고 있노라면 '동백마을에 들르길 참 잘했구나'라는 생각이 든다. 정겨운 동백마을의 풍경을 배경으로 기념사진도 남겨보자.

좁은 돌담 골목길은 걷기만 해도 사진감

📍 전라남도 영광군 백수읍 백암1리 ☎ 백수읍사무소 061-350-5882, 영광군청 관광해설사 061-350-4889 🚗 정유재란열부순절지(0.16㎞)→대신길(0.32㎞)→동백마을

 마을 입구 주차, 가급적이면 주민들의 통행을 위해 마을 안으로 차를 가지고 들어가지 말자.

8 course — 서해안 최고의 일몰에 빠지다 **백암해안전망대(노을정)**

정유재란열부순절지에서 남쪽으로 조금 이동하면 '카페 노을'을 만난다. 거기에서 아래쪽으로 조금만 내려가다 보면 가을에 피는 아름다운 코스모스 밭이 보인다. 코스모스 밭 뒤로 보이는 노을정은 탁 트인 풍경을 감상할 수 있는 해안전망대다. 노을정 앞 돌에 새겨진 노을에 관한 시를 읽고 전망대로 올라가서 일몰 시간을 기다리자. 노을정에서 본 일몰은 서해안 최고의 일몰이라 해도 손색없을 정도로 아름다움을 자랑한다.

📍 전라남도 영광군 백수읍 백암리 ☎ 영광군청 관광해설사 061-350-4889 🕐 24시간, 연중무휴 💰 무료 🅿 백암해안전망대 인근 '카페 노을' 옆 공터 주차, 15대 가능, 무료 🚗 동백마을(0.47㎞)→해안로(0.05㎞)→백암해안전망대

탁 트인 바다를 맞이하는 해안전망대 노을정

노을정에서 본 황금으로 물든 서해안

★ 추천하고 싶은 곳 ★

🛏 추천 숙소
숲쟁이펜션

편백과 황토로 지은 10여 채의 아름다운 한옥 펜션이 숲쟁이 숲과 아름답게 조화를 이루고 있다. 깔끔하고 쾌적한 객실은 휴식을 취하기에 안성맞춤이다.

📍 전라남도 영광군 법성면 숲쟁이길 77-20 📞 010-2023-3387 💰 7만 원~(성수기, 비수기, 평일, 주말 요금 다름) 🌐 www.happyvil.co.kr 🚗 법성포에서 1.44㎞, 백제 불교문화 최초 도래지에서 1.15㎞

쉐이리펜션

마치 환상적인 동화세상에 온 듯한 기분이 드는 쉐이리펜션. 객실 내부도 백설공주, 시크릿 가든, 아기 코끼리 덤보 등 여러 테마로 이루어져 있어 특히 아이들과 함께 하기 좋은 곳이다. 펜션 옆에는 바다로 이어지는 산책로도 위치해 있으니 참

고하자.

📍 전라남도 영광군 백수읍 해안로4길 185-5 📞 061-353-8128 💰 7만 원~(성수기, 비수기, 평일, 주말 요금 다름) 🚗 동백마을에서 0.5㎞

🍴 추천 맛집
토우

법성포 인근에 위치한 토우는 영광굴비와 게장을 한 번에 맛볼 수 있는 곳이다. 메뉴로는 돌솥비빔밥, 돌솥굴비 정식, 간장게장 굴비 정식, 양념게장 굴비 정식이 있으며 그중에서도 간장게장 굴비 정식이 인기가 좋다. 양념게장 굴비 정식을 제외하고는 1인분씩도 판매하고 있어, 혼자 온 여행객도 부담 없이 굴비 정식을 맛볼 수 있다. 넓은 실내와 적당한 가격으로 단체 손님도 많이 방문하는 곳이다.

📍 전라남도 영광군 법성면 법성포로2길 31 📞 061-356-8424~5 🕐 10:30~21:00, 연중무휴 💰 돌솥비빔밥 1만 원, 돌솥 굴비 정식 1만 5,000원, 간장게장 굴비 정식 2만 원, 양념게장 굴비 정식 2만5,000원 🅿 인근 공터 주차, 50대 가능, 무료 🚗 법성포에서 0.26㎞

해촌

영광읍 내에 위치한 해촌식당은 횟집이지만 '마른 굴비 녹차 얼음밥'으로도 유명한 곳이다. 시원한 녹찻물에 말은 밥 한 숟가락에 사장님께서 먹음직스럽게 찢어주신 마른 굴비를 올려 먹으면 사라졌던 입맛도 되살아난다. 오징어무침, 땅콩볶음, 애호박볶음, 파김치 등의 푸짐한 밑반찬들도 밥 한 그릇을 뚝딱 사라지게 만드는 데 한몫한다.

추천 가게

장보고 굴비유통(동선굴비)

법성포를 마주 보고 있는 장보고 굴비유통(동선굴비)은 다양한 가격대의 선물용 굴비 샘플들이 진열되어 있어서, 꼼꼼하게 따져 본 후 구매할 수 있다.

📍 전라남도 영광군 법성면 굴비로1길 46 ☎ 061-356-7608, 7230 ⏰ 직원들이 24시간 숙직하고 있어 아무 시간이나 방문 가능 💰 선물용 오가세트 10만 원~, 선물용 장대세트 5만 원~ 🅿 법성항 인근 갓길 주차, 15대 가능, 무료 🚗 법성포에서 0.61km

📍 전라남도 영광군 영광읍 신남로 149 ☎ 061-353-8897 ⏰ 12:00~22:00, 연중무휴 💰 마른 굴비 녹차 얼음밥 1만5,000원, 생선매운탕(2인) 2만5,000원~ 🅿 식당 옆 공터와 갓길 주차, 5대 가능, 무료 🚗 법성포에서 12.5km

두리담 특품판매처

영광의 특산품인 모시송편과 찰보리빵, 모시찹쌀떡, 천일염 등의 특산품들을 판매한다. 또한 떡카페를 함께 운영하고 있어 윤기가 자르르 흐르는 모시 송편과 고소함 넘치는 모시 인절미를 그 자리에서 먹어볼 수도 있다.

양지식당

영광종합버스터미널 앞에 위치한 양지식당은 인근 지역민과 택시 기사들 사이에서 좋은 평을 얻고 있는 곳이다. 메뉴로는 육회비빔밥, 김치찌개, 굴비찌개 등이 있으며, 비교적 저렴한 가격에 맛볼 수 있다는 점에서 추천할 만하다. TV 프로그램 〈1박 2일〉에도 출연한 적 있는 유명 식당이다.

📍 전라남도 영광군 영광읍 신남로 185 ☎ 061-352-0847 ⏰ 09:00~20:00, 설·추석 연휴, 부정기적 휴무 💰 육회비빔밥 9,000원, 주물럭(2인) 1만0,000원 🅿 시단 뒤 공영주차장, 10대 가능, 무료 🚗 법성포에서 12.2km

📍 전라남도 영광군 법성면 법성포로3길 34 ☎ 061-356-8978 ⏰ 08:15~19:30(부정기적), 부정기적 휴무 💰 모싯잎 송편 20개 1만 원, 모싯잎 개떡 25장 1만 원, 찰보리빵 20개 1만 원, 모싯잎 인절미 36개 2만 원 🅿 인근 공터 주차, 50대 가능, 무료 🚗 법성포에서 0.26km

전라도
DRIVE COURSE

영광 불갑사~ 함평 돌머리해변

그윽한 꽃향기와 한적한 바다를 만나는 아름다운 여행길

때묻지 않은 자연의 경이로움을 느끼며 한 박자 쉬어갈 수 있는 전남 함평으로 떠나자. 유서 깊은 절집의 고즈넉한 분위기에서 시작하여, 아름다운 꽃향기를 맡으며 시골길을 따라가면 어느새 마음에 여유가 찾아온다. 고소한 한우비빔밥 한 숟갈에, 향기롭고 달콤한 복분자 와인까지. 아름다운 꽃길, 은빛 바다, 맛과 인정을 모두 누릴 수 있는 코스다.

TIP 불갑사 가는 길과 안악해변, 돌머리해변 가는 길에는 급커브가 많고, 농기계가 자주 지나가는 길이므로 천천히 운행하자.

INFORMATION
- 이동거리 75.65km
- 드라이브 2시간 16분
- 전체 코스 6~7시간
- ★ 포인트 아름다운 꽃길과 공원, 아름다운 바다를 끼고 달리는 코스. 사계절 아름다운 곳이지만 봄, 가을에는 눈부시고 화려한 꽃들의 축제와 한가로운 해변의 운치를 한껏 즐길 수 있다.
- 추천계절 봄~가을(3~11월)
- 축제 함평 대한민국 난 명품 대제전(3월), 함평나비대축제(4~5월), 불갑산상사화축제(9월), 꽃무릇큰잔치(9월), 함평 대한민국 국향대전(10~11월)

RECEIPT

입장료
함평 양서·파충류생태공원	6,000원
함평자연생태공원	10,000원
해수약찜	33,000원

*함평자연생태공원 성수기 추가금액 있음
*함평 양서·파충류생태공원, 함평자연생태공원 함께 이용 시 2,000원 할인

주차료
무료

식사 및 간식
(점심)한우육회비빔밥 ········ 14,000원
(간식)딸기파르페&딸기쇼트케이스
········ 12,000원

TOTAL
75,000원

(※2인 기준)

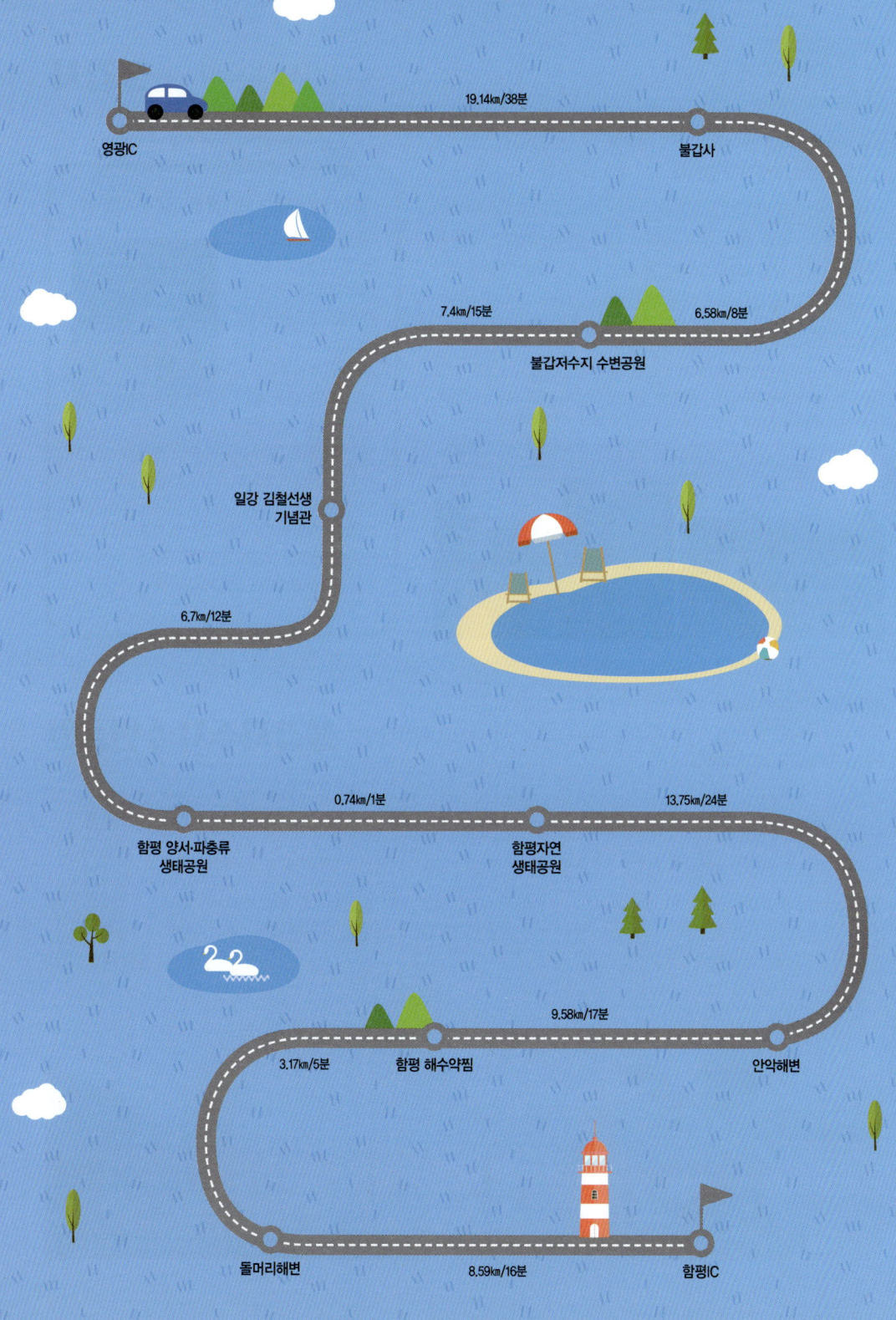

1 course — 꽃무릇 명소인 고즈넉한 산사 **불갑사**

불갑사는 법성포를 통하여 백제에 불교를 전래한 인도승 마라난타 존자가 최초로 세웠다고 알려져 있는 절이다. 오랜 역사만큼 많은 전설과 이야기를 간직하고 있으며, 보물 제830호 대웅전을 비롯한 귀중한 문화재들을 품고 있다. 불갑사 가는 길에는 불갑산 호랑이 모형물 등의 다양한 볼거리와 휴식을 취할 수 있는 아름다운 꽃길이 조성되어 있고, 불갑사 위쪽 아름다운 저수지에서는 시원한 경치를 즐길 수 있다.

📍 전라남도 영광군 불갑면 불갑사로 450 📞 영광군청 관광과 061-350-5753, 영광군청 관광해설사 061-350-4889 🌐 www.bulgapsa.kr ⏰ 24시간, 연중무휴 💰 무료 🅿 주차 200대 가능, 무료 🚗 영광 IC(0.5km)→영대로(5.1km)→옥당로(3km)→중앙로(0.45km)→영광로(3.8km)→밀재로(1.85km)→불갑사로(4.44km)→불갑사

알고 떠나면 더 즐거운 여행길

불갑산 호랑이는 고향에 돌아갈 수 있을까?

1908년 불갑산 호랑이 한 마리가 농부가 놓은 덫에 잡혔다. 농부는 이 호랑이를 일본인 하라구찌 씨에게 팔았다고 한다. 하라구찌 씨는 이 호랑이를 박제로 만들어 목포 유달초등학교에 기증해 현재까지 유달초등학교에서 관리하고 있다. 영광 주민들은 호랑이가 영광 산림박물관으로 돌아와야 한다고 주장하고 있으며, 목포에서는 호랑이를 되돌리자는 찬성 입장과 기증자의 의사를 존중해야 한다는 입장으로 대립이 팽팽한 상황이다. 과연 불갑산 호랑이는 고향에 돌아갈 수 있을까?

2 course — 아름다운 저수지와 천년방아의 시원한 물줄기 **불갑저수지 수변공원**

불갑사를 나와 불갑저수지의 상류 쪽으로 내려가면 국내 최대 규모인 천년방아(16m)의 시원한 물줄기와 연못의 오색 물고기를 구경할 수 있다. 전남 최대 규모를 자랑하는 아름다운 불갑저수지를 따라 천천히 드라이브를 즐기다 보면, 가꾸어진 꽃길과 아름다운 조형물들이 있는 불갑저수지 수변공원의 아름다움과 조우하게 된다.

📍 전라남도 영광군 불갑면 방마로 151 📞 영광군청 관광과 061-350-5753, 영광군청 관광해설사 061-350-4889 ⏰ 24시간, 연중무휴 💰 무료 🅿 공원 주차장, 상류 110대, 하류 60대 가능, 무료 🚗 불갑사(1.9km)→불갑사로(1.9km)→방마로(2.78km)→불갑저수지 수변공원

불갑저수지의 인공미 넘치는 매력

불갑저수지의 자연스러운 매력

3 course 지조와 절개가 주는 감동 **일강 김철선생 기념관**

"조국 독립을 위해… 기꺼이 이 한 몸 바쳤으니!"

영광에서 함평으로 가는 초입에 있는 '일강 김철선생 기념관'에서 대한민국의 독립을 위해 김구 선생과 함께 상해에서 의거를 주도하며 목숨을 아끼지 않은 김철 선생의 조국애를 만날 수 있다. 기념관 바로 옆에는 임시 정부 독립운동역사관과 더불어, 상해에서 일강으로부터 한 몸을 조국에 바치겠다는 서신을 받고 '부군이신 선생께서 가족 걱정 없이 오로지 독립운동에 전념토록 하기 위해 죽는 길밖에 없다' 결심하며 김씨 부인이 자결한 단심송(순결 소나무)이 있어, 보는 이의 눈시울을 뜨겁고 숙연하게 만든다.

📍 전라남도 함평군 신광면 일강로 873-12 📞 061-320-3511 🕐 3~10월 09:00~18:00, 11~2월 09:00~17:00, 매주 월요일, 1월 1일, 설·추석 휴무 💰 무료 🅿 주차 30대 가능, 무료 🚗 불갑저수지 수변공원(1.6km)→함영로(4.86km)→일강로(0.94km)→일강 김철선생 기념관

4 course 도롱뇽에서부터 아나콘다까지 **함평 양서·파충류생태공원**

나도 안고 보면 예쁘다고요!

이곳을 찾는 관광객들은 먼저 거대한 뱀이 똬리를 틀고 있는 건물 외관에서부터 압도되고 만다. 전국 최대 규모의 양서·파충류를 만날 수 있는 이곳을 지나치면 후회가 막심할 듯하다. 도롱뇽, 개구리 등의 친근한 양서류에서부터 자라와 거북 그리고 보아뱀, 목도리 도마뱀, 방울뱀, 코브라 등이 있는 파충류 전시관을 지나면 최대 무게 250kg의 초록아나콘다를 만날 수 있는 아나콘다관이 있다. 아이는 물론 어른까지 시선을 뗄 수 없는 오감만족 생태 체험 공간을 절대 놓치지 말자.

📍 전라남도 함평군 신광면 학동로 1398-9 📞 061-320-2874 🕐 4~10월 09:00~18:00, 11~3월 09:00~17:00, 매주 월요일 휴무(월요일이 공휴일일 경우 다음 날) 💰 어른 3,000원, 청소년 2,000원, 어린이 1,000원(통합권으로 매표할 경우) 🌐 herptile.or.kr 🅿 주차 300대 가능, 무료 🚗 일강 김철선생 기념관(0.95km)→함영로(4.75km)→학동로(1km)→함평 양서·파충류생태공원

5 course 자연 탐방과 체험의 장 **함평자연생태공원**

함평자연생태공원은 단순히 아름다운 공원을 산책하고 즐기는 것이 아닌 오감만족 체험으로 자연을 깊숙이 느낄 수 있는 곳이다. 나비·곤충표본전시관, 우리꽃생태학습장, 아열대식물관 등의 전시관을 지나 멸종 위기 동물인 반달가슴곰까지 만날 수 있다. 어른들은 공원 안의 눈부신 저수지와 더불어 자연의 아름다움을 한껏 누릴 수 있고, 아이들은 멸종 위기 동식물을 체험하고 관찰하며 자연을 몸으로 느낄 수 있어 가족 관광객에게는 지나쳐서는 안 될 보물 같은 코스다.

📍 전라남도 함평군 대동면 학동로 1398-77 📞 061-320-2851 🕐 4~10월 06:00~18:00, 11~3월 09:00~17:00, 매주 월요일(월요일이 공휴일인 경우 다음 날), 1월 1일 휴무 💰 4~10월 어른 5,000원, 청소년 3,000원, 어린이 2,000원, 11~3월 어른 3,000원, 청소년 1,500원, 어린이 1,000원 🅿 공원 주차장, 150대 가능, 무료 🚗 함평 양서·파충류생태공원(0.74km)→함평자연생태공원

6 course

고즈넉한 해변의 여유와 낭만 **안악해변**

울창한 소나무 숲을 지나 해당화 꽃길을 따라 들어가면 은빛 백사장이 눈부신 안악해변을 만날 수 있다. 안악해변 입구에는 국민가수 이미자 씨의 '섬마을 선생님'을 기념하는 조형물과 소녀상이 있어 어른들의 시선을 붙잡는다. 소녀상 앞의 주크박스에서 이미자의 주옥 같은 명곡들을 바다와 함께 감상하는 낭만은 덤이다. 해수욕 기간에는 갯벌과 어린이 풀장, 체육 시설을 무료로 개방하며 지천에 깔린 게를 잡는 등 다양한 체험을 즐길 수 있어 재미와 낭만을 동시에 낚을 수 있다.

📍 전라남도 함평군 손불면 월천리 1140 📞 함평군청 관광과 061-320-1784 🕐 24시간(시설 이용에 관해서는 시기에 따라 다름), 연중무휴 💰 무료 🅿 주차, 100대 가능, 무료 🚗 함평자연생태공원(0.8km)→함영로(1.1km)→계천길(0.05km)→신광중앙길(0.75km)→군유로(7.7km)→농장길(1.95km)→석산로(1.35km)→안악길(0.05km)→안악해변

아담한 구름다리를 건너면 백사장이 눈부신 안악해변을 만난다.

7 course

한겨울에 제맛인 **함평 해수약찜**

오랜만의 드라이빙으로 어깨가 뻐근하다면, 지친 피부의 탄력을 회복하고 싶다면, 안악해변 근처 손불면 궁산리 일대에서 해수약찜을 해보자. 유황 성분이 많은 돌과 약초를 넣고 소나무 장작으로 가열한 후 데워진 해수로 찜질을 하면 온천과 약찜의 효과를 한꺼번에 즐길 수 있어 피부 질환과 당뇨, 신경통, 관절염 등에 효과가 탁월하다고 한다. 힐링과 더불어 치료, 미용까지 일석삼조의 즐거움을 누려보자.

📍 전라남도 함평군 손불면 석산로 61(신흥해수찜), 전라남도 함평군 손불면 석산로 79(주포해수찜) 📞 신흥해수찜 061-322-9487, 주포해수찜 061-322-9489 🕐 08:00~16:30, 설추석 휴무 💰 1~2인 3만3,000원 🅿 주차 50대 가능, 무료 🚗 안악해변(1.6km)→석산로(7.98km)→함평 해수약찜

8 course

함평만을 휘감는 낙조의 황홀함 돌머리해변

한 번 들으면 잊을 수 없는 귀여운 이름을 가진 돌머리해변에서 한 번 가보면 또 찾을 수밖에 없는 회귀의 신비를 경험해보자. 해변가 백사장에 자연스럽게 조성된 안전한 인공 풀장에서 신나는 물놀이를, 수평선까지 온통 갯벌로 이루어진 체험장에서 즐거운 갯벌 체험을 하다 보면 어느새 해 질 무렵이 다가온다. 자리를 옮겨 송림의 원두막에 앉아 맑은 바닷물과 은빛 찬란한 백사장으로 해가 살며시 내려앉는 낙조를 바라보면 마음을 빼앗기게 된다.

📍 전라남도 함평군 함평읍 주포로 600-29 📞 함평관광안내소 061-320-2269 🕐 24시간, 연중무휴 💰 무료 🅿 주차 500대 가능, 무료 🚗 함평 해수약찜(0.7km)→주포로(2.47km)→돌머리해변

함평만을 끌어안는 돌머리해변의 낙조

송숲과 해변이 어우러져 힐링 그자체!

★ 놓치지 말자! ★

함평 엑스포공원

살아 있는 나비들의 화려한 날갯짓을 감상할 수 있는 나비·곤충생태관, 민물고기 생태관, 화석전시관, 황금박쥐생태전시관 등 다채로운 전시관과 물놀이 시설, 군립미술관 등이 운영되고 있어 아이들에게는 사계절 내내 아름다운 체험의 장이 된다. 전국적으로 유명한 함평 나비축제(4~5월)와 대한민국 국향대전(10~11월)이 펼쳐지므로 시기를 잘 맞춰 방문하면 더욱 눈부신 볼거리를 즐길 수 있다.

📍 전라남도 함평군 함평읍 곤재로 27 📞 061-320-2213 🕐 공원 24시간, 전시관 09:00~18:00, 연중무휴(단, 각종 축제 개막 전 일주일간 휴원, 전시관 12~2월 휴관) 💰 무료(단, 축제 종료 후, 당월 말일까지 요금 있음) 🌐 www.hampyengexpo.org 🅿 주차 8,600대 가능, 무료

함평 오일장

전남 함평장은 5일마다 한 번씩 서는 장(2, 7, 12, 17, 22, 27일)으로, 전국 5대 우시장으로 손꼽을 정도로 한우의 거래가 활발하여 '함평 큰소장'이라고 불린다. 장터와 버스 터미널이 붙어 있어 접근이 편리하며, 현재까지도 전통적인 장옥들이 비교적 잘 보존되어 있다. 김이 모락모락 나는 찐빵과 국밥, 무화과와 단호박 같은 함평의 특산품과 먹음직스러운 제철 과일들이 여행의 흥을 한껏 돋우는 곳이다.

📍 전라남도 함평군 함평읍 시장길105 📞 061-324-0026 🕐 07:00~18:00(가게별 상이) 🅿 주차 100대 가능, 무료

★ 추천하고 싶은 곳 ★

🛏 추천 숙소

뉴상젤리제호텔

함평군 번화가에 자리하고 있는 뉴상젤리제 호텔은 함평 엑스포공원과 함평천 수변공원 등과 인접해 있어 주변에 볼거리와 먹거리가 가득하다.

📍 전라남도 함평군 함평읍 함평천우길 32 📞 061-323-1200 💰 4만 원~(성수기, 비수기, 평일, 주말 요금 다름) 🌐 www.061-323-1200.mbiz114.com(모바일) 🚗 함평 해수약찜에서 8.5km

모아모텔

부대시설을 많이 갖추고 있지는 않지만, 저렴한 가격에 깔끔한 내부를 갖추고 있어 간단히 숙박만 이용하고 싶을 때 유용하다.

📍 전라남도 함평군 함평읍 함영로 1018 📞 061-324-2266 💰 4만 5,000원~(성수기, 비수기, 평일, 주말 요금 다름) 🚗 함평 해수약찜에서 9.3km

돌머리 어촌 민박

돌머리 어촌체험마을 안에 위치한 민박집. 돌머리해변에서 해수욕과 갯벌 체험을 즐기며 정겨운 어촌의 매력을 느끼고 싶다면 이곳이 제격이다.

📍 전라남도 함평군 함평읍 석성리 299 📞 061-322-9228 💰 4만 원~(성수기, 비수기, 평일, 주말 요금 다름) 🚗 돌머리해변에서 3.15km

☕ 추천 휴게소

함평 천지 휴게소 (목포 방향)

고창IC에서 서해안고속도로를 타고 30분 후에 만나게 되는 함평 천지 휴게소는 장시간 운전에 지친 여행자들의 피로를 풀어주는 휴게소로 사랑받고 있다. 나비의 고장답게 나비생

태공원이 조성되어 있어 어른들은 산책로에서 휴식을 취할 수 있고, 아이는 귀여운 캐릭터 인형들을 보며 뛰놀 수 있다. 한우우거지국밥이 인기 메뉴이니 한 번 맛보길 추천한다.

📍 전라남도 함평군 함평읍 서해안고속도로 31 📞 061-323-3751 🕐 24시간, 연중무휴 🅿 주차 40대 가능, 무료 🚗 돌머리해변에서 11.95km

🍽 추천 맛집

화랑식당

함평읍 한우비빔밥 거리에서도 가장 핫한 집이라 주말에는 대기를 각오해야 한다. TV 프로그램 〈백종원의 3대 천왕〉 비빔밥 편에서 백주부의 입맛을 사로잡고, 〈먹거리 X파일〉에서 착한 식당으로 인증된 곳이니 오죽하랴. 당일 도축한 소를 사용한 신선한 육회비빔밥과 감칠맛 나는 선짓국이 함께하니 육회비빔밥 한 그릇이 순식간에 동이 난다.

📍 전라남도 함평군 함평읍 시장길 96 📞 061-323-6677 🕐 10:00~21:00(당일 도축한 소가 떨어지면 마감), 연중무휴 💰 한우육회비빔밥 7,000원~ 🅿 장터 주차장, 50대 가능, 무료 🚗 함평 해수약찜에서 8.4km

뽀또식당

함평 사람들이 엄지를 치켜세우는 숨은 맛집으로, 함평천지한우프라자 맞은편 대로에 있다. 함평 지역민들의 밥집 겸 모임 장소로 늘 북적이며, 대부분의 메뉴가 두루 맛있다. 특히, 전라도의 밥집답게 열 가지나 되는 밑반찬들은 맛깔스럽다. 인

기 있는 메뉴는 국내산 뼈로 우려낸 감자탕과 매콤달콤한 제육볶음이다.

📍 전라남도 함평군 함평읍 영수길 148 📞 061-323-8182 🕐 11:00~22:00, 첫째·셋째 일요일, 설·추석 당일 휴무 🍲 뼈해장국 7,000원, 제육볶음(2~3인) 2만 원 🅿️ 주차 10대 가능, 무료 🚗 함평 해수약찜에서 8.7km

키친 205

함평의 세 자매가 함께 케이크를 굽고 운영하는 카페. 비주얼뿐 아니라 맛으로 압도되는 딸기 파르페와 생딸기 우유, 한 번 먹으면 잊을 수 없는 맛있는 케이크로 유명한 곳이다. 딸기케이크와 프랑스 할머니 초코케이크가 인기 메뉴. 케이크는 오후 1시에 진열되며 3시 즈음엔 대부분 동나므로 맛보고 싶다면 그 전에 방문하자.

📍 전라남도 함평군 함평읍 영수길 205 📞 061-322-9898 🕐 13:00~17:00, 매주 월요일 휴무 🍰 생딸기 우유 5,800원, 딸기파르페 6,500원, 딸기쇼트케이크 5,500원, 초코케이크 5,800원 🌐 jinmimo.blog.me 🅿️ 가게 뒤편 공원주차장, 40대 가능, 무료 | 함평읍 공영주차장, 40대 가능, 무료 🚗 함평 해수약찜에서 8.4km

🏠 추천 가게
함평천지한우프라자

함평천지한우는 청정한 함평 지역의 깨끗한 사육 환경 속에서 배합사료를 주지 않고 무항생제 섬유질 사료로 사육한다. 때문에 고기의 육즙이 풍부하고 감칠맛이 나며, 부드럽고 씹는 맛이 일품이다. 함평 한우를 전문적으로 판매하고 있으며, 커다란 건물 전체가 한우쇼핑몰, 한우전시관, 세미나실, 정육식당 등으로 되어 있어 한우의

구입과 식사를 즐길 수 있는 곳이다.

📍 전라남도 함평군 함평읍 서부길 42 📞 061-324-3367 🕐 11:30~21:00, 부정기적 휴무 🥩 소고기 150g 2만 원~, 황제꽃등심 150g 4만2,000원~ 🌐 www.hchp.co.kr 🅿️ 주차 50대 가능, 무료 🚗 돌머리해변에서 8.7km

함평군 나비라이스센터

꽃과 나비의 고장인 함평군에서 친환경농법, 키토산농법으로 생산된 히토메보레를 엄선 가공한 함평천지나비쌀은 미질이 우수하고 차지며 구수하여 우리 전통의 밥맛을 그대로 느낄 수 있는 명품 쌀이다. 함평라이스센터(함평군 농협쌀조합공동사업법인)는 파종부터 수확까지 품질이 관리된 나비쌀을 주문 즉시 도정해서

판매하고 있어 신선한 쌀을 구입할 수 있다.

📍 전라남도 함평군 학교면 학교월산길 28-16 📞 061-323-4060, 061-323-4138 🕐 09:00~17:00, 공휴일 휴무 🍚 함평나비쌀 10kg 2만6,000원, 20kg 5만7,000원 🅿️ 주차 20대 가능, 무료 🚗 함평 해수약찜에서 11.45km

함평군 농특산물 판매장

맑고 아름다운 청정 함평에서 생산된 다양한 현지 농특산물을 판매하는 곳이다. 엑스포공원 입구 함평 종합관광안내소 바로 옆에 있어 관광객이 찾기 좋다. 무항생제 유정란, 석류식초, 들기름, 참기름, 장아찌 등의 다양한 농산물, 품질 좋은 꿀, 장류, 잡곡류 등 다양한 친환경 제품을 좋은 가격에 만날 수 있다.

📍 전라남도 함평군 함평읍 곤재로 27 📞 010-6323-7959 🕐 09:00~18:00, 부정기적 휴무 🥚 유정란 10구 5,000원, 들기름 1만5,000원, 참기름 3만 원, 아카시아꿀 2.4kg 6만 원 🅿️ 주차 8,600대 가능, 무료 🚗 함평 엑스포공원 입구에 위치

전라도
DRIVE COURSE

무안 조금나루해변~
신안 도리포항

서해 갯벌 위로 물드는 최고의 경관

바닷물이 빠진 광활한 갯벌에 누군가를 기다리는 듯, 한두 척의 배가 무안을 대표하는 이미지처럼 선명하다. 일출과 일몰을 모두 감상할 수 있는 흔하지 않은 곳이다. 갯벌보호지역으로 지정되어 청정갯벌을 유지하기 위해 노력하는 무안은 어디서나 갯벌 체험을 할 수 있고, 싱싱한 해산물을 맛볼 수 있다. 반농반어의 삶을 사는 지역답게, 푸른 바다와 붉은 황토밭의 대조적인 색채가 인상적이다.

 갯벌 체험, 먹거리 수확 체험 등 체험 거리가 많은 곳이다. 여벌의 편한 옷차림과 신발을 준비하자.

INFORMATION
- 이동거리 78.45km
- 드라이브 1시간 52분
- 전체 코스 6~7시간
- ★ 포인트 갯벌에서 맞이하는 일몰과 황토밭길 드라이브 여행
- 추천계절 사계절(1~12월)
- 축제 도리포해맞이축제(1월), 월두마을 달머리 당산제(음력 1월 그믐과 2월 초하루), 무안생태갯벌축제(10월)

RECEIPT

입장료
무안생태갯벌센터 ·············· 4,000원

주차료
무료

식사 및 간식
(점심)운저리초무침 ·············· 22,000원

TOTAL
26,000원

※2인 기준

1 course — 넓디넓은 갯벌의 매력 속으로 빠져보는 **조금나루해변**

일반적인 서해안의 탁한 갯벌에 비해 바닷물이 맑고 깨끗하다. 물이 빠지고 난 갯벌에서는 해산물을 주우러 나온 사람들을 드문드문 볼 수 있다. 끝이 보이지 않는 갯벌은 4㎞가 넘게 이어진다. 저녁에는 갯벌의 아름다운 낙조를 감상할 수 있다. 방풍림으로 심어놓은 곰솔숲이 여름 여행자들에게는 좋은 그늘과 쉼터가 되기도 한다.

전라남도 무안군 망운면 조금나루길 / 무안군청 관광문화과 061-450-5479 / 24시간, 연중무휴 / 무료 / 주차 260대 가능, 무료 / 북무안IC(0.06㎞)→무안광주고속도로(4.7㎞)→공항로(5.6㎞)→조금나루길(3㎞)→조금나루해변

★놓치지 말자!★
목가적인 풍경의 왕벚꽃거리

목가적인 풍경의 왕벚꽃거리 국도와 지방도를 따라 무안읍 교촌리 경신동 나들목에서 현경면 양학리 삼거리까지 봄이면 연분홍으로 물이 들어 드라이브 코스로 인기다. 특히 4월에는 야간 조명이 펼쳐진다. 무안의 황토밭과 푸른 바다가 벚꽃 너머로 펼쳐지면서 목가적인 풍경이 사람들을 사로잡는다. 봄에는 꽃비를 맞고, 가을에는 단풍잎 수북한 길을 밟으며 걸어도 좋다.

전라남도 무안군 무안읍 교촌리 509-1
061-450-5478
갓길 주차, 무료

2 course — 갈대와 바다가 손짓하는 **봉오재삼거리**

봉오재는 예전에 차가 없을 때는 넘기 힘든 고개였으나 지금은 도로가 잘 정비되어 있다. 봉오재삼거리에서 차를 세우고 바다를 바라보면 저 멀리 섬들까지 잘 보인다. 봉오재삼거리에서 월두로 가는 길에 있는 야트막한 구릉지와 황토밭에는 양파, 파, 배추가 파랗게 자라는 농촌의 풍경이 펼쳐진다. 드라이브하며 목가적인 분위기에 젖어보길.

전라남도 무안군 현경면 현해로 / 무안군청 관광문화과 061-450-5479 / 24시간, 연중무휴 / 무료 / 주차 30대 가능, 무료 / 조금나루해변(2.43㎞)→조금나루길(3.1㎞)→송현보건진료소(5.1㎞)→현해로(1.8㎞)→봉오재삼거리

알고 떠나면 더 즐거운 여행길
고개를 넘으려면 떡을 올려놓아야 했던, 봉오재의 전설

봉오재의 긴 고개를 넘다 돌아오지 못한 사람이 많았다. 지금은 도로가 뚫리고 아스팔트가 잘 포장되어 있어 편하게 지나는 길이지만 옛날에는 산적이 들끓기도 하고 경관이 아름다운 만큼 넘기도 힘든 고개였다. 옛날에 한 스님이 도를 닦으러 가다가 이 고개를 넘지 못하고 추위와 굶주림에 쓰러져 죽고 말았다. 그 후 스님의 영혼은 이 고개를 넘는 사람들을 괴롭히며 사람들을 못살게 굴었다. 나중에 스님의 혼백이 장난을 친 것임을 안 사람들은 스님의 영혼을 달래기 위해 고개를 넘을 때마다 떡을 놓아두어 무사히 고개를 넘을 수 있었다고 한다.

조록빛 대지와 푸른 바다가 한눈에! 월두마을 선착장

3 course
섬 깊숙히 감추어진 보물 월두마을 선착장

길 끝은 모래사장, 그 모래사장 너머로 푸른 바다가 넘실댄다. 물이 빠지면 드러나는 소당섬과 함께 긴 백사장은 한 폭의 그림이 된다. 마을의 모양이 달의 모양과 같다고 '달머리'라고 하던 것이 한자음을 따서 월두마을이 되었다. 청정 바다를 잘 지키며 살아가는 조그만 월두마을의 아기자기한 시골 모습도 정겹다. 마을회관 정자 위에서 바라보면 구불구불한 소나무 사이로 바닷가 풍경이 한눈에 들어온다.

📍 전라남도 무안군 현경면 봉월로 용정리 📞 무안군청 해양수산과 061-450-5612, 현경면사무소 061-450-4262 🕐 24시간, 연중무휴 💰 무료 🅿️ 주차 10대 가능, 무료 🚗 봉오재삼거리(1.5㎞)→봉오로 양정초등학교(2.6㎞)→월두마을 선착장

4 course
바다 내음 갯벌과 어우러지는 모래사장 홀통해수욕장

천혜의 자연 발생적 유원지로, 울창한 해송과 긴 백사장이 장관을 이루고 있다. 해수욕, 야영, 바다낚시, 해수찜을 동시에 즐길 수 있다. 여름에는 몰려드는 피서객들로 붐빈다. 특히 수심이 얕고 파도가 잔잔하여 전국 단위의 윈드서핑 대회가 개최되기도 한다. 많은 섬과 섬들이 이루어낸 경관도 아름답다.

📍 전라남도 무안군 현경면 홀통길 📞 무안군청 해양수산과 061-450-5612 🕐 24시간, 연중무휴 💰 무료 🅿️ 주차 100대 가능, 무료 🚗 월두마을 선착장(2.8㎞)→봉월로(2.6㎞)→현해로(3.4㎞)→홀통길(1.1㎞)→홀통해수욕장

5 course

무안 갯벌의 가치를 깨닫다 **무안생태갯벌센터**

사람과 바다가 함께하는 무안에서 삶을 풍요롭고 여유롭게 해주는 갯벌의 생태와 가치에 대해 이해하고 배울 수 있는 곳이다. 전시관에서 관람할 수 있을 뿐 아니라, 생태갯벌공원에서 몸소 체험도 할 수 있다. 갯벌의 참모습을 보려면 생태갯벌센터는 꼭 가보자.

📍 전라남도 무안군 해제면 용산길 140 📞 061-450-5631~4 🕘 09:00~18:00, 매주 월요일(월요일이 국경일인 경우 다음 날), 1월 1일, 설·추석 휴무(센터만 휴무) 💰 어른 2,000원, 청소년 1,500원, 어린이 1,000원 🅿 주차 100대 가능, 무료 🚗 홀통해수욕장(1.6㎞)→현해로(3㎞)→수암교차로(1.2㎞)→무안생태갯벌센터

전시관람부터 체험까지 원스톱 여행, 무안생태갯벌센터

한눈에 바라보는 무안생태갯벌의 현장

갯벌의 참모습을 만나는 갯벌의 모습

6 course

자연이 주는 선물 천일염 생산지 **만풍염전**

맑은 바람과 깨끗한 공기가 빚어낸 소금을 생산하는 곳. 소금밭의 정갈한 모습과 햇볕에 반짝이는 물빛이 장관을 이룬다. 이곳에서는 직접 소금 모으기, 마디마다 튀어나와 '퉁퉁마디'라고 한다는 염생식물 관찰 등의 체험을 할 수 있다. 바닷물에 함유되어 있는 미네랄과 엽록소 등이 다량 들어 있어 일반 소금보다 염도가 낮고 건강에 좋다. 소금 대용으로 요즘 각광받고 있다. 소박하면서도 이색적인 분위기, 익숙하지 않으면서 정감 가는 소금 창고 거리를 걸어보자.

📍 전라남도 무안군 해제면 만풍리 1030-92 📞 무안군청 관광문화과 061-450-5479 🕘 24시간, 연중무휴 💰 무료 🅿 염전 주변 주차, 2대 가능, 무료 🚗 무안생태갯벌센터(1.36㎞)→만송로(1.9㎞)→노문래길(0.4㎞)→신만길(0.5㎞)→만송로(0.4㎞)→만풍염전

정갈한 소금밭과 빛을 받아 반짝이는 물빛이 예술!

7 course
도리포해수욕장이 감싸안은 송계마을

동해 바다 해수욕장에 온 듯한 착각을 일으키는 모래톱이 길게 형성된 송계마을 바닷가. 도리포에서 언제나 일출과 일몰을 볼 수 있다고 하는 '항상바위'는 바위섬으로 썰물 때에만 건너갈 수 있다. 바위만 덜렁 있는 항상바위 꼭대기를 살펴보면 파도와 바람을 견뎌온 사철나무가 자라고 있다. 백사장과 해송림이 어우러진 이곳에서는 바다낚시, 어패류 채취 등 바다와 갯벌을 이용하는 다양한 체험을 즐길 수 있다. 전통적인 고기잡이 방식인 게메기 어법으로 물고기를 잡아보는 체험은 이 지역이 아니면 쉽게 볼 수 없는 체험이다.

📍 전라남도 무안군 해제면 만송로 916 📞 무안 관광안내소 061-454-8737 🕐 24시간, 연중무휴 💰 무료 🅿 주차 100대 가능, 무료 🚗 만풍염전(0.8km)→만풍보건진료소(3.3km)→송계마을

마을 입구를 알리는 버섯 모양의 비석

모래톱이 길게 형성된 송계마을 바닷가

바다와 갯벌을 체험하는 송계마을의 바다

8 course
낙지등대가 반겨주는 도리포항

생소한 낙지 모양의 등대가 반겨주는 도리포항. 서해안에서 일출을 감상하기 좋은 곳이다. 굽이굽이 돌아가는 해안도로에서 어선 사이로 비추는 아침 햇살이 장관이다. 바다 건너편의 영광이 아주 가깝다. 갯벌 낙지도 유명하지만 겨울철 별미인 숭어가 널리 알려져 있다.

나는 도리포항을 지키는 낙지 수호등대!!

📍 전라남도 무안군 해제면 만송로 916 📞 무안군청 해양수산과 061-450-5612 🕐 24시, 연중무휴 💰 무료 🅿 주차 100대 가능, 무료 🚗 송계마을(1km)→도리포항

★ 놓치지 말자! ★

해제분재타운

분재의 고장으로도 유명한 무안에서 해제분재타운을 빼놓을 수 없다. 대형 유리 온실에는 소나무 분재, 각종 과실나무 분재가 전시되어 있다. 겨울에도 꽃과 과일이 달린 분재들을 볼 수 있어 싱그럽다.

📍 전라남도 무안군 해제면 해제지도로 284 📞 061-454-7378 🕐 09:00~18:00, 부정기적 휴무 💰 무료 🅿 주차 20대 가능, 무료

★ 추천하고 싶은 곳 ★

🏠 추천 숙소
바람의 바다 펜션

바다에 근접해 있어 무안해수욕장을 찾는 사람을 위해 반가운 곳이다. 통나무집과 황토한옥 형태가 있어 취향대로 선택할 수 있다. 넓은 잔디 마당과 운동장이 있어 아이들이 뛰어놀 수 있고 가족이나 단체 여행 중에도 활동하기 좋다. 넓은 주차장도 장점이다. 같은 울타리 안에 분위기 좋은 카페와 구내매점도 있다.

📍 전라남도 무안군 현경면 신정길 101 📞 061-453-0730 💰 9만 원~(성수기, 비수기, 평일, 주말 요금 다름) 🌐 www.holtong.co.kr 🚗 홀통해수욕장에서 0.3km

풍경펜션

펜션 바로 앞에 바다가 있어 펜션에서 대여해준 그물을 가지고 바지락 등을 잡는 체험이 가능하다.

📍 전라남도 무안군 현경면 현해로 1057 📞 061-453-5347 💰 8만 원~(성수기, 비수기, 평일, 주말 요금 다름) 🌐 www.muanpension.com 🚗 홀통해수욕장에서 2km

무안톱관광펜션

자연과 더불어 휴양할 수 있는 아늑한 분위기의 펜션이다. 울창한 해송 숲과 저녁노을을 감상할 수 있다. 세미나실, 족구장, 바비큐 파티, 수영장과 휴게실 등이 갖추어져 있어서

마치 별장식 리조트 같다. 신관, 별관, 본관으로 나뉘어 있으며 각각 독립된 건물이라서 조금 떠들어도 신경 쓰이지 않는다.

📍 전라남도 무안군 망운면 톱머리길 118 📞 061-454-7878 💰 7만 원~(성수기, 비수기, 평일, 주말 요금 다름) 🌐 www.topmeori.com 🚗 조금나루해변에서 9km

☕ 추천 휴게소
고창 고인돌 휴게소(목포 방향)

규모가 그리 크지 않으나 편의점도 있고, 자연과 더불어 쉴 수 있는 야외 무대 겸 쉼터도 조성되어 있어 편리하다. 산자락을 바라보며 자리잡고 있는 휴게소 덕에 계절의 변화도 느끼면서 쉬어가기에 좋은 곳이다.

📍 전라북도 고창군 고창읍 신림면 서해안고속도로 81 📞 063-561-6313 🕐 24시간, 연중무휴 🅿 주차 200대 가능, 무료 🚗 조금나루해변에서 70.67km

🍽 추천 맛집
돌집 신아 운저리

망둥어의 다른 이름인 운저리. 일반적으로 알고 있는 망둥어와는 맛도 질감도 다르다. 지역에서 생산한 무와 도라지, 부추 등을 넣고 만든 오직 무안에서만 맛볼 수 있는 운저리초무침. 새콤한 맛이 중독성이 있네(?) 하면서 먹다 보면 눈물

이 날 정도로 맵다는 것을 뒤늦게 깨닫게 된다.

📍 전라남도 무안군 현경면 봉올로 7 📞 061-452-2644 🕐 08:30~21:00, 연중무휴 🍴 운저리초무침(2인) 2만2,000원, 떡굴(겨울 계절음식) 3만 원 (1접시) 🅿️ 주차 10대 가능, 무료 🚗 봉오재삼거리에서 0.1km

📍 전라남도 무안군 현경면 용정리 506-8 📞 010-7204-1228 🕐 06:30~21:00, 부정기적 휴무 🍴 고구마 10kg 2만5,000원~, 무화과 1.5kg 1만 원~ 🅿️ 주차 20대 가능, 무료 🚗 봉오재삼거리에서 0.3km

안흥 찐빵·만두

겨울에 특히 김이 모락모락 나는 찐빵과 만두, 감자만두 등이 그리워 찾게 되는 곳이다. 이곳을 찾게 되는 또 다른 이유는 무화과 잼과 고사리, 호박 등 지역 특산품을 이용한 먹거리를 구할 수 있기 때문이다. 특히 무화과를 이용해 만든 잼은 달지도 않고 감칠맛이 난다.

시인과 바다

바다를 보며 달리는 드라이브길 한편에 아담하게 생긴 건물에 시인과 바다라는 팻말이 보인다. 안으로 들어가면 벽마다 시가 있고, 오래된 책들도 보인다. 싱싱한 해물과 바지락을 듬뿍 넣은 칼국수가 맛있다.

📍 전라남도 무안군 현경면 현해로 335 📞 061-452-8098 🕐 11:00~21:00, 둘째·넷째 화요일 휴무 🍴 바지락 칼국수(2인 이상) 1인 7,000원, 갈치조림(2인 이상) 1인 1만2,000원 🅿️ 주차 15대 가능, 무료 🚗 봉오재삼거리에서 2.2km

📍 전라남도 무안군 무안읍 성남리 48-2(매일 시장 내) 📞 010-8503-5535 🕐 08:00~19:00, 부정기적 휴무 🍴 찐빵 4개 3,000원, 1박스 (25개) 1만5,000원, 꽈배기 3개 2,000원 🅿️ 갓길 주차, 5대 가능, 무료 🚗 봉오재삼거리에서 0.8km

🏠 추천 가게

농산물직판장

현경면의 갯벌을 지나는 길목에 자리잡고 있는 농산물직판장에는 무안의 농산물과 해산물이 다 모여 있다. 이름과는 달리 조그만 가게다. 가게 안에는 황토에서 키워낸 고구마, 마늘, 양파, 단호박을 비롯하여 낙지까지 가득하다. 무안의 자랑거리인 천일염도 판매한다.

전라도 DRIVE COURSE

목포 압해대교~ 목포해양대학교

춤추는 바다분수와 아름다운 밤을 감상할 수 있는 드라이브길

바다 위를 가로지르는 압해대교와 목포대교, 그리고 비릿한 바다 냄새가 항구도시 목포 여행의 시작을 알려준다. 어디를 가나 쉽게 볼 수 있는 정박해 있는 선박들, '목포는 항구다' 노래가 절로 떠오르고 어느새 흥얼거리고 있는 자신을 발견하게 된다. 근처 회센터에서 팔딱거리는 생선을 직접 골라 회를 뜨며 항구도시에서만 느낄 수 있는 즐거움을 한껏 누려볼 수 있는 코스다.

TiP 야경으로도 유명한 곳들이 많은 코스이므로 저녁 시간까지 머무를 수 있도록 계획을 잡으면 더욱 알찬 여행이 될 수 있다.

INFORMATION
- 이동거리 25.1km
- 드라이브 59분
- 전체 코스 5~6시간
- 포인트 목포대교, 춤추는 바다분수의 야경에 취하는 밤
- 추천계절 봄~가을(3~11월)
- 축제 꽃피는 유달산 축제(4월), 목포생활도자전(5월), 목포항구축제(7월)

RECEIPT

입장료
자연사박물관 ·················· 6,000원
목포근대역사관 본관 ·········· 4,000원

주차료
무료

식사 및 간식
(점심)준치회무침 ················ 16,000원

TOTAL
26,000원

(※2인 기준)

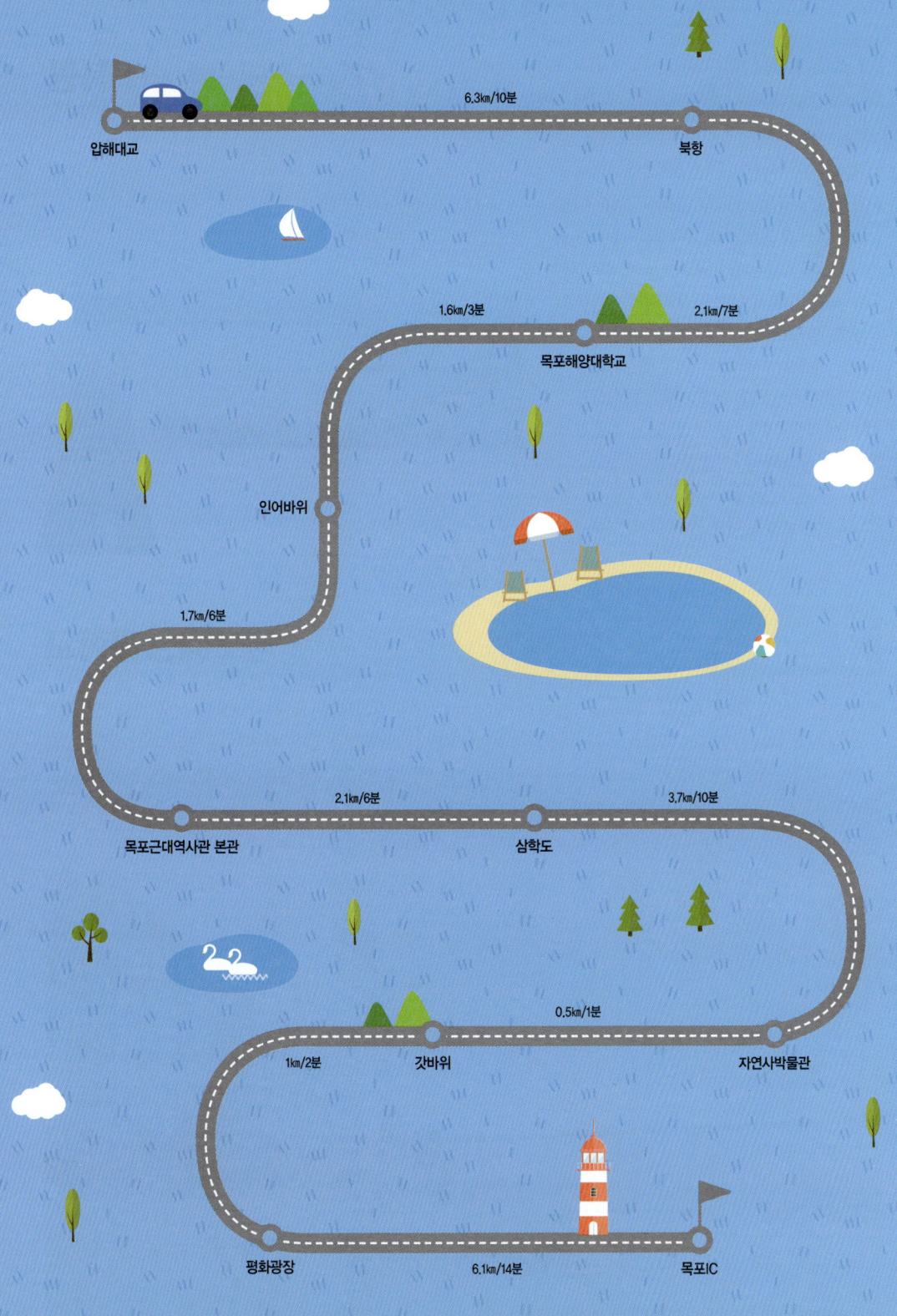

1 course

네덜란드식 풍차등대가 맞이해주는 **북항**

북항에 도착하는 순간 붉은색과 흰색의 네덜란드식 풍차등대가 시선을 끈다. 여행자들에게는 쉼터가 되고, 이국적인 항구의 낭만을 담아갈 수 있는 곳이다. 목포에 있는 네 개의 항구 중 가장 활기가 넘치고 많은 배가 이용하는 곳이 바로 북항이다. 날씨가 좋으면 낚싯대를 드리운 강태공들도 종종 볼 수 있다. 수산물 전용 항구인 북항 근처에는 회센터가 자리잡고 있다. 선착장에서 잠시 시원한 바닷바람을 맞으며 휴식을 취하고 나서, 근처 회센터에서 싱싱한 생선을 직접 골라 회를 떠먹을 수 있다.

전라남도 목포시 죽교동 선착장·항만 운영 061-279-4222 24시간, 연중무휴 무료
주차 300대 가능, 무료 압해대교(2.7km)→산정교차로(1.6km)→연산동교차로(2km)→북항

네덜란드 풍차같아요?

2 course

예전에는 해수욕장이었던 해안도로의 끝 **목포해양대학교**

목포의 3대 명물로 꼽히던 유달산, 삼학도와 더불어 폐쇄된 지 10여 년 만에 복원되는 유달해수욕장이 가까이 있다. 신안비치 호텔에서부터 유달유원지 해수욕장의 모래사장을 걸어 해양대학교까지 걸어갈 수 있다. 해양대학로 변을 따라 해수욕장 끝 부분에 자리잡은 해양대학교는 학교라기보다는 선착장이라고 해도 착각할 정도로 배와 건물이 조화를 이루고 있어 캠퍼스를 걷는 추억과 바닷가의 낭만을 한꺼번에 누릴 수 있다.

전라남도 목포시 해양대학로 91 061-240-7114 24시간, 연중무휴 무료 주차 200대 가능, 무료 북항(2.1km)→목포해양대학교

바닷가의 낭만을 간직한 목포해양대학교

3 course
목포대교의 야경을 찍기 위해 멈춘 **인어바위**

인어바위 앞이 목포대교의 웅장하고 아름다운 모습을 가장 잘 볼 수 있는 곳이다. 이곳에서 석양 무렵 목포대교를 바라보는 모습은 절경 중의 절경이라 카메라에 담기 위해 차에서 내리게 될 정도다. 작은 바위 위에 앉아 있는 조그만 인어바위 하나가 이곳의 존재를 알려준다.

📍 전라남도 목포시 해안로51번길(인어바위 버스 정류장), 061-270-8411 ⏰ 24시간, 연중무휴 💰 무료 🅿️ 갓길 주차, 10대 가능, 무료 🚗 목포해양대학교(1.6km)→인어바위

왕자님은 어디에?

인어바위에서 바라보는 목포대교 야경

4 course
목포에서 가장 오래된 건물 **목포근대역사관 본관**

목포에서 가장 오래된 건물인 목포근대역사관 건물은 처음에는 일본영사관으로 사용하기 위해 지어졌다. 지어진 지 100여 년이 되었지만 아직까지도 잘 보존되어 있다. 건축 당시만 해도 목포에서 가장 높은 건물일 뿐만 아니라, 최초의 서양식 건물이기도 했다. 일본인들이 전쟁에 대비해 파놓은 방공호도 건물 뒤편에 남아 있다. 광복이 되면서 목포시청, 도서관, 문화원 등으로 쓰여오다 2014년부터는 목포근대역사관으로 이용되고 있다. 1900년대부터 사용하던 생활품들과 가구들이 전시되어 있고, 조선 시대 목포 시내의 모습이 모형으로 전시되어 있다.

📍 전라남도 목포시 영산로29번길 📞 061-242-0340 ⏰ 09:00~18:00, 매주 월요일 휴무 💰 어른 2,000원, 청소년 1,000원 🅿️ 주차 10여 대 가능, 무료 🚗 인어바위(0.4km)→유달로(1km) · 영산로(0.3km)→목포근대역사관 본관

5 course
한 청년을 사랑한 세 여인이 변하여 섬이 되다 **삼학도**

한 청년을 사랑했던 세 여인이 학이 되고 다시 세 개의 섬이 되었다는 삼학도. 목포의 설움과 아픈 역사가 담겨 있고, 근접해 있는 목포항을 이용하던 목포 사람들의 애환이 어린 곳이기도 하다. 지금은 목포의 자랑이 된 삼학도. 삼학도 전체가 공원으로 조성되어 산책하기도 좋고, 짧은 드라이브 코스도 매력적이다. 선착장 건너편의 종합수산물시장 앞에서 해산물들을 햇볕에 말리고 있는 모습이 장관이다. 해마다 목포항구축제가 이곳 삼학도 일원에서 열린다.

📍 전라남도 목포시 삼학동 일원 📞 061-270-3643 🕐 24시간, 연중무휴 💰 무료 🅿 주차 40대 가능, 무료 🚗 목포근대역사관 본관(1.2km)→동명사거리(0.9km)→삼학도

6 course
호기심과 상상력의 보물창고 **자연사박물관**

인간이 살아온 지구의 46억 년 역사를 살펴볼 수 있다. 어린이들이 좋아할 공룡시대는 물론, 자연 생태변화에 대해서도 재미있게 관람할 수 있다. 박물관 내부뿐 아니라 외부에도 공룡, 기린, 판다 등 어린이들의 눈을 사로잡는 조각상들이 많이 전시되어 있다. 아이들과 함께 가족 여행을 하고 있다면 꼭 들러보자. 근처에는 우리나라 최초 생활도자기 전문박물관인 목포생활도자박물관, 목포 지역의 향토문화를 배울 수 있는 문예역사관이 나란히 있다.

📍 전라남도 목포시 남농로135번길 1 📞 061-274-3655 🕐 09:00~18:00(주말 19:00까지), 매주 월요일, 1월 1일 휴무 💰 어른 3,000원, 청소년 2,000원, 초등생 1,000원, 유치원생 500원 🌐 museum.mokpo.go.kr 🅿 주차 50대 가능, 무료 🚗 삼학도(3.7km)→자연사박물관

7 course
바위가 삿갓을 쓰고 서 있네? **갓바위**

바다 위를 걸어보고 싶다면 해상 보행교가 설치된 갓바위로 가면 된다. 천연기념물 500호로 지정되어 있는 갓바위는 목표 8경의 하나로 꼽히면서, 목포 여행의 필수 코스가 되었다.

해안 절벽에서 오랜 시간 바닷바람을 맞으며 탄생된 갓바위. 자연이 빚어낸 작품이지만 사람들이 붙인 전설도 이곳을 더 빛나게 한다.

📍 전라남도 목포시 상동 달맞이공원 📞 관광통역안내소 061-273-0536 🕐 06:00~23:00(부정기적), 연중무휴(태풍, 호우, 폭설, 안개 시 출입 통제) 💰 무료 🅿 주차 30대 가능, 무료 🚗 자연사박물관(0.5km)→갓바위

> **알고 떠나면 더 즐거운 여행길**
>
> **갓바위**
>
> 오랜 옛날, 가난하고 병든 아버지와 함께 사는 착한 청년이 있었다. 아버지의 병이 점점 깊어지자 아들은 열심히 일해 약값을 구해 돌아왔지만 아버지는 이미 죽은 뒤였다. 시신이라도 양지바른 곳에 묻으려고 했으나 실수로 그만 관을 물에 빠뜨리고 말았다. 아들은 자신의 불효를 탓하며 죽었고 그 후 그 자리에 커다란 바위 두 개가 솟았는데 큰 것은 아버지 바위, 작은 것은 아들바위라 불렀다.

8 course

젊음이 넘치는 연인의 거리 평화광장

영산강 하굿둑과 바다가 만나는 곳이다. 넓은 광장과 길게 이어진 바다 산책길을 따라 걸으며 짭조름한 바다 내음을 실컷 맛볼 수 있다. 광장 한쪽으로는 카페와 음식점이 줄지어 있다. 저녁에 춤추는 바다분수 공연이 펼쳐지면 평화광장은 새로운 모습으로 변신한다. 화려한 음악과 함께 펼쳐지는 바다분수 쇼와 함께 사람들이 삼삼오오 모여든다. 곱게 물든 가을 단풍길도 광장 산책길을 더 매력 있게 해준다.

📍 전라남도 목포시 미항로 115　📞 061-270-8580　🕐 24시간, 연중무휴 | 분수 공연시간 4~5월, 9~11월 일, 화, 수, 목요일 20:00, 20:30, 금, 토요일 20:00, 20:30, 21:00, 6~8월 일, 화, 수, 목요일 21:00, 21:30, 금, 토요일 21:00, 21:30, 22:00, 월요일 휴무(기상 상황에 따라 변경될 수 있음) 💰 무료　🅿 주차 100대 가능, 무료　🚗 갓바위(1km)→평화광장

놓치지 말자!

유달산 둘레길과 노적봉

목포해양대학교를 지나 2분 정도 가면 유달산으로 가는 유달로와 만날 수 있다. 봄에는 개나리와 벚꽃이 화려하고 가을엔 단풍이 고운 드라이브길로 유명하다. 울창한 숲과 구불구불 운치 있는 길을 지나 노적봉까지 가는 길이 특히 아름다운 곳이다.

📍 전라남도 목포시 노적봉길 45　📞 노적봉 관광안내소 061-270-8411　💰 무료　🅿 주차 35대 가능, 경차 30분 500원, 승용차·승합차 30분 1,000원

목포종합수산시장

여행에서 돌아올 때는 손에 무언가를 들고 가야 할 것 같은 마음이 든다. 목포의 특산품이라면 수산물이고, 수산물을 사고 싶다면 목포종합수산시장으로 가면 된다. 홍어로 유명하기도 하지만 싱싱한 활어에서부터 잘 말린 건어물까지 온갖 수산물을 다 구할 수 있는 해산물 천국이다.

📍 전라남도 목포시 해안로 265-4　📞 061-245-5096　🕐 가게별 상이　🌐 mpsusan.co.kr　🅿 주차 50대 가능, 무료

★ 추천하고 싶은 곳 ★

🛏 추천 숙소

신안비치호텔

유달산 자락, 바닷가에 자리잡은 전망 좋은 호텔이다. 낙조를 감상할 수 있으며, 백사장을 거닐며 시간을 즐길 수 있다. 깔끔하고 호텔 내의 식당을 이용할 수 있다.

📍 전라남도 목포시 해안로 2 📞 061-243-3399 💰 9만 원~(성수기, 비수기, 평일, 주말 요금 다름) 🌐 www.shinanbeachhotel.com 🚗 목포해양대학교에서 1.3km

샹그리아비치관광호텔

영산강 하구와 평화광장의 야경을 감상할 수 있다. 70여 개의 객실과 커피숍, 스카이라운지, 연회장 등도 갖추고 있다.

📍 전라남도 목포시 평화로 79 📞 061-285-0100 💰 12만9,000원~(성수기, 비수기, 평일, 주말 요금 다름) 🌐 www.shangriahotel.co.kr 🚗 평화광장에서 0.2km

마리나베이 패밀리 호텔

1층에 카페에서 차 한잔하면서 여유를 즐길 수 있다. 조식 뷔페도 운영하여 편하게 숙식을 해결할 수 있다. 무료로 아주 간단한 토스트 조식도 주어진다.

📍 전라남도 목포시 해안로249번길 📞 061-247-9900 💰 8만 원~(성수기, 비수기, 평일, 주말 요금 다름) 🌐 marinabayhotel.co.kr 🚗 삼학도에서 0.9km

☕ 추천 휴게소

함평 천지 휴게소(서울 방향)

서해안고속도로를 타고 목포IC에서 35분이면 만나는 함평 천지 휴게소. 목포에서 서울로 가는 길목에서 처음 만나는 휴게소다. '다문화가족 맛자랑 대회'를 열기도 하고, 다양한 행사를 통해 많이 알려진 곳이다. 서비스가 좋기로 유명해서 서해안고속도로 중에 비교적 사람이 붐비는 휴게소다.

📍 전라남도 함평군 손불면 서해안고속도로 38 📞 061-323-3641 🕐 24시간, 연중무휴 🅿 주차 104대 가능, 무료 🚗 목포해양대학교에서 51km

🍴 추천 맛집

선경준치횟집

바다가 시원스럽게 펼쳐진 해안로의 중간쯤, 작은 개인주택을 개조한 것 같은 허름한 음식점이 보인다. 이곳에서 식사를 하고 간 사람은 목포를 지나게 되면 꼭 다시 찾게 된다. 대표 메뉴는 살살 녹는 준치 살과 매콤한 양념이 어울리는 준치회무침이다. 매우면서도 약간 중독성이 있다. 매운맛이 부담스럽다면 밥에 비벼 먹는 준치회무침비빔밥을 추천한다. 준치회무침 외에도 갈치조림과 아구찜도 유명하다.

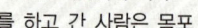
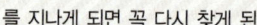

📍 전라남도 목포시 해안로57번길 1 📞 061-242-5653 🕐 11:00~21:00, 첫째·셋째 월요일, 설·추석 휴무 💰 준치회무침 8,000원, 아구찜 1만2,000원 🅿 주차 50대 가능, 무료 🚗 인어바위에서 0.3km

서해아구찜 · 탕

깔끔한 밑반찬이 기본으로 제공되고 그 외에도 옥수수와 찐 고구마, 떡이 곁들여 나온다. 음식이 나오는 동안 주전부리 하느라 지루하지 않다. 매우면서도 진한 아구찜과 꽃게탕, 낙지볶음이 맛있다.

아구찜

📍 전라남도 목포시 해안로 201 📞 061-247-6737 🕐 07:00~22:00, 매월 둘째 화요일 휴무 🍴 꽃게탕 3만5,000원~, 아구찜 3만 원~, 낙지비빔밥 1만 원 🚗 주차 20대 가능, 무료 🚘 목포해양대학교에서 2.9km

초원음식점

다양한 종류의 밑반찬이 푸짐하게 나온다. 게장과 젓갈류가 포함된 반찬만 해도 밥을 맛있게 먹을 수 있을 정도다. 갈치조림도 많이 찾는 메뉴지만 갈치구이도 맛있다. 가격이 저렴하면서도 맛있게 먹을 수 있는 음식점으로 이미 많은 사람들의 사랑을 받고 있다.

📍 전라남도 목포시 번화로 37-3 📞 061-243-2234 🕐 09:30~20:00, 설·추석 휴무, 1달에 1회 부정기적 휴무 🍴 갈치찜 1만5,000원, 갈치구이 1만5,000원 🚗 주차 10대 가능, 무료 🚘 목포해양대학교에서 3.2km

🏠 **추천 가게**

북카페 에코의 서재

30여 개국을 여행하면서 수집한 소품들로 가게 내부가 장식되어 있고, 자신이 좋아하는 책들이 카페 서재에 꽂혀 있는 이곳을 집보다 좋아한다는 주인장. 손님들이 여유롭게 앉아 이야기를 나누고 천천히 책을 읽다가 가는 곳. 이 카페에서는 매월 그달의 화가로 선정된 작가의 미술 작품이 가게에서 전시되고 있다. 카페이면서 문화공간의 역할을 함께하는 곳이다.

📍 전라남도 목포시 미항로 151 📞 010-8435-1296 🕐 10:30~24:00, 연중무휴 🍴 에스프레소 3,500원, 카페라떼 4,300원, 레몬티 5,500원 🚗 주차 20대 가능, 무료 🚘 평화광장에서 0.4km

산그리메

카페인지 떡집인지 헷갈리다 들어간 산그리메 카페. 카페이면서 떡집을 함께 운영하는 곳이다. 평생을 떡과 함께 살아온  어머니와 함께 가게를 하고 있다. 찻값이 떡값보다 비싸지만 떡을 사면 찻값을 저렴하게 받기도 하는 산그리메 주인의 인심도 넉넉하다.

📍 전라남도 목포시 영산로 14-2 📞 061-244-4233 🕐 09:00~21:00, 설·추석 연휴 휴무 🍴 떡 1팩 2,500원, 아메리카노 2,000원, 카페라떼 3,000원, 키위 주스 3,500원 🚗 주차 10대 가능, 무료 🚘 삼학도에서 1.8km

학교종이 땡땡땡 2-1

마치 1960~70년대로 돌아온 듯한 착각에 빠지게 하는 추억이 잔뜩 묻어 있는 찻집. 찻집이라고 쓴 간판도 보이지 않고 아이들의 놀이터 입구 같은 분위기이다. 실내에는 옛날 물건들과 소품들로 가득하다.

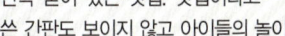
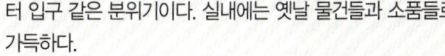

📍 전라남도 목포시 마인계터로26번길 21 📞 061-245-8943 🕐 10:00~22:00, 연중무휴 🍴 에스프레소 4,000원, 카페라떼 5,500원, 오미자 6,000원, 유자차 5,000원 🚗 주차 20대 가능, 무료 🚘 삼학도에서 1.8km

전라도
DRIVE COURSE

증도 일주도로

갯벌과 갈대와 염전이 있는 섬들의 고향

증도대교를 넘어서면서 사람은 보이지 않고 넓은 땅과 갯벌, 갈대와 바다가 마음을 편하게 해준다. 천천히 움직이는 곳, 시간도 멈추어버린 듯한 모습에 저절로 여유와 한가로움을 만끽하며 자신도 모르는 사이 섬의 일부가 되어간다. 우리나라 최고의 소금 생산지, 우리나라 최초의 슬로시티, 섬들의 고향이라고 불리는 증도에서 천혜의 자연 비경인 갯벌과 낙조의 아름다움에 빠져보자.

TiP
- 물때 시간표를 체크하자. 밀물과 썰물 때 해수욕장도 사라지고 화도로 들어가는 노두길도 바닷물에 잠기므로 미리 물때를 챙기면 제대로 즐길 수 있다.
- 슬로시티에 맞게 한 템포 느린 마음을 가지고 떠나자.

INFORMATION
- 이동거리 117.64km
- 드라이브 2시간 35분
- 전체 코스 5시간 30분
- 포인트 증도의 명물 짱뚱어다리에서 인증샷은 필수
- 추천계절 사계절(1~12월)
- 축제 짱뚱어축제(7월), 신안게르마늄갯벌축제(8월)

RECEIPT

입장료
신안갯벌센터 ·················· 무료
트레저아일랜드 ················ 2,000원

주차료
무료

식사 및 간식
(점심)짱뚱어탕 ·············· 20,000원

TOTAL
22,000원

(※2인 기준)

1 course

슬로시티로 들어갈 마음의 준비를 하자 증도대교

이곳에서 저곳으로 건너기 위한 것이 다리라면, 증도대교는 전망대로서의 다리 역할까지 하고 있는 하나의 명물이다. 대교 자체가 여행 코스인 셈이다. 증도의 바다와 섬, 갯벌의 광활한 모습을 한눈에 볼 수 있다. 증도의 트레이드 마크가 되어버린 증도대교 전망공원에서 바쁘고 급한 마음을 내려놓고 느리게 여행할 마음의 준비를 하자.

📍 전라남도 신안군 증도면 지도증도로 📞 증도면사무소 061-240-4003 🕐 24시간, 연중무휴 💰 무료 🅿 주차 25대 가능, 무료 🚗 북무안IC(14.34km)→무안광주고속도로(4.7km)→현해로(9km)→해제지도로(12.8km)→증도대교

나는 다리이기도 하지만 전망대이기도 해~

2 course

우리나라 최대의 천일염 생산지 태평염전

증도대교를 건너 가장 먼저 들르게 되는 곳이 태평염전이다. 우리나라 최대의 천일염 생산지로, 사라질 뻔한 위기를 넘기고 1953년부터 지금까지 명맥을 이어오고 있다. 소금밭 전망대에 올라 바라보면 넓은 소금밭과 염생식물원의 경관이 눈앞에 펼쳐진다. 붉게 물든 염생식물이 마치 갯벌에 그림을 그려놓은 것 같다. 전통적인 소금을 일구는 곳이지만 어딘지 모르게 이국적인 풍경이라서 더욱 여행자의 마음을 사로잡는다.

📍 전라남도 신안군 증도면 지도증도로 1058 소금박물관 📞 061-275-7541 🕐 24시간(소금박물관 09:00~18:00), 연중무휴 💰 무료(소금박물관 어른 3,000원, 초등생·중고생 1,500원) 🅿 주차 30대 가능, 무료 🚗 증도대교(1.4km)→문준경길(2.2km)→태평염전

넓은 소금밭과 염생식물의 경관을 한눈에 보는 소금밭 전망대

3 course

느림의 미학에서 느끼는 여유 **화도**

2007년 방영되었던 드라마 〈고맙습니다〉 촬영지로 유명해졌지만 화도로 가는 노두길은 느림의 미학과 여유를 고스란히 보여주는 곳이다. 하루에 두 차례 물이 빠지면 증도에서 화도로 이어진 길이 드러난다. 화도 노두길이다. 화도로 들어갈 수 있는 유일한 길이다. 노두길을 가다 보면 끝없이 펼쳐진 갯벌 위에서 살아 움직이는 생명체를 포착할 수 있다. 농게와 조그만 짱뚱어들이다. 뻘을 뒤집어 쓴 농게와 짱뚱어들의 모습이 귀엽기까지 하다.

전라남도 신안군 증도면 화도길 334 증도면사무소 061-240-4003 24시간, 연중무휴 무료 주차 10대 가능, 무료 태평염전(1.4km)→돌마지길(1.8km)→대초리교회(2.1km)→덕정길(0.4km)→화도길(0.9km)→화도노두길(3.3km)→화도

TIP 하루 두 차례 물때에 맞추어 화도 노두길이 드러날 때 출입이 가능하다.

사계절감이 느껴지는 아름다운 섬, 화도

하루에 두 번 열리는 화도 노두길

4 course

갯벌이 궁금해! **신안갯벌센터**

신안의 청정 갯벌에 대한 설명과 그 안에서 살아가는 생명체들에 대한 이야기들이 잘 설명되어 있다. 탁본 체험, 조개 짝맞추기 게임 등 실내 체험 활동도 준비되어 있어 가족 여행 중인 사람들에게 인기 있는 코스다. 갯벌센터 전시관에 들어서면 천장에 전시된 갈매기 떼와 갯벌을 벽으로 옮겨온 듯한 그림이 시선을 끈다.

전라남도 신안군 증도면 지도증도로 1766-4 061-275-8400 09:00~17:00, 매주 월요일 휴무 무료 주차 50대 가능, 무료 화도(1.9km)→덕정길(0.4km)→지도증도로(3.1km)→신안갯벌센터

5 course
신발 끈을 풀고 마음의 빗장도 열고 우전해변

크고 작은 섬들이 펼쳐진 아름다운 바다 전망이 썰물 때가 되면 4km에 달하는 해변으로 변한다. 손가락 사이로 흘러내리는 흰 모래는 가늘고 곱다. 신발을 벗어 손에 들고 맨발로 모래의 감촉을 느끼며 걸어보자. 백사장을 거닐며 파도 소리를 듣는 것도 좋고, 여름이라면 해수욕장 모래밭에서 뒹굴거나 뒤편 소나무 숲에서 스치는 바람을 느껴도 좋다. '제9회 아름다운 숲 전국대회'에서 공존상을 수상하기도 했던 4.2km에 달하는 한반도 해송 숲에는 10만여 그루의 소나무가 자라고 있다.

📍 전라남도 신안군 증도면 지도증도로 📞 증도면사무소 061-240-4003 🕐 24시간, 연중무휴 💰 무료 🅿 주차 70대 가능, 무료 🚗 신안갯벌센터(0.9km)→우전해변

6 course
짱뚱어가 뛰어오르는 모습을 한 짱뚱어다리

짱뚱어가 뛰어오르는 모습을 닮은 짱뚱어다리. 다리 위를 걸어가다 보면 갯벌 위에서 꿈틀거리는 짱뚱어와 농게가 보인다. 갯벌로 들어가 짱뚱어를 잡아보려 해도 어찌나 빠른지 쉽지 않다. 밀물일 때는 바다를 건너는 다리로, 썰물일 때는 갯벌을 감상하고 즐기는 다리로, 짱뚱어다리는 그 자체로도 증도의 명물이다.

📍 전라남도 신안군 증도면 지도증도로 📞 증도면사무소 061-240-4003 🕐 24시간, 연중무휴 💰 무료 🅿 주차 70대 가능, 무료 🚗 우전해변(3.3km)→짱뚱어다리

짱뚱어들아~
모여라~
나는 짱뚱어 대장!

★ 놓치지 말자! ★

짱뚱어해수욕장

우전해수욕장 옆에 짱뚱어다리가 있고 뒤쪽으로 돌아가면 짱뚱어해수욕장이 펼쳐진다. 설탕 가루를 쏟아놓은 것 같은 가늘고 깨끗한 모래가 모래밭에 드러눕고 싶은 충동을 느끼게 한다. 짱뚱어다리 주변 갯벌을 향해 주욱 펼쳐진 해변에는 짚으로 만들어놓은 파라솔이 이국적인 풍경을 자아낸다.

📍 전라남도 신안군 증도면 대초리 1609-6 📞 증도면사무소 061-240-4003 🅿 주차 200대 가능, 무료

알고 떠나면 더 즐거운 여행길

못생겨도 맛은 좋은 짱뚱어를 소개합니다.

짱뚱어는 농어목 망둥어과에 속하는 물고기로 몸 길이는 다 커봐야 13cm밖에 안 되는 작은 물고기다. 5월에서 10월까지 갯벌에서 햇볕을 받으며 살아서 그런지 어떤 요리를 해도 비린내가 없다. 겨울잠을 많이 자기 때문에 양식도 어렵다. 작은 소리에도 반응하고 날렵해서 잡기가 아주 힘들다.

7 course

바닷속 보물과 만나다 해저유물발굴기념비

700년을 기다렸다고~

700년 전 일본으로 가던 중국의 무역선이 침몰된 채 오랜 세월이 지나 1976년 고기잡이를 하던 어부의 그물에 도자기가 걸려나오면서 세상에 알려지게 되었다. 말 그대로 보물선을 발굴한 것이다. 이후 청자, 백자, 동전 등 약 2만8,000여 점에 달하는 유물이 발굴되었다. 이 발굴작업에 참여한 사람들의 정성과 노고를 잊지 않기 위해 유물발굴기념비를 세웠다.

📍 전라남도 신안군 증도면 방축리 산318-1 📞 증도면사무소 061-240-4003 🕐 24시간, 연중무휴 💰 무료 🅿 주차 10대 가능, 무료 🚗 짱뚱어다리(1.4km)→문준경길(2.3km)→보물섬길(5.5km)→해저유물발굴기념비

8 course

다도해의 아름다운 낙조를 감상하기 좋은 낙조전망대

증도에서는 낙조를 감상하기 좋은 곳이 많다. 태평염전, 짱뚱어다리, 곳곳에 전망대가 있고, 전망대가 없어도 바다 너머 지는 해는 어디에서든 아름다운 낙조를 감상하게 해준다. 그중에서도 해저유물발굴기념비를 조금 지나서 만나는 낙조전망대에서 바라보는 다도해의 아름다운 섬들과 물에 비친 붉은색이 한 폭의 그림 같다. 맑은 날씨에 이곳에서 낙조를 감상할 수 있다면 아마도 한반도에서 볼 수 있는 가장 아름다운 낙조일지도 모른다.

📍 전라남도 신안군 증도면 방축리 산318-1(해저유물발굴기념비에서 도보 이동) 📞 증도면사무소 061-240-4003 🕐 24시간, 연중무휴 💰 무료 🅿 갓길 주차, 2대 가능, 무료 🚗 해저유물발굴기념비(0.5km)→낙조전망대

★ 놓치지 말자!

다도해를 감상하기 좋은 선상 카페, 트레저 아일랜드

해저유물발굴기념비 앞쪽 '소단도'로 이어진 다리를 건너면 배 모양의 건물이 섬 위에 안착해 있다. 작은 섬들로 이루어진 바다의 아름다운 경치를 감상하며 차도 마실 수 있고 전시되어 있는 도자기도 관람할 수 있다. 특히 이곳에서 바라보는 다도해의 낙조도 놓칠 수 없는 것 중 하나다.

📍 전라남도 신안군 증도면 보물섬길 369 📞 061-271-8988 🕐 10:00~18:00, 부정기적 휴무 💰 전시관 입장료 1,000원 🅿 주차 10대 가능, 무료

★ 추천하고 싶은 곳 ★

🏠 추천 숙소

갯풍황토펜션

건물 전체가 황토로 지어졌다. 위압적이지 않고 부드러운 외형이다. 슬로우시티 증도에 딱 어울리는 자연친화적 건물이다. 방 안의 편백나무와 황토가 주는 편안함이 숙면에 도움을 준다. 탁 트인 바다 전망과 호수가 있어 산책하기에도 좋다.

📍 전라남도 신안군 증도면 보물섬길 49 📞 061-271-0248 💰 4만 원~(성수기, 비수기, 평일, 주말 요금 다름) 🌐 www.갯풍황토펜션.kr 🚗 짱뚱어다리에서 1.8km

풍경펜션

2층 단독 민박집이라서 겉에서 보기엔 숙박 시설처럼 보이지 않는다. 시골집에 놀러온 기분으로 머물 수 있다. 규모가 작아 미리 예약하는 것은 필수다. 가족 여행에 더 적합하다.

📍 전라남도 신안군 증도면 문준경길 200-3 📞 010-8568-6628 💰 5만 원~(성수기, 비수기, 평일, 주말 요금 다름) 🚗 짱뚱어다리에서 1.3km

엘도라도리조트

사진제공 : 엘도라도리조트

조용하고 공기 좋은 환경과 깨끗하고 예쁜 숙소가 잘 어울린다. 각 객실마다 투숙객을 위해 기본적인 편의 시설이 갖추어져 있다. 수영장, 오션스파랜드, 해수테라피, 노래방, 테마공원, 카페 등이 있어 언제든지 편하게 이용할 수 있다. 내부에 특산품 판매소가 있어서 멀리 나가지 않아도 필요한 상품을 구매할 수 있다.

📍 전라남도 신안군 증도면 지도증도로 1766-15 📞 061-260-3300 💰 11만5,000원~(성수기, 비수기, 평일, 주말 요금 다름) 🌐 www.eldoradoresort.co.kr 🚗 우전해변에서 0.9km

☕ 추천 휴게소

화성 휴게소(목포 방향)

식당 메뉴가 다양하고 간식거리가 넘쳐난다. 던킨도너츠와 감자 등 아이들이 좋아하는 메뉴도 많다. 커피숍도 있어 차 한잔하며 운전에 지친 몸을 쉴 수 있다. 특히 스마트폰 충전기가 설치되어 있어 충전이 급한 사람들에게는 반가운 곳이다.

📍 경기도 화성시 팔탄면 서해안고속도로 301-1 📞 031-353-8140 🕐 24시, 연중무휴 🅿 주차 200대 가능, 무료 🚗 증도대교에서 316km

🍴 추천 맛집

함초식당

태평염전 안에 있는 함초식당에서 식사를 하며 바다 한가운데 놓인 증도대교를 감상할 수 있다. 이곳의 목살구이는 천일염에 숙성시켜 깔끔하고 조금은 다른 맛을 느낄 수 있다. 함초 등 염생식물을 넣어 비빈 함초비빔밥의 맛은 일반 비빔밥과 다른 색다른 맛이다. 소금아이스크림도 판매한다.
📍 전라남도 신안군 증도면 지도증도로 105 📞 061-261-2277 🕐 09:00~18:00(부정기적), 연중무휴 💰 천일염 숙성 목살구이 쌈밥 정식 1만5,000원, 해초비빔밥 생선구이 1만 2,000원, 소금아이스크림 2,500원 🅿 주차 30대 가능, 무료 🚗 증도대교에서 3.6km

증도밥상

한적한 길목, 마을이 보이지 않는 곳에 터를 잡고 있는 증도 밥상. 문어 한 마리가 오롯이 들어간 조개칼국수가 나온다. 이 메뉴는 칼국수가 아니라 증도밥상이다. 짜지 않은 간장게 장이랑 밑반찬도 깔끔하다. 워낙 상차림이 푸짐해서 보기만 해도 배가 불러오는 것 같다.
📍 전라남도 신안군 증도면 지도증도로 1319 📞 061-261-2226 🕐 08:00~18:00(부정기적), 연중무휴 💰 증도밥상·짱뚱어탕 1만 원 🅿 주차 10대 가능, 무료 🚗 증도대교에서 7.4km

고향식당

짱뚱어를 갈아넣어 우거지와 함께 끓인 짱뚱어탕을 증도의 맛이라고 한다면 고향식당은 짱뚱어탕을 맛깔나게 끓여내기로 유명한 식당이다. 된장을 넣고 끓였지만 전혀 텁텁하지 않고 약간 칼칼하면서도 깔끔한 맛이 누구나 좋아할 만하다. 눈으로 보는 즐거움보다 입에서 더 기분 좋게 해주는 게 고향식당의 짱뚱어탕이다. 파래무침 등 정갈한 밑반찬도 짱뚱어탕과 어울려 맛을 더해 준다.
📍 전라남도 신안군 증도면 문준경길 165 📞 061-271-7533 🕐 08:00~20:00(부정기적), 연중무휴 💰 짱뚱어탕 1만 원, 꽃게탕(중) 4만 원 💻 www.증도맛집.com 🅿 주차 5대 가능, 무료 🚗 증도대교에서 4.7km

추천 가게

소금 가게

증도 특산품인 천일염과 함초 제품을 판매하고 있다. 함초와 소금 생산지에서 직접 생산해낸 제품들이다.
📍 전라남도 신안군 증도면 지도증도로 1083-4 📞 080-275-7541 🕐 09:00~180:00, 연중무휴 💰 김장용 천일염 20kg 2만 원(택배비 3,500원) 🅿 주차 30대 가능, 무료 🚗 태평염전에서 0.2km

순비기전시관

솔무등공원 앞 짱뚱어다리 입구에 있는 순비기전시관에서는 증도의 특산품인 바닷가에서 자라는 순비기라는 식물을 이용하여 천연 염색한 스카프와 손수건, 손지갑 등의 제품을 구입할 수 있다.
📍 전라남도 신안군 증도면 문준경길328번길 📞 061-271-4409 🕐 09:30~18:00, 연중무휴 💰 순비기손수건 8,000원 🅿 함초식당 주차장, 30대 가능, 무료 🚗 짱뚱어다리 옆에 위치

증도 천일염 및 특산품 판매소

증도대교를 지나자마자 만나는 증도 특산품 가게다. 온갖 젓갈류와 미역, 다시마, 돌김 등을 판매한다. 천일염은 물론 함초소금과 밥맛을 좋게 하는 밥다시마도 있다.
📍 전라남도 신안군 증도면 지도증도로 779 📞 061-261-5005, 010-2332-5562 🕐 08:00~18:00, 연중무휴 💰 함초소금 1kg 7,700원, 천일염(햇소금) 20kg 1만 원~ 🅿 주차 10대 가능, 무료 🚗 태평염전에서 3km

INDEX
관광지

ㄱ
가배항	170
가산저수지	223
가조도 '노을이 물드는 언덕'	172
간절곶	140
갈매못성지	324
갈음이해수욕장	364
감은사지 삼층석탑	125
감포 오류고아라해변	123
감포항	123
갑곶돈대	239
갓바위	448
강구항	133
강릉 해송길	065
강릉중앙시장	067
강화갯벌센터	246
강화역사박물관	249
강화평화전망대	249
강화화문석문화관	249
거제 자연예술랜드	171
거제 포로수용소 유적공원	173
거제현 관아	171
건봉사	039
검룡소	098
격포항	407
경암동 철길마을	399
경주 나정고운모래해변	124
경주 파도소리길	138
경주 흥무로 벚꽃길	125
경포가시연습지	064
경포대	063
경포해변	063
고래강정	155
고래불해수욕장	130
고려궁지	238
고사포해수욕장	405
고성 왕곡마을	039
고인돌박물관	417
고창 재래시장	417
고현항	173
곰소항	409
공세리 성당	332
광성보	239
광안리해수욕장	204
괴시리 전통마을	131
교동대룡시장	248
교동향교	248
구룡포시장	122
구룡포항	122
구문소	097
구미동해변	199
구산해수욕장	116
구시포항	416
구영해수욕장	178
구조라항	162
국립생물자원관	289
국립생태원	388
국립해양생물자원관	386
국사봉, 통일사	265
군산 신흥동 일본식 가옥	395
군산항(군산내항)	394
궁평항	295
궁항 전라좌수영	407
근대역사박물관	394
금산 보리암 전망대	196
기성 망양해수욕장	115
기장 대변항	208
김시습문학관	067
김인전공원	388
김일성 별장	037
김좌진 장군 생가	325
김포함상공원	241
꽃지해변	348
꾸지나무골해수욕장	356

ㄴ
낙산사 의상대	052
낙조전망대	457
남당항	322
남애항	056
남양성모성지	294
남이섬	304
남포방조제	372
남해 미조리 상록수림	188
남해 파독전시관	190
내소사	409
네이처월드 태안빛축제	346
노을전시관	424
녹청자박물관	289
논골담길	072
농소몽돌해수욕장	178
농어바위	262
누에섬 등대전망대	279
늑도 유채꽃길	191

ㄷ
다대포해수욕장	217
다랭이마을	197
다사항	386
다산유적지	312
다포항	165
달맞이길	206
달아공원	148
당포항	154
대금굴	83
대왕암	124
대왕암공원	139
대진항	36
대진해수욕장	130
대천항	324
대천해수욕장	325, 370
대포항	047
대한성공회 강화성당	238
더그림	317
덕동 문화마을	109
덕동해수욕장	155
덕진진	240
덕포해수욕장	181
도리포항	441
도비도 농어촌 휴양단지	341
독산해수욕장	373
독일마을	190
돌머리해변	433
동국사 대웅전	396
동막해변	246
동백마을	425
동백섬	209
동해 천곡동굴	072
동호항	415
두리생태공원	286
두물머리	312
두여해변	348
두웅습지	354
등대박물관	008
띠섬목해변	381

ㄹ
라디오스타박물관	090

ㅁ
마도	365
마량리 동백나무 숲	379
마량포구	379
만대항	356
만리포해수욕장	362
만풍염전	440
망치해변	163
매봉산 풍력발전단지	101
매산해안공원	330
매향리 평화마을	295
맷돌포선착장	330
맹종죽 테마공원	183
먼동해수욕장	355
멸치축제	208
명사해수욕장	170
모래미해수욕장	423
모밀잣밤나무 숲	155
모항항	362
모항해수욕장	409
목포근대역사관 본관	447
목포종합수산시장	449
목포해양대학교	446
몽산포해변	346
몽양 여운형 생가·기념관	316
무릉계곡	073
무안생태갯벌센터	440
무의도 하나개해수욕장	255
무창포항	372
무창포해수욕장	373
문무대왕릉	124
물건리 방조어부림	190
물미 해안도로	189
미국마을	197
미당 시문학관	414
미조항	188
민머루해변	247
밀양관아지	222
밀양시립박물관	222
밀양연극촌	223
밀양연꽃단지	223

ㅂ
바다숲향기마을	134
바다열차	083
바람의 언덕	165
바래길 작은미술관	198
박물관은 살아있다	371
밥무덤	199
배미꾸미 조각공원	272
백미리 어촌체험마을	294
백사항	347
백암온천 관광특구	117
백암해안전망대(노을정)	425
백제 불교문화 최초 도래지	423
법성포	422
변산반도	404

변산해수욕장	398, 404	송도센트럴파크	254	연포해수욕장	365	위양못	224
별마로천문대	091	송도해수욕장	216	영금정 해돋이 정자	045	유달산 둘레길과 노적봉	449
별총총 벽화마을	091	송정해수욕장	206	영남루	222	유동 노을전망대	155
보경사	109	송지호	039	영남알프스 얼음골 케이블카	225	은파호수공원	396
보령 충청수영성	323	수기해수욕장	271	영덕 화진해수욕장	106	을왕리해수욕장	256
보령머드박물관	370	수로부인 헌화공원	081	영덕 휴게소	134	이기대공원 해안도로	204
보령머드축제	370	수륙~일운 해안도로	147	영덕군 농수특산물 판매센터	135	이솔라펜션	274
보문사	247	수산항 요트마리나	057	영덕풍력발전단지	133	이수도	180
보수동 책방 골목	217	수촌교회	297	영덕해맞이공원	133	이승만 대통령 별장	037
복숭아 정보화마을	132	수향원	287	영도대교 도개식	217	이원방조제	356
복항마을 매미성	179	숲쉼이공원	422	영랑호	045	이주홍 어린이문학관	233
봉오재삼거리	438	시도 염전	271	영목항	349	인어바위	447
부근리 고인돌	249	시도 장골해변	273	영암사지 쌍사자 석등	233	인천공항 전망대	256
부사방조제	378	시도·모도 연도교	272	영월역	090	인천대교	254
부산아쿠아리움	205	시와 숲길공원	373	영인산 자연휴양림	333	인천대교 기념관	255
부안영상테마파크	408	시천가람터	288	영일 신항만방파제	106	일강 김철선생 기념관	431
북항	446	시천공원	288	영일대해수욕장	106		
불갑사	430	시화방조제	278	영종대교	257	**ㅈ**	
불갑저수지 수변공원	430	신도·시도 연도교	271	영종해안남로	254	자갈치시장	215
쁘띠프랑스	303	신도선착장	270	영화의 거리	207	자연사박물관	448
		신도저수지	270	영흥대교	281	작은 언덕 로마 카페	275
ㅅ		신두리 해안사구	354	영흥도	265	장경리해수욕장	262
사동항	115	신리 너와집 (구)김진호 가옥	82	영흥도 일출공원	265	장고항 노적봉	339
사목해수욕장	357	신선대	164	영흥에너지파크	263	장릉	088
사촌해수욕장	198	신성리 갈대밭	389	오산리 선사유적박물관	054	장생포 고래박물관	139
삼목선착장	270	신안갯벌센터	455	오색 주전골	053	장승포항	182
삼봉해변	347	신전 앵강다숲	196	오이도 해안도로	278	장항 스카이워크	386
삼사해상공원	133	신진도항(안흥외항)	364	오죽헌	067	장항문화예술창작공간	387
삼여전망대	155	신화마을	141	옥포대첩 기념공원	183	장항송림산림욕장	387
삼천포대교공원	191	실미해수욕장	256	옥포항	181	장항항	387
삼포해변	044	심곡항	72	옹기마을	141	장호항	080
삼학도	448	십리포해수욕장	262, 281	왕산해수욕장	257	적벽강	406
삽교천방조제	331			왜목마을	340	전곡항	278
삽교호 바다공원	331	**ㅇ**		외도	163	전등사	241
삽교호 함상공원	331	아라등대	287	욕지항	154	전혁림미술관	146
상주 은모래비치	196	아라파크웨이	286	용담리 어촌체험계	264	절영해안산책로	215
새만금 종합수산시장	397	아라폭포	287	용담리해변	263	정동진 모래시계공원	067
새만금방조제	397	아바이마을	046	용두산공원	215	정동진역	066
새천년기념공원	155	아산만방조제	333	용문사, 용문사계곡	199	정서진 광장	289
생태문화탐방로 태안 솔향기길	357	아산항교	333	용문산 관광지	317	정양늪 생태공원	230
서천군 조류생태전시관	388	아침고요수목원	307	용연동굴	098	정양레포츠공원	230
석문각	340	안곡서원	294	용주사	297	정유재란열부순절지	424
석문방조제	339	안면도 자연휴양림	348	용추계곡	307	제부도	279
선녀바위해수욕장	257	안면도 쥬라기박물관	347	용화사	149	제암리 3·1운동순국기념관	296
선도리 갯벌체험마을	380	안목 커피 거리	065	용흥궁	238	조금나루해변	438
선돌	089	안섬포구	339	우리꽃식물원	296	주문진등대	062
선암마을 한반도 지형	090	안악해변	432	우전해변	456	주문진항	062
선운산	415	양양 남대천	053	운여해변	349	주전몽돌해수욕장	138
선재도	280	양지암 조각공원	182	운하로	107	죽도 보물섬 관광지	372
세미원	313	양평군립미술관	314	울진 망양정	114	죽도산 전망대	131
소나기마을	313	양평들꽃수목원	315	웅천 돌문화공원	373	죽도시장	107
속동전망대	322	양포항	122	원산도	325	죽도정	055
속초 등대전망대	045	엠큐브펜션	274	원예예술촌	189	죽변항	083
속초관광수산시장	046	여차마을	166	월둔마을 선착장	439	죽성성당	209
속초해변	047	연명마을	149	월송정	116	줄포만 갯벌생태공원	414
송계마을	441	연미정	239	월하성 어촌체험마을	380	중미산 자연휴양림	314

증도대교	454	출렁다리	155	피나클랜드	332	해맞이캠핑장	134
진두선착장	265	칠산정, 건강365계단	423	필경사	338	해바라기축제	101
진하해수욕장	140					해신당공원	081
짱뚱어다리	456	**ㅌ**		**ㅎ**		해오름예술촌	189
짱뚱어해수욕장	456	탄도항	278	하내테마파크	297	해운대해수욕장	205
		태백 철암역두 선탄장	096	하섬	405	해저유물발굴기념비	457
ㅊ		태백고생대자연사박물관	097	하전 갯벌 체험장	417	해제분재타운	441
차유 어촌체험마을	132	태백산국립공원	099	하조대	054	허균·허난설헌 기념공원	064
채석강	407	태백석탄박물관	099	학동몽돌해변	164	호명산	304
채석포항	365	태을암	357	학암포해수욕장	355	호명산 환상의 드라이브길	303
처용암	139	태종대	214	학원농장	416	홀통해수욕장	439
천수만	325	태평염전	454	한려수도 조망 케이블카	147	홍성방조제 준공탑	323
천왕재 고갯길	224	태화강대공원	141	한진포구	338	홍성조류탐사과학관	322
철암탄광역사촌	96	통개항	363	할미·할아비바위	349	홍원항	380
청간정	44	통영대교	149	함벽루	231	홍천 은행나무 숲	057
청령포	88	통영수산과학관	148	함평 양서·파충류생태공원	431	홍포선착장	170
청마기념관	172	통영운하	149	함평 엑스포공원	433	홍현마을 석방렴	197
청초호	47	통영해저터널	146	함평 오일장	433	화도	455
청자자연휴양림	302	통일전망대	036	함평 해수약찜	432	화옹방조제	295
청평호	302	트레저 아일랜드	457	함평자연생태공원	431	화진포호	038
청평호 일대 수상 레저 사업장	298			합천 옥전고분군	233	황룡조기념공원	080
청학배수지전망대	214	**ㅍ**		합천댐 물문화관	232	황지연못	098
청호동~중앙동 갯배	046	파도리해수욕장	363	합천박물관	230	후포항	117
초원사진관	399	펠리컨바위	156	합천영상테마파크	231	휴휴암	056
초지진	240	평화광장	449	합천호 백리벚꽃길	232		
촛대바위(울진군)	114	포스코 역사관	107	합천호 회양관광단지	232	**A**	
추암 촛대바위	073	포항 호미곶	108	해군영흥도 전적비	264	BIFF거리	216
축산항	131	〈폭풍 속으로〉 드라마 세트장	082	해금강	162	TV 드라마 〈슬픈 연가〉 촬영지	273
춘장대역 간이역	381	표충비각	225	해녀마을	354		
춘장대해수욕장	378	풀사이드펜션	274	해동용궁사	207		

INDEX

맛집&카페&숙박

ㄱ		거제시장	175	고창 고인돌 휴게소(상행 방향)	418	궁물촌	110
가보	367	거제식품 건어물직매장	185	고창 고인돌 휴게소(하행 방향)	442	궁평항 수제 핫도그	298
가평잣 소라네 농원	309	거제유스호스텔	167	고창 복분자 선연 웰빙플라자	419	그랑꼬또 대부도 와인	283
간절곶해돋이펜션	142	거제자연휴양림	174	고향식당	459	금강호 휴게소	090
갈매기횟집	326	거제포로수용소 매점	175	골든비치리조트	058	금호 충무마리나리조트	150
강가네 해물칼국수	382	거제해양파크 휴게소	184	곰소우정젓갈	411	기와집 담	258
강릉짬뽕순두부	283	건봉다시마장	041	공세들 두부집	334	기와집순두부	319
강화농업경영인 농산물직판장	251	건봉사	040	광신건어물직판장	327	기장멸치수산	211
강화인삼농협	243	경동건어물	111	구룡포 대게유통센터	127	김서방네 닭갈비	103
개미집	219	고래명가	142	국립생태원 방문자 숙소	390	까까네 모리국수	126
갤러리 피아노키오	319	고바우 한중식	119	국립생태원 특산물 매장	391	꽃새마루 약초방	041
갤럭시호텔	142	고성방가 게스트하우스	048	군산 베니키아아리울 관광호텔	400	꿈꾸는 다락방	350
갯마을회센터	326	고수록	383	군산시농수특산물 전시홍보관	401		
갯풍황토펜션	458	고우당	400	군산식당	411		

ㄴ

나무	390
낙원건물	077
낚시꾼들의 낚시이야기	085
남송마리나피싱리조트(남송가족관광호텔)	192
남애 창횟집	59
남애쿠버리조트	59
남이섬 소시지	308
남일대리조트(호텔 엘리너스)	192
남포동 건어물 도매상가	219
남해밥상	193
남해자연맛집	200
낭만조개구이	334
네스트호텔	258
노벰버리조트	126
노을 내리는 아름다운 집 펜션	250
놀자대게	058
농산물직판장	443
뉴상젤리제호텔	434

ㄷ

다랭이마을 사랑채	201
다슬기향촌(성호식당)	092
단골집	226
단양 휴게소(부산 방향)	118
달빛거리 체스카	211
달아마루	150
당진 꽃식물원	343
당진수산물유통센터	343
대게빵집	085
대명 리조트 쏠비치	058
대명리조트 거제마리나	184
대명변산리조트	410
대박난 맛집	167
대발이네 강경젓갈(궁평항 수산물 직판장 B-99, 100호)	299
대부도 티라이트 휴게소	282
대천 휴게소(목포 방향)	326
대천김 판매 · 홍보관	375
대천본가	374
대천항 수산시장	327, 375
대풍식당	250
더비치펜션	184
덕산바다횟집	077
덕성식당	084
덕수궁 해물칼국수	390
델리씨(Delisea)	185
델피노 골프&리조트	048
독일로특산물	201
돌머리 어촌 민박	434
돌집 신아 운저리	442
동강 시스타	092
동삼수산식당	119
동아호텔 · 동아모텔	102
동주염전	283

동해 휴게소	076
동해막국수	259
두리담 특품판매처	427
드르니오션리조트	350
등대펜션	076
떡사랑	103

ㄹ

라카이샌드 파인리조트	068
라코스타펜션	040
롤링힐스호텔	298

ㅁ

마루아라하우스	418
마리나베이 패밀리 호텔	450
마리나스파펜션	410
만대회수산	358
만리포 어시장	366
만리향	382
말리호텔 앤 리조트	366
맛나건어물(울진군)	119
맛나건어물(영덕군)	135
망양 오징어 풍물 거리	119
망월장순상회	243
머드 화장품 및 기념품 판매소	375
머드비치호텔	374
명가 해물칼국수	335
명주가든	066
명지쉼터가든	308
모아모텔	434
몽돌빵, 햇살긴유자빵	175
무안톱관광펜션	442
문스시	210
문호리팥죽(본점)	318
미가식당	201
미래의 아침	342
미림펜션	266
미즈커피	401
미지안	227
밀양관광호텔	226
밀양명물메기국수	226
밀양상설시장	227
밀양순대돼지국밥	211
밀양역 종합관광안내소	227

ㅂ

바다숲향기마을	134
바닷가펜션	118
바람의 바다 펜션	442
바람의 핫도그	167
박영만베이커리	77
밥쥐	358
백도 삼교리 막국수	48
백만석	174
백사장 수산물어시장	350
백암골 가마솥 국밥	118

버드 북카페	391
범표 어묵	219
베니키아 더 에이치 호텔	298
변산명인바지락죽	410
별궁	358
보라가든	382
보령해물칼국수	374
보물선 건어물 장터	193
보헤미안 박이추 커피	069
부두식당	040
부산감자옹심이	102
부안수협 바다마트(격포지점)	411
부안영상테마파크	408
북카페 에코의 서재	451
블레스오션	366
블루오션리조트	350
비체펠리스	374
빨강노을펜션	298
뽀또식당	434
쁘띠블랑펜션	410

ㅅ

사랑방 손칼국수	343
사랑채 찐빵 만두	143
사천초양 휴게소	192, 200
산그리메	451
산사의 아침	418
산사의 하루	411
산호식당	282
삼다도해물집	193
삼봉식당	077
삼사해상빌리지	134
삼척 하늘바다펜션	084
삼천포 해상관광호텔	192
삼천포돌게장	192
삼형제 횟집	110
삽교호 비치파크	334
삽교호 수산물 특화시장	335
새만금 휴게소	400
샹그리아비치관광호텔	450
서르모 카페	159
서천 휴 리조트 펜션	390
서천유스호스텔	390
서천특화시장	383
서퍼911	059
서해아구찜 · 탕	450
석향 게스트하우스	092
선경준치횟집	450
선뷰펜션	142
선운산 농협	419
선운식당	419
섬마을 다리집	274
섬마을 굴사랑	274
소금 가게	459
소금힐링센터 · 소금찜질방	076
소라엄마튀김	049

소문난 할매국수	126
속초순댓국	048
솔밭천수모텔	326
솔밭펜션	266
솔향기길 염전	359
송도비치호텔	218
송림 오토캠핑장	126
송악 휴게소	342
송정물레방아 화장실	068
송천강재칙국	135
수로모텔	084
수림복국	143
수미네 건어물	049
수에뇨펜션	282
수정건물	193
숙이네 맛집	327
순대리아	174
순비기전시관	459
순할머니 손칼국수	234
술찐빵 가게	283
숲쟁이펜션	426
쉐이리펜션	426
승일상회	069
시골밥상	366
시골할매 유자잎 막걸리	201
시인과 바다	443
시장왕순대	359
신도낚시 · 슈퍼	275
신대교 휴게소	174
신안비치호텔	450
싱싱게장	185
실비식당	134
쌍도펜션타운	382
썬라이즈호텔	342
씨앤풀 빌라	110

ㅇ

아라누리펜션	118
아라마루 휴게소	290
아리아모텔	334
아사반점	084
아침고요수목원 정원 가게	309
안녕 바다	275
안면도 시골농산	351
안면식당	351
안스 베이커리	259
안흥 찐빵 · 만두	443
양지식당	426
양평 만남의 광장 휴게소	318
어신민물매운탕	235
어썸플레이스펜션	242
에벤에셀펜션	382
에스페란자	111
엔젤수산	151
엘가 커피(대천점)	327
엘도라도리조트	458

엘리시아펜션	250	장돌이 부산어묵	111	태백 더덕 직판장	103	항만식당	185
연리지펜션	076	장릉송어횟집	092	태안상설시장	367	해녀 김금단 포차	158
영덕 휴게소	134	장보고 굴비유통(동선굴비)	427	태안푸드	351	해동용궁수산	211
영덕군 농수특산물 판매센터	135	장수활어	049	테라로사(서종점)	319	해맞이캠핑장	134
영빈각	400	장어마을	242	테라스157	243	해암회식당	127
영빈관	151	장호농원(동막애 딸기)	085	테이트펜션	318	해어름 카페	335
영신곳간	119	장호펜션	084	토담마을	250	해우소	068
영월 아리랑여행사	093	전복상회	127	토우	426	해촌(양양군)	059
영월 패러글라이딩	093	정관루	308	통영 거북선호텔	150	해촌(영광군)	426
영인팜	251	정배리한옥펜션	318	통영 블루마린펜션	150	행담도 휴게소	334
영종대교 휴게소	258	정서진 중앙시장	291	통영수산	158	행랑채	227
영종스카이리조트	258	정통옛날쌈밥	419	통영꿀빵(통영타워점)	159	행랑채펜션	226
영현네 젓갈	243	제일국수공장	127	통영전통공예관	151	행복한 농부	235
영흥 바지락 해물칼국수	266	종갓집 국밥	076			향파 이주홍 생가	234
영흥수협 수산물직판장	267	주문진 생선구이	069	**ㅍ**		허브향기	335
옛날기사식당	102	중동호떡	401	펜션 모던하우스	200	현재대게·회	134
오두막	343	증도 천일염 및 특산품 판매소		펜션 블루씨	158	호텔 머드린	374
오미사꿀빵	151		459	펜션 산골 이야기	118	호텔 에버리치	242
오션벨리리조트	058	증도밥상	459	펜션 자드락	158	호텔 일루아(ILLUA)	210
오즈 카페	201	진주네	298	포항 제수용품 특성화시장	111	호텔 카리스	290
오투리조트	102			포항전통문화체험관(덕동 문화마을)		홍씨호텔	068
오페라하우스	266	**ㅊ**			110	홍장표 동해막국수	290
옥계 휴게소	076	참 좋은 이웃, 동백꽃빵	143	폴앤메리 버거	68	화가가 만든 칼국수	291
옥천함흥냉면 본점	318	청도 새마을 휴게소(부산 방향)	226	풍경펜션(무안군)	442	화랑식당	434
올 Coffee and Tea	259	청록다방	091	풍경펜션(신안군)	458	화성 로컬푸드 직매장(봉담점)	298
올제펜션	250	청파식당	041	풍차설렁탕	290	화성 휴게소(목포방향)	298, 458
옵타티오펜션	158	청평자연휴양림	308			화왕산 자연휴양림	226
옹심이 칼국수 막국수	143	초려공방	069	**ㅎ**		화진 휴게소	110
옹진군 특산품 전시판매장	267	초원음식점	451	하늘과 바다 사이 해양리조트	358	화진포 박포수가든	040
왕고한과	041	추암 촛대바위 건어물점	077	하늘빛 횟집	084	환상의 바다 리조트	326
왜목 해맞이수산	342	충무김밥(케이블카점)	150	하면옥	184	황골전통손맛 조청	359
외포항 젓갈수산시장	251	충주상회	049	하버커피	319	황대감	235
욕지도 할매 바리스타	159	칠곡 휴게소(서울 방향)	142	하섬 휴게소	410	황령산 전망쉼터	210
욕지면 특산물 판매관	159	칠산꽃게장	410	하슬라 아트 월드 뮤지엄 호텔	068	황매산 만남의 광장	234
용궁식당	150			학교종이 땡땡땡 2-1	451	황촌집	242
용연동굴 특산품 판매장	103	**ㅋ**		학동 자동차 야영장	167	황해칼국수	259
우리들 회식당	167	카페 그리다	193	학암포 퍼스트 카라반	358	휴전리조트 펜션	242
원조뚝배기식당	350	카페 다이아몬드	299	한국관광명품관	111	휴휴암 조각 가게	059
원조장작불곰탕	308	카페 라르고	251	한반도 지형 농산물 판매장	093		
원짬뽕	093	카페 배미꾸미	275	한산 예담은 소곡주	383	**A**	
월드니스리조트	092	카페 빠세	267	한산모시홍보관	391	CAFE 에뜨왈	367
월포펜션	200	카페 아라	291	한양식당	158	G2002	040
웨스틴조선호텔 부산	210	카페 테라스	185	한양족발	218	J블리스모텔	342
유리섬 펜션타운	282	카페테라	308	한월식당	218	KD모텔	326
유신식당	418	칸호텔	334	한일옥	400	OPS 베이커리	211
유정식당	391	캐피탈관광호텔	290	한화리조트 양평	318	SG관광호텔	290
은모래펜션	200	커피 볶는 예술	291	함초식당	458	TRAVEL BREAK COFFEE	351
이비스 버젯 앰배서더 해운대	210	커피콩콩(영덕대게빵 2호점)	135	함평 천지 휴게소(목포 방향)	434		
이성당	401	코랄커피	375	함평 천지 휴게소(서울 방향)	450	**1**	
이수도 섬펜션	184	코모도호텔	218	함평군 나비라이센터	435	38선 휴게소	58
이원식당	359	코스트하우스	048	함평군 농특산물 판매장	435		
이지스모텔	102	키친 205	435	함평천지한우프라자	435		
				합천 로컬푸드 직매장	235		
ㅈ		**ㅌ**		합천영상테마파크 숙박 시설	234		
자갈치 아지매가 만든 부산해물빵		타워힐호텔	218	합천축협 축산물판매장	235		
	219	태광회식당	069	합천호 스마일펜션	234		